U0142465

實用土地法精義

楊松齡 ——— 著

2024.9最新版

五南圖書出版公司 印行

二十四版序

　　近年來，房地產價格不斷竄高，房地產市場壟斷居奇、短進短出現象頻仍，社會多方肇因於房地產市場的人為炒作。主管機關乃大幅增修「房屋稅條例」部分條文，酌降房屋現值在一定金額以下之全國單一自住房屋稅率；就非自住住家用房屋改採全國歸戶，調高其法定稅率範圍，各地方政府均「應」參考財政部公告基準，按房屋所有人全國持有戶數訂定差別稅率並採「全數累進」課徵，針對持有多戶且未作有效使用者，課以較高稅率。強力遏止不動產炒作，冀能消弭房地產市場壟斷投機。

　　本書之編纂，前一版為配合平均地權條例之增修，爰於第一編總則增列第六章不動產交易管理。本次亦配合「房屋稅條例」部分條文修正，酌予修訂。本次之修訂，仍恐有不察之處，謬誤難免，尚祈方家不吝賜正。

楊松齡

於木柵寓所

2024年7月20日

法規名稱及條文簡稱範例

簡　　稱		法規名稱及條次
土	§73-1	土地法第73條之1
土施	§8	土地法施行法第8條
土稅	§1	土地稅法第1條
土稅細	§20 I	土地稅法施行細則第20條第1項
土減	§8	土地稅減免規則第8條
土徵	§5	土地徵收條例第5條
土徵細	§32	土地徵收條例施行細則第32條
土登	§122 II	土地登記規則第122條第2項
土石	§3	土石採取法第3條
土污	§21	土壤及地下水污染整治法第21條
土估	§3	地價調查估計規則第3條
山坡地	§37 I	山坡地保育利用條例第37條第1項
工程受益	§6	工程受益費徵收條例第6條
工程受益細	§2 I	工程受益費徵收條例施行細則第2條第1項
不動產證券	§24	不動產證券化條例第24條
中小企業	§34	中小企業發展條例第34條
公寓	§3⑤、⑥	公寓大廈管理條例第3條第5款、第6款
文資	§24	文化資產保存法第24條
水土保持	§21	水土保持法第21條
水利	§2	水利法第2條
市劃	§58	市地重劃實施辦法第58條
平	§47-1	平均地權條例第47條之1
平細	§4	平均地權條例施行細則第4條
民	§773	民法第773條

簡　　稱		法規名稱及條次
民總施	§2	民法總則施行法第2條
民物施	§8-5	民法物權編施行法第8條之5
民訴	§522	民事訴訟法第522條
企併	§39Ⅱ	企業併購法第39條第2項
共同管道	§14	共同管道法第14條
刑	§38	刑法第38條
地清	§11	地籍清理條例第11條
地測	§68Ⅱ	地籍測量實施規則第68條第2項
地價評議	§4	地價及標準地價評議委員會組織規程第4條
存保	§15-2Ⅳ	存款保險條例第15條之2第4項
寺廟	§6	監督寺廟條例第6條
老舊重建	§1	都市危險及老舊建築物加速重建條例第1條
自來水	§61-1Ⅳ	自來水法第61條之1第4項
行程	§8	行政程序法第8條
低放射性	§17	低放射性廢棄物最終處置設施場址設置條例第17條
住宅	§21Ⅱ	住宅法第21條第2項
災害防救	§31	災害防救法第31條
私校	§45	私立學校法第45條
兩岸關係	§69Ⅰ	臺灣地區與大陸地區人民關係條例第69條第1項
房稅	§22	房屋稅條例第22條
河川管理	§10	河川管理辦法第10條
金控	§28②	金融控股公司法第28條第2款
金融合併	§13Ⅰ⑤	金融機構合併法第13條第1項第5款

簡　　稱		法規名稱及條次
非都市	§2	非都市土地使用管制規則第2條
促參	§17 I	促進民間參與公共建設法第17條第1項
信託	§4	信託法第4條
契稅	§2 I	契稅條例第2條第1項
建	§4	建築法第4條
建物估價	§9～11	土地建築改良物估價規則第9條至第11條
科技園區	§19 I	科技產業園區設置管理條例第19條第1項
科學園區	§19 I	科學園區設置管理條例第19條第1項
原民基本法	§21 II	原住民族基本法第21條第2項
原民禁伐補償	§3	原住民保留地禁伐補償條例第3條
原住民保留地	§3	原住民保留地開發管理辦法第3條
海埔地	§20	海埔地開發管理辦法第20條
破產	§75	破產法第75條
租賃住宅	§6	租賃住宅市場發展及管理條例第6條
納保	§5	納稅者權利保護法第5條
耕地	§2 I	耕地三七五減租條例第2條第1項
區畫	§15 I	區域計畫法第15條第1項
區畫細	§13	區域計畫法施行細則第13條
商港	§8 I、II	商港法第8條第1項、第2項
國土	§32 I	國土計畫法第32條第1項
國產	§2 II	國有財產法第2條第2項
國產細	§25	國有財產法施行細則第25條
國眷	§24	國軍老舊眷村改建條例第24條

簡　　　稱		法規名稱及條次
國賠	§5	國家賠償法第5條
強執	§11Ⅱ	強制執行法第11條第2項
捷運	§38-1	大眾捷運法第38條之1
產創	§51Ⅲ	產業創新條例第51條第3項
祭祀	§56	祭祀公業條例第56條
都更	§45Ⅱ	都市更新條例第45條第2項
都更權變辦法	§19	都市更新權利變換實施辦法第19條
都計	§32Ⅰ	都市計畫法第32條第1項
都計台細	§14	都市計畫法臺灣省施行細則第14條
野生保育	§11	野生動物保育法第11條
森林	§3	森林法第3條
稅捐	§24	稅捐稽徵法第24條
新市鎮	§15	新市鎮開發條例第15條
溫泉	§4Ⅰ	溫泉法第4條第1項
農社劃	§15Ⅰ	農村社區土地重劃條例第15條第1項
農產	§13	農產品市場交易法第13條
農發	§3⑩	農業發展條例第3條第10款
農業科園區	§12	農業科技園區設置管理條例第12條
農劃	§19Ⅰ	農地重劃條例第19條第1項
臺鐵公司	§9Ⅱ	國營臺灣鐵路股份有限公司設置條例第9條第2項
銀行	§62-1	銀行法第62條之1
獎重	§6	獎勵土地所有權人辦理市地重劃辦法第6條
獎參	§31Ⅰ	獎勵民間參與交通建設條例第31條第1項

簡　　稱		法規名稱及條次
憲	§143 I	憲法第143條第1項
機場園區	§11	國際機場園區發展條例第11條
遺贈	§41-1	遺產及贈與稅法第41條之1
遺贈細	§19	遺產及贈與稅法施行細則第19條
濕地	§21	濕地保育法第21條
醫療	§36	醫療法第36條
離島	§9	離島建設條例第9條
礦	§4	礦業法第4條第13款
鐵路	§2	鐵路法第2條
觀光	§15	發展觀光條例第15條
釋	579	司法院釋字第579號

目　錄

二十四版序

法規名稱及條文簡稱範例

緒　論	001

第一章　土地制度與平均地權　003
　　第一節　土地制度之演進　003
　　第二節　土地改革之派別　005
　　第三節　平均地權之意旨　007

第二章　土地法立法之沿革　010
　　第一節　制定之背景與原則　010
　　第二節　大陸時期之施行及修正　014
　　第三節　在台灣之施行與修訂　019

第三章　土地法之意義與性質　029
　　第一節　土地法之意義　029
　　第二節　土地法之性質　030

第一編　總　則	033

第一章　法　例　035
　　第一節　土地之涵義　035
　　第二節　用詞之定義　044
　　第三節　土地法之執行機關與施行　048

第二章　地　權　　　　　　　　　　　　　　　　　　　**050**
　　第一節　土地所有權　　　　　　　　　　　　　050
　　第二節　私有土地所有權之取得與消滅　　　　　054
　　第三節　土地他項權利　　　　　　　　　　　　065
　　第四節　新型態之地權　　　　　　　　　　　　070

第三章　地權限制　　　　　　　　　　　　　　　　　　**075**
　　第一節　私有土地之限制　　　　　　　　　　　075
　　第二節　外國人取得地權之條件與限制　　　　　089

第四章　公有土地　　　　　　　　　　　　　　　　　　**094**
　　第一節　公有土地之意義及分類　　　　　　　　094
　　第二節　公有土地之管理　　　　　　　　　　　098

第五章　地權調整　　　　　　　　　　　　　　　　　　**117**
　　第一節　私有土地面積之限制　　　　　　　　　117
　　第二節　土地最小面積之限制　　　　　　　　　121
　　第三節　共有土地　　　　　　　　　　　　　　123
　　第四節　自耕農之扶植與保護　　　　　　　　　134

第六章　不動產交易管理　　　　　　　　　　　　　　　**138**
　　第一節　不動產交易資訊透明化　　　　　　　　138
　　第二節　不動產交易安全　　　　　　　　　　　142

第二編　地　籍　　　　　　　　　　　　　　　　　　　**147**

第一章　通　則　　　　　　　　　　　　　　　　　　　**149**
　　第一節　地籍整理之意義　　　　　　　　　　　149
　　第二節　地籍整理之程序　　　　　　　　　　　149
　　第三節　地籍整理之區域單位　　　　　　　　　150

第二章　地籍測量　　　　　　　　　　　　　　　　　**152**

　　第一節　地籍測量之方法與主辦機關　　　　　152

　　第二節　地籍測量之程序　　　　　　　　　　153

　　第三節　地籍圖重測　　　　　　　　　　　　155

　　第四節　土地複丈　　　　　　　　　　　　　158

　　第五節　建築改良物測量　　　　　　　　　　172

第三章　土地登記　　　　　　　　　　　　　　　　　**182**

　　第一節　土地登記制度　　　　　　　　　　　182

　　第二節　土地登記通則　　　　　　　　　　　194

　　第三節　土地總登記　　　　　　　　　　　　227

　　第四節　土地權利變更登記　　　　　　　　　235

　　第五節　限制登記　　　　　　　　　　　　　245

第三編　土地使用　　　　　　　　　　　　　　　　251

第一章　通　則　　　　　　　　　　　　　　　　　　**253**

　　第一節　土地使用　　　　　　　　　　　　　253

　　第二節　農地利用　　　　　　　　　　　　　258

　　第三節　促進土地之使用　　　　　　　　　　267

第二章　國土計畫　　　　　　　　　　　　　　　　　**272**

　　第一節　總　則　　　　　　　　　　　　　　273

　　第二節　國土計畫之訂定程序　　　　　　　　279

　　第三節　國土功能分區之劃設及土地使用管制　282

　　第四節　罰則與附則　　　　　　　　　　　　295

第三章　區域計畫及非都市土地分區使用計畫　　　　　**299**

　　第一節　區域計畫　　　　　　　　　　　　　299

第二節　非都市土地分區使用計畫　309

第四章　都市計畫與新市鎮開發　352
第一節　都市計畫　352
第二節　新市鎮之開發　372

第五章　都市更新與危老建築重建　382
第一節　都市更新　382
第二節　危險及老舊建築物之重建　417

第六章　房屋及基地租用　423
第一節　房屋供需之調節　423
第二節　房屋租用　432
第三節　基地之租用　436

第七章　耕地租用　445
第一節　耕地租用之概念　445
第二節　耕地租佃之保障　447
第三節　耕地租佃爭議之處理　456
第四節　農業用地租賃關係之合理化　457

第八章　邊際土地之使用　459
第一節　公有荒地之開發使用　459
第二節　山坡地之保育利用　461
第三節　海埔河川地之開發使用　466

第九章　土地重劃　473
第一節　實施土地重劃之意義與執行方法　473
第二節　市地重劃之舉辦與施行　476
第三節　農村社區土地重劃之舉辦與施行　513

　　　　第四節　農地重劃之舉辦與施行　　　　　　　　522

第十章　工業用地之開發　　　　　　　　　　　　　**530**
　　　　第一節　產業園區開發　　　　　　　　　　530
　　　　第二節　科學園區之開發　　　　　　　　　545
　　　　第三節　科技產業園區之開發　　　　　　　549

第四編　土地稅　　　　　　　　　　　　　　　555

第一章　通　則　　　　　　　　　　　　　　　　**557**
　　　　第一節　土地稅之涵義　　　　　　　　　　557
　　　　第二節　土地稅納稅義務人與課徵方法　　　559
　　　　第三節　土地稅制之基本原則　　　　　　　562

第二章　規定地價　　　　　　　　　　　　　　　**564**
　　　　第一節　規定地價之程序　　　　　　　　　564
　　　　第二節　重新規定地價　　　　　　　　　　571
　　　　第三節　公告土地現值　　　　　　　　　　572
　　　　第四節　地價評議委員會之組織　　　　　　575

第三章　地價稅　　　　　　　　　　　　　　　　**577**
　　　　第一節　地價稅之課徵及納稅義務　　　　　577
　　　　第二節　地價稅之計徵及稅率　　　　　　　581
　　　　第三節　地價稅之優惠與減免　　　　　　　584
　　　　第四節　懲罰性地價稅與欠稅之懲處　　　　590
　　　　第五節　田　賦　　　　　　　　　　　　　593

第四章　土地增值稅　　　　　　　　　　　　　　**594**
　　　　第一節　課稅範圍與時機　　　　　　　　　594
　　　　第二節　納稅義務　　　　　　　　　　　　597

第三節　土地增值額之計算　　　　　　　　599

第四節　土地增值稅之稅率　　　　　　　　607

第五節　土地增值稅減免與抵繳　　　　　　611

第六節　土地增值稅之退稅及欠稅之懲處　　619

第五章　土地改良物稅　　　　　　　　　　**624**

第一節　土地改良物稅之特性與意義　　　　624

第二節　土地改良物價值及其估價　　　　　625

第三節　土地改良物稅之課徵　　　　　　　628

第六章　房屋稅　　　　　　　　　　　　　**630**

第一節　課徵標的與納稅義務人　　　　　　630

第二節　房屋稅之內容　　　　　　　　　　631

第三節　房屋稅之減免與罰則　　　　　　　635

第七章　契　稅　　　　　　　　　　　　　**640**

第一節　課徵範圍與納稅義務　　　　　　　640

第二節　契稅之內容　　　　　　　　　　　641

第三節　契稅之減免與罰則　　　　　　　　643

第八章　遺產及贈與稅　　　　　　　　　　**647**

第一節　課徵範圍與納稅義務人　　　　　　647

第二節　課稅價值之估算與稅率　　　　　　650

第三節　稽徵程序　　　　　　　　　　　　657

第四節　稅捐之保全與獎懲　　　　　　　　660

第九章　工程受益費　　　　　　　　　　　**663**

第一節　徵費範圍及數額　　　　　　　　　663

第二節　繳納義務與徵收標準　　　　　　　664

第三節　徵收程序與內容 667

第五編　土地徵收 669

第一章　通　則 671
第一節　強制取得之規範 671

第二節　照價收買 676

第二章　土地徵收 683
第一節　土地徵收之概念 683

第二節　土地徵收之構成要件 687

第三節　土地徵收之標的 691

第四節　土地徵收之當事人 696

第五節　土地徵收之類別及其目的 699

第六節　土地徵用 708

第三章　徵收程序 712
第一節　土地徵收之聲請與核准 713

第二節　土地徵收之執行 720

第三節　土地徵收之完成 726

第四節　土地徵收完成後相關權義 730

第五節　區段徵收之程序 737

第六節　徵收之撤銷與廢止 747

第四章　徵收補償 753
第一節　徵收補償之概說 753

第二節　徵收補償之範圍與標準 758

第三節　徵收補償之發放 771

第四節　補償方式 772

緒

論

▶第一章　土地制度與平均地權

▶第二章　土地法立法之沿革　、

▶第三章　土地法之意義與性質

第一章　土地制度與平均地權

　　土地立法之主要目的，在於解決土地問題。所謂土地問題，乃人與地之關係所衍生之問題。由於科學文明之進步，人口不斷繁殖增長，而土地資源因其自然特性之限制，如數量固定、位置不可移動等，致人地比例不均，產生土地的社會問題與土地的生產問題，亦即地權分配與土地利用發生問題。為解決前揭問題，以求國家之永續發展，從而對於重大之土地問題，應究其根源，確定基本原則及對策，再據以立法實行，以臻達土地政策之基本目標。我國土地法之立法，即本於平均地權土地政策之目標而制定之法制，平均地權土地政策之基本思想，深受中國歷代及外國有關土地制度影響而粹取之精華，研習土地法之本旨，即應對中外土地制度演進有所瞭解，方為入門之必要。

第一節　土地制度之演進

　　土地為人類生存之基本要素，國家發展之所繫，故其分配或利用得當與否，影響甚大。惟土地受其數量固定、位置不可移動之自然的經濟獨占性及技術特性之限制，在政治改良、社會進步、人口增加之趨勢下，土地問題於焉產生。為解決土地失調問題，則必須對舊有土地制度，加以改革更替，以解決問題。

　　中華民族歷代土地制度之變遷，概括言之，可分為四大時期。第一時期，在戰國中葉商鞅變法以前，可謂土地公有時期。至秦廢井田後，土地私有制度建立，迄至北魏孝文帝太和九年行均田之制，為第二時期，約有八百餘年。均田制本質上亦即恢復土地公有制之精神，經北齊、北周、隋至唐德宗建中元年，約有三百年，為第三時期。自安史之亂，均田制破壞後，復行土地私有制，迄民國成立，為第四時期。歷代土地制度之演變過程中，亦歷

經各類土地改革之倡議或相關制度之建立，其中犖犖大者如下[1]：

壹、井田制

中國古代於夏、商、周時期，曾實行過井田式的土地公有制。其制度之內容大致爲「方里而井，井九百畝，其中爲公田，八家皆私百畝，同養公田」。井田之制，不僅在於土地分配而已，亦與地用及土地管理，合而爲一，爲一種特殊之農地制度。惟歷經春秋戰國之戰亂，及秦孝公廢封建、設郡縣，廢井田，開阡陌，土地可任由私人買賣，土地私有制於焉建立。

貳、限田制

西漢爲中國由井田制進入土地私有制之初期，惟至漢武帝時期，地權分配不平均已呈「富者田連阡陌，貧者無立錐之地」的現象，故董仲舒乃建議「限民名田，以澹不足，塞兼并之路」，惟武帝未嘗採納；至漢哀帝時期師丹建議限田，西元前7年（綏和2年）哀帝採納下詔「關內侯吏民，名田皆毋過三十頃」，惟恪外戚幸臣，限田之詔，頒後遂寢不行。

參、王田制

王莽篡漢後，爲解決當時土地私有制之弊端，乃擬恢復土地國有制，於西元9年（始建國元年）試行「王田制」之土地制度，其制度內容「更名天下田曰王田，……，皆不得買賣，其男口不盈八而田過一井者，分餘田與九族鄰里鄉黨。」擬復行井田之制，惟事繁任重，牽連過多，未及三年即告廢止。

肆、占田制

西晉統一天下未久，由於人民死亡流徙，田地多荒蕪，爲安撫流亡及杜絕兼併起見，司馬炎於西元280年（太康元年）創「占田制」，依男女年

---

[1] 請參閱王文甲，中國土地制度史，正中書局，民國66年11月台修1版。趙岡、陳鍾毅，中國土地制度史，聯經出版事業公司，民國72年2版。趙淑德，中國土地制度史，三民書局，民國88年2月3版。

齡之差異，授以不同之土地，如「男子一人占田七十畝，女子三十畝」，性質上類似「公地放領」，惟占田制並非晉之土地政策中心，未曾實地嚴格執行，至東晉南渡之後，大致已廢。

伍、均田制

自東晉南渡之後，中國北方呈長期混亂之狀況，亦即史稱五胡十六國時期，迄自北魏孝文帝統一北朝，依李安世之建議，於西元485年（太和9年）下詔實行「均田制」，在土地公有制之基礎上，施行土地計口授田之還授制度，「諸男夫十五以上受露田四十畝，婦人二十畝，……，老免為身沒還田，奴婢牛隨有無以還受。」嗣後，北齊、北周、隋、唐，均襲均田制之實行，僅略加變更而已。惟唐代中葉以下，經安祿山之亂後，戶籍失清，人口增加，還授田地愈難施行，乃於唐德宗西元780年（建中元年）改以兩稅法後，均田制於焉廢止。

自唐代中葉以來，土地私有制遂隨均田制之廢止而確定，歷經宋、元、明、清各代，雖均有人建議限田，惟多未採行，對於土地私有制度並無重大改革，故私人壟斷土地之弊害，日趨嚴重，迄至清末始有中山先生提出「平均地權」之議，而為民國成立後土地制度之圭臬。

第二節　土地改革之派別

我國土地制度，自唐朝中葉恢復私有制以來，日積月累，沈痾漸深，故孫中山先生即極力主張「平均地權」，期以匡導土地私有制之弊病。中山先生曾於「民生主義」演講中，綜述土地私有制度在我國所發生之問題。在盱衡我國國情，參酌歐美土地改革相關學說後，提出「平均地權」土地制度理念。當時歐美土地改革學說，大致可分為土地稅學派、土地國有學派及社會主義學派三者，其大致內容如下[2]：

2　請參閱史尚寬，土地法原論，頁17～24，正中書局，民國64年2月台5版。鮑德澂，

壹、土地稅學派

　　所謂土地稅學派，係主張對土地之價值，由國家課以稅賦，以達一定目的。此派之基本理論，導源於李嘉圖（D. Ricardo）之地租論，認為土地之有價值，係土地能產生經濟地租所致。而地租之產生，係由於人口增加，土地需求日增所致，故乃經推演而產生土地漲價歸公與按照地價課稅之不同主張。

一、漲價歸公

　　英國經濟學者約翰彌爾（John Stuart Mill）倡導，認為土地私有制度之下，地租之增漲，亦即地價之增漲，係由社會環境所造成，土地所有人並未有任何努力與犧牲，係屬不勞而獲之利得，應收歸公享。因此主張全國土地舉行估價，在估價後，因社會公眾力量所形成之增漲地價，由國家以課稅方式收歸國有，用謀社會之公共福利；但土地所有人投施資本勞力改良土地而增漲之地價，必須除外，免予課稅。其後德國學者達馬熙克（A. Damaschke）等，因德國工商業興盛後，都市地價暴漲，亦力主徵收土地增值稅。

二、單一稅

　　美國社會改革學者亨利喬治（Henry George），鑑於美國工商業發達後，土地私有制度發生重大弊害，認為土地乃天賜恩物，人人應有均等享用土地之權利，故主張私有土地仍歸私有，但國家應按照地價課重稅，將土地自然所生之地租，收歸公有。如此，則土地在名義上雖屬私有，但實際已為公有財產。而按照地價課稅，可將私有土地每年所生之經濟地租，盡收歸公，則擁有土地之地主，無利可圖，如不需用土地，必將放棄土地。並認為國家如切實按照地價課稅，則其稅收足敷政府一切開支，而無須再另課他稅，故有單一稅（Single Tax）之稱。

　　增修土地法規概論，頁4～7，中國地政研究所，民國70年。林英彥，土地經濟學通論，頁344～358，文笙書局，民國88年6月5版。

貳、土地國有學派

英國學者瓦勒斯（A. R. Wallace）認爲資本可以私有，但土地不應私有，謂地租之私人取得，爲經濟上一切禍害之源。近代科技大有進步，而一般國民之貧者反益增大，推其根源，乃在於土地私有制，故主張土地國有。然其國有以土地爲限，而不及於因投施資本而成之建築物、牆垣、灌漑排水之設備、私路及樹木等。瓦勒斯雖主張土地國有，但卻不主張國家經營。國家對於土地，僅保有上級所有權即可，土地應依租佃方法經營之。耕作土地之農民皆爲國家之佃農，而向政府繳納地租，對於原地主，國家應給予補償後，土地皆歸爲國家所有，故稱之爲土地國有學派。

參、社會主義學派

社會主義學說，雖派別分歧，但皆認爲私有財產制度爲造成社會貧富不均之淵源，因此主張一切生產工具應歸社會公有。其中土地爲一重要之生產工具，應即廢止私有，實行公有。馬克思（K. Marx）與恩格爾斯（F. Engels）於1848年所發表「共產黨宣言」中，將此一目標明白揭示。至於達成此一目標之策略，社會主義學者之主張並不一致：有主張用和平手段，重新立法，將生產工具收歸社會公有者。有主張實行階級鬥爭，暴力革命，沒收私人土地與資產，歸諸公有者。此一激烈派，後來與緩和派分道揚鑣，而組織共產黨，實行其所謂共產主義。

第三節　平均地權之意旨

我國土地法之制定，係以民生主義土地政策爲立法之最高基本原則，依據孫中山先生之主張，實施平均地權爲解決土地問題之最有效的辦法，故曰：「我們要預防這種由於土地關係，有貧者愈貧，富者愈富的惡例，便非講民生主義不可」、「講民生主義，又非用從前同盟會所定的平均地權方法不可。今日革命事業，並未成功，要想革命完全成功，預先還要解決土地問題」因此，平均地權是實行民生主義，解決土地問題之首要方法，而爲解決

土地問題而訂定之土地法制，自必以平均地權之本旨，爲其所定規範之圭臬。

壹、平均地權之目的

平均地權之目的，不僅消極地要求地權公平分配與地利共享目標，更積極地要求達成地盡其利，以增進國民財富爲其目的。1905年中山先生在《中國同盟會軍政府宣言》說明，平均地權之意義爲：「文明之福祉，國民平等以享之，當改良社會經濟組織，核定天下地價，現有之地價，仍屬原主所有；其革命後社會改良進步之增值，則歸於國家，爲國民共享。肇造社會的國家，俾家給人足，四海之內，無一夫不獲其所。敢有壟斷以制國民之生命者，與眾共棄之。」爰此，可知平均地權之主旨，在於改良社會經濟組織，使地盡其利；核定天下地價，以劃分公私地權；實施漲價歸公，以排除投機壟斷，以共未來之產，使文明之福祉，由國民平等共享之。故以「規定地價」、「照價徵稅」、「照價收買」、「漲價歸公」爲實施平均地權之四大辦法。

貳、平均地權之意義

平均地權之意義，並非將地權均分之，而爲大家平均等分擁有土地。故中山先生早以「平均地權有疑爲從實均地者，豈知地有貴賤，從實均地仍是不平！」闡明其意旨。所謂「平均」，乃在於每位國民均有相同的機會，擁有土地權利；均能共同享受因文明福祉之增進而增加之地利，將土地之自然增值與社會改良部分，收歸國有由全民共享之。故經由「規定地價」，以劃分現在與未來之地價，確立公私產權之分際，地主申報之現在地價，歸地主享有；規定地價後之自然增值，悉歸國家所有。而「照價徵稅」，乃由政府依據人民自行申報之地價，對其私有土地課以地價稅。「照價收買」則爲國家依人民自報之地價，強制收買其土地，以防止地主申報地價以多報少；或爲開發新港埠、城市等國家經濟政策之必要。最後，「漲價歸公」之目標，在於將土地之自然增值，以漲價歸公之方式，收歸社會大眾共享。

參、平均地權之本質

　　平均地權制度下所有權的概念，係就所有權的管理、處分、使用、收益等所有權權能，在國家擁有上級所有權，人民擁有下級所有權之「均權制」理念下，以「橫向」方式分割土地所有權。國家對於私有土地所有權，保留相當之支配權，以針對土地特性及國家社會發展之需求，予以合理規劃分配，進而促進土地有效利用，增進人民福祉。故平均地權並非實施土地國有制，在此制度之下，私人仍得擁有土地所有權，受到法律之保障與限制[3]。因此，孫中山先生在「平均地權之具體說明」一文中，曰「世界學者，多主張地歸國有，理本正大，當可採取。惟地不必盡歸國有，但為公共需用之土地，則有之斯可矣。」又於「民生主義與社會革命」一文中，曰「求平均之法，有主張土地國有的。但由國家收買全國土地，恐無此等力量。最善者，莫如完地價稅一法。」

　　國民政府早於制定憲法時，即將平均地權列為基本國策，故憲法第142條規定：「國民經濟應以民生主義為基本原則。實施平均地權，節制資本，以謀國計民生之均足。」又第143條規定：「中華民國領土內之土地屬於國民全體。人民依法取得之土地所有權，應受法律之保障與限制。私有土地應照價納稅，政府並得照價收買。附著於土地之礦及經濟上可供公眾利用之天然力，屬於國家所有，不因人民取得所有權而受影響。土地價值非因施以勞力資本而增加者，應由國家徵收土地增值稅，歸人民共享之。國家對於土地之分配與整理，應以扶植自耕農及自行使用土地人為原則，並規定其適當經營之面積。」於此，將我國對於土地問題解決方式之主張，囊括無遺，確立平均地權土地制度，而為土地法制之立法意旨所在。

3　請參閱蕭錚，平均地權之理論體系，頁128～133，中國地政研究所，民國57年9月2版。

第二章　土地法立法之沿革

我國歷代並無土地法規之制定，蓋均以「田土」為細故，至民國4年，全國經界局成立，曾編纂經界三書，目的亦僅在稽徵田賦地稅，同年9月，參政院代行立法院開會，通過「土地收用法」，而為我國土地立法之濫觴[1]。

第一節　制定之背景與原則

中山先生早年鼓吹革命，於中國同盟會時，即以謀求解決中國土地問題，為其民生主義中之重要主張，並揭櫫「平均地權」為其理想所在。故於民國11年國府於廣州設立土地局，旋並頒行「土地稅法」。民國12年，中山先生延聘德人單維廉（Dr. Wihelm Lundwing Schrameier）博士為地政顧問，至廣州調查土地情形，並研定「土地登記徵稅法」，共30餘條。及至民國17年，國府定鼎南京後，國民政府法制局為因應各省市建設時收用土地之需，爰參照國民黨之主義及黨綱，擬定「土地收用法草案」，嗣經中央政治會議第148次會議修正更名為「土地徵收法」，由國民政府於民國17年8月28日公布施行。

迄至同年11月，中央政治會議第169次會議，由委員胡漢民、林森，遵照中山先生平均地權之意旨，參酌廖仲愷在廣州與單維廉博士等討論土地稅法之結果，並參考膠州、加拿大、英、德等關於土地之法案，草擬「土地法原則」草案，提請審查公決。於同年12月30日審查完竣，提經第171次政治會議通過，於民國18年1月16日函送立法院查照，以為制定土地法之依據。

---

[1] 本章請參閱楊松齡，土地法制定沿革與台灣實施經驗之評析，台灣法制100年論文集，頁512～545，台灣法學會印行，民國85年11月。

壹、土地法原則

土地法原則之前言如下：「國家整理土地之目的，在使地盡其利，並使人民有平均享受使用土地之權利。總理之主張平均地權，其精義蓋在乎此。欲求此主張之實現，必要防止私人壟斷土地，以謀不當得利之企圖；並須設法使土地本身非因施以資本或勞力改良結果所得之增益，歸為公有。為求此目的之唯一最有效手段，厥為按照地值徵稅及徵收土地增益稅之辦法。」

其次，九項原則之內容說明如次：

一、徵收土地稅，以地值為根據

總理主張由人民（即土地所有權者）自由申報地價，以所申報數額為徵稅標準，但政府得照申報之價收買。其目的在使人民不敢因圖避免少繳地稅，而短報地價，用意至善。查政府於此種情形中收買人民土地，普通辦法係將其土地拍賣，所得賣價，先照原地主申報之價償還，餘歸政府所有。但此種辦法，在實施時，每為社會上及經濟上一時之情形所迫，致生窒礙。如加拿大之溫哥華市，於歐戰後之數年間，將欠繳地稅土地，每次拍賣，少有應之者，德占青島時亦然。茲擬略加補充，關於都市土地，在人民申報地價後，政府再加以估計，每年徵收土地稅，以估定地價為標準，至徵收土地增益稅，則以申報地價為標準。但政府仍保留其按照申報地價收買土地之權。似此於實行上較為便利。

二、土地稅率，以漸進方式為原則

根據地值徵稅原則，土地稅率應等於地賃之數。蓋地賃若變為地稅歸諸國家，則地主除用人力資本改良土地以得收益外，無坐享地賃利益之機會。而土地所有權者，不能以土地居奇，棄不使用。其結果則地價廉，於是使用土地之權利，必漸趨普遍；前此以壟斷土地圖利之資本亦必逐漸轉投於生產事業。彼主張根據地值徵稅之經濟學者，每謂「地稅貴，地價廉，而生產事業發達」，即指此也。關於決定稅率問題，據地值稅專家單維廉氏之主張，以地方上通行貸款利率之平均數目為稅率之標準，曾假定廣州通行貸款利息之平均數為10%，即主張以按照地值10%為土地稅率。惟總理曾言，各國土地稅法，大都值百抽一，並有主張值百抽一之意，與單維廉氏之說大有出

入。單氏以1%稅率過輕，絕不能達到地價低廉之目的，主張徹底辦法，竭力維護其高稅率之原則。而廖仲愷氏則以10%高稅率爲不可行，仍主張1%之輕稅率，俟將來逐漸增加。當時關於此點之討論，意見兩歧，主張輕稅率者之意，乃爲便於施行起見，或於經濟現狀不願發生重大影響，故決採漸進辦法。

三、對於不勞而獲之土地增益，行累進稅

地價須與不勞而獲之土地增益稅，一併施行，方能收平均地權之效。互相爲用，不可缺一。按照地價稅原理，地價之增漲，由於人口增加與社會經濟之進步，非由於地主之力量得來，其增益應歸諸社會，以眾人之財富，還諸眾人，本極合乎社會之公道原則。地價稅按年徵收，土地增益稅，則於土地所有權移轉或經若干年而不移轉時徵收之，二者稅率之輕重，互爲因果。蓋地值稅輕，土地增益必大；反之，地值稅重，土地增益必微。前者地主以稅率輕微，尚可以土地投機；後者地主因負重稅，勢必急圖改良，或變賣其土地，不能置之不顧，專候漲價而脫售。若重收地值稅，並決定土地增益稅爲土地漲價之全部，其結果，則地價廉，生產事業發達。此爲地值稅經濟學者所主張之徹底辦法。若地值稅與土地增益稅均輕，其結果則地價仍漲不已，不能完全制止土地之投機。至輕課地值，並徵收土地增益之全部，既可收徹底之效，又於社會經濟現狀不致有激烈反響，此乃中庸之道。所以，總理主張地值稅值百抽一，而增益全部歸公也。惟是法貴施行有序，且貴乎便民，有主張分期辦法，先徵一部分，俟推行便利，然後逐漸增加稅率者；有主張累進增稅者，本立法原則，即決採用後者，且主張只定大體原則，予各地方以斟酌情形，決定辦法之餘地。

四、土地改良物之輕稅

依照根據地值徵稅原則，於徵收地值稅外，所有地面改良物，原應一概免徵，以收鼓勵人民土地改良之效。在土地稅實行後，如廣州之房捐及北平之舖捐等類，須一律廢除，或逐漸減輕，否則與地值徵稅之原則相違反，不特無大效可見，反於經濟上發生不良影響。惟從財政上實際情形觀之，若一律廢除，恐生窒礙，此點亟應詳加考慮。查總理在大元帥任內時，頒行土地稅法，規定改良物值千抽五，其意在雙方顧全，不肯偏重，本立法原則採之。

五、政府收用私有土地辦法

政府得用價收買私有土地，爲國防、公益或公營事業之用，但不得收買土地爲營利目的。收用私有土地時，所有土地上改良物，政府須予以相當賠償。

六、免稅土地

政府機關及地方公有之土地，不以營利爲目的者，經政府許可後，得免繳地稅。

七、以增加地稅或估高地值的方法，促進土地之改良

現代都市規劃，將市內土地劃分用途，地主須遵照政府規定辦法，依時實行使用，逾期不遵辦，即將該地稅率增加，或估高其地值，以促進土地之改良。至於都市外之荒地，亦依此原則行之。

八、土地掌管機關

關於土地掌管機關，設省、市土地局及縣土地局，並設一中央機關監督並指揮之。土地掌管機關之職權，計有管理公有土地、土地測量、土地登記、保留土地冊籍、發給土地契據、估計地值、解決因本法所生之爭議及訂定地價稅冊等八款，關於收稅事項，應由財政機關辦理；關於減免稅事項，非本法所明白規定者，由國民政府決定之；關於解決本法發生之爭執，設土地仲裁裁判所辦理之。

九、土地移轉，須經政府許可

土地爲生產之根本要素，且係有一定限量之物，實爲國民生計之基礎，與其他財富之可以用人力增減者不同。故政府於土地權之移轉，認爲於國計民生有妨礙時，可以制止或取消之。查德國之所定之膠州土地法，於土地移轉須得政府之允許，可爲前例也。

貳、土地法典之制定

民國18年立法院第10次會議決議，由吳尚鷹、王用賓、鄧召蔭、陳肇英、黃昌穀等五人爲土地法起草委員，並特聘戴傳賢、王寵惠爲顧問，於民

國19年5月起草完竣。吳氏等起草時，依據民國13年中國國民黨第一次代表大會通過議決之「國民黨政綱」中，「對內政策」第15條：「由國家規定土地法、土地使用法、及地價稅法。……」之規定，分別起草「土地法」、「土地使用法」、「地價稅法」、「土地徵收法」等四種單行法草案，並因土地登記為土地行政之始，特又增訂「土地登記法」草案。

嗣以各法須同時起草，且彼此牽連並相互關係，乃決定仿照民法之體例，採「法典主義」，編為一完全之土地法典，並分為「總則」、「土地登記」、「土地使用」、「土地稅」、「土地徵收」五編，共三十一章，計397條。土地法雖於民國19年6月30日公布，但該法第5條規定：「本法之施行法另定之。」第6條規定：「本法各編施行日期及區域，以命令定之。」因此土地法雖已公布，惟須待土地法施行法之訂定及命令之頒行，始可施行。

土地法施行法原擬由立法院土地委員會，會同中央地政機關籌備處擔任起草，但該籌備處成立未久，即因故裁撤。立法院旋於民國21年6月諮請行政院，在中央地政機關未成立前，由主管土地機關斟酌各地實情，擬具草案，送立法院審議。延至民國23年5月，始由行政院將土地法施行法草案、估計專員任用條例草案、契據專員任用條例草案，一併送立法院審議。立法院並於民國23年5月18日第三屆第59次會議，議決付土地委員會會同法制委員會審查。同年6月30日舉行聯席會議，指定姚傳法、史尚寬、陳長蘅、趙迺傳、黃右昌等五人為初步審查，由姚傳法召集，於民國24年3月院會通過，國民政府於同年4月5日明令公布，此即所謂舊土地法施行法。

舊土地法施行法公布後，國民政府於民國25年2月22日明令土地法及土地法施行法，均自民國25年3月1日起施行，並將行政院所訂「各省市地政施行程序大綱」（共33條）同時公布，以為施行土地法之準繩。至此，有關土地法令之基本法制，於焉完成其完整之體系。

第二節　大陸時期之施行及修正

土地法自民國19年6月30日公布，迄至民國25年3月1日會同土地法施行法之制頒，一併施行，其間歷經6年，社會經濟狀況情移事異，變遷甚大，

原法條多難切合實際，不易推行，各方咸望予以合理修正，以期發揮法律之功能。民國25年1月國民黨中央政治委員會下設土地專門委員會，幾經集議，擬具「修正土地法原則」24項，經中央政治委員會於民國26年6月5日第43次會議修正通過23項，交立法院爲修正土地法之張本。

壹、土地法修正原則

　　土地法修正原則計23項，其內容如下：

一、土地應根據其使用性質（如耕地、林地、牧地、漁地、建築地等）分類，本法所用土地種類名稱，應求統一。

二、應明訂國家爲實施土地政策及調整分配，得設立土地銀行及發行土地債券之條款。

三、應明訂政府爲扶植自耕農，關於下列各款，得另訂條例：

(一) 參酌地方情形，規定一自耕農戶應有耕地面積之最低限度，並限制其處分。

(二) 限制自耕地之負債最高額。

(三) 自耕地之繼承辦法。

四、土地裁判所之規定應刪除；第一次土地所有權登記時，市縣司法機關附設土地裁判法庭，以二審終結之。

五、土地測量登記，應合爲一編，關於土地測量，應在本法爲大體之規定。

六、登記程序應從簡易，其公告時間應縮短1個月至3個月，登記費用應酌減，登記圖冊書狀之種類式樣及記載方法各條應刪，而賦予中央地政機關以命令規定之權，地政機關所發之權利書狀，應爲權利之唯一憑證。

七、在第一次（所有權）登記時，關於土地權利所發生的爭議，應明訂先由主管地政機關調解之，不服調解時，得向土地裁判法庭呈訴。

八、土地登記，遇土地所有權人非家長時，應註明家長姓名。

九、無人申請登記之土地，得依法爲公有土地之登記。

十、房屋救濟，應爲經常之規定，關於準備房屋，無庸規定。

十一、耕地出租爲不在地主時，或承租人繼續耕作5年以上，而其出租人非農民，或非老弱孤寡，藉土地爲生活時，承租人得請求徵收其土地。

十二、耕地租用契約，應經主管地政機關之審核並登記。

十三、爲減輕地租之負擔，應明訂地租最高額爲登記後地價之8%，但承租

人得依習慣以農產物代繳。

十四、荒地須有大規模墾荒之組織始能墾荒者，得另設墾務機關辦理之，並得由土地銀行等加以協助，原法代墾人應刪。

十五、承墾人於荒地墾熟後，應無償取得土地所有權，並予以相當長期之免稅。

十六、土地重劃，係地政機關促進土地利用之主要措施，應無須土地所有權人之同意，原法第218條應刪，並應增加耕地應灌溉、排水或其他農事上之需要改良，亦得為土地重劃。

十七、重劃土地之相互補償，一律以地價為計算標準。

十八、以申報地價為法定地價（原法關於估定地價之條款應刪），申報前，得先由地政機關參照最近5年土地收益及市價，查定標準地價公告之，申報時為10%以內增減，不依法申報或不為申報時，即以標準地價為其地價。

十九、地價稅率，採用累進制（本項原經中央政治委員會議決暫予保留，嗣經中國國民黨第五屆全國代表大會再次決議仍採用累進稅率），不分稅地區別，起稅點為地價10‰至20‰，荒地及不在地主之土地稅，得酌量加重。

二十、特殊建設地區，因地價激增，致土地稅收較原額有增益時，得呈准以增益部分撥償該項建築經費，此種區域內無移轉土地之增值稅，得於建設後第6年徵之。

二一、土地增值實數額內，應扣除土地所有人投施勞力資本為特別改良所得之增益，及已繳之特別徵費（按即工程受益費）。

二二、國家實施土地政策，或興辦鐵道、水利及國防軍備而徵收土地時，得於發給補償金前，進入土地工作，並得以土地債券為補償或分期補償。

二三、徵收程序及手續，應力求簡便。

　　上述修正原則，經交立法院審議，適對日抗戰事起，遂暫行擱置。俟國府遷都重慶後，立法院由土地法起草委員會，依據上述23項修正原則，擬訂土地法修正草案，於民國28年3月院會通過，呈報國民政府轉國防最高委員審查，惟經交行政院核簽意見，與法制、財政兩委員會意見出入甚大，乃由國防最高委員會常會，於同年8月議決：「延至抗戰結束後，再作最後之決

定」。土地法修正之工作，即未再進行。

貳、抗戰時期之土地立法

　　在對日抗戰期間，為適應事實需要，行政院曾研訂各類土地法案，以變更或補充土地法之不足，立法院曾根據行政院所提各種法案，先後制定「戰時地價申報條例」（民國32年11月25日公布、民國35年9月12日廢止）、「戰時地籍整理條例」（民國32年12月17日公布、民國35年9月11日廢止）、「戰時徵收土地稅條例」（民國33年3月26日公布、民國35年10月10日廢止）、「戰時房屋租賃條例」（民國32年12月13日公布，對日抗戰勝利後，民國36年12月1日改稱為「房屋租賃條例」，其有效期間為3年，已於民國39年11月底期滿時效消滅等特別法律，由前國民政府予以公布施行。

參、抗戰後土地法之修正

　　民國34年8月，對日抗戰勝利，政府仍本既定政策，修正土地法。先由行政院地政署擬具土地法修正草案暨土地法施行法修正草案，送請行政院核定後，函轉立法院審議。立法院經5月之審議，完成審查修正案，於民國35年3月提報院會討論通過，同年4月29日由前國民政府公布，同日施行。

　　民國35年修正之土地法，仍分五編，除第二編改「地籍」外，其餘四編仍舊，但各編所分章次及條文內容，多有增刪變更，計分二十五章，共247條，較舊土地法減少150條。修正之土地法施行法亦分五編，條文內容並有增刪，共61條，較舊土地法施行法少列30條。

　　土地法之編制及其修正要點，概述於下：

　　第一編「總則」，分為法例、地權、地權限制、地權調整、公有土地等五章。其重大之修正要點如下：

一、增加外國人土地權利之規定。

二、增加政府得徵收私有土地創設自耕農之規定。

三、刪除舊土地法關於設置地政機關及土地裁判所之規定。就本編內容而論，大都關於地權之規定。

　　第二編「地籍」，分為通則、地籍測量、土地總登記、土地權利變更登記等四章，其重大之修正要點如下：

一、增加地籍測量實施程序之規定。

二、簡化土地登記程序之規定，將舊土地法中關於登記程序之條文，多予刪除。

第三編「土地使用」，分爲通則、使用限制、房屋及基地租用、耕地租用、荒地使用、土地重劃等六章。其重大之修正要點如下：

一、改定限制地地租標準（將舊土地法限制地地租不得過正產物收穫量375‰之規定，改爲不得超過地租8%）。

二、增加租用建築基地之規定。

三、變更開墾公有荒地之規定。

四、節刪土地重劃程序之規定。

第四編「土地稅」，分爲通則、地價及改良物價值、地價稅、土地增值稅、土地改良物稅、土地稅之減免、欠稅之處罰等七章，其重大之修正要點如下：

一、關於規定地價之程序，採用「戰時地價申報條例」之規定，先由地政機關查定標準地價，然後業主申報地價，但僅得爲標準地價20%以內增減。

二、關於地價稅之徵收，採用「戰時徵收土地稅條例」之規定，實行累進稅率。

第五編「土地徵收」，分爲通則、徵收程序、徵收補償三章。其重大之修正要點如下：

一、將土地徵收之目的，分爲興辦公共事業與實施國家經濟政策兩種。

二、增加徵收土地地價之補償，得搭發土地債券之規定。

三、增加保留徵收之規定。

土地法修正公布後，日本侵略中國甫告終止未久，而共產黨與國民政府之內戰，又起伏未定，對於淪陷地區之歸復，即所謂「綏靖區未定」，其土地之處理，又非一般常法可供肆應，其中若干地區曾經共產黨實施「土改」，沒收地主土地，分配予佃農、僱農。爲因應綏靖地區土地處理之需要，乃通過「綏靖區土地處理辦法」公布施行。民國38年1月28日由總統公布施行，惟不久大陸淪陷，該條例失其效用，於民國40年1月5日明令廢止。

第三節　在台灣之施行與修訂

　　國民政府遷台之後，爲落實平均地權土地政策，乃積極實施土地改革。而原大陸時期修正頒行之土地法，仍維持不變，另依台灣當時社會經濟背景，適時適地制定各類特別法。至於土地法之條文內容，在參酌實際社會發展之需要，僅做局部、片斷之修葺，其基本架構仍保持，不多更變。

壹、土地法之施行與修正

　　土地法在台灣施行期間，分別於民國44年、民國64年、民國78年、民國84年、民國89年、民國90年、民國94年、民國95年、民國100年、民國110年及民國111年，歷經十一次之修正，其歷次修正之內容如下：

一、第一次修正（民國44年）

　　政府播遷台灣之後，由於國際情勢詭譎，時事多變，國民政府爲適應實際需要，行政院於民國43年11月提修正案，並於民國44年3月19日經總統公布施行，即將土地法第18條原條文：「外國人在中華民國取得或設定土地權利，以其本國與中華民國訂有平等互惠條約，並依其本國法律，准許中華民國人民享有同樣權利者爲限。」修正爲：「外國人在中華民國取得或設定土地權利，以其本國與中華民國有外交關係，並依條約或其本國法律，中華民國人民在該國享受同樣之權利者爲限。」將原條文中須有「訂有平等互惠條約」之規定刪除，其餘內容則未變更。

二、第二次修正（民國64年）

　　由於國際局勢之變遷，國內社會型態與經濟結構均有重大變遷，土地法歷時三十載之相關規定，頗多不合時宜之處。爰此，內政部乃擬訂「土地法部分條文修正草案」，就當時急切需要部分，做局部重點修改，提經立法院於民國64年7月15日院會修正通過，並於同月24日，經總統令修正公布。本次修法之主要背景，大致爲：

(一) 修正機關名稱以符合政府現行體制（修改第16條、第21條及第222

　　條）。

(二) 為適應外交情勢之變易（修改第18條）。

(三) 為配合當前社會經濟發展之需要。

1. 配合農業發展（修改第30條、增訂第30-1條）。

2. 為便利解決共有土地之糾紛，促進土地利用（增訂第34-1條）。

3. 為保障契約或債權之安全（增訂第75-1條、第79-1條）。

4. 為改進土地繼承登記之需要（增訂第73-1條）。

(四) 為便利地籍重測之實施（增訂第46-1條、第46-2條及第46-3條）。

(五) 為改進土地登記，加強行政效率以便民。

1. 土地總登記公告期間（修改第58條）。

2. 簡化土地登記流程（修改第39條）。

3. 明訂土地登記規則之法源（增訂第37條第2項）。

4. 訂定土地登記代理人管理辦法之法源（修改第51條第2項、增訂第37-1條）。

5. 加重逾期登記罰鍰，以杜絕糾紛（修改第72條、第73條）。

(六) 增加行使優先購買權之權利主體，強化土地利用之機能（修改第104條）。

三、第三次修正（民國78年）

　　土地法施行至此，除地籍及土地徵收兩編外，各編均有相當之特別法之頒行，以滿足社會發展之需求，故民國78年以「地籍管理」及「土地徵收」為主，修訂土地法相關法條內容，其重點大致如下：

(一) 有關土地登記及地籍管理方面

1. 建立土地登記代理人制度（修訂第37-1條）。

2. 增訂交通水利用地及雪山、沙漠土地，必要時得予以編號登記，以利地籍管理（修訂第41條）。

3. 明訂土地所有權人，於地籍測量時，應設立界標，永久保存之（修訂第44條）。

4. 建立地籍測量師制度（增訂第47條）。

5. 確定地政規費之收費標準（增訂第47-2條）。

6. 縮短土地總登記之公告期間（修訂第58條）。

(二) 有關土地徵收方面

1. 徵收土地時改良物應否「一併徵收」，應視不同情況而定（修訂第215條）。
2. 殘餘土地請求一併徵收之期間限制（修訂第217條）。
3. 改「收回」為「買回」，並明訂買回被徵收土地之條件期限（修訂第219條）。
4. 中央機關及省、市政府之徵收土地，改由中央地政機關核准之（修訂第222條、第223條、第225條、第227條、第231條）。
5. 賦予土地權利利害關係人對徵收土地公告事項之異議權（修訂第227條）。
6. 被徵收土地之禁止移轉及設定負擔（修訂第232條）。

四、第四次修正（民國84年）

　　為因應社會分工專業化之趨勢，以及職業證照化的潮流，在確保所有人財產權保障之前提下，於民國64年修法增訂第37條之1，以為土地登記專業代理人訂定管理辦法之法源，並於民國78年修法，確立證照制度，惟為顧及未領有土地代書人登記合格或登記卡者，基於工作權保障之理念，得繼續執業5年。為貫徹證照制度，並加強土地登記專業代理人之管理，確保產權交易之安全，爰乃依民國78年該法條之意旨，於民國84年1月20日修正公布，對於未領有土地代書人登記合格證明或登記卡者，明訂得繼續執業至民國84年12月31日止。

五、第五次修正（民國89年）

　　為配合農地自由買賣政策之推行，刪除第30條、第30條之1及第33條有關農地買賣、農地繼承及照價收買之限制。同時修訂第73條之1有關未辦理繼承土地之代管等問題。其次為配合精省政府，爰修訂第4條之1有關公有土地之種類，以及其他相關法規。

六、第六次修正（民國90年）

為促進經濟發展、吸引外商投資、放寬外國人取得我國土地之限制，修訂第17條、第19條、第20條，並刪除第21條至第23條之規定，以簡化作業程序。此外，並增訂第34條之2、修訂第34條之1、第37條、第37條之1、第44條之1、第47條、第214條，及刪除第218條。

七、第七次修正（民國94年）

日本據台期間，許多教堂寺廟之不動產，因當時日本政府之要求，均登記為日本人所有，致其土地其建物於台灣光復後，國民政府誤為日產予以接收並登記為國有。後行政院遂根據國有財產法第60條第2項訂定「台灣地區國有財產捐贈寺廟教堂辦法」，以解決此一歷史造成之不公平現象，還產於民。

惟查現行土地法第14條第1項第9款規定：「下列土地不得為私有：九、名勝古蹟。」而前述許多寺廟教堂已被指定為「古蹟」，則財政部國有財產局礙於前引法律之規定，無法順利還產於民，除濟南教會之外，對於全國類似事件亦應通盤考量後加以解決，因此修正現行土地法第14條條文，增訂第3項。

八、第八次修正（民國95年）

有關為執行土地法第69條更正登記之意旨，而頒布施行之土地登記規則，經大法官會議釋字第598號解釋，認為上開規則相關規定（土登§122Ⅱ、Ⅲ）逾越、土地法第37條第2項之範圍，並牴觸同法第69條之規定而無效。爰此，為便利更正登記之施行，簡化登記程序，及修訂土地法第69條之規定，在一定情形下，得由登記機關逕行更正之。

九、第九次修正（民國100年）

有關不在地主之規範及加徵其地價稅，已不合時宜，並造成不合理之差別待遇，為符合公民與政治權利國際公約之平等原則，爰予刪除相關規定。又為配合民法物權編刪除永佃權，增訂「農育權」及修正「地役權」為「不動產役權」，亦修正相關規定。

十、第十次修正（民國110年）

　　按司法院於107年5月4日作成釋字第763號解釋，以本法第21條第1項有關收回被徵收土地規定，就被徵收土地之後續使用情形，並未規定應定期通知原土地所有權人或依法公告，致人民無從及時獲知充分資訊，俾判斷是否行使收回權，不符憲法要求之正當程序，於此範圍內，有違憲法第15條保障人民財產權之意旨。主管機關應檢討增訂定期通知原土地所有權人或依法公告被徵收土地使用情形之規定，並依通知義務是否履行規定合理時效期間，爰擬具本法第219條之1修正草案，增訂直轄市或縣（市）地政機關應每年將被徵收土地使用情形通知及公告原土地所有權人或其繼承人，及直轄市或縣（市）地政機關未依規定履行通知及公告義務時，其收回土地請求權之長期時效期間；本法此次修正之條文施行時，原土地所有權人或其繼承人收回土地之請求權時效尚未完成者，亦有其適用。

十一、第十一次修正（民國111年）

　　現行土地法第73條之1規定，無法充分保障繼承人的權益，為求便民及保障人民財產權，以「書面通知繼承人」取代「公告」或明定作為公告的配套措施。又繼承人自繼承開始日起，超過1年都未辦理繼承登記，地政機關除依現行規定公告外，還必須以書面通知繼承人。此外，地政機關在將土地或建物移請財政部國有財產署公開標售前，地政機關應以書面通知繼承人，而按規定標售的土地或建物前應公告的時間，由原先的30日增長為3個月；而優先購買權人於決標後表示優先購買之期限，由10日增長為30日。

貳、土地法相關特別法之制定

　　政府遷台以後，鑑於原大陸時期制頒之土地法，多屬原則性、綱要性之規定，為適應當時國家社會之急切發展需要，恐通盤整理修訂曠日費時，為爭取時效，乃每舉一事，即單獨創制一單行法規，而為土地法之特別法。此等先後制定之土地單行法規，依其性質，大致分類如下：

一、有關農地改革之立法

(一) 耕地三七五減租條例

　　有關耕地租用事宜，土地法第三編已有明定，惟台灣光復後初期，農地尚未規定地價，爲減輕佃農地租負擔，保障佃農權利，安定農村秩序，以循次達成耕者有其田目標，乃於民國40年5月25日經立法院三讀通過，同年6月7日由總統公布實施，其間歷經民國43年12月9日、72年12月23日及91年5月15日等三次修正。

(二) 實施耕者有其田條例

　　繼減租政策實行之後，政府爲達成扶植自耕農，消滅土地兼併剝削現象，乃於民國42年1月20日經立法院三讀通過，同年1月26日由總統公布實施耕者有其田條例。惟該條例之實行，已達成社會發展之階段性政策任務，故於民國82年7月30日由總統公布廢止。

二、有關市地改革之立法

(一) 實施都市平均地權條例

　　由於農地政策成功地施行，政府爲貫徹平均地權土地政策之理想，加強都市地權制度之改革，乃於民國43年8月26日由總統公布施行。同年9月7日行政院命令台灣省爲施行區域。台灣省於經過兩年的準備後，於民國45年開始實施，其間，又歷經民國47年7月2日、民國53年2月6日、民國57年2月12日及民國61年11月11日等先後四次之修正。

(二) 平均地權條例

　　迨民國60年代，由於經濟發展迅速，土地投機之風日盛，導致社會財富分配不均，政府乃基於憲法之規定，在平均地權爲我國基本國策的前提下，決定全面實施，而將原「實施都市平均地權條例」重新修訂，而改稱爲「平均地權條例」，於民國66年2月2日由總統公布施行。其後，於民國69年1月25日、民國75年6月29日、民國78年10月30日及民國83年2月2日等先後四次之修訂。此外，爲配合農地自由買賣政策，於民國89年1月26日進行修

訂，復爲配合土地信託之施行，民國90年6月20日修訂，爲配合土地增值稅減半措施，於民國91年1月30日、5月29日、民國93年1月14日、民國94年1月30日，民國98年12月30日、民國100年6月15日爲修訂，又爲建立不動產買賣實價登錄制度之建立，於民國100年12月30日再度爲之修訂。爲調整重新規定地價之期間，於民國106年5月10日修正公布第14條、第17條條文、民國107年12月5日修正公布第51條條文、民國108年7月31日修正公布第47條、第81條之2、第87條條文、民國110年1月27日修正公布第47條、第81條之2、第87條，並增訂第47條之3條文及民國112年2月8日修正公布第4條、第47條之3、第81條之2、第87條條文；增訂第47條之4、第47條之5、第79條之1、第81條之3、第81條之4條文。

三、有關土地利用之立法

(一) 國土計畫法

在國土面臨前揭涉及國土保安、生態保育、資源維護、糧食安全、經濟發展及城鄉管理等不同面向之重要議題，政府爲追求生活、生產及生態之永續發展，爰於民國105年1月6日頒布「國土計畫法」。民國109年4月21日修正公布第22條、第35條、第39條、第45條、第47條條文。

(二) 都市計畫法

爲促進都市土地利用，改善居民生活環境品質，達成市地利用之均衡發展，於民國28年6月6日公布施行，並於民國53年9月1日、民國62年9月6日、民國77年7月15日、民國89年1月6日、民國91年5月15日及同年12月11日、民國98年1月7日及民國99年5月19日、民國104年12月30日，民國109年1月5日及民國110年5月26日修正公布。

(三) 區域計畫法

爲促進土地及天然資源之保育利用、人口及產業活動之合理分布，以加速並健全經濟發展，改善生活環境，增進公共福利，政府於民國63年1月31日制頒區域計畫法，民國89年1月26日修訂。

(四) 農地重劃條例

　　爲改善農業生產環境，調整農場結構，增進農地利用，於民國69年12月19日公布實施，民國89年11月8日及民國100年6月15日修訂。

(五) 農業發展條例

　　爲加速農業發展，改善農業生產結構，促進農地利用，提高農民生活水準，於民國62年9月3日公布施行，並於民國89年配合農地自由買賣政策，全面大幅修訂，民國91年1月30日、民國92年2月7日、民國96年1月10日、民國96年1月29日、民國99年12月8日及民國105年11月30日修正。

(六) 山坡地保育利用條例

　　爲保護自然生態景觀，涵養水源及水土保持，並爲經濟有效利用，乃規範山坡地之可利用限度與開發利用方法，於民國65年4月29日公布施行，民國75年1月10日、民國87年1月7日、民國89年5月17日、民國91年6月12日、民國95年6月14日及民國108年1月9日修正。

(七) 都市更新條例

　　爲促進都市土地有計畫之再開發利用，復甦都市機能，改善居住環境，增進公共利益，於民國87年11月11日公布施行，民國89年4月26日、民國92年1月29日、民國94年6月22日、民國95年5月17日、民國96年3月21日、民國96年7月4日、民國97年1月16日及民國99年5月12日修正。又爲因應司法院釋字第709號解釋，並強化政府主導都市更新，於民國108年1月30日全面修正公布，民國110年5月5日修正公布第32條，同年5月28日修正公布第57條、第61、第65條條文。

(八) 新市鎮開發條例

　　爲開發新市鎮，促進區域均衡及都市健全發展，誘導人口及產業之合理分布，改善國民居住及生活環境，於民國86年5月21日公布施行，民國89年1月26日、民國98年5月27日及民國109年1月15日修正。

(九) 農村社區土地重劃條例

　　爲促進農村社區土地合理利用，改善生活環境，於民國89年1月26日公布施行，民國91年12月11日修正。

四、土地徵收條例

　　有鑑於土地徵收之法制，除土地法列有專論規定外，其他相關法律多達二十餘種，規定紛歧，非但執行不便，亦易生困擾，爰此制頒「土地徵收條例」，於民國89年2月2日公布施行，民國91年12月11日及民國101年1月4日修正。

五、其他相關之立法

(一) 國有財產法

　　爲便於國有土地之取得、保管、使用、收益及處分，乃於民國58年1月27日公布施行，民國60年5月5日、民國64年1月17日、民國70年1月12日、民國81年4月6日、民國89年1月20日、民國91年4月24日、民國92年2月6日及民國101年1月4日及民國107年11月21日修正。

(二) 土地稅法

　　爲便利土地相關稅賦之課徵，統一土地稅之徵收，將現行有關法律中之土地稅徵收規定，全納入本法，並廢止原有之「田賦徵收實物條例」，乃於民國66年7月14日公布施行，嗣又於民國78年10月30日將本法全文重新修正。其後於民國82年7月30日、民國83年1月7日、民國84年1月18日、民國86年10月29日、民國89年1月26日、民國90年6月13日、民國91年1月30日、民國93年1月14日、民國94年1月30日、民國96年7月1日、民國98年12月30日及民國99年11月24日、民國104年7月1日、民國110年6月23日等多次修正。

(三) 公寓大廈管理條例

　　爲加強公寓大廈之管理維護，提升居住品質，乃於民國84年6月28日公布施行，民國89年4月26日、民國92年12月31日、民國95年1月18日、民國102年5月8日、民國105年11月16日及民國111年5月11日修正。

(四) 國軍老舊眷村改建條例

為加強更新國軍老舊眷村，提高土地使用經濟效益，興建住宅照顧原眷戶及中低收入戶，協助地方政府取得公共設施用地，並改善都市景觀，乃於民國85年2月5日公布施行，其後於民國86年11月26日、民國90年5月30日、民國96年1月3日、民國96年1月24日、民國96年12月12日、民國98年5月27日及民國100年12月30日、民國105年11月30日及民國109年5月13日修正。

(五) 住宅法

為保障國民居住權益，健全住宅市場，提升居住品質，使全體國民居住於適宜之住宅且享有尊嚴之居住環境，於民國100年12月30日公布施行，民國106年1月11日、民國110年6月9日，民國112年12月6日修正。

第三章　土地法之意義與性質

土地法乃規範土地權利義務關係之法也，係基於土地關係而延伸之有關權利人之間，以及權利人與土地之間，一切有關規範的法律。因此，一、土地法為法律之一種；二、土地法為規範權利人之間因土地權利關係，即地權關係之法律；三、土地法為規範權利人因占有利用土地，即地用關係之法律。茲分述如下：

壹、土地法為法律之一種

法律乃人類社會生活之基本規範，而土地法為規範人類社會生活中，有關土地權利義務關係之法律，亦即基於實施土地政策之理想，臻達平均地權之地盡其利，地利共享目標，而制定之法律也。

貳、土地法為規範地權關係之法律

在社會生活中，有關土地之權利關係，常因權利人與權利人之間，或公共部門與權利人之間，因私益或公益之必要，必須具有相當之約束權利義務之界限或範圍，亦必須有具體之規範，以為衡量之準據，土地法即為具備上述有關地權規範之法律也。

參、土地法為規範地用關係之法律

土地權利關係人因其權利所賦予之作用，而得占有使用土地甚或對於土地收益之收取。土地之使用，原應由權利人依其自由意志而行使之，惟基於社會公共利益之必要及地盡其利之要旨，對於權利人之占有使用，自有規範或約束其利用關係之必要，土地法即為具備上述有關地用規範之法律也。

　　土地法就其規範之內涵而言，有狹義與廣義之分[1]。茲分述如下：

一、狹義之土地法

　　所謂「狹義之土地法」，乃形式上之土地法，係指現行之「土地法」法典而言，我國現行之土地法係於民國19年6月30日公布，民國25年3月1日施行，並分別於民國35年、民國44年、民國64年、民國78年、民國84年、民國89年、民國90年、民國94年、民國95年、民國100年、民國110年及民國111年等歷經十一次之修正。現行土地法計分：(一)總則；(二)地籍；(三)土地使用；(四)土地稅；(五)土地徵收，五編共247條。

二、廣義之土地法

　　所謂「廣義土地法」乃實質上之土地法，係指以土地權利義務關係為所規範對象之一法令而言。因此，計有「平均地權條例」、「土地法施行法」、「耕地三七五減租條例」、「土地稅法」、「區域計畫法」、「都市計畫法」、「國有財產法」、「農地重劃條例」等相關法律。至於其他相關之行政命令，如「土地登記規則」、「地價調查估計規則」、「市地重劃實施辦法」、「非都市土地使用管制規則」等皆屬於廣義之土地法範疇。

第二節　土地法之性質

　　法律性質之區分，向來為界定法律效力範圍之主要依據所在。本此，乃就現行土地法之性質，分述如下：

---

[1] 狹義之土地法即形式上之土地法，廣義之土地法即實質上之土地法，係參閱溫豐文，土地法，頁1～2，三民書局，民國89年9月修訂版。

壹、土地法為行政法

行政法乃規範國家行政權力及行政組織的法規[2]，由於土地法內容涉及政府與土地權利、義務之相關事項，尤其在保障私有財產權之法制下，如何規範國家公權力對於私有土地相關權利義務之指導準則，以及土地行政機關依據法規管理公私有土地之職權範圍，為土地法之主要內容，故土地法為行政法規之一。

貳、土地法為強行法

就法律之適用效力程度而言，可分為強行法與任意法二類。凡不問當事人之意思如何，必須適用之法律，為強行法。反之，其適用與否，可任由當事人之意思自由決定者，為任意法。一般而言，凡基於公益上之理由，國家必須強制以實現其內容者，多為強行法性質。土地法乃實現國家一定土地政策之基本立法，其所規範之內容，皆以實施社會公益為必要之準則，故關係人決不能為其私益之遂行而合意變更其適用，故土地法為強行法之一。

參、土地法為社會經濟法

公私法交錯而占有與社會問題及社會政策相應之特定範圍之法律系統，稱為社會法，經濟法則為社會的經濟化之法律[3]。土地法所規範者，乃在於實現平均地權土地政策之理想為基本原則，以防止地權過度集中、消除土地投機壟斷、維持社會公平、促進土地利用為其主要內容準則，為土地問題及土地政策相應之特定範圍之法律，且對於土地相關之物權及使用規劃管制，亦有相關之規範，仍含有所謂經濟的物權法及經濟的警察法之內容，故土地法為社會經濟法之一。

2　陳新民，行政法學總論，頁41，三民書局，民國83年3月修訂4版。
3　史尚寬，土地法原論，頁9，正中書局，民國64年2月台5版。

第一編

總

則

▶第一章　法　例

▶第二章　地　權

▶第三章　地權限制

▶第四章　公有土地

▶第五章　地權調整

▶第六章　不動產交易管理

總則者，全部土地法所適用之通則。總則之規定，原則上固指自土地法總則編以迄土地徵收編，皆為共通的通則而言，各土地法之特別法，倘與本總則不相牴觸者，自亦有其適用。土地法第一編總則，分為「法例」、「地權」、「地權限制」、「公有土地」、「地權調整」等五章，共35條，惟大部分條文內容，皆攸關地權之規定，故亦可名之「地權編」。

　　平均地權，乃我國憲法所揭櫫之地權基本原則，依憲法第143條第1項規定「中華民國領土內之土地屬於國民全體。人民依法取得之土地所有權，應受法律之保障與限制……」。故土地私有制，為平均地權之基本原則。惟抑制私人進行土地之壟斷、投機，為傳統堅固之理念，除經由漸進式的課徵土地稅手段，予以節制防制外，直接限制之辦法亦為傳統採行之手段與理念。故於本編中，對於私有土地面積予以直接之限制，又在所有權社會化的理念下，基於公共利益之考量，對於私有地權之處分權能，予以適度地限制與調整，臻達平均地權土地制度之理念。

第一章 法 例

　　法例者，關於全部土地法之法例，以總括規定之謂也，亦即爲全部土地法所適用之通例，故法例亦可謂總則編之總則。土地法總則編第一章法例，計有9條條文，茲分述如下。

第一節　土地之涵義

壹、土地之概念

　　土地，通常係指狹義之陸地而言。人類生存一切所需，亦莫非來自土地，然土地之所以具有如此重大之經濟效能，僅憑藉狹義之陸地，而無空氣、陽光、雨水、熱力等天然物資與力量之輔助，則一切生物均將絕跡，人類亦無法獨存，因此土地之涵義，隨著人類生存之需要，社會經濟發展程度而異其範疇。當今全球在關注環境永續之趨勢下，廣義之土地概念，更爲未來吾人所應重視。

一、經濟學上之土地

　　「土地」之涵義，常循社會經濟發展、人民生存之需求等，而異其範圍。就經濟學上之概念，「土地」、「勞力」、「資本」爲生產三要素，其中「土地」係泛指自然及一切自然力或自然資源[1]。因此，土地不僅包括地球表面實體部分之水、陸、自然資源，且兼及土地之上空及地下。此種最廣義之解釋，顯然是以經濟上意義，即天賦的自然物或自然力，作爲土地涵義之範圍。

---

[1] 經濟學者馬歇爾（A. Marshall）謂：土地係指大自然爲輔助人類所賦予之水、陸、空氣、光、熱等之物質與能量。亨利喬治（Henry George）謂：土地一詞，非僅指別於水及空氣之地面而言，實言有人以外之全部物質在內。參閱鮑德澂，增修土地法規概論，頁34，中國地政研究所，民國70年。

二、政治學上之土地

就政治學上之概念而言，所謂國家三要素：「國土」、「人民」、「主權」。其中「國土」就傳統的意義係指領土而言，應包括一國之內的領陸、領海與領空[2]，故其涵義較上述經濟學上之土地為狹，宜為廣義之土地解釋。

三、法律學上之土地

(一) 民法之規定

就法律意義而言，依我國民法第66條第1項規定：「稱不動產者，謂土地及其定著物」，故土地為不動產之一[3]。就權利範圍涵蓋而言，所指土地所有權，除法令有限制外，於其行使有利益之範圍內，及於土地之上下，即包括地面及其一定範圍之上空及地下（民§773），係指在特定空間之可支配範疇，故民法所稱之「土地」，應不包括空氣、光、熱等自然力[4]。此外，土地之出產物，尚未分離者，為該土地之部分（民§66II），故農作物尚未與土地分離者，為土地之部分。又水流通過之水流地或蓄水之土地（民§781、§782、§784、§785），其外觀上為河流或湖澤，與土地法所稱土地之「水地」，應為同義。

(二) 土地法之規定

在現行土地法相關條文中所稱「土地」二字之涵義，根據不同條文之規定，其範圍亦不盡相同，茲分述如下：

---

[2] 胡國棟，土地審判事務之研究，頁47，司法周刊社，民國78年。

[3] 有關不動產之定義，請參閱國有財產法第3條第1項第1款、不動產經紀業管理條例第4條第1款、不動產證券化條例第4條第1項第1款之定義，其內涵與民法有異。又輕便軌道，除係臨時敷設者外，凡繼續附著於土地而達其一定經濟上之目的者，應認為不動產。參見大法官釋字第93號解釋（50.12.6）。

[4] 即使能受人力支配之自然力，亦得構成權利之客體，惟已非不動產之範疇，參閱劉得寬，民法總則，頁150〜152，五南圖書，民國71年。又在土地所有權所得支配之特定空間內，亦不能認定該空間內之空氣、陽光等自然力既涵蘊在其中為所有權之所及而自由使用之。

1. 水、陸及天然富源

土地法地第1條明定：「本法所稱土地，謂水陸及天然富源。」就其規定之內涵而言，所謂土地，實際上係泛指一切自然資源，與經濟學上最廣義解釋相當。其中「水」應爲水地[5]；「陸」即爲陸地；「天然富源」即爲天然力等，故土地法第1條規定所稱之土地與民法所謂之土地，在內容上不盡一致，與民法所稱之不動產，亦有所別，其立法意旨有待探究之[6]。

2. 陸地、水地

依土地法規定，下列土地不得私有（土§14）：海岸一定限度內之土地、天然形成之湖澤而爲公共需用者及其沿岸一定限度內之土地、可通運之水道及其沿岸一定限度內之土地、城鎮區域內水道湖澤及其沿岸一定限度內之土地等，係將陸地、湖澤、水道等水源與其沿岸之土地並列爲「土地」，可見此處之土地係採廣義之土地，即除陸地外，亦包括水地。依土地法規定，「土地稅」分地價稅及土地增值稅二種（土§144，土稅§1參照）。依此規定土地稅課徵之對象，係僅指陸地或水地，建築改良物則另規範之（土§185～§190），故土地改良物稅或房屋稅，不包含在內（土§185）。又依土地法第五編有關土地徵收之規定，徵收土地亦僅指陸地或水地，並不必

---

5 蘇志超教授認爲「水」，指國家主權所及範圍內之一切海洋、江河、湖泊、池沼、溝渠、溪流等，可以利用之水面及水資源（參閱蘇志超，土地法新論，頁32，文笙書局，民國81年）。謝在全認爲「……水面亦得爲所有權之客體，依土地法辦理所有權之登記（土二、十四參照）……」，似將水道、湖泊、湖澤之「水面」爲所有權之客體（參閱謝在全，民法物權論，上冊，頁27，三民書局，民國92年修訂2版）李鴻毅教授認爲「水」，即爲「水地」，舉凡湖泊、河流、沼澤、海洋等皆屬之（參閱李鴻毅，土地法論，頁39，三民書局，民國68年），惟就民法相關之規定（民§781、§782、§784、§785），即使土地上有水體覆蓋（如河流、湖、泊等），其承載體即爲土地。又就土地測量而言，土地面積之計算，係以土地周界投影在水平面上所圍之面積，而非土地表面積（參閱何維信，測量學，頁16～17，民國90年4版）。故同理，「水」應指水面投影在水平面上之「水地」而言。

6 吳尚鷹認爲：「所謂天然富原者，如太陽、空氣之類，均在其內。若土地能使之脫離空氣太陽，則爲無用之土地。而土地不包括天然富原，亦爲不完全之土地。」參見氏著，土地問題與土地法，頁48，商務印書館，民國24年。

然包含改良物；改良物之徵收，係屬另一得徵收之客體（土§215，土徵§5參照）。

3. 土地及建築改良物

依土地法規定，「土地登記」謂土地及建築改良物之所有權與他項權利之登記（土§37）。因此，就土地登記之客體而言，所稱「土地登記」包括土地及建築改良物在內。其中「土地」之內涵，與土地法第1條土地之定義，有所差異；而與民法所稱不動產之土地，其範疇較爲相當。又民法所稱之定著物，通說認爲係指非土地之構成部分，而繼續附著於土地，不易移動其位置，且社會觀念上獨立地可達成經濟上使用目的之物。與登記客體之建築改良物，其內涵是否相同？有待釐清[7]。

貳、土地之分類

土地分類，乃依土地相類似的自然特性或參酌社會發展所需之適當用途，分門別類予以劃分，俾據爲調整地權分配，促進土地利用之參考依據，茲分類如下：

一、按土地之權屬分類

土地可依所有權之歸屬，區分爲公有土地與私有土地兩種。兩者在權利的取得、土地的登記以及稅賦的課徵上，輒因所有權歸屬之差別而異其內容如下：

(一) 公有土地

係指具有法人資格者之國、直轄市、縣、市、鄉、鎮所有之土地。依土地法第4條規定，公有土地，可分爲國有土地、直轄市有土地、縣（市）有土地及鄉（鎮、市）有土地四種[8]。公有土地，除因私有土地之拋棄（民

---

[7] 楊松齡，時效取得制度之「未經登記不動產」之探討，黃宗樂教授祝壽論文集編輯委員會（編），黃宗樂教授六秩祝賀——財產法學篇（一），頁161，學林文化公司，民國91年。

[8] 「國」、「直轄市」、「市」、「縣」、「鄉」、「鎮」，皆以統治權爲目的組織之公法人。國家及地方自治團體以外，由中央目的事業主管機關，爲執行特定

§764）、無繼承人繼承（民§1185）、私有土地所有權消滅（土§10）、視爲消滅（土§12）、總登記期間無主之土地（土§57）、測量後超過一定標準而未承領（土§63）、逾期未辦繼承登記，而未標出之土地（土§73-1）、逾期未清理，而未標出之土地（地清§11、§15）、不屬於私有或地方所有之財產（國產§2Ⅱ）而爲國有土地者外，國家尚可依徵收（土§28，土徵§3）、區段徵收（土§212，平§53，土徵§4）、照價收買（土§28、§29，平§16、§26、§26-1、§47-1、§72、§76）、強制收買（新市鎭§15～§18）取得土地所有權，而爲公有土地。

(二) 私有土地

係指土地所有權屬於私人者，故凡經人民依法取得所有權者，爲私有土地（土§10）。私有土地，包括自然人與私法人所有之土地。

二、按土地之使用現況分類

土地依其使用上之差異，可分爲建築用地、直接生產用地、交通水利用地及其他土地四類（土§2），其各類之內容如下：

(一) 建築用地

如住宅、官署、機關、學校、工廠、倉庫、公園、娛樂場、會所、祠廟、教堂、城堞、軍營、砲台、船塢、碼頭、飛機基地、墳場等屬之。

公共事務，依法律設立之公法人，如國家表演藝術中心、國家住宅及都市更新中心，爲行政法人，亦爲公法人之一，惟其所有土地非爲公有土地。又自民國86年7月21日公布之憲法增修條文第9條施行後，省爲地方制度層級之地位仍未喪失，但不再有憲法規定之自治事項，亦不具備自主組織權，自非地方自治團體性質之公法人（釋467），故原省有土地依台灣省政府功能業務與組織調整暫行條例第8條規定，自應移轉登記爲國有土地。又農田水利會爲公法人（水利§12Ⅱ），得爲登記之權利主體。惟109年10月1日制定施行之農田水利法第23條第1項規定，農田水利會改制後資產及負債由國家概括承受，故原以農田水利會名義登記之土地權利，由主管機關囑託辦理移轉登記爲國有。

(二) 直接生產用地

如農地、林地、漁地、牧地、狩獵地、礦地、鹽地、水源地、池塘等屬之。

(三) 交通水利用地

如道路、溝渠、水道、湖泊、港灣、海岸、堤堰等屬之。

(四) 其他土地

如沙漠、雪山等屬之。

上述各類土地，得再分目（土§2II），故依台灣省政府民政廳於民國36年所頒之「地類地目對照表」，依各類土地再分目如表1-1-1。地目制度建立後，對於農地田賦之課徵、農地農有之政策推行、公有土地之利用管理、土地行政之管理、登記，皆具有相當之作用與功能。惟地目等則調整多年來已停止辦理，並由土地使用分區管制體系所取代[9]。

表1-1-1

地　類	地目	說　明
第一類 建築用地	建	房屋及其附屬之庭地、園圃、一切基地均屬之。
	雜	自來水用地、運動場、紀念碑、練兵場、射擊場、飛機場、砲台等用地及其他不屬於各地目之土地均屬之。
	祠	祠廟、寺地、佛堂、教務所及說教所等均屬之。但兼用住宅或依習慣之家廟不在此限。
	鐵	車身、車庫、貨物庫及在車站之內之站車長等之宿舍均屬之。
	公	公園用地。
	墓	墳墓用地。

---

[9] 目前存於土地登記簿上之地目已失實，然尚可為土地使用情形之歷史紀錄，但若仍據以為司法上公物之判斷依據，則恐有爭議。參閱楊松齡，地目、公物與取得時效之客體，台灣法學，113期，頁179～183，民國97年。又地目等則制度自106年1月1日起正式廢除（內政部105年10月27日台內地字第1050436952號函）。

表1-1-1（續）

地　類	地目	說　明
第二類 直接生產 用地	田	水田地。
	旱	旱田地。
	林	林地、林山均屬之。
	養	魚塭。
	牧	牧畜用地。
第二類 直接生產 用地	礦	礦泉地，但限於湧泉口及維持上必要之區域。
	鹽	製鹽用地。
	池	池塘。
第三類 交通水利 用地	線	鐵道線路用地。
	道	公路、街道、衢巷、村道、小徑等及公用或公用之輕便鐵道線路均屬之。
	水	埤圳用地。
	溜	灌溉用之塘湖、沼澤。
	溝	一切溝渠及運河屬之。
第四類其 他用地	堤	堤防用地。
	原	荒蕪未經利用及已墾復荒之土地均屬之。

　　上述各類土地除第三類及第四類土地，應免予編號登記外，第一類及第二類土地，應依規定予以編號登記。惟因地籍管理必須者，第三類及第四類土地，仍應編號登記（土§41）。又免予編號登記與取得時效之未登記土地，係屬二事，將屬地籍管理之標示建立登記，視爲民法上確認實體權利關係之登記，有所不宜[10]。

---

10 土地法有關地籍管理之必要所爲編號登記，與民法不動產取得時效制度，其立法目的不同，實務上之見解（最高法院65年台上字第2558號判例，內政部編印之土地登記審查手冊，頁205，93年12月），實有關檢討之餘地，參閱楊松齡，時效取得制度之「未經登記不動產」之探討，收錄於黃宗樂教授六段祝賀──財產法學篇（一），學林文化，民國91年，頁30。

三、按都市計畫之實施範圍分類

土地可依都市計畫公布實施涵蓋之範圍，分為都市土地與非都市土地兩類（平§3，土稅§8），其內容如下：

(一) 都市土地

指依法發布都市計畫範圍內之土地（平§3①）。

(二) 非都市土地

指都市土地以外之土地（平§3②）。

四、按土地使用管制分類

依都市計畫法、區域計畫法及非都市土地使用管制規則之相關規定，土地依使用管制之不同，可分為下列各類使用：

(一) 都市土地

都市計畫地區得劃設住宅、商業、工業等使用區，並得視實際情況，劃定其他使用區域或特定專用區（都計§32Ⅰ），故目前實務上都市範圍內土地，得視實際發展情形，劃定下列各種使用區，分別限制其使用：1.住宅區；2.商業區；3.工業區；4.行政區；5.文教區；6.體育運動區；7.風景區；8.保存區；9.保護區；10.農業區；11.其他使用區（都計台細§14）。

(二) 非都市土地

非都市土地得劃定下列十一種使用分區：1.特定農業區；2.一般農業區；3.工業區；4.鄉村區；5.森林區；6.山坡地保育區；7.風景區；8.國家公園區；9.河川區；10.海域區；11.其他使用區或特定專用區（區畫細§11，非都市§2）。同時，依非都市土地使用管制規則之規定，直轄市或縣市政府得就非都市土地依其使用區之性質，編定為下列十九種用地：1.甲種建築用地；2.乙種建築用地；3.丙種建築用地；4.丁種建築用地；5.農牧用地；6.林業用地；7.養殖用地；8.鹽業用地；9.礦業用地；10.窯業用地；11.交通用地；12.水利用地；13.遊憩用地；14.古蹟保存用地；15.生態保護用地；

16.國土保安用地；17.殯葬用地；18.海域用地；19.特定目地事業用地（非都市§3，區畫細§13）。

五、按土地使用性質分類

依平均地權條例、農業發展條例及土地稅法之規定，土地依其使用之性質分爲下列各類：

(一) 農業用地

指非都市土地或都市土地農業區、保護區範圍內，依法供下列使用之土地（平§3③，農發§3⑩，土稅§10Ⅰ）：
1. 供農作、森林、養殖、畜牧及保育使用者。
2. 供與農業經營不可分離之農舍、畜禽舍、倉儲設備、曬場、集貨場、農路、灌溉、排水及其他農用之土地。
3. 農民團體與合作農場所有直接供農業使用之倉庫、冷凍（藏）庫、農機中心、蠶種製造（繁殖）場、集貨場、檢驗場等用地。

(二) 耕地

指依區域計畫法劃定爲特定農業區、一般農業區、山坡地保育區及森林區之農牧用地（農發§3⑪）。

(三) 工業用地

指依法核定之工業區土地及政府核准工業或工廠使用之土地（平§3④，土稅§10Ⅱ）。

(四) 礦業用地

指供礦業實際使用地面之土地（平§3⑤，土稅§10Ⅱ，礦§4⑬）。

(五) 自用住宅用地

指土地所有權人或其配偶、直系親屬於該地辦竣戶籍登記，且無出租或供營業用之住宅用地（平§3⑥，土稅§9，平細§4）。

六、按土地未依法使用情形分類

土地在法定限定期限內，仍低度利用或荒廢不用者，依其土地性質可分為空地及荒地兩類，其內容如下：

(一) 空　地

依土地法之規定，凡編為建築用地，未依法使用者，為空地。土地建築改良物價值不及所占基地申報地價20%者，視為空地（土§87）。此外，依平均地權條例之規定，「空地」指已完成道路、排水及電力設施，於有自來水地區並已完成自來水系統，而仍未依法建築使用；或雖建築使用，而其建築改良物價值不及所占基地申報地價10%，且經直轄市或縣（市）政府認定應予增建、改建或重建之私有及公有非公用建築用地（平§3⑦）。

(二) 荒　地

依土地法之規定，凡編為農業或其他直接生產用地，未依法使用者，為荒地。但因農業生產之必要而休閒之土地，不在此限（土§88）。又得加徵荒地稅或實施照價收買之荒地，如有下列情形之一者，不在此限（平§26-1）：1.因農業生產或政策之必要而休閒者；2.因地區性生產不經濟而休耕者；3.因公害污染不能耕作者；4.因灌溉、排水設施損害不能耕作者；5.因不可抗力不能耕作者。

第二節　用詞之定義

壹、土地改良物

我國現行土地法，對於土地改良物，並無明確之定義，惟民國35年修訂前之舊土地法第282條曾明定：「土地定著物，其存在為施用勞力資本之結果，而合於本法之規定者，稱為改良物。」故所謂「土地改良物」乃施用勞力、資本改良土地，所造成之定著物。土地改良物之分類，依土地法之規定，可分為建築改良物與農作改良物兩類（土§5Ⅰ），兩者在性質上、土地登記、課稅及徵收上，具區分之實益，其內涵如下：

一、建築改良物

　　指附著於土地之建築物或工事。所謂「附著」，應指固定附著而不易變更其位置之意。所謂「建築物」係指定著於土地上或地面下，具有頂蓋樑柱或牆壁供個人或公眾使用之構造物或雜項工作物（建§4）。其中雜項工作物，係指營業爐灶、水塔、瞭望台、招牌廣告、樹立廣告、散裝倉、廣播塔、煙囱、圍牆、機械遊樂設施、游泳池、地下儲藏庫、建築所需駁崁、挖填土石方等工程及建築物興建完成後增設之中央系統空氣調節設備、升降設備、機械停車設備、防空避難設備、污物處理設施等（建§7）。所謂「工事」，係指建築物以外之一切具有工程設施之構造物而言。與民法所稱之「其他工作物」（民§832），應為相當。惟與上述建築法所稱之雜項工作物，兩者如何區別，則有待考究之。又於此所稱之建築改良物，是否即為「土地登記」客體之建築改良物？亦有待探究。

二、農作改良物

　　指附著於土地之農作物及其他植物與水利、土壤之改良。所謂「農作物」，乃人為之耕種栽培作物，如稻、麥、蔬菜等。所謂「其他植物」，乃農作物以外其他由人工栽培之作物，如花卉等。惟不動產之出產物尚未分離者，為該不動產之部分（民§66II）。農作物與其他植物既為不動產出產物之一種，故與土地尚未分離時，為該不動產之部分。所謂「水利改良」，係指防洪、灌溉、排水等相關之水利改良工程。然水利改良後之成果，與工事之區別為何，有待考究之。所謂「土壤改良」，係指開墾闢土，客土改良、施肥改良土地[11]。惟客土、施肥之結果，亦經附合而成為土地之成分（民§811），不可不察。其次，於徵收私有土地對於土地改良物予以補償時，農作改良物補償之對象，僅限於農作物及其他植物，而水利或土壤改良，則另以土地之改良費用方式予以補償（土徵§31、§32，土徵細§32）。又

---

11 土壤改良大都以客土或施肥方式進行，此改良行為已形成動產與不動產附合，而為農地之重要成分，外觀上或法律效果上，已成為土地，則又如何為單獨之農作改良物，誠待商榷。又水利、土壤之改良為農地利用上之土地改良，於土地徵收時，此種土地改良與農作改良物，則分別補償之（土徵§31、§32）。

計算土地漲價總數額應減去改良土地之費用，其所稱改良土地指建築基地改良、農地改良及其他用地開發所為之土地改良（平細§11）。

貳、自　耕

　　所謂「自耕」，係指自任耕作者而言（土§6）。土地所有權人自任耕作，應具備有勞力、生產設備及耕種之土地方足以自任耕作。惟所耕種之土地，有主張以耕種自有土地為限，非耕作自有土地者，皆非自耕[12]。然就實務上而言，依歷年所增修訂之自耕能力證明書之申請及核發注意事項之規定，自耕能力之認定，非僅以自有土地為限[13]。就農地政策而言，所謂「自耕」，宜非以自有耕地為限，否則將對僱農、佃農等無自有耕地之農民，喪失擁有耕地之機會，而無法晉升為自耕農之位階。

　　上述自耕之認定，為顧及農家生活之維持或實際經營之必要，故有所謂「準自耕」之規定，依土地法第6條後段之規定：「其為維持一家生活直接經營耕作者，以自耕論。」所稱「為維持一家生活」，專指自然人而言（參司法院院字第2028號解釋）。所謂「直接經營耕作者」，係指土地所有權人直接從事經營耕作而言。故依據上開規定，土地所有權人為維持一家之生活，而僅以資本直接從事農作經營，以自耕視之。惟為配合農地自由買賣政策之推行，原土地法第30條有關農地承受人資格限制之規定已刪除，且在農業發展條例中，僅限制私法人不得承受耕地（農發§33），故有關自耕之定義，實益漸失。惟我國憲法第143條第4項有關國家對土地之分配與整理，應以扶植自耕農及自行使用土地人為原則之宗旨，應如何適應潮流之演進，誠待深思之。

---

[12] 主張以自有耕地為限者，如李鴻毅，土地法論，頁48，三民書局，民國73年增修8版。溫豐文，土地法，頁35，三民書局，民國89年修訂版。蘇志超，前揭書，頁109。

[13] 請參閱內政部歷年增修訂之「自耕能力證明書之申請及核發注意事項」（民國65年1月26日訂定，民國74年6月15日、民國75年11月25日、民國79年6月22日、民國81年7月25日、民國81年11月2日、民國84年3月28日六次之修正），皆未限制申請「自耕能力證明書」者，須有自有耕地為限。又自任耕作雖為耕作能力之具體表徵，但現行法亦不以須擁有耕地所有權者，方有耕作能力，請參酌山坡地保有利用條例第26條、第27條之規定。

參、土地債券

一、意義

　　所謂土地債券，為土地銀行依法所發行之債券（土§7），亦即由土地金融機構，以土地為擔保發行抵押債券，以吸收游資，其目的在於配合土地政策之推行，供政府徵收土地補償之用。關於土地債券之發行，在土地法修訂（民國35年）之前，曾於民國31年由國民政府公布「中國農民銀行土地債券法」，迄中國農民銀行遷台後，暫停該業務。嗣後為推行土地改革，實施耕者有其田政策，有關徵收耕地之地價補償，則以實物土地債券七成，公營事業股票三成搭發之（實施耕者有其田條例§15），實物土地債券交由省政府依法發行，其發行及還本付息事務，委託土地銀行辦理（實施耕者有其田條例§16）。

二、型態

　　土地債券，依其給付之型態，可分為實物土地債券與貨幣土地債券兩種。前者係配合耕者有其田政策之需要，而發行之土地債券，故訂有「台灣省實物土地債券條例」[14]，以為發行之依據。後者即以金錢支付為標的之債券，為配合平均地權土地政策之推行（平§5），訂有「台灣地區平均地權土地債券發行條例」[15]，以為發行之依據。

三、搭發時機

(一) 為限制私有土地面積，實施徵收時

　　直轄市或縣（市）政府得限制私有土地面積最高額，其不依規定於一定期間內將額外土地分割出賣者，得依本法徵收之。其補償地價得斟酌情形

---

[14] 本條例於民國42年1月26日公布，於民國70年1月12日廢止。政府發行的實物土地債券70%，於10年內均等償付，並加給年息4%。實物土地債券分稻穀與甘薯二類，稻穀債券以稻穀償付，甘薯債券依據當年甘薯時價以現金償付。公營事業股票30%，一次給付台灣水泥、台灣紙業、台灣工礦、台灣農林的股票。

[15] 本條例於民國45年6月1日公布，於民國91年5月15日廢止。

搭給土地債券（土§28、§29）。惟土地債券之清付期限，最長不得逾5年
（土施§8）。

(二) 為國家經濟政策，實施徵收時

因實施國家經濟政策，或舉辦國防設備、交通事業、水利事業徵收土
地，得呈准行政院以土地債券搭發補償之（土§233但書，土徵§20Ⅱ）。

(三) 為實施照價收買或區段徵收

依平均地權條例規定，實施照價收買或區段徵收土地所須之資金，得由
中央或直轄市主管機關發行土地債券（平§5Ⅰ）。

第三節　土地法之執行機關與施行

壹、執行機關

土地法之執行，依土地法第3條規定：「本法除法律另有規定外，由地
政機關執行之。」所謂地政機關，中央為內政部下之地政司，地方為直轄市
或縣（市）政府地政處（局、科）。惟土地法內所規範之事項，由於涉及其
他機關之職責，故非屬地政機關之職權範圍，乃明文規定由其他機關或由地
政機關會同其他機關執行之，其情形如下：

一、由其他機關執行者

(一) 土地總登記所發生之權利爭執、房屋基地或耕地租用所發生之爭議，經
　　該管直轄市或縣（市）地政機關調處不服者，應向司法機關訴請處理
　　（土§59、§101、§105、§122）。

(二) 荒地墾竣之年限及因不可抗力之展限，由農林機關核定之（土§131、
　　§132）。

(三) 土地稅之徵收，歸直轄市或縣（市）財政機關辦理（土§159）等。

二、由地政機關會同其他機關執行者

(一) 土地稅之減免，由財政部會同中央地政機關呈請行政院核准（土 §192）。

(二) 集體農場面積之規定、公有荒地之劃定墾區、規定墾地單位，由該管直轄市或縣（市）地政機關會同農林機關辦理（土§86、§126）等。

貳、土地法之施行

土地法之施行，依土地法第9條規定：「本法之施行法，另定之。」故土地法施行法乃基於本條規定而制定（土施§1），並與土地法之修正同日公布。由於土地法本身無施行日期，故依土地法施行法第2條之規定，土地法及土地法施行法均自施行法公布之日同時施行，至於在土地法施行以前，各地方辦理之地政事項，應經中央地政機關之核定，其不合者，應令更正之（土施§3）。

第二章 地　權

　　地權係指以土地為標的之權利，民法物權編所規定之各類不動產物權與土地法中所規定之耕作權，皆為地權。其中包括土地所有權、地上權、農育權、不動產役權、典權、抵押權、耕作權等。本章乃就土地所有權本質及其取得、消滅作論述外，並對土地他項權利的種類及未來土地所有權的型態，予以補充說明。

第一節　土地所有權

　　財產權之保障，在於確保個人依財產之存續狀態行使其自由使用、收益及處分之權能，俾能實現個人自由、發展人格及維護尊嚴（釋字第400號解釋）。土地所有權為財產權之主要構成者，係受憲法保護之財產權，故經人民依法取得之土地所有權者，應受法律之保障與限制（憲§143Ⅰ）。所有權為對於物之完全的支配權；所有權人，於法令限制之範圍內得自由使用、收益、處分其所有物，並排除他人之干涉（民§765）。土地所有權，除法令有限制外，於其行使有利益之範圍內，及於土地之上下（民§773）。惟由於土地在我國社會、經濟上之特殊情境，在國民經濟上，我國憲法即明定以民生主義為基本原則，實施平均地權，以謀國計民生之均足（憲§142）。爰此，在我國憲法對土地制度之基本框架下，以及歐美所有權思潮的影響，構成我國土地所有制之特點。

壹、所有權觀念之演進

　　人類社會經濟的發展，從漁獵時期、畜牧時期、農耕時期，一直進化到農工商時期，與土地的關係，亦遞漸演化。爰此，對土地所有權的觀念亦隨著時代的演進、政治思想與社會背景差異等，而有所別。昔日所有權之觀念，羅馬法系則以所有（支配權）為中心，強調個人為主；日耳曼法系則以利用（使用權）為中心，強調社會為主。惟就歷史發展整體而言，所有權觀

念改變的方向大致從主張極端的個人或社會的所有權，逐漸向中間演進到個人所有與社會所有相互調和的所有權觀念[1]。其間，對所有權思想之內涵，分述如下：

一、個人的絕對所有權

自1628年英國的權利請願書（Petition of Rights），明訂非依法律，不得剝奪人民之土地的規範之後，開啓了個人權利保護之思潮。迄至18世紀個人主義思想盛行，對於所有權觀念，在天賦人權思潮盛行之下，認爲與生俱來，即所有人對於標的物有完全支配之絕對權利，個人所有權的效力達到極致。個人所擁有土地或其他財產，均爲神聖不可侵犯。1789年法國人權宣言，宣示所有權乃神聖不可侵犯的權利，即明揭斯旨，確立所有權之絕對性。這個觀念所表現者，乃爲私法三大原則中的「所有權絕對原則」，亦即強調「權利本位」，認爲保障個人所有財產，可鼓勵個人自由競爭，進而促進社會之繁榮發展。惟此種觀念發展極致之結果，形成社會公益之不存，個人僅斤斤於個體之生計利益，而罔視社會整體發展所需。

二、社會化的所有權

由於極端的強調個人利益，常與社會利益發生衝突，故乃有修正個人的所有權觀念之興起。由於團體主義之社會思潮萌啓，產生了社會的所有權之說，認爲個人所有權的行使，以促進社會利益爲目的，財產權乃社會信託個人，旨在促進社會利益，不容個人之專恣自爲，因此，權利之行使應顧及社會利益。1919年德國威瑪憲法第153條第3項規定，所有權負有義務，於其行使之同時應有益於社會公益。1949年西德基本法第14條，亦主張所有權應包含義務，至此確立了「社會本位」之所有權概念。惟於二次世界大戰時，與法西斯思想相呼應，而轉化爲極端的社會化所有權理念，造成國家得以恣意限制或剝奪私人財產權。

---

[1] 參閱溫豐文，現代社會與土地所有權理論之發展，頁9〜28，五南圖書，民國73年。

三、均權制的所有權

由所有權觀念的演進觀之，過分強調個人的絕對所有權，勢將有害社會公益；過分強調社會化的所有權，亦必將影響個人財產權之保障，兩者互呈過之或不及之處。為解決兩者之弊，爰乃遞漸發展出個人與社會相互調和的所有權理念，平均地權之「均權制所有權」的概念，即依此而生。在均權制之下，私有土地所有權應受到尊重與保障，惟基於公共利益國家保有可限制或剝奪所有權之權利，即在國有權與私有權之調和下形成均權制所有權之思想。平均地權之土地所有權概念，即均權制的精神，故曰人民依法取得之土地所有權，應受法律之保障與限制。私有土地應照價納稅，政府並得照價收買。土地價值非因施以勞力資本而增加者，應由國家徵收土地增值稅，歸人民共享之（憲§143），充分體現我國土地所有權思想精神之主軸。

貳、土地所有權之本質

我國土地法基於上述土地所有權觀念之演進及本於平均地權之土地政策意旨，於第10條第1項規定：「中華民國領域內之土地，屬於中華民國人民全體，其經人民依法取得所有權者，為私有土地」，此一規定與憲法第143條第1項前段規定：「中華民國領土內之土地，屬於國民全體，人民依法取得之土地所有權，應受法律之保障與限制」意旨相同。所謂中華民國領土內的土地，屬於國民全體，並非實行土地公有，乃所以表明國家擁有土地之上級所有權（國家高權）之概念。在封建時代，一切土地所有權歸於君主，直至君主封建制度崩潰，民主制度興起之後，土地的最高支配權乃屬於人民，而由國家代替人民行使之，成為國有權概念之內涵。因此私有土地所有權消滅者，為國有土地，而經私人取得所有權的土地，國家應保障並得限制其所有權之行使。

憲法規定人民依法取得之土地應受保障，顯然承認私有財產，雖然明訂中華民國領土內之土地，屬於國民全體，但非土地公有之意。人民依法取得之土地，應受法律限制，意味著人民擁有土地，除利己之便外，尚須符合社會公益。畢竟土地利用之最終目的乃為促進整個社會利益，憲法所保障的土地所有權並非絕對的所有權，憲法第142條：「國民經濟應以民生主義為基本原則，實施平均地權、節制資本，以謀國計民生之均足。」第145條第1項：「國家對於私人財富及私營事業，認為有妨害國計民生之平衡發展者，

應以法律限制之。」等相關規定其精義即在此。在憲法理念下平均地權土地政策之土地所有權的本質其涵義如下：

一、國家擁有土地之上級所有權，即國家代表國民對於全國之土地，擁有最高支配權。國家在公共利益或公共目的之前提下，可以運用此國有權對私有土地進行干涉。

二、人民可依法取得土地之下級所有權，即所謂私有權或私有的土地所有權，未為人民取得私有權之土地則為國有土地。

三、人民依法取得之私有土地，應受法律保障；國家非依法律之規定，不得任意剝奪或限制其所有權。因此，在平均地權土地制度下，承認私有財產，並予以保護之。

四、在承認私有財產制之前提下，私有之土地所有權並非絕對的所有權。因此，私人依法取得之私有土地所有權，亦受法律之限制。

在平均地權土地制度下，國家對於全國土地擁有上級所有權，其憲法上的義涵即國家保有全國土地的最高支配權，其作用如下：

一、我國土地制度以平均地權為最高原則，故曰中華民國領域內之土地，屬於國民全體（憲§143Ⅰ，土§10Ⅰ），私人於使用、收益或處分土地時，應兼顧國家社會利益、全民福祉。土地除私人投資的勞力資本外，其他因土地所產生的自然地租部分應漲價歸公，由全民共享，方符「屬於國民全體」之憲法精神。

二、土地既屬國民全體，為保持土地自由，則全國土地非任何人可操縱壟斷。如因公共目的或公共利益之需要，國家擁有徵收權（Eminent Domain）徵收私人土地或實施照價收買（憲§143Ⅰ），剝奪私有土地所有權。

三、土地既屬國民全體，則國家基於地盡其利之目的，擁有土地的規劃權（Planning Power）或警察權（Police Power）。當整體發展之需要，或私人利益與社會利益相衝突，而有妨害公共利益之虞時，國家對於私有土地得予以干涉或制止（憲§23），以兼顧公益，達成私有權與國有權均衡的均權制所有權之理想。

綜合上述，我國憲法及土地法對土地所有權之本質，係定位於促進土地之改良利用，臻達地盡其利，地利共享之目的，故土地所有權權限歸屬，端視能否增進整體土地利用之效用為據。

第二節　私有土地所有權之取得與消滅

　　土地法第10條規定：「中華民國領域內之土地，屬於中華民國人民全體，其經人民依法取得所有權者，為私有土地。私有土地所有權消滅者，為國有土地。」上述規定與憲法第143條第1項前半段的意義相呼應，顯見我國土地政策允許私有土地的存在，惟同時須受法律的限制。若私人依法取得之土地所有權消滅係指絕對消滅，則依立法本旨歸為人民全體所有，即為國有。所謂依法取得，乃指依我國民法、土地法等有關土地取得之規定，在無禁止或相反規定下即可。而私有土地所有權依法取得的方式有兩種：其一為原始取得，即非基於他人既存權利之移轉，而係獨立取得所有權之謂，亦稱固有取得；其二為繼受取得，即基於他人既存權利之移轉，而取得所有權之謂，亦稱轉手取得。

壹、私有土地所有權之取得

一、依民法之規定

　　憲法第143條及土地法第10條已明白揭示，我國土地所有權制度係承認土地私有，故民法規定，所有權人於法令限制之範圍內得自由使用、收益、處分其所有權，並排除他人干涉（民§765）。私有土地所有權的取得，依據民法規定，茲分別依原始取得及繼受取得兩種方式，分述如下：

(一) 原始取得

　　因時效完成而取得：以所有意思，和平、公然、繼續占有他人未登記之不動產，屆滿20年或10年後，得請求登記為所有人（民§769、§770）。所謂未登記之不動產，乃指應登記不為登記之不動產[2]。

---

[2] 因已登記之不動產，其所有權之存在狀態，早依登記而確定，自不能使占有人得依時效而取得其所有權。詳見倪江表，民法物權論，頁89，正中書局，民國71年12月台5版。依史尚寬之見解，所謂「他人未登記之不動產」包括下列三種情形：

(二) 繼受取得

受讓人由原權利人轉手取得其自願讓與的權利，稱之繼受取得。其取得的方式有基於法律行為者，有基於法律行為以外之事實者，如：1.買賣；2.拍賣；3.互易（交換）；4.贈與；5.繼承；6.遺贈；7.捐助；8.抵償債權；9.強制執行；10.因除斥期間之經過而取得[3]（民§923II、§924）。

二、依土地法規之規定

依土地法及其相關規定而取得土地所有權，乃為適應特殊情況而特設，其主要目的，不外乎在於促進土地利用，或地權分配之土地政策目標的達成，其內容茲分述如下：

(一) 回復取得原所有權

私有土地，因天然變遷成為湖澤或可通運之水道時，其所有權視為消滅。惟回復原狀時，經原所有權人證明為其原有者，仍回復其所有權（土§12）。其中所謂「回復所有權」乃係原土地所有權人基於法律規定，而非基於法律行為，取得土地所有權。由於天然形成之湖澤與可通運之水道，及其沿岸一定限度內之土地，不得私有（土§14I②、③）。故依其意旨，原為私有土地，因天然變遷為湖澤或可通運之水道時，則成為「不得私有」之狀況，即陸地成為水地，基於該規定之立法意旨，故乃「視為消滅」[4]，

一、於總登記時，未為登記；二、其土地所有人，不得由登記簿認知；三、不動產雖已登記，然依法取得所有權之人，則未登記。史尚寬，民法物權，頁69，榮泰印書館，民國76年1月。

3　惟亦有主張係原始取得，見劉志敏，民法物權，頁218，民國37年。

4　私有土地所有權視為消滅，有採「所有權暫時停止」說，有採「所有權消滅」說（參閱廖義男，土地法案例研究，法學叢刊，118期，頁26。採所有權暫時停止說者，如李鴻毅，土地法論，頁71，民國73年增修8版；黃茂榮，民事法判解評釋（Ｉ），頁185，民國67年；採所有權消滅說者，如史尚寬，土地法原論，頁26，正中書局，民國64年台5版）。惟採所有權消滅說者，係鑑於權利客體（陸地）之消失，而認為所有權消滅，然此種論點，忽略水地亦為土地法所稱之土地，仍得為權利之客體。又採所有權暫時停止說者，如李鴻毅（前揭書，頁71）認為緣

亦即停止其權利義務之行使，其所有權歸於消滅，但嗣後不得私有之情形一旦除去，仍有回復之可能。又其所有權視爲消滅，僅爲所有權擬制消滅，並非土地物理上之滅失，故「回復其所有權」自爲「當然回復」。申言之，此爲土地所有權依法律規定而喪失或回復，在要件事實發生時，即生所有權在歸屬之變動的物權效力，無待核准。因此，原所有權人回復其所有權，應向政府主管機關證明爲其原有者，申請核准回復乃行政程序申請所需之證明方法，不因之影響其實體上權利[5]。換言之，土地所有權之回復，非基於政府將已爲國有之土地讓與給原土地所有權人，而係因法律規定，而取得原有之土地，故其取得之性質，係屬原始取得。

惟規定條文中所謂經原所有權人「證明」爲其原有者，係向何政府機關提出證明？向地政機關爲回復登記「公示」之申請，乃係公法上對地政機關就所有權爲公示登記之請求權行使。若依土地法第10條第2項規定，私有土地所有權視爲消滅，不待登記即成爲國有土地，則是否向國有土地管理機關提出「證明」爲其原有者？或謂涉及私有財產之確認，需向司法機關提起訴訟證明爲原土地所有權人，對該私權爭執爲終局裁判確定？就事實觀之，私有土地天然變遷成爲湖澤或水道前，僅地政機關所保存之地籍資料可供判斷原所有權人證明之眞實性，故由原所有權人向地政機關「證明」爲其原有者，進而決定是否回復其所有權，似較可行。

由於天然變遷爲湖澤或可通運之水道，而視爲消滅之私有土地所有權，不論經天然或人爲原因而回復其所有權後，此項土地所有權並非新權利，故申請回復，必須以原所有權人或其繼承人爲限[6]，並不包括他項權利人。但

於土地法第14條不得私有土地之故（行政法院85年5月份庭長評事聯席會議，亦採相同旨趣），故私有土地因天然變遷爲湖澤或可通行之水道時，其所有權視爲消滅。然土地法第14條不得私有之土地，已爲私有時，得依法徵收，亦即僅成爲「得徵收」之客體，並無「消滅所有權」之規範，故土地法第12條視爲消滅之規定，恐有違私有財產平等保障之虞。

5　參閱最高法院103年度第9次民事庭會議。

6　所謂「原所有權人」，固指該土地「視爲消滅」當時之所有權人而言，以排除第三人主張；若原所有權人於土地流失後死亡者，日後該土地回復原狀時，其繼承人亦得依上開規定回復所有權，以符公平正義原則及憲法保障私人財產權之旨趣（行政法院85年5月份庭長評事聯席會議）。

因政府投資施工直接或間接產生浮覆地，原土地所有權人或其繼承人，得於公告劃出河川區域後，向地政機關申請回復所有權（河川管理§10）。又河岸土地因水道變遷，致坍沒一部或全部者，除岸地土地回復原狀時，仍得回復其所有權外，不得以對岸淤地增多，請求撥補（司法院院字第1726號）。惟既由水地回復成陸地，依法（土§12）即經證明為其原有者，其回復土地所有權的要件已足，自不宜以有無公告劃出河川區域與否為申請之必要條件。

(二) 因岸地自然增加而優先取得

湖澤及可通運之水道及岸地，如因水流變遷而自然增加時，其接連地之所有權人，有優先依法取得其所有權或使用收益之權（土§13）。此種因附合方式而取得的土地，須以自然增加者為限，而不得以人工方式增加。且自然增加的部分，如屬土地法第14條不得私有的限制之土地，則無本條規定之適用。所謂依法可優先取得其所有權，即接連地之所有權人有優先承買權。若為優先取得使用、收益權，則意指可優先辦理承墾或承租。此種取得方式的規定，乃基於社會經濟之需要，為促進土地經營利用，本於不動產上之附合原則而成立[7]。

(三) 承墾公有荒地取得

為促進公有荒地之開墾利用，承墾人承墾公有荒地取得耕作權後，繼續耕作滿10年者，可無償取得土地所有權（土§133 I ）。

---

[7] 依舊土地法第10條之規定，其原文為：「第8條第1項所列之水道湖澤，其岸地，……」，與現行規定：「湖澤及可通運之水道及岸地，如因水流變遷而自然增加時，……」雖只有「其」與「及」一字之差，惟意義相去甚遠。依現行規定，「湖澤」、「可通運水道」、「岸地」似乎三者併立，皆可能會有水流變遷而自然增加，則前二者之增加，依同法第12條之規定，應視為消滅，怎有規定接連地所有權人，有優先取得所有權或使用收益之權之餘地。顯然「及」字，應為「其」字之誤，宜修正之。

(四) 土地重劃分配取得

政府為促進土地合理經濟利用，對於一定區域內，原為畸零細碎，不合經濟使用之坵塊，予以全部規劃、交換分合使之合於經濟使用，並將土地所有權適度調整，原所有權人因而取得調整後的土地所有權（參閱土§136，平§60-1）。故重劃後，重行分配予原土地所有人權之土地，自分配結果確定之日起，視為其原有之土地（平§62）。由於重劃之進行原土地所有權人並未喪失其權利，重行分配之土地，只為權利載體之轉換，故視為其原有之土地。

(五) 區段徵收領回取得

政府實施區段徵收，經所有權人之申請，得以徵收後可供建築之土地，折算抵付取得抵價地（土徵§40，平§55）。

其次，為加速公共建設之進行，為舉辦政府規劃之重大公共建設所必需者，其土地被徵收之所有權人，得就其應領補償費折算土地領回（促參§16 I、§17 I）。

(六) 徵收取得

因興辦公共事業之需要，興辦事業主體得依法（土徵§3，土§208）申請徵收取得土地所有權。雖然實務上，不承認私人得為申請徵收之需用土地人（行政院44年2月11日台內字第873號令），惟依現行法之規定（農產§13、§15，鐵路§2、§7）在解釋上並非不能。

(七) 時效取得

占有人和平繼續占有他人未登記之土地，依民法第769條或第770條之規定，得請求登記為所有人者，應於登記期限內，經土地四鄰證明，聲請為土地所有權之登記（土§54）[8]。若合法占有土地人未在登記期限內聲請登

---

[8] 取得時效制度係為公益而設（釋451），依民法第769條、第770條之規定取得時效之要件中，「四鄰證明」並非構成時效之法定要件，惟土地法第54條規定，應於登記期限內「經土地四鄰證明」，聲請為土地所有權之登記。是否視為民法之特別要件？又四鄰如何確認？皆有待探究之。

記，公告期間也沒有提出異議者，喪失其占有之權利（土§60）。又請求登記為所有人，非謂請求原所有人同意登記為所有人，係指得請求地政機關為所有人之意。

三、依其他規定

(一) 海埔地開發取得

許可開發之海埔地於開發完成後，開發人得依其經許可之土地分配比例，依法辦理土地所有權登記或租用，其分配比例，指依開發成本抵算之等值土地面積；該等值土地面積之區位，開發人有依其開發計畫優先選擇之權利（海埔地§20）。

(二) 原住民保留地取得

原住民保留地，指為保障原住民生計，推行原住民行政所保留之原有山地保留地及經依規定劃編，增編供原住民使用之保留地（原住民保留地§3）。山坡地範圍內山地保留地，除依法不得私有外，應輔導原住民取得承租權或無償取得所有權。原住民取得原住民保留地所有權，如有移轉，以原住民為限（山坡地§37Ⅰ、Ⅱ）。中央主管機關應輔導原住民取得原住民保留地承租權或無償取得原住民保留地所有權（原住民保留地§7）。

原住民符合下列資格條件之一者，得申請無償取得原住民保留地所有權（原住民保留地§17Ⅰ）：
1. 原住民於本辦法施行前使用迄今之原住民保留地。
2. 原住民於原住民保留地內有原有自住房屋，其面積以建築物及其附屬設施實際使用者為準。
3. 原住民依法於原住民保留地設定耕作權、地上權或農育權。

(三) 公有山坡地之取得

公有宜農、牧、林山坡地，放租或放領於農民者，其承租、承領面積，每戶合計不得超過20公頃。但基於地形限制，得為10%以內增加。其放租放領辦法，由內政部會同有關機關擬訂，報行政院核定之（山坡地§20）。又國有耕地得提供為放租或放領之用（國產§46Ⅰ）。

(四) 離島地區土地之購回與返還

本條例適用之地區，於實施戰地政務終止前，或實施戰地政務期間被占用於終止後，因徵收、價購或徵購後登記為公有之土地，土地管理機關已無使用或事實已廢棄使用者，最遲應於本條例中華民國102年12月20日修正施行之日起2年內全數公告；原土地所有人或其繼承人並得於公告之日起5年內，向該管土地管理機關申請按收件日當年度公告地價計算之地價購回其土地。但徵收、價購或徵購之價額超出該計算所得之地價時，應照原徵收、價購或徵購之價額購回。

土地管理機關接受申請後，應於30日內答覆申請人；其經審查合於規定者，應通知該申請人於30日內繳價，屆期不繳價者，註銷其申請；不合規定者，駁回其申請，申請人如有不服，得向土地所在地縣（市）政府申請調處。前項期間於必要時得延長1個月。縣（市）政府為第2項調處時，得準用土地法第59條規定處理。

金門地區土地，非經有償徵收或價購等程序登記為公有，於實施戰地政務終止前，其地上已有建物或墳墓等足資證明其所有者，原土地所有人或其繼承人或占有人得於本條例中華民國102年12月20日修正施行之日起5年內檢附相關證明文件申請土地管理機關會同地政機關勘查，經確認屬實且無公用之情形者，得就其建物、墳墓所在位置核算面積，並按申請收件日當年度公告地價計價讓售其土地。

馬祖地區之土地，自民國38年起，非經有償徵收或價購等程序登記為公有，致原土地所有人或合於民法物權編施行法第9條規定之視為所有人或其繼承人喪失其所有權，土地管理機關已無使用土地之必要者，應自本條例中華民國102年12月20日修正施行之日起5年內，依原土地所有人、視為所有人或其繼承人之申請返還土地；土地管理機關有繼續使用土地之必要者，應依法向原土地所有人、視為所有人或其繼承人辦理徵收、價購或租用。其已依金門馬祖東沙南沙地區安全及輔導條例提出請求經駁回者，得再依本條例之規定提出申請。前項返還土地實施辦法由行政院定之。

第1項申請購回、第5項申請讓售及第6項申請返還土地，不受都市計畫法第52條、第53條、土地法第25條、國有財產法第28條、第33條、第35條或地方政府公產管理法令之限制。澎湖地區之土地，凡未經政府機關依法定程序徵收、價購或徵購者，應比照辦理（離島§9）。

貳、私有土地所有權之消滅

土地所有權之消滅，可分為兩大類：其一為絕對消滅，其二為相對消滅。所謂絕對消滅即客觀消滅，其情形可分為：一、因標的物消滅，所有權亦消滅。二、標的物未消滅，所有權亦消滅，如所有權之拋棄。所謂相對消滅，換言之，即主觀消滅，如私有權利主體變更移轉。依土地法第10條第2項規定，私有土地所有權消滅者，為國有土地，屬絕對消滅，亦即明示國家擁有財產歸復權（Escheat），故私有土地所有權消滅後，其所有權歸復國家所有，國有財產法規定凡不屬於私有或地方所有之財產，除法律另有規定外，均應視為國有財產（國產§2II）之本旨相同。依現行相關法律規定，私有土地所有權消滅之情形如下。

一、依民法之規定

(一) 因拋棄而消滅

物權，除法律另有規定外，因拋棄而消滅（民§764）。因此，土地被拋棄後，在程序上並經所有權塗銷登記後，依土地法之規定，土地所有權自然歸屬國有（土§10II），私有所有權因拋棄而消滅。

(二) 他人占有時效完成而消滅

未經登記之土地，經他人和平、公然、繼續占有滿20年或10年，則時效完成取得土地所有權（民§769、§770）。相對地，原土地所有權人的權利消滅。

(三) 期間之被除斥而消滅

設定典權，若出典人於典權屆滿後，經過2年，不以原典價回贖者；或未定期限之典權，出典人自出典後經過30年不回贖者，而由典權人取得典物所有權（民§923II、§924），出典人（原土地所有權人）即喪失土地所有權。

(四) 無人繼承之遺產

繼承人有無不明時，經親屬會議依規定向法院報明後，經法院限期承認

繼承；期限屆滿，無繼承人繼承時，其遺產於清償債權，並交付遺贈物後，如有剩餘，歸屬國庫（民§1178、§1185）。未於期限內承認繼承者，即喪失所有權。

二、依土地法規之規定

(一) 因自然變遷而消滅

私有土地因天然變遷成為湖澤或可通運水道時，其所有權，視為消滅（土§12 I）。所謂「視為消滅」乃以擬制的方式，停止土地所有權人其權利義務之行使，惟由陸地變為水地，其並非物理性的消滅，仍有回復陸地之可能，故湖澤或可通運之水道變遷而回復陸地時，經原所有權人證明為其原有者，仍回復其所有權。此種由陸地天然變遷為水地之擬制消滅，為一法律事實，不待登記，即生效力。惟土地變遷為湖澤或可通運水道，由「陸地」變遷為「水地」之物理性的變更是否一律「視為消滅」，即使已成為湖澤或可通連水道，具有供公共使用之必要（土§14參照），惟並非以消滅私有所有權為主要方式，本規定對私有財產恐構成Takings現象[9]，實有探究之餘。

(二) 因徵收而消滅

政府因公共建設之需要或法律規定不得私有的土地，政府得依法，向人民徵收土地，被徵收之土地其原私有所有權隨之消滅（土§208、§209、§235，土徵§3、§21）。

(三) 因照價收買或強制收買而消滅

政府為制裁低報地價、超額私有土地或空地、荒地時，對於土地所有人於申報地價或移轉現值過低者，或超額建築用地未依期限使用，或空地、荒地限期未利用，則政府皆可施行照價收買，強制取得土地所有人之權利（平§16、§26、§26-1、§47-1、§72、§76，土§29、§89）。此外，新市鎮開發後為促進土地之建築使用，依法價購或標得之土地，未依規定進度使用、開發、或未依使用計畫使用、或擅自轉讓者，主管機關得依法強制收買之（新市鎮§15～§18 I）。

---

9 美國法之Takings，請參閱本書第五編第二章註釋17。

(四) 逾期未辦理總登記之土地

　　辦理土地總登記時，逾登記期限無人聲請登記之土地，或經聲請而逾限未補繳證明文件者，其土地視爲無主土地，經該管直轄市或縣（市）地政機關公告期滿，無人提出異議，即登記爲國有土地（土§57）。惟土地登記爲整理地籍之手段，私有土地逾期未辦總登記，即喪失其土地所有權，似與行政法理之比例原則有違。且土地總登記，乃地籍整理，亦即地政機關爲清查土地之一種程序，與物權設定登記根本不生影響，登記爲國有土地，是否有當，誠待思議[10]。

(五) 測量後超過之土地未承領而消滅

　　依土地法規定爲確定登記之面積，應按原有證明文件所載四至範圍以內，依實際測量所得之面積登記之。前項證明文件所記載之四至不明或不符合者，如測量所得面積未超過證明文件所載面積十分之二時，應按實際測量所得之面積予以登記，如超過十分之二時，其超過部分視爲國有土地，但得由原占有人優先繳價承領登記（土§63）。

(六) 逾期未辦理繼承登記之土地

　　逾期未辦理繼承登記之土地或建築改良物，依土地法第73條之1規定，由該管直轄市或縣（市）地政機關查明後，應即公告繼承人於3個月內聲請登記，並以書面通知繼承人；逾期仍未聲請者，得由地政機關予以列冊管理，但有不可歸責於聲請人之事由，其期間應予扣除，列冊管理15年，逾期仍未聲請登記者，由地政機關書面通知繼承人及將該土地或建築改良物清冊移請財政部國有財產署公開標售。若經五次標售而未標出者，登記爲國有

---

[10] 台灣省光復後辦理之土地總登記，乃地籍整理，亦即地政機關為清查土地之一種程序，與物權設定登記根本不生影響，本件再審被告就系爭土地之所有權，在台灣光復前，即經辦理登記完畢，為已取得之權利，既與總登記無關，自不因其未依土地法申報登記否認其已收得之權利。最高法院60年度台再字第69號民事判決。又日治時期人民私有之土地，雖依土地總登記程序登記為國有，人民仍不因此喪失其所有權。112年憲判字第20號參酌。

（土§73-1）。

(七) 逾期未清理之土地

　　為清理目前地籍登記已存在之權利內容不完整或與現行法令規定不符之土地，以健全地籍管理並促進土地利用，對於日據時期會社或組合土地、神明會土地、土地總登記時登記名義人姓名或住址記載不全或不符及非以自然人、法人或依法登記之募建寺廟名義登記之土地，未申請登記或逾期無人申報；或經申報或申請登記而被駁回，且逾期未提訴願或未訴請法院裁判；或經訴願決定或法院裁判駁回確定者。由直轄市或縣（市）主管機關代為標售。代為標售之土地，經二次標售而未完成標售，由直轄市或縣（市）主管機關囑託登記為國有（地清§11、§15Ⅰ）。

(八) 外國人取得土地未依法使用

　　外國人依法取得之土地（土§19），應依核定期限及用途使用，因故未能依核定期限使用者，應敘明原因向中央目的事業主管機關申請展期；其未依核定期限及用途使用者，由直轄市或縣（市）政府通知土地所有權人於通知送達後3年內出售。逾期未出售者，得逕為標售，所得價款發還土地所有權人；其土地上有改良物者，得併同標售（土§20Ⅲ）。

(九) 建築容積全部移轉後之土地

　　更新地區範圍內公共設施保留地，依法應保存及獲准保留之建築所坐落之土地或街區、或其他為促進更有效利用之土地，其建築容積經全部移轉至其他人建築基地建築使用者，其原為私有之土地應登記為公有（都更§66Ⅱ），私有土地所有權因而消滅。

三、依其他法律規定而消滅

　　私有土地所有權的消滅，除上述原因外，尚可因刑法上之沒收而喪失私有土地所有權（刑§38），同時依懲治叛亂條例第8條規定，犯本條例第2條第1項、第3條第1項及第4條第1項第1款至第11款之罪者，除有第9條第1項之情形外，沒收其全部財產。依此經由法院執行，強制剝奪罪犯之土地所有權。

第三節　土地他項權利

　　土地權利，除所有權外，尚包括他項權利（民法稱為其他物權）。依土地法第11條規定：「土地所有權以外設定他項權利之種類，依民法之規定。」

　　按照民法上規定之其他物權，其中以土地為其標的物，包括地上權、農育權、不動產役權、典權、抵押權等。但依民法之規定，對於土地權利之適用，尚難囊括無遺，且土地法為民法之特別法，土地法中有關耕作權、基地使用權（準地上權）（土§102）、法定優先購買權（土§104、§107、§124）等，亦具有物權之效力，故除依法設定取得之他項權利外，上揭權利，亦值得注意。

壹、地上權

　　地上權係以使用他人土地之用益物權，由於土地之利用，隨科技文明之進步而逐漸向空中與地下發展，由平面化而趨向於立體化，乃產生土地空間上分層利用之結構。爰此，地上權乃再劃分「普通地上權」、「區分地上權」兩類，以茲區別。

　　稱普通地上權者，謂以在他人土地上下有建築物或其他工作物為目的而使用其土地之權（民§832）。

　　地上權人得將其權利讓與他人或設定抵押權。但契約另有訂定或另有習慣者，不在此限（民§838）。又為處理建物與土地之間使用權問題，地上權與其建築物或其他工作物，不得分離而為讓與或設定其他權利（民§838Ⅲ）。地上權非以地上權人交付地租為必要（67年台上字第3779號），惟若有支付地租之約定，地上權人積欠地租達2年之總額者，除另有習慣外，土地所有人得定相當期限催告地上權人支付地租，如地上權人於期限內不為支付，土地所有人得終止地上權，地上權經設定抵押權者，並應同時將該催告之事實通知抵押權人。地租之約定經登記者，地上權讓與時，前地上權人積欠之地租應併同計算，受讓人就前地上權人積欠之地租，應與讓與人連帶負清償責任（民§836）。土地所有權讓與時，已預付之地租，非

經登記，不得對抗第三人（民§836-1）。

　　稱區分地上權者，謂以在他人土地上下一定空間範圍內設定之地上權（民§841-1）。區分地上權人得與其設定之土地上下有使用、收益權利之人，約定相互間使用收益之限制。其約定未經土地所有人同意者，於使用收益權消滅時，土地所有人不受該條約之拘束。前項約定非經登記，不得對抗第三人（民§841-2）。又同一土地有區分地上權與以使用收益為目的之物權同時存在者，其後設定之權利行使，不得妨害先設定之物權（民§841-5）。

　　地上權之取得，可為依法律行為而設定取得，即依當事人之意思而設定地上權；亦可依法律行為以外之方式取得，如：

一、時效地上權：係因時效之規定而取得（民§772）。

二、準地上權：立法政策上為保護承租人，依租用基地建築房屋之租賃關係，承租人得聲請為地上權登記（土§102）。

三、法定地上權：土地與建物之間因故導致權屬分離，為保護建物權利人之權益，調節土地與建物之用益關係，以維持社會經濟價值，乃規定建物所有權人於此取得地上權，如：因強制執行之拍賣，其土地與建築物之拍定人各異時，視為已有地上權之設定（民§838-1）；土地及其土地上之建築物，同屬於一人所有，而僅以土地或僅以建築物為抵押者，於抵押物拍賣時，視為已有地上權之設定（民§876Ⅰ）；典權人依規定取得典物所有權，致土地與建築物各異其所有人時，視為已有地上權之設定（民§924-2Ⅲ）；出典人同意典權人在其土地上營造建築物者，於典物回贖時，出典人不願按建築物之時價補償者，於回贖時視為已有地上權之設定（民§927Ⅲ）。

　　又基於公共利益之考量，自來水用戶加壓受水設備所使用土地非屬住戶所有，但使用年限已達10年以上者，其用戶就該等土地視為有地上權存在，並得於取得土地所有權以前為必要之維護更新（自來水§61-1Ⅳ）；簡易自來水事業設備等所使用之土地，若使用年限已達10年以上者，免辦理地上權或所有權移轉登記。自來水事業可無償使用，並視為有地上權（自來水§110-1Ⅳ）。

貳、農育權

稱農育權者，謂在他人土地為農作、森林、養殖、畜牧、種植竹木或保育之權。農育權之期限，不得逾20年；逾20年者，縮短為20年。但以造林、保育為目的或法令另有規定者，不在此限（民§850-1）。

農育權未定有期限時，除以造林、保育為目的者外，當事人得隨時終止之。前項終止，應於6個月前通知他方當事人（民§850-2Ⅰ、Ⅱ）。

又農育權原則上得讓與，或為抵押權之標的，惟非經登記不得對抗第三人（民§850-3）。此外，為處理農地之使用問題，農育權與其農育工作物不得分離而為讓與或設定其他權利（民§850-3Ⅲ）。又農育權之取得，雖非以交付地租為必要，惟若有支付地租之約定者，農育權人因不可抗力致收益減少或全無時，得請求減免其地租，或變更原約定土地使用之目的（民§850-4）。

參、不動產役權

稱不動產役權者，謂以他人不動產供自己不動產通行、汲水、採光、眺望、電信或其他以特定便宜之用為目的之權（民§851）。例如道路通道或灌漑用水，不能直接到達，須經過鄰地者，則可設定不動產役權。

不動產役權具有從屬性，即不動產役權不得由需役不動產分離而為讓與，或為其他權利之標的物（民§853）。同時不動產役權具有不可分性，亦即不論供役不動產或需役不動產之所有人為個人或數人，均共同分享地役權之權利、義務。

需役不動產經分割者，其不動產役權為各部分之利益仍為存續；同理，供役不動產經分割者，不動產役權就其各部分仍為存續。但不動產役權之行使，依其性質，只關於需役不動產，或供役不動產之一部分者，僅就該部分仍為存續（民§856、§857）。

不動產役權的取得有因時效而取得者，依民法規定，以繼續並表見者為限（民§852）。亦即在他人之不動產上，以取得不動產役權之意思和平、公然，繼續占有他人不動產，經過一定期間（10年或20年），則可時效取得不動產役權。

肆、典　權

稱典權者，謂支付典價在他人之不動產爲使用、收益，於他人不回贖時，取得該不動產所有權之權（民§911）。典價，乃爲利用他人典物所付之價金。典權約定期限不得逾30年。逾30年者，縮短爲30年（民§912）。典權存續中，典權人得將典物轉典或出租於他人，但契約另有訂定，或另有習慣者，依其訂定或習慣（民§915Ⅰ）。典權人亦得將典權讓與他人或設定抵押權（民§917Ⅰ）。又爲處理建物與土地之間使用權問題，典物爲土地，典權人在其上有建築物者，其典權與建築物，不得分離而爲讓與或其他處分（民§917Ⅱ）。典權定有期限者，於期限屆滿後，出典人得以原典價回贖典物，出典人於典期屆滿後，經過2年，不以原典價回贖者，或未定期限之典權，自出典後經過30年不回贖者，典權人即取得典物所有權（民§923、§924）。

出典人設定典權後，得將典物讓與他人。但典權不因此而受影響（民§918）。出典人將典物出賣於他人時，典權人有以相同條件留買之權。典權人於收受出賣通知後10日內不以書面表示依相同條件留買者，其留買權視爲拋棄。出典人違反前項通知之規定而將所有權移轉者，其移轉不得對抗典權人（民§919）。

伍、抵押權

稱普通抵押權者，謂債權人對於債務人或第三人不移轉占有而供其債權擔保之不動產，得就該不動產賣得價金優先受清償之權（民§860）。抵押權人對於他人所提供擔保的不動產，已屆清償期而未受清償者，得聲請法院拍賣抵押之不動產，就其賣得價金可優先獲得債務的清償。抵押物賣得之價金，除法律另有規定外，按各抵押權成立之次序分配之。其次序同者，依債權額比例分配之（民§874）。抵押權的設定，乃以保障債務獲得清償爲目的。不動產所有人，因擔保數債權，就同一不動產，設定數抵押權者，其次序依登記之先後定之（民§865）。不動產所有人，設定抵押權後，於同一不動產上，得設定地上權或其他以使用收益爲目的之物權，或成立租賃關係權利。但其抵押權不因此而受影響（民§866Ⅰ）。不動產所有人設定抵押權後，得將不動產讓與他人。但其抵押權不因此而受影響（民§867）。

　　抵押權之標的物，以土地或建築物等不動產為主，惟存在不動產之地上權、永佃權及典權，亦得為抵押權之標的物（民§882）。抵押之不動產如經分割，或讓與其一部，或擔保一債權之數不動產而以其一讓與他人者，其抵押權不因此而受影響（民§868）。以抵押權擔保之債權，如經分割或讓與其一部者，其抵押權不因此而受影響。前項規定，於債務分割或承擔其一部時適用之（民§869）。同樣，抵押權具有從屬性，故抵押權不得由債權分離而為讓與，或為其他債權之擔保（民§870）。

　　抵押權所擔保者為原債權、利息、遲延利息，違約金及實行抵押權之費用。但契約另有訂定者，不在此限（民§861 I）。抵押權之效力，及於抵押物之從物與從權利。第三人於抵押權設定前，就從物取得之權利，不受前項規定之影響（民§862）。亦及於抵押物扣押後由抵押物分離之天然孳息，以及抵押物扣押後抵押人就抵押物得收取之法定孳息。但抵押權人，非以扣押抵押物之事情，通知應清償法定孳息之義務人，不得與之對抗（民§863、§864）。

　　又為保障抵押關係人之利益，調和抵押物抵押權與用益權益，土地所有人於設定抵押權後，在抵押之土地上營造建築物者，抵押權人於必要時，得於強制執行程序中聲請法院將其建築物與土地併付拍賣。但對於建築物之價金，無優先受清償之權（民§877 I）。前項規定，於第866條第2項及第3項之情形，如抵押之不動產上，有該權利人或經其同意使用之人之建築物者，準用之（民§877 II）。以建築物設定抵押權者，於法院拍賣抵押物時，其抵押物存在所必要之權利得讓與者，應併付拍賣。但抵押權人對於該權利賣得之價金，無優先受清償之權（民§877-1）。又以建築物為抵押者，其附加於該建築物而不具獨立性之部分，亦為抵押權效力所及。但其附加部分為獨立之物，如係於抵押權設定後附加者，準用第877條之規定（民§862 III）。

　　最高限額抵押權者，謂債務人或第三人提供其不動產為擔保，就債權人對債務人一定範圍內之不特定債權，在最高限額內設定之抵押權（民§881-1 I）。最高限額抵押權人就已確定之原債權，僅得於其約定之最高限額範圍內，行使其權利。前項債權之利息、遲延利息、違約金，與前項債權合計不逾最高限額範圍者，亦同（民§881-2）。最高限額抵押權得約定其所擔保原債權應確定之期日，並得於確定之期前，約定變更之（民

§881-4Ⅰ）。最高限額抵押權所擔保之原債權，未約定確定之期日者，抵押人或原債權人得隨時請求確定其所擔保之原債權（民§881-5Ⅰ）。原債權確定前，抵押權人經抵押人之同意，得將最高限額抵押權之全部或分割其一部讓與他人。原債權確定前，抵押權人經抵押人之同意，得使他人成為最高限額抵押權之共有人（民§881-8）。

陸、耕作權

承墾人自墾竣之日起，無償取得所領墾地之耕作權，並應即依法向該管直轄市或縣（市）地政機關聲請為耕作權之登記，且繼續耕作滿10年者，無償取得土地所有權（土§133），山坡地範圍內山地保留地，輔導原住民開發，並取得耕作權，其耕作權繼續經營滿5年者，無償取得土地所有權（山坡地§37）。

第四節　新型態之地權

土地上所容納的人口愈多，人口密度提高，土地利用強度將更加集約化，故現代都市土地的利用，不再以平面橫向發展為主，乃有逐漸垂直發展之趨勢。爰此，近年來對於土地之利用，乃逐漸發展出所謂發展權、空間權等之土地空間利用的權利觀念，並建立相關規範。惟目前有關法規對此尚欠缺整體法體系，實有考量建立完整體系規範之必要，以期新型態之地權，能滿足社會經濟發展之所需。茲就現行之地權新型態說明如下：

壹、空間權

一、區分地上權

過去傳統的土地利用型態，以垂直方式為主，土地所有人同時擁有包括地上、地下及地面的所有權。然而社會經濟發展結果，基於土地有效利用原則，未來將打破過去垂直所有的利用型態，而以水平所有的利用型態代之。由於建築技術之進步，在空中架設陸橋、交通運輸系統，在地下興建商店、

地下街、地下交通運輸系統等，而各形成其經濟價值，成為可分割並獨立支配之權利，亦即在同一土地上，形成區分空間所有權、地上權等多種型態之利用。爰此，空間權（Airspace Right）之內涵就體系而言，實包含了空間所有權、空間用益權（如空間地上權、空間地役權）、空間擔保權等。在日本及其他先進國家已逐漸接受此種空間權之概念，並可透過登記制度予以明確其法律地位，我國現行法規，為配合實際發展的需要，於共同管道法第14條確立空間權概念，亦於土地徵收條例第57條、大眾捷運法第19條、獎勵民間參與交通建設條例第19條及促進民間參與公共建設法第18條確立空間地上權為配合社會發展之需要，亦於民法確立區分地上權（民§841-1）之規定，惟尚缺乏整體空間權之規範體系，故宜配合未來發展趨勢，立法予以規範之。

二、土地發展權

　　土地發展權（Land Development Right）的觀念最早起源於英國1932年公布之城鎮計畫法（Town and Country Planning Act），依此法，英國確立國家擁有土地之發展權利，任何私人欲開發其土地，皆應向政府繳納開發捐（Development Charge）取得發展權後，始得進行開發，是謂發展權之國有化（Nationalization of Development Right, NDR）。新加坡受英國之影響，亦採取開發捐方式，都市再開發局（Urban Redevelopment Authority）對於變更分區而增加價值或提高容積率，依規定須繳交一定的開發捐。在美國，土地發展權的概念，則為一可與土地所有權分離而具有可移轉性的權利，故亦稱可移轉性發展權（Transferable of Development Right; TDR），其基本構思，源於因規劃的結果造成土地所有權人因此而獲得暴利（Wind-fall），同時亦有土地所有權人因而被剝削（Wipe-out）。在社會公平的考量下，獲得暴利者應補償被剝削者（Wind-fall for Wipe-out），其補償方法，即透過發展權的移轉，以市場的機制，達成實質的效果。在此制度下，規劃移出區（Sending Areas）及移入區（Receiving Areas），作為移轉發展權之供需市場建立的基礎，透過自由市場之運作，允許移入區之地主向移出區之地主，購買其發展權利，以進行土地之開發利用[11]。

---

11 參閱楊松齡，都市建築容積轉移制度應用於市地開發之研究，內政部建築研究所籌備處，民國81年6月。

　　土地發展權最主要的概念是將土地所有權及利用權分割，如同將土地所有權及採礦權分割。由於土地發展權的觀念，將有助於社會經濟的發展，以及土地之規劃與開發利用，未來發展潛力甚大，現行都市計畫法第83條之1、文化資產保存法第41條、第50條、國軍老舊眷村改建條例第11條、都市更新條例第66條及水利法第82條等有關容積移轉之規定，其觀念亦源自於此。此外，為配合古蹟之保存及公共設施保留地取得之經費問題，國內亦分別發布「古蹟土地容積移轉辦法」及「都市計畫容積移轉實施辦法」，以為執行之依據。惟容積權的性質為何？與上述空間權之相關性為何？為保障交易安全是否可辦理登記等，相關法制迄無配合需求進行研修，有關整套相關立法，宜儘早規劃之。又有擬以容積代金實施容積銀行制度，雖稱可使更多公共設施保留地之地主獲得補償，惟由政府出售容積折算之代金，是否可落實專款專用於公共設施保留地之取得，或溢出地區之可容受發展密度，仍有探究之餘地。

貳、建物區分所有權

　　稱區分所有建築物者，係指數人區分一建築物，而各專有其一部，就專有部分有單獨所有權，並就該建築物及其附屬物之共同部分共有之建築物（民§799Ⅰ）。由於都市地區地價高昂，建物多採高層建築，同一建築內，往往由數十人共同擁有，關於此類建物產權糾紛日益增多，所以為加強公寓大廈之管理維護，提升居住品質，民國84年制定「公寓大廈管理條例」，以為建物區分所有制度確立之依據。根據公寓大廈管理條例規定，「區分所有」指數人區分一建築物而各有其專有部分，並就其共用部分按其應有部分有所有權（公寓§3②）。

　　「專有部分」指公寓大廈之一部分，具有使用上之獨立性，且為區分所有之標的者。而「共用部分」指公寓大廈專有部分以外之其他部分及不屬專有之附屬建築物，而供共同使用者。區分所有人除法令另有限制外，對其專有部分，得自由使用、收益、處分，並排除他人干涉。專有部分不得與其所屬建築物共用部分之應有部分及其基地所有權或地上權之應有部分分離而為移轉或設定負擔（公寓§4）。故建物區分所有權，係由建物的專有部分，以及共用部分之應有部分，而形成之所有權。其中，公寓大廈共用部分經約定供特定區分所有權人使用者，稱之為約定專用部分；又公寓大廈專有部分

經約定供共同使用者，稱之為約定共用部分[12]（公寓§3⑤、⑥）。

又依民法規定，專有部分指區分所有建築物在構造上及使用上可獨立，且得單獨為所有權之標的者。共有部分，指區分所有建築物專有部分以外之其他部分及不屬於專有部分之附屬物。專有部分得經其所有人之同意，依規約之約定供區分所有建築物之所有人共同使用；共有部分除法律另有規定外，得經規約之約定供區分所有建築物之特定所有人使用。區分所有人就區分所有建築物共有部分及基地之應有部分，依其專有部分面積與專有部分總面積之比例定之。但另有約定者，從其約定。專有部分與其所屬之共有部分及其基地之權利，不得分離而為移轉或設定負擔（民§799Ⅴ）。

區分所有建築物共有部分之修繕費及其他負擔，由各所有人按其應有部分分擔之。但規約另有約定者，不在此限。前項規定，於專有部分經依前條第3項之約定供區分所有建築物之所有人共同使用者，準用之。規約之內容依區分所有建築物之專有部分、共有部分及其基地之位置、面積、使用目的、利用狀況、區分所有人已否支付對價及其他情事，按其情形顯失公平者，不同意之區分所有人得於規約成立後3個月內，請求法院撤銷之。區分所有人間依規約所生之權利義務，繼受人應受拘束；其依其他約定所生之權利義務，特定繼受人對於約定之內容明知或可得而知者，亦同（民§799-1）。

前揭民法第799條第5項規定：「專有部分與其所屬之共有部分及其基地之權利，不得分離而為移轉或設定負擔。」與公寓大廈管理條例第4條第2項規定：「專有部分不得與其所屬建築物共用部分之應有部分及其基地所有權或地上權之應有部分分離而為移轉或設定負擔。」此即所謂區分所有建築物權利一體化原則之明文。其立法意旨，在於使兩者之處分合為一體，從而避免建築物對土地無使用權問題之發生[13]。

產權是一種社會工具，在一定的產權結構中，為追求個人效用的最大化，有時候會就產權的屬性分割而分離之，以增進資源的效率。然亦會形

---

[12] 有主張因區分所有人約定而成為約定共用，係依法律所生之物權變動，自須辦理登記，始生效力。參閱謝在全，民法物權論（上），頁380，三民書局，民國92年7月修訂2版。

[13] 參閱謝在全，註11前揭書，頁256。

成產權散碎，造成資源無法被充分使用的產權僵局（Gridlock）狀態[14]，因此如何利用法律規範，將散碎產權一體化（Reunifying Fragmented Property Rights），減少交易及策略成本[15]，為立法政策上之重要一環，國內相關規範上，亦不乏其例，如優先承買權（民§426-2、§460-1、§824，民物施§8-5，土§34-1、§104、§107、§124）、處分一體化（民§799Ⅴ、§838Ⅲ、§850-3Ⅲ、§915Ⅳ、§917Ⅱ，公寓§4）、法定地上權（民§838-1、§876、§924-2Ⅲ、§927Ⅲ）、租賃關係（民§425-1、§426-1、§924-2）等積極性與消極性之一體化規定，可供參酌。

---

[14] 參閱楊松齡，產權與土地開發整合僵局之探討，台灣環境與土地，16期，民國104年6月。

[15] Francesco Parisi (2002), "Entropy in Property," The American Journal of Comparative Law, Vol. 50, No. 3, pp. 595-632.

第三章　地權限制

　　國家限制私有地權之理念，乃為維護社會公益及保護私人權益。在承認私有財產權之制度下，土地所有權人往往因個人之利益，而危害國家社會公益。因此，為保持私人與社會利益之平衡，我國憲法第143條第1項規定，私人取得土地私有權，應受法律限制。土地所有權，除法令有限制外，於其行使有利益之範圍內，及於土地之上下（民§773）。因此就維護社會公益而言，個人土地所有權之限制，其意義消極方面在於保安、防災、衛生之要求；積極方面，則為促進土地有效利用。就保護私人權益而言，則為相鄰土地互助互讓，及保護土地利用權人。國家限制私有地權，主要可由下列三個方向著手：對所有權的不可侵性觀念的修正；使用、收益、處分的自由性予以限縮；對所有權的優越性觀念的破除。惟本章內容僅就私有土地權利之限制、地權處分的限制及外國人取得地權之條件與限制為規範。

第一節　私有土地之限制

壹、私有土地所有權範圍之限制

一、不得私有土地

　　私有土地所有權之取得，基於公共利益並非毫無限制，依土地法第14條之規定：「下列土地不得為私有：
一、海岸一定限度內之土地。
二、天然形成之湖澤而為公共需用者，及其沿岸一定限度內之土地。
三、可通運之水道及其沿岸一定限度內之土地。
四、城鎮區域內水道湖澤及其沿岸一定限度內之土地。
五、公共交通道路。
六、礦泉地。
七、瀑布地。
八、公共需用之水源地。

九、名勝古蹟。

十、其他法律禁止私有之土地。（Ⅰ）」

「前項土地已成為私有者，得依法徵收之。（Ⅱ）」

「第一項第九款名勝古蹟，如日據時期原屬私有，台灣光復登記為公有，依法得贈與移轉為私有者，不在此限。（Ⅲ）」

又水利法第83條規定：「尋常洪水位行水區域之土地，不得私有；其已為私有者，得由主管機關依法徵收之，未徵收者，為防止水患，並得限制其使用但不得逕為分割登記。前項所稱洪水位行水區域，由主管機關報請上級主管機關核定公告之。」

上述所規定之「不得私有」的土地，亦即應屬絕對公有的土地。所指稱土地總括可歸類為天然富源地、水利交通用地、文化經濟用地。上述各類土地攸關社會公共利益，為避免私人獨占壟斷，依循土地政策的意旨，宜歸國家所有，故特別明訂不得為私有。所謂「已私有者，得依法徵收之」，即由政府衡酌實情，決定是否實施徵收，以消滅私有權。徵收後之土地應登記為「國有」（國產§2Ⅱ）。此外，所謂不得私有之土地係指土地法施行時，屬於國有或公有者而言；若原屬私人所有，在其所有權未經依法消滅以前，仍應認為私有（院字第1802號、第1678號）。

土地法第14條第1款至第4款所謂「一定限度」，其範圍係由該管直轄市或縣（市）地政機關會同水利主管機關劃定之（土施§5）。亦即海岸、湖澤、水道一定限度內不得私有之土地的標準，授權由該管縣（市）地政機關會同水利主管機關予以劃定之[1]。其次，第3款規定可通運之水道不得為私有，然而不能通運之水道，亦往往為重要動力資源，故「可通運之水道」可改為「天然形成之水道」或「水道」。第9款之「名勝古蹟」其內涵不明，惟依文化資產保存法之規定，私有古蹟、歷史建築或紀念建築或考古遺址

---

[1] 水道、湖澤、海岸之沿線常有橫跨數縣，若管理權分屬若干管理機關，則彼此之間標準的協商變得非常重要。此外海岸、湖澤、水道之沿岸除有關土地資源保護利用外，亦往往涉及國防、軍事等重大業務執行，僅依法由地政、水利機關負責劃定界限，亦有不妥。爰此，行政院乃於民國55年，以內字第4775號令海岸一定限度之劃定，如涉及軍事保安航運港務或其他業務，由該縣（市）地政及水利主管單位，邀同其他有關機關或主管單位辦理之。

及其所定著土地所有權移轉時，除繼承外，主管機關有優先購買權（文資§32、§55）；因管理不當致有滅失或減損其價值之虞者，主管機關得強制徵收（文資§28）。古蹟[2]所定著之土地、古蹟保存用地、保存區、其他使用用地或分區內之土地，因古蹟之指定、古蹟保存用地、保存區、其他使用用地或分區之編定、劃定或變更，致其原依法可建築之基準容積受到限制部分，得等值移轉至其他地區建築使用或享有其他獎勵措施（文資§41Ⅰ）。考古遺址依法可建築之基準容積受到限制部分，亦同（文資§50）。

又「天然森林」為富社會性之自然富源，與國土保安、自然氣候、水土保持等皆有關，宜為國有。故森林法規定，森林係指林地及其群生竹、木之總稱，森林以國有為原則。爰此，森林之土地亦為國有（森林§3）且公有林與私有林有下列情形：(一)國土保安上或國有林經營上有收歸國有之必要；(二)關係不限於所在地之河川、湖泊、水源等公益需要者。得由中央主管機關收歸國有，但應予補償金。收歸國有之程序，準用土地徵收相關法令辦理（森林§7）。

其次，臺鐵公司營業所需資產部分屬古蹟、海岸一定限度內之土地等，爰此，臺鐵公司由政府獨資經營，臺鐵公司營業所需資產，由政府以屬公共設施或配合政府政策需要者，無償提供使用；或以作價投資、贈與、補助、出租或設定地上權方式辦理者，不受土地法第14條第1項之限制（臺鐵公司§9Ⅰ、Ⅱ）。

2　文化資產保存法所稱文化資產，包括古蹟、歷史建築、聚落、遺址、文化景觀、自然地景，所採取的保存措施不同。對古蹟、遺址、自然地景，採較積極的介入方式，如古蹟經主管機關審查認因管理不當致有滅失或減損價值之虞者，必要時得強制徵收古蹟及其所定著土地（文資§28）。劃入遺址保存用地或保存區、其他使用用地或分區之土地，主管機關得徵收之（文資§49Ⅲ）。自然地景管理不當致有滅失或減損價值之虞之處理，得強制徵收之（文資§83）。至於歷史建築、聚落、文化景觀，則採較消極的介入方式，如對已登錄之歷史建築、紀念建築，中央主管機關得予以輔助（文資§18Ⅲ）。為維護聚落並保全其環境景觀，得擬具聚落保存及再發展計畫（文資§40）。為維護文化景觀並保全其環境，得擬定文化景觀之保存維護計畫（文資§63Ⅰ）。惟整體而言，對文化資產保存法所稱文化資產其所定著土地之歸屬，依其相關規定觀之，非不得為私人所有，此與土地法對名勝古蹟之土地權屬的歸屬原則，有所不同。

二、地下之礦不得私有

礦產為天然資源，對一國經濟發展影響甚鉅，歸於全體國民所有，可為最利於國家之開發利用，自不宜容許私人因取得該土地所有權，而遂一併取得其地下之礦產，故附著於土地之礦，不因土地所有權之取得而成為私有（土§15Ⅰ）。中華民國領域、專屬經濟海域及大陸礁層內之礦，均為國有，非依本法取得礦業權，不得探礦及採礦（礦§2）。憲法第143條第2項更規定：「附著於土地之礦及經濟上可供公眾利用之天然力，屬於國家所有，不因人民取得土地所有權而受影響。」由以上規定可明確得知，礦及天然力應屬國有，私人不因取得土地所有權，而併同取得礦權。此即為土地所有權「除法令有限制外」於其行使有利益之範圍內，及於土地之上下（民§773）之真諦。

又所稱之礦，以礦業法所規定之種類為限（土§15Ⅱ）之規定，實有商討之處。按礦業法第3條所規定的礦有六十種，不得私有，另在第1項第61款規定：「其他經行政院指定之礦。」此一規定對於土地法規定所謂「礦」，以礦業法所規定種類為限，惟礦業法又委任行政院予以指定，此是否得宜，有待爭議。其次，礦之種類不斷發現，若列舉明訂，則未列舉者，是否為私有？是否有「明示其一，排斥其他」之法理的解釋，實有斟酌商榷之處。

三、採取土石應申請許可

為合理開發土石資源，維護自然環境，健全管理制度，防止不當土石採取造成相關災害，以達永續發展之目的，故採取土石，應依該法之規定申請許可。但有下列情形者，不在此限：(一)採取少量土石供自用者；(二)實施整地及工程就地取材者；(三)礦業權者在礦區內採取同一礦床共生之土石者；(四)因天災事變緊急搶修公共工程所需者；(五)因政府機關辦理重要工程所需者；(六)磚瓦或窯業，開採土石自用者（土石§3）。土地所有權之權利範圍，依民法規定及於土地之上下，地下土石為土地之成分，於分離後，仍屬於其所有人（民§766），惟為合理開發土石資源，特立法規範非經許可或有除外之情事，非土地所有權人得任意採取之。

四、水資源國有

依水利法規定，水為天然資源，屬國家所有，不因人民取得土地所有權

而受影響（水利§2）。故土地所有權人非依水利法之規定取得水權（水利§15），並不因土地所有權之取得，而對地面水或地下水得自由使用或收益之。

五、溫泉國有

依溫泉法規定，溫泉為國家天然資源，不因人民取得土地所有權而受影響（溫泉§4Ⅰ），故溫泉取供事業開發溫泉申請溫泉水權，應附土地同意使用證明，並擬具經水利技師及應用地質技師或礦業技師簽證之溫泉開發及使用計畫書，向直轄市、縣（市）主管機關申請開發許可（溫泉§5Ⅰ）。

貳、私有土地所有權處分之限制

一、一般性之限制

對私有土地所有權的處分，基於維護社會公益之土地政策意旨，除土地法明訂限制外，相關法令亦對私有土地之處分予以限制，茲分述如下：

(一) 基本國策之考量

私人取得土地所有權，基於所有權絕對之理念，原可自由處分其土地，但在所有權社會化的趨勢下，所有權人對土地之處分違反基本國策時，國家基於公共利益之維護，得予以制止。故私有土地所有權之移轉、設定負擔或租賃，妨害基本國策者，中央地政機關得報請行政院制止之（土§16）。

本規定對於制止的範圍，採列舉規定，以移轉、設定負擔、租賃為限。條文中所稱「妨害基本國策」，基於立法意旨，在解釋上宜就與憲法「基本國策」章有關國防、外交、國民經濟、社會安全、教育文化等規定相違背時，即可認定妨害基本國策（參照憲§137～§169），此即為土地法原則第9項之「土地移轉，須經政府許可」之意旨。此外，所為之「制止」，係事先加以禁止或事後撤銷之（行政法院55年判字第201號判例）[3]。

---

[3] 本條文於民國64年修法前原文為：「國民政府對於私有土地所有權之移轉，設定負擔或租賃，認為有妨害國家政策者，得制止之。」行憲以後，中央體系變更，

(二) 特定主體之考量

1. 外國人

　　為避免外國人挾其經濟優勢，壟斷國民經濟利益及國防安全之考量，關於下列土地不得移轉、設定負擔或租賃於外國人（土§17Ⅰ）：

(1)林地。

(2)漁地。

(3)狩獵地。

(4)鹽地。

(5)礦地。

(6)水源地。

(7)要塞軍備及領域邊境之土地。

　　上述土地就其性質，可歸類為：(1)直接生產用地：林地、漁地、狩獵地、鹽地；(2)富源地：礦地、水源地；(3)國防設備用地：要塞軍備區及領域土地邊境。

　　本條例中所列舉之各類土地，明示不得移轉、設定負擔、租賃於外國人，應為強制之規定，如有違反者無效（民§71）。由於上述土地或為國家經濟利益之所在，或為國防安危之所繫，與國民生計的關係非常密切，當然不宜為外國人取得或使用收益之權，以免妨害國民利益及國家安全。此外，由於攸關國民經濟及國防安全，所以不僅私有土地，公有土地亦同受拘束。

　　惟依「外國人投資條例」第16條第2款規定，外國人投資人或其所投資之事業，經行政院專案核准後，不受土地法有關礦地之移轉、設定負擔或租賃於外國人之限制。但此應不包含礦業權之所有，蓋土地法第15條及礦業

「國民政府」一詞已不適用。現行條文依憲法第53條規定：「行政院為國家最高行政機關。」乃將制止權修正由行政院核定。惟國民政府究係國家最高權力機關或國家最高行政機關，即國民政府屬治權或政權機關，實有待商榷。若國民政府係指最高行政機關，土地修訂後改為行政院，則為名稱變更，以符合現行體制。若係指最高權力機關，則此項修正，顯與舊法立法意旨不同，而非名稱之變更而已。況若移轉、設定負擔、租賃，係屬法院之裁判（終局裁判），則此裁判代表最高司法權之行使，則是否受本條之拘束，不無商榷之餘地。

法第2條規定，本國人不得因土地所有而取得礦業權，同旨，外國人亦若如是。外國人投資條例的立法意旨，在於吸引外國人投資開發，以促進國家經濟發展，因此只要授予礦業權即可，實無排除土地法之規定而賦予礦地所有權之必要，更何況礦地與礦業權兩者有別，誠宜再酌之。

2. 大陸人民

國家統一前，為確保台灣地區安全與民眾福祉，大陸地區人民、法人、團體或其他機構，或其於第三地區投資之公司，非經主管機關許可，不得在台灣地區取得、設定或移轉不動產物權。但土地法第17條第1項所列各款土地，不得取得、設定負擔或租賃（兩岸關係§69Ⅰ）。

3. 私法人

為避免私法人挾其優越的財力購買農地，而排擠需要農地耕作之農民，爰規定私法人不得承受耕地。惟農民團體、農業企業機構、農業試驗研究機構，經取得許可者，不在此限（農發§33）。即農民團體、農業企業機構或農業試驗研究機構，需符合技術密集或資本密集之類目及標準，經申請許可後，得承受耕地。又農民團體、農業企業機構或農業試驗研究機構申請承受耕地，應檢具經營利用計畫及其他規定書件，向承受耕地所在地之直轄市或縣（市）主管機關提出，經核轉中央主管機關許可並核發證明文件，憑以申辦土地所有權移轉登記。中央主管機關應視當地農業發展情況及所申請之類目、經營利用計畫等因素為核准之依據，並限制其承受耕地之區位、面積、用途及他項權利設定之最高金額（農發§34）。私法人依規定許可承受耕地後，非經中央主管機關核准，不得擅自變更經營利用計畫或閒置不用（農發§35）。亦不得變更使用。但經中央主管機關核准之經營利用計畫，應依相關法令規定辦理用地變更者，不在此限（農發§36）。

4. 原住民

依原住民保留地開發管理辦法第4條規定，原住民指山地原住民及平地原住民。原住民身分之認定，依原住民身分法之規定。又依山坡地保育利用條例規定，原住民取得原住民保留地所有權，如有移轉，以原住民為限。（山坡地§37Ⅱ）政府承受私有原住民保留地，係因稅捐稽徵機關受理以原住民保留地抵繳遺產稅或贈與稅，或因公法上金錢給付義務之執行事件未能拍定原住民保留地。除政府機關依法撥用外，其移轉之受讓人以原住民為限。（山坡地§37Ⅲ、Ⅳ，原住民保留地§18Ⅲ）同理，依原住民保留

地開發管理辦法規定，為保障原住民生計，原住民取得保留地所有權後，除政府指定之特定用途外，其移轉之承受人以原住民為限（原住民保留地§18Ⅰ）。

(三) 特定土地之考量

1. 耕地移轉之限制

為避免私法人挾其優越的財力購買農地，而排擠真正有需要農地耕作之農民，私法人不得承受耕地（農發§33）。惟農民團體、農業企業機構、農業試驗研究機構，經取得許可者，不在此限。此外，耕地之使用及違規處罰，應依據區域計畫法相關法令規定；其所有權之移轉登記依據土地法及民法之規定辦理（農發§31）。惟在祭祀公業條例施行前以祭祀公業以外名義登記之耕地，符合相關規定下，得申請更名為祭祀公業法人或以財團法人、社團法人成立之祭祀公業所有，不受農業發展條例之限制（祭祀§56）。

2. 農舍用地之移轉限制

取得農業用地之農民，其在自有農業用地興建農舍滿5年始得移轉。但因繼承或法院拍賣而移轉者，不在此限。又農舍起造人應為該農舍坐落土地之所有權人；農舍應與其坐落用地併同移轉或併同設定抵押權（農發§18Ⅱ、Ⅳ）。

3. 園區廠房用地移轉之限制

為促進產業升級，健全經濟發展，科學園區內私有廠房之轉讓，以供區內之事業或研究機構使用為原則（科學園區§19Ⅰ）。科技產業園區內所有土地或建築物之轉讓對象，以在區內營業之事業為限（科技園區§19Ⅰ）。公民營事業開發之產業園區，其公共設施用地及公共建築物與設施之所有權，應無償移轉登記予各該管理機構。但公共設施用地及公共建築物與設施係供不特定對象使用或屬社區範圍內者，其所有權應登記為所在地之直轄市、縣（市）有，並由該直轄市、縣（市）主管機關管理。前項公民營事業移轉登記所有權予各該管理機構後，該公共設施用地或公共建築物與設施之租售、設定負擔或為其他處分，非經直轄市、縣（市）主管機關核准，不生效力（產創§51Ⅱ、Ⅲ）。

4. 承領山坡地移轉之限制

為加強山坡地之保育與利用，承領公有山坡地，承領人在繳清地價取得

土地所有權前，不得轉讓或出租；承領人轉讓或出租者，其轉讓或出租行為無效，由主管機關撤銷其承領權，收回土地另行處理。另承領人繳清地價，取得土地所有權後，其屬宜林地者，承領人應依規定先行完成造林，始得移轉；屬宜農、牧地者，其移轉之承受人以能自耕者為限（山坡地§27）[4]。

5. 私立學校不動產處分之限制

為促進私立學校之健全發展，提高其公共性及自主性，對私立學校校產及基金之管理使用，受法人或學校主管機關之監督（私校§45）。因此學校法人就不動產處分或設定負擔，應經學校董事會之決議，並報經學校主管機關核轉法人主管機關核准後辦理；其購置或出租不動產者，亦同。

前項不動產之處分或設定負擔，應符合下列規定：

(1)不動產之處分，以不妨礙學校發展、校務進行為限。

(2)不動產以與教學無直接關係，或經核定廢置之校地、建築物為限，始得設定負擔。

依其他法律之規定，於學校法人之不動產具有法定抵押權者，依其規定（私校§49）。

6. 公寓大廈移轉之限制

為加強公寓大廈之管理維護，提升居住品質，公寓大廈之專有部分不得與其所屬建築物共用部分之應有部分及其基地所有權或地上權之應有部分分離，而為移轉或設定負擔（公寓§4II）。又區分所有建築物之專有部分與其所屬之共有部分及其基地之權利，不得分離而為移轉或設定負擔[5]（民§799V），故區分所有建物之共用部分不得分割，除法令另有規定外，應隨同各相關專有部分及其基地權利為移轉、設定或為限制之登記（土登§94）。

---

[4] 土地法第30條有關農地承受人資格之規定，業於民國89年1月26日刪除，又內政部部頒「自耕能力證明書之申請及核發注意事項」亦於同年2月18日廢止，故本條文宜修正之。

[5] 民法物權編修正施行前，區分所有建築物之專有部分與所屬之共有部分及其基地之權利，已分屬不同一人所有或已分別設定負擔者，其物權之移轉或設定負擔，不受修正之民法第799條第5項規定之限制（民物施§8-5III）。

7.原住民保留地移轉之限制

原住民保留地，指爲保障原住民生計，推行原住民行政所保留之原有山地保留地及經依規定劃編，增編供原住民使用之保留地（原住民保留地§3）。山坡地範圍內山地保留地，除依法不得私有外，應輔導原住民取得承租權或無償取得所有權。原住民取得原住民保留地所有權，如有移轉，以原住民爲限（山坡地§37Ⅰ、Ⅱ）。由政府承受私有原住民保留地，係因稅捐稽徵機關受理以原住民保留地抵繳遺產稅或贈與稅，或因公法上金錢給付義務之執行事件未能拍定原住民保留地。除政府機關依法撥用外，其移轉之受讓人以原住民爲限（山坡地§37Ⅲ、Ⅳ，原住民保留地§18Ⅲ）。

8.醫療用地移轉之限制

醫療法人之不動產，非經中央主管機關核准，不得爲處分、出租、出借、設定負擔、變更用途（醫療§36）。

(四) 基於土地利用之考量

1.最小面積土地分割之限制

爲防止土地細分，影響經濟效用，直轄市或縣（市）地政機關於其管轄區內之土地，得斟酌地方經濟情形，依其性質及使用之種類，爲最小面積單位之規定，並禁止其再分割（土§31Ⅰ）。

2.耕地分割之限制

在耕地部分，除有例外規定外，每宗耕地分割後，每人所有面積未達0.25公頃者，不得分割，且共有耕地分割後之宗數，不得超過共有人人數（農發§16）。

3.法定空地分割移轉之限制

爲實施建築管理，以維護公共安全、公共衛生及增進市容觀瞻，建築基地應留設之法定空地，非依規定不得分割、移轉，並不得重複使用（建§11Ⅳ）。

4.區分建物共有部分

各共有人得隨時請求分割共有物，固爲民法第823條第1項前段所規定，惟同條項但書又規定，因物之使用目的不能分割者，不在此限。其立法意旨在於增進共有物之經濟效用，並避免不必要之紛爭。區分所有建築物之共同使用部分，爲各區分所有權人利用該建築物所不可或缺，其性質屬於因物之

使用目的不能分割者[6]。

(五) 基於產權一體化之考量

1. 地上權與其建築物或其他工作物，不得分離而為讓與或設定其他權利（民§838III）。
2. 不動產役權不得由需役不動產分離而為讓與，或為其他權利之標的物（民§853）。
3. 典物為土地，典權人在其上有建築物者，其典權與建築物，不得分離而為讓與或其他處分（民§917II）。
4. 公寓大廈之專有部分不得與其所屬建築物共用部分之應有部分及其基地所有權或地上權應有部分分離，而為移轉或設定負擔（公寓§4II）。
5. 基地或房屋之優先購買權。基地出賣時，地上權人、典權人或承租人有依同樣條件優先購買之權。房屋出賣時，基地所有權人有依同樣條件優先購買之權（土§104I）。

二、有期限性之限制

　　除上述對私有土地所有權處分之限制外，尚有下列因特殊原因而為有期限性之移轉限制，其內容如下：

(一) 有關稅捐保全之考量

1. 為稅捐繳納之必要

　　納稅義務人欠繳應納稅捐者，稅捐稽徵機關得就納稅義務人相當於應繳稅捐數額之財產，通知有關機關，不得為移轉，或設定他項權利；其為營利事業者，並得通知主管機關，限制其減資或註銷之登記。前項欠繳應納稅捐之納稅義務人，有隱匿或移轉財產、逃避稅捐執行之跡象者，稅捐稽徵機關得聲請法院就其財產實施假扣押，並免提供擔保。但納稅義務人已提供相當財產擔保者，不在此限（稅捐§24）。

---

[6] 參見司法院釋字第358號解釋（83.7.15）。

2. 為課徵土地稅之必要

欠繳土地稅之土地，在欠稅未繳清前，不得辦理移轉登記或設定典權。經法院拍賣之土地，依第30條第1項第5款但書規定審定之移轉現值核定其土地增值稅者，如拍定價額不足扣繳土地增值稅時，拍賣法院應俟拍定人代為繳清差額後，再行發給權利移轉證書。第1項所欠稅款，土地承受人得申請代繳或在買賣、典價內照數扣留完納；其屬代繳者，得向繳稅義務人求償（土稅§51）。

3. 為課徵房屋稅之必要

欠繳房屋稅之房屋，在欠稅未繳清前，不得辦理移轉登記或設定典權登記。前項所欠稅款，房屋承受人得申請代繳，其代繳稅額得向納稅義務人求償，或在買價、典價內照數扣除（房稅§22）。

4. 為課徵遺產稅或贈與稅之必要

遺產稅未繳清前，不得分割財產、交付遺贈或辦理移轉登記。贈與稅未繳清前，不得辦理贈與移轉登記（遺贈§8、§41-1、§42）。

5. 為課徵工程受益費之必要

工程受益範圍內之土地及建物之移轉，除繼承者外，應由買受人出具承諾書，願意依規定繳納未到期之工程受益費，或先將工程受益費全部繳清，始得辦理移轉登記（工程受益§6）。

(二) 有關徵收之考量

1. 為實施徵收之必要

被徵收土地或土地改良物自公告日起，除於公告前因繼承、強制執行或法院之判決而取得所有權或他項權利，並於公告期間申請登記者外，不得分割、合併、移轉或設定負擔（土徵§23 I）。

2. 為實施區段徵收之必要

區段徵收地區選定後，徵收機關得視實際需要報經上級主管機關核定後，分別或同時公告禁止下列事項（平§53III）：

(1)土地移轉、分割、設定負擔。

(2)建築改良物之新建、增建、改建或重建及採取土石或變更地形。

3. 為重大公共建設所需土地

重大公共建設所需土地，主辦機關得視實際需要實施區段徵收，經報上

級主管機關核准後，通知該管直轄市或縣（市）政府，分別或共同公告禁止土地移轉、分割、設定負擔，其禁止期間不得逾2年（促參§21）。

(三) 有關重劃之考量

1. 為實施市地重劃之必要

重劃區經選定後，實施機關經報上級主管機關核定後，分別或同時公告禁止區內土地之移轉、分割、設定負擔或建築物之新建，增建或重建及採取土石或變更地形等，其禁止期間為1年6個月（平§59，都計§58）。又重劃後應繳納差額地價而未繳納之土地，不得移轉，但因繼承而移轉者，不在此限（平§60-1Ⅳ）。

2. 為實施農地重劃之必要

直轄市或縣（市）主管機關，於農地重劃開始辦理分配之日起，一定期限內停止受理土地權利移轉及設定負擔之登記。但抵押權設定之登記，不在此限。前項停止登記之期限，不得逾8個月。此外，重劃分配之土地自分配確定之日起，在農地重劃工程費或差額地價未繳清前，不得移轉（農劃§19Ⅰ、§36）。

3. 為實施農村社區土地重劃之必要

直轄市或縣（市）主管機關應自開始辦理分配之日起，一定期限內停止受理土地權利移轉及設定負擔之登記。又重劃分配確定之日起，在土地所有權人應繳納之差額地價未繳清前，不得移轉或設定負擔（農社劃§15Ⅰ、§28）。

(四) 有關土地開發利用之考量

1. 為實施產業園區開發之必要

中央主管機關或直轄市、縣（市）主管機關為開發產業園區，於該產業園區核定設置公告後進行開發前，由當地直轄市、縣（市）主管機關公告停止土地及建築物所有權之移轉，並停止受理建築之申請；其公告停止之期限，不得逾2年；已領有建築執照者，應經中央主管機關或直轄市、縣（市）主管機關之同意後，始得建築。前項所定公告停止土地及建築物所有權之移轉，不包括因繼承、強制執行、公用徵收或法院判決所為之移轉（產創§41）。

2. 為實施權利變換之必要

實施權利變換後，實際分配之土地及建築物面積多於應分配之面積者，應繳納差額價金。應繳納差額價金而未繳納者，其獲配之土地不得移轉或設定負擔；違反者，其移轉或設定負擔無效。但因繼承而辦理移轉者，不在此限（都更§52Ⅵ）。

3. 為實施都市更新之必要

實施權利變換地區，直轄市、縣（市）主管機關得於權利變換計畫書核定後，公告禁止下列事項。但不影響權利變換之實施者，不在此限（都更§54）：

(1)土地及建築物之移轉、分割或設定負擔。

(2)建築物之改建、增建或新建及採取土石或變更地形。

前項禁止期限，最長不得超過2年。違反第1項規定者，當地直轄市、縣（市）主管機關得限期命令其拆除、改建、停止使用或恢復原狀。

4. 為完成新市鎮土地建設之必要

新市鎮土地投資得標人未完成建設前，不得以一部或全部轉售、轉租或設定負擔。違反者，其轉售、轉租或設定負擔之契約無效（新市鎮§16Ⅳ）。

5. 為管理國軍眷村改建房屋之必要

國軍老舊眷村改建後，由主管機關配售之住宅，除依法繼承者外，承購人自產權登記之日起未滿5年，不得自行將住宅及基地出售、出典、贈與或交換。前項禁止處分，於建築完工交屋後，由主管機關列冊囑託當地土地登記機關辦理土地所有權移轉登記及建築改良物所有權第一次登記時，並為禁止處分之限制登記（國眷§24）。

6. 原住民族土地或部落及其周邊土地從事土地開發

政府或私人於原住民族土地或部落及其周邊一定範圍內之公有土地從事土地開發、資源利用、生態保育及學術研究，應諮商並取得原住民族或部落同意或參與，原住民得分享相關利益。政府或法令限制原住民族利用前項土地及自然資源時，應與原住民族、部落或原住民諮商，並取得其同意；受限制所生之損失，應由該主管機關寬列預算補償之（原民基本法§21Ⅰ、Ⅱ）。

(五) 有關土地管理之考量

1. 為防治污染之必要

為防止土壤及地下水污染，所在地主管機關對於污染控制場址經初步評估，有嚴重危害國民健康及生活環境之虞，而經中央主管機關審核公告為污染整治場址者，其土地應囑託土地所在地之登記主管機關辦理土地禁止處分之登記。土地已進行強制執行之拍賣程序者，得停止其程序（土污§21）。

2. 為管理興建農舍之必要

農民依法於農業用地興建農舍後，該農業用地應確供農業使用；其在自有農業用地興建農舍滿5年始得移轉。但因繼承或法院拍賣而移轉者，不在此限（農發§18Ⅱ）。

(六) 限制登記之土地

土地經實施預告登記、查封、假扣押、假處分或破產登記後未為塗銷前，登記機關應停止與其權利者有關之新登記（土登§136、§141）。

(七) 其他

遺囑得禁止遺產之分割，其禁止之效力以10年為限（民§1165）。

第二節　外國人取得地權之條件與限制

對於外國人可否購買土地，取得土地權利，各國立法例，不甚一致。我國自古代迄清，例不許外人在我國置產，其有居留者，則處於賓館或夷館之中，惟自清道光22年（西元1842年）因鴉片戰爭後，與英國簽訂不平等條約，始開啓外國人在我國享有土地權利之例。在光緒29年（西元1930年）以前，只限於「定期租賃權」，之後中美續議通商條約，允許美國教會在中國有永租房屋或地基之權，惟用途僅限於醫院、墳墓及教堂，開啓「永租權」

之先河，迄至民國成立，相襲沿用[7]。

　　民國17年國民政府外交部曾訂定「外國教會租用土地房屋暫行章程」，以爲整頓及限制之用。迄民國32年英美兩國與我國簽訂取消在華治外法權新約，其中有關不動產權利，仍允予以承認，但應受我國關於徵收稅捐、徵用土地及有關國防安全等規定之拘束。此後，歐美各國先後仿效新約，與我訂定相似條約[8]。

　　土地法有關外國人在我國取得土地之規範，於舊土地法（民國19年公布）第17條僅規定，農、林、漁、牧、鹽、礦、要塞軍備區域及領域邊境之土地，不得移轉、設定負擔、或租賃於外國人。民國35年修正公布之土地法第18條規定：「外國人在中華民國取得或設定土地權利，以其本國與我國訂有平等互惠條約，並依其本國法律准許中華民國人民享受同樣權利者爲限。」惟因若干國家與我國未訂立友好條約，僅建立外交關係，故於民國44年修訂條文，將「訂有平等互惠條約」一語，改爲「有外交關係」。然因國際關係詭譎多變，我國於民國60年退出聯合國，與許多國家斷交，乃於民國64年修訂土地法條文時，將第18條之「有外交關係」刪除，以資因應。

壹、基本條件

　　外國人在我國領土上，取得土地權利，基於國家主權，本可自行決定其範疇。惟「平等互惠」原則爲各國所採行之主要依據，我國原則上採平等主義[9]，爰此，外國人在中華民國取得或設定土地權利，以依條約或其本國法律，中華民國人民得在該國享有同樣權利者爲限（土§18）。即同時採條約上及法律上的相互主義[10]，受所在國一切有關法令之限制，並負擔該土地之一切稅捐，此乃爲各國之立法通例。惟「依其本國法律」之用語，似有委諸外國相對之待遇，誠有商榷之處。

7　參閱侯木仲編著，中國土地法論，頁91～93，環球書局，民國64年2月再版。鮑德澂，增修土地法規概論，頁61～63，中國地政研究所，民國70年增修初版。

8　侯木仲，同上註，頁93～102。鮑德澂，同上註，頁63～65。

9　施啟揚，民法總則，頁71，三民書局，民國85年4月增訂7版。

10　施啟揚，同上註，頁71。

貳、取得地權之限制

　　現行土地法，基於平等互惠原則，將外國人在我國取得土地之條件與限制詳為規定，其內容如下：

一、土地種類之限制

　　依照土地法規定，林地、漁地、狩獵地、鹽地、礦地、水源地、要塞軍備區域及領域邊境之土地，不得移轉、設定負擔或租賃於外國人（土§17 I）。換言之，上述所列之直接生產用地及國防設備用地，皆不得移轉、設定負擔或租賃於外國人。外國人在我國境內，無法取得上述土地的權利，係基於上述土地關係著全體國民生計、國家安全防備等，故外國人縱使符合土地法第18條所規定之基本條件，仍不得享有取得上述土地的權利能力。惟為吸引外國人投資，原亦列為禁止取得之「農地」、「牧地」於民國90年10月31日修正時予以刪除本條文，則其他種類之直接生產用地，仍有否限制之必要，值得再思之。

　　此外，為配合國籍法第14條之修正，並避免部分國民因土地繼承遭受困擾，爰增訂：前項移轉，不包括因繼承而取得土地。但應於辦理繼承登記完畢之日起3年內出售與本國人，逾期未出售者，由直轄市或縣（市）地政機關移請國有財產局公開標售，其標售程序準用第73條之1相關規定。前項規定，於本法修正施行前已因繼承取得第1項所列各款土地尚未辦理繼承登記者，亦適用之（土§17 II、III）。

二、土地用途之限制

　　外國人為供自用、投資或公益之目的使用，得取得下列各款用途之土地（土§19）：(一)住宅；(二)營業處所、辦公場所、商店及工廠；(三)教堂；(四)醫院；(五)外僑子弟學校；(六)使領館及公益團體之會所；(七)墳場；(八)有助於國內重大建設、整體經濟或農牧經營之投資，並經中央目的事業主管機關核准者。

　　依本條文規定，外國人雖已依法取得我國土地（土§17、§18），但其土地並非可恣意使用，仍應受限於上述八種用途。又其使用土地之用途，雖合於上述八種使用類型，但若不合於其他相關法令之規定，如區域計畫法、

都市計畫法者，自應受到拘束，亦即其使用用途仍應依我國有關土地之分區使用管制，或用地編定等規定之限制。

三、土地面積之限制

基於平均地權土地政策之理想，我國土地法對私有土地，採面積最高額之限制（土§28Ⅰ），本國人如此，外國人自不例外。故不能聽任財力雄厚之外國人，購買我國大批土地，而不加限制。爰此，外國人取得土地，其面積應受該管直轄市或縣（市）政府依法所定之限制（土§19）。土地法施行法（土施§7）及平均地權條例（平§71）中有關私有土地面積最高額之限制，外國人仍亦應遵循之。

四、土地所在地點之限制

外國人使用土地，自需配合我國土地政策之理想，其所在地點不能由外國人自由選擇，以免破壞土地合理利用。因此，外國人取得土地，其所在地點，應受該管直轄市或縣（市）政府依法所定之限制（土§19）。

參、外國人取得地權之程序與管理

外國人在本國取得土地權利，原為外交上，敦睦邦交及維護本國僑民在居留國，享有同樣利益之對等措施，故除上述在其土地種類、用途、面積、所在地等項，予以法律明訂限制外，在其取得權利之始，尤應對其取得程序，加以審查與規範之必要。

一、取得程序

有關外國人取得我國土地之程序，依土地法規定，外國人依前條需要取得土地，應檢附相關文件，申請該管直轄市或縣（市）政府核准；土地有變更用途或為繼承以外之移轉時，亦同。其依前條第1項第8款取得者，並應先經中央目的事業主管機關同意。直轄市或縣（市）政府為前項之准駁，應於受理後14日內為之，並於核准後報請中央地政機關備查（土§20Ⅰ、Ⅱ）。

二、未依核定使用之處理

為規範外國人取得之土地，能依期限及用途使用，避免投機壟斷，於土

地法第20條增訂：「外國人依前條第一項第八款取得土地，應依核定期限及用途使用，因故未能依核定期限使用者，應敘明原因向中央目的事業主管機關申請展期；其未依核定期限及用途使用者，由直轄市或縣（市）政府通知土地所有權人於通知送達後三年內出售。逾期未出售者，得逕為標售，所得價款發還土地所有權人；其土地上有改良物者，得併同標售。（III）」「前項標售之處理程序、價款計算、異議處理及其他應遵行事項之辦法，由中央地政機關定之。（IV）」

肆、外國人租買土地之權義

外國人租賃或購買土地，經登記後，依法令之所定，享受權利，負擔義務（土§24）。外國人租賃或購買土地，除事先呈請核准外，並應事後申請登記，自此依我國法令規定，享有權利、負擔義務。規定中所稱「登記」，應係指依法取得土地權利之土地登記。土地登記為我國不動產物權變動之生效要件（民§758），依土地法規定具有絕對效力（土§43），故外國人在我國購買土地，自應依規定辦理土地登記後，方生效力。然規定中非屬物權性質之「租賃」，即便本國人取得，亦不採登記生效要件。因而外國人租賃土地究竟應否登記？又該依何種法定程序登記？似乎有待斟酌之處。當前僅有耕地租賃依耕地三七五減租條例第6條之規定，需申請登記，惟此登記乃係採登記對抗主義，非謂租約須經登記，始能生效[11]。又租賃權之登記是否意指土地法第102條規定之「準地上權」登記，亦有待澄清之[12]。

此外，本條文規定「租賃」或「購買」土地，經登記後，依法令之所定，享受權利，負擔義務。惟依此規定所涵蓋之取得土地權利範圍，能否涵攝「取得或設定土地權利」（土§18）、「移轉、設定負擔或租賃」（土§17 I）、「取得」（土§19、§20）等方式，宜再斟酌之。

---

[11] 參閱51年台上字第2629號判例。

[12] 有謂本條文租賃之登記，係指應依土地法第102條規定，申請為地上權之登記。參閱侯木仲，註7前揭書，頁109。

第四章　公有土地

　　公有土地，乃包括經政府依法取得所有權之土地（如土§53、§208），不得私有之土地（如土§14），未經人民依法取得所有權之土地（如土§57）以及私有土地之所有權消滅者（如土§10、§12，民§764、§1185）。依此全國土地，除私有部分以外，概為公有（國產§2II參酌）。關於公有土地之使用、收益，及處分、管理，土地法上只有第4條、第25條、第26條，以及第27條共計4條之規定。由於過於簡略，故行政院於民國39年頒布「公有土地管理辦法」（已於民國79年9月23日廢止）；並於民國58年頒布「國有財產法及其施行細則」以資補充[1]。

第一節　公有土地之意義及分類

壹、公有土地之意義

　　依土地法規定，所稱公有土地，為國有土地，直轄市有土地，縣（市）有土地或鄉（鎮、市）有之土地（土§4）。其中下列各項之土地，更明訂為國有土地：

一、未經人民依法取得所有權之土地（土§10）。

二、私有土地所有權消滅者，屬國有土地（土§10、§12）。

三、不得私有之土地（土§14）。

四、無保管或使用機關之公有土地，及因地籍整理而發現之公有土地，該管市縣地政機關，逕為登記為國有土地（土§53）。

五、逾登記期限無人聲請或逾限未補文件之無主土地，為國有土地（土§57）。

1　其他如「台北市市有財產管理自治條例」（台北市政府民國91年7月9日修正發布）、「高雄市市有財產管理自治條例」（高雄市政府民國93年6月21日修正發布）等有關之規定，均為管理公有土地之重要法規。

六、測量後所得之面積，超過原登記面積十分之二之部分，視爲國有土地
　　（土§63）。

七、未辦理繼承登記之私有土地，經五次標售而未標出者，登記爲國有（土
　　§73-1）。

八、依地籍清理條例規定，代爲標售之土地，經二次標售而未完成標售者，
　　由直轄市或縣（市）主管機關囑託登記爲國有（地清§15 I）。

九、依祭祀公業條例規定，代爲標售之土地，經二次標售而未完成標售者，
　　由直轄市或縣（市）主管機關囑託登記爲國有（祭祀§55 I）。

十、凡不屬於私有土地或地方所有之土地，除法律另有規定外，均視爲國有
　　土地（國產§2）。

貳、國有土地與公有土地之關係

一、舊土地法（民國19年）之公有土地內涵

　　依據舊土地法第13條規定：「地方政府，對於管轄區內公有土地，除法
令有特別規定外，有使用收益之權。（I）」「前項土地非經過國民政府核
准，不得處分或設定負擔，或爲超過10年之租賃。（II）」根據上述規定，
中央政府既然擁有處分權，則地方政府僅有管理、使用及收益之權。土地所
有權的主要權能在於使用、收益、占有及處分。地方政府因管理、使用而占
有之公有土地，並不能排除中央之所有，且亦無獨立的處分權，此乃土地國
有之最高原則，即公有土地之所有權由國家（全體國民）享有，地方政府僅
有管理、使用、收益之權，此爲舊土地法所指公有土地之主要內涵，故舊土
地法第12條規定：「凡未經人民依法取得所有權之土地，爲公有土地。私有
土地之所有權消滅者，爲公有土地。」爰此，依舊土地法規定之內容，所謂
公有土地實質上相當於國有土地。

二、現行土地法之公有土地內涵

　　現行土地法第4條明文規定：「本法所稱公有土地，爲國有土地、直轄
市有土地、縣（市）有土地或鄉（鎮、市）有之土地。」故所稱公有土地，
則包括國家以及地方自治團體所有之公有土地。易言之，凡具有公法人地位
之國家或地方自治團體，均得爲公有土地所有權之主體，國有土地僅爲公有

土地中之一種而已，故若專指「國有」土地，則不能涵括公有土地之範疇。

　　此外，中華民國領域內之土地，屬於中華民國人民全體，其經人民依法取得所有權者，為私有土地。私有土地之所有權消滅者，為國有土地（土§10）。意即，未經人民依法取得所有權，或私人所有權消滅之土地，應屬國有土地。蓋基於中華民國領域內之土地，屬於中華民國人民全體（土§10Ⅰ）之意旨，私人若未經依法取得或土地所有權消滅時，土地所有權即歸屬國家所有。

參、公有土地之分類

一、依土地所有權的歸屬區分

　　土地法第4條劃分公有土地為：國有、直轄市有、縣（市）有及鄉（鎮、市）有。惟其劃分標準為何，並未明定。依行政院於民國37年4月21日公布之「公有土地劃分原則」[2]，規定國有、省有、縣市有土地之劃分標準。

---

[2] 一、屬於國有之土地
　(一)湖澤及可通運之水道。
　(二)江河海湖沿岸自然增漲之土地。
　(三)廢清遺留之營地、旗地、屯田、陵田及其他土地。
　(四)中央政府及其所屬機關管有之土地。
　(五)國立學校、醫院及其他國營事業管有之土地。
　(六)國營事業管有之土地。
　(七)國支款徵收或購買之土地。
　(八)人民對國家捐獻之土地。
　(九)其他依法應屬國有之土地。
　二、屬於省（市）有之土地
　(一)省（市）及其所屬機關管有之土地。
　(二)省（市）立學校醫院及其他省（市）有事業管有之土地。
　(三)省（市）公營事業管有之土地。
　(四)省（市）庫支款徵收或購買之土地。
　(五)人民對省（市）政府捐獻之土地。
　(六)其他依法應屬省（市）有之土地。

二、依土地的使用區分

參酌國有財產法第4條規定之分類方式，公有土地依使用之性質與類別，劃分為：

(一) 公有公用土地

又分為1.公務用土地：如各機關、部隊、學校、辦公、作業及宿舍使用之公有土地屬之；2.公共用土地：國家直接供公共使用之公有土地屬之；3.事業用土地：公營事業機關使用之土地均屬之。但國營事業為公司組織者，僅指其股份。上述公用財產用途廢止時，應變更為非公用財產。但依法徵收之土地，適用土地法及土地徵收條例之規定（國產§33）。又公用財產為配合當地都市更新事業計畫，由各該級政府之非公用財產管理機關逕行變更為非公用財產，統籌處理，不適用國有財產法第33條至第35條及地方政府公產管理法令之相關規定（都更§46II）。

(二) 公有非公用土地

係指公有公用土地以外可供收益或處分之一切公有土地。公用財產，除另有合理之利用計畫，確無法併同實施都市更新事業者外，於舉辦都市更新事業時，應一律參加都市更新，並依都市更新事業計畫處理之，不受土地法第25條、國有財產法第7條、第28條、第53條、第66條、預算法第25條、第26條、第86條及地方政府公產管理法令相關規定之限制（都更§46I）。

三、屬於縣（市）有之土地

(一)縣（市）及其所屬機關管有之土地。

(二)縣（市）立學校醫院及其他縣（市）有事業管有之土地。

(三)縣（市）公營事業管有之土地。

(四)縣（市）庫支款徵收或購買之土地。

(五)人民對縣（市）政府捐獻之土地。

(六)其他依法應屬縣（市）有之土地。

上述省有土地，依台灣省政府功能業務與組織調整暫行條例第8條第2項規定，已移轉為國有，故現制已無省有土地。

第二節　公有土地之管理

　　依舊土地法第13條規定之意旨，公有土地所有權屬於國家，而地方政府對於其轄區內之公有土地，僅有管理權而已。所謂「管理」，依已廢止之公有土地管理辦法第3條規定，管理包括清理、保存、使用、收益及處分，其範圍甚為廣闊。惟現行法制，已將公有土地依權屬劃分為國有、直轄市有、縣（市）有及鄉（鎮、市）有，故其管理，自應由各該所有之各級公法人，逕為依法管理。

壹、公有土地之管理機關

一、國有土地之管理機關

　　依現行國有財產法對國有土地之管理，其管理機關規定如下：

(一) 公用財產之主管機關，依預算法之規定。公用財產為二個以上機關共同使用，不屬同一機關管理者，其主管機關由行政院指定之（國產§10）。

(二) 公用財產以各直接使用機關為管理機關，直接管理之（國產§11）。

(三) 非公用財產以財政部國有財產署為管理機關，承財政部之命，直接管理之（國產§12）。

(四) 財政部視國有財產實際情況之需要，得委託地方政府或適當機構代為管理或經營（國產§13）。

(五) 國有財產在國境外者，由外交部主管，並由各使領館直接管理；如當地無使領館時，由外交部委託適當機構代為管理（國產§14）。

二、直轄市市有土地之管理機關

　　依台北市市有財產管理自治條例（以下簡稱北市財）與高雄市市有財產管理自治條例（以下簡稱高市財）之規定，有關直轄市市有財產之管理機關如下：

(一) 市有財產之主管機關

　　台北市及高雄市市有財產之主管機關爲市府財政局（北市財§6，高市財§2）。

(二) 公用財產之管理機關

1. 台北市公用財產之管理機關，依公用財產之類別分爲（北市財§7）：
(1)公務用財產：以列有單位預算之使用機關爲管理機關。
(2)公共用財產：以業務主管機關爲管理機關。
(3)事業用財產：以事業機構爲管理機關。
2. 高雄市公用財產之管理機關，依公用財產之類別分爲（高市財§5）：
(1)公務用財產：以直接使用機關爲管理機關。
(2)公共用財產：以其業務主管機關爲管理機關。
(3)事業用財產：以市營事業機構爲管理機關。

(三) 非公用財產之管理機關

1. 台北市非公用財產之管理機關分別爲（北市財§7）：
(1)照價收買土地、農業區、保護區內之耕地及該地區與農業不可分離之土地，以市政府地政局爲管理機關。
(2)區段徵收其餘可供建築土地及土地重劃抵費地，以市政府地政局土地開發總隊爲管理機關。
(3)保護區內非林地、耕地，以市政府工務局爲管理機關。
(4)各種基金取得之財產，以其主管機關爲管理機關。
(5)撥用之市有財產，以使用機關爲管理機關。
(6)其他非公用財產，以財政局爲管理機關。
2. 高雄市非公用不動產之管理機關分別爲（高市財§6）：
(1)位於保存區或古蹟保存用地：本府文化局。
(2)位於重劃區抵費地、照價收買土地、區段徵收取得之標（讓）售土地、農業發展條例所定之耕地或訂有三七五耕地租約之土地：本府地政局。
(3)位於保安林地、林業用地、保護區內林地、農業用地（區）或生態保護用地：本府農業局。
(4)位於山坡地、保護區或國土保安用地：本府水利局。

(5)位於風景區或遊憩用地：本府觀光局。

(6)位於倉儲區、窯業用地、礦業用地或鹽業用地：本府經濟發展局。

(7)位於養殖用地：本府海洋局。

(8)位於特定區土地：該特定區計畫之目的事業主管機關。

(9)以基金取得者：該基金主管機關。

(10)已核定使用計畫者：該使用計畫之目的事業主管機關。

(11)前十款以外之房屋及建築用地：本府財政局。

前項以外之非公用不動產，視其性質、用地類別或目的事業主管機關，由本府指定其管理機關。

貳、公有土地之處分、設定負擔或租賃

依舊土地法第13條規定之內涵，所謂公有土地，其最終處分權屬於中央政府，地方政府依法僅有使用收益之權。又因公有土地原屬國家所有，應由中央政府支配，該地方政府不得以公有土地在其轄區內，擅自處置。此所以表明處分公有土地之最高公權，在於中央政府。此外，舊土地法當時之立法背景爲訓政時期，並未達到憲政階段，故對公有土地處分權利之行使，未再加以民意之監督。現行土地法規，在前述背景之下，有關公有土地之處分、設定負擔或租賃，則規定如下：

一、國有土地

就國有財產而言，國有財產收益及處分，依預算程序爲之；其收入應解國庫。凡屬事業用之公用財產，在使用期間或變更爲非公用財產，而爲收益或處分時，均依公營事業有關規定程序辦理（國產§7）[3]。國有公用之土

---

[3] 公有之古蹟、歷史建築、紀念建築及聚落建築群管理維護所衍生之收益，其全部或一部得由各管理機關（構）作為其管理維護費用，不受國有財產法第7條、國營事業管理法第13條及其相關法規之限制（文資§22）。又主管機關依住宅法興辦社會住宅使用國有土地或建築物衍生之收益，得作為社會住宅興辦費用，不受國有財產法第7條規定之限制（住宅§21Ⅱ）。公有土地及建築物，參加都市更新，不受國有財產法第7條之限制（都更§46）、科技產業園區設置管理條例第14條、第17條、第19條亦同。

地，主管機關或管理機關對於公用財產，不得爲任何處分或擅爲收益，但其收益不違背其事業目的或原定用途者，不在此限（國產§28）[4]。所稱處分，係指出售、交換、贈與或設定他項權利；所稱收益，係指出租或利用。所稱不違背其事業目的，係指主管機關或管理機關之組織法規或其主管法律規定，得將經管之財產提供他人使用；所稱不違背其原定用途，係指管理機關依計畫及規定用途使用中，兼由他人使用者（國產細§25）。

對於國境以外之國有土地，非經外交部核准，並徵得財政部同意，不得爲任何處分。但爲應付國際間之突發事件，得爲適當之處理，於處理後即報外交部，並轉財政部及有關機關（國產§29）。又主管機關爲執行國軍老舊眷村改建或作爲眷村文化保存之用，得運用國軍老舊眷村及不適用營地之國有土地，興建住宅社區、處分或爲現況保存，不受國有財產法有關規定之限制（國眷§4）。

至於國有非公用土地之處分，對於下列之各種情形，依國有財產法之規定，得以讓售、標售或交換方式處分：

(一) 讓售

1. 有租賃關係之讓售：非公用財產類之不動產，其已有租賃關係者，得讓售與直接使用人。前項得予讓售之不動產範圍，由行政院另定之（國產§49Ⅰ、Ⅱ）。
2. 應合併建築使用之讓售：非公用財產類之不動產，其經地方政府認定應與鄰接土地合併建築使用者，得讓售與有合併使用必要之鄰地所有權人（國

---

[4] 不受國有財產法第28條處分或收益之限制情形甚多，如：都市更新條例（§46）、大眾捷運法（§7、§19）、停車場法（§16）、發展觀光條例（§45）、公營事業移轉民營條例（§6）、行政法人法（§34）、獎勵民間參與交通建設條例（§10、§12、§13、§23）、促進民間參與公共建設法（§8、§15～§17、§19）、國際機場園區發展條例（§11、§18）、國立高級中等學校發展基金設置條例（§9）、低放射性核廢棄物最終處理設置設施場址設置條例（§15）、無線電視事業公股處理條例（§11）、莫拉克颱風災後重建特別條例（§20）、科技產業園區設置管理條例（§14、§17、§19）、住宅法（§29、58）、鐵路法（§20-1Ⅱ）及國營臺灣鐵路股份有限公司設置條例（§9Ⅱ）。

產§49Ⅲ）。

3. 公營事業需用之讓售：非公用財產類之不動產，為國營事業機關或地方公營事業機構，因業務上所必需者，得予讓售。前項讓售，由各該主管機關，商請財政部核准，並徵得審計機關同意為之（國產§50）。

4. 文教社福事業需用之讓售：非公用財產類之不動產，為社會、文化、教育、慈善、救濟團體舉辦公共福利事業或慈善救濟事業所必需者，得予讓售。前項讓售，由各該主管機關商請財政部轉報行政院核定，並徵得審計機關同意為之（國產§51）。

5. 興建國宅或獎勵投資之讓售：非公用財產類之土地，經政府提供興建國民住宅或獎勵投資各項用地者，得予讓售。前項讓售，依國民住宅條例及其他有關規定辦理（國產§52）。

6. 專案讓售

　　非公用財產類之不動產，有左列各款情形之一者，得專案報經財政部核准讓售（國產§52-1）：

(1)使用他人土地之國有房屋。

(2)原屬國有房屋業已出售，其尚未併售之建築基地。

(3)共有不動產之國有持分。

(4)獲准整體開發範圍內之國有不動產。

(5)非屬公墓而其地目為「墓」並有墳墓之土地。

(6)其他不屬前五款情況，而其使用情形或位置情形確屬特殊者。

　　非公用財產類之不動產，基於國家建設需要，不宜標售者，得專案報經行政院核准讓售。非公用財產類之不動產，為提高利用價值，得專案報經財政部核准與他人所有之不動產交換所有權。其交換辦法，由財政部擬訂，報請行政院核定之。

7. 特殊讓售：非公用財產類之不動產，於民國35年12月31日以前已供建築、居住使用至今者，其直接使用人得於民國104年1月13日前，檢具有關證明文件，向財政部國有財產署或所屬分支機構申請讓售。經核准者，其土地面積在500平方公尺以內部分，得按第一次公告土地現值計價（國產§52-2）。

(二) 標售

1. 空屋空地之標售

非公用財產類之空屋、空地，並無預定用途，面積未達1,650平方公尺者，得由財政部國有財產署辦理標售。面積在1,650平方公尺以上者，不得標售（國產§53）。

2. 其他情形之標售

非公用財產類之不動產，使用人無租賃關係或不合國有財產法第42條第1項第2款之規定者，應收回標售或自行利用。其有下列情形之一者，得經財政部核准辦理現狀標售：

(1)經財政部核准按現狀接管處理者。

(2)接管時已有墳墓或已作墓地使用者。

(3)使用情形複雜，短期間內無法騰空辦理標售，且因情形特殊，急待處理者。前項標售，由財政部國有財產署辦理之（國產§54）。

(三) 交換

私有公共設施保留地得申請與公有非公用土地辦理交換，不受土地法、國有財產法及各級政府財產管理法令相關規定之限制；劃設逾25年，未經政府取得者，得優先辦理交換（都計§50-2Ⅰ）。

(四) 設定地上權

非公用財產類不動產，得依法改良利用。經改良之土地，以標售為原則。但情形特殊，適於以設定地上權或其他方式處理者，得報請行政院核定之（國產§47Ⅰ、Ⅲ）。

二、直轄市或縣（市）有土地

直轄市或縣（市）政府對於其所管公有土地，非經該管區內民意機關同意，並經行政院核准，不得處分或設定負擔或為超過10年期間之租賃[5]（土

---

[5] 上述條文中，僅規範直轄市或縣（市）政府，對於其所管公有土地之處分、設定負擔或為超過10年以上之租賃，在程序上，須經該民意機關同意，並經行政院核

§25）。

三、關於公有土地處分之例外

由於直轄市或縣（市）有土地之處分、設定負擔或超過10年以上之租賃，須受到雙重的管制，對於公有土地的利用或配合土地政策上之需要，常有緩不濟急之憾，對公有土地之利用亦屬不便。爰此，相關之除外規定，亦紛紛定頒如下，實質上幾乎架空了本規定之適用範圍，誠宜就本規定，全面檢討之。其除外規定如下[6]：

(一) 平均地權條例（§7）

政府依法照價收買、區段徵收或因土地重劃而取得之土地，得隨時公開出售，不受土地法第25條之限制。

(二) 都市計畫法（§84）

依本法規定所爲區段徵收之土地，於開發整理後，依其核准之計畫再行出售時，不受土地法第25條之限制。

(三) 產業創新條例（§42、§43、§45、§52、§65）

產業園區主管機關或公民營事業、土地所有權人或興辦產業人開發產業園區，需用公有土地時，由各該公私有土地管理機關逕行提供開發或辦理讓售以及直轄市、縣（市）主管機關於本條例施行前開發之工業區，由中央主管機關管理者，中央主管機關得移交該工業區予直轄市、縣（市）主管機

准。惟須經行政院核准，實過於嚴苛，倘若地方與行政院意見相歧，則處理上易生困難，且既經民意機關之監督，土地權屬亦爲直轄市、縣（市）所有，中央政府基於地方自治之精神，實不必過度干預。又其所稱「所管公有土地」，應指地方政府所有之公有土地而言。若指國有土地或鄉（鎮、市）有土地，則當地政府既無所有權，其民意機關又何有同意權？

[6] 公有土地參加依平均地權條例第58條之土地所有權人自行組織重劃會辦理市地重劃，依釋字第232號解釋（77.11.4），認爲係爲實現憲法平均地權之政策，並非土地所有權人以自己意思使權利發生變更之處分行爲，自無土地法第25條之適用。

關接管，並辦理工業區內之公共設施用地及公共建築物與設施之權利變更登記，不受土地法第25條之限制。

(四) 建築法（§ 45）

畸零地合併使用時於協調不成後，申請人得申請當地政府徵收，並出售於申請人或原申請人有優先購買權，當地政府徵收取得土地之處分，不受土地法第25條之限制。

(五) 獎勵民間參與交通建設條例（§ 10、§ 12、§ 13、§ 19）

為加速交通用地之取得，兼顧土地被徵收人之權利，爰規定公有土地管理機關得就其所有或管理之土地訂定開發計畫，依法開發處理，並准被徵收人可就其應領補償費參與開發，故乃規定前述之公有土地之開發不受土地法第25條之限制。

(六) 國軍老舊眷村改建條例（§ 9、§ 19）

國軍老舊眷村土地權屬於直轄市有、縣（市）有或鄉（鎮、市）有者，各級政府將其土地以繳款當期公告土地現值讓售主管機關時，不受土地法第25條及各級政府財產管理規則之限制。此外，國軍老舊眷村或不適用營地，因整體規劃必須與鄰地交換分合者，經雙方同意後，報其上級機關核定之，不為土地法第25條之限制。

(七) 新市鎮開發條例（§ 29）

主管機關因開發新市鎮就土地所為之處分，設定負擔或超過10年之租賃，不受土地法第25條之限制。

(八) 都市更新條例（§ 46、§ 47）

都市更新事業計畫範圍內之公有土地及建築物，除另有合理之利用計畫，確無法併同實施都市更新事業計畫者外，於舉辦都市更新事業時應一律參加都市更新，不受土地法第25條規定之限制，各級主管機關或鄉（鎮、市）公所，因實施或參加都市更新事業，取得之土地、建築物或權利，其處分或收益，不受土地法第25條規定之限制。

(九) 促進民間參與公共建設法（§8、§15～§19）

為促進民間參與公共建設，提升公共服務水準，加速社會經濟發展，舉凡民間參與投資興建所需公用事業之土地、公有土地、零星之公有土地、徵收取得之公有土地參與聯合開發、委託開發、合作經營、出租、設定地上權、信託或區段徵收後取得土地之處分，不受土地法第25條規定之限制。

(十) 農村社區土地重劃條例（§29）

參與農村社區土地重劃者，其折價抵付之土地，其標售或讓售，不受土地法第25條之限制。

(十一) 停車場法（§16）

都市計畫停車場用地或依規定得以多目標使用方式附建停車場之公共設施用地經核准徵收後，得公告徵求民間投資辦理，投資人得使用之年限，報請上級主管機關核定之，不受土地法第25條之限制。

(十二) 大眾捷運法（§7、§19）

大眾捷運主管機關辦理開發之公有土地及因開發所取得之不動產，其處分、設定負擔、租賃或收益，不受土地第25條及國有財產法第28條之限制。土地因大眾捷運系統之穿越，致不能為相當之使用時，土地及其土地改良物之所有人得請求主管機關徵收取得。徵收取得之土地及其土地改良物，其處分、設定負擔、租賃或收益，不受土地法第25條、國有財產法第28條及地方政府公產管理法令有關規定之限制。

(十三) 離島建設條例（§8、§9）

離島重大建設投資計畫所需用地，屬公有土地者，目的事業主管機關得辦理撥用後，訂定期限以出租、設定地上權、信託或以使用土地之權利金或租金出資方式，提供民間機構使用，不受土地法第25條、國有財產法第28條或地方政府公產管理法令之限制。

離島重大建設投資計畫屬交由民間機構辦理公共建設者，其所需用地屬私有土地時，由目的事業主管機關或民間機構與土地所有權人協議以一般買

賣價格價購，協議不成或無法協議時，目的事業主管機關得辦理徵收；於徵收計畫中載明以聯合開發、委託開發、合作經營、出租、設定地上權、信託或以使用土地之權利金或租金出資方式，提供民間機構開發、興建、營運，不受土地法第25條、國有財產法第28條或地方政府公產管理法令之限制（離島§8）。

依離島建設條例第9條第1項申請購回、第5項申請讓售及第6項申請返還土地，不受都市計畫法第52條、第53條、土地法第25條、國有財產法第28條、第33條、第35條或地方政府公產管理法令之限制。澎湖地區之土地，凡未經政府機關依法定程序徵收、價購或徵購者，應比照辦理（離島§9）。

(十四) 商港法（§7）

航港局經管之公有財產，得以出租、設定地上權或作價投資方式，提供商港經營事業機構開發、興建、營運使用，不受土地法第25條、國有財產法第28條及地方政府公產管理法令之限制。

(十五) 廢棄物清理法（§6）

主管機關或目的事業主管機關依本法規定規劃設置廢棄物清理設施時，其用地涉及都市計畫變更者，主管機關、目的事業主管機關應協調都市計畫主管機關，依都市計畫法第27條規定辦理變更；涉及非都市土地使用變更者，於報准徵收或撥用取得土地後，依法辦理變更編定。完成報編為廢棄物清理專區之土地，其屬公有者，得辦理撥用或出租、讓售與興辦人，不受土地法第25條規定之限制。

(十六) 發展觀光條例（§45）

民間機構開發經營觀光遊樂設施、觀光旅館經中央主管機關報請行政院核定者，其範圍內所需之公有土地得由公產管理機關讓售、出租、設定地上權、聯合開發、委託開發、合作經營、信託或以使用土地權利金或租金出資方式，提供民間機構開發、興建、營運，不受土地法第25條、國有財產法第28條及地方政府公產管理法令之限制。

依前項讓售之公有土地為公用財產者，仍應變更為非公用財產，由非公用財產管理機關辦理讓售。

(十七) 住宅法（§ 58）

中央及直轄市、縣（市）主管機關依住宅法就公有土地及建築物所為之處分、設定負擔或超過10年期間之租賃，不受土地法第25條、第104條、第107條、國有財產法第28條及地方政府公產管理法令之限制。

(十八) 低放射性廢棄物最終處置設施場址設置條例（§ 15）

處置設施場址需用公有土地時，選址作業者應報請主辦機關依法辦理土地撥用；需用私有土地時，選址作業者應報請主辦機關依法辦理土地徵收。主辦機關於辦理前項撥用或徵收時，得於撥用或徵收計畫書中載明辦理聯合開發、委託開發、合作經營、出租、設定地上權、信託或以使用土地之權利金或租金出資等方式辦理處置設施之開發、興建及營運，不受土地法第25條、國有財產法第28條及地方政府公產管理法令規定之限制。

參、公有土地之撥用

一、撥用之意涵

公有土地之撥用[7]，乃各級政府機關因公務或公共所需，需用公有非公用土地時，由申請撥用機關檢具使用計畫及圖說，報經其上級機關核明屬實，並徵得財政部國有財產署同意後，層報行政院核定之（國產§38）。故公地撥用，係政府基於公法上之權力，使需用土地之機關取得土地使用權之謂[8]。

依土地法規定，各級政府機關需用公有土地時，應商同該管直轄市或縣（市）政府層請行政院核准撥用（土§26）。本條文之規定有若干待商榷之處，即公有土地包含國有、直轄市有、縣（市）有、鄉（鎮、市）有，若其

---

[7] 「撥用」一詞，首見於民國23年6月2日制定之公有土地處理規則第10條規定：「各級政府機關需用公有土地時，應商同該公地各級機關予以撥用或租用，同時陳報行政院備案。」

[8] 惟依國有不動產撥用要點第11點(二)之規定，地方機關有償撥用者，連件辦理所有權移轉登記。顯然，實務上有償撥用時，需用土地機關取得土地所有權。僅於無償撥用時，取得土地使用權。

所需土地爲國有土地，該國有土地之管理機關又爲直轄市或縣（市）政府，需用土地之機關自當商請該管機關同意，共同層請行政院核准。但該公有土地屬直轄市或縣市有之公有土地，如爲各級政府機關所需用時，只需商同該公有土地之原管理機關同意，然後會同聲請該公有土地所有人（指直轄市或縣（市））核准即可，實不必轉請行政院核准。因爲該公有土地不屬中央所有，有何准駁之權責。又若該土地係屬國有土地，依據現行國有財產法之規定，國有土地之管理機關爲國有財產署，土地所在之市縣政府僅爲地籍主管機關，中央欲使用該筆土地，似乎不必有商同地籍主管機關之必要。故所謂「該管」，係指所有權或管理權，宜再斟酌並予以明確化。其次，各級所有之公有土地，其同一公有土地所有權人下之需地機關與管理機關，仍否以撥用方式取得使用權，此關係整體撥用制度之內涵，亦應再深思之。

撥用公有土地之需用主體，均以各級政府機關爲限（土§26，國產§38）。所謂「各級政府機關」係指中央及各級政府所屬之機關及公立教育學術事業。撥用公有土地之目的，應爲公務或公共所需，始得申請撥用。所謂「公務用」，指供各機關、部隊、學校、辦公作業及宿舍之使用（國產§4Ⅰ①）。所謂「公共用」，指直接供公共使用（國產§4Ⅰ②），故各級政府機關撥用公有土地，原則上應以直接需用者爲限，不得提供私人使用。又申請撥用之公有土地，應以非公用財產類之不動產始得辦理撥用（國產§38Ⅰ）[9]。爰此，公地撥用之要件如下：(一)申請撥用之主體須爲各級政府機關；(二)撥用之目的須爲公務或公共所需；(三)申請撥用標的須爲非公用土地。

二、撥用之有償或無償

公有土地撥用，需地機關應以有償或無償方式撥用公有土地，在現行土地法中，並未明確規範。惟在其他相關法規中，下列八種情形，則明示有償或無償撥用：

---

[9] 以國有土地爲例，若欲申請撥用之土地現供其他機關管理使用者，得加附該不動產管理機關同意函，由財政部國有財產局同時層報行政院，核定變更爲非公用財產及核准撥用，無需先辦理變更爲非公用財產，再由申請撥用機關申請撥用。詳見財政部國有財產局82年8月24日台財產二字第82015054號函。

(一) 國營事業需用時，以無償方式撥用

凡國營事業需用公有土地時，應由該事業最高主管機關核定其範圍，向該管直轄市或縣（市）政府無償撥用，但應呈行政院核准（土施§6）。所謂「國營事業」以政府機關組織者為限，屬公司法人之國營事業，不得適用[10]。

(二) 照價收買或區段徵收之土地，不得無償撥用

依本條例照價收買或區段徵收之土地，各級軍公教學校不得請求借用或無償撥用（平細§13）。

(三) 新市鎮特定區內之公有土地，應有償撥用

新市鎮特定區內之公有土地，應一律按公告土地現值撥供主管機關統籌規劃開發（新市鎮§7）。

(四) 大眾捷運系統路線場站用地，應有償撥用

大眾捷運系統路線、場、站及其毗鄰地區辦理開發所需用之土地，得依有償撥用方式取得之（捷運§7 IV）。

(五) 文化資產所定著之土地，應無償撥用

公有之古蹟、歷史建築、紀念建築、聚落建築群及其所定著之土地，除政府機關（構）使用者外，得由主管機關辦理無償撥用（文資§21 III）。

(六) 區段徵收公共設施用地之撥用

區段徵收範圍內之公有土地，除道路、溝渠、公園、綠地、兒童遊樂場、廣場、停車場、體育場所、國民學校等公共設施用地應無償撥用外，其餘土地應由徵收機關照公告土地現值有償撥用，統籌處理（平細§69 I）。此外，依新市鎮開發條例規定，新市鎮特定區內土地經取得並規劃整理後，除以區段徵收方式辦理之抵價地，依規定發交原土地所有權人外，若屬道

---

[10] 參閱行政院49年3月31日台內字第1755號令。

路、溝渠、公園、綠地、兒童遊樂場、體育場、廣場、停車場、國民學校用地，於新市鎮開發完成後，無償登記為當地直轄市、縣（市）有。至於前款以外之公共設施用地，有償撥供需地機關使用（新市鎮§8Ⅰ①、②）。

(七) 國營鐵路機構鐵路業務或附屬事業所需使用之公有不動產

國營鐵路機構為經營鐵路業務或辦理前條之附屬事業所需使用毗鄰公有不動產，應辦理有償撥用或租用，並須考量其公益性（鐵路§21-1Ⅰ）。

(八) 院頒有償或無償撥用劃分原則

由於公有土地之撥用，現行相關規定對於有償或無償之時機，未能建立基礎標準，輒引起各級政府間撥用之爭議，故行政院乃於民國74年發布「各級政府機關互相撥用公有不動產有償與無償劃分原則」，並於民國104年再修正公布，其內容主要如下：

各級政府機關因公務所需公有不動產，依土地法第26條或國有財產法第38條，申辦撥用時，以無償為原則。但下列不動產，應辦理有償撥用。

1. 國有學產不動產。
2. 獨立計算盈虧之非公司組織之公營事業機構與其他機關間互相撥用之不動產。
3. 專案核定作為變產置產財源之不動產，非撥供道路使用者。
4. 管理機關貸款取得之不動產，其處分收益已列入償債計畫者。
5. 抵稅不動產。
6. 特種基金與其他機關間互相撥用之不動產。
7. 屠宰場、市場、公共造產事業使用之不動產。
8. 都市計畫住宅區、商業區不動產或非都市土地經編為甲、乙、丙、丁種建築用地及其地上建築改良物，且其非屬中央政府機關撥用國有不動產之情形者。
9. 其他依法令規定應辦理有償撥用之不動產。

辦理有償撥用不動產時，土地之取償，以核准撥用日當期公告土地現值為準，地上建築改良物之取償，以稅捐稽徵機關提供之當年期評定現值為準。

又公有土地撥用時，如為出租之公有耕地，除應補償承租人為改良土地

所支付之費用及尚未收穫之農作物外，並應按核准撥用當期公告土地現值三分之一補償耕地承租人。所需經費，由原管理機關負擔。但為無償撥用者，由需地機關負擔（平§11）。

三、不得申請撥用之土地

非公用財產類之不動產，各級政府機關為公務或公共所需，得申請撥用，但下列土地不得辦理撥用（國產§38）：

(一) 位於繁盛地區，依申請撥用之目的，非有特別需要者。

(二) 擬作為宿舍用途者。

(三) 不合區域計畫或都市計畫土地使用分區規定者。

四、公有土地撥用地上負擔之處理

所謂公有土地撥用，乃政府基於公法上之權力，使需用土地之機關取得公有非公用土地之使用權。如該土地原已出租，縱租期未滿，因政府機關核准撥用，基於國家政策需要，變更為公用財產時，依法得以解約收回。為兼顧承租人之權益，承租人因此解除租約所受之損失，得請求補償（國產§44）。此外，出租之土地若為公有耕地時，除由政府補償承租人為改良土地所支付之費用，及尚未收獲之農作改良物外，並應由原管理機關負擔，以所得之補償地價，扣除土地增值稅的餘額之三分之一，補償耕地承租人。但為無償撥用者，補償費用，由需地機關負擔（平§11Ⅲ）。

惟除租約可依上述規定，予以解約收回外，原公地上之他項權利應如何處理，未有明確規範。相關見解亦未相同[11]，就需地機關而言，若無礙其依撥用計畫使用之虞，實無解除該負擔之必要，故亦無當然消滅之理[12]。

---

[11] 有認為「……乃政府基於公法上權力，使需用土地之機關取得該土地之權利，而該土地使用人之權利，因與此不能並存遂歸於消滅。……」（最高法院52年台上字第4031號判例），惟亦有「……經核准撥用之公有土地，因其他法律關係而有私權存在時，在通常狀態下，該私權尚不因核准撥用而當然歸於消滅。……」（最高法院56年度台上字第684號判決）。

[12] 參閱廖義易，土地法案例研究，法學叢刊，30卷2期，民國74年4月。陳立夫，論公有土地撥用之效力，收錄於土地法研究，頁88～96，新學林出版公司，民國96年8月初版。

五、撥用後之收回

為貫徹公地公用及促進公有財產利用與管理，非公用財產經撥為公用後，遇有下列情事之一者，應由財政部查明隨時收回，交財政部國有財產署接管。但撥用土地之收回，應由財政部呈請行政院廢止撥用後為之（國產§39）：

(一) 用途廢止時。

(二) 變更原定用途時。

(三) 於原定用途外，擅供收益使用時。

(四) 擅自讓由他人使用時。

(五) 建地空置逾1年，尚未開始建築時。

上述規定對於以有償撥用方式並已移轉所有權之公有土地，是否全悉依此規定由財政部查明後收回，交由財政部國有財產署接管，誠有探究之餘地。

肆、公有土地之收益

土地法第27條規定：「直轄市或縣（市）政府應將該管公有土地之收益，列入各級政府預算。」其立法之意旨在於公有土地因經營使用而有收益時，其收益應為政府所有，應編列預算歸入公庫，以供公共之需，並可同時受民意機關之監督。然條文中，只有對直轄市或縣（市）公有土地之收益有所規範，國有及鄉、鎮（市）有土地之收益，則付之闕如。又「該管」用語，所指為何，同前二條條文之情形，宜一併考量之。

現行土地法中，雖未對國有土地之收益有所規範，惟依國有財產法之相關規定中，對於國有土地之使用收益，仍有明確規範，其內容如下：

一、國有財產之使用

(一) 使用用途

公用財產應依預定計畫及規定用途或事業目的使用；其事業用財產，仍適用營業預算程序。天然資源之開發、利用及管理，除法律另有規定外，應由管理機關善為規劃，有效運用（國產§32）。

(二) 用途之變更

1. 變更為非公用

公用財產用途廢止時，應變更為非公用財產。但依法徵收之土地，適用土地法及土地徵收條例之規定（國產§33）。財政部基於國家政策需要，得徵商主管機關同意，報經行政院核准，將公用財產變更為非公用財產。公用財產之使用，遇有下列情事之一者，財政部得通知管理機關於限期內提出活化運用計畫，必要時，得逕行核定變更為非公用財產，交財政部國有財產署接管。但撥用不動產之收回，應由財政部呈請行政院廢止撥用後為之：(1)用途廢止；(2)閒置；(3)低度利用或不經濟使用。

公用財產與非公用財產得互易其財產類別，經財政部與主管機關協議，報經行政院核定為之（國產§34）。公用財產變更為非公用財產時，由主管機關督飭該管理機關移交財政部國有財產局接管。但原屬事業用財產，得由原事業主管機關，依預算程序處理之。非公用財產經核定變更為公用財產時，由財政部國有財產署移交公用財產主管機關或管理機關接管（國產§35）。

2. 原規定範圍內容變更

主管機關基於事實需要，得將公務用、公共用財產，在原規定使用範圍內變更用途，並得將各該種財產相互交換使用。前項變更用途或相互交換使用，須變更主管機關者，應經各該主管機關之協議，並徵得財政部之同意（國產§36）。

(三) 處分收益之限制

1. 對機關之限制

主管機關或管理機關對於公用財產不得為任何處分或擅為收益。但其收益不違背其事業目的或原定用途者，不在此限（國產§28）。惟國營鐵路機構報經主管機關核准，得辦理其經管之國有不動產開發、處分或收益，不受國有財產法第28條規定之限制，前開處分屬出售或設定一定年期地上權者，應先報經行政院核定（鐵路§21-1Ⅱ）。國有財產在國境外者，非依法經外交部核准，並徵得財政部同意，不得為任何處分。但為應付國際間之突發事件，得為適當之處理，於處理後即報外交部，並轉財政部及有關機關（國產

§29）。

2.對管理人員之限制

國有財產管理人員，對於經管之國有財產不得買受或承租，或爲其他與自己有利之處分或收益行爲。違反前項規定之行爲無效（國產§31）。

二、國有非公用財產之出租

(一) 出租條件

非公用財產類不動產之出租，得以標租方式辦理。但合於下列各款規定之一者，得逕予出租（國產§42）：

1. 原有租賃期限屆滿，未逾6個月時。
2. 民國82年7月21日前已實際使用，並願繳清歷年使用補償金者。
3. 依法得讓售者。

非公用財產類之不動產出租，應以書面爲之；未以書面爲之者，不生效力。非公用財產類之不動產依法已爲不定期租賃關係者，承租人應於規定期限內訂定書面契約；未於規定期限內訂定書面契約者，管理機關得終止租賃關係。前項期限及非公用財產類不動產出租管理辦法，由財政部指定報請行政院核定後發布之。

(二) 出租期限

非公用財產類之不動產出租，應依下列各款規定，約定期限（國產§43）：1.建築改良物：5年以下；2.建築基地：20年以下；3.其他土地：6年至10年。

約定租賃期限屆滿時，得更新之。

非公用財產類之不動產租金率，依有關土地法律規定；土地法律未規定者，由財政部斟酌實際情形擬訂，報請行政院核定之。但以標租方式出租或出租係供作營利使用者，其租金率不受有關土地法律規定之限制。又主管機關依住宅法興辦社會住宅，需用之公有非公用土地或建築物，屬應有償撥用者，得採租用方式辦理，其租期由中央主管機關定之，不受國有財產法第43條有關租期之限制。租用期間之地價稅及房屋稅，由主管機關繳納。但社會住宅興建期間之租金得免予計收（住宅§21Ⅲ）。

(三) 解約收回

非公用財產類之不動產出租後，除依其他法律規定得以終止租約收回外，遇有下列情形之一者，亦得解約收回（國產§44）：

1. 基於國家政策需要，變更爲公用財產時。
2. 承租人變更約定用途時。
3. 因開發利用或重新修建，有收回之必要。

承租因前項第1款、第3款兩款規定，解除租約所受之損失，得請求補償。其標準由財政部核定之。非公用財產類之不動產解除租約時，除出租機關許可之增建改良部分，得由承租人請求補償其現值外，應無償收回；其有毀損情事者，應責令承租人恢復原狀。

三、國有非公用財產之利用

(一) 國有耕地之放租放領

有關直接生產用地類之國有非公用土地，爲促進其利用，國有耕地得提供爲放租或放領之用；其放租、放領實施辦法，由內政部會商財政部擬訂，報請行政院核定之。邊際及海岸地可闢爲觀光或作海水浴場等事業者用，得提供利用辦理放租；可供造林、農墾、養殖等事業用者，得辦理放租或放領。其辦法由財政部會同有關機關擬訂，報請行政院核定之（國產§46）。

(二) 非公用不動產之改良利用

爲促進非公用財產之改良、開發，非公用財產類不動產，得依法改良利用。財政部國有財產署得以委託、合作或信託方式，配合區域計畫、都市計畫辦理下列事項（國產§47）：

1. 改良土地。
2. 興建公務或公共用房屋。
3. 其他非興建房屋之事業。

經改良之土地，以標售爲原則。但情形特殊，適於以設定地上權或其他方式處理者，得報請行政院核定之。第2項各款事業，依其計畫須由財政部國有財產署負擔資金者，應編列預算。

第五章　地權調整

　　地權調整，係調整私有土地權利之分配關係也。在土地私有制度下，土地所有權之排他獨占特性，容易造成投機壟斷，土地供需失調，致發生地權分配問題。本章地權調整，爲我國土地政策平均地權理論之基本意旨。蓋防止投機壟斷，本以平均地權之照價徵稅、漲價歸公爲最有效之手段，似無採行直接限制土地面積之必要，惟依土地法原則，係採漸進方式進行，事實上難以獲得積極調整地權之效，故佐以直接限制私有土地面積，避免私人擁有過大面積的土地，以爲調整地權分配政策目的，爲立法上之救濟[1]。本章主要內容計有：一、限制私有土地面積最高額；二、規定土地最小面積；三、共有土地之處理；四、扶植自耕農。其中限制私有土地面積最高額之規定，迄未落實施行，現行體制下，土地法與平均地權條例相關規定是否必行，容有檢視之必要。

第一節　私有土地面積之限制

　　私有土地面積之限制，乃爲調節地權分配，限制私人兼併土地，本諸「限田」之精神，直接規定私有面積之上限。除對於私人現有土地面積超額者，予以限期出售或建築使用外，並限制私人此後取得超額之土地，以消弭兼併之風。惟限制私人所有土地面積最高額之規定，迄無依法執行，或鑑於民主社會以如此直接限制人民財產權之手段，顯過激進，恐遭民怨。惟若立法政策已時過境遷，或宜廢止相關規定，或以其他間接方式取代之，俾免徒法不足以自行。

1　請參閱吳尚鷹，土地問題與土地法，頁31，上海商務印書局，民國35年。

壹、私有土地面積限制之標準

一、面積最高額之標準

　　為防止私人壟斷土地，以促進土地之自由，直轄市或縣（市）政府對於私有土地，得斟酌地方情形，按土地種類及性質，分別限制個人或團體所有土地面積之最高額。前項限制私有面積之最高額，應經中央地政機關之核定（土§28）。本條之規定有近於限田政策，直接限制私有土地面積，以調節地權實質之分配，其旨意即為制止壟斷兼併。然防止兼併壟斷，本以照價徵稅為最有效之方法，不必採取直接限制措施。但因現行地價稅之徵收稅率偏低，故藉此直接之限制之法，以為低稅率之救濟。

　　私有土地面積的限制標準，依本條之規定有三：(一)地方情形；(二)土地種類及性質；(三)分別個人或團體所有土地面積之最高額。據此，土地法施行法第7條規定，私有土地面積最高額為：(一)宅地：以10畝為限，所謂10畝意指10市畝，相當於66.67公畝（2,016.67坪）；(二)農地：以其純收益足以供一家十口生活為限；(三)興辦事業用地：視其事業規模大小，定其限制。

　　上述規定，仍有待商酌之處，例如宅地面積以10畝為限、約2,000坪，就當前國民居住情形，似乎過大。農地以純收益供一家十口生活為限，亦稍嫌籠統。又興辦事業用地，彈性太寬，且因興辦事業種類甚多，規範不易，為促進產業發展，有否限制之必要，亦值再思之。

二、未建築用地最高額之標準

　　為避免私人壟斷土地，並同時促進土地利用，直轄市或縣（市）政府對於尚未建築之私有建築用地，應限制土地所有權人所有面積之最高額。前項所有面積之最高額以10公畝為限。但工業用地、學校用地及經政府核准之大規模建築用地，應視實際需要分別訂定之（平§71Ⅰ、Ⅱ）。惟為考量未建築之可責性，計算尚未建築土地面積最高額時，對於因法令限制不能建築之土地，應予扣除（平§71Ⅲ）。其次，為考量土地大規模開發之時程特性，對於土地所有權人所有尚未建築之私有建築用地面積超過10公畝，其超過部分屬於工業用地、學校用地及大規模建築用地者，如需保留，應由土地所

有權人，於接獲出售或建築使用之通知之次日起1年內，擬具建築使用計畫書，報由各該管機關，核轉中央主管機關或直轄市主管機關核定保留之。前項經核定保留之土地，應於限期內依照計畫完成使用。其未依限期按照計畫建築使用者，由直轄市或縣（市）主管機關限期令其出售，逾期得照價收買之（平細§95）。

又立法院於民國66年2月通過平均地權條例時，曾附帶決議：「本條例施行後，縣市政府對於私有土地所有權人所有面積之最高額應照土地法第28條之規定，切實執行。」其本旨係指應依土地法施行法第7條規定之標準而言，平均地權條例所定之面積最高額係指「尚未建築之私有建築用地」，已經建築部分之建地則不包括在內。故土地法第28條規範之面積最高額之範圍，應同時包含私有之已經建築用地與尚未建築用地。換言之，二者合併後面積上限為10市畝（約2,016.67坪），其中尚未建築之用地依平均地權條例規定，其最高額之上限為10公畝（約302.5坪）。平均地權條例有關私有未建築用地最高額限制之精神，揆其意旨除可調節地權分配外，亦可促進土地之利用，就政策目的之達成而言，較土地法之規定為優。

三、公有山坡地承領、承租面積之限制

公有宜農、牧、林山坡地放租或放領之農民者，其承租、承領面積，每戶合計不得超過20公頃。但基於地形限制，得為10%以內增加。山坡地保育利用條例施行前，原承租面積超過前項規定者，其超過部分，於租期屆滿時不得續租（山坡地§20）。

四、原住民保留地設定權利面積之限制

原住民申請無償取得原住民保留地所有權，土地面積最高限額如下：(一)依區域計畫法編定為農牧用地、養殖用地或依都市計畫法劃定為農業區、保護區，並供農作、養殖或畜牧使用之土地，每人1公頃；(二)依區域計畫法編定為林業用地或依都市計畫法劃定為保護區並供作造林使用之土地，每人1.5公頃；(三)依法得為建築使用之土地，每戶0.1公頃；(四)其他用地，其面積由中央主管機關視實際情形定之。原住民申請無償取得前項第1款及第2款土地得合併計算面積，其比率由中央主管機關定之。但基於地形限制，得為10%以內之增加（原住民保留地§10）。

貳、私有超額土地之處理

對於私有土地面積超額之部分，就平均地權土地政策之本旨，自然應有相當之約制，以達成調整地權之目的。故私有土地面積超過規定限制時，由該管直轄市或縣（市）政府規定辦法，限令於一定期間內將額外土地分割出賣。不依規定分割出賣者，該管直轄市或縣（市）政府得依本法徵收之。徵收之補償得斟酌情形搭給土地債券（土§29）。依此，對於超額之土地，其處理方式如下：

一、限期出賣

由該管直轄市或縣（市）政府規定辦法，限於一定期間內，將額外之土地劃分出賣與需地耕作或使用者。

二、依法徵收（照價收買）

土地所有權人若未於規定之期限內出售其超額土地，該管直轄市或縣（市）政府可依本法徵收之。徵收之補償得斟酌情形搭給土地債券（土§29），惟其債券之清付期限，最長不得逾5年（土施§8）。

所謂「搭給」，係指徵收補償以現金給付為原則，但得搭發一部分債券。依土地法第29條以土地債券照價收買私有土地，其土地債券之清付期限，最長不得逾5年（土施§8）。其所定之償付期限稍短，恐加重政府財政負擔。又土地法施行法用「照價收買」一語，與土地法第29條中之「徵收」不一，就政策而言，應以「照價收買」之手段為是，故宜修正土地法規定之用語為宜。

平均地權條例對於超額土地之處置規定，係由直轄市或縣（市）政府應通知土地所有權人於2年內出售或建築使用；逾期未出售或未建築使用者，得予照價收買，整理後出售與需用土地人建築使用。但在建設發展較緩之地段不在此限（平§72）。由此可知，其處理方式除(一)強制出售，(二)照價收買外，亦可就(三)超額部分限期建築使用。其中，所稱「建設發展較緩」者，係指公共設施尚未完竣地區或依法不得核發建造執照之地區（平細§96）。至於照價收買之土地，政府得隨時公開出售，不受土地法第25條之限制（平§7）。又照價收買後再出售之土地，其承購人應自承購之日起1年內興工建築；逾期不建築，亦未報准延期建築者，直轄市或縣（市）政府

得照原價收回。延期建築之期限，不得逾6個月（平§73）。照價收買之價格，係以收買當期之公告土地現值（平§31）爲準。

第二節　土地最小面積之限制

　　土地利用基於經濟原則，均需達一定規模，始符效益，臻達地盡其利之本旨，故爲防止土地細分，促進土地利用，爰有制定土地最小面積，禁止土地分割之必要，基於此立法目的，所有的土地（包括公有及私有）應一律適用。蓋土地細分，對於市地而言，將形成建築基地畸零狹小無法建築，或勉強建築使用造成公共衛生、公共安全等問題，市容觀瞻亦受其妨害；對於農地而言，則因農作規模過小，造成農業生產及經營不利。就產權之經濟意義而言，亦可避免權利分割碎細導致未來整體利用時可能產生反共用土地（Anticommons）整合問題[2]。故直轄市或縣（市）地政機關於其管轄區內之土地，得斟酌地方經濟情形，依其性質及使用之種類，爲最小面積單位之規定，並禁止其再分割（土§31 I）。又土地使用最小面積單位，應報請中央地政機關核定（土施§21）[3]。

　　最小面積單位之標準，係由「直轄市或縣（市）地政機關」擬訂，惟恐地方地政機關考慮未能周詳，遂於土地法施行法規定應報請中央地政機關爲最後之核定。依上述立法意旨，規定最小面積單位後，如土地已小於或恰合於最小面積單位，應禁止再行分割；但原本大於最小面積單位之土地，經分割後，若有一宗土地小於最小面積單位，亦應禁止再分割，如此方符合立法

---

[2] 有關反共用地之概念，係由Michael A. Heller在1998年提出「反共用地悲劇」之一文中，指出產權過於細分結果，產生使用整合上的困境。參閱所著"The Tragedy of the Anticommons: Property in the Transition from Marx to Markets," Harvard Law Review, No. 3, January 1988。

[3] 當前有南投縣、花蓮縣、桃園市、彰化縣、台東縣、嘉義縣、台南縣（原）、高雄縣（原）、新北市等10個縣（市）政府對該管轄區內林業用地爲最小面積單位0.1公頃之限制，並禁止再分割。

的目的。此外，所稱「分割」宜解為權利之分割，若僅係標示變更之分割，應無礙於土地合理之利用。惟就立法目的而言，為防制土地分割細碎，不利經營利用，僅以消極的為最小面積單位分割之限制，不如積極的制定鼓勵合併利用之法規來的有效，且亦較符合經營權（利用權）與所有權，宜分別規範之趨勢。

　　土地法第31條有關土地最小面積單位之限制，為原則上之規範，尚乏具體內容。茲依相關規定，就耕地與建地，最小面積單位限制之規定，分述如下：

壹、耕地之限制

　　為防止耕地細分，每宗耕地分割後每人所有面積未達0.25公頃者，不得分割。但有下列情形之一者，不在此限（農發§16）：

一、因購置毗鄰耕地而與其耕地合併者，得為分割合併；同一所有權人之二宗以上毗鄰耕地，土地宗數未增加者，得為分割合併。

二、部分依法變更為非耕地使用者，其依法變更部分及共有分管之未變更部分，得為分割。

三、本條例中華民國89年1月4日修正施行後所繼承之耕地，得分割為單獨所有。

四、本條例中華民國89年1月4日修正施行前之共有耕地，得分割為單獨所有。

五、耕地三七五租約，租佃雙方協議以分割方式終止租約者，得分割為租佃雙方單獨所有。

六、非農地重劃地區，變更為農水路使用者。

七、其他因執行土地政策、農業政策或配合國家重大建設之需要，經中央目的事業主管機關專案核准者，得為分割。

　　前項第3款及第4款所定共有耕地，辦理分割為單獨所有者，應先取得共有人之協議或法院確定判決，其分割後之宗數，不得超過共有人人數。

　　除了上述限制耕地分割，以避免農地細分，不利耕作之消極限制外，為積極推動農地一子繼承，以避免細分，作農業使用之農業用地由繼承人或受遺贈人承受者，或贈與民法第1138條所定繼承人者，免徵遺產稅或贈與稅，並自繼承或受贈之年起，免徵田賦10年外，如繼承人有數人，協議由一人繼

承土地，其需以現金補償其他繼承人者，由農業主管機關協助辦理20年土地貸款（農發§38）。耕地細分不利土地之耕作使用，其關鍵在於土地的使用面積過小，不符經營規模。惟土地的所有權規模與使用權規模，係屬二事，不必然有因果關係，故為達成使用之經濟規模，而限制所有權人分割其土地所有權不得小於一定面積，實為不當。

貳、建築用地之限制

為促進建築用地有效使用，直轄市縣（市）（局）政府應視當地實際情形，規定建築基地最小面積之寬度及深度；建築基地面積畸零狹小不合規定者，非與鄰接土地協議調整地形或合併使用，達到規定最小面積之寬度及深度，不得建築（建§44）。

此外，為促進面積畸零狹小建築基地之利用，更積極規範該基地所有權人與鄰接土地所有權人應協議合併使用，無法達成協議時，得申請調處。直轄市、縣（市）政府應於收到申請之日起1個月之內予以調處；調處不成時，基地所有權人或鄰接土地所有權人，得就最小面積之寬度及深度範圍內之土地，按徵收補償金額，預繳承買價款申請該管地方政府徵收後辦理出售。徵收土地之出售，應公告30日並通知申請人，經公告期滿無其他利害關係人聲明異議者，即出售予申請人，發給權利移轉證明書。如有異議，公開標售之，但原申請人有優先承買權。至其徵收係按市價予以補償，標售時不受土地法第25條規定程序之限制（建§45）。又為促進新市鎮土地之整體開發，新市鎮特定區內建築基地未達新市鎮特定區計畫規定之最小建築基地面積者，不予核發建築執照（新市鎮§20 I）。

第三節　共有土地

壹、共有型態

數人共享一土地所有權，謂之共有土地，共同享有權利之人則稱共有人。依我國民法之規定，共有型態可分為分別共有及公同共有兩種，茲分述如下：

一、分別共有

依據民法第817條規定：「數人按其應有部分，對於一物有所有權者為共有人。各共有人之應有部分不明者，推定其為均等。」此處所稱之共有人，係指分別共有而言。又因為所稱之「應有部分」並非在土地本身劃出明確的界限，而僅為一種抽象的比例，存在於共有物之任一部分。各共有人，按其應有部分，對於共有物之全部，有使用收益之權（民§818）。此外，各共有人得自由處分其應有部分，共有物之處分、變更及設定負擔，應得全體共有人之同意（民§819）。各共有人，原則上得隨時請求分割共有物（民§823Ⅰ）。

二、公同共有

依據民法第827條規定：「依法律規定、習慣或法律行為，成一公同關係之數人，基於其公同關係，而共有一物者，為公同共有人。（Ⅰ）」「各公同共有人權利及於公同共有物之全部。（Ⅲ）」故公同共有之成立，係依法律之規定或依契約之規定，未分割前之遺產（民§1151）、夫妻之共同財產（民§1031）、合夥人之合夥財產（民§668）皆為公同共有之財產。在公同關係存續中，各公同共有人不得請求分割共有物（民§829）。公同共有物之處分及其他權利之行使，除於法律或契約中另有規定外，應得共有人全體之同意（民§828Ⅲ）。

貳、共有土地之處理

共有人之所有權存在於共有物全部之上，故就共有物之處分、變更或設定負擔，勢必影響各共有人之權益，因此共有物之處分、變更及設定負擔，應得共有人全體之同意（民§819Ⅱ、§828Ⅲ參照）。上述民法有關共有物之規定過分偏重保護每一共有人之權益，導致共有土地之處分、變更及設定負擔皆遭遇極大之困境。共有土地常因共有人意見不一，難以協調，故使得應有部分甚小之共有人，恆得牽制持分較多之共有人，造成「以小吃大」的拿翹問題（Holdout Problem），甚至部分共有人行蹤不明，造成土地難以改良利用；甚或年代久遠、人事變遷，致產權糾紛不斷，使得政府部門地籍管理、稅捐稽徵不便等。

　　為排除民法規定之羈束，解決共有土地處理上的問題，乃於民國64年修正土地法時特別增設第34條之1以為民法之特別法，就其競合部分，優先於民法之適用，並於民國90年修訂如下：「共有土地或建築改良物，其處分、變更及設定地上權、農育權、不動產役權或典權，應以共有人過半數及其應有部分合計過半數之同意行之。但其應有部分合計逾三分之二者，其人數不予計算。（Ⅰ）」「共有人依前項規定為處分、變更或設定負擔時，應事先以書面通知他共有人；其不能以書面通知者，應公告之。（Ⅱ）」「第一項共有人，對於他共有人應得之對價或補償，負連帶清償責任。於為權利變更登記時，並應提出他共有人已為受領或為其提存之證明。其因而取得不動產物權者，應代他共有人聲請登記。（Ⅲ）」「共有人出賣其應有部分時，他共有人得以同一價格共同或單獨優先承購。（Ⅳ）」「前四項規定，於公同共有準用之。（Ⅴ）」「依法得分割之共有土地或建築改良物，共有人不能自行協議分割者，任何共有人得申請該管直轄市、縣（市）地政機關調處。不服調處者應於接到調處通知後十五日內向司法機關訴請處理，屆期不起訴者，依原調處結果辦理之。（Ⅵ）」直轄市或縣（市）地政機關為處理本法不動產之糾紛，應設不動產糾紛調處委員會，聘請地政、營建、法律及地方公正人士為調處委員，其設置、申請調處之要件、程序、期限、調處費用及其他應遵循事項之辦法，由中央地政機關定之（土§34-2）。第1項之立法意旨在於兼顧共有人權益之範圍內，促進共有物之有效利用，以增進公共利益（釋字第562號）。如此，亦可解決因民法之規定所造成的法律上之反共用（Legal Anticommons）[4]現象的土地整合僵局。

一、多數決之適用

　　為解決共有物之處分、變更及設定負擔，應得共有人全體之同意（民

---

[4] Heller認為產權散碎（Fragmentation）的型態，有因空間上的產權細碎所造成的空間反共用地（Spatial Anticommons）及法律規定所造成的法律反共用地（Legal Anticommons），參閱Heller Michael A. (1998), "The Tragedy of the Anticommons: Property in the Transition from Marx to Market," Harvard Law Review, Vol. 111, No. 3, pp. 621-688。楊松齡，土地產權整合僵局之探討，2015年海峽兩岸土地學術研討會。

§819II），所造成的共有物處分利用問題，土地法乃規定共有土地或建築改良物，其處分、變更及設定地上權、農育權、不動產役權或典權，應以共有人過半數及其應有部分合計過半數之同意行之。但其應有部分合計逾三分之二者，其人數不予計算（土§34-1Ⅰ），以排除民法第819條第2項「應得共有人全體同意」之適用。其立法意旨在於引用多數決，以促進共有土地或建築改良物之利用，蓋若依民法之規定，在土地或建築改良物的特性下，所有人沒有貶值或折舊的顧忌，勢難獲得共有人全體同意而為適當之處分或利用，導致無法促進地利。又除共有物之處分，得以排除民法第819條第2項「應得共有人全體同意」之適用外，對於共有物之應有部分為公同共有者，該應有部分之處分、變更及設定地上權、永佃權、地役權或典權，得依本法條規定辦理（土地法第34條之1執行要點2）。

(一) 多數決之合計

　　土地法第34條之1第1項所稱共有人過半數及其應有部分合計過半數，指共有人數及應有部分合計均超過半數；應有部分合計逾三分之二，指應有部分逾三分之二者，共有人數可以不計。共有人數及應有部分之計算，以土地登記簿上登記之共有人數及應有部分為準。但共有人死亡者，以其繼承人數及繼承人應繼分計入計算。

　　前項共有人數及應有部分之計算，於公同共有土地或建物者，指共有人數及其潛在應有部分合計均過半數。但潛在應有部分合計逾三分之二者，其共有人數不予計算。各共有人之潛在應有部分，依其成立公同關係之法律規定、習慣或法律行為定之；未有規定者，其比例視為不明，推定為均等。

　　分別共有與公同共有併存之土地或建物，部分公同共有人已符合本法條第1項規定處分其公同共有之應有部分，且另有分別共有之共有人同意者，於計算共有人數及其應有部分時，該公同共有部分，以同意之人數及其潛在應有部分併入計算。同意之分別共有人與公同共有人有部分相同者，不重複計算該同意人數（土地法第34條之1執行要點7）。

(二) 處分、變更及設定負擔之範圍

所稱的「處分」[5]，實務上乃指買賣、交換、共有土地上建築房屋及共有建物之拆除等法律上的處分與事實上之處分。惟本法條第1項所定處分，以有償讓與為限，不包括信託行為、交換所有權及共有物分割；所定變更，以有償或不影響他共有人之利益為限；所定設定地上權、農育權、不動產役權或典權，以有償為限。前項有償讓與之處分行為，共有人除依本法條規定優先購買外，不得為受讓人（土地法第34條之1執行要點3）。本條規定係為促進共有不動產有效利用，對不同意之共有人之土地所有權權能，予以重大之限制，基於憲法對財產權保障之意旨，無償性質之處分，應無本條適用之餘地。此外，共有土地或建物為公私共有者，有本法條之適用（土地法第34條之1執行要點5）。共有土地或建物標示之分割、合併、界址調整及調整地形，有本法條之適用。二宗以上所有權人不相同之共有土地或建物，依本法條規定申請合併，應由各宗土地或建物之共有人分別依本法條規定辦理（土地法第34條之1執行要點5）。惟新市鎮特定區內，共有人於其共有土地建築房屋，適用本條有關共有土地處分之規定（新市鎮§20II）。

所稱「變更」則指超過改良與利用程度之行為，包括權利客體與權利內容之變更。同理，共有土地或建築改良物之變更，若影響不同意共有人之利益者，亦應作限制解釋。至於設定負擔之範圍，僅限於設定地上權、農育權、不動產役權或典權，不包括抵押權。本法條立法目的在於促進共有不動產之利用，對於少數共有人之所有權予以限制，而不在於剝奪其應有之權能，致逾越其容忍之義務，故對於無償的處分或設定無償的用益物權，甚或影響不同意者利益之變更，皆應為限制解釋，而不包括在內。又多數共有人則因本條文之規定，對共有土地或建築改良物，取得處分、變更及設定用益物權之權利[6]。

---

[5] 事實上之處分常使共有不動產消滅或造成價值上之重大影響，且以多數的方式強加所有權之外在限制，對不同意之少數共有人權益影響甚難，故應解為僅指法律上之處分行為，並以有償者為限。參閱謝在全，民法物權論（上），頁570，三民書局，民國92年7月修訂2版。

[6] 關於同意之多數共有人取得共有物之處分權，有授與處分權說、代理權授與說、當事人適格說，請參閱謝在全，註5前揭書，頁519。最高法院83年度台上字第

(三) 他共有人之應有部分經限制登記之處理

1. 他共有人之應有部分經法院或法務部行政執行署所屬行政執行分署（以下簡稱行政執行分署）囑託查封、假扣押、假處分、暫時處分、破產登記或因法院裁定而為清算登記者，登記機關應依土地登記規則第141條規定徵詢原囑託或裁定機關查明有無妨礙禁止處分之登記情形，無礙執行效果者，應予受理登記，並將原查封、假扣押、假處分、暫時處分、破產登記或法院裁定開始清算程序事項予以轉載，登記完畢後通知原囑託或裁定機關及債權人；有礙執行效果者，應以書面敘明理由及法令依據，駁回登記之申請。

2. 他共有人之應有部分經有關機關依法律囑託禁止處分登記者，登記機關應洽原囑託機關意見後，依前目規定辦理。

3. 他共有人之應有部分經預告登記且涉及對價或補償者，應提出該共有人已受領及經原預告登記請求權人同意之證明文件及印鑑證明；為該共有人提存者，應提出已於提存書對待給付之標的及其他受取提存物所附之要件欄內記明提存物受取人領取提存物時，須檢附預告登記請求權人之同意書之證明文件及印鑑證明領取之證明文件。登記機關應逕予塗銷該預告登記，於登記完畢後通知預告登記請求權人（土地法第34條之1執行要點9(6)）。

(四) 多數決之反思

　　共有土地之處分、變更及設定負擔，依現行民法之規定，應得全體共有之同意。就權利行使之公平性，誠然不以之為過。惟就共有物之處分、利用而言，應得全體共有之同意，則形成了反共用（Anticommons）的產權結構狀態，即每個共有人對共有物都無單獨的使用（處分）權，但每個共有人都具有排除（不同意）共有物使用（處分）的權利，而造成了反共用的悲劇。共有人拿翹的行為，造成了共有物無法有效使用或整合的困境，基於社會資源有效使用的效率觀點，多數決制度的存在，具有相當的經濟意義。

　　共有人得以多數決方式處分共有物，係基於土地有效利用之公共利益考量為前提，賦權（Entitlement）多數共有人具有處分少數共有人財產權之權

1761號、88年度台上字第1703號及106年度台上字第2482號等判決。

限，對少數他共有人而言，其所有權之行使，部分被剝奪或限制，本質上近乎徵收，以英美法而言，相當於立法徵收（Legal Takings）[7]。爰此，在賦予多數決的處分權限之前，宜在尊重財產權保障的憲法精神下，須有能增進公共利益之前提，並有與徵收前置程序相同之制度設計，在「協議」先行程序完成後，仍不可得的情形下，方賦予多數決之處分權限。同理，當不同意處分之共有人訴請法院分割共有物在先時，基於分割後可免除反共用之現象，亦當賦予可阻卻多數決處分之效力，如此之制度設計，當可保障少數共有人之財產權。

二、對他共有人之保障

(一) 程序上

雖排除民法規定，共有人無須全體同意，即可對共有之土地或建築改良物作處分、變更及設定負擔（抵押權除外）等。但既為全體共有，「共有人依前項規定為處分、變更或設定負擔時，應事先以書面通知其他共有人；其不能以書面通知者，應公告之（土§34-1 II）」。藉此以保障他共有人之權益。

所稱之「書面通知」，以雙掛號之通知書或郵局存證信函，送達他共有人之戶籍地址；如為法人或非法人團體，應送達其事務所或營業所地址。但他共有人已遷出國外或無戶籍者，依第4款第2目或第3目規定辦理。「公告」則可直接以布告方式，由村里長簽證後，公告於土地或建物所在之村、里辦公處，或逕以登報方式公告之，並自布告之日或登報最後登載日起，經20日發生通知效力。通知或公告之內容應記明土地或建物標示、處分、變更或設定方式、價金分配、償付方法及期限、受通知人與通知人之姓名、名稱、住所、事務所或營業所及其他事項。數宗土地或建物併同出賣時，應另分別記明各宗土地或建物之價金分配。他共有人已死亡者，應以其繼承人或遺產管理人為通知或公告之對象（土地法第34條之1執行要點8(2)、(5)、(6)、(7)）。惟上開通知應於共有土地或建物為處分、變更或設定負擔（抵押權除外）行為之前為之。

---

[7] 關於立法徵收，請參考本書第五編土地徵收相關說明。

(二) 實質上

他共有人雖未參與或同意共有物之處分、變更或設定負擔（抵押權除外），但其權益並未因而消滅。故共有人對他共有人應得之對價或補償，負連帶清償責任（土§34-1Ⅲ前段）。爰此，實務上多數之共有人於申請權利變更登記時，應提出他共有人之應得價金確定已為受領或為其提存之證明。此外，其因而取得不動產物權者，應代他共有人申請登記（土§34-1Ⅲ）。故如因土地交換，或與他人合建房屋等，而取得不動產物權者而言，多數之共有人應代他共有人申辦土地登記。所謂代他共有人申請登記，依共有人對他共有人應負連帶清償責任之意旨，應為共有人對他共有人應負之義務而非權利。

部分共有人就共有土地全部為處分、變更及設定地上權、農育權、不動產役權或典權申請登記時，登記申請書及契約書內，應列明全體共有人，及於登記申請書備註欄記明依土地法第34條之1第1項至第3項規定辦理。並提出已為書面通知或公告之證明文件，及他共有人應得對價或補償已受領或已提存之證明文件。依前項申請登記時，契約書及登記申請書上無須他共有人簽名或蓋章（土登§95）。

三、共有土地之優先承購權

為避免共有人應有部分落於他人之手，而妨礙土地管理使用與處分，並藉以減少共有人人數，以簡化或消除共有關係，俾利土地之開發利用。故乃規定共有人出賣其應有部分時，他共有人得以同一價格共同或單獨優先承購（土§34-1Ⅳ），本項之立法意旨在於簡化共有關係，以減少反共用（Anticommons）的社會成本，舒緩反共用狀態。此優先承購權[8]，性質上

---

[8] 土地法及相關法律中，有關土地優先購買權之規範甚多、不僅規範效力不同，其行使之主體亦有所別，宜注意之。有關優先購買權之相關規定如下：民法§426-2、§460-1、§824；民法物權編施行法§8-5；土地法§13、§34-1、§73-1、§104、§107、§124、§219；農地重劃條例§5、§23；農村社區土地重劃條例§29；土地徵收條例§59；耕地三七五減租條例§15；建築法§45；都市計畫法§55；文化資產保存法§32、§55；地籍清理條例§13；都市更新條例§27；祭祀公業條例§52。

為法定先買權，須以共有人有效出賣其應有部分與第三人時，他共有人始得主張優先承購（65年台上字第2113號判例）。若部分共有人依本法條第1項規定出賣共有土地或建物時，他共有人得以出賣之同一條件共同或單獨優先購買（土地法第34條之1執行要點10）。又對於法院拍賣共有土地或建物之應有部分時，亦有其適用（強執§102Ⅰ）。依上述規定共有人優先承購權之行使，應具備下列要件：(一)行使主體須為他共有人；(二)於買賣時方得適用；(三)須以同一價格主張優先承購；(四)須於接到出賣通知後15日內表示（土地法第34條之1執行要點13(1)）。惟不動產價值不斐，在資訊不平衡下，主張優先購買權之他共有人於15日內表示，實有強人之所難，制度上宜應考量有適當的衡量期間為是。

　　上述之規定，就共有農地而言，因可減少共有人數，避免耕作利用之糾紛，復可防止農地細分，逐漸擴大農場面積，確有必要。但是就建築物用地而言，若地上已有建物且已經區分為各別所有者，顯然窒礙難行。目前都市土地，其建築物多為區分所有，而其基地則為建物區分所有權人共有，並按各層建物所有部分之建物面積與整棟建物之面積之比例計算其持分。因基地與建物於使用上有不可分離之特性，在買賣實務上，常一併移轉其所有權，若其他土地共有人主張優先承購權，勢必影響交易之安全與房地產之利用，故於土地登記規則第98條、土地法第34條之1執行要點13(3)明載排除適用。公寓大廈管理條例第4條之規定，基於一體化之立法意旨，亦同此理[9]。

　　爰此，優先承購權之規定，應適用於未經出租之共有農地、地上尚無建築物之共有土地或建築物及其基地均屬相同之共有人所共有。同理，國軍老舊眷村或不適用營地，因整體規劃必須與鄰地交換分合者，亦不受本法之優先承購權之限制（國眷§19）。

9　內政部於民國64年10月21日台內地字第657006號函釋：「對於地上已有建物，且該建物區分為各別所有者，如各別所有人出賣其建物時，就其建物所在基地之應有部分一併出賣與同一人所有者，本土地法第104條，使基地與地上之房屋所有權人合而為一之立法精神，基地之他共有人無優先購買權。」惟民法物權編修正施行前，區分所有建築物之專有部分與其所屬之共有部分及其基地，已分屬不同一人所有，若有分離出賣情形，其專有部分之所有人或基地所有人，有依相同條件優先承買之權利（參閱民物施§8-5）。

　　又本項所規定之「優先承購權」，其性質屬形成權，當他共有人向出賣應有部分之共有人為優先承買之表示時，即生效力。惟共有人之優先承購權，僅具債權之效力（68年台上字第3141號判例），係屬債權性質，倘出賣人違反此項義務，未徵求他共有人放棄優先購買權，將其應有部分出售與他人，並已為土地權利變更登記時，他共有人認為受有損害，得依法向該共有人請求損害賠償（土地法第34條之1執行要點13(5)）。又因僅具債權效力，故與土地法第104條、第107條或民法物權編施行法第8條之5第3項規定之優先購買權競合時，應優先適用土地法第104條、第107條或民法物權編施行法第8條之5第3項規定。但與民法物權編施行法第8條之5第5項規定之優先購買權競合時，優先適用本法條之優先購買權（土地法第34條之1執行要點13(6)）。故本項優先承購權，係指他共有人於共有人出賣共有土地或建築改良物時，對該共有人有請求以同樣條件，訂定買賣契約之權而言（65年台上字第853號判例）。

　　共有人出賣其應有部分，除買受人同為共有人外，他共有人對共有人出賣應有部分之優先購買權，均有同一優先權；他共有人均主張或多人主張優先購買時，其優先購買之部分應按各主張優先購買人之應有部分比例定之（土地法第34條之1執行要點13(9)）。土地或建物之全部或應有部分為公同共有，部分公同共有人依本法條規定出賣該共有物全部或應有部分時，他公同共有人得就該公同共有物主張優先購買權，如有數人主張時，其優先購買權之範圍應按各主張優先購買權人之潛在應有部分比例計算之（土地法第34條之1執行要點13(10)）。優先購買權人已放棄或視為放棄優先購買權者，出賣人應依土地登記規則第97條第1項規定附具切結書之規定辦理，切結書內容應包括通知方式、優先購買權人主張情形並由出賣人記明「如有不實願負法律責任」，不適用同條項於登記申請書適當欄記明之方式（土地法第34條之1執行要點13(11)）。

　　此外，為維持共有物之經濟效益，於共有物變價分配時，除買受人為共有人外，共有人有依相同條件優先承買之權，有二人以上願優先承買者，以抽籤定之（民§824Ⅶ）。

四、公同共有之準用

　　土地法第34條之1第1項至第4項之規定，於公同共有準用之（土§34-

1Ｖ）。所謂準用，即就其性質無牴觸者，始準用之。又共有物之應有部分，係指共有人對共有物所有權之比例，性質與所有權並無不同。是不動產之應有部分如屬公同共有者，其讓與自得依土地法第34條之1第5項準用第1項之規定[10]。按公同共有，各公同共有人雖無所謂應有部分，但因繼承而公同共有之土地（民§1151），各繼承人有其應繼分；因合夥而公同共有之土地（民§668），各合夥人有其股份，雖然如此，但是否能準用分別共有應有部分之核算，仍有待疑義。此外，依內政部發布之土地法第34條之1執行要點六之規定：「公同共有土地或建物之處分或變更，除法律或契約另有規定外，以共有人過半數之同意行之。」只以人數爲依據，有否違反母法以人數及應有部分之雙重限制標準，亦有待研議之。

五、共有土地分割、處分之調處

就立法政策而言，爲促進土地的利用，以分割方式來終止共有狀態，爲較爲便捷的方法，故共有人得隨時請求分割共有物，以終止共有關係（民§823）。但下列情形例外：

(一) 因物之使用目的不得分割（民§823Ｉ，建§11Ⅱ，土登§94）。

(二) 因契約定有不分割期限（民§823Ｉ）。

(三) 遺囑禁止遺產分割（民§1165Ⅱ）。

(四) 其他法律禁止分割者（土§31，農發§16，遺贈§8）。

各共有人得隨時請求分割共有物，固爲民法第823條第1項前段所規定。惟同條項但書又規定，因物之使用目的不能分割者，不在此限。其立法目的旨在於增進共有物之經濟效用，並避免不必要之紛爭（司法院釋字第358號解釋）。

共有土地之分割，依共有人協議之方法爲之；分割之方法，不能協議者，法院得因任何共有人之聲請，命以原物分配於各共有人或變賣價金，以價金分配於各共有人（民§824）。但事實上，共有物之分割或其他處分遭遇困難甚多，爲解決共有人間之土地糾紛，促進土地利用，依法得分割之共有土地或建築改良物，共有人不能自行協議分割者，任何共有人得聲請該管直轄市、縣（市）地政機關調處。不服調處者應於接到調處通知後15日內向

---

10 參見司法院釋字第562號解釋（92.7.11）。

司法機關訴請處理，屆期不起訴者，依原調處結果辦理之（土§34-1Ⅵ）。又直轄市或縣（市）地政機關爲處理本法不動產之糾紛，應設置不動產糾紛調處委員會，聘請地政、營建、法律、及地方公正人士爲調處委員，其設置、申請調處之要件、程序、期限、調處費用及其他應遵循事件之辦法由中央地政機關定之（土§34-2）。本條文立法之目的，在於增訂調處之程序，以利土地分割，既可便民，亦可促進土地利用。故依此規定，有關共有土地之分割方法，除民法所定「協議分割」與「裁判分割」外，增加「調處分割」，惟其本質仍爲協議分割之一種，地政機關無爲分割裁判之權。又依本條項文義而言，調處與否，得視任何共有人是否提出申請，並非強行規定，故非謂必經調處程序，始得訴請司法機關處理。

協議分割後，共有人僅取得共有人履行協議分割之請求權，並未單獨取得分割部分之所有權，仍須至登記機關辦理登記後（參閱民§758），始生效力。又上述該請求權，有消滅時效之適用。裁判分割，乃係請求法院決定其分割方法，爲創設共有人間之權義關係，所爲分割之判決爲形成判決（43年台上字第1016號），判決之結果即使各共有人之間共有關係，變成單獨所有，故不待登記即生分割效力，即各共有人取得分得部分之單獨所有權（參閱民§759）。法院既爲裁判分割，共有人得提出法院確定判決書及其他應附書件，單獨爲全體共有人申請分割登記（土登§100）。

第四節　自耕農之扶植與保護

依憲法第143條第4項規定，國家對於土地之分配與整理，應以扶植自耕農及自行使用土地人爲原則，並規定其適當經營之面積。故土地法有關農地地權調整，其目的爲扶植自耕農，以實現憲法之基本國策。就「扶植自耕農」而言，其涵義有二：

一、在培植或創設新自耕農，使有耕作意志與能力之農民（如：佃農、雇農）能夠取得耕地所有權，而成爲自耕農。

二、在於保護與扶持原自耕農，使原爲自耕農且有意繼續耕作者，永保田地享有耕作成果。

壹、扶植自耕農之方式

各國對扶植自耕農所採的方法，大致可分為二種，分述如下[11]：

一、直接創設自耕農

由政府採取直接行動，收買、徵收土地轉售或放領給農民。此直接之辦法又分為：

(一) 直接自由創設

係由國家或公共團體基於私法關係，以自由契約方式直接向地主購買土地，然後再出售於農民而成為自耕農。

(二) 直接強制創設

係由國家基於公權力之行使，直接強制收買或徵收地主土地，再實行放領，由農民承領後自耕之。

二、間接扶植自耕農

由政府以間接方式，協助無土地之農民取得農地，成為自耕農。此間接方法亦分為：

(一) 間接強制扶植

係由政府運用法律或政治手段，增加地主出租土地之稅賦（重稅），減少地主在土地上之收益（減租），以降低其對土地有慾望，間接促其自動出售土地。政府再以長期、低利、分年攤還之購地資金貸於農民，以增加其購地之機會與能力。

(二) 間接自由扶植

係由農民與地主間自由交易，政府並不直接介入，僅於土地買賣契約成立時，由政府或其指定之金融機構，以長期、低利、分年攤還之貸款，提供

---

11 參閱鮑德澂，增修土地法規概論，頁77～87，中國地政研究所，民國70年。

農民購地資金。

貳、扶植自耕農之規定

依憲法規定，國家對於土地之分配與整理，應以扶植自耕農及自行使用土地人為原則，並規定其適當經營之面積（憲§143Ⅳ）。按其意義，乃明白指出國家應扶植自耕農及自行使用土地者，並規定自耕農及自行使用人經營土地面積之最適規模，以促進土地利用。在此基本國策下，土地法有關之規定，茲分述如下：

一、創設自耕農場

自耕農場之創設，涉及甚廣，其相關規範，另以法律定之（土§35）[12]。

二、農地承受資格之限制

農地開放自由買賣後，為避免私法人挾其資金優勢購買農地，而有排擠真正需要農地耕作或有經營能力者承受農地之機會，乃規定私法人不得承受耕地，惟農民團體、農業企業機構或農業試驗研究機構經取得許可者，不在此限（農發§33）。

---

[12] 舊土地法第34條規定：「各級政府為創設自耕農場需用土地時，經行政院核定，得依下列順序徵收之，其地價得以土地債券給付：

一、私有荒地。

二、不在地主之土地。

三、出佃之土地，其面積超過依第二十八條所規定最高額之部分。」

此為各級政府創設自耕農場時，為放領給農民之所需，乃規定其土地之來源及取得順序。至於自耕農場之創設細節，另以法律訂定之（土§35）。

當私有土地超過面積最高額規定限制時，由該管直轄市或縣（市）政府規定辦法，限令於一定期間內，將額外土地分割出賣。不依規定分割出賣者，該管直轄市或縣（市）政府得依本法徵收之（土§29Ⅰ、Ⅱ）。就農地而言，可將徵收之超額農地，再放領給無地之農民。對於超額農地之地主，可以土地債券之搭發為補償（土§29Ⅲ）。惟土地法第34條之規定於民國100年6月15日刪除。

三、承租人之耕地優先購買或承典權

　　爲提升承租人購買耕地之優勢，出租人出賣或出典耕地時，承租人有依同樣條件優先購買或承典之權（土§107Ⅰ）。該優先購買或承典權，具有物權之效力[13]，其目的在使耕地承租人有優先於其他農民，取得原耕地之機會，亦藉此使承租人因有優先承買或承典之權，而更能專注投下勞力或資本於其佃耕之農地上，促進農地之利用。同樣，永佃權人亦可享有此優先承買或承典之權利（土§124）。此外，依耕地三七五減租條例第15條之規定，耕地出賣時，承租人有優先購買權，其立法意旨與上述相關之規定一致。

四、耕地地租之限制

　　爲降低佃農之負擔，土地法規定，出租之土地地租不得超過地價8%，約定地租或習慣地租超過地價8%者，應比照地價8%減定之，不及地價8%者，依其約定或習慣（土§110）。我國自民國38年實施農地改革後，於民國40年公布之耕地三七五減租條例亦規定，耕地地租租額，不得超過主要作物正產品全年收穫總量375‰；原約定地租超過375‰者，減爲375‰；不及375‰者，不得增加（耕地§2Ⅰ）。上述有關耕地地租之限制，可以減少佃農之支出，並可避免地主剝削佃農，以間接達成扶植自耕農之目標。惟除上述地租之限制外，對於佃權之保障亦有相當之規範，此部分容待第三編相關章節，再詳述之。

五、關於自耕地負債最高額之限制

　　爲防止自耕農民，因缺乏生產資金，舉債過度無力償還，致喪失其耕地，故直轄市或縣（市）政府，得限制每一自耕農之耕地負債最高額（土§32）。所謂「耕地負債」則指自耕農以其所有耕地爲抵押，向他人借款而言。惟此規定，反而限制具有經營能力之農民，以企業方式擴大其經營規模，宜深思之。

---

[13] 參閱溫豐文，土地法，頁324，三民書局，民國89年修訂版。

第六章　不動產交易管理

　　爲引導不動產市場正常發展，政府部門除對於從事不動產事業專業人員，歷年來制頒「地政士法」、「不動產估價師法」、「不動產經紀業管理條例」以規範不動產專業人，健全不動產市場外，亦制頒「公平交易法」、「消費者保護法」等，以確保不動產市場交易安全。惟不動產市場交易向來缺乏公正、公開的交易價格登記制度，肇致不動產市場屢因資訊不對稱等而引發不動產交易糾紛情事。爲推動不動產交易價格資訊透明化，政府主管機關近年亦建立不動產交易價格登記制度，建置透明的不動產交易價格資料庫，以提供大眾查詢，防杜不當哄抬，保護消費者權益，促進不動產交易市場健全發展。此外，防止私法人投資炒作，防杜虛報價格，阻斷契約轉售牟利等行爲，更修法限制預售屋、新建成屋換約轉售，建立私法人購屋許可制，強力遏止不動產炒作，維護市場交易秩序，保障消費者權益，確保不動產交易安全。本章茲僅就平均地權條例不動產交易申報登錄、不動產交易安全等，相關規定說明之。

第一節　不動產交易資訊透明化

壹、申報登錄資訊之歷程

　　爲促進不動產交易資訊透明化，蒐集不動產成交資訊，提供大眾查詢，降低資訊不對稱情形，於100年12月30日修正公布平均地權條例、地政士法及不動產經紀業管理條例修正條文，規定交易權利人（買方）、地政士或不動產經紀業（含仲介業及代銷業）應向主管機關申報登錄不動產買賣、租賃及預售屋成交案件實際資訊，並自101年8月1日開始施行（又稱實價登錄制度1.0版）。

　　惟僅以區段化、去識別化方式提供查詢，成交資訊揭露不足，對需要獲得資訊的消費者而言，不動產交易資訊模糊。此外，預售屋未被有效納入實價登錄制度，建設公司自建自售之預售屋，不需要進行實價登錄，若由代銷

業者銷售者，只需在「委託代銷契約終止後30日內」將建案整批申報即可，致不動產交易資訊落差甚多，無法達成申報登錄資訊之立法目的。

　　為落實申報登錄制度並解決相關爭議，內政部逐進行制度通盤檢討及修法作業，將買賣案件申報登錄義務回歸到買賣雙方，並提前至申請買賣移轉登記時一併辦理，另依違法情節調整罰則，於108年7月31日修正公布平均地權條例，109年7月1日施行（又稱實價登錄制度1.5版）。

　　然修正公布後仍被詬病成屋去識別化與預售屋價格不透明兩大問題。爰此，為精進不動產成交案件實際資訊申報登錄制度，促進不動產交易資訊更加透明，並賦予主管機關查核權以確保資訊正確性，於110年1月27日修正公布平均地權條例，於110年7月1日施行，又稱實價登錄制度（2.0版）。

　　修正後新制重點包括：一、成交案件門牌地號完整揭露；二、預售屋銷售前應報請備查且成交後即時申報；三、增訂主管機關查核權並加重屢不改正罰責；四、預售屋銷售書面契據納管並不得轉售；五、預售屋買賣定型化契約管理。

　　又為防杜不動產交易虛報價格淪為炒作工具，保障消費者權益，維護市場交易秩序，並精進預售屋成交資訊申報登錄制度，於112年2月8日修正公布平均地權條例將預售屋買賣契約之解約情形納入申報登錄資訊範圍，於112年7月1日施行。

貳、申報登錄資訊之規定

一、成屋交易價格之申報登錄

　　為建立並提供正常之不動產交易價格資訊，以促進不動產交易市場健全發展，土地所有權移轉或設定典權時，權利人及義務人應於訂定契約之日起30日內，檢同契約及有關文件，共同申請土地所有權移轉或設定典權登記，並共同申報其土地移轉現值。但依規定得由權利人單獨申請登記者，權利人得單獨申報其移轉現值（平§47Ⅰ）。

　　權利人及義務人應於買賣案件申請所有權移轉登記時，檢附申報書共同向直轄市、縣（市）主管機關申報登錄土地及建物成交案件實際資訊（以下簡稱申報登錄資訊）（平§47Ⅱ）。

　　前項申報登錄資訊，除涉及個人資料外，得提供查詢（平§47Ⅲ）。

已登錄之不動產交易價格資訊，在相關配套措施完全建立並完成立法後，始得為課稅依據（平§47IV）。

第2項申報登錄資訊類別、內容與第3項提供之內容、方式、收費費額及其他應遵行事項之辦法，由中央主管機關定之（平§47V）。

直轄市、縣（市）主管機關為查核申報登錄資訊，得向權利人、義務人、地政士或不動產經紀業要求查詢、取閱有關文件或提出說明；中央主管機關為查核疑有不實之申報登錄價格資訊，得向相關機關或金融機構查詢、取閱價格資訊有關文件。受查核者不得規避、妨礙或拒絕（平§47VI）。

前項查核，不得逾確保申報登錄資訊正確性目的之必要範圍（平§47VII）。

第2項受理及第6項查核申報登錄資訊，直轄市、縣（市）主管機關得委任所屬機關辦理（平§47VIII）。

本條例中華民國109年12月30日修正之條文施行前，以區段化、去識別化方式提供查詢之申報登錄資訊，於修正施行後，應依第3項規定重新提供查詢（平§47IX）。

二、預售屋簽約或解約之申報登錄

為利預售屋所在地之主管機關掌握銷售預售屋行為，落實銷售預售屋申報登錄制度之推動及查核，乃規定銷售預售屋者，應於銷售前將預售屋坐落基地、建案名稱、銷售地點、期間、戶（棟）數及預售屋買賣定型化契約，以書面報請預售屋坐落基地所在之直轄市、縣（市）主管機關備查（平§47-3 I）。

又為避免不動產業者或投機人士，利用人頭簽訂預售屋買賣契約書並申報登錄資訊後再解除買賣契約，藉由虛假交易哄抬房價，造成消費者誤判行情影響購屋權益，又考量預售屋銷售者為買賣契約之當事人，且解約情事可能發生於日後或委託代銷期間屆滿後，因買受人無法履約（如違約不買或無力支付價款）而由銷售者逕行催告後主張解約，受託銷售之不動產經紀業未必能即時掌握及知悉解約資訊，乃規定銷售預售屋者，應於簽訂或解除買賣契約書之日起30日內，向直轄市、縣（市）主管機關申報登錄資訊。但委託不動產經紀業代銷者，由不動產經紀業辦理簽訂買賣契約書之申報登錄資訊（平§47-3 II）。

　　第1項備查，準用第47條第3項、第6項至第8項及第5項所定辦法之規定；其備查內容及方式之辦法，由中央主管機關定之（平§47-3III）。第2項申報登錄資訊，準用第47條第3項、第4項、第6項至第8項及第5項所定辦法之規定（平§47-3IV）。

三、違反之處罰

　　違反第47條第2項規定，未共同申報登錄資訊者，直轄市、縣（市）主管機關應令其限期申報登錄資訊；屆期未申報登錄資訊，買賣案件已辦竣所有權移轉登記者，處新台幣3萬元以上15萬元以下罰鍰，並令其限期改正；屆期未改正者，按次處罰。經處罰2次仍未改正者，按次處新台幣30萬元以上100萬元以下罰鍰。其含建物者，按戶（棟）處罰（平§81-2 I）。

　　有下列情形之一者，由直轄市、縣（市）主管機關處新台幣3萬元以上15萬元以下罰鍰，並令其限期改正；屆期未改正者，按次處罰。經處罰2次仍未改正者，按次處新台幣30萬元以上100萬元以下罰鍰。其含建物者，按戶（棟）處罰（平§81-2II）：

(一) 違反第47條第2項規定，申報登錄價格資訊不實。

(二) 違反第47條之3第2項規定，未依限申報登錄資訊、申報登錄價格、交易面積或解除買賣契約資訊不實。

　　金融機構、權利人、義務人、地政士或不動產經紀業違反第47條第6項或第47條之3第3項及第4項準用第47條第6項規定，規避、妨礙或拒絕查核。由主管機關處新台幣3萬元以上15萬元以下罰鍰，並令其限期改正；屆期未改正者，按次處罰（平§81-2III①）。

　　有下列情形之一者，直轄市、縣（市）主管機關應令其限期改正；屆期未改正者，處新台幣6,000元以上3萬元以下罰鍰，並令其限期改正；屆期未改正者，按次處罰（平§81-2IV）：

(一) 違反第47條第2項規定，申報登錄價格以外資訊不實。

(二) 違反第47條之3第2項規定，申報登錄價格、交易面積或解除買賣契約以外資訊不實。

第二節　不動產交易安全

　　平均地權土地政策之意旨，在於防止土地壟斷投機，臻達地利共享，爰制頒相關規範，如土地買賣未辦竣權利移轉登記，承買人再行出售該土地者，處應納登記費20倍以下之罰鍰（平§81）。以經營土地買賣，違背土地法律，從事土地壟斷、投機者，處3年以下有期徒刑，並得併科7,000元以下罰金（平§83）。惟從事土地壟斷、投機之定義不明，執行上有所窒礙難行。

　　為引導不動產市場正常發展，防杜不動產交易虛報價格淪為炒作工具，保障消費者權益，維護市場交易秩序，並精進預售屋成交資訊申報登錄制度，於112年2月8日修正公布平均地權條例，於112年7月1日施行。本次修法五大重點包括：一、限制換約轉售；二、管制私法人購屋；三、建立檢舉獎金制度；四、重罰炒作行為；五、解約申報登錄。

壹、限制換約轉售

一、書面契據（紅單）轉售之限制

　　為防止私人投資炒作不動產，利用換約轉售投機哄抬牟利、散播不實資訊影響價格等炒作亂象，又考量實務上於銷售領得使用執照且未辦竣建物所有權第一次登記之成屋時，亦有收受定金或類似名目金額（如預約金、保留金、議價金等）之行為，故比照現行預售屋書面契據之規定管理，並限制買受人不得將該書面契據轉售與第三人，避免買受人為賺取差價，於簽訂預約單後加價以換約轉售方式，進行短期炒作牟利，哄抬預售屋價格行情，以保障消費者權益。此外，新建成屋亦可能成為換約轉售牟利標的，乃規定：銷售預售屋、領得使用執照且未辦竣建物所有權第一次登記之成屋（以下簡稱新建成屋）者，向買受人收受定金或類似名目之金額，應以書面契據確立買賣標的物及價金等事項，並不得約定保留出售、保留簽訂買賣契約之權利或其他不利於買受人之事項。委託不動產經紀業代銷者，亦同（平§47-3 V）。

前項書面契據，不得轉售予第三人。銷售預售屋或新建成屋者，不得同意或協助買受人將該書面契據轉售與第三人（平§47-3Ⅵ）。本項規定之立法目的，認爲不得轉售書面契據之規定屬行政管理範疇，賦予買受人及銷售者應遵守該項義務，並對違反者處以行政罰（罰鍰），又依民法第71條但書規定意旨，該轉售行爲雖違反規定，但仍不以之爲無效，其轉售之效力，依民法其他相關規定辦理。

又爲落實第5項及第6項規定，以提升查核效能，避免受查核者藉故規避、妨礙或拒絕，乃規定：直轄市、縣（市）主管機關得向前二項之買受人、銷售預售屋或新建成屋者或相關第三人要求查詢、取閱有關文件或提出說明。受查核者不得規避、妨礙或拒絕（平§47-3Ⅶ）。

二、買賣契約讓與或轉售之限制

爲維護預售屋、新建成屋市場交易秩序、防杜炒作及保障自住需求者購屋權益之公共利益，實有必要對該等契約讓與或轉售行爲，予以適當限制，乃規定：預售屋或新建成屋買賣契約之買受人，於簽訂買賣契約後，不得讓與或轉售買賣契約與第三人，並不得自行或委託刊登讓與或轉售廣告。但配偶、直系血親或二親等內旁系血親間之讓與或轉售；或其他中央主管機關公告得讓與或轉售之情形並經直轄市、縣（市）主管機關核准者，不在此限（平§47-4Ⅰ）。又本項規定之立法目的，與前條規定（平§47-3Ⅵ）相同，即依民法第71條但書規定意旨，該讓與或轉售行爲雖違反規定，但仍不以之爲無效，其讓與或轉售之效力，依民法其他相關規定辦理。

又爲適當管制買受人因特殊情形申請預售屋或新建成屋買賣契約讓與或轉售，避免部分投機者濫用得讓與或轉售之特殊情形，重複申請、牟利炒作，乃規定：買受人依前項但書後段規定得讓與或轉售之戶（棟）數，全國每2年以一戶（棟）爲限；其申請核准方式、應檢附文件、審核程序及其他相關事項之辦法，由中央主管機關定之（平§47-4Ⅱ）。

爲避免銷售預售屋或新建成屋者（如不動產開發業者），協助買受人將契約讓與或轉售第三人者，哄抬牟利，乃規定：銷售預售屋或新建成屋者，除第1項但書規定外，不得同意或協助買受人將買賣契約讓與或轉售第三人，並不得接受委託刊登讓與或轉售廣告（平§47-4Ⅲ）。

直轄市、縣（市）主管機關得向第1項及前項之買受人、銷售預售屋或

新建成屋者或相關第三人要求查詢、取閱有關文件或提出說明。受查核者不得規避、妨礙或拒絕（平§47-4IV）。

三、不實資訊或交易行為之限制

為維護市場交易秩序，保障消費者權益，及避免不動產價格被哄抬炒作，爰規定：任何人不得有下列各款之行為（平§47-5）：

(一) 以電子通訊、網際網路、說明會或其他傳播方式散布不實資訊，影響不動產交易價格。

(二) 與他人通謀或為虛偽交易，營造不動產交易活絡之表象。

(三) 自行、以他人名義或集結多數人違規銷售、連續買入或加價轉售不動產，且明顯影響市場秩序或壟斷轉售牟利。

直轄市、縣（市）主管機關得向前項之行為人或相關第三人要求查詢、取閱有關文件或提出說明。受查核者不得規避、妨礙或拒絕。

貳、私法人購屋之管制

私法人原則上無「居住」需求，現行對私法人購置住宅無相關限制規範，易使住宅成為私法人投資炒作標的，導致住宅市場發生投機壟斷，不利不動產市場之健全發展，乃增訂申請許可制度，管制私法人買受住宅房屋。又為合理調節住宅市場，經中央主管機關公告之情形免經許可；故規定：私法人買受供住宅使用之房屋，應檢具使用計畫，經中央主管機關許可。但私法人經中央主管機關公告免經許可之情形者，不在此限（平§79-1Ⅰ）。

為避免經許可取得房屋後，私法人遲未持許可文件向不動產所在地之登記機關辦理登記，致無從有效管理，爰明定：前項許可之文件有效期限為1年（平§79-1Ⅱ）。

私法人取得第1項房屋，於登記完畢後5年內不得辦理移轉、讓與或預告登記。但因強制執行、徵收、法院判決或其他法律規定而移轉或讓與者，不在此限（平§79-1Ⅲ）。以落實管制私法人買受住宅房屋，合理調節市場之目的。

又為進行申請許可案件之審核，中央主管機關為審核第1項許可案件，得遴聘（派）專家學者、民間團體及相關機關代表，以合議制方式辦理之（平§79-1Ⅳ）。

第1項規定適用範圍、許可條件、用途、使用計畫內容、應備文件、審核程序、免經許可情形及其他應遵行事項之辦法，由中央主管機關定之（平§79-1Ⅴ）。

參、建立檢舉獎金制度

不動產業者或相關從業人員，虛報成交資訊等違規情事，主管機關往往不易掌握交易相關事證，造成稽查困難，藉由檢舉制度之建立，以提升遏止違規炒作效果。爰於明定：民眾對不動產銷售、買賣或申報登錄資訊知有違反法規規定情事者，得敘明事實並檢具證據資料，向直轄市、縣（市）主管機關檢舉（平§81-4Ⅰ）。

直轄市、縣（市）主管機關對於前項檢舉，經查證屬實並處以罰鍰者，得以實收罰鍰總金額收入一定比率，提充檢舉獎金與檢舉人（平§81-4Ⅱ）。

轄市、縣（市）主管機關對於不動產銷售、買賣或申報登錄資訊違反法規規定處有罰鍰者，應以實收罰鍰總金額收入一定比率，提撥供其或受委任機關辦理查核等業務所需相關經費（平§81-4Ⅲ）。

第2項檢舉獎金適用範圍、發給之對象、基準、程序、條件、撤銷與身分保密，及前項提撥罰鍰適用範圍、比率與運用等相關事項之辦法，由中央主管機關定之（平§81-4Ⅳ）。

肆、重罰炒作行為

違反第47條之3第1項規定，未於銷售前以書面將預售屋坐落基地、建案名稱、銷售地點、期間、戶（棟）數及預售屋買賣定型化契約報備查。由主管機關處新台幣3萬元以上15萬元以下罰鍰，並令其限期改正；屆期未改正者，按次處罰（平§81-2Ⅲ②）。

銷售預售屋者，使用之契約不符合中央主管機關公告之預售屋買賣定型化契約應記載及不得記載事項，由直轄市、縣（市）主管機關按戶（棟）處新台幣6萬元以上30萬元以下罰鍰（平§81-2Ⅴ）。

有下列情形之一者，由直轄市、縣（市）主管機關按戶（棟）處新台幣15萬元以上100萬元以下罰鍰（平§81-2Ⅵ）：

一、銷售預售屋或新建成屋者，自行銷售或委託代銷，違反第47條之3第5項

　　　規定。

二、預售屋或新建成屋買受人，違反第47條之3第6項規定。

三、銷售預售屋或新建成屋者，違反第47條之3第6項規定，同意或協助買受
　　人將書面契據轉售與第三人。

　　為落實限制讓與或轉售預售屋或新建成屋買賣契約之規定，爰於明定，
有下列情形之一者，由直轄市、縣（市）主管機關處新台幣50萬元以上300
萬元以下罰鍰；其刊登廣告者，並應令其限期改正或為必要處置；屆期未
改正或處置者，按次處罰；其有不動產交易者，按交易戶（棟）處罰（平
§81-3Ⅰ）：

一、買受人違反第47條之4第1項規定，讓與、轉售買賣契約或刊登讓與、轉
　　售廣告。

二、銷售預售屋或新建成屋者違反第47條之4第3項規定，同意或協助買受人
　　將買賣契約讓與或轉售第三人，或受託刊登讓與、轉售廣告。

　　為有效遏止不動產炒作行為，及防杜不動產業者所屬人員濫用專業知識
炒作，爰明定，違反第47條之5第1項各款規定之一者，由直轄市、縣（市）
主管機關處新台幣100萬元以上5,000萬元以下罰鍰，並得令其限期改正；屆
期未改正者，按次處罰。其有不動產交易者，按交易戶（棟、筆）處罰（平
§81-3Ⅱ）。

　　為課予法人或自然人善盡防止相關人員炒作之監督管理責任，爰明定，
法人之代表人、法人或自然人之代理人、受僱人或其他從業人員，因執行業
務違反前項規定，除依前項規定處罰行為人外，對該法人或自然人並應處以
前項所定之罰鍰（平§81-3Ⅲ）。

　　違反第47條之3第7項、第47條之4第4項或第47條之5第2項規定，規避、
妨礙或拒絕查核者，由直轄市、縣（市）主管機關處新台幣6萬元以上30萬
元以下罰鍰，並令其限期改正；屆期未改正者，按次處罰（平§81-3Ⅳ）。

第二編

▶第一章　通　則

▶第二章　地籍測量

▶第三章　土地登記

地

籍

地籍者，乃土地標示（Land Description）與土地權利相互關係之組織，亦即明示人地關係之圖冊記載也。土地之有地籍，猶如人口之有戶籍，二者同為庶政之根本，是以土地法特設專編規範之。

本編地籍，係分為通則、地籍測量、土地總登記、土地權利變更登記等四章，計44條，對於地籍測量及土地登記有簡明扼要之規定。其中有關地籍測量之技術與方法、土地登記之實施程序及辦理手續，以及測量登記應用之書表簿冊圖狀等樣式，則賦予中央地政機關另行訂定（土§37、§47）。中央地政機關，基於土地法之授權，爰訂有「地籍測量實施規則」及「土地登記規則」等法規命令，以資補充。

土地登記於我國民法中僅有原則性之規範（民§758、§759），為建立完整之土地登記體系，爰於本編中制定「土地總登記」、「土地權利變更登記」等二章，以資補充，並於民法所奠立之權利登記制外，復於本編中兼採托崙斯登記制之精神而為補充規定（土§62、§68、§70、§75）。

此外，為防止土地所有權移轉，延不辦理土地權利變更登記，企圖逃匿稅賦，平均地權條例亦特增訂管制條款（平§81），加強地籍之異動管理，以維持地籍之準確。

第一章　通　則

第一節　地籍整理之意義

　　國家領域內之土地結構，錯綜複雜、形貌不盡相同，為明瞭土地之「質」與「量」之真實狀況，以及確定土地權利之歸屬，乃由國家依法將所轄各行政區每一筆公私有土地之座落、位置、形狀、界址、面積、使用型態及權利關係，加以精密測量、調查、登記，並製作地籍圖、編成登記簿，而後明示之。凡有土地之合併、分割、坍沒、浮覆等增減及土地權利之移轉、設定、變更、消滅等異動時，應適時予以複丈、重測與變更登記，釐正圖簿，以保持資料之精確完備，此即地籍整理之工作。並由此進一步地瞭解土地之分配與利用狀況，作為擬訂土地政策之參考。地籍整理之目的，在建立地籍制度，便利土地管理，促進土地利用，並使公私有土地獲得法律之保障。故孟子曰：「仁政必自經界始」；管子亦云：「地為政之本」；中山先生更明確指出：「全縣土地測量完竣為實施地方自治之先決條件。」（建國大綱§8）由此足見地籍整理之重要性。

第二節　地籍整理之程序

　　地籍整理之辦法，有治標與治本兩種。治標者為簡易清丈或土地陳報；治本者則指正式測量與登記。前者固然簡便省費，卻只重清理稅籍，僅可供課稅之參考。後者，雖費鉅事繁，但可收按圖索驥，一勞永逸之效。土地法第36條規定：「地籍除已依法律整理者外，應依本法之規定整理之。（Ⅰ）」「地籍整理之程序，為地籍測量及土地登記。（Ⅱ）」第1項所謂「已依法律整理者」，係指於本法公布施行前已辦理地籍整理者。其中，就

地籍測量而言，土地法施行前已辦理地籍測量，如合於土地法第44條規定者，得由直轄市或縣（市）將辦理情形，報中央地政機關核定，免予重辦（土施§9）。其次，就土地登記而言，土地法施行前，業經辦竣土地登記之地區，在土地法施行後，於期限內換發土地權利書狀，並編造土地登記總簿者，視爲已依土地法辦理土地總登記（土施§11）。此外，已辦地籍測量，尚未辦理土地登記，而業經呈准註冊發照之地方，應依法辦理土地總登記，發給土地權利書狀（土施§12）。

依土地法所定之地籍整理程序，本質上，係採前述治本之法。其規定之程序如下：

壹、地籍測量

所謂「地籍測量」乃應用測量儀器及測量技術，測量一定行政區域範圍內各宗土地（包括建築改良物）之位置、形狀、界址、面積、調查地籍、繪製地籍圖（建築物位置平面圖）以明瞭土地客觀的分布狀況，裨利確定產權界限範圍。

貳、土地登記

所謂「土地登記」爲將已測量之各宗土地（建築物）之標示及權利關係，記載於登記官署所備置之土地（建物）登記簿冊之上，以爲公示。地籍測量，應於土地登記之前辦理完竣，方得正確之地籍資料，以資登載，故規定辦理土地登記前，應先辦理地籍測量，其已依法辦理地籍測量之地方，應即依本法規定辦理土地總登記（土§38Ⅰ）。即明示地籍測量爲地籍整理的首要工作，而土地登記則次之。換言之，未經地籍測量之地方，不得爲土地登記，避免地權糾紛，而未能達成釐清地籍，確定地權之目的。

第三節　地籍整理之區域單位

爲便利地籍整理之進行，地籍整理以直轄市或縣（市）爲單位，直轄市或縣（市）分區，區內分段，段內分宗，按宗編號（土§40）。由上觀之，

地籍整理之區域單位以直轄市或縣（市）爲範圍。我國行政區域係以直轄市或縣（市）爲單位，直轄市之下可按行政區域劃分爲區，縣（市）之下可按行政區域劃分爲鄉鎮市。至區內分段，則須斟酌情形，將每一區或鄉鎮市分爲若干段，段內各宗土地，則須按宗地編定地號，每一宗地編一地號以便稽考。其次，就土地登記而言，我國土地廣大，地方情形各有不同，故土地總登記之實行，難能即時普及全國。故土地總登記得分若干區辦理（土§42Ⅰ）。而分區辦理時，其區域不宜過大亦不宜太小，是以上述登記區，直轄市不得小於區，在縣（市）不得小於鄉鎮（土§42Ⅱ）。採分期分區方式辦理，俾使測量與登記工作，在人力分配上，得以相互協調配合，相輔相成。

第二章　地籍測量

壹、地籍測量方法

依照現代科學技術，地籍測量的實施，其方法有二：一為地面測量（Ground Surveying），簡稱地測；二為航空攝影測量（Photogram-metric Surveying），簡稱航測。所謂地面測量，乃由測量人員於地面上利用儀器，測定各宗土地之形狀、位置、界址、面積等而繪成地籍圖也；所謂航空攝影測量，則是利用航空器中攝影機，來攝取地面各宗土地之型態之照片，用立體測圖，或正射投影，糾正鑲嵌等法，以調繪成地籍圖也。

地籍測量，為一種技術性質的業務，其實施範圍遍及全國各地，為求其測量之成果彼此得以聯結，宜由政府統籌擘劃，以為準繩。故地籍測量，如由該管直轄市或縣（市）政府辦理，其實施計畫，應經中央地政機關之核定（土§45）。又地籍測量實施規則，由中央地政機關定之（土§47）。此外，地籍測量時，土地所有權人應設立界標，並永久保存之（土§44-1Ⅰ）。

貳、地籍測量主辦機關

地籍測量，如前所述可分地面測量及航空測量兩類，由於兩者之技術要求不同，故其主辦機關，分別如下：

一、地面測量

地籍測量，如由該管直轄市或縣（市）政府辦理，其實施計畫應經中央地政機關之核定（土§45）。土地及建築改良物之測量複丈，由直轄市或縣（市）政府登記機關辦理（地測§8Ⅰ）。地面測量以數值法為主，並得視實際情形採圖解法為之（地測§68Ⅱ）。

二、航空測量

地籍測量，如用航空攝影測量，應由中央地政機關統籌辦理（土§46）。航空攝影以解析法爲主，並得視實際情形採類比法爲之（地測§68III）。

此外，爲加速地籍測量工作，地政機關辦理地籍測量，得委託地籍測量師爲之（土§47-1 I）。有關土地複丈及建築改良物測量標準，由中央地政機關定之（土§47-2）。

<h2>第二節　地籍測量之程序</h2>

地籍測量依下列次序辦理（土§44，地測§3）：

一、三角測量、三邊測量或精密導線測量。

二、圖根測量。

三、戶地測量。

四、計算面積。

五、製圖。

惟已辦理地籍測量之地區，得實施土地複丈或建築改良物測量，複丈或建築改良物測量時，得免辦三角測量及圖根測量兩程序（地測§7）。因爲複丈是對戶地測量之成果重行測量而言，對於已完成之三角測量及圖根測量不必調整，故不須重測。茲對上述地籍測量程序分述之：

壹、三角測量、三邊測量或精密導線測量

三角測量、三邊測量或精密導線測量，爲於欲測量之地區，選定適當位置，布設諸多可爲基準之三角測點，結合諸點而成多數互相連接而有系統之三角形，網罩全部測區，逐一觀測其間之角度或邊長，而由已測知基線長度，經平差之後，以推求各三角點在地面上之精確位置，作爲水平控制之用，爲基本控制測量（地測§6）。蓋在廣大地區進行測量，爲使測量誤差，不致傳播與累積，不能無地面上水平位置之控制點，以爲施測之根據。

三角測量或三邊測量之目的，即在遍布完整之水平控制系統。

基本控制測量之施測等級，依基本測量實施規則第15條第1項規定，以一等及二等爲主，必要時得另設三等（地測§10）。

貳、圖根測量

圖根測量施行於三角測量或三邊測量之後，爲次級水平控制系統。圖根測量應依基本控制測量及加密控制測量之成果，以下列測量方法實施：一、導線測量；二、交會測量；三、衛星定位測量；四、自由測站法。前項圖根測量採用之測量方法，以衛星定位測量及導線測量優先實施（地測§46）。蓋三角點分配甚稀，相距過遠，不敷控制戶地測量之需要，故於其三角系空隙中，配布次級控制點，即所謂圖根點者，以補助之。故圖根點應以足夠供戶地測量使用之點數均勻配布，並涵蓋全區。幹導線及支導線選點，應先於地形圖、基本圖、航測照片或地籍圖上規劃各級導線之走向及配布（地測§53）（地測§53Ⅰ）。

參、戶地測量

戶地測量爲依據圖根點之成果，得以地面測量或航空攝影測量爲之。地面測量以數值法爲主，並得視情形採圖解法爲之。航空測量以解析法爲主，並得視情形採類比法爲之（地測§68）。戶地測量係測定一縣市鄉鎮區範圍內各宗土地之位置，形狀及界址，查註地目，編列地號，並調查土地之座落、四至、畝分、地價、使用狀況、改良物情形及所有權與他項權利，然後著墨整飾，繪成地籍原圖。故戶地測量，以確定一宗地之位置、形狀、面積爲目的，並應依基本控制點及圖根點施測之。此種測量屬於產權測量之疆界測量，爲地籍測量之眞正目的。戶地測量時，應先舉辦地籍調查，界址測量與地籍調查應密切配合（地測§69Ⅱ）。地籍調查，係就土地坐落、界址、原有面積、使用狀況、所有權人之姓名、住所及有無土地他項權利設定、建築改良物登記等，查註於地籍調查表內。前項所有權人之土地界址，應於地籍調查表內繪製圖說，作爲戶地界址測量之依據（地測§79）。

肆、計算面積

計算面積係依據地籍原圖算定各宗土地之面積，計算方法如下：一、數值法測量者，以界址點坐標計算之；二、圖解法測量者，以實量距離、圖上量距、坐標讀取儀或電子求積儀測算之。前項以實量距離及圖上量距計算面積，至少應由二人分別計算，並取其平均值（地測§151）。測算或計算完畢，並按各種地目分類，統計其成果，編製統計表。

伍、製　圖

製圖係根據地籍原圖、摹繪、縮繪或晒印、複製各種地籍圖。製圖種類如下（地測§161）：一、地籍圖；二、地籍公告圖；三、段接續一覽圖；四、地段圖；五、鄉（鎮、市、區）一覽圖；六、直轄市、縣（市）一覽圖；七、其他。直轄市、縣（市）及鄉（鎮、市、區）一覽圖所用圖式，除依前條規定外，應採用中央主管機關之地形圖圖式及其解說（地測§163）。此外，圖解法地籍圖，得數值化為之（地測§165）。

第三節　地籍圖重測

地籍圖冊，往往因使用年久，而模糊破損，致造成界址糾紛，影響人民產權甚鉅。為了提高地籍圖冊精確度及可信度，俾免增加政府與人民之困擾，實宜於特定情況下舉辦地籍圖重測，以利地籍之管理與維護。民國64年土地法修正時，有鑑於原土地法對於地籍圖之重測尚乏明文，故特增訂第46條之1、第46條之2、第46條之3等三條文，並於「地籍測量實施規則」中，增列「地籍圖重測」一章，以為實施依據。

壹、重測原因

政府機關對於已辦地籍測量之地區，因地籍原圖破損、滅失、比例尺變更或其他重大原因，得重新實施地籍測量（土§46-1，地測§184）。根據此規定地籍圖重測之法定原因如下：一、地籍原圖破損；二、地籍原圖滅

失；三、地籍原圖比例尺變更；四、其他重大原因。而其中所謂「破損」，
指地籍原圖部分破壞毀損而言；「滅失」則指原圖之毀滅失落；「比例尺變
更」指比例尺之大小變更；「其他重大原因」指因上述三種原因以外之其他
原因，致地籍圖不堪使用者而言。

貳、重測程序

地籍重測之實施程序，應依下列程序辦理（地測§185）：
一、劃定重測地區。
二、地籍調查。
三、地籍測量。
四、成果檢查。
五、異動整理及造冊。
六、繪製公告圖。
七、公告通知。
八、異議處理。
九、土地標示變更登記。
十、複（繪）製地籍圖。

實施地籍圖重測前，直轄市、縣（市）主管機關得成立界址糾紛協調
會，協助調處有關界址糾紛事宜。其中地籍調查、地籍測量、成果檢查、異
動整理及造冊、繪製公告圖及複（繪）製地籍圖等，得委託民間團體或個人
辦理。又地籍圖重測，應以段為實施單位。但得以河流、道路、鐵路、分水
嶺等自然界，劃定重測區域（地測§186Ⅰ）。

參、界址之認定

依地籍測量實施規則第185條規定，地籍圖重測之程序，乃是先進行地
籍調查，再據以實施地籍測量。在重測之過程中，往往最困難的即在於地籍
調查，諸如：權屬不明、土地所有權人不到場指界或不設立界標，已到場者
又不能明辨界址，甚或界址發生爭議未能解決等。故規定重新實施地籍測量
時，土地所有權人應於地政機關通知之限期內，自行設立界標，並到場指
界。逾期不設立界標或到場指界者，得依下列順序逕行施測（土§46-2）：
一、鄰地界址。

二、現使用人之指界。

三、參照舊地籍圖。

四、地方習慣。

　　土地所有權人因設立界標或到場指界發生界址爭議時，準用土地法第59條第2項規定處理之。亦即土地所有權人，因設立界標或到場指界發生異議時，準用同法第59條第2項規定，由該管直轄市或縣（市）地政機關予以調處，不服調處者，應於接到調處通知後15日內，向司法機關訴請處理，逾期不起訴者，依原調處結果辦理之。其目的在於藉由法院就當事人之爭議為實體的終局判決，以解決紛爭。其所謂「訴請司法機關處理」，應指向司法院提起足以保護其權利及排除其行使權利之障礙之訴訟（如不動產經界或設置界標之訴訟），並獲得法院之實體終局判決而言（參照行政法院74年度判字第1586號判決）。又依土地法第46條之1至第46條之3之規定所為地籍圖重測，純為地政機關基於職權提供土地測量技術上之服務，將人民原有土地所有權範圍，利用地籍調查及測量等方法，將其完整正確反映於地籍圖，初無增減人民私權之效力（司法院釋字第374號解釋）。

肆、重測後之處理

　　地籍圖之重測，攸關人民產權，重測之結果自應告知土地所有人，俾其有表示意見之機會，藉以糾正測量上之誤差，確定其效力。故就結果之公告、錯誤處理等規定，分列如下（土§46-3）：

一、重測結果公告

　　地籍圖重測結果公告時，直轄市或縣（市）主管機關應將前條所列清冊、地籍公告圖及地籍調查表，以展覽方式公告30日，並以書面通知土地所有權人。前項公告期滿，土地所有權人無異議者，重測結果即屬確定，直轄市或縣（市）主管機關應據以辦理土地標示變更登記，並將登記結果，以書面通知土地所有權人限期檢附原權利書狀申請換發書狀。前項申請換發，土地所有權人未能提出原權利書狀者，應檢附切結書敘明未能提出書狀之事由，原權利書狀於換發後公告註銷（地測§199）。

　　重測結果公告期間，土地所有權人申請土地分割、合併複丈、土地所有權移轉登記，除權利關係人附具同意書，同意以重測成果公告確定之結果為

準者，得予受理外，應俟重測成果公告確定後受理（地測§200-1）。

二、錯誤之處理

土地所有權人認為前項測量結果有錯誤，除未依土地法第46條之2規定設立界標或到場指界者外，得於公告期間內，以書面向直轄市或縣（市）主管機關提出異議，並申請複丈（地測§201Ⅰ前段參照）。

重測期間發生界址爭議尚未解決之土地，申請所有權移轉或他項權利設定登記者，應由權利關係人出具切結書敘明於界址確定後，其面積與原登記面積不符時，同意由地政機關逕為更正（地測§201-1）。重測公告確定之土地，登記機關不得受理申請依重測前地籍圖辦理複丈（地測§201-2）。

三、辦理標示變更登記

複丈結果無誤者，依重測結果辦理土地標示變更登記；其有錯誤者，應更正有關簿冊圖卡後，辦理土地標示變更登記（地測§201Ⅰ後段參照）。

地籍圖重測結果辦理土地標示變更登記完竣後，發現原重測成果錯誤，依第232條辦理重測成果更正，並於辦竣土地標示更正登記後，以書面通知土地所有權人及他項權利人更正結果者，免依土地法第46條之3規定辦理。

前項土地所有權人或他項權利人如對更正結果有異議，除依本規則申請複丈外，得訴請法院裁判或以訴訟外紛爭解決機制處理（地測§201-3）。

建築改良物之基地標示，因實施地籍圖重測而變更者，直轄市或縣（市）主管機關得查明逕為辦理建物基地標示變更登記，並依第199條規定通知換發書狀（地測§202）。

直轄市或縣（市）主管機關保管之土地及建築改良物有關簿冊圖卡等，應依地籍圖重測結果辦理重繕或訂正（地測§203）。

第四節　土地複丈

壹、通　則

土地經測量建立地籍後，因自然因素之影響而新漲、坍沒，或因分割、

合併等原因發生時，必須再辦理測量，以訂正圖籍，保持地籍之正確性。上述地籍再測量之工作即所稱土地複丈，其有關複丈原因、複丈之申請等規範內容，分述如下：

一、複丈原因

土地有下列情形之一者，得申請土地複丈（以下簡稱複丈）（地測§204）：

(一) 因自然增加、浮覆、坍沒、分割、合併或變更。

(二) 因界址曲折需調整。

(三) 依建築法第44條或第45條第1項規定調整地形。

(四) 宗地之部分設定地上權、農育權、不動產役權或典權。

(五) 因主張時效完成，申請時效取得所有權、地上權、農育權或不動產役權。

(六) 鑑界或位置勘查。

二、複丈之申請

(一) 申請人

申請複丈，由土地所有權人或管理人向土地所在地登記機關或利用網路以電子簽章方式為之。但有下列情形之一者，各依其規定辦理（地測§205）：

1. 因承租土地經界不明者，由承租人會同土地所有權人或管理人申請。

2. 因宗地之部分擬設定地上權、農育權、不動產役權或典權者，由擬設定各該權利人會同土地所有權人或管理人申請。

3. 地上權之分割者，由地上權人會同土地所有權人或管理人申請。

4. 依民法第769條、第770條或第772條規定因時效完成所為之登記請求者，由權利人申請。

5. 依法院判決確定書或與法院確定判決有同一效力之證明文件所為之請求，由權利人申請。

6. 共有土地之協議分割、合併者，由共有人全體申請。但合併或標示分割，得由共有人依土地法第34條之1規定申請。

7. 因建造行為鑑界，得由建造執照起造人會同土地所有權人或管理人申請。

8. 依土地法第12條第2項規定，因土地浮覆回復原狀時，復權範圍僅為已登記公有土地之部分，需辦理分割，由復權請求權人會同公有土地之管理機關申請。

9. 依直轄市、縣（市）不動產糾紛調解委員會設置及調處辦法作成調處結果確定，由權利人或登記名義人單獨申請。

10. 依法令規定得由登記機關逕為測量者。

　　依土地登記規則第30條規定得由權利代位申請登記，須先辦理土地複丈者，得由權利人代位申請複丈。前二項申請，得委託代理人為之。

　　各級法院、檢察機關或行政執行分署囑託之複丈案件，受囑託機關應依受囑託事項辦理，其土地複丈成果僅提供囑託機關（地測§222）。

(二) 申請文件

　　申請複丈，除本規則另有規定外，應提出下列文件（地測§207）：

1. 土地複丈申請書。
2. 權利證明文件。
3. 申請人身分證明。
4. 其他經中央主管機關規定之文件。

　　前項第2款至第4款檢附之文件，能以電腦處理達成查詢者，得免提出。

　　複丈涉及原有標示變更者，應於申請複丈時，填具土地登記申請書，一併申請土地標示變更登記。

　　依第205條第1項第4款規定申請者，申請人應提出占有土地四鄰證明或其他足資證明繼續占有事實之文件（地測§208）。

　　土地所有權人或鄰接土地所有權人依第204條第3款規定申請土地複丈時，應依下列規定檢附相關文件（地測§229）：

1. 依建築法第44條規定協議調整地形者：調整地形協議書及建設（工務）機關核發合於當地建築基地最小面積之寬度及深度且非屬法定空地之文件及圖說。
2. 依建築法第45條第1項規定調處調整地形者：調處成立紀錄。

　　前項土地設有他項權利者，應先徵得他項權利人之同意。

(三) 繳費及埋設界標

申請複丈應繳納土地複丈費。土地複丈費之收支應依預算程序辦理（地測§209Ⅰ）。申請複丈經通知辦理者，除本規則另有規定外，申請人應於下列點位自行埋設界標，並永久保存之（地測§210）：

1. 申請分割複丈之分割點。
2. 申請界址調整、調整地形之界址點。
3. 經鑑定確定之界址點。

申請人不能依前項第1款或第2款規定埋設界標者，得檢附分割點或調整後界址點之位置圖說，加繳規費，一併申請確定界址。

申請人申請複丈案件，有下列情形之一者，得於10年內請求退還其已繳土地複丈費（地測§214）：

1. 依第211條之1規定申請撤回。
2. 申請再鑑界，經查明前次複丈確有錯誤。
3. 經通知補正逾期未補正或未依補正事項完全補正而駁回。
4. 其他依法令應予退還。

前項第1款、第3款之情形，其已支出之費用應予扣除。

申請人於10年內重新申請複丈者，得予援用其得申請退還之土地複丈費。

三、複丈之進行

(一) 複丈申請之審查

登記機關應備下列文件，辦理複丈（地測§206）：

1. 土地複丈申請書。
2. 土地複丈收件簿。
3. 土地複丈定期通知書。
4. 土地複丈案件補正、駁回通知書。
5. 土地複丈地籍調查表。
6. 土地複丈圖。
7. 土地面積計算表。
8. 分號管理簿。

9. 土地複丈成果圖。

10. 土地複丈結果通知書。

11. 他項權利位置圖。

12. 法院囑託辦理土地複丈成果圖。

13. 其他。

　　登記機關受理複丈申請案件，經審查有下列各款情形之一者，應通知申請人於接到通知書之日起15日內補正（地測§212）：

1. 申請人之資格不符或其代理人之代理權有欠缺。

2. 申請書或應提出之文件與規定不符。

3. 申請書記載之申請原因與登記簿冊或其證明文件不符，而未能證明不符原因。

4. 未依規定繳納土地複丈費。

　　依排定時間到場，發現有障礙物無法實施測量，需申請人排除者，登記機關應依前項規定通知補正。

　　登記機關受理複丈案件，經審查有下列各款情形之一者，應以書面敘明法令依據或理由駁回之（地測§213）：

1. 不屬受理登記機關管轄。

2. 依法不應受理。

3. 逾期未補正或未依補正事項完全補正。

(二) 複丈通知

　　登記機關受理複丈申請案件，應予收件，經審查准予複丈者，隨即排定複丈日期、時間及會同地點，填發土地複丈定期通知書，交付申請人並通知關係人。原定複丈日期，因風雨或其他事故，致不能實施複丈時，登記機關應分別通知申請人及關係人改期複丈。

　　申請人於複丈時，應到場會同辦理；申請人屆時不到場或不依規定埋設界標者，視為放棄複丈之申請，已繳土地複丈費不予退還。

　　第1項所稱關係人，於鑑界時，指鑑界界址之鄰地所有權人；鄰地為公寓大廈之基地者，指公寓大廈管理委員會；於主張時效取得地上權、農育權或不動產役權時，指土地所有權人。關係人屆時不到場者，得逕行複丈（地測§211）。撤回複丈之申請，應於複丈前以書面向登記機關提出。但屬有

需通知前條第3項關係人之案件，應於原定複丈日期3日前為之（地測§211-1）。

(三) 實地複丈

複丈人員於實施複丈前，應先核對申請人、關係人之身分。複丈完竣後，應發給申請人土地複丈成果圖或他項權利位置圖。複丈除本規則另有規定外，其因自然增加、浮覆、坍沒、分割、界址調整、調整地形或主張時效取得所有權而複丈者，應辦理地籍調查。

前項地籍調查表記載之界址，應由申請人當場認定，並簽名或蓋章；其未於當場簽名或蓋章者，得於3日內至登記機關補簽名或蓋章。逾期未簽名或蓋章者，應載明事由，發給之土地複丈成果圖並加註僅供參考，其所附土地登記申請書件予以退還（地測§215）。

受理土地複丈案件，扣除補正期間，應於收件之日起15日內辦竣，其情形特殊經登記機關首長核定延長者，依其核定。各級法院、檢察機關或法務部行政執行署所屬行政執行分署（以下簡稱行政執行分署）囑託並明定期限辦理者，應依囑託期限辦竣（地測§216）。

採數值法辦理地籍測量之地區，其複丈應以數值法為之（地測§218）。複丈時，應對申請複丈案件各宗土地之毗鄰土地界標一併檢測，必要時並應擴大其施測範圍（地測§220）。

四、複丈方式

(一) 鑑界複丈

鑑界複丈，應依下列規定辦理（地測§221）：

1. 複丈人員實地測定所需鑑定之界址點位置後，應協助申請人埋設界標，並於土地複丈圖上註明界標名稱、編列界址號數及註明關係位置。

2. 申請人對於鑑界結果有異議時，得再填具土地複丈申請書敘明理由，向登記機關繳納土地複丈費申請再鑑界，原登記機關應即送請直轄市或縣（市）主管機關派員辦理後，將再鑑界結果送交原登記機關，通知申請人及關係人。

3. 申請人對於再鑑界結果仍有異議者，應訴請法院裁判或以訴訟外紛爭解決

機制處理，登記機關不得受理其第三次鑑界之申請。

前項鑑界、再鑑界測定之界址點應由申請人及到場之關係人當場認定，並在土地複丈圖上簽名或蓋章。申請人或關係人不簽名或蓋章時，複丈人員應在土地複丈圖及土地複丈成果圖載明其事由。

關係人對於第1項之鑑界或再鑑界結果有異議，並以其所有土地申請鑑界時，其鑑界之辦理程序及異議之處理，準用第1項第2款及第3款之規定。

位置勘查複丈，複丈人員對申請案件之各宗土地指示概略位置，免依第211條通知關係人、第215條發給土地複丈成果圖及第218條至第220條測量方法之規定辦理。但同時申請其他種類複丈案件之界址，應另依其規定辦理（地測§221-1）。

各級法院、檢察機關或行政執行分署囑託之複丈案件，受囑託機關應依受囑託事項辦理，其土地複丈成果僅提供囑託機關（地測§222）。

(二) 流失地複丈

宗地之一部分，因天然變遷，成為可通運之水道，或受洪水流失辦理分割時，得僅測量其存餘土地，決定其分割線（地測§223）。

(三) 合併複丈

土地因合併申請複丈者，應以同一地段、地界相連、使用性質相同之土地為限。前項土地之所有權人不同或設定有抵押權、典權、耕作權等他項權利者，應依下列規定檢附相關文件：
1. 所有權人不同時，應檢附全體所有權人之協議書。
2. 設定有抵押權時，應檢附土地所有權人與抵押權人之協議書。但為擔保同一債權，於數土地上設定抵押權，未涉權利範圍縮減者，不在此限。
3. 設定有典權或耕作權時，應檢附該他項權利人之同意書。

登記機關辦理合併複丈，得免通知實地複丈。第1項之土地設定有用益物權者，其物權範圍為合併後土地之一部分者，應於土地複丈成果圖繪明其位置（地測§224）。

又上述所稱之使用性質，於都市土地係指使用分區，於非都市土地係指使用分區及編定之使用地類別（地測§225-1）。

(四) 土地界址調整

土地界址曲折調整者，應檢附界址曲折調整協議書，並同一地段、地界相連、使用性質相同之土地可達成減少地界線段為限。如為實施建築管理地區，並應符合建築基地法定空地分割辦法規定。前項土地設有他項權利者，應先徵得他項權利人之同意（地測§225）。

直轄市、縣（市）主管機關或登記機關於辦理土地界址調整複丈後，應依複丈成果改算當期公告土地現值，調整前後各宗土地地價之總合應相等。實施界址調整之土地，其調整線跨越不同地價區段者，複丈成果應分別載明調整線與原地籍交叉所圍各塊坵形之面積，作為改算地價之參考（地測§226）。

各土地所有權人調整後土地價值，與其原有土地價值無增減時，應通知申請人申辦土地標示變更登記。調整後土地價值與其原有土地價值有增減時，應通知申請人就調整土地向直轄市或縣（市）稅捐稽徵機關申報土地移轉現值（地測§227）。

登記機關辦理土地界址調整之標示變更登記後，應即通知申請人領件並即改算地價及訂正地籍、地價有關圖冊，並通知直轄市或縣（市）稅捐稽徵機關訂正稅籍暨通知他項權利人換發或加註權利書狀（地測§228）。

(五) 他項權利位置測繪

地上權、農育權、不動產役權或典權之位置測繪，依下列規定（地測§231）：

1. 同一他項權利人在數宗土地之一部分設定同一性質之他項項權利者，應儘量測繪在同一幅土地複丈圖內。
2. 一宗土地同時申請設定二以上同一性質之他項權利者，應在同一幅土地複丈圖內分別測繪他項權利位置。
3. 他項權利位置圖，用紅色實線繪製他項權利位置界線，並用黑色實線繪明土地經界線，其他項權利位置界線與土地經界線相同者，用黑色實線繪明。
4. 因地上權分割申請複丈者，應於登記完畢後，在原土地複丈圖上註明地上權範圍變更登記日期及權利登記先後次序。

5. 測量完畢,登記機關應依土地複丈圖謄繪他項權利位置圖,分別發給他項權利人及土地所有權人。

前項他項權利之位置,應由會同之申請人當場認定,並在土地複丈圖上簽名或蓋章。申請時效取得地上權、農育權或不動產役權者,應依申請人所主張占有範圍測繪,並就下列符合民法地上權、不動產役權要件之使用情形測繪其位置及計算面積(地測§231-1):

1. 普通地上權之位置,以其最大垂直投影範圍測繪;區分地上權之位置,以在土地上下一定空間範圍,分平面與垂直範圍測繪。
2. 農育權、不動產役權之位置,以其實際使用現況範圍測繪。

前項複丈之位置,應由申請人當場認定,並在土地複丈圖上簽名或蓋章,其發給之他項權利位置圖應註明依申請人主張占有範圍測繪,其實際權利範圍,以登記審查確定登記完畢為準。

關係人不同意申請人所主張之占有範圍位置時,登記機關仍應發給他項權利位置圖,並將辦理情形通知關係人。

區分地上權之位置測繪,依下列規定(地測§231-2):

1. 平面範圍之測繪,依第231條規定辦理。
2. 垂直範圍之測繪,應由申請人設立固定參考點,並檢附設定空間範圍圖說,供登記機關據以繪製其空間範圍,登記機關並應於土地複丈圖及他項權利位置圖註明該點位及其關係位置。

以建物之樓層或其特定空間為設定之空間範圍,如該建物已測繪建物測量成果圖者,得於土地複丈圖及他項權利位置圖載明其位置圖參見該建物測量成果圖,或其他適當之註記。

五、地籍圖冊之更正

已辦地籍測量之地區,發現錯誤,除有下列情形之一,得由登記機關逕行辦理更正者外,應報經直轄市或縣(市)主管機關核准後始得辦理(地測§232):

(一) 原測量錯誤純係技術引起者。
(二) 抄錄錯誤者。

前項第1款所稱原測量錯誤純係技術所引起者,指原測量錯誤純係觀測、量距、整理原圖、訂正地籍圖或計算面積等錯誤所致,並有原始資料可

稽；第2款所稱抄錄錯誤，指錯誤因複丈人員記載之疏忽所引起，並有資料可資核對。

六、地號之編定與地籍圖之變更

(一) 分割地號之編定

土地分割之地號，應依下列規定編定，並將編定情形登載於分號管理簿或電腦建檔管理之（地測§233）：

1. 原地號分割時，除將其中一宗維持原地號外，其他各宗以分號順序編列之。
2. 分號土地或經分割後之原地號土地，再行分割時，除其中一宗保留原分號或原地號外，其餘各宗，繼續原地號之最後分號之次一分號順序編列之。

(二) 合併地號之編定

土地合併之地號，應依下列規定編定，並將刪除地號情形登載於分號管理簿或電腦建檔管理，其因合併而刪除之地號不得再用（地測§234）：

1. 數宗原地號土地合併為一宗時，應保留在前之原地號。
2. 原地號土地與其分號土地合併時，應保留原地號。
3. 原地號之數宗分號土地合併時，應保留在前之分號。
4. 原地號土地與他原地號之分號土地合併時，應保留原地號。
5. 原地號之分號土地與他原地號之分號土地合併時，應保留在前原地號之分號。

(三) 地籍圖之變更

因行政區域、段或小段界線調整而編入之土地，應移繪於各該地段之地籍圖內，並重編地號；其有新增圖幅者，應與原地籍圖幅連接編號，並拼接於地籍接合圖及一覽圖內，用紅色表示之。其編出之土地，應將原地籍圖上之經界線及地籍接合圖幅用紅色×線劃銷之，地號用紅色雙線劃銷之（地測§236）。

測量登記完竣地區內之未登記土地，其於辦理土地第一次登記前，應測繪於各該地段之地籍圖內，並編定地號。其有新增圖幅時，應與原地籍圖幅連接編號，並用紅色線拼接於地籍接合圖及一覽圖內（地測§237）。

　　前二條因移繪或測繪於各該地段地籍圖之土地，其重編或編定地號應以該地段最後地號之次一號順序編列之（地測§237-1）。

七、地籍圖之訂正與核對

　　複丈完成後，依複丈成果需訂正地籍圖者，應於完成登記後隨即辦理之（地測§235）。登記機關對土地複丈圖、地籍圖應每年與土地登記簿按地號核對一次，並將核對結果，作成紀錄，存案備查，其如有不符者，應詳細查明原因，分別依法訂正整理之。前項不符如涉及更正登記，於循序辦理更正前，相關資訊有註記必要者，應將註記內容報請直轄市、縣（市）主管機關同意後，於標示部其他登記事項欄註記之；辦竣更正登記後，應逕為塗銷註記（地測§238）。

貳、圖解法複丈

一、圖解法複丈之依據

　　複丈應以圖根點或界地點作為依據，其因分割或鑑定界址複丈者，應先將其測區適當範圍內按其圖上界線長度與實地長度作一比較，求其伸縮率，分別平均配賦後，依分割線方向及長度決定分割點或鑑定點之位置（地測§240）。

二、複丈圖之調整與整理

　　土地複丈圖之調製，應依下列規定辦理（地測§239）：

(一) 依地籍圖或圖解地籍圖數值化成果調製土地複丈圖時，應將其鄰接四周適當範圍內之經界線及附近圖根點，精密移繪或繪製於圖紙上，並應將界線之彎曲、鄰接圖廓線及圖面折縐破損等情形繪明之。

(二) 土地複丈圖調製後，應經核對地籍圖、原有土地複丈圖及地籍調查表無誤後，始得辦理複丈。

(三) 土地複丈圖應按申請案件逐次調製，不得重複使用。

　　土地複丈圖之整理，應依下列規定辦理（地測§241）：

(一) 變更後之經界線用紅色標示之，並將其原經界線用紅色×線劃銷之。

(二) 變更後地號用黑色標示之，原地號用紅色雙線劃銷之。

(三) 合併後再分割者，其分割之經界線與前因合併而劃銷之經界線一致時，應於原經界線上紅色×線處加繪紅色○，以示將×線劃銷之。

三、分割複丈與面積計算

(一) 分割複丈

分割複丈，應依下列規定辦理（地測§242）：

1. 申請人已依第210條第1項規定實地埋設界標者，複丈人員於複丈時應將其界標與附近固定明顯目標之實量距離及界標種類繪註於土地複丈圖上，其分界實量之邊長，應以黑色註記於土地複丈圖各界線之內側，其因圖形過小註記有困難者，得在該圖空白處另繪放大之界址示意圖註記之。

2. 依第210條第2項規定辦理者，複丈人員應先將圖上位置及面積劃分後，再於實地依土地複丈圖上劃分界線，測定本宗土地之周圍界址及內部分割點，並協助申請人埋設界標。

3. 土地分割時，其分割之本宗周圍界線，經實測結果在容許誤差以內者，周圍之界線不予變動，其內部之分割點應按宗地圖上距離與實地距離之伸縮比例決定分割點，儘量在土地複丈圖上分別註明其實量邊長，並按其實量邊長計算面積。必要時得用較大之比例尺測繪附圖，作為土地複丈圖之附件，不得分離。

(二) 面積計算

分割土地面積之計算，依下列規定辦理（地測§243）：

1. 一宗土地分割為數宗土地，該分割後數宗土地面積之總和，須與原土地面積相符。如有差數，經將圖紙伸縮成數除去後，其增減在下列公式計算值以下者，應按各地號土地面積比例配賦；在下列公式計算值以上者，應就原測量及計算作必要之檢核，經檢核無誤後依第232條規定辦理。

(1) 1／500比例尺地籍圖：$(0.10+0.02\sqrt[4]{F})\sqrt{F}$（F為一筆土地面積，以平方公尺為單位）

(2) 1／600及1／1,000 比例尺地籍圖：$(0.10+0.04\sqrt[4]{F})\sqrt{F}$

(3) 1／1,200比例尺地籍圖：$(0.25+0.07\sqrt[4]{F})\sqrt{F}$

(4) 1／3,000比例尺地籍圖：$(0.50+0.14\sqrt[4]{F})\sqrt{F}$

2. 前款按各地號土地面積比例配賦之，公式如下：

$$每號地新計算面積 \times \frac{原面積}{新面積總和} = 每號地配賦後面積$$

四、地籍圖之訂正與保管

採圖解法複丈者，應依下列方式訂正地籍圖（地測§244）：

(一) 分割複丈部分，應依土地複丈圖將地號以紅色雙線劃銷之，然後以紅色移繪其新經界線，並以黑色註記其新地號。

(二) 合併複丈部分，應依土地複丈圖將不需要之部分經界線以紅色×線劃銷之。地號以紅色雙線劃銷之，並以黑色註記其新地號。

(三) 一宗土地跨二幅以上地籍圖時，其面積較大部分之地號以黑色註記之，其餘部分之地號以紅色註記之。

(四) 因地籍圖之伸縮致拼接發生差異時，應依其伸縮率，平均配賦。

(五) 因地籍圖上坵形細小，訂正困難時，得比例放大並量註邊長移繪於該地籍圖空白處。如無空白位置，則另行加繪浮貼於地籍圖適當之處。

前項地籍圖已依第165條完成圖解地籍圖數值化者，得以複丈成果訂正數值化圖檔。

參、數值法複丈

一、數值法複丈之依據

複丈應以圖根點或界址點作為依據，並應先檢測圖根點及界址點，所測得點位間之距離與由坐標反算之距離，其差不得超過下列限制（地測§247）：

(一) 市地：0.005公尺$\sqrt{S}$ +0.04公尺（S係邊長，以公尺為單位）

(二) 農地：0.01公尺$\sqrt{S}$ +0.08公尺

(三) 山地：0.02公尺$\sqrt{S}$ +0.08公尺

前項之檢測應由縱橫二方向實施之。

二、相關資料之準備與方法

數值法複丈時，應準備下列資料（地測§246）：

(一) 錄印本宗土地及鄰接四周適當範圍內之界址點點號、坐標及附近圖根點點號、坐標，並加算方位角及邊長。

(二) 土地面積。

(三) 參考圖。

(四) 地籍調查表。

　　數值法複丈之施測方法得視實地情況採光線法、直線截點法、導線法、支距法或交會法等（地測§250），其界址點位置誤差之限制準用第73條之規定（地測§251）。

　　如為鑑界複丈者，應先以所需鑑定之界址點坐標與圖根點或可靠界址點之坐標反算邊長及二方向線間之夾角後，再於實地測定各界址點之位置（地測§252）。

　　界址點之水平角，用精於（含）20秒讀經緯儀施測之，其採方向觀測法者，應正倒鏡各觀測一次，水平角觀測手簿記至秒止。其採複測法者應觀測二倍角（地測§248）。距離測量應依第58條規定辦理（地測§249）。

三、分割複丈與面積計算

(一) 分割複丈

　　採數值法分割複丈者，應依下列規定辦理（地測§253）：

1. 因分割而新增之界址點，不在本宗土地周圍界線上者，應先依申請人實地所領界址，埋設界標後，再以第250條規定之方法測量，並計算其分割點之坐標，據以計算面積及展繪土地複丈成果圖。

2. 因分割而新增之界址點，在本宗土地周圍界線上者，應先就申請人所予條件，測算該分割點在界線上之坐標後，再於實地測定該界址點之位置，並埋設界標。

3. 前款分割界址點之點號，應按本地段現有界址點最後點號之次一點號順序編列之。

(二) 面積計算

　　數值法複丈面積之計算，依第152條規定辦理之（地測§254）。若一宗土地分割為數宗土地，該分割後數宗土地面積之總和，應與原宗土地之面積相符，如有差數，應就原測量及計算作必要之檢核，經檢核無誤後，依分割面積之大小比例配賦之（地測§255）。

　　如數宗土地合併爲一宗土地時，該合併後之土地面積，應與各宗原地號土地面積之總和相符，如有差數，應就原測量及計算作必要之檢核，經檢核無誤後依該宗土地外圍界址點坐標所計算之面積爲準（地測§256）。

四、成果之整理

　　數值法複丈成果依法登記後，登記機關應修正宗地資料檔、地號界址檔及界址坐標檔（地測§257）。

第五節　建築改良物測量

壹、通　則

　　建築改良物於興建後確立其權屬範圍，或因增建、改建、分割、合併等關係而須再度確立其權利範圍，所辦理之測量謂之建築改良物測量，其內容包括建物第一次測量及建物複丈（地測§258參照）。

一、建物測量原因

(一) 建物第一次測量

　　新建之建物得申請建物第一次測量。但有下列情形之一者，不得申請測量（地測§259）：
1. 依法令應請領使用執照之建物，無使用執照者。
2. 實施建築管理前建造完成無使用執照之建物，無土地登記規則第79條第3項所規定之文件者。

(二) 建物複丈

　　建物有下列情形之一者，得申請建物複丈（地測§260）：
1. 因增建或改建。
2. 因部分滅失、分割、合併或其他標示變更。
3. 因全部滅失或基地號、門牌號等變動需勘查。

二、建物測量之申請

(一) 申請人

申請建物測量，由建物所有權人或管理人向建物所在地登記機關或利用網路以電子簽章方式為之。依土地登記規則第30條及第31條規定得由權利人代位申請登記，須先辦理建物複丈者，得由權利人代位申請複丈。前二項申請，得以書面委託代理人為之（地測§261）。

申請建物測量，除本規則另有規定外，應提出下列文件（地測§261-1）：

1. 建物測量申請書。
2. 權利證明文件。
3. 申請人身分證明。
4. 其他經中央主管機關規定之文件。

前項第2款至第4款檢附之文件，能以電腦處理達成查詢者，得免提出。若為區分所有建物，區分所有權人得就其專有部分及所屬共有部分之權利，單獨申請測量（地測§263）。又撤回建物測量之申請，應於測量前以書面向登記機關提出（地測§264-1）。

法院或行政執行分署囑託登記機關，就已登記土地上之未登記建物辦理查封、假扣押、假處分、破產登記或因法院裁定而為清算登記之建物測量時，由法院或行政執行分署派員定期會同登記機關人員辦理，並於測量後由司法機關指定人員在建物測量圖上簽名或蓋章。前項規定，於管理人持法院裁定申請為清算登記之建物測量時，準用之（地測§269）。

(二) 繳費

於建物測量時其應納之費用準用第209條、第213條、第216條之規定，於建物測量時，準用之（地測§268）。即各級法院或檢察機關囑託並明訂期限辦理者，應依囑託期限辦竣。各級法院或檢察機關行使國家刑罰權囑託辦理土地複丈案件，免納土地複丈費。

申請人申請建物測量案件，有下列情形之一者，得於10年內請求退還其已繳建物測量費（地測§266）：

1. 依第264條之1規定申請撤回。

2. 經通知補正逾期未補正或未依補正事項完全補正而駁回。

3. 其他依法令應予退還。

前項第1款、第2款之情形，其已支出之費用應予扣除。

申請人於10年內重新申請建物測量者，得予援用其得申請退還之建物測量費。

三、建物測量之進行

(一) 測量申請之審查

登記機關應備下列文件，辦理建物測量（地測§262）：

1. 建物測量申請書。

2. 建物測量收件簿。

3. 建物測量定期通知書。

4. 建物測量圖。

5. 建物測量成果圖。

6. 建物測量成果通知書。

7. 建號管理簿。

8. 其他。

登記機關受理建物測量申請案件，經審查有下列各款情形之一者，應通知申請人於接到通知書之日起15日內補正（地測§265）：

1. 申請人之資格不符或其代理人之代理權有欠缺。

2. 申請書或應提出之文件與規定不符。

3. 申請書記載之申請原因或建物標示與登記簿冊或其證明文件不符，而未能證明不符之原因。

4. 未依規定繳納建物測量費。

依排定時間到場，發現有障礙物無法實施測量，需申請人排除者，登記機關應依前項規定通知補正。

至於駁回情形，準用該規則第213條之規定（地測§268），即經審查有下列各款情形之一者，應以書面敘明法令依據或理由駁回之：

1. 不屬受理登記機關管轄。

2. 依法不應受理。

3. 逾期未補正或未依補正事項完全補正。

(二) 測量之通知

　　登記機關受理建物測量申請案件，應予收件，經審查准予測量者，隨即排定測量日期、時間及會同地點，填發建物測量定期通知書交付申請人或代理人。原定測量日期，因風雨或其他事故，致不能實施測量時，登記機關應另定測量日期通知申請人。申請人於測量時，應到場會同辦理；屆時不到場者，視為放棄測量之申請，已繳建物測量費不予退還（地測§264）。

　　於建物測量時準用第216條之規定（地測§268），即受理案件應於收件日起15日內辦竣，其情形特殊經登記機關首長核定延長者，依其核定。各級法院或檢察機關囑託並明訂期限辦理者，應依囑託期限辦竣。

(三) 施測之處理

　　測量人員於實施測量前，應先核對申請人之身分。測量完竣後，應發給申請人建物測量成果圖。測量結果應由申請人當場認定，並在建物測量圖上簽名或蓋章。申請人不簽名或蓋章時，測量人員應在建物測量圖及建物測量成果圖載明其事由；其涉及原建物標示變更者，發給之建物測量成果圖並加註僅供參考，其所附土地登記申請書件予以退還（地測§267）。

四、相關圖測之處理

(一) 測量圖之調製與保管

　　建物測量圖之調製，依下列情形辦理（地測§270）：
1. 依地籍圖或圖解地籍圖數值化成果調製建物測量圖時，應將其鄰接四周適當範圍內之經界線及圖根點，精密移繪或繪製於圖紙上，並應將界線之彎曲、鄰接圖廓線及圖面折縐破損等情形繪明之。
2. 建物測量圖調製後，應核對地籍圖、原有建物測量圖後，始得辦理測量。
3. 建物測量圖應按申請案件逐次調製，不得重複使用。

　　又建物測量圖及建物測量成果圖由登記機關永久保管。前項建物測量圖及建物測量成果圖以段為單位，按建號順序每五十號或一百號裝訂一冊，並編列冊數（地測§277）。

(二) 位置圖之測繪

測繪建物位置圖，應以平板儀或經緯儀實地測繪之，並註明邊長，以公尺爲單位，量至公分爲止（地測§271）。

建物位置圖，以地籍圖同一比例尺謄繪於建物測量成果圖左上角或適當位置，並繪明土地界線，註明地號、建號、使用執照號碼及鄰近之路名。但建物所坐落之土地過大或過小時，得按原圖比例尺酌予縮放。前項建號應於公告確定後填寫（地測§275）。

(三) 平面圖之測繪

測繪建物位置圖及平面圖，應以平板儀或經緯儀實地測繪之，並註明邊長，以公尺爲單位，量至公分爲止（地測§271）。而建物平面圖之比例尺，以1%或0.5%爲原則，如有特殊情形，得視實際需要增減之（地測§272）。

建物平面圖測繪邊界依下列規定辦理（地測§273）：

1. 建物以其外牆之外緣爲界。
2. 兩建物之間有牆壁區隔者，以共用牆壁之中心爲界；無牆壁區隔者，以建物使用執照竣工圖說區分範圍爲界。
3. 使用執照竣工圖說載有依建築技術規則檢討設置之陽台者，其突出部分外緣爲界，並以附屬建物辦理測量。
4. 地下層依建物使用執照竣工圖說所載樓層面積之範圍爲界。

中華民國107年1月1日前已申請建造執照者，或都市更新事業計畫已報核，並依都市更新條例108年1月30日修正施行前第61條之1第1項及第2項規定期限申請建造執照之建物，其屋簷、雨遮及地下層之測繪，依本條106年1月9日修正施行前規定辦理。

至於建物之各層樓及地下室，分別測繪於平面圖上，各層樓平面圖，應註明其層次。騎樓地平面、附屬建物與主體建物相連處繪虛線（地測§274）。

各棟及各層樓房之騎樓地平面及其附屬建物應分別計算其面積。建物面積之計算，應依第151條第2項、第158條及第159條規定辦理。建物面積之單位爲平方公尺，平方公尺以下記載至第二位，第三位以下四捨五入（地測§276）。

五、圖冊之更正

建物登記後發現原測量或抄錄錯誤需辦理更正者，準用第232條之規定（地測§278）。

貳、建物第一次測量

一、申請應備文件

申請建物第一次測量，應填具申請書，檢附土地登記規則第79條所規定之文件辦理。建物起造人向主管建築機關申請建物使用執照時，得同時檢附建造執照、核定工程圖樣、申請使用執照之相關證明文件及其影本，向登記機關申請建物第一次測量。依前二項規定繳驗之文件正本，於繳驗後發還（地測§279）。

於實施建築管理地區，依法建造完成之建物，其建物第一次測量，得依使用執照竣工平面圖說轉繪建物平面圖及位置圖，免通知實地測量。但建物位置涉及越界爭議者，應辦理建物位置測量者。

前項轉繪應依第272條至第275條、第276條第1項、第3項、第283條及下列規定以電腦繪圖方式完成中央主管機關所定共通格式電子檔辦理（地測§282-1）：

(一) 建物平面圖應依使用執照竣工圖說轉繪各權利範圍及平面邊長，並詳列計算式計算其建物面積。

(二) 平面邊長，應以使用執照竣工圖說上註明之邊長為準，並以公尺為單位。

(三) 建物位置圖應依經實地測繪且由開業之建築師、測量技師或其他依法規得為測量相關簽證之專門職業及技術人員簽證之建物地籍測繪資料轉繪之。

(四) 圖面應註明辦理轉繪之依據。

依前條規定轉繪之建物平面圖及位置圖，得由開業之建築師、測量技師、地政士或其他與測量相關專門職業及技術人員為轉繪人。

依前項規定辦理之建物平面圖及位置圖，應記明本建物平面圖、位置圖及建物面積如有遺漏或錯誤致他人受損害者，建物起造人及轉繪人員願負法

律責任等字樣及開業證照字號，並簽名或蓋章。

依本條規定完成之建物平面圖，位置圖及其中央主管機關所定共通格式電子檔，應送登記機關依前項第2項規定予以核對後發給建物測量成果圖。不能依前項規定檢附電子檔者，應加繳規費，由登記機關製作電子檔（地測§282-2）。

依土地登記規則第78條但書規定，申請建物所有權第一次登記時檢附之建物標示圖，應依第282條之1第2項規定繪製，並簽證，及繳送中央主管機關所定共通格式電子檔，其記載項目及面積計算式，登記機關得查對之。不能依前項規定繳送電子檔者，應加繳規費，由登記機關製作電子檔。第1項建物辦竣所有權第一次登記後，其建物標示圖由登記機關依第277條第2項規定永久保管（地測§282-3）。

二、測量方式

(一) 共同使用部分

區分所有建物之共用部分，除法規另有規定外，依區分所有權人按其設置目的及使用性質之約定情形，分別合併，另編建號予以勘測。建物共有部分之建物測量成果圖或建物標示圖應註明共有部分各項目內容（地測§283）。

(二) 地下層等

區分所有建物之地下層或屋頂突出物等，依主管建築機關備查之圖說標示為專有部分，並已由戶政機關編列門牌或核發其所在地址證明者，得單獨編列建號，予以測量。前項圖說未標示專有部分，經區分所有權人依約定為專有部分者，亦同（地測§284）。

此外，中華民國83年10月19日前已領有建造執照之建物，申請建物第一次測量者，有關區分所有建物共用部分之測繪，適用本規則中華民國83年10月17日修正發布施行前第297條之規定（地測§283-1）。

三、測量成果

建物第一次測量，應測繪建物位置圖及其平面圖。登記機關於測量完竣後，應發給建物測量成果圖（地測§282）。

四、建號之編列原則

一般建物以段或小段爲單位，依登記先後，逐棟編列建號，以五位數爲之。特別建物數棟併編一建號爲母號，亦爲五位數，其各棟建物之棟次以分號編列，爲三位數（地測§287）。

一棟建物跨越二個以上登記機關轄區者，由該建物門牌所在地之登記機關受理測量，編列建號。在同一登記機關轄區內之一棟建物，位於二個以上地段者，以其坐落較廣地段編其建號（地測§285）。

五、登記之申請

(一) 併同申請登記

申請建物第一次測量時，得同時塡具土地登記申請書件，一併申請建物所有權第一次登記（地測§280）。

(二) 申請之限制

依第279條第2項申請辦理之建物第一次測量，申請人應於領取建物使用執照後，檢附該建物使用執照提供登記機關核對，據以發給建物測量成果圖（地測§281）。

參、建物複丈

一、建物分割

(一) 分割之限制

已登記之建物申辦分割，以分割處已有定著可爲分隔之樓地板或牆壁，且法令並無禁止分割者爲限（地測§288 I）。

(二) 分割之申請

申請建物分割，應塡具申請書檢附分割位置圖說及編列門牌號證明文件爲之。經法院判決分割者，依法院確定判決辦理（地測§288 II）。

(三) 分割建號之編列

分割後之建物，除將其中一棟維持原建號外，其他各棟以該地段最後建號之次一號順序編列。新編列之建號，應登載於建號管理簿或電腦建檔管理之（地測§289）。

二、建物合併

(一) 合併之限制

辦理建物合併，應以辦畢所有權登記、位置相連之建物為限。前項所定之位置相連，包括建物間左右、前後或上下之位置相鄰毗鄰者（地測§290 I）。

(二) 合併之申請

申請建物合併應填具申請書檢附合併位置圖說，建物之所有權人不同或設定有抵押權、不動產役權、典權等他項權利者，應依下列規定辦理（地測§290 II）：

1. 所有權人不同時，各所有權人之權利範圍除另有協議應檢附全體所有權人之協議書外，應以合併前各該棟建築物面積與各棟建物面積之和之比計算。
2. 設定有抵押權時，應檢附建物所有權人與抵押權人之協議書。但為擔保同一債權，於數建物上設定抵押權，未涉權利範圍縮減者，不在此限。
3. 設定有不動產役權、典權時，應檢討該不動產役權人，典權人之同意書。

(三) 合併建號之編列

建物合併，除保留合併前之最前一建號外，其他建號應予刪除，不得使用（地測§291）。建物勘查結果經核定後，應加註於有關建物測量成果圖（地測§292）。

三、增建建物複丈

增建建物之所有權人申請建物複丈，應提出增建使用執照竣工圖說及其影本。依前項規定繳驗之文件正本，於繳驗後發還之（地測§293）。

四、改建建物複丈

改建建物之所有權人申請建物複丈，應提出變更使用執照竣工圖說及其影本。依前項規定繳驗之文件正本，於繳驗後發還之（地測§294）。

五、繪圖

建物因改建、增建、分割、合併或部分滅失等申請複丈完成後，登記機關應將變更前後情形，以電腦繪圖方式分別繪製建物位置圖及平面圖。已依第282條之1至第282條之3完成測繪並登記之建物，前項複丈，如已明確標示變更位置或範圍且有圖可稽者，得以轉繪方式辦理（地測§296）。

六、標示變更登記

建物複丈（包括標示勘查）涉及原有標示變更者，應於申請複丈時填具土地登記申請書，檢附有關權利證明文件，一併申請建物標示變更登記。其經申請人於複丈時當場認定，並在建物測量圖上簽名或蓋章者，複丈完竣後，登記機關據以辦理建物標示變更登記（地測§295）。

第三章　土地登記

　　土地登記乃不動產權屬變動之公示方法，係指國家將土地與建築改良物之所有權及他項權利得喪變更之權利狀態，依法定程序，登載於地政機關掌管之簿冊，藉以管理地籍、確定產權，並作為課徵土地稅，推行土地政策之依據。土地法將土地登記之事項以第一章「通則」，第二章「地籍測量」，第三章「土地總登記」，第四章「土地權利變更登記」，分別規定之以為登記之基本準則。由於土地登記為公示土地權利之制度，對土地交易之安全影響甚大，故土地法第37條第2項規定，土地登記規則，由中央地政機關定之。爰此，於民國35年由地政署公布「土地登記規則」，以為登記機關進行土地登記之規範。惟為配合社會發展之需要，以及民法、土地法之增修訂，登記作業電腦化之趨勢，進行多次修正後，公布施行。

第一節　土地登記制度

　　土地為立國之基礎，為國計民生之所託，為瞭解土地權屬及利用等狀況，近代各國無不經由土地登記，以奠立國家施政之基本資料，孟子曰：「仁政必自經界始」，其意亦在此。惟各國歷史傳統、社會政治等背景因素各異，有關土地登記制度，所採未必相同，但仍足資殷鑑，茲分述如下：

壹、各國土地登記制度

　　土地登記制度，對不動產交易影響甚大，世界各國之土地登記制度可歸納為下列三類[1]：

---

[1] 參閱史尚寬，土地法原論，頁57～59，正中書局，民國64年2月台5版。孟光宇，土地登記制度，頁40～54，土地事務月刊社重印。

一、權利登記制

權利登記制或稱登記要件主義，此主義爲德國所首創，故又稱德國制土地登記制度，其特色如下：

(一) 登記爲土地物權變動之效力發生要件。即土地物權發生之變動效力，除當事人之合意外，尚須登記。

(二) 登記官吏爲登記時有審查土地物權變動實質關係之權限，即所謂實質審查主義。

(三) 登記有公信力，即登記簿上之事實，縱實體法上不成立或無效，不得以其不成立或無效對抗善意第三人；換言之，登記簿上之事實對於善意第三人，常視爲實體上有效。

(四) 登記簿之編成採用物之編成主義（Real Folium），即以不動產爲標準編成之。

(五) 登記物權之靜的狀態，即於登記簿不記入物權之變動事實，而記入物權之現在狀態。

就上述權利登記制之特色，簡言之：(一)採登記生效主義；(二)採強制登記；(三)採實質審查主義；(四)登記具有公信力；(五)登記簿採物的編成主義；(六)採權利之靜態登記。

二、托崙斯登記制

澳大利亞在西元1800年爲了避免訴訟糾紛，實行契據登記制度，規定土地交易必須採取書面形式，並在法院的登記簿上登錄，否則將不受保護。在此制度下，每當有土地交易時，其權利移轉是否有效，必須要追溯研究之前每次土地權利移轉，直至皇室授權（Crown Grant）轉讓爲止，稱爲產權鏈（Chain of Title）。這樣的處理方式不但成本高且移轉流程冗長，土地權利移轉顯得相當不便。托崙斯爵士依當時船舶登記的精神，創設新型態的土地登記制度[2]。托崙斯登記制度只對土地進行登記，而不對固定物（Fixture）進行登記。在托崙斯登記制度的概念中，建物僅是土地的一部分而已，因此

---

2 Peter J. Butt (2006), "Land Law (fifth edition)," pp. 719-721, the Law Book Company Limited, pp. 717-719.

無需特別將其獨立作登記[3]。

　　托崙斯登記制度為Sir Robert Torrens之所創。1858年施行於南澳洲，現在美國多數之州亦採用之。其主要特色如下[4]：

(一) 開始登記一定不動產時，登記局依一定之程序，經查確定其不動產之權利狀態後，製成記載此權利狀態之地券兩份，一份交予所有人，一份存查，依物的編成主義，編入登記簿。

(二) 不動產移轉時，使用一定之官製用紙，或作讓與證書，存於登記局。登記官審查以後，記入權利之移轉於登記簿，讓與證書存於登記局，對於受讓人交付新地券，或為背書後之原來地券。

(三) 不動產設定抵押權時應依一定之形式，作成抵押書二份，連同地券，提出於登記局。登記官審查後，記入於登記簿及地券，返地券於債務人。

(四) 不動產物權之變動，非登記於登記簿，不生效力。

(五) 登記官有實質審查之權限。

(六) 登記有公信力，真權利人因不實之登記結果而受損害時，國家負賠償之責任。

　　就上述托崙斯登記制之特色，簡言之：(一)登記不強制；(二)採實質審查主義；(三)登記具有公信力；(四)登記簿採物的編成主義；(五)交付權利書狀；(六)採登記損害賠償責任。

三、契據登記制

　　契據登記制或稱登記對抗主義，或稱登記公示主義，此主義為法國所首創，故又稱法國制土地登記制，其特色如下：

(一) 登記為物權的變動對抗第三人之要件，即物權之變動，依當事人之合意發生效力，登記不過為已發生效力之物權變動對抗第三人之要件。

3　參閱Peter J. Butt，註2前揭書，pp. 9-63。

4　托崙斯登記在成立之初，係為了改良契據登記制而設。雖然托崙斯登記制度採登記生效主義，但未登記者卻未必視為無效。初期只規定所有皇室土地（Crown Land），自動轉入托崙斯登記制度中，一般所有的自由保有土地（Freehold Land），則可自由選擇舊的契據登記制或採新的托崙斯登記制，同上註，pp. 719-721。

（二）登記官吏於登記時，只得為形式的審查，對於物權變更無實質的審查之權限。

（三）登記無公信力，故已登記之事項，如實體上不成立或無效之時，其不成立或無效得以之對抗善意第三人。

（四）登記簿之編成採取人的編成主義（Presonal Folium），即不以不動產為標準，而以權利人為標準編成之。

（五）登記物之動的狀態，即不僅登記物權之現在狀態，而併登記物權之變動。

　　就上述契據登記制之特色，簡言之：(一)採登記對抗主義；(二)採任意登記；(三)採形式審查主義；(四)登記不具公信力；(五)登記簿採人的編成主義；(六)採權利之動態登記。

四、英美之產權登記

(一) 美國產權登錄（Recording）制度[5]

　　美國傳統的普通法有關解決產權權利的衝突，一般原則係採「在先權利優先原則」（First-in-time-rule），之後各州通過立法制定的登錄法（Recording Acts）對該一般原則做了部分修改。首先，主要的例外規則：善意權利優先原則（Bona Fide Purchaser），即第一時間取得者，與善意購買人之間，善意購買人優先取得土地權利。其次，第二個例外規則：庇護規則（Shelter Rule），即善意購買人的受讓人可以做為善意購買人而受到保護。其目的，一方面在尊重及確保當前所有人產權的安全；另一方面在促進產權移轉的安全，保護在後之善意購買者的權益。

　　各州制定的登錄法都對善意購買者定有規範，雖然有所差異，但仍存有三種基本類型：1.善意者權利優先法則（Notice Act）；2.善意登錄權利優先法則（Notice-race Act）；3.登錄在先權利優先法則（Race Act）。

　　所謂善意者權利優先法則，其適用要件為指1.在後之購買者；2.已支付代（對）價；3.不知悉在前權益。所謂善意登錄權利優先法則，其適用要件為指1.已支付代（對）價；2.不知悉在前權益；3.須是首先登錄者。所謂登

5　John G. Sprankling (2012), "Understanding Property Law," ch. 24, Lexis Nexis.

錄在先權利優先法則，係以登錄之先後爲依據，不以善意者權利優先爲例外。

　　第二個例外規則：庇護規則（Shelter Rule），即指善意購買人的受讓人可以做爲善意購買人而受到保護，善意購買人把受保戶的身分，轉到在後的受讓人。

　　由上述美國各州制定的產權登錄法內容的主要類型而言，其特點爲：1.採任意登記爲主；2.採登記優先爲原則；3.善意購買人以有支付代（對）價爲要件。

(二) 英國之產權登記制度[6]

　　英國爲了整理封建制度遺留下來的複雜地產權（Estate）關係與種類，於1925年公布財產法（The Law of Property Act, LPA）確立法律地產權（Legal Estates）和衡平權益（Equitable Interests），並將法律地產權簡化爲無限嗣永久持有權（Fee Simple Absolute）和有期限持有權（Leasehold Estate）兩類，以增進地產的轉讓，簡化土地的轉讓手續。同年並公布土地登記法（The Land Registration Act 1925, LRA），將土地依登記與否分爲登記土地（Registration Land）與未登記土地（Unregistration Land），建立土地登記，並於2002年另定土地登記法（The Land Registration Act 2002, LRA）取代並廢除1925年的土地登記法。

　　登記土地是指土地持有權的擁有登記（The Title）及土地負擔登記（Registrated Charge），如抵押權（mortgage）等；未登記土地是指土地的持有權的擁有，係依契據（Title Deed）之記載，但是在產權轉讓時，必須檢查其權源（Root of Title）是否有瑕疵、歷來產權轉讓契據是否無誤，即其產權鍊（The Chain of Title）是否無瑕疵（Good Title）。2002年之土地登記法並規定下列情形，應強制登記：1. 7年以上的有期限持有權轉讓；2. 7年以上的有期限持有權設定；3.未登記的自由持有權（Freehold Estate）轉讓；4.在未登記的自由持有權或未登記的有期限持有權，設定7年以上

6　Martin Dixon (2005), "Morden Land Law," Fifth Edition ch. 2, Cavendish Publishing Limited.

的第一次法定的抵押權（A First Legal Mortgage）。土地登記係由地區土地登記（District Land Registry）機關辦理，並由準部級（Non-ministerial Department）的皇家土地登記（Her Majestys Land Registry）機關綜理。在2015～2016年度報告，英格蘭（England）和威爾斯（Wales）土地登記已達88%。

英國土地登記係以登記產權（Registration of Title）來取代契據產權（Deed of Title），並以建立公示主義（Doctrine of Notice），減少產權轉讓的風險與成本負擔，確保交易安全。透過土地登記制度，建立土地登記三原則：1.真實原則（The Mirror Principle）：登記的產權應該反映出精準、完整，無所爭議的真實產權，確認真正所有者；2.帷幕原則（The Curtain Principle）：受讓者只要關注業經登記的產權或權益，登記之前的歷史資料，將因登記而被阻斷，不影響經登記無瑕疵的產權；3.保險原則（The Insurance Principle）：已登記產權國家保證土地登記之正確性與準確性，若可歸責於登記的緣故，導致受讓者的損失，將獲得法定的賠償（Statutory Indemnity）。

貳、我國土地登記制度

我國現代土地登記制度，始於民國11年北京政府頒布之「不動產登記條例」，內容多採自日本不動產登記法，主辦登記機關為不動產所在地之地方審判廳，登記無公信力，登記僅為對抗第三人之要件，審查亦僅就形式要件為之。民國15年國民政府公布「廣東土地登記條例」，惟其施行區域，僅以廣東為限。迄至民國18年國民政府公布民法物權編，民國19年公布土地法，我國現行土地登記制於焉成立[7]不動產物權變動，原則採登記生效主義。台灣於日據時期，日本政府曾實施土地調查、測量及土地登記，在土地台帳編造完成後，土地權利之變動，採意思主義，惟於1905年公布「台灣土地登記規則」後，已登錄於土地台帳之土地，採登記生效主義。嗣後復因日本治台政策，改採內地法律延長主義，於1923年起至1945年台灣光復止，適用日

7　參閱侯木仲，中國土地法論，頁161～163，環球書局，民國64年2月再版。孟光宇，註1前揭書，頁85～86。

本民法物權規定，採意思主義，登記僅爲對抗第三人之要件[8]。日本治台期間，土地登記制度，數度更動，迄至光復後，乃適用我國民法及土地法之規定。

我國現行土地登記制度，兼取權利登記制與托崙斯登記制之精神，依民法第758條規定：「不動產物權，依法律行爲而取得、設定、喪失及變更者，非經登記，不生效力。」民法第759條規定：「因繼承、強制執行、徵收、法院之判決或其他非因法律行爲，於登記前已取得不動產物權者，應經登記，始得處分其物權。」依照上開條文，可就民法所定登記分爲設權登記與宣示登記兩種。

惟值得關注者，民法物權編修正除上述規定外，尚增訂若干本於物權關係之債權約定，亦得登記之規定，如共有不動產使用管理之登記（民§826-1）、用益物權地租約定及預付地租約定之登記（民§836、§836-1、§841-6、§850-9、§859-2）、約定使用方式之登記（民§836-2、§841-2、§850-9、§859-2）讓與或設定抵押限制之登記（民§838、§841-6、§850-3）、流抵契約及絕賣條款之登記（民§873-1、§913）等，所登記者有爲債權約定，有屬物權權利義務關係，然皆以登記爲對抗要件，而非生效要件，尤其信託法制頒後（民國85年），以土地爲信託者，其信託之債權關係，以經信託登記爲對抗要件（信託§4），並於土地登記制度上開創土地信託登記之首例（參閱土登§124～§133）[9]。上述諸項登記，皆與權利登記制度之精神迥異，對我國土地登記制度內涵擴充甚廣，且逸脫了權利登記制之基本範疇。

一、民法

不動產物權變動之原因甚多，綜其態樣，有因法律行爲而生變動，有非因法律行爲而生變動，惟不動產物權因法律行爲而變動，則非經登記不生效力。其次，非因法律行爲而變動者，若必待登記始生效力，將使權利人之

8　參閱顏慶德、雷生春，台灣土地登記制度之由來與光復初期土地登記之回顧，內政部，民國82年1月。

9　信託登記與土地權利信託登記（土登§124～§133），應屬二事，不宜混淆之。

權利不得行使，產生空位問題，故縱未登記亦生物權變動效力，惟若欲處分其物權，則非經登記，其處分無效，以保障交易之安全。上述兩種登記之性質，茲就民法規定，分述如下：

(一) 設權登記

設權登記乃具有創設物權效力之登記，依民法第758條規定所為之登記屬之。不動產物權，依法律行為而變動者[10]，非經登記，則當事人間縱有物權變動之事實，在法律上亦絕對不生效力，故亦稱「絕對的登記」或「生效登記」。

(二) 宣示登記

宣示登記，乃將已成立之物權變動，昭示於眾之登記，依民法第759條規定所為之登記屬之。此種登記並非創設物權之效力，蓋在登記之前，物權變動之效力即已發生，惟非經登記，則權利人不得處分其物權耳。此種登記之效力為相對的而非絕對的，故亦稱「相對的登記」或「處分登記」。除上述民法第759條所例示之情形（繼承、強制執行、公用徵收、法院判決）外，因時間之除斥而取得（民§923、§924），或讓與債權時隨同移轉之擔保物權（民§295），亦屬之。

惟為配合不動產物權在現代經濟活動中之需要，民法除採登記生效主義外，另亦配合社會發展需求，亦兼採登記對抗主義，如流抵約款之非經登記，不得對抗第三人（民§873-1），又相關不動產物權修正草案，有採登記對抗之規範，對我國登記制度之轉化，值得注意。

二、土地法

土地法所稱土地登記，指土地及建築改良物之所有權與他項權利之登記（土§37），幾近於不動產登記。就現行土地法規定之內容觀之，其特色如下：

---

[10] 依信託法第9條規定取得之土地權利，是否為民法第758條所稱「不動產物權，依法律行為而取得……」之射程所及，誠有待議，不動產信託關係與不動產物權實屬二事，則依信託法取得之財產權所為之土地權利信託登記，應非屬生效登記之範疇。

(一) 採強制登記主義

對已依法辦理地籍測量之地方，應即依法舉辦土地總登記[11]（土§38），土地總登記後，土地權利有移轉、分割、合併、設定、增減或消滅時，應為變更登記（土§72）。

(二) 採申請主義

於土地總登記時，由土地所有權人於登記期限內檢同文件申請之。如係土地他項權利之登記，應由權利人及義務人共同申請（土§51）。於土地權利變動時，應由權利人及義務人會同申請之，其無義務人者，由權利人單獨申請之（土§73 I，土登§26、§27）。

(三) 採實質審查主義

地政機關對於接受或囑託登記案件，經審查證明無誤者，如為土地總登記案件應即公告（土§55 I），經審查證明有瑕疵者，應令補正或予駁回（土§55 II、§56，土登§56、§57）。上述規定，僅表明地政機關有審查權限，學理上大都肯認係採實質審查主義。然所謂實質審查、形式審查，亦或書面審查，皆乏明確之規範。就實質審查而言，宜就主體方面，對於當事人之權利能力、行為能力、意思能力之具備與否為確實之審查。就登記之權利與法律關係是否合於法律規範等為合法性之審查[12]。又就登記之申請而

---

[11] 所謂應即辦理「土地總登記」，其範圍依土地法第37條之規定，應包括建築改良物在內，故土地及建築改良物之總登記依法皆應強制登記，惟實務上建築改良物並未採強制登記。

[12] 審查為土地登記之關鍵程序，有形式審查與實質審查之別。我國土地法之登記制度依史尚寬之見解，係兼採德國及托崙斯登記制度，故採「實質審查主義」，陳鳳琪亦採相同之看法，司法院釋字第598號解釋理由書參照。參閱史尚寬，註1前揭書，頁59～61；陳鳳琪，土地登記實用，頁104，五南圖書，民國69年2月2版。張龍文、陳向榮則認為採形式審查。參閱張龍文，民法物權實務研究，頁43，漢林出版社，民國66年6月初版；陳向榮，土地建物登記實用，頁56，五南圖書，民國71年。惟登記機關一般皆認為，其對土地登記申請之審查係採「書面審查」，究竟我國土地登記之審查制度為何？兩者之內涵為何？實值得探究之。

言，囑託登記、限制登記、註記登記等之審查是否以實質審查視之或得爲實質審查，誠有待議之處。

(四) 採登記公信主義

依土地法所爲之登記，有絕對效力（土§43）。所謂絕對效力，乃將登記事項賦予絕對眞實之公信力，保護善意第三人，以維護交易安全。即因信賴不動產登記之善意第三人，已依法律行爲爲物權變動之登記者，其變動之效力，不因原登記物權之不實而受影響（民§759-1 Ⅱ）。

(五) 採物的編成主義

登記簿係就登記機關轄區情形，按鄉、鎮、市（區）或地段登記之，並應於簿面標明某鄉（鎮、市、區）某地段土地或建物登記簿冊次及起止地號或建號。登記簿應就土地或建築改良物，依地號或建號順序編成（土登§17、§18）。

(六) 登記確定後發給權利書狀

聲請登記之土地權利，爲確定登記後，爲所有權登記者發給所有權狀，他項權利登記者發給他項權利證明書，以爲權利人應享土地或建物權利之憑證（土§62 Ⅰ、§75 Ⅰ）。

(七) 地政機關設置登記儲金

登記如有錯誤、遺漏或虛僞，致權利人受損害者，由該管地政機關負損害賠償之責（土§68 Ⅰ）。地政機關就所收之登記費，應提存10%作爲登記儲金，專備賠償之用（土§70 Ⅰ）。

(八) 登記時應申報地價[13]

土地所有權人聲請登記所有權時，應同時依法申報地價，此項地價爲法

---

[13] 現行實務上對於土地所有人爲於申請所有權登記時，並未要求須同時申報地價。實務上僅就土地所有權第一次登記時，申請書表上有「申報地價」一欄，由申報者填寫之。

定地價（土§148、§156），直轄市或縣（市）政府並據以編造地價冊作為地價稅課徵之依據（土§159、§167）。

(九) 採登簿公開主義

登簿公開主義即在實質登記主義下之形式的公示主義，旨在建立土地登記之公信原則，並維護交易安全，具有申請資格者，如原申請案之申請人、代理人、登記名義人或與原申請案有利害關係之人，並提出證明文件（土登§24、§24-1），於繳納工本費或閱覽費後，得向登記機關申請發給登記簿或地籍圖謄本或節本等（土§79-2）[14]。

三、土地登記的特質

由上述我國土地登記相關法令之規定，可就我國土地登記制度之特質分析如下[15]：

---

[14] 惟對於申請閱覽、抄寫、複印或攝影登記申請書及其附件者，以下列之一者為限：一、原申請案之申請人、代理人；二、登記名義人；三、與原申請案有利害關係之人，並提出證明文件者（土登§24）。又為保護個資，當申請提供土地登記及地價資料時，亦將其分為三類，以維持登簿公開與個資保護之均衡。其資料分類及內容如下：

一、第一類：顯示登記名義人全部登記資料。

二、第二類：隱匿登記名義人之出生日期、部分姓名、部分統一編號、債務人及債務額比例、設定義務人及其他依法令規定需隱匿之資料。但限制登記、非自然人之姓名及統一編號，不在此限。

三、第三類：隱匿登記名義人之統一編號、出生日期之資料。

前項第2款資料，得依登記名義人之請求，隱匿部分住址資料。但為權利人之管理人及非自然人，不適用之。登記名義人或其他依法令得申請者，得申請第1項第1款資料；任何人得申請第1項第2款資料；登記名義人、具有法律上通知義務或權利義務得喪變更關係之利害關係人得申請第1項第3款資料（參閱土登§24-1Ⅰ～Ⅲ）。

[15] 參閱史尚寬，註1前揭書，頁59～62。

(一) 登記主義

1. 我國土地法之登記爲實質登記主義，謂登記簿之登記，爲權利變更之要件，與形式的登記主義，即其權利登記於登記簿外，已發生效力，不過因登記以公示者不同。實質登記主義其意義復有二，即一爲有公信力之實質登記主義，二爲有形式的法律效力之實質登記主義。

2. 我國土地法之登記，略帶有形式的法律效力之登記主義的意味。此主義謂登記不問法律之預定條件爲何，有創設權利之效力，其長處在於使實際上權利與登記上權利之衝突爲不可能，其短處在於與登記狀態相反之物權成爲請求除去損害之新登記之債權。

(二) 合意主義

1. 實質的合意主義謂權利變更，於登記所必要實質上法律的行爲外，仍須有關係人對於權利變更之無因的合意（物權契約）。

2. 形式的合意主義謂聲請主義及認諾主義。聲請主義謂登記須因聲請，不得以職權爲之。認諾主義，謂登記須有登記義務人對於登記之認諾。

(三) 公示主義

1. 實質的公示主義即公信主義。謂對於善意權利取得者之關係，登記簿視爲正當及完全，我國土地法第43條規定登記有絕對效力，較公信力猶強。

2. 形式的公示主義即公開主義。謂無論何人得閱覽登記簿及請求給與登記簿之謄本或節本。

(四) 合法主義

即實質的審查主義。登記機關對於登記之聲請，應審查是否有法律之預定條件，即應審查是否有管轄權、登記能力、聲請人之資格、權利能力、行爲能力、處分權、代理權、表示之形式及內容，如聲請、認諾之表示等，均應爲審查。

(五) 個別主義

即特定主義。實質的特定主義，謂主體人、權利之內容及範圍，應以

一定之方式確定之。形式的特定主義，謂登記簿之一般編製及個別登記之內容，應使表示實體法上權利之確定狀態。

第二節　土地登記通則

壹、土地登記之範圍

　　我國現行土地登記，有不登記則不生效力之實體法上登記事項（民§758），有從公示制度上考量，不登記則不得處分之登記事項（民§759），兩者所登記事項之範圍，雖其法律效力不同，仍皆為具有登記能力之事項範圍。惟基於社會經濟活動之需要，於信託法公布後，配合實際需要所建立之土地權利信託登記，又民法物權編有關登記對抗之相關規定的制定，亦為現行具有登記能力之事項範圍，此情形已大幅地擴張了我國土地登記的範圍，性質上亦兼俱了登記對抗主義與登記生效主義。就我國土地法及土地登記規則之規定，土地登記之範圍可從得登記之權利主體、得登記之標的物、得登記之權利種類與得登記之法律關係各方面說明之。

一、登記之權利主體

　　土地登記之權利主體，就土地登記之公示目的而言，自以權利之歸屬名義人為之，因此申請土地登記之權利主體，依法應具有權利能力，亦即具有享受權利負擔義務之資格地位。惟登記實務上，除了依民法規定之自然人、法人、外國人可為土地登記之權利主體外，對於非法人團體之寺廟、祭祀公業、神明會等，亦得為登記之權利主體，其內容說明如下：

(一) 自然人

　　具有中華民國國籍之本國人，均得為土地登記之權利主體，依民法第6條規定：「人之權利能力，始於出生，終於死亡。」故不論其為有行為能力、無行為能力或限制行為能力者，均得為登記之權利主體。惟出生前之胎兒（民§7），以將來非死產者為限，關於其個人利益之保護，視為既已出生，故亦得為登記之權利主體。如胎兒為繼承人時，應以其母為法定代理

人，先以胎兒名義登記，俟其出生辦理戶籍登記後，再行辦理更名登記。倘將來為死產者，則其業已登記之土地權利，應溯及繼承開始時消滅，由其他繼承人共同申請更正登記（民§1166，土登§121）。即在繼承登記私法上視為已出生，得為登記之權利主體。又大陸地區人民依「大陸地區人民在臺灣地區取得設定或移轉不動產物權許可辦法」取得許可者或符合台灣地區與大陸地區人民關係條例第67條第5項規定者，得為權利主體。

(二) 法人

　　法人，為自然人以外得為權利主體之組織體。法人於法令限制內，有享受權利、負擔義務之能力（民§26）。故凡具有法人資格者，均得為土地登記之權利主體。法人依其設立所依據之法律為準，可分為公法人與私法人。公法人乃依公法設立以統治權為目的所組織之法人，如國、直轄市、縣（市）、鄉（鎮、市）屬之，或以營運管理國家級演藝中心等組織之法人，如為管理國家戲劇院、國家音樂廳而成立之國立中正文化中心等為行政法人，或其他如農田水利會等。

　　私法人乃依私法設立之法人，依其組成型態，可以分為財團法人與社團法人。法人在未完成法人設立登記前，取得土地所有權者或他項權利，得提出協議書，以其籌備人公推之代表人名義申請登記，其代表人應表明身分及承受原因（土登§104），俟取得法人資格後，再申請更名登記（土登§150）。若未獲核准設立或登記者，應依協議書之記明，將土地申請更名登記為已登記之代表人所有，或申請更名登記為籌備人全體共有（土登§104III）。

(三) 外國人

　　外國人，係指不具中華民國國籍之自然人，或依外國法律設立之法人，經認許之外國法人，於法令限制內與同種類之中國法人有同一之權利能力（民總施§12）。又外國人於法令限制內，有權利能力（民總施§2）。故外國人不論自然人或法人，亦得為我國土地登記之權利主體。惟其取得土地之權利，應受土地法相關規定之限制（土§17～§20）。

(四) 非法人團體

非法人團體，以其未具法人資格，原則上不具有權利能力，故不得為登記之權利主體。惟實務上凡已為寺廟登記之寺廟，依監督寺廟條例規定得為登記權利主體（寺廟§6）。又祭祀公業以祭祀祖先為目的而設立之獨立財產，並已以祭祀公業名義登記者，得為登記之權利主體。新設立之祭祀公業，應依民法規定成立社團法人或財團法人（祭祀§59Ⅰ），其新取得不動產所有權或他項權利時，除已成立財團法人、祭祀公業法人外，應登記為派下員全體公同共有（祭祀§50）。宗教團體之神明會，日據時期係承認其有法人人格，至光復後則未能承認其為法人。惟為配合其已取得之土地登記，仍以神明會名義登記之，故神明會亦屬不准新設立及新取得土地權利主體之一種[16]。

二、登記之標的物

土地登記，謂土地及建築改良物之所有權與他項權利之登記（土§37Ⅰ）。依此規定，所謂土地登記係以土地及建築改良物為載體之不動產物權之登記，其應登記之標的物即為不動產物權載體之土地與建築改良物二者：

(一) 土地

茲所稱土地，應指廣義之陸地與水地，至於土地法第1條所稱之天然富源，因缺乏獨立性或支配之可能性，不宜包括之。又延綿之土地，物理上並不具獨立性，惟依社會經濟觀念，在經人為之區分後，以筆（宗）為單位，一地號所表示之土地即為一獨立物，得成為一所有權之客體，即成可支配之獨立物而被登記。又依土地法第2條規定之第三類交通水利用地及第四類其他土地，應免予編號登記。但因地籍管理必須編號登記者，不在此限（土§41）。故道路、溝渠、水道、湖泊、港灣、堤堰等交通水利用地及沙漠、雪山等其他土地，除地籍管理必須編號登記者外，則不予以編號登記。故土地總登記後，未編號登記之土地，因地籍管理必須編號登記者，其登記程序

---

[16] 內政部地政司編印，土地登記審查手冊（上），頁13，民國111年12月。

準用土地總登記之程序辦理（土登§77）。爰此，具有登記能力之土地，方爲土地登記之客體。

(二) 建築改良物

　　建築改良物，乃附著於土地之建築物或工事（土§5Ⅱ），是以建築改良物登記之標的包括建築物及工事之登記。所謂建築物，係指定著於土地上或地面下具有頂蓋、樑柱或牆壁，供個人或公眾使用之構造物或雜項工作物（建§4），故依法興工建築完成之構造物具有使用上之獨立性者，即具有登記能力。又未興建完成之建築物，其已足避風雨，可達經濟上使用之目的者，即屬土地之定著物，故具有登記能力[17]。此外，區分所有建物就其各區分之建築物，得單獨辦理登記（土登§80），故物理性能上雖爲單一物，惟其物理空間之利用狀態上可區分爲各具獨立性之建物，亦得分別單獨辦理登記。其次，工事之內涵爲何，迄無明確之規範，與建築法所稱之雜項工作物，範圍亦不盡一致[18]，就法的體例而言，土地法第5條第2項規定：「附著於土地之建築物或工事，爲建築改良物」，則土地法第37條第1項規定：「土地登記，謂土地及建築改良物之所有權與他項權利之登記。」其中建築改良物登記，自應包含建築物登記及工事登記。建物所有權第一次登記法令補充規定，第9點規定得辦理建物所有權第一次登記之：1.無牆之鋼架建物；2.游泳池；3.加油站（亭）；4.高架道路下里民活動中心。宜解爲例示性質，應就具有登記能力與否觀之。

三、登記之權利

　　土地登記所登記之權利種類，爲土地與建築改良物之所有權及他項權利。所有權，乃於法令限制內，對於所有物爲全面支配之物權。土地經人爲分宗編號，而爲具登記能力之獨立物後，得爲所有權之客體，可爲土地所

---

[17] 依63年度第6次民庭總會決議，認爲買受此種房屋之人，乃係基於法律行爲，自須辦理移轉登記，始得取得所有權。故未興建完成之建築物，已足避風雨，可達經濟上使用目的者，具有登記能力，惟實務上應如何進行，宜待考量之。

[18] 參閱楊松齡，時效取得制度之「未經登記不動產」之探討，收錄於黃宗樂教授六袟祝賀——財產法學篇（一），頁139～140，學林文化，民國91年5月。

有權之登記。惟土地所有權除地面外，尚及於土地上下一定立體空間（民§773），在現代建築技術發達的情形下，將土地上下之立體空間為橫的劃分而成為獨立物，亦非不可能，惟我國現行法僅以空間利用權為可登記之權利客體，而尚未及於空中所有權[19]。他項權利，則為所有權以外之不動產物權，包括地上權、農育權、不動產役權、典權、抵押權、耕作權。以上所列得登記之物權，皆專屬於土地或建築改良物之權利，依現行土地登記規則之規定，應辦理登記之權利包括：(一)所有權；(二)地上權；(三)中華民國99年8月3日前發生之永佃權；(四)不動產役權；(五)典權；(六)抵押權；(七)耕作權；(八)農育權；(九)依習慣形成之物權。土地權利名稱與前項第1款至第8款名稱不符，而其性質與其中之一種相同或相類者，經中央地政機關審定為前項第1款至第8款中之某種權利，得以該權利辦理登記，並添註其原有名稱（土登§4）。耕地三七五租約之登記（耕地§6）則非屬土地法所稱土地登記之範疇。又有關土地權利移轉或使其消滅之請求權、土地權利內容或次序變更之請求權、附條件或期限之請求權，於保全上述請求權之考量時，得申請預告登記（土§79-1）。此外，土地權利依法辦理信託者，得辦理土地權利信託登記（土登§124）。另依習慣形成之物權（民§757），未來就有登記之可能。

四、登記之法律關係

　　不動產法律關係，係規範不動產權利主體，對於人或物所生之權利義務關係，即以不動產物權變動所生之權利義務關係。土地登記之法律關係，指土地或建物權利之取得、設定、喪失及變更者（民§758），亦即民法所謂不動產物權變動關係。有關不動產物權變動，就物權本身而言，乃物權之發生、消滅與變更。其因繼承、強制執行，徵收、或法院判決等，於處分其權利時亦應登記（民§759）。其他如因占有時效之權利取得（民§769），因除斥期間經過之權利取得（民§923、§924），因土地回復原狀之權利取得（土§12、§13），因土地坍沒侵蝕之視為消滅（土§12Ⅰ），因隨同

---

[19] 楊松齡，註18前揭書，頁136。民法物權編第841條之1，有關區分地上權之規定參酌之。

債權移轉之擔保物權（民§295），土地之分割合併（土登§105、§106）等其他變更均得登記。至於依法律之規定而取得的權利，如法定地上權（民§876）、法定優先購買權（土§104、§107），則可不經登記而生效，但如法定地上權等仍應登記後方得處分。此外，土地權利因依信託法辦理信託而為變更者，亦得辦理土地權利信託登記（土登§124）。此外民法物權編修正後，諸些特定之債權約定，亦為土地登記之法律關係，經登記後，得對抗第三人。

貳、土地登記之種類

土地登記，依登記效力之久暫，可分為正式登記（終局登記、本登記）與暫時登記（預備登記）[20]，就現行土地法規定得為下列分類：

一、總登記

係指土地或建築改良物權利之初次登記，性質上為土地或建築改良物之靜態登記。其內容如下：

(一) 土地總登記

土地總登記，謂於一定時間內就直轄市或縣（市）土地之全部所為之登記（土§38Ⅱ）。亦即在辦竣地籍測量之直轄市或縣（市），普遍施行之第一次土地登記。無論私有土地或公有土地、自然人所有或法人所有土地，本國人所有或外國人所有土地，其所有權或他項權利，皆須登記。論其性質，屬於土地權利之靜態、強制登記，其目的在建立地籍管理制度之基礎，以利土地政策之推行，並達成不動產交易安全。故土地總登記之進行，1.須於地籍測量完竣後為之；2.須於一定期間內為之；3.須就市縣土地全部為之。土地總登記之「土地」，依土地法第37條之意旨，實應包括建築改良物在內，惟因陸地與建築改良物之性質不同，實務上並未採行建物全面強制登記。

---

[20] 陳鳳琪，註12前揭書，頁9；張龍文，註12前揭書，頁170。

(二) 土地所有權第一次登記

土地總登記後，依土地法第41條規定免予編號登記之土地（交通水利用地與其他土地）因地籍管理，必須編號登記者，其登記程序準用土地總登記之程序辦理（土登§77），故稱之為土地所有權第一次登記。未登記土地辦理土地所有權第一次登記，尚包括：逾總登記期限無人申報登記之無主土地，辦理土地所有權第一次登記（土§57）、地籍圖重測時發現未經登記之土地於測量編號後，應辦理土地第一次登記（地測§188Ⅱ）。未登記地或新生地、水道浮覆地等辦理土地第一次登記。

(三) 建物所有權第一次登記

係指新建合法建物或實施建築管制前，舊有而未辦理登記之合法建物，所為之第一次登記，又稱保存登記。申請建築物所有權第一次登記前，應先向登記機關申請第一次測量。但在中華民國102年10月1日以後領有使用執照之建物，檢附依使用執照竣工平面圖繪製及簽證之建物標示圖辦理登記者，不在此限。申請登記時，應提出使用執照或依法得免發使用執照之證件、及建物測量成果圖或建物標示圖（土登§78、§79），建物所有權第一次登記係屬確定產權登記，依現行登記未有建築完成應為登記之強制規定，亦即採任意登記。故辦理建物所有權第一次登記之要件為：1.須先完成建物測量；2.須先完成基地登記；3.須為合法建物；4.須有基地之使用權。建物所有權第一次登記，其性質屬確定產權登記，應於土地所有權完成總登記後，始得為建物所有權登記（土登§10）。建物所有權第一次登記之特性為：1.登記之任意性；2.登記之獨立性；3.登記建物之合法性[21]。

申請建物所有權第一次登記，應提出使用執照或依法得免發使用執照之證件及建物測量成果圖或建物標示圖。有下列情形者，並應附其他相關文件（土登§79）：

1. 區分所有建物申請登記時，應檢具全體起造人就專有部分所屬各共有部分及基地權利應有部分之分配文件。

---

[21] 違章建物由於未能依法取得建照，故依規定無從辦理建物所有權第一次登記（土登§79），惟就人民之產權或土地使用現況之明瞭而言，仍值得再考量之。

2. 區分所有建物之專有部分，依使用執照無法認定申請人之權利範圍及位置者，應檢具全體起造人之分配文件。

3. 區分所有建物之地下層或屋頂突出物，依主管建築機關備查之圖說標示為專有部分且未編釘門牌者，申請登記時，應檢具戶政機關核發之所在地址證明。

4. 申請人非起造人時，應檢具移轉契約書或其他證明文件。

　　前項第3款之圖說未標示專有部分者，應另檢附區分所有權人依法約定為專有部分之文件。

　　實施建築管理前建造之建物，無使用執照者，應提出主管建築機關或鄉（鎮、市、區）公所之證明文件或實施建築管理前有關該建物之下列文件之一：

1. 曾於該建物設籍之戶籍證明文件。

2. 門牌編釘證明。

3. 繳納房屋稅憑證或稅籍證明。

4. 繳納水費憑證。

5. 繳納電費憑證。

6. 未實施建築管理地區建物完工證明書。

7. 地形圖、都市計畫現況圖、都市計畫禁建圖、航照圖或政府機關測繪地圖。

8. 其他足資證明之文件。

　　前項文件內已記載面積者，依其所載認定。未記載面積者，由登記機關會同直轄市、縣（市）政府主管建築、農業、稅務及鄉（鎮、市、區）公所等單位，組成專案小組並參考航照圖等有關資料實地會勘作成紀錄以為合法建物面積之認定證明。

　　第3項之建物與基地非屬同一人所有者，並另附使用基地之證明文件。

二、變更登記

　　變更登記，係以變更既存登記之一部，塗銷已變更之登記事項，以維持登記之正確性。土地總登記後因權利主體、權利客體、權利內容之變動或標

示之更動等所爲之登記，稱之爲變更登記[22]。土地登記簿登載之狀態，應與實際權利狀態一致，方不致與事實脫節，致影響人民權益或國家相關政策、措施之推行，故變更登記係爲維持地籍資料正確之動態登記。其項目內容如下：

(一) 權利變更登記

土地總登記後，土地權利有移轉、分割、合併、設定、增減或消滅時，所爲之變更登記，謂之權利變更登記（土§72，土登§93）。因土地總登記後，其已登記之權利主體、權利客體或權利內容常因情事之變化而有變更，爲確保地籍之眞實性，於土地總登記後，土地權利有變更時，應即時辦理權利變更登記，故其性質係屬土地權利之動態登記。惟兩宗以上之土地如已設定不同種類之他項權利，或經法院查封、假扣押、假處分或破產之登記者，不得合併（土施§19-1）。一宗土地之部分合併於他土地時，應先行申請辦理分割（土登§86）。又數宗共有土地併同辦理共有物分割者，不以同一地段、同一登記機關爲限（土登§106）。權利變更登記之要件爲：1.須已完成總登記；2.須權利主體、客體或內容之變更；3.須不違反法令之規定。

(二) 他項權利登記

他項權利，係指土地所有權以外之其他不動產物權，其種類依民法之規定（土§11）。民法所規定之不動產他物權，爲地上權、不動產役權、農育權、抵押權、典權。此外，土地法所規定之耕作權（土§133），亦爲應辦登記[23]（土登§4）之權利。上述權利變動所爲之登記，即爲他項權利登記。他項權利登記依登記之類型，又可分爲他項權利設定登記、他項權利移轉登記、他項權利內容變更登記與他項權利塗銷登記等四種。土地總登記前取得之他項權利，應於總登記期限內，由權利人與義務人共同申請（土§51）。土地總登記後設定他項權利，或已登記之他項權利，如有移轉或內

---

[22] 變更登記大都因不動產物權之變動所爲之登記，故或應稱爲變動登記較爲適宜。

[23] 依土地登記規則第4條之規定，尚包括在中華民國99年8月3日前發生之永佃權，以及依習慣形成之物權。

容變更時，應於其權利取得或移轉後1個月內申請登記。其係繼承登記者，得自繼承開始之日起6個月內為之（參照土§72、§73）。同一土地為他項權利登記時，其權利次序，除法律另有規定外，應依登記之先後。但於土地總登記期限內申請登記者，依其原設定之先後（土登§9）。又未經登記所有權之土地，除法律或本規則另有規定外，不得為他項權利登記（土登§11）。

(三) 標示變更登記

標示變更登記，係指已登記之土地或建物其標示變更所為之登記。已登記之土地或建物，因分割、合併、土地重劃確定、地籍圖重測確定、建物門牌變更、建物基地號變更、建物用途變更或增減滅失等，以致其坐落、地號、面積、用途、構造、使用分區、使用地等標示發生變更，應申請辦理標示變更登記。故於土地總登記後，因分割、合併、增減及其他標示之變更，應為標示變更登記（土登§85、§89、§91、§92）。共有物分割應先申請標示變更登記，再申辦所有權分割登記。但無須辦理標示變更登記者，不在此限（土登§105）。爰此，標示變更登記之要件為：1.須已完成總登記；2.須完成複丈或測量；3.須不違反法律或禁止之規定。

(四) 塗銷登記

塗銷登記，係就已登記之事項，予以塗銷，從而回復原狀之登記，故已登記之土地權利因權利之拋棄、混同、終止、存續期間屆滿、債務清償、撤銷權之行使或法院之確定判決等，致權利消滅時，原登記權利在法律上失其效力，而塗銷既存登記事項為目的之登記（土登§143）。又土地登記規則第7條規定：「依本規則登記之土地權利，除本規則另有規定外，非經法院判決塗銷確定，登記機關不得為塗銷登記。」其目的在於確保土地登記之推定力，故非有法院判決塗銷確定，不得任為塗銷之。

塗銷登記之原因如上述外，尚有：登記證明文件經該主管機關認定係屬偽造，或純屬登記機關之疏失而錯誤之登記。上述情形之一者，於第三人取得該土地權利之新登記前，登記機關得於報經直轄市或縣（市）地政機關查明核准後，辦理塗銷登記。前項事實於塗銷登記前，應於土地登記簿其他登記事項欄註記（土登§144參照）。本規定得因登記錯誤之塗銷，其本質上

宜為更正登記之一，應在不違反土地登記公信力之前提下，予以塗銷既存之登記。

又塗銷登記與塗銷，其意義不同。塗銷登記，須經申請、囑託或地政機關查明核准後，方得辦理。所謂塗銷，僅屬登記機關對於登記之作業處理方式，須在依法辦理各項新登記之前提下，對既存登記之塗銷，以使登記簿之記載與新登記之事實一致。

(五) 消滅登記

消滅登記，係權利標的物滅失之登記，即因土地或建物之滅失，其所有權及他項權利歸於消滅而為之登記（土登§31、§148參照）。消滅登記，由登記名義人單獨申請之，並須先行向登記機關申請勘查。又建築物全部滅失時，該建物所有權人未於規定期限內申請滅失登記者，得由土地所有權人或其他權利人代位申請；亦得由登記機關查明後，逕為辦理消滅登記（土登§31Ⅰ）。又前項建物基地有法定地上權登記者，應同時辦理該地上權塗銷登記；建物為需役不動產者，應同時辦理其供役不動產上之不動產役權塗銷登記（土登§31Ⅱ）。

(六) 繼承登記

繼承登記，係指土地或建物於辦竣所有權或他項權利登記後，因登記名義人死亡，由繼承人繼承其不動產物權，所申請辦理之移轉登記。繼承人自繼承開始時，即承受被繼承人財產上之一切權利義務（民§1148），故繼承人對遺產（不動產）之取得，於被繼承人死亡時，即已確定，無待登記而發生效力。惟繼承人欲處分其繼承之不動產，須先行辦理繼承登記（民§759）。

因繼承取得土地權利者，得由權利人單獨申請登記（土登§27③），繼承人為兩人以上，部分繼承人因故不能會同其他繼承人共同申請繼承登記時，得由其中一人或數人為全體繼承人之利益，就被繼承人之土地，申請為公同共有之登記。其經繼承人全體同意者，得申請為分別共有之登記（土登§120Ⅰ）。胎兒為繼承人時，應由其母以胎兒名義申請登記，俟其出生辦理戶籍登記後，再行辦理更名登記（土登§121Ⅰ）。

惟自土地或建築改良物，繼承開始之日起逾一年未辦理繼承登記者，

經該管直轄市或縣市地政機關列冊管理期間為15年，逾期仍未聲請登記者，移請財政部國有財產署公開標售（土§73-1 II參照）。外國人因繼承而取得土地，應於辦理繼承登記完畢之日起3年內出售與本國人，逾期未出售者，由直轄市、縣（市）地政機關移請國有財產局辦理公開標售（土§17 II參照）。又私有土地所有權人死亡，其繼承人於繼承開始之日起2年內未聲請辦理繼承登記。公民營事業或興辦產業人為開發產業園區需用該私有土地時，得申請直轄市、縣（市）主管機關辦理徵收（產創§43 I參照）。

三、更正登記

更正登記，係指登記人員或利害關係人於登記完畢後，發現登記錯誤或遺漏時，以書面申請該管上級機關查明核准後，申辦更正所為之登記。登記錯誤或遺漏，純屬登記人員記載時之疏忽，並有原始登記原因證明文件可稽者，由登記機關逕行更正之（土§69）。所稱登記錯誤，係指登記事項與登記原因證明文件所載之內容不符者；所稱遺漏，係指應登記事項而漏未登記者（土登§13）。此外，土地登記簿以日據時期會社或組合名義登記之土地，得由原權利人或其繼承人應於登記期間內提出有關股權或出資比例之證明文件，向該管登記機關申請更正登記為原權利人所有（地清§17）。又以胎兒名義申請繼承登記，以將來非死產為限。如將來為死產者，其經登記之權利，溯及繼承開始時消滅，由其他繼承人共同申請更正登記（土登§121）。惟後二項之登記非因登記錯誤或遺漏所致，故不宜以更正登記名之。

四、限制登記

限制登記，係指限制登記名義人處分其土地或建物權利所為之登記，其目的在於保全以不動產之得喪、變更、消滅為標的之債權的請求權而為之準備登記[24]，故又稱「保全登記」。又限制登記其效力較一般登記短暫，故亦稱「暫時登記」。限制登記包括預告登記、查封、假扣押、假處分或破產登記，及其他依法律所為禁止處分之登記（土登§136，土§75-

---

[24] 張龍文，註12前揭書，頁170。

1、§79-1）。其中預告登記，由請求權人檢附登記名義人之同意書單獨申請登記（土登§27、§137）；查封、假扣押、假處分、暫時處分、破產登記或因法院裁定而爲清算登記時，由法院或行政執行分署囑託登記（土登§138）；其他依法律爲禁止處分之登記，由政府機關囑託登記（土登§29）。

五、土地權利信託登記

係指土地權利依信託法（信託§4）成立信託關係而爲變更之登記（土登§124）。土地權利信託登記，其申請人、登記種類及登記方式，分述如下：

(一) 申請人

信託以契約爲之者，信託登記應由委託人與受託人會同申請之（土登§125）。信託以遺囑爲之者，信託登記應由繼承人辦理繼承登記後，會同受託人申請之；如遺囑另指定遺囑執行人時，應於辦畢遺囑執行人及繼承登記後，由遺囑執行人會同受託人申請之。前項情形，於繼承人有無不明時，仍應於辦畢遺產管理人登記後，由遺產管理人會同受遺贈人申請之（土登§126）。若受託人依信託法第9條第2項取得土地權利，申請登記時，應檢附信託關係證明文件申請，並於登記申請書適當欄內載明該取得財產爲信託財產及委託人身分資料（土登§127）。

(二) 登記種類

土地權利信託登記，依其申請登記原因之不同，可分爲下列各類：1.信託登記：係指土地權利依信託法辦理信託而爲變更之登記（土登§124）；即土地權利因法律規定或以契約、遺囑等方式而成立信託關係之移轉或爲其他處分所爲之登記；2.塗銷信託登記：係於委託人與受託人間，因信託關係消滅時，而回復至原委託人所有時，所爲之登記（土登§128），即適用於自益信託關係消滅時，所爲之登記；3.信託歸屬登記：係指土地權利因信託關係消滅，而移轉予委託人以外之歸屬權利人時，所爲之登記（土登§128），即適用於他益信託關係消滅時，所爲之登記；4.受託人變更登記：係於成立信託關係，辦理權利變更登記後，受託人變更時，所爲之登記

（土登§129）。

(三) 登記方式

　　信託登記，除應於登記簿所有權部或他項權利部登載外，並於其他登記事項欄記明信託財產、委託人姓名或名稱，信託內容詳信託專簿，又其他登記事項欄記載事項，於辦理受託人變更登記時，登記機關應予轉載（土登§130）。在權利書狀發放時，於信託登記完畢後，應於書狀記明信託財產，信託內容詳信託專簿（土登§131）。又土地權利經登記機關辦理信託登記後，應就其信託契約或遺囑複印裝訂成信託專簿，提供閱覽或申請複印，其提供資料內容及申請人資格，閱覽費或複印之工本費之收取，準用第24條之1及土地法第79條之2規定。信託專簿，應自塗銷信託登記或信託歸屬登記之日起保存15年（土登§132）。

六、主登記、附記登記與註記登記

(一) 主登記

　　主登記，係因新登記原因，新記入於登記簿之登記[25]，係指土地或建築物權利之變動，在登記簿上獨立存在之登記，如土地權利之取得、設定或消滅之登記，共有物分割、合併之登記等。其登記之次序，應依登記之先後（土登§8）。

(二) 附記登記

　　附記登記，係附記於既存之登記，變更其一部分，以新登記而維持既存登記之登記，為主登記事項之延長[26]。係指於主登記登記完畢後，因內容之變更、更正或限制其處分所為之登記，乃附屬於主登記之登記，就主登記之事項予以變更或更正所為之登記。如他項權利內容變更、住址變更或姓名變更等所為之登記。其登記次序應依主登記之次序，但附記登記各依其先後（土登§8）。

---

[25] 史尚寬，註1前揭書，頁73。
[26] 史尚寬，註1前揭書，頁73。

(三) 註記登記

指在標示部、所有權部或他項權利部其他登記事項欄內註記資料之登記及其塗銷登記。如將訴訟事實註記於該登記名義人之其他登記事項欄、註記公告徵收、國宅用地及其塗銷註記等。註記非屬土地法第37條所指之「土地登記」，並不生不動產取得、設定、喪失及變更之效力（最高行政法院107年度判字第74號判決）。

七、使用管理登記

(一) 共有物使用管理登記

共有物共有人依民法第826條之1第1項規定申請登記者，登記機關應於登記簿標示部其他登記事項欄記明收件年月日字號及共有物使用、管理、分割內容詳共有物使用管理專簿。共有人依民法第820條第1項規定所為管理之決定或法院之裁定，申請前項登記時，應於登記申請書適當欄記明確已通知他共有人並簽名；於登記後，決定或裁定之內容有變更，申請登記時，亦同（土登§155-1）。

(二) 使用收益權限制約定之登記

區分地上權人與設定之土地上下有使用、收益權利之人，就相互間使用收益限制之約定事項申請登記時，登記機關應於該區分地上權及與其有使用收益限制之物權其他登記事項欄記明收件年月日字號及使用收益限制內容詳土地使用收益限制約定專簿。

前項約定經土地所有權人同意者，登記機關並應於土地所有權部其他登記事項欄辦理登記；其登記方式準用前項規定（土登§155-2）。

八、其他登記

(一) 更名登記

土地權利登記後，權利主體未變動而登記之名義人有下列情形，得申請辦理更名登記：已登記之土地或建物，因權利人之姓名或名稱變更，或設有管理人者，其姓名變更時；法人或寺廟於籌備期間取得之土地所有權或他項

權利，已以籌備人之代表人名義登記者，其於取得法人登記或寺廟登記時；胎兒為繼承人時，應由其母以胎兒名義申請登記，俟其出生辦理戶籍登記後，再行辦理更名登記（土登§121 I、§149、§150）。

(二) 管理者變更登記

公有土地權利登記後，其管理機關因移交、接管、改制、公有財產劃分、無償撥用等原因而變更者，應囑託登記機關為管理機關變更登記（土登§151）。

(三) 住址變更登記

登記名義人之住址變更時，應檢附國民身分證影本或戶口名簿影本或戶籍謄本，申請住址變更登記（土登§152、§153）。若未申請登記者，登記機關得查明其現在住址，逕為住址變更登記。

(四) 書狀換給或補給登記

土地所有權狀或他項權利證明書損壞或滅失時，應由登記名義人申請換給或補給登記（土登§154）。申請補給時，應由登記名義人敘明其滅失之原因，檢附切結書或其他有關證明文件，經登記機關公告30日，並通知登記名義人，公告期滿無人提出異議後，登記補給之（土登§155 I）。

參、登記申請之當事人

土地登記，係由地政機關或登記機關辦理之（土登§3 I），登記機關應備妥登記申請書等相關簿冊（土登§14），接受申請，故土地登記之申請，為公法上之行為，其目的在於使私法上不動產權利之變動，發生法律上之效力，並達成公示目的。就土地登記申請而言，其當事人除掌管不動產登記之政府機關外，尚包括登記之權利人、義務人與登記有關之第三人，以及其他具有申請人資格者。

一、登記機關

土地登記既為由申請人向土地登記機關請求登記之行為，則直轄市或縣（市）應設地政機關辦理之。但各該地政機關得在轄區內另設或分設登記機

關，辦理登記及其他有關事項（土§39）。土地登記，由土地或建物所在地之直轄市、縣（市）地政機關辦理之。但該直轄市、縣（市）地政機關在轄區內另設登記機關者，由該土地或建物所在地之登記機關辦理之。建物跨越二個以上登記機關轄區者，由該建物門牌所屬之登記機關辦理之。經中央地政機關公告實施跨直轄市、縣（市）申請土地登記之登記項目，得由全國任一登記機關辦理之（土登§3）。

二、登記之權利人

土地登記係將不動產之權利歸屬狀態予以公示，故登記之權利人，以權利之歸屬者適之，亦即須為實體法上有登記能力之權利主體，或稱為權利名義人。就登記後之法律效果而言，原則上因登記結果而取得權利或免除義務者，稱為登記權利人[27]。就登記之進行而言，具有登記請求權者，為登記權利人。

三、登記之義務人

土地登記之申請，原則上係由登記權利人及登記義務人共同申請（土§73Ⅰ）。於實體私法上如權利移轉時，取得權利人為登記權利人，既存登記名義人為登記之義務人；如權利塗銷時，則原權利名義人為申請登記之權利人，塗銷權利之權利人為登記義務人。就登記後之法律效果而言，則因登記而喪失權利或承受義務者，稱為登記義務人。就登記之進行而言，因對方之請求而負有會同申請之義務者，為登記義務人。

四、與登記有關之第三人

登記之申請，除登記權利人與義務人外，於不動產權利變動時，若登記之結果，影響第三人權益，且依法須先經第三人表示者，即為與登記有利害關係之第三人，故於申請登記時，應檢附第三人同意書或由第三人在登記申請書內註明同意事由，並檢附其印鑑證明（土登§44）。其情形如有優先購

---

[27] 土地登記有因權利變動而登記，有因標示變更而登記，故若因標示之變更，如地號分割、合併、地目等則調整、地址變更等，則與權利之取得或義務之免除無關。

買權者之處理（土登§97）。應有部分設定抵押權後，經先徵得抵押權人同意者之轉載於原設定人分割後之土地上（土登§107但書）。抵押人非債務人時，契約書及登記申請書應經債務人簽名或蓋章（土登§111）、以數宗土地權利為共同擔保，申請設定抵押權後，另為約定或變更土地權利應負擔債權金額增加者，應經後次序他項權利人及後次序抵押權之共同抵押人同意（土登§114-1Ⅱ）抵押權增加擔保金額登記時，須經後次序他項權利人及後次序抵押權之共同抵押人同意（土登§115）、同一標的之抵押權因次序變更申請權利變更登記，應符合下列各款規定：

(一) 因次序變更致先次序抵押權擔保債權金額增加時，其有中間次序之他項權利存在者，應經中間次序之他項權利人同意。

(二) 次序變更之先次序抵押權已有民法第870條之1規定之次序讓與或拋棄登記者，應經該次序受讓或受次序拋棄利益之抵押權人同意。前項登記，應由次序變更之抵押權人會同申請；申請登記時，申請人並應於登記申請書適當欄記明確已通知債務人、抵押人及共同抵押人，並簽名（土登§116）。或為保全土地所有權移轉之請求權，得辦理預告登記之土地，再申辦他項權利設定登記，應檢附預告登記請求權人之同意書（限制登記作業補充規定2）。

五、其他具有申請人資格者

土地登記之申請，以權利人與義務人為原則，但於一定情形下，他人亦具有申請登記能力，如債權人之代位申請（土登§30，強執§11Ⅱ）、建物全部滅失登記之代位申請（土登§31）、共有人之代為申請（土§34-1）、公同共有人之公同共有登記（土登§32）、或政府機關為執行公務所為之囑託登記（土登§29）、逕為登記（土登§28）。

肆、土地登記之申請

土地登記之申請，係指申請人對於登記機關請求登記之行為，為要式行為，此登記申請權，係為要求登記之公法上之權利[28]。其目的在於使私法上

---

[28] 張龍文，註12前揭書，頁65。

財產權利關係之確定或變動，而請求登記機關爲登記之行爲，以符合物權變動之生效要件（民§758）。

申請之方法，依其申請方式之不同，分別如下：

一、共同申請

由權利人及義務人於土地權利變更時，會同申請登記者（土§73Ⅰ，土登§26）。共同申請在於表示土地權利之變動，確經雙方當事人之意思表示一致，使該物權契約已合法有效成立。

由於登記後登記義務人將因而喪失權利或承受義務，故於申請登記時，登記義務人應親自到場，提出國民身分證正本，當場於申請書或登記原因證明文件內簽名，並由登記機關指定人員核符後同時簽證以茲慎重（參照土登§40）。同理，相關登記證明文件業經依法公證、認證、驗證或簽證等足以表徵當事人之資格或意思，自得免親自到場，再次證明之（參照土登§41）。申請人爲法人者，應提出法人登記證明文件及其代表人之資格證明。其爲義務人時，應另提出法人登記機關核發之法人及代表人印鑑證明或其他足資證明之文件，及於登記申請書適當欄記明確依有關法令完成處分程序，並蓋章（土登§42Ⅰ）。

二、單獨申請

不動產權利之變動，有時並無相對人（如初始取得）或非關權利變動情形（如標示變更），則由權利人或登記名義人單獨申請，下列各項登記即屬得單獨申請者（土登§27）：

(一) 土地總登記。

(二) 建物所有權第一次登記。

(三) 因繼承取得土地權利之登記。

(四) 因法院、行政執行分署或公正第三人拍定、法院判決確定之登記。

(五) 標示變更登記。

(六) 更名或住址變更登記。

(七) 消滅登記。

(八) 預告登記或塗銷登記。

(九) 法定地上權登記。

(十) 依土地法第12條第2項規定回復所有權之登記。

(十一) 依土地法第17條第2項、第3項、第20條第3項、第73條之1、地籍清理條例第11條、第37條或祭祀公業條例第51條規定標售或讓售取得土地之登記。

(十二) 依土地法第69條規定更正之登記。

(十三) 依土地法第133條規定取得耕作權或所有權之登記。

(十四) 依民法第513條第3項規定抵押權之登記。

(十五) 依民法第769條、第770條或第772條規定因時效完成之登記。

(十六) 依民法第824條之1第4項規定抵押權之登記。

(十七) 依民法第859條之4規定就自己不動產設定不動產役權之登記。

(十八) 依民法第870條之1規定抵押權人拋棄其抵押權次序之登記。

(十九) 依民法第906條之1第2項規定抵押權之登記。

(二十) 依民法第913條第2項、第923條第2項或第924條但書規定典權人取得典物所有權之登記。

(二一) 依民法第1185條規定應屬國庫之登記。

(二二) 依直轄市縣（市）不動產糾紛調處委員會設置及調處辦法作成調處結果之登記。

(二三) 法人合併之登記。

(二四) 其他依法律得單獨申請登記者。

　　又依據法院判決，部分共有人得提出法院確定判決書及其他應附書件，單獨為全體共有人申請分割登記（土登§12、§100）、承攬人依規定申請為抵押權登記或預為抵押權登記，承攬契約經公證者，承攬人得單獨申請登記（民§513，土登§117）、信託財產，於信託關係消滅，受託人未能會同申請時，或因受託人變更，委託人未能或無須會同申請時，得由權利人或新受託人提出足資證明信託關係消滅之文件單獨申請之（土登§128、§129）、他項權利塗銷登記除權利終止外，得由他項權利人、原設定人或其他利害關係人提出土地登記規則第34條第1項所列文件，單獨申請之（土登§145）。

　　由權利人單獨申請登記者，登記機關於登記完畢後，應即以書面通知登記義務人。但有下列情形之一者不在此限：(一)無義務人；(二)法院、行政執行分署或公正第三人拍定之登記；(三)抵押權人為金融機構，辦理抵押權

塗銷登記，已提出同意塗銷證明文件。前項義務人為二人以上時，應分別通知之（土登§69）。

　　土地權利移轉、設定，依法須申報土地移轉現值者，於申報土地移轉現值後，如登記義務人於申請登記前死亡時，得僅由權利人敘明理由並提出第34條規定之文件，單獨申請登記。登記權利人死亡時，得由其繼承人為權利人，敘明理由提出契約書及其他有關證件會同義務人申請登記。

　　前二項規定於土地權利移轉、設定或權利內容變更，依法無須申報土地移轉現值，經訂立書面契約，依法公證或申報契稅、贈與稅者，準用之（土登§102）。

三、代理申請

　　由代理人申請者，代理人並應於登記申請書或委託書內簽名或蓋章；有複代理人者，亦同（土登§36II）。土地登記之申請，委託代理人為之者，應附具委託書；其委託複代理人者，並應出具委託複代理人之委託書。但登記申請書已載明委託關係者，不在此限。前項代理人或複代理人，代理申請登記時，除法律或本規則另有規定外，應親自到場，並由登記機關核對其身分（土登§37）。地政士或律師代理以網路申請土地登記，並經憑證確認身分者，得免依第37條第2項規定辦理（土登§70-4）。

　　又為建立專業之登記制度，非土地登記專業代理人擅自以代理申請土地登記為業者，其代理申請土地登記之件，登記機關應不予受理。土地登記專業代理人，應經土地登記專業代理人考試或檢覆及格（土§37-1）。

四、代位申請

　　係指具有代位資格者，為保全其本身權利，得以自己名義代位為登記申請人申請登記（民§242參酌），其情形如下：

(一) 法院核准債權人代債務人申辦繼承登記（強執§11）。

(二) 建物全部滅失時，該建物所有權人未於規定期限內申請消滅登記者，土地所有權人或其他權利人得代位申請之（土登§31）。

(三) 登記原因證明文件為法院確定判決書，其主文載明應由義務人先行辦理登記，而怠於辦理者，得由權利人代位申請之（土登§30①）。

(四) 質權人依民法第906條之1第1項規定辦理土地權利設定或移轉登記於出

質人者（土登§30②）。

(五) 典權人依民法第921條或第922條之1規定重建典物而代位申請建物所有
權第一次登記者（土登§30③）。

(六) 其他依法律得由權利人代位申請登記者（土登§30④）。

五、代為申請

基於特殊關係或權利考量，在一定條件下，依規定代為申請登記，其情
形如下：

(一) 共有人依照土地法第34條之1第1項規定為處分、變更或設定負擔，其因
而取得不動產物權者，應代他共有人聲請登記（土§34-1）。

(二) 公同共有之土地或建物，公同共有人中之一人或數人，為全體公同共有
人之利益，得就公同共有土地或建物之全部，申請為公同共有之登記
（土登§32）。

(三) 申請建物基地分割或合併登記，涉及基地號變更者，應同時申請基地號
變更登記。如建物與基地所有權人不同時，得由基地所有權人代為申請
之。於登記完畢後，應通知建物所有權人換發或加註建物所有權狀（土
登§89）。

(四) 合法繼承人為二人以上，部分繼承人因故不能會同其他繼承人共同申請
繼承登記時，得由其中一人或數人為全體繼承人之利益，就被繼承人之
不動產申請為公同共有之登記（土登§120）。

六、逕為登記

登記機關為執行土地政策或為地籍整理，基於職權直接、主動所為之登
記。下列各款情形，應由登記機關逕為登記（土登§28）：

(一) 建物因行政區域調整、門牌整編或基地號因重測、重劃或依法逕為分割
或合併之標示變更登記。

(二) 依第143條第3項規定之國有登記。

(三) 依第144條規定之塗銷登記。

(四) 依第153條規定之住址變更登記。

(五) 其他依法律得逕為登記者。

登記機關於上述情形逕為登記完畢後，應將登記結果通知登記名義人。

但登記機關依登記名義人之申請登記資料而逕爲併案辦理及因政府機關辦理行政區域調整、門牌整編而逕爲辦理之住址變更登記或建物標示變更登記者，不在此限。

此外，依土地登記規則之規定，建築物之滅失登記（土登§31），重劃後基地號變更登記（土登§91），地籍重測後之基地號變更登記（土登§92），亦得辦理逕爲登記。又無保管或使用機關之公有地，及因地籍整理而發現之公有土地，由該管直轄市或縣（市）地政機關逕爲登記，其所有權人欄註明爲國有（土§53）。

七、囑託登記

政府機關爲執行公務，本於職權依法函囑登記機關辦理登記者。政府機關得囑託登記機關登記之情形如下（土登§29）：

(一) 因土地徵收或撥用之登記。

(二) 照價收買土地之登記。

(三) 因土地重測或重劃確定之登記。

(四) 依土地法第52條規定公有土地之登記。

(五) 依土地法第57條、第63條第2項或第73條之1第5項或地籍清理條例第18條第2項規定國有土地之登記。

(六) 依強制執行法第11條或行政執行法第26條準用強制執行法第11條規定之登記。

(七) 依破產法第66條規定之登記。

(八) 依稅捐稽徵法第24條第1項規定之登記。

(九) 依原國民住宅條例施行細則第23條第3項規定法定抵押權之設定及塗銷登記。

(十) 依第147條但書規定之塗銷登記。

(十一) 依第151條規定之公有土地管理機關變更登記。

(十二) 其他依法律得囑託登記機關登記。

此外，依土地登記規則之規定，法院辦理之查封、假扣押、假處分或破產登記（土登§138），或前述各項登記之塗銷登記（土登§147），或公有土地管理機關之變更（土登§151），亦得辦理囑託登記。

伍、土地登記之效力

不動產權利之變動，爲使得自外部認識其存在及內容，以保障交易安全，故民法以公示原則爲物權變動之基本原則。在此原則下，以公示的方法表現，始能發生一定的不動產權利變動之法律效果。此公示方法即土地登記。土地登記之效力，依現行民法及土地法規之規定意旨，分述如下：

一、公示力

土地登記之公示力，係爲保護不動產交易安全所定之制度設計。登記之公示力，指因「土地登記」之公示性，所生之法律效力。於不動產物權變動時，爲使有一得由外界辨識之表徵，使其法律關係透明化，以維護交易秩序，避免善意第三人遭受損害，故凡因法律行爲而使不動產物權變動者，非經登記，不生效力；或依事實或法律規定，不動產物權變動者，非經登記，不得處分。藉以建立不動產登記制度，達成公示作用，即將不動產的權屬狀態表彰於外，避免資訊不明、易生糾葛，以促進不動產交易之透明化。依現行民法規定，土地登記分爲生效登記與處分登記兩種，其內容、效力如下：

(一) 生效登記之效力

不動產物權依法律行爲而取得、設定、喪失、變更，非經登記，不生效力（民§758）。即不動產物權因法律行爲而變動時，一經登記完畢，即生變動之效力。就登記而言，該不動產變動登記除可表彰物權變動外，亦可顯示變動後的不動產物權歸屬狀態。

(二) 處分登記之效力

因繼承、強制執行、徵收、法院之判決或其他非因法律行爲，於登記前已取得不動產物權者，應經登記，始得處分其物權（民§759）。即於繼承開始（民§1148）、於強制執行完畢取得不動產權利移轉證書時（強執§98）、於徵收補償費發放完竣時（土徵§21，土§235）、法院判決自確定終局裁判日時（民§74、§244、§824II）或其他非因法律行爲取得（如法定地上權：民§838-1、§876、§924-2III；典物所有權：民§923II、§924；法定抵押權：民§824-1、§906-1）等，依法取得之不動產物權，

非經完成登記，不得處分其所取得之不動產物權。民法規定非由於法律行為
所生之不動產物權變動，應經登記，始得處分其物權，旨在於彌補登記生效
要件主義之嚴格，並經由登記以宣示該不動產物權之歸屬，登記名義人始得
處分其物權，以貫徹不動產物權變動的公示原則，回歸公示制度原旨。

二、絕對效力[29]

不動產物權變動以登記為公示方法，為維護交易安全，確立公示制度
之公信力，縱使登記與實質權利狀況不符，對於信賴此登記之第三人，應予
以保護。故土地法第43條規定：「依本法所為之登記，有絕對效力。」所謂
「依本法所為之登記，有絕對效力」，依司法院之解釋如下：「土地法（舊
土地法）第36條所謂登記有絕對效力，為保護第三人起見，就登記事項賦
予絕對之公信力。故第三人信賴登記而取得土地權利時，不因登記原因之無
效或撤銷而被剝奪。惟此項規定，並非於保護交易安全必要限制以外，剝奪
真正之權利。如在第三人信賴登記而取得土地權利之前，真正權利人仍得對
於登記人主張登記原因之無效或撤銷，提起塗銷登記之訴。」（28年院字第
1919號）「綜合土地法與其施行法規定，而探求其一貫之法意，土地法（舊
土地法）第36條所謂登記有絕對效力，係為保護第三人起見，將登記賦予絕
對真實之公信力。真正權利人在已有第三人取得權利登記後，雖得依土地法
（舊土地法）第39條請求損害賠償，不得為塗銷登記之請求，而在未有第三

---

[29] 土地法所稱之「絕對效力」，吳尚鷹、史尚寬及楊與齡認為即為托崙斯登記所稱
之「不得推翻之權利」（Indefeasible Title）。惟托崙斯登記制中之不可推翻的權
利，又有「延遲的不可推翻效力」（Deferred Indefeasibility）和「即時的不可推翻
效力」（Immediate Indefeasibility）之不同見解，其內涵是否即為我國所稱之「公
信力」所涵括，尚有探究之必要。參見吳尚鷹，土地問題與土地法，頁34，商務印
書館，民國24年。史尚寬，註1前揭書，頁65。楊與齡，房屋之買賣委建合建或承
攬，頁167，正中書局，民國67年。Peter J. Butt，註2前揭書，頁725～732。又美國
各州均通過登錄法（Recording Acts），其產權經由登錄制度登錄後之效力，一般
原則係採「在先權利優先原則」（First-in-time Rule），例外採「善意權利優先原
則」（Notice Act）、「善意登記權利優先原則」（Notice-race Act）或「登記在先
權利優先原則」（Race Act）。參閱John G. Sprankling，註5前揭書。

人取得權利之新登記前，對於登記名義人仍有塗銷登記請求權，自無疑義。院字第1919號解釋無須變更」（28年院字第1956號）。爰此，民國98年民法修正增訂：「因信賴不動產登記之善意第三人，已依法律行為為物權變動之登記者，其變動之效力，不因原登記物權之不實而受影響」（民§759-1Ⅱ）。爰此，依民法規定登記公信力之要件：(一)須為原不動產之登記與實質事實不符；(二)須為信賴登記取得權利之第三人為善意；(三)須原登記名義人與第三人間因有效法律行為之物權變動者；(四)須為物權變動之登記。

依上述解釋，所謂依法所為之登記有絕對效力，係指已登記之土地權利，如其登記無效或撤銷，真正權利人固得訴請塗銷登記，而回復其本人之權利。但該土地權利如已經第三人信賴登記取得，並為新登記時，則此一登記具有不可推翻之效力，其真正權利人不得訴請塗銷，故登記公信力是第三人對抗真正權利人的有效手段[30]。

依托崙斯登記制之精神，其創設作用在於建立一道屏障，阻卻之前有瑕疵之產權鏈，以減少成本及冗長的查證流程，確保產權動的安全。同時，建立了登記移轉（Conveyance by Registration）取代契據移轉（Conveyance by Title）的登記制度。經由登記創設屏障，因此，受讓人取得之產權一經登記，便擁有該權利，不需再追溯讓與人之權利源頭是否有瑕疵，也不需擔心被他人追奪權利。故在托崙斯登記制下保障受讓人依登記取得的權利不可推翻，是為建立無瑕疵產權的阻卻屏障，所必然附隨衍展出來的法律效力。依新南威爾斯州不動產法（Real Property Act）第42條規定，登記權利人之產權是至高無上（Paramount），即登記權利人（Registered Proprietor）除了欺詐的情事之外，擁有與登記簿上的登記情形相同之權利。第43條規定，除了欺詐的情況之外，凡與前登記產權或利益人訂約、交易以取得或企圖取得土地上之產權或利益並登記者，其登記權利不需要調查或確認現任或前任權

---

[30] 借名登記之出名者雖違反借名登記契約之約定，將不動產為處分，對借名者而言，雖違反借名登記契約之約定，然此僅為出名人與借名人間之內部約定，其效力不及於第三人，出名人既登記為該不動產之所有權人，其將該不動產處分移轉登記於第三人，自屬有權處分（參見最高法院106年度第3次民事庭會議決議），第三人為善意者，得主張公信力之保護。

利人是否有登記過其產權或利益、不需要了解購買價金的應用狀況，也不會因為對於任何信託、未登記利益直接或推定已知悉，而影響其登記取得的權利。

至於受公信力保護下之所謂第三人，不包括繼承人在內，惡意第三人，亦不受保護之列，而應僅以信賴登記之善意第三人為限（最高法院44年台上字第828號、65年台上字第1895號判例）。惟贈與等無償行為是否有善意第三人保護之適用，依澳洲托崙斯登記制對於信賴登記之善意（Bona Fide）第三人，在登記不可推翻效力（Indefeasibility）的保護下，必須是產權移轉給第三人係有對價的（For Value）行為，才有適用之餘地，可供參酌。登記之公信力，係為不動產交易安全而犧牲真正權利人之權利的制度設計。第三人若無支付對價而取得權利，是否仍有值得保護，以致犧牲真正權利人之權利，頗值思量。

三、推定力

係指依法登記之不動產物權，推定登記權利人適法有此權利（民§759-1 I），其目的為保障登記名義人之利益而設。一般而言，土地登記簿上之登記，通常均有實質之權利為基礎，故登記名義人行使其權利時，基於土地登記賦予推定力，登記名義人無須再舉證證明其權利之來源，故推定力源於登記本身，所對抗者為非登記名義人。

四、對抗力

登記之對抗力，係指經過登記之權利具有對抗第三人的效力。在登記名義人與第三人發生權利上之衝突時，登記權利人的權利受到法律保護，即登記與否，不影響權利之存在，惟經登記後之權利，發生物權效力，足以對抗第三人。現行民法物權編之修訂，於共有物之管理（民§826-1），地上權（民§836～§836-2、§838、§841-2）、農育權（民§850-3、§850-9）、不動產役權（民§859-2）、抵押權（民§873-1）、典權（民§913）等相關規定中明訂非經登記不得對抗第三人或對受讓人具有效力，即為此旨。惟此對抗力與前述契據登記制之對抗力，有所差異。契據登記制下之登記對抗要件，若未登記亦生物權變動效力。民法修正後之登記對抗力，大都為權利人之間有關債權約定事項之登記，並無涉及物權變動之情事。爰此，

對於此等私契約性質之私權約定之登記，宜否賦予登記公信力、推定力，就法政策而言，有待斟酌；惟該登記若對已登記不動產之物權權利的內容或行使有所影響者，賦予登記公信力應無疑慮。

五、登記效力之發生

土地登記之效力，於登記完畢後始發生，所謂「登記完畢」，係指土地權利經登記機關依本規則登記於登記簿，並校對完竣，加蓋登簿及校對人員名章後，為登記完畢。土地登記以電腦處理者，依系統規範登錄、校對，並異動地籍主檔完竣後，為登記完畢（土登§6I）。此外，依規定登記之土地權利，除另有規定外，非經法院判決塗銷確定，登記機關不得為塗銷登記（土登§7）。

陸、土地登記之損害賠償與更正

一、土地登記損害賠償

土地登記，既具有絕對效力，在採托崙斯登記之精神下[31]，為加強土地登記之公信力，倘因登記機關登記錯誤、遺漏或虛偽，致土地權利人受損害時，應由地政機關負損害賠償責任。

(一) 成立要件

土地法第68條第1項規定：「因登記錯誤、遺漏或虛偽致受損害者，由該地政機關負損害賠償責任，但該地政機關證明其原因應歸責於受害人時，

---

[31] 依澳洲新南威爾斯不動產法（Real Property Act）第129條規定，土地相關權利人在登記受到損失或損害時，可向登記機關之托崙斯保證基金（Torrens Assurance Fund）請求賠償。其申請若未在損失或損害發生的6年內提出，則依同法第131條之規定，該請求權罹於時效而消滅。托崙斯保證基金的來源包括：一、申請登記的費用、提出異議或撤銷異議的費用等，經部長指示而提撥於本基金中；二、登記機關基於本法之規定，代位求償所取回的款項；三、財政部給予之貸款；四、國會決議認為適合撥還於本基金中專用之部分；五、基於本法或其他法令規定，必須支付至本基金中的部分（不動產法§134）。

不在此限。」爰此，土地登記損害賠償之要件有四：

1. 須因登記錯誤、遺漏或虛偽

　　所謂登記錯誤，係指登記之事項與登記原因證明文件所載之內容不符而言；所謂遺漏，係指應登記事項而漏未登記者（土登§13）。惟此規定，係從狹義解釋，僅能以例示視之（最高法院76年度第5次民事庭會議決議），非謂可限制土地法第68條之適用（最高法院76年度台上字第470號判決）。所謂錯誤、遺漏，係以行為本身或行為結果所構成的客觀事實之錯誤或遺漏，應不涉及故意或過失的主觀要件之判斷。所謂虛偽，則為明知不實，而竟為之登記者。惟「虛偽」為意思表示之內心效果意思與外部表示行為不一致[32]（民§86、§87），其外部表示之結果登記與應登記事項不符，客觀事實上亦為錯誤或遺漏之一；登記人員明知、可得而知或不知，其結果亦為登記與實際不符，客觀上仍是登記「錯誤」或「遺漏」。其次，現行土地法第69條更正登記之事由為登記「錯誤」或「遺漏」，若不將「虛偽」之結果的「錯誤」或「遺漏」，解為更正登記之事由，則登記之「虛偽」造成之登記事項，將如何更正之？故有否另設「虛偽」之態樣，可斟酌之。又登記原因證明文件若係偽造或第三人詐術所為之登記虛偽，是否即為本法所稱之虛偽？若僅限登記人員或登記而成為登記名義之人，始得請求登記機關賠償，則善意之登記名義人因而受損，動的安全將難達成，信賴保護原則（行程§8，民§759-1Ⅱ）將形同具文。

2. 須有損害之發生

　　登記之損害賠償請求權與一般損害賠償請求權相同，以實際上受有損害為成立要件。所謂損害，依民法第216條規定，應包括所受損害及所失利益兩項。其中所謂所受損害，又稱積極損害，乃現存財產之減少；所謂所失利益，又稱消極損害，乃妨害既存財產之增加。土地法第68條第2項規定：「前項損害賠償，不得超過受損害之價值。」其中所謂「不得超過受損害之價值」，為登記賠償上限應無疑義。惟是否土地登記之損害賠償僅限於「所

---

[32] 最高法院83年度台上字第1904號判決理由認為，登記虛偽則地政人員明知或可得而知登記原因文件為不實仍為登記者而言，雖減輕地政人員之責任，惟將此主觀構成要件與錯誤或遺漏登記的客觀事實，並列為登記賠償制度之構成要件是否適宜，有待斟酌。

受損害」，不包括「所失利益」，而與民法、國家賠償法（國賠§5）所定之損害賠償範圍不同，則有待檢視之。

3. 損害之發生，須不可歸責於受害人

損害之發生，在過失相抵的原則下，若被害人與有過失者，得減輕其賠償金額或免除之（民§217Ⅰ），以期平允。故在此原則下，損害之發生，地政機關如能證明錯誤、遺漏或虛偽致受損害之原因，應歸責於受害人時，不在此限（土§68Ⅰ），惟「不在此限」其意義為何，是否得減輕賠償金額或免除，待探究之。爰此，凡登記機關之登記錯誤、遺漏或虛偽，係因不可歸責於受害人之事由所致者，均須負損害賠償責任，即無過失責任，即不以登記人員之故意或過失為要件，係採無過失賠償主義[33]。

4. 須有因果關係

因果關係，乃原因與結果之聯絡關係也，即損害之發生，係於登記錯誤、遺漏或虛偽之結果，兩者之間，具有相當因果關係，始能成立賠償責任，而不以地政機關是否有故意或過失為必要。所謂因果關係，即在客觀上，如無該行為，通常不發生損害；反之，如有該行為，通常即發生損害者，則具有因果關係。

(二) 請求權之行使

具備上述四要件，土地登記之損害賠償即得成立。受害人在程序上，應以書面先向地政機關請求賠償，若經地政機關拒絕，得向司法機關起訴（土§71）。又該請求權之行使，土地法未明訂其時效期間，其性質亦屬賠償請求權之一，故依國家賠償法之規定，賠償請求權，自請求權人知有損害時起，因2年間不行使而消滅；自損害發生時起，逾5年者亦同（國賠§8Ⅰ）。

---

[33] 學說及司法實務上，亦多持此說。參閱廖義男，國家賠償法，頁15，三民書局，民國85年4月增訂版。陳鳳琪，註12前揭書，頁61。最高法院93年度台上字第2538號判決。

(三) 賠償金之來源

登記錯誤、遺漏或虛偽損害賠償金之來源，係由地政機關所收登記費，應提存10%作為登記儲金，專備土地法第68條所定賠償之用（土§70I）。故所謂「登記儲金」，乃登記機關為因應賠償因登記錯誤、遺漏或虛偽而受損害之權利人之所需，依法予以專案儲存之基金。其有損害賠償應由登記人員償還地政機關者，亦應撥歸登記儲金（土§70II）。惟澳洲托崙斯登記之賠償，係以設立基金方式專款專用，並有消滅時效之規定，若維持現行「登記儲金」制而不併入國家賠償法之下，則宜以澳洲托崙斯登記賠償基金為借鏡。

(四) 地政機關求償權之行使

地政機關所負之損害賠償，如因登記人員之重大過失所致者，由該人員償還，撥歸登記儲金（土§70II）。藉地政機關求償權之賦予以督促登記人員善盡職守，避免違法濫權，惟地政機關之求償，須以登記人員有重大過失為限，所謂「重大過失」係指欠缺普通人之注意而言。

二、登記之更正

土地登記之目的，在於確立地籍，保護產權，藉以維持不動產交易安全，並為推行或制定土地政策等之依據。故維持正確之地籍登記，不僅攸關人民財產權之保障，亦影響國家土地制度之建立。更正制度之目的，係為匡正登記之錯誤與遺漏，提高土地登記之正確性，以保障人民財產權（司法院釋字第598號）。惟已登記完畢之土地權利，若登記錯誤、遺漏或虛偽，除應賠償土地權利人外，自應予以更正，以杜絕弊端，並有助公示原則之確立，故土地法第69條規定：「登記人員或利害關係人，於登記完畢後，發現登記錯誤或遺漏時，非以書面聲請該管上級機關查明核准後，不得更正。但登記錯誤或遺漏，純屬登記人員記載時之疏忽，若有原始登記原因證明文件可稽者，由登記機關逕行更正之。」

(一) 申請更正方式

依土地法第69條之規定，現行更正登記可分為登記人員或利害關係人聲

請更正及登記機關逕行更正兩種方式：

1. 聲請更正

申請人檢附之登記原因證明文件如契約書等所載應登記事項有記載錯誤或遺漏之情形，或登記原因證明文件無誤，純係登記機關之誤登或遺漏。若審查時未發覺通知補正或校正，導致登記錯誤或遺漏，登記人員或利害關係人於登記完畢後發現登記錯誤或遺漏，應以書面聲請該管上級機關查明核准後辦理登記之更正。

2. 逕為更正

依土地法第69條但書之規定，登記錯誤或遺漏，純屬登記人員記載時之疏忽，若有原始登記原因證明文件可稽者，由登記機關逕行更正之。即登記機關得基於職權自行辦理登記之更正，不須經由當事人聲請，稱之為逕為更正。又已辦地籍測量之地區，發現錯誤，係因依原測量錯誤純係技術引起或抄錄錯誤，得由登記機關逕行辦理更正（參酌地測§232，本書第二編第二章頁166）。

依現行規定，所謂「純屬登記人員記載時之疏忽，若有原始登記原因證明文件可稽者」由登記機關逕行更正之情形，依更正登記法令補充規定如下：

(1)因登記錯誤或遺漏而有案可稽者。

(2)登記名義人之姓名、住址、國民身分證統一編號或出生年月日等，已經戶政主管機關辦妥更正且有足資證明文件者。

(3)公有土地之管理機關有二個以上不同名稱，實際為同一機關者。

(4)共有土地經法院判決分割，原共有人之一依據法院確定判決單獨申辦共有物分割登記後，原共有土地之其餘部分仍維持原共有狀態者，顯屬錯誤。

(5)法院拍賣土地，經拍定人辦竣移轉登記後，執行法院又囑託更正拍賣權利範圍時。

(二) 更正登記之要件

依土地法第69條之規定，登記錯誤或遺漏時聲請更正之要件如下：

1. 須因登記錯誤或遺漏

所謂登記錯誤或遺漏，係指登記之事項與登記原因證明文件所載之內容

不符,或應登記之事項漏而未登記者(土登§13),惟此係例示性之規定,所稱之登記錯誤,應不限於登記之事項與登記原因證明文件所載之內容不符者,應包括其他原因而發生登記錯誤之情形。

2. 須不妨害登記之同一性

所謂不妨害原登記之同一性,乃指更正登記後,登記事項所示之法律關係,應與原登記相同,不得變更。換言之,登記之更正,有無妨害登記之同一性,須視更正後與原登記者,是否同一土地或建物,同一權利種類,及同一登記權利人[34]。即更正登記,僅在回復登記之真正權利,而不得變更登記所示之關係。若登記所示之法律關係有所爭執,則應訴由司法機關審判,以資解決(行政法院48年判字第72號判例)。亦即更正登記後之權利主體、種類、範圍或標的與原登記原因證明文件所載不符者,有違登記之同一性,應不予受理(更正登記法令補充規定6)。

惟更正登記僅侷限於登記事項與登記原因證明文件所載之內容不符而言,倘登記原因證明文件不符法定規定而有錯誤之情形,或行政機關違反審查基準要求所為之登記,而不得辦理更正登記,則是否狹義化了更正登記之適用,有待斟酌之[35]。

3. 須於登記完畢後申請

所謂登記完畢,係指土地權利,經登記機關登記於登記簿,並校對完竣,加蓋登記及校對人員名章而言。土地登記作業以電腦處理者,經依系統規範登錄、校對,並異動地籍主檔完竣後,為登記完畢(土登§6)。

4. 須由登記人員或利害關係人之申請

所謂登記人員,係指登記機關內從事土地登記業務之人員而言。所謂利害關係人,係指與土地登記權利有直接或間接利害關係之人,即登記記載錯誤會造成不利影響的關係人,因登記之錯誤或遺漏與其法益有關係,故允為更正登記之申請。

---

[34] 陳鳳琪,註12前揭書,頁69~70。又參見司法院釋字第598號解釋(94.6.3)理由書,認為土地法第69條之規定,係於無礙登記同一性之範圍內所為之更正登記。

[35] 最高行政法院92年度判字第1876號判決、93年度裁字第309號裁定等之見解,可供參照。

5. 須以書面向上級機關申請

登記錯誤或遺漏「非以書面聲請該管上級機關查明核准後，不得更正」，由於更正登記影響利害關係人之法益甚鉅，為求慎重，免滋生流弊，須以書面方式，報請上級機關查明後核准，方據以辦理更正。其中「查明核准」為法定程序（司法院釋字第598號解釋），惟為提高行政效率，簡化行政程序，登記之錯誤或遺漏，如純屬登記人員記載之疏忽，並有原始登記原因證明文件可稽者，由登記機關逕行更正之。惟土地登記之公示，係為保護善意第三人，故更正登記應以不妨礙善意第三人權益為前提。故更正登記若涉及有利害關係之第三人時，應由第三人會同申請[36]。

第三節　土地總登記

土地總登記，謂於一定期間內就直轄市或縣（市）土地之全部為土地登記（土§38 II），在已依法辦竣地籍測量之地方，應即依法辦理土地總登記。惟土地法施行前，業經辦竣土地登記之地區，在土地法施行後，於期限內換發土地權利書狀，並編造土地登記簿者，視為已依土地法辦理土地總登記（土施§11）。台灣光復後為辦理土地總登記，於民國35年11月26日訂定「台灣地籍釐整辦法」（已於民國62年廢止），嗣後又訂定「台灣省土地權利憑證繳驗及換發土地權利書狀辦法」乙則，經行政院核定於民國36年5月公布施行（已於民國61年廢止），土地所有權人依規定辦理權利憑證繳驗及換發土地權利書狀，即視為已辦理土地總登記[37]。土地總登記，所有

---

36 參閱行政院56年10月4日台(56)訴字第7767號令。

37 依土地法施行法第11條規定內容而言，將換發土地權利書狀，並編造土地登記簿者，視為已辦理土地總登記，其前提為「土地法施行前，業經辦竣土地登記之地區」。故台灣在光復前，依日本民法規範所辦理之土地登記，是否即屬「業經辦竣土地登記之地區」？土地法既為民法之特別法，其所謂「土地登記」，是否應為我國民法所稱之「登記」？又參酌行政院於民國35年11月26日第767次院會通過「臺灣地籍釐整辦法」第4條規定「在光復前日本政府已辦不動產登記之區域，不

權人應於登記申請期限內，提出登記申請書，檢附有關文件向登記機關申請之（土登§71），惟依土地法第41條之規定，土地法第2條所列之第三類交通水利用地，以及第四類之其他土地，均應免予編號登記，但因地籍管理必須編號登記者，不在此限。於編號登記時，得準用土地總登記之程序辦理（土登§77）。故土地總登記：一、須於地籍測量完竣後為之（土§36II、§38I）；二、須於一定期間內為之（土§38II）；三、須就全部土地為之（土§38II）。有關土地總登記之程序與規費收取標準情形，茲說明如下：

壹、登記程序

土地總登記之程序依規定如下：一、調查地籍；二、公布登記區及登記期限；三、接受文件；四、審查並公告；五、登記、發給書狀並造冊（土§48）。

一、調查地籍

調查地籍之目的，在於明瞭土地之客觀狀況與權屬關係，據以審核申請總登記之案件，俾使土地之客觀狀態與登記事實相符。調查地籍之內容包括各宗土地之座落、周圍界址、原有面積、土地所有權人、他項權利人之姓名、住址等土地權利事項及其他應查明事項，查填於地籍調查表內。惟地籍調查於戶地測量時，既已完成（土測§79），又地籍測量為土地登記之先行程序（土§38I），故土地總登記時，有否再進行地籍調查之必要，可斟酌之。

二、公布登記區及登記期限

土地總登記，得分若干登記區辦理。登記區，在直轄市不得小於區，在縣（市）不得小於鄉鎮（土§42）。故於地籍測量完竣之鄉鎮或市區，即可公布為登記區，以期迅速。所謂「公布登記區」，乃公布登記區之範圍，以便利土地權利人之聲請，有所依循，故土地總登記區前，應將該登記區地籍

動產權利人應將所持登記證書向主管地政機關繳驗，經審查公告無異議後，換發土地所有權狀，或他項權利證明書，並編造登記簿」，由於關係土地總登記之施行與否，影響權利人權益甚鉅，實應注意之。

圖公布之（土§50）。其次，所謂「公布登記期限」，乃明示每一登記區接受登記聲請之期限，將登記起訖日期予以公布，使土地權利人不致延宕，俾便依法在一定期間內完成土地之總登記（土§38II）。每一登記區接受登記聲請之期限，不得少於2個月（土§49）。

三、接受文件

登記機關接受登記申請書時，除第70條之5另有規定外，應即收件，並記載收件有關事項於收件簿與申請書（土登§54I）。依土地登記規則第70條之5第1項規定，登記機關接收全程網路申請案件時，應即收件；登記機關接收非全程網路申請案件時，應俟書面文件到所後再辦理收件。

地政機關接受土地登記之申請，有由於私人之申請者（申請登記），有由於政府機關之囑託者（囑託登記），亦有由於地政機關基於職權逕行為之者（逕為登記）。茲分別說明如下：

(一) 申請登記

1. 申請人

土地總登記，由土地所有權人於登記期限內檢同證明文件聲請之。如係土地他項權利之登記，應由權利人及義務人共同聲請（土§51）。故土地所有權之總登記由土地所有權人單獨申請登記，而他項權利之總登記，則由權利人會同義務人共同申請。又占有人和平繼續占有之土地，依民法第769條或第770條之規定，得請求登記為所有人者，並於登記期限內，經土地四鄰證明，聲請為土地所有權之登記（土§54）。若未於登記期限內聲請登記，亦未於公告期間內提出異議者，喪失其占有之權利（土§60）。

2. 申請文件

土地總登記，由土地所有權人於登記期限內，檢同證明文件聲請之（土§51）。申請土地登記應提出：(1)登記申請書；(2)登記原因證明文件；(3)申請人身分證明；(4)其他由中央地政機關依法規定應提出之證明文件。身分證明文件，能以電腦處理達成查詢者，得免提出（土登§34參照）。

(二) 囑託登記

土地登記之申請，由政府機關基於職權函囑提出者為囑託登記。公有土

地之登記，由原保管或使用機關囑託該管直轄市或縣（市）地政機關爲之。其所有權人欄，註明爲國有、直轄市有、縣（市）有或鄉（鎮、市）有（土§52）。

(三) 逕爲登記

土地登記，由登記機關本於職權直接所爲之登記爲逕爲登記。無保管或使用機關之公有土地，及因地籍整理而發現之公有土地，由該直轄市或縣（市）地政機關逕爲登記。其所有權人欄註明爲國有（土§53）。

四、審查並公告

直轄市或縣（市）地政機關接受聲請或囑託登記之件，經審查證明無誤，應即公告之。其依第53條逕爲登記者，亦同（土§55Ⅰ）。登記機關接受申請登記案件後，應即依法審查（土登§55）。故登記收件手續完畢後，無論其爲申請登記、囑託登記，均應進行審查，並於公告期滿後，方得爲確定登記。

(一) 審查

直轄市或縣（市）地政機關接受申請或囑託登記案件後，應即審查（土登§55Ⅰ），審查結果有問題者，依下述方式處理：

1. 補正

審查結果，如應補繳證明文件者，該管直轄市或縣（市）地政機關應限期令其補繳（土§55Ⅱ）。

2. 駁回

審查結果，認爲有瑕疵者，應即駁回。惟經駁回之登記申請案件，得向該管司法機關訴請確認其權利，如經裁判確認，得依裁判再行申請登記（土§56）。

(二) 公告

公告係登記機關將審查無誤之登記案件公布周知，使利害關係人得提出異議，以防止虛偽、錯誤或遺漏，以確保權利關係人之利益。

1. 公告期限

(1)申請或囑託登記之公告：直轄市或縣（市）地政機關接受聲請或囑託
　登記之件，經審查證明無誤，應即公告之，其期間不得少於15日（土
　§55、§58Ⅰ，土登§72），依此公告之事項如發現有錯誤，登記機關
　應於公告期內更正，並即於原公告之地方重新公告15日（土登§74）。

(2)無主土地之公告：逾登記申請期限，無人申請登記之土地，或經申請
　而逾限未補繳證明文件者，其土地視為無主土地，由該管直轄市或縣
　（市）地政機關公告之。其期間不得少於30日（土§57、§58Ⅱ）。公
　告期滿，無人提出異議，即為國有土地之登記（土§57）[38]。

(3)逕為登記之公告：無保管或使用機關之公有土地，及因地籍整理而發現
　之公有土地，由該管直轄市或縣（市）地政機關逕為登記，登記時之公
　告，不得少於15日（土§53、§55、§58），公告期滿若無人提出異議
　者，其所有權登記為國有。

2. 公告之處所

公告應於主管登記機關之公告處所為之（土登§73）。

3. 公告事項

公告之內容，應載明下列事項（土登§73）：(1)申請登記之所有權人
或他項權利人之姓名、住址；(2)土地標示及權利範圍；(3)公告起訖日期；
(4)土地權利人關係人得提出異議之期限、方式及受理機關。

4. 異議之處理

土地權利關係人，在前述公告期間內對公告事項如有異議，得向該主管
直轄市或縣（市）地政機關以書面提出，並應附具證明文件。其因異議而生
土地權利爭執時，應由該管直轄市或縣（市）地政機關予以調處，不服調處
者，應於接到調處通知後15日內，向司法機關訴請處理。逾期不起訴者，則
依原調處結果辦理（土§59，土登§75）。

---

[38] 行政機關鑑於公告期滿未提出異議者，即將私人土地登記為國有，似有所不妥，
　遂於民國62年3月4日訂頒「逾總登記期限無人申請登記之土地處理原則」乙則，
　以資平緩。又日治時期人民私有之土地，雖依土地總登記程序登記為國有，人民
　仍不因此喪失其所有權。112年憲判字第20號參酌。

五、登記、發給書狀並造冊

(一) 確定登記

　　聲請登記之土地權利公告期滿無異議，經調處成立或裁定確定者，應即爲確定登記（土§62Ⅰ）。確定登記之面積，應按原有證明文件所載四至範圍內，依實際測量所得之面積登記之。惟證明文件所載四至不明或不符者，如測量所得面積未超過證明文件所載面積十分之二時，應按實際測量所得之面積予以登記，如超過十分之二時，其超過部分視爲國有土地，但得由原占有人優先繳價承領登記（土§63）。

(二) 發給書狀

　　登記確定後應發給權利人以土地所有權狀或他項權利證明書。土地所有權狀應附以地段圖（土§62）。土地權利於登記完畢後，除權利書狀所載內容未變更、本規則或其他法規另有規定外，登記機關應即發給申請人權利書狀。但得就原書狀加註，於加註後發還之（土登§65Ⅰ）。又土地權利如係共有者，應按各共有人分別發給權利書狀，並於書狀內記明其權利範圍。共有人取得他共有人之應有部分者，於申請登記時，應檢附原權利書狀，登記機關應就其權利應有部分之總額，發給權利書狀。同一所有權人於同一區分所有建物有數專有部分時，其應分擔之基地權利應有部分，得依申請人之申請分別發給權利書狀（土登§66）。

　　有下列情形之一，經申請人於申請書記明免繕發權利書狀者，得免發給之，登記機關並應於登記簿其他登記事項欄內記明之：1.建物所有權第一次登記；2.共有物分割登記，於標示變更登記完畢；3.公有土地權利登記。登記機關逤爲辦理土地分割登記後，應通知土地所有權人換領土地所有權狀；換領前得免繕發（土登§65Ⅱ、Ⅲ）。

(三) 造冊

　　每登記區應依登記結果，造具登記總簿，由直轄市或縣（市）政府永久保存之。登記總簿之格式及其處理與保存方法，由中央地政機關定之（土§64）。

六、逾期未辦理總登記之處理

(一) 登記為國有土地

逾登記期限無人聲請登記之土地或經聲請而逾限未補繳證明文件者，其土地視為無主土地，由該管直轄市或縣市政府公告之，公告期滿，無人提出異議，即為國有土地之登記（土§57）。

(二) 喪失占有權利

和平繼續占有之土地，依民法第769條或第770條之規定，得請求登記為所有人者，應於登記期限內，經土地四鄰證明，聲請為土地所有權之登記（土§54）。合法占有土地人，未於登記期限內聲請登記，又未在公告期間內提出異議者，喪失其占有之權利（土§60）。

貳、登記規費

申請登記時應繳納之登記規費包括土地法所規定之登記費、書狀費、工本費、閱覽費。登記規費，除網路申請土地登記依第70條之6規定繳納外，應於申請登記收件後繳納之（土登§45、§47），網路申請土地登記之登記規費，得於登記機關收件前完成網路計費及繳費或於收件後繳納（土登§70-6）。其詳細內容如下：

一、登記費

土地總登記，應由權利人按申報地價或土地他項權利價值，繳納登記費千分之二（土§65）。又無主土地原權利人在公告期間內提出異議，並呈驗證件，聲請為土地登記者，如經審查證明無誤，應依規定程序，予以公告並登記，但應加繳登記費二分之一（土§66）。

申請建築物所有權第一次登記時，其權利價值之認定，依建物是否位於實施建築管理地區之不同，如建物在依法實施建築管理地區者，應以使用執照所列工程造價為準；如建物在未實施建築管理地區者，應以當地稅捐稽徵機關所核定之房屋現值為準（土登§48）。申請他項權利登記，其權利價值為實物或非現行通用貨幣者，應由申請人按照申請時之價值折算為新台幣，填入申請書適當欄內，再依法計收登記費。至若地上權、農育權、不動產役

權或耕作權等他項權利之權利價值不明者，應由申請人於申請書適當欄內自行加註，再依法計收登記費。

　　前二項權利價值低於各該權利標的物之土地申報地價或當地稅捐稽徵機關核定之房屋現值4%時，以各該權利標的物之土地申報地價或當地稅捐稽徵機關核定之房屋現值4%為其1年之權利價值，按存續之年期計算；未定期限者，以7年計算之價值標準計收登記費（土登§49）。

二、書狀費

　　書狀費為發給權利書狀所徵收之費用，土地所有權狀及土地他項權利證明書，應繳納書狀費，其費額由中央地政機關定之（土§67）。

三、工本費及閱覽費

　　有下列情形之一者，應繳納工本費或閱覽費（土§79-2）：

(一) 聲請換給或補給權利書狀者。

(二) 聲請發給登記簿或地籍圖謄本或節本者。

(三) 聲請抄錄或影印登記聲請書及其附件者。

(四) 聲請分割登記，就新編地號另發權利書狀者。

(五) 聲請閱覽地圖之藍晒圖或複製圖者。

(六) 聲請閱覽電子處理之地籍資料者。

　　上述工本費、閱覽費費額，由中央地政機關定之。

四、登記費與書狀費之退還

　　已繳之登記費及書狀費，有下列情形之一者，得由申請人於10年內請求退還之（土登§51）：

(一) 登記申請撤回者。

(二) 登記依法駁回者。

(三) 其他依法令應予退還者。

　　申請人於10年內重新申請登記者，得予援用未申請退還之登記費及書狀費。

第四節　土地權利變更登記

壹、意　義

　　土地權利變更登記，謂以變更既存登記之一部爲目的之登記，按不動產物權，依法律行爲而取得、設定、喪失及變更者，非經登記，不生效力（民§758）。故於土地總登記後，土地權利有移轉、分割、合併、設定、增減或消滅時所爲之登記稱之爲土地權利變更登記（土§72）。其次，所稱土地權利，除土地之所有權與他項權利外，包括建築改良物之所有權與他項權利在內（土§37）。又耕作權，亦應辦理登記（土登§4）。

貳、種　類

　　所謂土地權利變更登記，即土地權利主體變更、客體變更、內容變更所辦理之變更登記屬之。依土地法第72條規定，就辦理變更登記之原因而言，可分爲：

一、土地權利移轉登記

　　指因權利主體變更所爲之登記。權利主體變更之原因，如買賣、繼承、贈與、法院判決、徵收等。土地權利移轉，不以所有權爲限，他項權利如地上權、農育權、不動產役權、典權等如有移轉，亦應辦理土地權利移轉登記。至於抵押權與地役權具有從屬性，抵押權得隨同擔保之債權之移轉而移轉（民§295）。地役權亦得隨同需役地之讓與而移轉於他人（民§853參照）。

二、土地權利分割登記

　　指一所有權人之一宗土地，分割爲多宗，而爲各個人所有；或數人共有一宗土地分割爲數宗，由各共有人取得單獨所有權所爲之登記[39]。若同一所

---

[39] 司法院釋字第671號解釋（99.1.29）認爲，「分別共有不動產之應有部分，於設定抵押權後，共有物經分割者，其抵押權不因此而受影響。於分割前未先徵得抵押

有權人之一宗土地，分割爲多宗，而所有權人不變，則爲標示變更登記，非屬土地權利分割登記。

三、土地權利合併登記

指不同所有人之標的物合併所爲之登記。如兩宗或兩宗以上同一地段、地界相連、使用分區及使用性質均相同之土地，合併成爲一宗而言（地測§224 I）；或建築物已辦畢所有權登記，位置相連之建築合併所爲之登記（地測§290 I）。上述之土地或建物之合併，若合併前後，皆爲同一所有權人，則爲標示變更登記，非屬土地權利合併登記。

四、土地權利設定登記

指土地總登記後，在標的物上設定他項權利，如設定地上權、農育權、不動產役權、典權、抵押權、耕作權等所爲之登記。

五、土地權利增減登記

指因標的物增加或減少所爲之登記，如土地因水流變遷而增加者，或因坍沒後再回復原狀者，或建築物之拆除、增建者，均得爲增減之登記。

六、土地權利消滅登記

指因標的物絕對消滅所爲之登記。如土地坍沒、流失、建物倒塌、被焚燬所爲之滅失登記。

參、登記程序

辦理土地登記，除土地規則另有規定外，程序如下（土登§53 I）：

權人同意者，於分割後，自係以原設定抵押權而經分別轉載於各宗土地之應有部分，爲抵押權之客體。土地登記規則第107條之規定，符合民法規定之意旨，亦與憲法第15條保障人民財產權之規定，尚無牴觸。」惟就交易成本或資訊不對稱之立論基礎而言，他共有人之權益，似更值得爲之保護，故現行制度設計，誠有再考量修正之必要。參見楊松齡，共有土地分割登記轉載問題之探討，台灣土地研究，民國95年。

一、收件；二、計徵規費；三、審查；四、公告；五、登簿；六、繕發書狀；七、異動整理；八、歸檔等項。惟公告僅於土地總登記、土地所有權第一次登記、建築物所有權第一次登記、時效取得登記、書狀補給登記及其他法令規定者適用之。

一、收件

(一) 申請登記

土地權利變更登記，應由權利人及義務人會同聲請之。其無義務人者，由權利人聲請之。其係繼承登記者，得由任何繼承人為全體繼承人聲請之。但其聲請，不影響他繼承人拋棄繼承或限定繼承之權利（土§73Ⅰ）。惟政府因實施土地重劃、區段徵收及其他依法律規定，公告禁止所有權移轉、變更、分割及設定負擔之土地，登記機關應於禁止期間內，停止受理該地區有關登記案件之申請。但因繼承、強制執行、徵收或法院判決確定，申請登記者，不在此限（土登§70）。

土地權利變更登記之申請，原則上由權利人會同義務人共同為之，若無義務人，始由權利人或登記名義人單獨申請登記（得單獨申請之情形，請參閱本章第二節「土地登記通則」之肆、土地登記之申請之二、單獨申請）。

土地權利變更登記固以由當事人申請登記為原則，然政府機關為執行公務或執行土地政策及為整理地權，基於職權，而由政府機關囑託登記機關登記，或由登記機關逕為登記者（得囑託登記之情形，請參閱本章第二節「土地登記通則」之肆、土地登記之申請之六、逕為登記及七、囑託登記）。

(二) 申請文件

申請土地權利變更登記應提出之文件，應檢附原發土地所有權狀及地段圖，或他項權利證明書（土§74）。惟依土地登記規則規定，應提出之文件如下（土登§34）：

1. 登記申請書。
2. 登記原因證明文件[40]。

---

[40] 係證明登記事項原因之法律行為或法律事實之成立或發生之文件，如買賣契約

3.已登記者，其所有權狀或他項權利證明書。

4.申請人身分證明。

5.其他由中央地政機關依法規定應提出之文件。

其中第4款之文件，能以電腦處理達成查詢者，得免提出。又有下列情形之一者，得免提出前條第3款之文件（土登§35）：

1.因徵收、區段徵收、撥用或照價收買土地之登記。

2.因土地重劃或重測確定之登記。

3.登記原因證明文件為法院權利移轉證書或確定判決之登記。

4.法院囑託辦理他項權利塗銷登記。

5.依法代位申請登記。

6.遺產管理人之登記。

7.法定地上權之登記。

8.依原國民住宅條例規定法定抵押權之設定及塗銷登記。

9.依土地法第34條之1第1項至第3項規定辦理之登記，他共有人之土地所有權狀未能提出。

10.依民法第513條第3項規定法定抵押權之登記。

11.依本規則規定未發給所有權狀或他項權利證明書。

12.祭祀公業或神明會依祭祀公業條例第50條或地籍清理條例第24條規定成立法人，所申請之更名登記。

書、贈與契約書、抵押權設定契約書、權利移轉證明書、法院判決確定書或和解筆錄等屬之。如以契約書為登記原因證明文件者，應以公定契約書為之（內政部地政司編印，土地登記審查手冊（上），頁25，民國111年12月）。前揭登記原因證明文件中所稱之契約書，係指不動產物權契約，亦即俗稱之公契。參閱黃茂榮，不動產契約之要式性，植根雜誌，15卷7期，頁357，民國88年7月。王澤鑑認為申請登記時所檢附之公定契約書屬債權契約，兼具不動產物權契約之性質；朱柏松亦有相同之看法。參閱王澤鑑，民法物權，頁87，三民書局，民國98年；朱柏松，民事法問題研究——物權法論，頁2，元照出版，民國99年。又民國98年1月12日民法修正條文第758條之修正理由「……所謂『書面』，係指具備足以表示有取得、設定、喪失或變更某特定不動產物權之物權行為之書面而言。」請參照。

13.其他依法律免予提出。

　　網路申請土地登記方式，分爲全程網路申請及非全程網路申請。網路申請登記項目由中央地政機關公告之。前項全程網路申請，係指申請人於網路提出土地登記之申請，其應提出之文件均以電子文件提供並完成電子簽章者；非全程網路申請，係指申請人於網路提出土地登記之申請，其應提出之文件未能全部以電子文件提供並完成電子簽章，部分文件仍爲書面者（土登§70-1Ⅰ、Ⅱ）。

　　依第34條規定申請登記應提出之文件，於網路申請土地登記時，依下列規定辦理（土登§70-3）：

1.登記申請書電子文件應以電子簽章方式辦理。

2.登記原因證明文件或其他由中央地政機關規定應提出之證明文件，除能以政府資料庫達成查詢或提供者，得免提出外，應爲電子文件並完成電子簽章。但非全程網路申請土地登記者，不在此限。

3.已登記者，除有第35條規定情形外，應提出所有權狀或他項權利證明書。

4.申請人身分證明文件，能以電腦處理達成查詢，得免提出。

　　又第5款依法應提出之文件，如申請土地權利移轉登記時，依民法物權編施行法第8條之5第3項、第5項、土地法第34條之1第4項、農地重劃條例第5條第2款、第3款或文化資產保存法第32條規定之優先購買權人已放棄優先購買權者，應附具出賣人之切結書，或於登記申請書適當欄記明優先購買權人確已放棄其優先購買權，如有不實，出賣人願負法律責任字樣。

　　依民法第426條之2、第919條、土地法第104條、第107條、耕地三七五減租條例第15條或農地重劃條例第5條第1款規定，優先購買權人放棄或視爲放棄其優先購買權者，申請人應檢附優先購買權人放棄優先購買權之證明文件；或出賣人已通知優先購買權人之證件並切結優先購買權人接到出賣通知後逾期不表示優先購買，如有不實，願負法律責任字樣。

　　依前二項規定申請之登記，於登記完畢前，優先購買權人以書面提出異議並能證明確於期限內表示願以同樣條件優先購買或出賣人未依通知或公告之條件出賣者，登記機關應駁回其登記之申請（土登§97）。

(三) 申請期限

　　聲請土地權利變更登記應於權利變更之日起1個月內爲之（土§73，土

登§33Ⅰ）⁴¹。所謂權利變更之日，係指（土登§33）：

1. 契約成立之日。

2. 法院判決確定之日。

3. 訴訟上和解或調解成立之日。

4. 依鄉鎮市調解條例規定成立之調解，經法院核定之日。

5. 依仲裁法作成之判斷，判斷書交付或送達之日。

6. 產權移轉證明文件核發之日。

7. 法律事實發生之日。

土地權利變更登記如係繼承登記者，得自繼承開始之日起6個月內為之（土§73Ⅱ，土登§33Ⅰ）。聲請逾期者，每逾1個月得處應納登記費額1倍之罰鍰，但最高不得超過20倍（土§73Ⅱ）。惟計算登記費罰鍰時，對於不能歸責於申請人之期間，應予扣除（土登§50Ⅱ）。

繼承登記因遺產繼承牽涉複雜，致未申辦繼承登記之土地建物，與年俱增。不但導致地籍紊亂，亦使稅籍失實。為謀解決方法，民國64年土地法修正時，特增訂繼承登記之除斥期間。並於民國89年修正第73條之1規定，又充分保障繼承人的權益，復於民國111年6月22日修正公布如下：

1. 逾期之列冊管理

土地或建築改良物自繼承開始之日起，逾1年未辦理繼承登記者，經該管直轄市或縣（市）地政機關查明後，應即公告繼承人於3個月內聲請登記，並以書面通知繼承人；逾期仍未聲請者，得由地政機關予以列冊管理。但有不可歸責於聲請人之事由，其期間應予扣除（土§73-1Ⅰ）。

2. 移請標售

列冊管理期間為15年，逾期仍未聲請登記者，由地政機關書面通知繼承人及將該土地或建築改良物清冊移請國有財產署公開標售。繼承人占有或第三人占有無合法使用權者，於標售後喪失其占有之權利；土地或建築改良物租賃期間超過5年者，於標售後以5年為限（土§73-1Ⅱ）。

---

⁴¹ 企業併購後，其財產權利之變更或合併登記，除其他法規另有更長期間之規定外，應於合併基準日起6個月內為之，不適用土地法第73條有關1個月內辦理之限制，參閱企業併購法第25條第3項規定。

3. 優先購買權之行使

依規定標售土地或建築改良物前應公告3個月，繼承人、合法使用人或其他共有人就其使用範圍依序有優先購買權。但優先購買權人未於決標後30日內表示優先購買者，其優先購買權視為放棄（土§73-1Ⅲ）。

4. 標售款之提領

標售所得之價款應於國庫設立專戶儲存，繼承人得依其法定應繼分領取。逾10年無繼承人申請提領該價款者，歸屬國庫（土§73-1Ⅳ）。

5. 國有之登記

標售之土地或建築改良物無人應買或應買人所出最高價未達標售之最低價額者，由財政部國有財產署定期再標售，於再行標售時，財政部國有財產署應酌減拍賣最低價額，酌減數額不得逾20%。經五次標售而未標出者，登記為國有並準用第2項後段喪失占有權及租賃期限之規定。自登記完畢之日起10年內，原權利人得檢附證明文件按其法定應繼分，向財政部國有財產署申請就第4項專戶提撥發給價金；經審查無誤，公告90日期滿無人異議時，按該土地或建築改良物第五次標售底價分算發給之（土§73-1Ⅴ）。

二、計徵規費

申請登記時，應繳納之登記規費係指土地法規定之登記費、書狀費、工本費及閱覽費（土登§45）。並依土地法之規定繳納或免納，且登記規費除網路申請土地登記依第70條之6規定繳納外，應於申請登記收件後繳納之（土登§46、§47）。惟在我國規費法施行後登記規費之收取，應採用「費用補償原則」或「利益報償原則」，有待研議之必要。

(一) 登記費

聲請為土地權利變更登記，應由權利人按照申報地價或權利價值千分之一登記費，但聲請他項權利內容變更登記，除權利價值增加部分依上述規定繳納登記費外，免納登記費（土§76）。

申請他項權利登記其權利價值為實物或非現行通用貨幣者，應由申請人按照申請時之價值折算為新台幣，填入申請書適當欄內，再依法計收登記費。申請地上權、永佃權、不動產役權、耕作權或農育權之設定或移轉登記，其權利價值不明者，應由申請人於申請書適當欄內自行加註，再依法計

收登記費。

　　前二項權利價值低於各該權利標的物之土地申報地價或當地稅捐稽徵機關核定之房屋現值4%時，以各該權利標的物之土地申報地價或當地稅捐稽徵機關核定之房屋現值4%為其1年之權利價值，按存續之年期計算；未定期限者，以7年計算之價值標準計收登記費（土登§49）。

　　依土地法規定：1.土地重劃之變更登記；2.更正登記；3.消滅登記；4.塗銷登記；5.更名登記；6.住址變更登記；7.標示變更登記；8.限制登記，免納登記費（土§78）。土地登記，應依土地法規定繳納登記規費。登記費未滿新台幣1元者，不予計收。但有下列情形之一者，免繳納：1.抵押權設定登記後，另增加一宗或數宗土地權利為共同擔保時，就增加部分辦理設定登記；2.抵押權次序讓與、拋棄或變更登記；3.權利書狀補（換）給登記；4.管理人登記及其變更登記；5.其他法律規定免納。以郵電申請發給登記簿或地籍圖謄本或節本者，應另繳納郵電費（土登§46）。

(二) 書狀費

　　因土地權利變更登記所發之土地權利書狀，每張應繳費額如前節所述土地總登記應繳之土地權利書狀費同（土§77）。

　　已繳之登記費及書狀費，有下列情形之一者，得由申請人於10年內請求退還之：1.登記經申請撤回；2.登記經依法駁回；3.其他依法令應予退還。申請人於10年內重新申請登記者，得予援用未申請退還之登記費及書狀費（土登§51）。

(三) 工本費及閱覽費

　　有下列情形之一者，應繳納工本費或閱覽費（土§79-2）：
1. 聲請換給或補給權利書狀者。
2. 聲請發給登記簿或地籍圖謄本或節本者。
3. 聲請抄錄或影印登記聲請書及其附件者。
4. 聲請分割登記，就新編地號另發權利書狀者。
5. 聲請閱覽地籍圖之藍晒圖或複製圖者。
6. 聲請閱覽電子處理之地籍資料者。

　　前項工本費、閱覽費費額，由中央地政機關定之。

三、審查

登記機關接受申請登記案件後，應即依法審查（土登§55Ⅰ），審查結果無誤者，應即登簿。有瑕疵者，應令補正或駁回，補正與駁回之事由如下：

(一) 補正

有下列情形之一者，登記機關應以書面敘明理由或法令依據，通知申請人於接到通知書之日起15日內補正（土登§56）：
1. 申請人之資格不符或其代理人之代理權有欠缺。
2. 登記申請書不合程式或應提出之文件不符或欠缺。
3. 登記申請書記載事項，或關於登記原因之事項，與登記簿或其證明文件不符，而未能證明其不符之原因。
4. 未依規定繳納登記規費。

(二) 駁回

有下列各款情形之一者，登記機關應以書面敘明理由及法令依據，駁回登記之申請（土登§57）：
1. 不屬受理登記機關管轄。
2. 依法不應登記。
3. 登記之權利人、義務人或其與申請登記之法律關係有關之權利關係人間有爭執。
4. 逾期未補正或未照補正事項完全補正。

申請人不服駁回時，得依訴願法規定提起訴願。依第1項第3款駁回者，申請人並得向司法機關訴請裁判或以訴訟外紛爭解決機制處理。

駁回登記之申請時，應將登記申請書全部發還，並得將駁回理由有關文件複印存查。已駁回或撤回登記案件，重新申請登記時，應另行辦理收件（土登§58、§60）。

四、登簿並繕發書狀

申請為土地權利變更登記之案件，經該管直轄市或縣（市）地政機關審

查無誤後，應即登記於登記總簿，發給土地所有權狀或他項權利證明書，並將原發土地權利書狀註銷，或就該書狀加以註明（土§75）。土地或建物權利如係共有者，應按各共有人分別發給權利書狀，並於書狀內記明其權利範圍（土登§66Ⅰ）。

土地權利於登記完畢後，除權利書狀所載內容未變更、本規則或其他法規另有規定外，登記機關應即發給申請人權利書狀。但得就原書狀加註者，於加註後發還之。有下列情形之一，經申請人於申請書記明免繕發權利書狀者，得免發給之，登記機關並應於登記簿其他登記事項欄內記明之：(一)建物所有權第一次登記；(二)共有物分割登記，於標示登記完畢者；(三)公有土地權利登記。登記機關逕為辦理土地分割登記後，應通知土地所有權人換領土地所有權狀；換領前得免繕發（土登§65）。

此外，權利書狀（所有權狀或他項權利證明書）為土地或建物權利人之權利憑證，因此權利書狀有損壞、或滅失、或權利已變動者，應有如下適當之處理方式，以彰土地登記之功能。

(一) 權利書狀之補、換給

土地所有權狀及土地他項權利證明書，因損壞或滅失請求換給時，依下列規定辦理（土§79）：

1. 因損壞請求換給者，應提出損壞之原土地所有權狀或原土地他項權利證明書。
2. 因滅失請求補給者，應敘明滅失原因，檢附有關證明文件，經地政機關公告30日，公告期滿無人就該滅失事實提出異議後補給之。

(二) 權利書狀之公告作廢

登記機關原發土地所有權狀或他項權利證明書，有下列情形之一者，而未能提出權利書狀者，應於登記完畢時公告註銷（土登§67）：

1. 申辦繼承登記，經申請之繼承人檢附切結書。
2. 申請他項權利塗銷登記，經檢附他項權利人切結書者，或他項權利人出具已交付權利書狀之證明文件，並經申請人檢附未能提出之切結書。
3. 申請建物滅失登記，經申請人檢附切結書。
4. 申請塗銷信託、信託歸屬或受託人變更登記，經權利人檢附切結書。

5. 申請都市更新權利變換登記，未受分配或不願參與分配者；或經登記機關於登記完畢後通知換領土地及建築物權利書狀，未於規定期限內提出。
6. 合於土地登記規則第35條第1款至第5款、第9款、第12款及第13款情形之一，即(1)因徵收、區段徵收、撥用或照價收買土地之登記；(2)因土地重劃或重測確定之登記；(3)登記原因證明文件為法院權利移轉證書或確定判決之登記；(4)法院囑託辦理他項權利塗銷登記；(5)代位申請登記；(6)依土地法第34條之1第1項至第3項規定辦理之登記，他共有人之土地所有權狀未能提出者；(7)祭祀公業或神明會依祭祀公業條例第50條或地籍清理條例第24條規定成立法人，所申請之更名登記；(8)其他依法律或由中央地政機關公告免予提出。

五、異動整理及歸檔

登記案件辦理完竣後，應即異動整理及歸檔。異動整理包括統計及異動通知（土登§53Ⅱ）。歸檔後之收件簿、登記申請書及其附件，除土地所有權第一次登記案件應永久保存外，應自登記完畢之日起保存15年，文件之保存及銷毀，由登記機關依檔案法相關規定辦理（土登§19）。

第五節　限制登記

限制登記，謂限制登記名義人處分其土地權利所為之登記。我國土地登記採登記生效主義，故登記名義人對其土地權利，依法得自由移轉、設定負擔等處分，惟為保全權利人之權益，在一定程序下，對於登記名義人之土地權利，得經由限制登記，以發生限制其處分之效力。所謂限制登記，包括預告登記、查封、假扣押、假處分或破產登記，及其他依法律所為禁止處分之登記（土登§136）。其目的在於保全將來可能實現之土地權利，對於現在已經確定登記之土地權利，申請予以限制處分之登記，故亦稱之為保全登記，茲分述如下：

壹、預告登記

一、意義

預告登記係預爲保全對於他人土地或建物權利之移轉、消滅或其內容或次序變更爲標的、或附條件或期限之請求權所爲之登記。其目的在於保全未來之請求權或附有條件、期限之請求權，防止登記名義人對該土地爲有妨害其債權之請求權而爲之準備登記[42]，故預告登記之要件爲：(一)須爲請求權人之申請；(二)須爲保全請求權人之權益；(三)須以他人土地或建物爲標的；(四)須經登記名義人同意。

二、原因

聲請保全下列請求權之預告登記，應由請求權人檢附登記名義人之同意書爲之（土§79-1Ⅰ，土登§137Ⅰ）：
(一) 關於土地權利移轉或使其消滅之請求權。
(二) 土地權利內容或次序變更之請求權。
(三) 附條件或期限之請求權。

三、效力

土地權利經預告登記後，土地登記名義人所爲土地權利之處分行爲即受限制。在預告登記未塗銷前，登記名義人就其土地所爲之處分，對於所登記之請求權有妨礙者，無效。但預告登記對於因徵收、法院判決或強制執行而爲之新登記，無排除之效力（土§79-1Ⅱ、Ⅲ）。又預告登記之塗銷，應提出原預告登記請求權人之同意書。預告登記之請求權爲保全土地權利移轉者，請求權人會同申辦權利移轉登記時，於登記申請書備註欄記明併同辦理塗銷預告登記者，免依第1項規定辦理（土登§146Ⅰ、Ⅲ）。

---

[42] 史尚寬，註1前揭書，頁170。

貳、查封、假扣押、假處分、破產登記

一、意義

(一) 查封：係爲保全債權人之債權，於債權人依申請取得執行名義後，由執行法院就債務人之財產，予以封閉，限制債務人處分其財產之行爲（強執§76參酌）。

(二) 假扣押：債權人就金錢請求或得易爲金錢之請求，欲保全強制執行者，得申請法院限制債務人處分其財產之行爲（民訴§522）。

(三) 假處分：債權人就金錢請求外之請求，欲保全強制執行者，得聲請法院限制債務人處分其財產之行爲（民訴§532）。

(四) 破產：債務人不能清償債務時，爲使各債權人獲得平等滿足，並兼顧債務人之利益，由法院參與其事，就債務人之財產，由法院宣告破產。破產人因破產之宣告，對於應屬破產財團之財產喪失其管理處分權（破產§75）。

二、處理方式

(一) 法院囑託登記

　　土地總登記後，法院或行政執行分署囑託登記機關辦理查封、假扣押、假處分、暫時處分、破產登記或因法院裁定而爲清算登記時，應於囑託書內記明登記之標的物標示及其事由。登記機關接獲法院或行政執行分署之囑託時，應即辦理，不受收件先後順序之限制。

　　登記標的物如已由登記名義人申請移轉或設定登記而尚未登記完畢者，應即改辦查封、假扣押、假處分、暫時處分、破產或清算登記，並通知登記申請人。

　　登記標的物如已由登記名義人申請移轉與第三人並已登記完畢者，登記機關應即將無從辦理之事實函復法院或行政執行分署。但法院或行政執行分署因債權人實行抵押權拍賣抵押物，而囑託辦理查封登記，縱其登記標的物已移轉登記與第三人，仍應辦理查封登記，並通知該第三人及將移轉登記之事實函復法院或行政執行分署。

　　前三項之規定，於其他機關依法律規定囑託登記機關爲禁止處分之登

記，或管理人持法院裁定申請為清算之登記時，準用之（土登§138）。

法院或行政執行分署囑託登記機關，就已登記土地上之未登記建物辦理查封、假扣押、假處分、暫時處分、破產登記或因法院裁定而為清算登記時，應於囑託書內另記明登記之確定標示以法院或行政執行分署人員指定勘測結果為準字樣。

前項建物，由法院或行政執行分署派員定期會同登記機關人員勘測。勘測費，由法院或行政執行分署命債權人於勘測前向登記機關繳納。

登記機關勘測建物完畢後，應即編列建號，編造建物登記簿，於標示部其他登記事項欄辦理查封、假扣押、假處分、暫時處分、破產或清算登記。並將該建物登記簿與平面圖及位置圖之影本函送法院或行政執行分署。

前三項之規定，於管理人持法院裁定申請為清算之登記時，準用之（土登§139）。

此外，同一土地經辦理查封、假扣押、假處分登記後，法院或行政執行分署再囑託為查封、假扣押、假處分登記時，登記機關應不予受理，並復知法院或行政執行分署已辦理登記之日期及案號（土登§140）。

有下列情形之一者，登記機關應予登記，並將該項登記之事由，分別通知有關機關（土登§142）：1.土地經法院或行政執行分署囑託查封、假扣押、假處分、暫時處分、破產登記或因法院裁定而為清算登記後，其他機關再依法律囑託禁止處分之登記；2.土地經其他機關依法律囑託禁止處分登記後，法院或行政執行分署再囑託查封、假扣押、假處分、暫時處分、破產登記或因法院裁定而為清算登記。

(二) 停止有關之新登記

土地或建物經法院或行政執行處辦理查封、假扣押、假處分、暫時處分、破產登記或因法院裁定而為清算登記後，債務人就查封物所為移轉、設定負擔或其他有礙執行效果之行為，對於債權人不生效力。是以登記機關在查封、假扣押、假處分、暫時處分、破產登記或因法院裁定而為清算登記未塗銷前，登記機關應停止與其權利有關之新登記。但有下列情形之一為登記者，不在此限：1.徵收、區段徵收或照價收買；2.依法院確定判決申請移轉、設定或塗銷登記之權利人為原假處分登記之債權人；3.公同共有繼承；4.其他無礙禁止處分之登記。有前項第2款情形者，應檢具法院民事執行分

署或行政執行分署核發查無其他債權人併案查封或調卷拍賣之證明書件（土登§141）。又所稱「停止與其權利有關」之新登記，應指登記機關所為之新登記，不得有妨礙債權人利益之情事。若不妨礙或損害債權人利益之新登記，如前順位抵押權之塗銷登記、住址變更登記等，登記機關仍得就已為限制登記之不動產為新登記。

參、依法禁止處分之限制登記

禁止處分登記係行政機關基於其職權之行使，為確保其行政業務目的之達成，對於土地登記名義人之土地或建物為禁止處分之囑託申請，以完成其行政任務。

禁止處分之登記，其效果與上述之查封登記等相同，惟其係由行政機關囑託登記機關為之，而非由法院囑託之。其次，禁止處分登記之目的，亦不相同，其情形如下：

一、為稅捐保全之必要

依稅捐稽徵法之規定，納稅義務人欠繳應納稅捐者，稅捐稽徵機關得就納稅義務人相當於應繳稅捐數額之財產，通知有關機關，不得為移轉或設定他項權利（稅捐§24）。故稅捐稽徵機關，對於欠稅者名下之土地或建築物，不必經法院之裁定，得逕行囑託地政機關辦理禁止處分登記。

二、為國軍眷村改建房屋之必要

依國軍老舊眷村改建條例之規定，由主管機關配售之住宅，除依法繼承者外，承購人自產權登記之日起未滿5年，不得自行將住宅及基地出售、出典、贈與或交換。前項禁止處分，於建築完工交屋後，由主管機關列冊囑託當地土地登記機關辦理土地所有權移轉登記及建築改良物所有權第一次登記時，並為禁止處分之限制登記（國眷§24）。

三、為監管清理之必要

依銀行法之規定，銀行經主管機關派員監管、接管或勒令停業進行清理時，主管機關對銀行及其負責人或有違法嫌疑之職員，得通知有關機關或機構，禁止其財產為移轉、交付或設定他項權利，並得函請入出境許可之機關

限制其出境（銀行§62-1）。

四、為防治土壤污染之必要

　　主管機關對於公告之整治場址之土地，應囑託土地所在地之登記機關辦理土地禁止處分之登記（土污§21）。

第三編

▶ 第一章　通　則

▶ 第二章　國土計畫

▶ 第三章　區域計畫及非都市土地分區使用計畫

▶ 第四章　都市計畫與新市鎮開發

▶ 第五章　都市更新與危老建築重建

▶ 第六章　房屋及基地租用

▶ 第七章　耕地租用

▶ 第八章　邊際土地之使用

▶ 第九章　土地重劃

▶ 第十章　工業用地之開發

土地使用

「地盡其利」爲我國土地使用政策之最高指導原則，土地法第三編「土地利用」即依循地盡其利之立法主旨，規範各類土地之利用。全編共分爲：「通則」、「使用限制」、「房屋及基地使用」、「耕地租用」、「荒地使用」、「土地重劃」等六章，計63條。就其內容而言，可歸納爲兩類：第一類著重於土地之規劃與管制，如通則、使用限制、荒地使用、土地重劃等四章。第二類著重於租用關係之調整，如房屋及基地租用、耕地租用等兩章。

　　有關土地之使用管制或規劃，除土地法之規定外，尚有民國28年公布、之「都市計畫法」、民國63年公布之「區域計畫法」以及民國65年發布之「非都市土地使用管制規則」。此外，近年來爲提高人民生活品質，加速社區之開發，分別於民國86年公布「新市鎮開發條例」、民國87年公布「都市更新條例」等，均爲當前我國有關土地使用規劃或管制之主要法規。此外，爲促進農村社區土地合理利用，改善農村生活環境，於民國89年公布「農村社區重劃條例」等。其次，「國民住宅條例」、「耕地三七五減租條例」、「農地重劃條例」、「山坡地保育利用條例」、「獎勵民間參與交通建設條例」、「農業發展條例」等法令，亦直接或間接與土地使用規劃或管制有所關聯，可補現行土地法及平均地權條例相關規定不足之處。故涉及土地使用，上述相關法令宜綜合考量之。

第一章　通　則

　　土地為一切生產之基本要素，惟其自然供給固定，而難以增減。為滿足人類生存之必要，苟非施以勞力、資本，以促進土地之開發利用，殊不足以調節其經濟供給。然過度之開發利用或低度利用，皆影響整體土地資源之合理利用，且因土地自然獨占性、位置固定，使用上容易產生外部性，對鄰地使用影響甚鉅，故宜藉國家之公權力，指導土地之合理利用，以充分發揮土地之經濟效益。

第一節　土地使用

壹、土地使用之意義

　　土地使用，謂施以勞力資本為土地之利用（土§80）。整理土地之最高目的，為使地盡其利，所謂施以勞力、資本於土地而為利用者，為土地使用，係以立法解釋明示其義，蓋就生產三要素之勞力、資本以合理方式投施於土地上，以促進地利。期藉投施可以移動之勞力、資本於不可移動之土地上，以適當、合理之配合，充分發揮土地之經濟潛力，以滿足人類之需求。

貳、土地使用之編定

　　為促進土地之利用，宜考量土地之自然、社會、經濟等條件之差異，而施以不同之勞力資本，方克有濟。就整體而言，亦非每宗土地不辨其差異，皆投入大量勞力資本，即可達到社會總體最大效益。因此，透過使用編定方式，區分土地之差異，以利勞力資本之投施，厥為促進地利之首要步驟。

一、編定之原則

　　直轄市或縣（市）地政機關得就管轄區內之土地，依國家經濟政策、地方需要情形及土地所能供使用之性質，分別商同有關機關，編為各種使用地（土§81）。此外，為促進土地合理使用，並謀經濟均衡發展，主管機關應

依國家經濟政策、地方需要情形、土地所能提供使用之性質與區域計畫及都市計畫之規定，全面編定各種土地用途（平§52）。

綜觀以上規定可知，編定使用地之時，所需考量之原則包括：

(一) 國家經濟政策：如經濟建設計畫、國土計畫、土地政策、工業政策、農業政策等全國性之發展政策。

(二) 地方需要情形：如地方之綜合發展計畫、產業發展趨勢等地方性土地發展計畫。

(三) 土地能供使用之性質：如地質、地形、地勢、土壤、使用潛力、現行使用狀況等自然或經濟特性。

(四) 區域計畫：指依法發布之區域計畫所規劃使用之編定情形。

(五) 都市計畫：指依法發布之都市計畫所規劃使用之編定情形。

二、編定之類別

有關土地使用編定之分類，在考量使用編定原則下，依現行法令規定，共分類如下：

(一) 依使用類別劃分

土地依其使用，可分為（土§2）：

1. 建築用地：建、雜、祠、鐵、公、墓。
2. 直接生產用地：田、旱、林、養、牧、礦、鹽、池。
3. 交通水利用地：線、道、水、溜、溝。
4. 其他土地：堤、原。

(二) 依使用區劃分

都市計畫範圍內土地得視實際發展情形，劃分為：1.住宅區；2.商業區；3.工業區；4.行政區；5.文教區；6.風景區；7.特定專用區；8.保護區；9.農業區及10.其他使用區或特定專用區。各使用區得視實際需要，再予劃分，分別予以不同程度之使用管制（都計§32、§33～§37）。

區域計畫之非都市土地應由有關直轄市或縣（市）政府，按照非都市土地使用計畫，制定非都市土地使用分區圖，並編定各種使用地（區畫§15 I）。非都市土地得劃為：1.特定農業區；2.一般農業區；3.工業

區；4.鄉村區；5.森林區；6.山坡地保育區；7.風景區；8.國家公園區；9.河川區；10.海域區及11.其他使用區或特定專用區等各種使用區（區畫細§13）。

(三) 依使用地劃分

直轄市或縣（市）政府，應按非都市土地使用分區圖所示範圍，就土地能供使用之性質，參酌地方實際需要，編定下列各種使用地：1.甲種建築用地；2.乙種建築用地；3.丙種建築用地；4.丁種建築用地；5.農牧用地；6.林業用地；7.養殖用地；8.鹽業用地；9.礦業用地；10.窯業用地；11.交通用地；12.水利用地；13.遊憩用地；14.古蹟保存用地；15.生態保護用地；16.國土保安用地；17.墳墓用地；18.海域用地；19.特定目的事業用地（區畫細§15Ⅰ）。

三、編定後使用之限制

(一) 依編定之用途使用

為促進土地合理使用，凡編為某種使用地之土地，不得供其他用途之使用。但經該管直轄市或縣（市）地政機關核准，得為他種使用者，不在此限（土§82）。依現行土地使用實制體系，都市計畫範圍內之土地，直轄市及縣（市）政府，得限制其使用人為妨礙都市計畫之使用（都計§6）。非都市土地於直轄市或縣（市）政府將非都市土地使用分區圖及各種使用地編定結果報經上級主管機關核備並依法公告後，自公告之日起，依照非都市土地使用管制規則實施土地使用管制（區畫細§18Ⅰ），經劃定使用分區並編定使用地類別，應依其容許使用之項目使用（非都市§6）。上述都市土地或非都市土地使用之限制，公私有土地一律適用。惟規定所謂「凡編為某種使用地之土地，不得供其他用途之使用」，並非排除於所定使用期限前，仍得為繼續從來之使用。故是否違反土地編定使用，應以所定使用期限為斷。

(二) 從來之使用

編為某種使用地之土地，於其所定之使用期限前，仍得為從來之使用（土§83）。由於土地使用編定之實行，不免影響個人現行使用之權益，且

編定之後，對於從來使用方法，勢將發生變動，故應保留相當猶豫期間，使現行使用人有所準備，爲其立法之目的。所規定之繼續使用期限，係爲保護土地使用人既有之法律地位而設之過渡條款（釋580）。

國土計畫之實施，直轄市、縣（市）主管機關公告國土功能分區圖後，應按本法規定進行管制。區域計畫實施前或原合法之建築物、設施與第23條第2項或第4項所定土地使用管制內容不符者，除准修繕外，不得增建或改建。當地直轄市、縣（市）主管機關認有必要時，得斟酌地方情形限期令其變更使用或遷移，其因遷移所受之損害，應予適當之補償；在直轄市、縣（市）主管機關令其變更使用、遷移前，得爲區域計畫實施前之使用、原來之合法使用或改爲妨礙目的較輕之使用（國土§32Ⅰ）。

區域計畫實施時，其地上原有之土地改良物，不合土地分區使用計畫者，經政府令其變更使用或拆除時所受之損害，應予適當補償。補償金額，由雙方協議之。協議不成，由當地直轄市、縣（市）政府報請上級政府予以核定（區畫§17）。土地使用編定後，其原有使用或原有建築物不合土地使用分區規定者，在政府令其變更使用或拆除建築物前，得爲從來之使用。原有建築物除准修繕外，不得增建或改建。前項土地或建築物，對公眾安全、衛生及福利有重大妨礙者，該管直轄市或縣（市）政府應限期令其變更或停止使用、遷移、拆除或改建，所受損害應予適當補償（非都市§8）。

都市計畫地區，都市計畫公布實施後，其土地上原有建築物不合土地使用分區規定者，除准修繕外，不得增建或改建。當地直轄市、縣（市）政府或鄉、鎮、縣轄市公所認爲有必要時，得斟酌地方情形限期令其變更使用或遷移；其因變更使用或遷移所受之損害，應予適當之補償，補償金由雙方協議之；協議不成，由當地直轄市、縣（市）政府函請上級政府予以核定（都計§41）。

上述有關因計畫之實施，致原有使用不合土地使用分區規定，須予以變更，拆遷或停止使用者，皆爲因規劃權行使之隨附效果所生之特別犧牲，故其補償之性質，係具有徵收效果之補償。此外，即爲濕地保育之推行，惟重要濕地範圍內之土地得爲農業、漁業、鹽業及建物等從來之現況使用。但其使用違反其他法律規定者，依其規定處理（濕地§21）。

(三) 違反使用之處理

土地經依規定編定使用類別後，若有違反規定之使用時，該管直轄市、縣（市）政府得限期令其變更使用或拆除其建築物恢復原狀（區畫§21 I）。

在都市計畫範圍內，都市計畫範圍內土地或建築物之使用或從事建造、採取土石，變更地形，違反本法之規定及各級政府基於本法所發布之命令時，處其土地或建築物所有權人、使用人或管理人新台幣6萬元以上30萬元以下之罰鍰，並勒令拆除、改建、停止使用或恢復原狀。不拆除、改建、停止使用或恢復原狀者，得按次處罰，並停止供水、供電、封閉、強制拆除或採取其他恢復原狀之措施，其費用由土地或建築物所有權人、使用人或管理人負擔。前項罰鍰，經限期繳納逾期不繳納者，移送法院強制執行（都計§79 I、II）。依都市計畫法第81條劃定地區範圍實施禁建地區，適用前二項之規定（都計§79III）。不遵前條規定拆除、改建、停止使用或恢復原狀者，除應依法予以行政強制執行外，並得處6個月以下有期徒刑或拘役（區畫§22，都計§80）。

四、編定之變更

土地使用編定後，為因應社經條件或自然條件之變遷，自應予以變更編定，以符社會實際需要，茲就相關規定，分述如下：

(一) 上級地政機關之命令變更

使用地編定公布後，上級地政機關認為有較大利益或較重要之使用時，得令變更之（土§85）。使用地之種別或其變更，經該管直轄市或縣（市）地政機關編定，由直轄市或縣（市）政府公布之（土§84）。同時於編定使用公布後，應分別通知土地所有權人，並報請中央地政機關備查（土施§20）。

(二) 該管市縣地政機關之核准變更

土地使用種別編定後，經該管市縣地政機關核准變更使用者，得為他種用途之使用（土§82但書）。惟農業用地於劃定或變更為非農業使用時，

應以不影響農業生產環境之完整，並先徵得農業主管機關同意；其變更之條件、程序，另以法律定之（農發§10）。

惟有關土地使用規劃之變更，區域計畫部分，依區域計畫法第13條之規定，都市計畫部分，依都市計畫法第26條、第27條之規定，得經由通盤檢討或個案變更方式，變更土地之使用。非都市土地之變更，則依非都市土地使用管制規則之規定，又可分為使用分區之變更與用地編定之變更等。上述機關變更之規定，容後述之。

第二節　農地利用

我國傳統以家庭農場之生產方式經營農業，惟難以符合農業現代化、企業化之經營理念致影響農業發展甚鉅。有鑑於此，我國憲法第146條規定：「國家應運用科學技術，以興修水利，增進地力，改善農業環境，規劃土地利用，開發農業資源，促成農業之工業化。」又第145條第2項規定：「合作事業，應受國家之獎勵與扶助。」爰此憲法精神，土地法及農業發展條例等相關法令乃獎勵改採集體農場等方式，擴大農場經營規模，以改善農業結構之基礎條件，以利農業發展。

壹、農地利用與管理

一、農地利用計畫

(一) 農地利用綜合規劃計畫之擬訂

主管機關得依據農業用地之自然環境、社會經濟因素、技術條件及農民意願，配合區域計畫法或都市計畫法土地使用分區之劃定，擬訂農地利用綜合規劃計畫，建立適地適作模式。前項完成農地利用綜合規劃計畫地區，應至少每5年通盤檢討一次，依據當地發展情況作必要之修正（農發§8）。

中央主管機關為維護農業發展需要，應配合國土計畫之總體發展原則，擬定農業用地需求總量及可變更農地數量，並定期檢討（農發§9）。

(二) 農業用地利用與開發

1. 農業設施

農業用地上申請以竹木、稻草、塑膠材料、角鋼、鐵絲網或其他材料搭建無固定基礎之臨時性與農業生產有關之設施，免申請建築執照。直轄市、縣（市）政府得斟酌地方農業經營需要，訂定農業用地上搭建無固定基礎之臨時性與農業生產有關設施之審查規範（農發§8-1 I ）。

農業用地上興建有固定基礎之農業設施，應先申請農業設施之容許使用，並依法申請建築執照。但農業設施面積45平方公尺以下，且屬一層樓之建築者，免申請建築執照。本條例中華民國92年1月13日修正施行前，已興建有固定基礎之農業設施，面積在250平方公尺以下而無安全顧慮者，得免申請建築執照（農發§8-1 II ）。前項農業設施容許使用與興建之種類、興建面積與高度、申請程序及其他應遵行事項之辦法，由中央主管機關會商有關機關定之（農發§8-1 III ）。

對於農民需求較多且可提高農業經營附加價值之農業設施，主管機關得訂定農業設施標準圖樣。採用該圖樣於農業用地施設者，得免由建築師設計監造或營造廠承建（農發§8-1 IV ）。

2. 集水區之經營管理

主管機關對於集水區之經營管理，應會同相關機關作整體規劃。對於水土保持、治山防災、防風林、農地改良、漁港、農業專用道路、農業用水、灌溉、排水等農業工程及公共設施之興建及維護應協調推動（農發§15）。

3. 農產專業區與農業科技園區之設置

主管機關應會同有關機關，就農業資源分布、生產環境及發展需要，規劃農業生產區域，並視市場需要，輔導設立適當規模之農產專業區，實施計畫產、製、儲、銷。農產專業區內，政府指定興建之公共設施，得酌予補助或協助貸款（農發§25）。

主管機關為發展農業科技，得輔導設置農業科技園區；其設置、管理及輔導，另以法律定之（農發§25-1）。

4. 用地開發方式

為促進農村建設，並兼顧農業用地資源有效利用與生產環境之維護，縣（市）主管機關得依據當地農業用地資源規劃與整體農村發展需要，徵詢農

業用地所有權人意願，會同有關機關，以土地重劃或區段徵收等方式，規劃辦理農業用地開發利用。前項農業用地開發利用之規劃、協調與實施方式及其他相關事項，由中央主管機關會商有關機關定之（農發§9-1）。地政主管機關推行農地重劃，應會同農業及水利等有關機關，統籌策劃，配合實施（農發§13）。

(三) 農業用地變更非農業使用

農業用地於劃定或變更為非農業使用時，應以不影響農業生產環境之完整，並先徵得主管機關之同意；其變更之條件、程序，另以法律定之。在前項法律未制定前，關於農業用地劃定或變更為非農業使用，依現行相關法令之規定辦理（農發§10）。

(四) 變更回饋

農業用地於劃定或變更為非農業使用時，應視其事業性質，繳交回饋金，撥交第54條中央主管機關所設置之農業發展基金，專供農業發展及農民福利之用（農發§12Ⅰ）。

各目的事業相關法令已明定土地變更使用應捐贈或繳交相當回饋性質之金錢或代金者，其繳交及使用，依其法令規定辦理。但其土地如係農業用地，除本條例中華民國89年1月4日修正施行前已收繳者，得免予撥交外，各相關機關應將收繳之金錢或代金之二分之一依前項規定辦理（農發§12Ⅱ）。前二項有關回饋金、金錢或代金之繳交、撥交與分配方式及繳交基準之辦法，由中央主管機關會商相關機關定之（農發§12Ⅲ）。

農業用地於劃定或變更為非農業使用時，有下列情形之一者，得免繳交回饋金（農發§12Ⅳ）：

1. 政府興辦之公共建設及公益性設施。
2. 政府興辦之農村建設及農民福利設施。
3. 興辦之建設、設施位於經濟部公告為嚴重地層下陷地區，或中央主管機關所定偏遠、離島地區。

二、農地管理

(一) 農舍興建與管理

本條例中華民國89年1月4日修正施行後取得農業用地之農民，無自用農舍而需興建者，經直轄市或縣（市）主管機關核定，於不影響農業生產環境及農村發展，得申請以集村方式或在自有農業用地興建農舍（農發§18 I）。前項農業用地應確供農業使用；其在自有農業用地興建農舍滿5年始得移轉。但因繼承或法院拍賣而移轉者，不在此限（農發§18 II）。

本條例中華民國89年1月4日修正施行前取得農業用地，且無自用農舍而需興建者，得依相關土地使用管制及建築法令規定，申請興建農舍。本條例中華民國89年1月4日修正施行前共有耕地，而於本條例中華民國89年1月4日修正施行後分割為單獨所有，且無自用農舍而需興建者，亦同（農發§18 III）。

第1項及前項農舍起造人應為該農舍坐落土地之所有權人；農舍應與其坐落用地併同移轉或併同設定抵押權；已申請興建農舍之農業用地不得重複申請（農發§18 IV）。

前四項興建農舍之農民資格、最高樓地板面積、農舍建蔽率、容積率、最大基層建築面積與高度、許可條件、申請程序、興建方式、許可之撤銷或廢止及其他應遵行事項之辦法，由內政部會同中央主管機關定之（農發§18 V）。主管機關對以集村方式興建農舍者應予獎勵，並提供必要之協助；其獎勵及協助辦法，由中央主管機關定之（農發§18 VI）。

(二) 耕地之使用管理與產權

1. 耕地使用管理

耕地之使用及違規處罰，應依據區域計畫法相關法令規定（農發§31前段）。直轄市或縣（市）政府對農業用地之違規使用，應加強稽查及取締；並得併同依土地相關法規成立之違規聯合取締小組辦理。為加強農業用地違規使用之稽查，中央主管機關得訂定農業用地違規使用檢舉獎勵辦法（農發§32）。

2. 產權管理

耕地其所有權之移轉登記依據土地法及民法之規定辦理（農發§31後

段）。私法人不得承受耕地。但符合第34條規定之農民團體、農業企業機構或農業試驗研究機構經取得許可者，不在此限（農發§33）。

3. 得承受耕地之私法人

農民團體、農業企業機構或農業試驗研究機構，其符合技術密集或資本密集之類目及標準者，經申請許可後，得承受耕地；技術密集或資本密集之類目及標準，由中央主管機關指定公告（農發§34Ⅰ）。農民團體、農業企業機構或農業試驗研究機構申請承受耕地，應檢具經營利用計畫及其他規定書件，向承受耕地所在地之直轄市或縣（市）主管機關提出，經核轉中央主管機關許可並核發證明文件，憑以申辦土地所有權移轉登記（農發§34Ⅱ）。

中央主管機關應視當地農業發展情況及所申請之類目、經營利用計畫等因素為核准之依據，並限制其承受耕地之區位、面積、用途及他項權利設定之最高金額（農發§34Ⅲ）。農民團體、農業企業機構或農業試驗研究機構申請承受耕地之移轉許可準則，由中央主管機關定之（農發§34Ⅳ）。

又為規範得承受耕地之私法人依利用計畫經營使用耕地，對農民團體、農業企業機構或農業試驗研究機構依前條許可承受耕地後，非經中央主管機關核准，不得擅自變更經營利用計畫或閒置不用（農發§35）。農民團體、農業企業機構或農業試驗研究機構依本條例許可承受之耕地，不得變更使用。但經中央主管機關核准之經營利用計畫，應依相關法令規定辦理用地變更者，不在此限（農發§36）。

三、農村生活之改善

(一) 農村社區更新

為改善農村生活環境，政府應籌撥經費，加強農村基層建設，推動農村社區之更新，農村醫療福利及休閒、文化設施，以充實現代化之農村生活環境。農村社區之更新得以實施重劃或區段徵收方式為之，增加農村現代化之公共設施，並得擴大其農村社區之範圍（農發§61）。又為維護農業生產及農村生活環境，主管機關應採取必要措施，防止農業生產對環境之污染及非農業部門對農業生產、農村環境、水資源、土地、空氣之污染（農發§62）。

(二) 休閒農業區之設置

直轄市、縣（市）主管機關應依據各地區農業特色、景觀資源、生態及文化資產，規劃休閒農業區，報請中央主管機關劃定。休閒農場之設置，應報經直轄市或縣（市）主管機關核轉中央主管機關許可（農發§63Ⅰ、Ⅱ）。

第1項休閒農業區之劃定條件、程序與其他應遵行事項，及前項休閒農場設置之輔導、最小面積、申請許可條件、程序、許可證之核發、廢止、土地之使用與營建行為之管理及其他應遵行事項之辦法，由中央主管機關定之（農發§63Ⅲ）。

貳、擴大農地經營規模

一、集體耕作方法

直轄市或縣（市）地政機關於管轄區內之農地，得依集體耕作方法，商同主管農林機關，為集體農場面積之規定。集體農場之辦法另以法律定之（土§86）。集體農場面積，應報請中央地政機關核定（土施§21）。惟迄今尚未制定法令，故集體農場並未見諸實施。但為確保農業永續發展，因應農業國際化及自由化，促進農地合理利用，調整農業產業結構，於民國62年9月3日公布農業發展條例，並於民國89年及92年全面修正公布，建立農業產銷班、委託代耕、耕地租賃、設立農產專業區等有關改善農業生產基礎結構條件之規定。

二、改善基礎結構

(一) 農地結構的積極改善方式

1.擴大農場經營規模

為促進農業發展，依憲法規定之精神，獎勵與扶助以合作事業方式經營農業，農業發展條例乃規定，為擴大農場經營規模，應獎勵輔導家庭農場得以組織農業產銷班、耕地租賃、委託代耕及其他經營方式從事農業生產，以擴大經營規模（農發§30）。其中，農業產銷班，係指土地相毗連或經營相同產業之農民，自願結合共同從事農業經營之組織（農發§3⑯）。所謂

委託代耕,係指自行經營之家庭農場,僅將其農業生產過程之部分或全部作業,委託他人代爲實施者(農發§3⑮)。所謂農業用地租賃,係指土地所有權人將其自有農業用地之部分或全部,出租與他人經營農業使用者(農發§3⑭)。

2. 獎勵耕地之購置或交換

家庭農場爲擴大經營面積或便利農家經營,在同一地段或毗鄰地段購置或交換耕地時,於取得後連同原有耕地之總面積在5公頃以下者,其新增部分,免徵田賦5年;所需購地或需以現金補償之資金,由主管機關協助辦理20年貸款(農發§41)。

(二) 農地結構之消極改善方式

1. 獎勵農地繼承

作農業使用之農業用地及其地上農作物,由繼承人或受遺贈人承受者,其土地及地上農作物之價值,免徵遺產稅,並自承受之年起,免徵田賦10年。承受人自承受之日起5年內,未將該土地繼續作農業使用且未在有關機關所令期限內恢復作農業使用,或雖在有關機關所令期限內已恢復作農業使用而再有未作農業使用情事者,應追繳應納稅賦。但如因該承受人死亡、該承受土地被徵收或依法變更爲非農業用地者,不在此限(農發§38Ⅰ)。

作農業使用之農業用地及其地上農作物,贈與民法第1138條所定繼承人者,其土地及地上農作物之價值,免徵贈與稅,並自受贈之年起,免徵田賦10年。受贈人自受贈之日起5年內,未將該土地繼續作農業使用且未在有關機關所令期限內恢復作農業使用,或雖在有關機關所令期限內已恢復作農業使用而再有未作農業使用情事者,應追繳應納稅賦。但如因該受贈人死亡、該受贈土地被徵收或依法變更爲非農業用地者,不在此限(農發§38Ⅱ)。

第1項繼承人有數人,協議由一人繼承土地而需以現金補償其他繼承人者,由主管機關協助辦理20年土地貸款(農發§38Ⅲ)。

2. 促進農地移轉

作農業使用之農業用地移轉與自然人時,得申請不課徵土地增值稅(農發§37Ⅰ)。

作農業使用之耕地依第33條及第34條規定移轉與農民團體、農業企業機構及農業試驗研究機構時,其符合產業發展需要、一定規模或其他條

件，經直轄市、縣（市）主管機關同意者，得申請不課徵土地增值稅（農發§37Ⅱ）。

前二項不課徵土地增值稅之土地承受人於其具有土地所有權之期間內，曾經有關機關查獲該土地未作農業使用且未在有關機關所令期限內恢復作農業使用，或雖在有關機關所令期限內已恢復作農業使用而再有未作農業使用情事者，於再移轉時應課徵土地增值稅（農發§37Ⅲ）。前項所定土地承受人有未作農業使用之情事，於配偶間相互贈與之情形，應合併計算（農發§37Ⅳ）。

依規定申請不課徵土地增值稅或免徵遺產稅、贈與稅、田賦者，應檢具農業用地作農業使用證明書，向該管稅捐稽徵機關辦理。農業用地作農業使用之認定標準，前項之農業用地作農業使用證明書之申請、核發程序及其他應遵行事項之辦法，由中央主管機關會商有關機關定之（農發§39）。

又作農業使用之農業用地，經核准不課徵土地增值稅或免徵遺產稅、贈與稅、田賦者，直轄市或縣（市）主管機關應會同有關機關定期檢查或抽查，並予列管；如有第37條或第38條未依法作農業使用之情事者，除依本條例有關規定課徵或追繳應納稅賦外，並依第69條第1項規定處理（農發§40）。

此外，主管機關為促進農地流通及有效利用，得輔導農民團體辦理農地買賣、租賃、委託經營之仲介業務，並予以獎勵（農發§22-1）。

3. 輔助從事農業生產

為輔助農校畢業生從事農業，農業學校畢業青年，購買耕地直接從事農業生產所需之資金，由主管機關協助辦理20年貸款（農發§42）。

4. 耕地分割之禁止

為促進農地經營規模之經濟，每宗耕地分割後每人所有面積未達0.25公頃者，不得分割。但

(1)因購置毗鄰耕地而與其耕地合併者，得為分割合併；同一所有權人之二宗以上毗鄰耕地，土地宗數未增加者，得為分割合併。

(2)部分依法變更為非耕地使用者，其依法變更部分及共有分管之未變更部分，得為分割。

(3)本條例中華民國89年1月4日修正施行後所繼承之耕地，得分割為單獨所有。

(4)本條例中華民國89年1月4日修正施行前之共有耕地，得分割為單獨所有。

(5)耕地三七五租約，租佃雙方協議以分割方式終止租約者，得分割為租佃雙方單獨所有。

(6)非農地重劃地區，變更為農水路使用者。

(7)其他因執行土地政策、農業政策或配合國家重大建設之需要，經中央目的事業主管機關專案核准者，得為分割。

前項第(3)款及第(4)款所定共有耕地，辦理分割為單獨所有者，應先取得共有人之協議或法院確定判決，其分割後之宗數，不得超過共有人人數（農發§16）。

參、租賃制度之合理化

一、農地租約排除耕地三七五租約之適用

為推動農地租賃制度並配合社會經濟發展之需求，本條例中華民國89年1月4日修正施行後所訂立之農業用地租賃契約，應依本條例之規定，不適用耕地三七五減租條例之規定。本條例未規定者，適用土地法、民法及其他有關法律之規定（農發§20Ⅰ）。

本條例中華民國89年1月4日修正施行前已依耕地三七五減租條例，或已依土地法及其他法律之規定訂定租約者，除出租人及承租人另有約定者外，其權利義務關係、租約之續約、修正及終止，悉依該法律之規定（農發§20Ⅱ）。本條例中華民國89年1月4日修正施行前所訂立之委託經營書面契約，不適用耕地三七五減租條例之規定；在契約存續期間，其權利義務關係，依其約定；未約定之部分，適用本條例之規定（農發§20Ⅲ）。

二、農地租約內容之合理化

為符合社會發展，合理化農地租賃之租佃關係，於本條例中華民國89年1月4日修正施行後所訂立之農業用地租賃契約之租期、租金及支付方式，由出租人與承租人約定之，不受土地法第110條及第112條之限制。租期逾1年未訂立書面契約者，不適用民法第422條之規定（農發§21Ⅰ）。

前項農業用地租賃約定有期限者，其租賃關係於期限屆滿時消滅，不適

用民法第451條及土地法第109條、第114條之規定；當事人另有約定於期限屆滿前得終止租約者，租賃關係於終止時消滅，其終止應於6個月前通知他方當事人；約定期限未達6個月者，應於15日前通知（農發§21II）。農業用地租賃未定期限者，雙方得隨時終止租約。但應於6個月前通知對方（農發§21III）。

三、農地租約終止之合理化

為使合理化農地租賃關係之終止，本條例中華民國89年1月4日修正施行後所訂立之農業用地租賃契約，其租賃關係終止，由出租人收回其農業用地時，不適用平均地權條例第11條、第63條、第77條、農地重劃條例第29條及促進產業升級條例第27條（該條例已於99年廢止）有關由出租人給付承租人補償金之規定（農發§22）。

第三節　促進土地之使用

依土地法原則：「七、以增加地稅或估高地值的方法，促進土地之改良。現代都市規劃，將市內土地劃分用途，地主須遵照政府規定辦法，依時實行使用，逾期不遵辦，即將該地稅率增加，或估高其地值，以促進土地之改良。至於都市外之荒地，亦依此原則行之。」立法者認為以增加土地稅率或提高課稅稅基方式，使持有土地者成本負擔加劇，以促使其增進土地之改良利用，臻達地盡其利之目的。

壹、空地之強制使用

為促進土地依使用編定用途使用，以達成地盡其利目標，並同時抑制私人從事土地之投機活動，對於未依法建築使用之土地，乃規定條件，限期強制使用，其相關規定如下：

一、空地之定義

凡編為建築用地，未依法使用者為空地。土地建築改良物價值不及所占

地基申報地價20%者，視為空地（土§87）。惟建築用地之使用必須已達開發程度時，方有建築使用之必要，如周圍相關公共設施迄未完成，則強制其建築結果，將反而形成過早開發，而浪費資源。故有關空地認定上，實有再加以詳實界定之必要。依平均地權條例第3條第7款規定：「空地：指已完成道路、排水及電力設施，於有自來水地區並已完成自來水系統，而仍未依法建築使用；或雖建築使用，而其建築改良物價值不及所占基地申報地價百分之十，且經直轄市或縣（市）政府認定應予增建、改建或重建之私有及公有非公用建築用地。」

二、空地之處置

(一) 限期建築使用

直轄市或縣（市）地政機關對於管轄區內之私有空地，得劃定區域，規定期限，強制依法使用（土§89Ⅰ）。又依平均地權條例第26條規定，直轄市或縣（市）政府對於私有空地，得視建設發展情形，分別劃定區域，限期建築、增建、改建或重建。經依規定限期建築、增建、改建或重建之土地，其新建之改良物價值不及所占基地申報地價50%者，直轄市或縣（市）政府不予核發建築執照。直轄市或縣（市）政府依平均地權條例第26條第1項劃定私有空地限期建築、增建、改建或重建之地區，應符合下列規定：
1. 依法得核發建造執照。
2. 無限建、禁建情事。

前項之地區範圍，由直轄市或縣（市）主管機關報請中央主管機關核定後，通知土地所有權人限期建築、增建、改建或重建（平細§40），此外所稱逾期未建築、增建、改建或重建，指土地所有權人未於規定限期內請領建造執照開工建築而言。已請領建造執照開工建築但未按該執照核定之建築期限施工完竣領有使用執照者亦同。請領建造執照開工建築之期限，在直轄市或省轄市為2年，在縣轄市或鄉鎮為3年（平細§41）。

(二) 徵收空地稅

依土地法規定私有空地，經限期強制使用，而逾期未使用者，應於依法使用前加徵空地稅。空地稅，不得少於應繳地價稅之3倍，不得超過應繳地價稅之10倍（土§173）。

　　惟依平均地權條例規定直轄市或縣（市）政府對於私有空地，得視建築發展情形，分別劃定區域，限期建築、增建、改建或重建者；逾期未建築、增建、改建或重建者，按該宗土地應納地價稅基本稅額加徵2倍至5倍之空地稅或照價收買（平§26Ⅰ）。空地稅乃為懲罰性之地價稅，故加徵空地稅之倍數，由直轄市或縣（市）地政機關會同工務（建設）及稅捐稽徵機關，視都市發展情形擬訂，層報行政院核定（平細§42）。

(三) 照價收買

　　私有空地經限期建築使用，逾期未建築使用，除可課徵空地稅外，亦得以照價收買方式（平§26），消滅私有土地所有權，以達成政策目的。空地之照價收買，以收買當期之公告土地現值為準（平§31）。

　　此外，照價收買之土地，地上建築改良物同屬土地所有權人所有者，應一併收買。但不屬土地所有權人所有者，不在此限。改良物之價額，由直轄市或縣（市）政府查估後，提交地價評議委員會評定之（平§34）。實施照價收買之資金來源，得由中央或直轄市主管機關發行土地債券，以為收買之補償方式（平§5）。同時照價收買土地應行償付之地價，每一土地所有權人扣除應納土地增值稅後，總額在30萬元以下者，全部發給現金；超過30萬元者，就其超過部分，搭發土地債券二分之一（平§6）。

三、使用權之終止

　　限期建築之土地，有下列情形之一者，土地所有權人應於接到限期使用通知後，與承租人、借用人或地上權人協議建築、增建或改建；協議不成時，得終止租約、借貸或撤銷地上權（平§74）：
(一) 土地所有權人將其土地出租、貸與或設有地上權者。
(二) 土地所有權人將其所有之建築改良物出租或貸與他人使用者。
(三) 土地承租人、借用人或地上權人將其所有建築改良物出租或貸與他人使用者。

　　此外，依平均地權條例第74條第1款規定收回土地之所有權人，除應給予承租人、借用人或地上權人為改良土地所支付之費用外，並應就其建築改良物給予補償。建築改良物補償價額，由直轄市或縣（市）政府估定之（平§75）。

貳、荒地之強制使用

土地法對於私有荒地之使用，主要採取強制方式，督促私人依法經營使用，一方面藉以促進土地之開發利用，另方面亦可消極防止私人進行投機活動。

一、荒地之限期使用或委託經營

(一) 荒地之限期使用

直轄市或縣（市）地政機關對於管轄區內之私有空地及荒地，得劃定區域，規定期限，強制依法使用（土§89Ⅰ）。

(二) 荒地之委託經營

農業用地閒置不用，經直轄市或縣（市）政府報經內政部核准通知限期使用或命其委託經營（平§26-1Ⅰ）。

二、徵收荒地稅

為使私有荒地能依上述規定限期開發使用，對於逾期未使用者，以加徵荒地稅方式予以懲處，並藉以達成限期使用之目的，故私有荒地，經限期強制使用，而逾期未使用者，應於依法使用前加徵荒地稅。前項荒地稅，不得少於應徵之地價稅，不得超過應繳地價稅之3倍（土§174）。

惟荒地之形成除土地所有人以人為方式產生外，亦有其他外在因素所致，故農業用地閒置不用，經直轄市或縣（市）政府報經內政部核准通知限期使用或命其委託經營，逾期仍未使用或委託經營者，按應納田賦加徵1倍至3倍之荒地稅；經加徵荒地稅滿3年，仍不使用者，得照價收買。但有下列情形之一者，不在此限（平§26-1）：

(一) 因農業生產或政策之必要而休閒者。
(二) 因地區性生產不經濟而休耕者。
(三) 因公害污染不能耕作者。
(四) 因灌溉、排水設施損壞不能耕作者。
(五) 因不可抗力不能耕作者。

前項規定之實施辦法，由中央主管機關會同農業主管機關定之。

三、照價收買

　　私有荒地逾期不使用，除可加徵荒地稅外，地方政府亦可依其職權，參酌實情，以照價收買方式行之，故私有荒地，逾期不使用者，該管直轄市、縣（市）政府得照申報地價收買之（土§89II）。同時，依土地法第89條照價收買之土地，其地價得分期給付之。但清付期限最長不得逾5年（土施§22）。又私有荒地，經該管直轄市或縣（市）政府依土地法第89條照價收買者，應於興辦水利改良土壤後，再行招墾（土§127）。

　　惟依平均地權條例規定，如有下列原因之一者，則不在照價收買之內（平§26-1）：(一)因農業生產或政策之必要而休閒者；(二)因地區性生產不經濟而休耕者；(三)因公害污染不能耕作者；(四)因灌溉、排水設施損壞不能耕作者；(五)因不可抗力不能耕作者。

第二章　國土計畫

　　近幾年來全球氣候變遷、大自然反撲，重大災害頻仍，造成人民生命財產巨大損失，充分暴露國土脆弱體質及極端氣候現象警訊。此外，台灣四周環繞海洋，長期以來，欠缺對海洋整合使用與管理之思維及作法；又面對全球化與國際競爭，農業生產用地在維持糧食安全、生態保育與經濟發展等各方面之需求下，面臨釋出及維護之雙重壓力；再者，兩岸經貿開放之發展趨勢，國內產業用地之供需亦產生重大轉變，且高速鐵路、科學工業園區及航空城等重大建設，改變國土空間結構、土地使用區位、型態。

　　在國土面臨前揭涉及國土保安、生態保育、資源維護、糧食安全、經濟發展及城鄉管理等不同面向之重要議題時，突顯當前實施整體國土規劃之急迫性及必要性。我國鄰近國家如日本、韓國，以及國土面積與我國相近之荷蘭，皆已制定國土空間規劃法案或計畫，引導土地有秩序發展。有鑑於此，政府為追求生活、生產及生態之永續發展，並達成下列目標：

一、建立國土計畫體系，明確宣示國土空間政策，並依循辦理實質空間規劃。

二、因應氣候變遷趨勢、海洋使用需求、維護糧食安全及城鄉成長管理，研訂國土空間計畫，引導土地有秩序利用。

三、依據土地資源特性、環境容受力及地方發展需求，研擬土地使用管制，確保土地永續發展。

四、依據土地規劃損失及利得，研訂權利保障及補償救濟等目標。

　　爰於民國105年1月6日頒布「國土計畫法」，「國土計畫法」規範全國土地，為國土的最高指導原則，以整體的角度，重新思考國土空間規劃及使用，將資源做最適當的配置，未來非都市土地將從目前的11種使用分區及19種使用地，改劃設為「國土保育地區」、「海洋資源地區」、「農業發展地區」及「城鄉發展地區」等4個功能分區。在劃設過程中，除了考量現有土地使用分區和使用地編定外，也將自然資源條件、環境敏感情形、地方發展需要等納入考量，以性質區分使用管制程度，建立國土新秩序。

第一節　總　則

壹、國土計畫概念

一、國土計畫定義與目的

國土計畫法所稱國土計畫，指針對我國管轄之陸域及海域，爲達成國土永續發展，所訂定引導國土資源保育及利用之空間發展計畫（國土§3①）。

由於國土空間面臨國土保安、生態保育、資源維護、糧食安全、經濟發展及城鄉管理等不同面向議題，實施整體國土規劃有其急迫性及必要性，爲因應氣候變遷，在追求生活、生產及生態之永續發展目標下，爰制定國土計畫法，俾各級主管機關依法擬訂國土計畫，引導土地有秩序發展。故確立國土計畫立法目的，係爲因應氣候變遷，確保國土安全，保育自然環境與人文資產，促進資源與產業合理配置，強化國土整合管理機制，並復育環境敏感與國土破壞地區，追求國家永續發展，特制定本法（國土§1）。

二、國土白皮書及國土規劃基本原則

中央主管機關應定期公布國土白皮書，並透過網際網路或其他適當方式公開（國土§5）。國土計畫之規劃基本原則如下（國土§6）：

(一) 國土規劃應配合國際公約及相關國際性規範，共同促進國土之永續發展。

(二) 國土規劃應考量自然條件及水資源供應能力，並因應氣候變遷，確保國土防災及應變能力。

(三) 國土保育地區應以保育及保安爲原則，並得禁止或限制使用。

(四) 海洋資源地區應以資源永續利用爲原則，整合多元需求，建立使用秩序。

(五) 農業發展地區應以確保糧食安全爲原則，積極保護重要農業生產環境及基礎設施，並應避免零星發展。

(六) 城鄉發展地區應以集約發展、成長管理爲原則，創造寧適和諧之生活環境及有效率之生產環境確保完整之配套公共設施。

(七) 都會區域應配合區域特色與整體發展需要，加強跨域整合，達成資源互補、強化區域機能提升競爭力。

(八) 特定區域應考量重要自然地形、地貌、地物、文化特色及其他法令所定之條件，實施整體規劃。

(九) 國土規劃涉及原住民族之土地，應尊重及保存其傳統文化、領域及智慧，並建立互利共榮機制。

(十) 國土規劃應力求民眾參與多元化及資訊公開化。

(十一) 土地使用應兼顧環境保育原則，建立公平及有效率之管制機制。

其立法理由，第8款有關河川流域、原住民地區、國家公園及發展緩慢地區等一定地區範圍內發展緩慢及特殊課題之需要，應由中央目的事業主管機關擬定及推動特定區域計畫；同時考量國土計畫對此特定區域之指導屬政策性、指導性，無法據以取代目的事業主管機關落實經營管理之權責，必要時，特定區域得立法加強管理。特定區域，係指具有特殊性質，或所產生之影響涉及全國，而有進行整體規劃需要之地區，類型包括河川流域、經濟或原住民族土地等，其範圍由中央主管機關指定。

三、用詞定義

本法用詞，定義如下（國土§3）：

(一) 國土計畫：指針對我國管轄之陸域及海域，為達成國土永續發展，所訂定引導國土資源保育及利用之空間發展計畫。

(二) 全國國土計畫：指以全國國土為範圍，所訂定目標性、政策性及整體性之國土計畫。

(三) 直轄市、縣（市）國土計畫：指以直轄市、縣（市）行政轄區及其海域管轄範圍，所訂定實質發展及管制之國土計畫。

(四) 都會區域：指由一個以上之中心都市為核心，及與中心都市在社會、經濟上具有高度關聯之直轄市、縣（市）或鄉（鎮、市、區）所共同組成之範圍。

(五) 特定區域：指具有特殊自然、經濟、文化或其他性質，經中央主管機關指定之範圍。

(六) 部門空間發展策略：指主管機關會商各目的事業主管機關，就其部門發展所需涉及空間政策或區位適宜性，綜合評估後，所訂定之發展策略。

(七) 國土功能分區：指基於保育利用及管理之需要，依土地資源特性，所劃分之國土保育地區、海洋資源地區、農業發展地區及城鄉發展地區。

(八) 成長管理：指為確保國家永續發展、提升環境品質、促進經濟發展及維護社會公義之目標，考量自然環境容受力，公共設施服務水準與財務成本、使用權利義務及損益公平性之均衡，規範城鄉發展之總量及型態，並訂定未來發展地區之適當區位及時程，以促進國土有效利用之使用管理政策及做法。

　　其立法理由，第7款明定國土功能分區係指基於保育、利用及管理需要，依據土地資源特性及發展需要所劃分之功能性分區，除仍保有計畫屬性外，並彰顯各該分區之主要功能，此與現行區域計畫法劃設鄉村區、工業區等（或都市計畫法劃設住宅區、商業區等使用分區、或國家公園法劃設之一般管制區、特別管制區），以表現其「使用型態」之方式有別；參考國外空間計畫實施情形及國內發展需要，並明定國土功能分區分為國土保育、海洋資源、農業發展及城鄉發展等四種，透過明確功能定位，表明各功能分區之保育或發展導向。又依國外研究及實務執行情形，成長管理係政府利用各種傳統或改良之技術、工具、計畫與方案，指導地方土地使用形態，包括土地開發之態度、區位、速度及性質等；成長管理並非反對成長，而是於適當時機引導土地開發至適當地點，以期提升環境及生活品質。參考國外經驗及國內實務需要，爰於第8款明定成長管理之定義。

貳、主管機關及國土計畫審議

一、主管機關與職掌

　　國土計畫法所稱主管機關：在中央為內政部；在直轄市為直轄市政府；在縣（市）為縣（市）政府（國土§2）。中央與地方政府之職掌分工如下（國土§4）：

(一) 中央主管機關

　　中央主管機關應辦理下列事項：

1. 全國國土計畫之擬訂、公告、變更及實施。
2. 對直轄市、縣（市）政府推動國土計畫之核定及監督。

3. 國土功能分區劃設順序、劃設原則之規劃。

4. 使用許可制度及全國性土地使用管制之擬定。

5. 國土保育地區或海洋資源地區之使用許可、許可變更及廢止之核定。

6. 其他全國性國土計畫之策劃及督導。

(二) 地方主管機關

直轄市、縣（市）主管機關應辦理下列事項：

1. 直轄市、縣（市）國土計畫之擬訂、公告、變更及執行。

2. 國土功能分區之劃設。

3. 全國性土地使用管制之執行及直轄市、縣（市）特殊性土地使用管制之擬定、執行。

4. 農業發展地區及城鄉發展地區之使用許可、許可變更及廢止之核定。

5. 其他直轄市、縣（市）國土計畫之執行。

二、國土計畫審議（國土§7）

為使國土計畫之審議符合公平公開原則及踐行一定程序，爰明定行政院應遴聘（派）學者、專家、民間團體及有關機關代表，召開國土計畫審議會，以合議方式辦理下列事項：

(一) 全國國土計畫核定之審議。

(二) 部門計畫與國土計畫競合之協調、決定。

中央主管機關應遴聘（派）學者、專家、民間團體及有關機關代表，召開國土計畫審議會，以合議方式辦理下列事項：

(一) 全國國土計畫擬訂或變更之審議。

(二) 直轄市、縣（市）國土計畫核定之審議。

(三) 直轄市、縣（市）國土計畫之復議。

(四) 國土保育地區及海洋資源地區之使用許可、許可變更及廢止之審議。

直轄市、縣（市）主管機關應遴聘（派）學者、專家、民間團體及有關機關代表，召開國土計畫審議會，以合議方式辦理下列事項：

(一) 直轄市、縣（市）國土計畫擬訂或變更之審議。

(二) 農業發展地區及城鄉發展地區之使用許可、許可變更及廢止之審議。

參、國土計畫之種類及內容

一、國土計畫之種類

　　國土計畫法下之國土計畫體系爲「全國」及「直轄市、縣（市）」等二層級架構之計畫體系。中央主管機關擬定全國國土計畫時，得會商有關機關就都會區域或特定區域範圍研擬相關計畫內容；直轄市、縣（市）政府亦得就都會區域或特定區域範圍，共同研擬相關計畫內容，報中央主管機關審議後，納入全國國土計畫。直轄市、縣（市）國土計畫，應遵循全國國土計畫。國家公園計畫、都市計畫及各目的事業主管機關擬定之部門計畫，應遵循國土計畫（國土§8）。依國土計畫法規定，國土計畫之種類包括：

(一) 全國國土計畫：爲直轄市、縣（市）國土計畫之上位計畫。全國國土計畫，指以全國國土爲範圍，所訂定目標性、政策性及整體性之國土計畫（國土§3②）。

(二) 直轄市、縣（市）國土計畫：指以直轄市、縣（市）行政轄區及其海域管轄範圍，所訂定實質發展及管制之國土計畫（國土§3③）。

二、國土計畫之內容

　　國土計畫之內容依全國國土計畫與地方性國土計畫，分別規定如下：

(一) 全國國土計畫

　　全國國土計畫之內容，應載明下列事項（國土§9）：

1. 計畫範圍及計畫年期。
2. 國土永續發展目標。
3. 基本調查及發展預測。
4. 國土空間發展及成長管理策略。
5. 國土功能分區及其分類之劃設條件、劃設順序、土地使用指導事項。
6. 部門空間發展策略。
7. 國土防災策略及氣候變遷調適策略。
8. 國土復育促進地區之劃定原則。
9. 應辦事項及實施機關。

10. 其他相關事項。

全國國土計畫中涉有依前條第2項擬訂之都會區域或特定區域範圍相關計畫內容，得另以附冊方式定之。

其立法理由，第2款所定國土永續發展目標，包括人口、產業與重要公共設施及自然資源等之目標規劃。第6款規定之部門空間發展策略，包括住宅、產業、運輸、公共設施及環境保護設施等涉及空間區位之規劃內容。第7款規定之氣候變遷調適策略，係指為因應全球氣候變遷趨勢及國內特殊地理條件需要，針對整體國土空間所訂定因應天然災害之相關調適策略。

(二) 地方性國土計畫

直轄市、縣（市）國土計畫之內容，應載明下列事項（國土§10）：

1. 計畫範圍及計畫年期。
2. 全國國土計畫之指示事項。
3. 直轄市、縣（市）之發展目標。
4. 基本調查及發展預測。
5. 直轄市、縣（市）空間發展及成長管理計畫。
6. 國土功能分區及其分類之劃設、調整、土地使用管制原則。
7. 部門空間發展計畫。
8. 氣候變遷調適計畫。
9. 國土復育促進地區之建議事項。
10. 應辦事項及實施機關。
11. 其他相關事項。

其立法理由，第6款所定國土功能分區之劃設，包括國土保育地區、海洋資源地區、農業發展地區、城鄉發展地區及各該功能分區之分類，均由直轄市、縣（市）主管機關依全國國土計畫之國土功能分區劃設順序及條件，予以具體落實劃設；並基於可操作、有理想性、不大幅增加成本之原則，將現行非都市土地使用分區，轉換為國土功能分區及其分類。

第二節 國土計畫之訂定程序

壹、國土計畫之審議與復議

一、擬訂審議及核定機關

國土計畫之審議均統一採二級審議方式辦理,以兼顧效率及監督機制。各級國土計畫之擬訂、審議及核定機關如下(國土§11):

(一) 全國國土計畫:由中央主管機關擬訂、審議,報請行政院核定。

(二) 直轄市、縣(市)國土計畫:由直轄市、縣(市)主管機關擬訂、審議,報請中央主管機關核定。

前項全國國土計畫中特定區域之內容,如涉及原住民族土地及海域者,應依原住民族基本法第21條規定辦理,並由中央主管機關會同中央原住民族主管機關擬訂。

二、民眾參與及公聽會

國土計畫之擬訂,應邀集學者、專家、民間團體等舉辦座談會或以其他適當方法廣詢意見,作成紀錄,以為擬訂計畫之參考。

國土計畫擬訂後送審議前,應公開展覽30日及舉行公聽會;公開展覽及公聽會之日期及地點應登載於政府公報、新聞紙,並以網際網路或其他適當方法廣泛周知。人民或團體得於公開展覽期間內,以書面載明姓名或名稱及地址,向該管主管機關提出意見,由該管機關參考審議,併同審議結果及計畫,分別報請行政院或中央主管機關核定。

前項審議之進度、結果、陳情意見參採情形及其他有關資訊,應以網際網路或登載於政府公報等其他適當方法廣泛周知(國土§12)。

三、公告公開展覽及復議

國土計畫經核定後,擬訂機關應於接到核定公文之日起30日內公告實施,並將計畫函送各有關直轄市、縣(市)政府及鄉(鎮、市、區)公所分別公開展覽;其展覽期間,不得少於90日;計畫內容重點應登載於政府公報、新聞紙,並以網際網路或其他適當方法廣泛周知。直轄市、縣(市)

國土計畫未依規定公告者,中央主管機關得逕為公告及公開展覽(國土§13)。

直轄市、縣(市)國土計畫擬訂機關對於核定之國土計畫申請復議時,應於前條第1項規定公告實施前提出,並以一次為限。經復議決定維持原核定計畫時,應即依規定公告實施(國土§14)。

貳、計畫之變更與指導

一、國土計畫之檢討與變更

(一) 地方性國土計畫之擬訂或變更

全國國土計畫公告實施後,直轄市、縣(市)主管機關應依中央主管機關規定期限,辦理直轄市、縣(市)國土計畫之擬訂或變更。但其全部行政轄區均已發布實施都市計畫或國家公園計畫者,得免擬訂直轄市、縣(市)國土計畫。

直轄市、縣(市)主管機關未依前項規定期限辦理直轄市、縣(市)國土計畫之擬訂或變更者,中央主管機關得逕為擬訂或變更,並準用第11條至第13條規定程序辦理(國土§15Ⅰ、Ⅱ)。

(二) 國土計畫之通盤檢討

國土計畫公告實施後,擬訂計畫之機關應視實際發展情況,全國國土計畫每10年通盤檢討一次,直轄市、縣(市)國土計畫每5年通盤檢討一次,並作必要之變更。但有下列情事之一者,得適時檢討變更之(國土§15Ⅲ):

1. 因戰爭、地震、水災、風災、火災或其他重大事變遭受損壞。
2. 為加強資源保育或避免重大災害之發生。
3. 政府興辦國防、重大之公共設施或公用事業計畫。
4. 其屬全國國土計畫者,為擬訂、變更都會區域或特定區域之計畫內容。
5. 其屬直轄市、縣(市)國土計畫者,為配合全國國土計畫之指示事項。

前項第1款、第2款及第3款適時檢討變更之計畫內容及辦理程序得予以簡化;其簡化之辦法,由中央主管機關定之。

二、指導與協調計畫

(一) 指導都市計畫

　　直轄市、縣（市）國土計畫，為轄區內個別都市計畫之上位計畫，故直轄市、縣（市）國土計畫公告實施後，應由直轄市、縣（市）主管機關通知當地都市計畫主管機關按國土計畫之指導，辦理都市計畫之擬訂或變更。前項都市計畫之擬訂或變更，中央主管機關或直轄市、縣（市）主管機關得指定各該擬定機關限期為之，必要時並得逕為擬定或變更（國土§16）。

(二) 協調部門計畫

　　部門計畫應遵循國土計畫之指導，故各目的事業主管機關興辦性質重要且在一定規模以上部門計畫時，除應遵循國土計畫之指導外，並應於先期規劃階段，徵詢同級主管機關之意見。

　　中央目的事業主管機關興辦部門計畫與各級國土計畫所定部門空間發展策略或計畫產生競合時，應報由中央主管機關協調；協調不成時，得報請行政院決定之。第1項性質重要且在一定規模以上部門計畫之認定標準，由中央主管機關定之（國土§17）。

三、調查勘測與國土規劃資訊系統

(一) 調查勘測

　　各級主管機關因擬訂或變更國土計畫須派員進入公、私有土地或建築物調查或勘測時，其所有人、占有人、管理人或使用人不得拒絕。但進入國防設施用地，應經該國防設施用地主管機關同意。

　　前項調查或勘測人員進入公、私有土地或建築物調查或勘測時，應出示執行職務有關之證明文件或顯示足資辨別之標誌；於進入建築物或設有圍障之土地調查或勘測前，應於7日前通知其所有人、占有人、管理人或使用人。

　　為實施前項調查或勘測，須遷移或拆除地上障礙物，致所有人或使用人遭受之損失，應先予適當之補償，其補償價額以協議為之（國土§18）。

（二）國土規劃資訊系統

為擬訂國土計畫，主管機關應蒐集、協調及整合國土規劃基礎資訊與環境敏感地區等相關資料，各有關機關應配合提供；中央主管機關並應定期從事國土利用現況調查及土地利用監測。

前項國土利用現況調查及土地利用監測之辦法，由中央主管機關定之。

第1項資訊之公開，依政府資訊公開法之規定辦理（國土§19）。

第三節　國土功能分區之劃設及土地使用管制

壹、國土功能分區概念

國土功能分區由地方政府劃定公告後，應依計畫進行保育或開發；「國土保育地區」以保育為原則，「海洋資源地區」供海域公共通行、公共水域使用或其他依法核准的使用等為主，「農業發展地區」以提供農業及其相關設施使用，「城鄉發展地區」則可以申請使用許可後開發利用，且不用變更土地，大幅縮短土地變更審查流程，達到開發與保育雙贏局面；至於目前屬於都市計畫或國家公園範圍者，仍依「都市計畫法」或「國家公園法」等相關規定管制。

一、國土功能分區及其分類之劃設原則

目前法定土地使用計畫種類，包括區域計畫、都市計畫及國家公園計畫，除實施都市計畫及國家公園計畫地區外，非都市土地並劃定為11種使用分區、19種使用地，土地使用分區劃分方式細碎，且各使用分區下之使用地編定並未配合使用分區特性有所差異，導致土地使用分區之定位模糊，土地使用管制缺乏計畫指導，故土地使用分區劃定方式有重新檢討之必要性。參考外國空間計畫作法，日本係透過劃設自然保全地域、自然公園地域、森林地域、農業地域及都市地域等五大地域進行土地使用管制；英國則將需要保育或保護之地區劃設為綠帶。綜整先進國家經驗，其於國家或區域層次之土地使用計畫，大多將土地區分為可發展地區及不可發展地區，透過簡單明瞭之土地使用分區劃分方式，以建立明確土地使用管制。

爰此，爲使強化土地使用分區之功能，並明確界定各功能分區之定位，乃明定國土功能分區及其分類之劃設原則如下（國土§20）：

(一) 國土保育地區

依據天然資源、自然生態或景觀、災害及其防治設施分布情形加以劃設，並按環境敏感程度，予以分類：
1. 第一類：具豐富資源、重要生態、珍貴景觀或易致災條件，其環境敏感程度較高之地區。
2. 第二類：具豐富資源、重要生態、珍貴景觀或易致災條件，其環境敏感程度較低之地區。
3. 其他必要之分類。

(二) 海洋資源地區

依據內水與領海之現況及未來發展需要，就海洋資源保育利用、原住民族傳統使用、特殊用途及其他使用等加以劃設，並按用海需求，予以分類：
1. 第一類：使用性質具排他性之地區。
2. 第二類：使用性質具相容性之地區。
3. 其他必要之分類。

(三) 農業發展地區

依據農業生產環境、維持糧食安全功能及曾經投資建設重大農業改良設施之情形加以劃設，並按農地生產資源條件，予以分類：
1. 第一類：具優良農業生產環境、維持糧食安全功能或曾經投資建設重大農業改良設施之地區。
2. 第二類：具良好農業生產環境、糧食生產功能，爲促進農業發展多元化之地區。
3. 其他必要之分類。

(四) 城鄉發展地區

依據都市化程度及發展需求加以劃設，並按發展程度，予以分類：
1. 第一類：都市化程度較高，其住宅或產業活動高度集中之地區。

2. 第二類：都市化程度較低，其住宅或產業活動具有一定規模以上之地區。

3. 其他必要之分類。

　　新訂或擴大都市計畫案件，應以位屬城鄉發展地區者為限。

　　綜上，劃設國土功能分區之主要目的，係為建立土地使用秩序，並明訂各國土功能分區之土地使用原則，各國土功能分區將允許不同樣態使用許可案件，投資開發業者得以視國土功能分區劃設情形提出申請，不致因土地變更之不確定因素，導致投資開發時程延宕，同時可避免當前屢有因開發建設，任意變更土地使用分區之情況。

　　四種國土功能分區，國土保育地區，以保育及保安為原則，並得禁止或限制使用。海洋資源地區，以資源永續利用為原則，整合多元需求，建立使用秩序。農業發展地區，以確保糧食安全為原則，積極保護重要農業生產環境及基礎設施，並應避免零星發展。城鄉發展地區，以集約發展、成長管理為原則，創造寧適和諧之生活環境及有效率之生產環境，確保完整之配套公共設施。

二、國土功能分區使用管制原則

　　土地應依據國土功能分區及其分類之指導，編定適當使用地後進行管制。爰明定國土功能分區及其分類之土地使用原則如下（國土§21）：

(一) 國土保育地區

1. 第一類：維護自然環境狀態，並禁止或限制其他使用。

2. 第二類：儘量維護自然環境狀態，允許有條件使用。

3. 其他必要之分類：按環境資源特性給予不同程度之使用管制。

(二) 海洋資源地區

1. 第一類：供維護海域公共安全及公共福祉，或符合海域管理之有條件排他性使用，並禁止或限制其他使用。

2. 第二類：供海域公共通行或公共水域使用之相容使用。

3. 其他必要之分類：其他尚未規劃或使用者，按海洋資源條件，給予不同程度之使用管制。

(三) 農業發展地區

1. 第一類：供農業生產及其必要之產銷設施使用，並禁止或限制其他使用。
2. 第二類：供農業生產及其產業價值鏈發展所需設施使用，並依其產業特性給予不同程度之使用管制、禁止或限制其他使用。
3. 其他必要之分類：按農業資源條件給予不同程度之使用管制。

(四) 城鄉發展地區

1. 第一類：供較高強度之居住、產業或其他城鄉發展活動使用。
2. 第二類：供較低強度之居住、產業或其他城鄉發展活動使用。
3. 其他必要之分類：按城鄉發展情形給予不同程度之使用管制。

　　首先，為因應農業多元發展之需求，須從產業價值鏈觀點，創造農地及農業加值利用，農業發展地區第一類除做土地利用型（例如水稻、雜糧）農業素地生產使用外，為符合精緻農業、科技農業、大規模化及現代化管理之經營型態，故規範農業發展地區第一類，除得供農業生產外，並得供與生產相關必要之產銷設施使用，例如田間生產所需之溫網室及管理設施、與簡易集貨、分級包裝或儲運設施等使用。其次，對農業發展地區第二類，在考量農業發展需求兼顧生產、研發、加工、行銷等不同階段之產業多元加值，與價值鏈串接整合，爰為因應各階段產業所需之設施需求，使用管制應給予一定彈性，以符實際。再者，針對農業發展地區第一類之相關產銷設施以及農業發展地區第二類之農業產業價值鏈發展所需設施之定義、範圍及規模，於依第23條第2項授權訂定土地使用管制事項之規則內，予以明確規範。

三、國土功能分區圖與使用管制

(一) 國土功能分區圖

　　直轄市、縣（市）國土計畫公告實施後，應由各該主管機關依各級國土計畫國土功能分區之劃設內容，製作國土功能分區圖及編定適當使用地，報經中央主管機關核定後公告，並實施管制。

　　前項國土功能分區圖，除為加強國土保育者，得隨時辦理外，應於國土計畫所定之一定期限內完成，並應報經中央主管機關核定後公告。

　　前二項國土功能分區圖繪製之辦理機關、製定方法、比例尺、辦理、檢

討變更程序及公告等之作業辦法,由中央主管機關定之(國土§22)。

(二) 使用管制

國土保育地區以外之其他國土功能分區,如有符合國土保育地區之劃設原則者,除應依據各該國土功能分區之使用原則進行管制外,並應按其資源、生態、景觀或災害特性及程度,予以禁止或限制使用。

國土功能分區及其分類之使用地類別編定、變更、規模、可建築用地及其強度、應經申請同意使用項目、條件、程序、免經申請同意使用項目、禁止或限制使用及其他應遵行之土地使用管制事項之規則,由中央主管機關定之。但屬實施都市計畫或國家公園計畫者,仍依都市計畫法、國家公園法及其相關法規實施管制。

前項規則中涉及原住民族土地及海域之使用管制者,應依原住民族基本法第21條規定辦理,並由中央主管機關會同中央原住民族主管機關訂定。

直轄市、縣(市)主管機關得視地方實際需要,依全國國土計畫土地使用指導事項,由該管主管機關另訂管制規則,並報請中央主管機關核定。

國防、重大之公共設施或公用事業計畫,得於各國土功能分區申請使用(國土§23)。

有關國土功能分區及其分類之使用地類別編定、變更,其中「編定」及「變更」使用地之法律性質及使用地管制功能,其法律性質為何?依司法院釋字第742號之解釋,如其中具體項目有直接限制一定區域內特定人或可得確定多數人之權益或增加其負擔者,基於有權利即有救濟之憲法原則,應許其就該部分提起訴願或行政訴訟以資救濟,始符憲法第16條保障人民訴願權與訴訟權之意旨。顯見,大法官對人民權利救濟途徑看法,不再拘泥於行政計畫之行政行為,是否為法規命令或行政處分,若有具體項目有直接限制權益或增加負擔者,應許有提出訴訟以資救濟之;即隱含認為人民之財產權非不得依都市計畫法加以限制,但若逾越其社會拘束(Soziale Bindung),人民即得提起訴願或行政訴訟以救濟之。

貳、使用許可制

一、使用許可申請條件與程序

(一) 申請之提出與受理（國土§24）

於符合第21條國土功能分區及其分類之使用原則下，從事一定規模以上或性質特殊之土地使用，應由申請人檢具第26條規定之書圖文件申請使用許可；其一定規模以上或性質特殊之土地使用，其認定標準，由中央主管機關定之。

前項使用許可不得變更國土功能分區、分類，且填海造地案件限於城鄉發展地區申請，並符合海岸及海域之規劃。

第1項使用許可之申請，由直轄市、縣（市）主管機關受理。申請使用許可範圍屬國土保育地區或海洋資源地區者，由直轄市、縣（市）主管機關核轉中央主管機關審議外，其餘申請使用許可範圍由直轄市、縣（市）主管機關審議。但申請使用範圍跨二個直轄市、縣（市）行政區以上、興辦前條第5項國防、重大之公共設施或公用事業計畫跨二個國土功能分區以上致審議之主管機關不同或填海造地案件者，由中央主管機關審議。

變更經主管機關許可之使用計畫，應依第1項及第3項規定程序辦理。但變更內容性質單純者，其程序得予以簡化。

各級主管機關應依第7條規定辦理審議，並應收取審查費；其收費辦法，由中央主管機關定之。

申請人取得主管機關之許可後，除申請填海造地使用許可案件依第30條規定辦理外，應於規定期限內進行使用；逾規定期限者，其許可失其效力。未依經許可之使用計畫使用或違反其他相關法規規定，經限期改善而未改善或經目的事業、水土保持、環境保護等主管機關廢止有關計畫者，廢止其使用許可。

第1項及第3項至第6項有關使用許可之辦理程序、受理要件、審議方式與期限、已許可使用計畫應辦理變更之情形與辦理程序、許可之失效、廢止及其他相關事項之辦法，由中央主管機關定之。

(二) 審議前公開展覽及舉行公聽會（國土§25）

　　直轄市、縣（市）主管機關受理使用許可之申請後，經審查符合受理要件者，應於審議前將其書圖文件於申請使用案件所在地鄉（鎮、市、區）公所公開展覽30日及舉行公聽會。但依前條第3項規定由中央主管機關審議者，於直轄市、縣（市）主管機關受理審查符合受理要件核轉後，於審議前公開展覽30日及舉行公聽會。

　　前項舉行公聽會之時間、地點、辦理方式等事項，除應以網際網路方式公開外，並得登載於政府公報、新聞紙或其他適當方法廣泛周知，另應以書面送達申請使用範圍內之土地所有權人。但已依其他法規舉行公聽會，且踐行以網際網路周知及書面送達土地所有權人者，不在此限。

　　公開展覽期間內，人民或團體得以書面載明姓名或名稱及地址，向主管機關提出意見。主管機關應於公開展覽期滿之日起30日內彙整人民或團體意見，併同申請使用許可書圖文件報請審議。

　　前三項有關使用許可之公開展覽與公聽會之辦理方式及人民陳述意見處理之辦法，由中央主管機關定之。

　　使用許可內容涉及依法核定為國家機密或其他法律、法規命令規定應秘密之事項或限制、禁止公開者，不適用第25條及第27條有關公開展覽、公聽會及計畫內容公告周知之規定（國土§31）。

(三) 申請使用許可之審議（國土§26）

　　依第24條規定申請使用許可之案件，應檢具下列書圖文件：

1. 申請書及使用計畫。
2. 使用計畫範圍內土地與建築物所有權人同意證明文件。但申請使用許可之事業依法得為徵收或依農村社區土地重劃條例得申請重劃者，免附。
3. 依其他相關法令規定應先經各該主管機關同意之文件。
4. 興辦事業計畫已依各目的事業主管法令同意之文件。
5. 其他必要之文件。

　　主管機關審議申請使用許可案件，應考量土地使用適宜性、交通與公共設施服務水準、自然環境及人為設施容受力。依各國土功能分區之特性，經審議符合下列條件者，得許可使用：

1. 國土保育地區及海洋資源地區：就環境保護、自然保育及災害防止，爲妥適之規劃，並針對該使用所造成生態環境損失，採取彌補或復育之有效措施。

2. 農業發展地區：維護農業生產環境及水資源供應之完整性，避免零星使用或影響其他農業生產環境之使用；其有興建必要之農業相關設施，應以與當地農業生產經營有關者爲限。

3. 城鄉發展地區：都市成長管理、發展趨勢之關聯影響、公共建設計畫時程、水資源供應及電力、瓦斯、電信等維生系統完備性。

　　前二項使用許可審議應檢附之書圖文件內容、格式、許可條件具體規定等相關事項之審議規則，由中央主管機關定之。

(四) 審議後之公開展覽（國土 § 27）

　　申請使用許可案件經依前條規定審議通過後，由主管機關核發使用許可，並將經許可之使用計畫書圖、文件，於各有關直轄市、縣（市）政府及鄉（鎮、市、區）公所分別公開展覽；其展覽期間，不得少於30日，並得視實際需要，將計畫內容重點登載於政府公報、新聞紙、網際網路或其他適當方法廣泛周知。

　　前項許可使用計畫之使用地類別、使用配置、項目、強度，應作爲範圍內土地使用管制之依據。

　　使用許可內容涉及依法核定爲國家機密或其他法律、法規命令規定應秘密之事項或限制、禁止公開者，不適用第25條及第27條有關公開展覽、公聽會及計畫內容公告周知之規定（國土 § 31）。

二、使用許可之義務

(一) 國土保育費與影響費之繳交

　　經主管機關核發使用許可案件，中央主管機關應向申請人收取國土保育費作爲辦理國土保育有關事項之用；直轄市、縣（市）主管機關應向申請人收取影響費，作爲改善或增建相關公共設施之用，影響費得以使用許可範圍內可建築土地抵充之。

　　直轄市、縣（市）主管機關收取前項影響費後，應於一定期限內按前項

用途使用；未依期限或用途使用者，申請人得要求直轄市、縣（市）主管機關返還已繳納之影響費。

第1項影響費如係配合整體國土計畫之推動、指導等性質，或其他法律定有同性質費用之收取者，得予減免。

前三項國土保育費及影響費之收費方式、費額（率）、應使用之一定期限、用途、影響費之減免與返還、可建築土地抵充之範圍及其他相關事項之辦法，由中央主管機關定之。

第1項影響費得成立基金，其保管及運用之規定，由直轄市、縣（市）主管機關定之（國土§28）。

國土保育費之收取，係考量使用許可後對於整體環境會產生一定程度之衝擊影響，且本法對於國土保育地區、農業發展地區及海洋資源地區，均有不同程度禁止或限制使用之規定，為維護整體環境及公共利益原則下，收取之國土保育費屬特別公課。

影響費之收取，係考量使用許可帶來地區性之開發活動，衍生服務人口成長與地方經濟所需之公共設施需求問題，故申請人除使用許可範圍內所需公共設施應自己提供自足外，應就範圍外因使用許可而產生對既有公共設施之衝擊，所需之改善支出，負擔其經費，故影響費為基於成長付費概念下之特別公課。相關特別公課之收取仍依本法規定為準，或由國土保育費收取後依性質分配予上開基金，爰本法制定後，森林法及農業發展條例等有關法律規定將配合調整修正，以避免重複收取。

國土保育費之收取，其立法理由係考量使用許可後對於整體環境有一定程度之衝擊影響，且本法對於國土保育地區、農業發展地區及海洋資源地區，均有不同程度禁止或限制使用之規定，為維護整體環境及公共利益原則下，收取之國土保育費屬特別公課。影響費之收取，則係考量使用許可獲准後，帶來地區性之開發活動，產生服務人口成長與地方經濟所需之公共設施需求問題，故申請人除使用許可範圍內所需公共設施應提供以自足，應對使用許可範圍外因使用許可後產生既有公共設施之衝擊予以負擔，故影響費為基於成長付費概念下之特別公課。未來相關特別公課之收取仍依本法規定為準，或由國土保育費收取後依性質分配予上開基金，爰本法制定後，森林法及農業發展條例等有關法律規定將配合調整修正，以避免重複收取。

(二) 使用許可義務之踐行（國土 § 29）

申請人於主管機關核發使用許可後，應先完成下列事項，始得依經許可之使用計畫進行後續使用：

1. 將使用計畫範圍內應登記為直轄市、縣（市）或鄉（鎮、市）管有之公共設施用地完成分割、移轉登記為各該直轄市、縣（市）或鄉（鎮、市）有。
2. 分別向中央主管機關繳交國土保育費及直轄市、縣（市）主管機關繳交影響費。
3. 使用地依使用計畫內容申請變更。

前項公共設施用地上需興建之設施，應由申請人依使用計畫分期興建完竣勘驗合格，領得使用執照並將所有權移轉登記為直轄市、縣（市）或鄉（鎮、市）有後，其餘非公共設施用地上建築物始得核發使用執照。但經申請人提出各分期應興建完竣設施完成前之服務功能替代方案，並經直轄市、縣（市）或特設主管建築機關同意者，不在此限。

申請人於前項公共設施用地上興建公共設施時，不適用土地法第25條規定。第1項及第2項許可使用後之程序、作業方式、負擔、公共設施項目及其他相關事項之辦法，由中央主管機關定之。

第1項及第2項之公共設施用地及設施，其所有權移轉登記承受人依其他法律另有規定者，從其規定；申請移轉登記為直轄市、縣（市）或鄉（鎮、市）有時，得由申請人憑第27條第1項規定許可文件單獨申請登記；登記機關辦理該移轉登記時，免繕發權利書狀，登記完畢後，應通知該直轄市、縣（市）政府或鄉（鎮、市）公所。

(三) 申請填海造地案件（國土 § 30）

由於填海造地工程之施作，涉及陸側鄰近地區國土保安事項，爰應由申請人繳交保證金，以確保工程按計畫進度施作，並負擔其所肇致公共安全責任，以符公共安全利益。故規定申請填海造地案件依第24條規定取得使用許可後，申請人應於規定期限內提出造地施工計畫，繳交開發保證金；經直轄市、縣（市）主管機關許可並依計畫填築完成後，始得依前條第1項規定辦理相關事宜。

　　前項造地施工計畫，涉及國防或經中央主管機關認定其公共安全影響範圍跨直轄市、縣（市），由中央主管機關許可。

　　第1項造地施工計畫屆期未申請許可者，其依第24條規定取得之許可失其效力；造地施工計畫經審議駁回或不予許可者，審議機關應送請中央主管機關廢止其依第24條規定取得之許可。

　　第1項造地施工計畫內容及書圖格式、申請期限、展延、保證金計算、減免、繳交、動支、退還、造地施工管理及其他相關事項之辦法，由中央主管機關定之。

　　第1項造地施工計畫之許可，其他法規另有規定者，從其規定。但其他法規未規定申請期限，仍應依第1項申請期限辦理之。

三、損失補償與救濟

(一) 損失之補償

　　直轄市、縣（市）主管機關公告國土功能分區圖後，應按本法規定進行管制。區域計畫實施前或原合法之建築物、設施與第23條第2項或第4項所定土地使用管制內容不符者，除准修繕外，不得增建或改建。當地直轄市、縣（市）主管機關認有必要時，得斟酌地方情形限期令其變更使用或遷移，其因遷移所受之損害，應予適當之補償；在直轄市、縣（市）主管機關令其變更使用、遷移前，得為區域計畫實施前之使用、原來之合法使用或改為妨礙目的較輕之使用。

　　直轄市、縣（市）主管機關對於既有合法可建築用地經依直轄市、縣（市）國土計畫變更為非可建築用地時，其所受之損失，應予適當補償。

　　前二項補償方式及其他相關事項之辦法，由中央主管機關定之（國土§32）。

　　對於第1項立法理由認為，依據司法院釋字第400號及第440號解釋，變更使用認屬社會責任應忍受範圍，爰不予補償。在直轄市、縣（市）主管機關令其變更使用或遷移前，得按既有使用項目、強度、配置為原來之合法使用或改為妨礙國土功能分區及其分類劃設目的較輕之使用。惟「變更使用」是否盡然全屬社會責任應忍受範圍，仍有待議餘地。又其中所謂「得為區域計畫實施前之使用、原來之合法使用」，在於明定保障既有合法權利。又

因遷移所受損害之補償，與第2項既有合法可建築用地變更爲非可建築用地時，所受損失之補償，兩者皆屬行政補償。其中第1項因遷移所受損害之補償，係因限期遷移所致，爲主管機關合法之行政行爲，對私有財產造成非可預見性的損害，爲屬具有徵收效力之侵害，其結果與徵收相同，故應予補償。

對於第2項立法理由認爲，目前國內土地大多依據區域計畫法、都市計畫法或國家公園法劃定使用分區（編定使用地），賦予得否開發建築之權益。針對既有合法可建築用地，基於計畫理想、土地使用計畫體系穩定、民眾意願及財務可行等考量下，未來於擬定或變更國土計畫時，將透過規劃方式儘量維持爲建築用地，惟經評估確實仍有國土保育保安需求，而應變更爲非可建築用地者，依據司法院釋字第525號解釋略以：「其因公益之必要廢止法規或修改內容致人民客觀上具體表現其因信賴而生之實體法上利益受損害，應採取合理之補救措施，或訂定過渡期間之條款」，基於信賴保護原則，其所受之損失，應予適當補償。基於前開理由，爰於第2項明定既有合法可建築用地經直轄市、縣（市）主管機關依各該國土計畫變更爲非可建築用地時，其所受損失，應予適當補償。

惟以信賴保護原則爲變更爲非可建築用地時，受損失應予適當補償之法理，有待議之餘地。因主管機關對既有合法可建築用地，依國土計畫變更爲非可建築用地時，所受損失之補償，此補償性質相似於英美法之taking，即因土地利用強度之被剝奪（Wipe Out），導致所有人之財產損失，而予以補償。此外，國土計畫法立法上對於相較於剝奪之規劃利得（Planning Gain），或所謂暴利（Windfall），對於開發者卻無課予相對之負擔義務，誠爲不足之處。

又政府爲國土保安及生態保育之緊急需要，有取得土地、建築物或設施之必要者，應由各目的事業主管機關依法價購、徵收或辦理撥用（國土§33）。

(二) 受害之救濟

申請人申請使用許可違反本法或依本法授權訂定之相關命令而主管機關疏於執行時，受害人民或公益團體得敘明疏於執行之具體內容，以書面告知主管機關。主管機關於書面告知送達之日起60日內仍未依法執行者，人民或

公益團體得以該主管機關為被告，對其怠於執行職務之行為，直接向行政法院提起訴訟，請求判令其執行。

行政法院為前項判決時，得依職權判令被告機關支付適當律師費用、偵測鑑定費用或其他訴訟費用予原告。

第1項之書面告知格式，由中央主管機關定之（國土§34）。

參、國土復育

一、國土復育促進地區之劃定

下列地區得由目的事業主管機關劃定為國土復育促進地區，進行復育工作（國土§35）：

(一) 土石流高潛勢地區。

(二) 嚴重山崩、地滑地區。

(三) 嚴重地層下陷地區。

(四) 流域有生態環境劣化或安全之虞地區。

(五) 生態環境已嚴重破壞退化地區。

(六) 其他地質敏感或對國土保育有嚴重影響之地區。

前項國土復育促進地區之劃定、公告及廢止之辦法，由中央主管機關會商相關目的事業主管機關定之。國土復育促進地區之劃定機關，由中央主管機關協調有關機關決定，協調不成，報行政院決定之。

二、復育計畫之擬定

國土復育促進地區經劃定者，應以保育和禁止開發行為及設施之設置為原則，並由劃定機關擬訂復育計畫，報請中央目的事業主管機關核定後實施。如涉及原住民族土地，劃定機關應邀請原住民族部落參與計畫之擬定、執行與管理。

前項復育計畫，每5年應通盤檢討一次，並得視需要，隨時報請行政院核准變更；復育計畫之標的、內容、合於變更要件，及禁止、相容與限制事項，由中央主管機關定之。各目的事業主管機關為執行第1項復育計畫，必要時，得依法價購、徵收區內私有土地及合法土地改良物（國土§36）。

三、安置及配套計畫

國土復育促進地區內已有之聚落或建築設施，經中央目的事業主管機關或直轄市、縣（市）政府評估安全堪虞者，除有立即明顯之危害，不得限制居住或強制遷居。

前項經評估有安全堪虞之地區，中央目的事業主管機關或直轄市、縣（市）政府應研擬完善安置及配套計畫，並徵得居民同意後，於安全、適宜之土地，整體規劃合乎永續生態原則之聚落，予以安置，並協助居住、就業、就學、就養及保存其傳統文化；必要時，由行政院協調整合辦理（國土§37）。

第四節 罰則與附則

壹、罰 則

一、違反使用之行政罰

從事未符合國土功能分區及其分類使用原則之一定規模以上或性質特殊之土地使用者，由該管直轄市、縣（市）主管機關處行為人新台幣100萬元以上500萬元以下罰鍰。

有下列情形之一者，由該管直轄市、縣（市）主管機關處行為人新台幣30萬元以上150萬元以下罰鍰（國土§38）：

(一) 未經使用許可而從事符合國土功能分區及其分類使用原則之一定規模以上或性質特殊之土地使用。

(二) 未依許可使用計畫之使用地類別、使用配置、項目、強度進行使用。違反第23條第2項或第4項之管制使用土地者，由該管直轄市、縣（市）主管機關處行為人新台幣6萬元以上30萬元以下罰鍰。

依前三項規定處罰者，該管直轄市、縣（市）主管機關得限期令其變更使用、停止使用或拆除其地上物恢復原狀；於管制使用土地上經營業務者，必要時得勒令歇業，並通知該管主管機關廢止其全部或一部登記。

前項情形經限期變更使用、停止使用、拆除地上物恢復原狀或勒令歇

業而不遵從者，得按次依第1項至第3項規定處罰，並得依行政執行法規定停止供水、供電、封閉、強制拆除或採取其他恢復原狀之措施，其費用由行為人負擔。有第1項、第2項第1款或第3項情形無法發現行為人時，直轄市、縣（市）主管機關應依序命土地或地上物使用人、管理人或所有人限期停止使用或恢復原狀；屆期不履行，直轄市、縣（市）主管機關得依行政執行法規定辦理。

前項土地或地上物屬公有者，管理人於收受限期恢復原狀之通知後，得於期限屆滿前擬定改善計畫送主管機關核備，不受前項限期恢復原狀規定之限制。但有立即影響公共安全之情事時，應迅即恢復原狀或予以改善。

二、違反使用之刑罰

有前條第1項、第2項或第3項情形致釀成災害者，處7年以下有期徒刑，得併科新台幣500萬元以下罰金；因而致人於死者，處5年以上12年以下有期徒刑，得併科新台幣1,000萬元以下罰金；致重傷者，處3年以上10年以下有期徒刑，得併科新台幣700萬元以下罰金。

犯前項之罪者，其墾殖物、工作物、施工材料及所使用之機具，不問屬於犯罪行為人與否，沒收之（國土§39）。

三、違規使用之稽查與檢舉

直轄市、縣（市）主管機關對土地違規使用應加強稽查，並由依第38條規定所處罰鍰中提撥一定比率，供民眾檢舉獎勵使用。

前項檢舉土地違規使用獎勵之對象、基準、範圍及其他相關事項之辦法，由中央主管機關定之（國土§40）。

貳、附　則

一、海域管轄範圍劃定與管理

直轄市、縣（市）主管機關之海域管轄範圍，得由中央主管機關會商有關機關劃定。各級主管機關為執行海域內違反本法之取締、蒐證、移送等事項，由海岸巡防機關協助提供載具及安全戒護（國土§41）。

二、重大公共設施或公用事業計畫之認定

第15條第3項第3款及第23條第5項所定重大之公共設施或公用事業計畫，其認定標準，由中央主管機關定之（國土§42）。

三、國土資源研究機構之設置

政府應整合現有國土資源相關研究機構，推動國土規劃研究；必要時，得經整合後指定國家級國土規劃研究專責之法人或機構（國土§43）。

四、國土永續發展基金之設置與用途

對於因劃設國土功能分區，導致劃設前屬合法可建築用地，被劃為國土保育地區的非可建築用地，不能再開發建築的部分，給予適當補償，以及為落實使用者付費原則，中央主管機關應設置「國土永續發展基金」；其基金來源如下（國土§44）：

(一) 使用許可案件所收取之國土保育費。

(二) 政府循預算程序之撥款。

(三) 自來水事業機構附徵之一定比率費用。

(四) 電力事業機構附徵之一定比率費用。

(五) 違反本法罰鍰之一定比率提撥。

(六) 民間捐贈。

(七) 本基金孳息收入。

(八) 其他收入。

前項第2款政府之撥款，自本法施行之日起，中央主管機關應視國土計畫檢討變更情形逐年編列預算移撥，於本法施行後10年，移撥總額不得低於新台幣500億元。第3款及第4款來源，自本法施行後第11年起適用。

第1項第3款至第5款，其附徵項目、一定比率之計算方式、繳交時間、期限與程序及其他相關事項之辦法，由中央主管機關定之。

國土永續發展基金之用途如下：

(一) 依本法規定辦理之補償所需支出。

(二) 國土之規劃研究、調查及土地利用之監測。

(三) 依第1項第5款來源補助直轄市、縣（市）主管機關辦理違規查處及支應民眾檢舉獎勵。

(四) 其他國土保育事項。

五、國土計畫公告與實施

　　中央主管機關應於本法施行後2年內，公告實施全國國土計畫。直轄市、縣（市）主管機關應於全國國土計畫公告實施後3年內，依中央主管機關指定之日期，一併公告實施直轄市、縣（市）國土計畫；並於直轄市、縣（市）國土計畫公告實施後4年內，依中央主管機關指定之日期，一併公告國土功能分區圖。直轄市、縣（市）主管機關依前項公告國土功能分區圖之日起，區域計畫法不再適用（國土§45）。

第三章　區域計畫及非都市土地分區使用計畫

　　土地為國家發展與人民生存之根本，土地空間發展為國家長治久安與人民安居樂業之基礎。土地空間發展計畫可展現國家發展願景，指導土地及資源之分配及政府重大公共建設計畫之進行。為求土地使用臻達「地盡其利」之目標，國家基於規劃權（Planning Power）之作用，按國家既定之土地利用計畫，對土地之使用得加以必要之規劃和限制，以期促進土地合理有效利用。

　　民國60年代，台灣工業快速發展，人口及產業過度集中南北都市，造成公共設施不足，鄉村人口外流，工廠過度集中，產生勞工欠缺、公害等問題，為解決城鄉發展差距，改善居住環境，促進土地資源有效利用，以因應經濟發展需求，於民國63年制頒區域計畫法，以祈達成下列目標：一、使全國土地資源能做有計畫的規劃利用，合理調節各類用地的分配問題。二、使都市與農村能均衡發展，以調節人口分布問題。三、使各種開發與建設事業彼此進度配合，以調節國家財力、物力的支配問題。

第一節　區域計畫

壹、區域計畫意義與性質

一、區域計畫之定義

　　本法所稱區域計畫，係指基於地理、人口、資源、經濟活動等相互依賴及共同利益關係，而制定之區域發展計畫（區畫§3）。故區域計畫之擬訂乃依區域之地理特質、資源條件、經濟活動和人口成長而為之區域性之綱要發展計畫。

二、區域計畫之目的

區域計畫旨在於協調、引導區域之建設發展，依既定計畫循次漸進，以促進地域之均衡發展，增進國民福祉，故區域計畫係為促進土地及天然資源之保育利用，人口及產業活動之合理分布，以加速並健全經濟發展，改善生活環境，增進公共福利，特制定之法律（區畫§1）。據此可知實施區域計畫之目的如下：

(一) 促進土地及天然資源之保育利用

為使有限的土地資源得以適當的保育利用，透過區域計畫之實施，以均衡之。

(二) 促進人口及產業活動之合理分布

依各區域之自然環境與社會經濟條件，透過區域計畫之實施，確定都市體系與各部門投資之適當區位，以促進人口合理分布，產業均衡發展，縮小區域差距，健全經濟發展。

(三) 改善生活環境並增進公共福利

經由區域計畫之作用，協調都市與鄉村之均衡發展，改善生活環境，而增進公共福址。

三、區域計畫之性質

區域計畫上承全國土地綜合開發計畫，下續都市計畫，係國土規劃使用體系之一環，屬於國土規劃體系中間連繫與協調之地位，為充分發揮其承上啟下之功能，依法規定如下：

(一) 依法擬定計畫或變更

區域計畫公告實施後，應擬定市鎮計畫、鄉街計畫、特定區計畫。凡依區域計畫或已有計畫而須變更者，當地都市計畫主管機關應按規定期限辦理擬定或變更手續。未依期限辦理者，其上級主管機關得代為擬定或變更之（區畫§11）。

(二) 有關開發計畫或建設事業計畫之配合

區域計畫公告實施後，區域內有關之開發或建設事業計畫，均應與區域計畫密切配合；必要時應修正其計畫，或建議主管機關變更區域計畫（區畫§12）。

(三) 計畫內容與建設時序之配合

直轄市、縣（市）主管機關擬定之區域計畫，應遵循中央主管機關擬定之區域計畫。區域計畫公告實施後，區域內之都市計畫及有關開發或建設事業之內容與建設時序，應與區域計畫密切配合。原已發布實施之都市計畫不能配合者，該都市計畫應即通盤檢討變更。區域計畫內各開發或建設事業計畫，在區域計畫公告實施前已執行而與區域計畫不符者，主管機關應通知執行機關就尚未完成部分限期修正（區畫細§7）。

貳、區域計畫之主管機關與計畫內容

一、區域計畫之主管機關

區域計畫之主管機關，中央為內政部；直轄市為直轄市政府；縣（市）為縣（市）政府。各級主管機關為審議區域計畫，應設立區域計畫委員會；其組織由行政院定之（區畫§4）。各級區域計畫委員會審議區域計畫時，得徵詢有關政府機關、事業單位、民間團體或該區域建設推行委員會之意見（區畫細§6）。

二、區域計畫之內容

區域計畫應以文字及圖表，表明下列事項（區畫§7）：
(一) 區域範圍。
(二) 自然環境。
(三) 發展歷史。
(四) 區域機能。
(五) 人口及經濟成長、土地使用、運輸需要、資源開發等預測。
(六) 計畫目標。

(七) 城鄉發展模式。

(八) 自然資源之開發及保育。

(九) 土地分區使用計畫及土地分區管制。

(十) 區域性產業發展計畫。

(十一) 區域性運輸系統計畫。

(十二) 區域性公共設施計畫。

(十三) 區域性觀光遊憩設施畫。

(十四) 區域性環境保護設施畫。

(十五) 實質設施發展順序。

(十六) 實施機構。

(十七) 其他。

　　各級主管機關依本法擬定區域計畫時，得要求有關政府機關或民間團體提供資料，必要時得徵詢事業單位之意見，區域計畫之計畫年期，以不超過25年為原則（區畫細§3）。本法第7條第9款所定之土地分區使用計畫，包括土地使用基本方針、環境敏感地區、土地使用計畫、土地使用分區劃定及檢討等相關事項。前項所定環境敏感地區，包括天然災害、生態、文化景觀、資源生產及其他環境敏感等地區（區畫細§5）。

參、區域計畫之擬定範圍與程序

一、應擬定區域計畫之地區

　　依區域計畫法規定，下列地區應擬定區域計畫（區畫§5）：

(一) 依全國性綜合開發計畫或地區性綜合開發計畫所指定之地區。

(二) 以首都、直轄市、省會或省（縣）轄市為中心，為促進都市實質發展而劃定之地區。

(三) 其他經內政部指定之地區。

　　區域計畫之區域範圍，應就行政區劃、自然環境、自然資源、人口分布、都市體系、產業結構與分布及其他必要條件劃定之。直轄市、縣（市）主管機關之海域管轄範圍，由中央主管機關會商有關機關劃定（區畫細§4）。

二、區域計畫訂定之程序

(一) 計畫之擬定

區域計畫之擬定機關如下（區畫§6）：

1. 跨越兩個省（市）行政區以上之區域計畫，由中央主管機關擬定。
2. 跨越兩個縣（市）行政區以上之區域計畫，由中央主管機關擬定。
3. 跨越兩個鄉、鎮（市）行政區以上之區域計畫，由縣主管機關擬定。

依前項第3款之規定，應擬定而未能擬定時，上級主管機關得視實際情形，指定擬定機關或代為擬定。

區域計畫之擬定機關為擬定計畫，得要求有關政府機關或民間團體提供必要之資料，各該機關團體應配合提供（區畫§8）。主管機關因擬定或變更區域計畫，得派員進入公私土地實施調查或勘測。但設有圍障之土地，應事先通知土地所有權人或其使用人；通知無法送達時，得以公告方式為之。為實施前項調查或勘測，必須遷移或拆除地上障礙物，以致所有權人或使用人遭受損失者，應予適當之補償。補償金額依協議為之，協議不成，報請上級政府核定之（區畫§14）。

(二) 計畫之審議與核定

區域計畫依下列規定程序核定之（區畫§9）：

1. 中央主管機關擬定之區域計畫，應經中央區域計畫委員會審議通過，報請行政院備案。
2. 直轄市主管機關擬定之區域計畫，應經直轄市區域計畫委員會審議通過，報請中央主管機關核定。
3. 縣（市）主管機關擬定之區域計畫，應經縣（市）區域計畫委員會審議通過，報請中央主管機關核定。
4. 依第6條第2項規定，由上級主管機關擬定之區域計畫，比照本條第1款程序辦理。

(三) 計畫之公告展示與實施

區域計畫核定後，擬定計畫之機關應於接到核定公文之日起40天內公告實施，並將計畫圖說發交各有關地方政府及鄉、鎮（市）公所分別公開展

示；其展示期間，不得少於30日。並經常保持清晰完整，以供人民閱覽（區畫§10）。

區域計畫公告實施後，凡依區域計畫應擬定市鎮計畫、鄉街計畫、特定區計畫或已有計畫而須變更者，當地都市計畫主管機關應按規定期限辦理擬定或變更手續。未依限期辦理者，其上級主管機關得代為擬定或變更之（區畫§11）。區域計畫公告實施後，區域內有關之開發或建設事業計畫，均應與區域計畫密切配合；必要時應修正其事業計畫，或建議主管機關變更區域計畫（區畫§12）。

(四) 製定非都市土地使用分區圖與用地編定

區域計畫公告實施後，不屬第11條之非都市土地，應由有關直轄市或縣（市）政府，按照非都市土地分區使用計畫，製定非都市土地使用分區圖，並編定各種使用地，報經上級主管機關核備後，實施管制。變更之程序亦同。其管制規則，由中央主管機關定之。前項非都市土地分區圖，應按鄉、鎮（市）分別繪製，並利用重要建築或地形上顯著標誌及地籍所載區段以標明土地位置（區畫§15）。

直轄市或縣（市）政府依第15條規定實施非都市土地分區使用管制時，應將非都市土地分區圖及編定結果予以公告；其編定結果，應通知土地所有權人。

前項分區圖複印本，發交有關鄉（鎮、市）公所保管，隨時備供人民免費閱覽（區畫§16）。

區域計畫實施時，其地上原有之土地改良物，不合土地分區使用計畫者，經政府令其變更使用或拆除時所受之損害，應予適當補償。補償金額，由雙方協議之。協議不成，由當地直轄市、縣（市）政府報請上級政府予以核定（區畫§17）。

肆、區域計畫之變更

區域計畫公告實施後，擬定計畫之機關應視實際發展情況，每5年通盤檢討一次，並作必要之變更。但有下列情事之一者，得隨時檢討變更之：
一、發生或避免重大災害。
二、興辦重大開發或建設事業。

三、區域建設推行委員會之建議。

　　區域計畫之變更，依第9條及第10條程序辦理；必要時上級主管機關得比照第6條第2項規定變更之（區畫§13）。由本條之規定可得知，區域計畫之變更依其擬定機關之不同可分為兩種：

一、原擬定機關變更之

　　區域計畫公告實施後，原擬定計畫之機關如中央主管機關或縣市主管機關，可視實際發展狀況或必要時，為下列情形之變更：

(一) 定期變更（通盤檢討變更）：定期每5年通盤檢討一次。

(二) 隨時變更（個案變更）：依區域計畫法第13條第1項規定，隨時檢討變更之。

二、上級主管機關指定或代為變更

　　上級主管機關對於擬定機關應通盤檢討或隨時檢討變更時而未能檢討變更，得視實際情形比照區域計畫法第6條第2項規定指定擬定機關或代為變更之。

伍、變更使用分區

一、使用分區變更方式

(一) 逕為辦理變更

　　區域計畫完成通盤檢討公告實施後，不屬第11條之非都市土地，符合非都市土地分區使用計畫者，政府為加強資源保育須檢討變更使用分區者，得由直轄市、縣（市）政府報經上級主管機關核定時，逕為辦理分區變更（區畫§15-1 I ①）。

(二) 申請開發許可變更

　　區域計畫完成通盤檢討公告實施後，不屬第11條之非都市土地，符合非都市土地分區使用計畫者，為開發利用，依各該區域計畫之規定，由申請人擬具開發計畫，檢同有關文件，向直轄市、縣（市）政府申請，報經各該區

域計畫擬定機關許可後，辦理分區變更（區畫§15-1Ⅰ②）。

二、申請開發許可變更之審議

(一) 審議機關

　　區域計畫擬定機關為前項第2款計畫之許可前，應先將申請開發案提報各該區域計畫委員會審議之（區畫§15-1Ⅱ）。直轄市、縣（市）區域計畫公告實施後，依本法第15條之1第1項第2款規定申請開發之案件，由直轄市、縣（市）主管機關辦理審議許可。但一定規模以上、性質特殊、位於環境敏感地區或其他經中央主管機關指定者，應由中央主管機關審議許可。直轄市、縣（市）區域計畫公告實施前，依本法15條之1第1項第2款規定申請開發之案件，除前項但書規定者外，中央主管機關得委辦直轄市、縣（市）主管機關審議許可。第1項所定一定規模、性質特殊、位於環境敏感地區，由中央主管機關定之（區畫細§18）。

　　本法第15條之1第1項第2款所稱開發計畫，應包括下列內容（區畫細§15Ⅰ）：

1. 開發內容分析。
2. 基地環境資料分析。
3. 實質發展計畫。
4. 公共設施營運管理計畫。
5. 平地之整地排水工程。
6. 其他應表明事項。

　　直轄市、縣（市）主管機關受理申請開發案件後，經查對開發計畫與有關文件須補正者，應通知申請人限期補正；屆期未補正者，直轄市、縣（市）主管機關應敘明處理經過，報請中央主管機關審議。主管機關辦理許可審議時，如有須補正事項者，應通知申請人限期補正，屆期未補正者，應為駁回之處分（區畫細§16）。

　　又區域計畫擬定機關或上級主管機關依本法為土地開發案件之許可審議，應收取審查費；其收費標準，由中央主管機關定之（區畫§22-1）。

(二) 開發許可變更之審議基準

　　爲開發利用，申請人擬具開發計畫，檢同有關文件，向直轄市、縣（市）政府申請，開發案提報各該區域計畫委員會審議（區畫§15-1 II），經審議符合左列各款條件，得許可開發（區畫§15-2）：

1. 於國土利用係屬適當而合理者。
2. 不違反中央、直轄市或縣（市）政府基於中央法規或地方自治法規所爲之土地利用或環境保護計畫者。
3. 對環境保護、自然保育及災害防止爲妥適規劃者。
4. 與水源供應、鄰近之交通設施、排水系統、電力、電信及垃圾處理等公共設施及公用設備服務能相互配合者。
5. 取得開發地區土地及建築物權利證明文件者。

　　前項審議之作業規範，由中央主管機關會商有關機關定之。

(三) 許可審議之期限

　　申請人爲開發利用，擬具開發計畫依第15條之1第1項第2款規定申請開發之案件，直轄市、縣（市）政府應於受理後60日內，報請各該區域計畫擬定機關辦理許可審議，區域計畫擬定機關並應於90日內將審議結果通知申請人。但有特殊情形者，得延長一次，其延長期間並不得超過原規定之期限（區畫§15-4）。

　　本法第15條之4所定60日，係指自直轄市、縣（市）主管機關受理申請開發案件之次日起算60日。本法第15條之4所定90日，係指自主管機關受理審議開發案件，並經申請人繳交審查費之次日起算90日（區畫細§17）。

　　直轄市、縣（市）政府不依前條規定期限，將案件報請區域計畫擬定機關審議者，其上級主管機關得令其一定期限內爲之；逾期仍不爲者，上級主管機關得依申請，逕爲辦理許可審議（區畫§15-5）。

三、開發許可之義務

　　申請開發者依第15條之1第1項第2款規定取得區域計畫擬定機關許可後，辦理分區或用地變更前，應將開發區內之公共設施用地完成分割移轉登記爲各該直轄市、縣（市）有或鄉、鎮（市）有，並向直轄市、縣（市）政

府繳交開發影響費，作為改善或增建相關公共設施之用；該開發影響費得以開發區內可建築土地抵充之。前項開發影響費之收費範圍、標準及其他相關事項，由中央主管機關定之。第1項開發影響費得成立基金；其收支保管及運用辦法，由直轄市、縣（市）主管機關定之。第1項開發影響費之徵收，於都市土地準用之（區畫§15-3）。

陸、區域建設推行委員會之設立及任務

中央、直轄市、縣（市）主管機關為推動區域計畫之實施及區域公共設施之興修，得邀同有關政府機關、民意機關、學術機構、人民團體、公私企業等組成區域建設推行委員會（區畫§18）。區域建設推行委員會之任務如下（區畫§19）：

一、有關區域計畫之建議事項。
二、有關區域開發建設事業計畫之建議事項。
三、有關個別開發建設事業之協調事項。
四、有關籌措區域公共設施建設經費之協助事項。
五、有關實施區域開發建設計畫之促進事項。
六、其他有關區域建設推行事項。

柒、罰則

違反第15條第1項之管制使用土地者，由該管直轄市、縣（市）政府處新臺幣6萬元以上30萬元以下罰鍰，並得限期令其變更使用、停止使用或拆除其地上物恢復原狀。前項情形經限期變更使用、停止使用或拆除地上物恢復原狀而不遵從者，得按次處罰，並停止供水、供電、封閉、強制拆除或採取其他恢復原狀之措施，其費用由土地或地上物所有人、使用人或管理人負擔。前二項罰鍰，經限期繳納逾期不繳納者，移送法院強制執行（區畫§21）。

違反前條規定不依限變更土地使用或拆除建築物恢復土地原狀者，除依行政執行法辦理外，並得處六個月以下有期徒刑或拘役（區畫§22）。

第二節　非都市土地分區使用計畫

壹、非都市土地

　　區域計畫內土地使用管制，可分為都市土地與非都市土地兩種。都市土地係指依法發布都市計畫範圍內之全部土地。非都市土地，係指都市計畫範圍外之土地（平§3）。

　　區域土地應符合土地分區使用計畫，並依下列規定管制（區畫細§10）：

一、都市土地：包括已發布都市計畫及依都市計畫法第81條規定為新訂都市計畫或擴大都市計畫而先行劃定計畫地區範圍，實施禁建之土地；其使用依都市計畫法管制之。

二、非都市土地：指都市土地以外之土地；其使用依本法第15條規定訂定非都市土地使用管制規則管制之。

　　前項範圍內依國家公園法劃定之國家公園土地，依國家公園計畫管制之。

一、非都市土地使用管制之結構

　　關於都市土地以外之非都市土地使用管制，於區域計畫應公告實施後，應由直轄市或縣（市）政府，按照區域計畫所定「非都市土地分區使用計畫」，製定「非都市土地使用分區圖」，並「編定各種使用地」，報經上級機關核備後，實施管制。其管制規則，由中央主管機關定之（區畫§15）。內政部據此於民國65年3月30日頒布「非都市土地使用管制規則」以為實施管制之準據。

二、非都市土地使用區之認定

　　依本法第15條規定製定非都市土地使用分區圖，應按鄉（鎮、市、區）之行政區域分別繪製，其比例尺不得小於二萬五千分之一，並標明各種使用區之界線；已依法核定之各種公共設施、道路及河川用地，能確定其界線者，應一併標明之。前項各種使用區之界線，應根據圖面、地形、地物等顯著標誌與說明書，依下列規定認定之（區畫細§12）：

(一) 以計畫地區範圍界線為界線者，以該範圍之界線為分區界線。

(二) 以水岸線或河川中心線為界線者，以該水岸線或河川中心線為分區界線，其有移動者，隨其移動。

(三) 以鐵路線為界線者，以該鐵路界線為分區界線。

(四) 以道路為界線者，以其計畫道路界線為分區界線，無計畫道路者，以該現有道路界線為準。

(五) 以宗地界線為界線者，以地籍圖上該宗地界線為分區界線。

　　海域區應以適當坐標系統定位範圍界線，並製定非都市土地使用分區圖，不受第1項比例尺不得小於二萬五千分之一限制。

貳、非都市土地使用分區

　　非都市土地得劃定為下列各種使用區（區畫細§11，非都市§2）：

一、特定農業區：優良農田或曾經投資建設重大農業改良設施，經會同農業主管機關認為必須加以特別保護而劃定者。

二、一般農業區：特定農業區以外供農業使用之土地。

三、工業區：為促進工業發展，經會同有關機關劃定者。

四、鄉村區：為調和、改善農業居住與生活環境及配合政府興建住宅社區政策之需要，會同有關機關劃定者。

五、森林區：為保育利用森林資源，並維護生態平衡及涵養水源，依森林法等有關法令，會同有關機關劃定者。

六、山坡地保育區：為保育自然生態資源、景觀、環境，與防治沖蝕、崩塌、地滑、土石流失等地質災害，及涵養水源等水土保育，依有關法令，會同有關機關劃定者。

七、風景區：為維護自然景觀，改善國民康樂遊憩環境，依有關法令，會同有關機關劃定者。

八、國家公園區：為保護國家特有之自然風景、史蹟、野生物及其棲息地，並供國民育樂及研究，依國家公園法劃定者。

九、河川區：為保護水道，確保河防安全及水流宣洩，依水利法等有關法令，會同有關機關劃定者。

十、海域區：為促進海域資源與土地之保育及永續合理利用，防治海域災害及環境破壞，依有關法規及實際用海需要劃定者。

十一、其他使用區或特定專用區：為利各目的事業推動業務之實際需要，依有關法令，會同有關機關劃定並註明其用途者。

　　依本法第15條及第15條之1第1項第1款製定非都市土地使用分區圖、編定各種使用地與辦理非都市土地使用分區及使用地編定檢討之作業方式及程序，由中央主管機關定之。

　　前項使用分區具有下列情形之一者，得委辦直轄市、縣（市）主管機關核定（區畫細§14）：

一、使用分區之更正。

二、為加強資源保育辦理使用分區之劃定或檢討變更。

三、面積未達1公頃使用分區之劃定。

參、非都市土地使用編定

　　直轄市或縣（市）政府，編定各種使用地時，應按非都市土地使用分區圖所示範圍，就土地能供使用之性質，參酌地方實際需要，依下列規定編定，且除海域用地外，並繪入地籍圖；其已依法核定之各種公共設施用地，能確定其界線者，並應測定其界線後編定之（區畫細§13，非都市§3）：

一、甲種建築用地：供山坡地範圍外之農業區內建築使用者。

二、乙種建築用地：供鄉村區內建築使用者。

三、丙種建築用地：供森林區、山坡地保育區、風景區及山坡地範圍之農業區內建築使用者。

四、丁種建築用地：供工廠及有關工業設施建築使用者。

五、農牧用地：供農牧生產及其設施使用者。

六、林業用地：供營林及其設施使用者。

七、養殖用地：供水產養殖及其設施使用者。

八、鹽業用地：供製鹽及其設施使用者。

九、礦業用地：供礦業實際使用者。

十、窯業用地：供磚瓦製造及其設施使用者。

十一、交通用地：供鐵路、公路、捷運系統、港埠、空運、氣象、郵政、電信等及其設施使用者。

十二、水利用地：供水利設施使用者。

十三、遊憩用地：供國民遊憩使用者。

十四、古蹟保存用地：供保存古蹟使用者。

十五、生態保護用地：供保護生態使用者。

十六、國土保安用地：供國土保安使用者。

十七、殯葬用地：供喪葬設施使用者。

十八、海域用地：供各類用海及其設施使用者。

十九、特定目的事業用地：供各種特定目的之事業使用者。

前項各種使用地編定完成後，直轄市、縣（市）政府應報內政部核備；變更編定時，亦同。

肆、非都市土地使用管制之內容

依「非都市土地使用管制規則」第4條規定，非都市土地之使用，除國家公園區內土地，由國家公園主管機關依法管制外，按其編定使用地之類別，作下列管制（非都市§4）：

一、管制使用及備查

非都市土地使用編定後，由直轄市或縣（市）政府管制其使用，並由當地鄉鎮（市）（區）公所隨時檢查，其有違反編定使用者，應即報請直轄市或縣（市）政府處理。

鄉（鎮、市、區）公所辦理前項檢查，應指定人員負責辦理。

直轄市或縣（市）政府為處理第1項違反土地使用管制之案件，應成立聯合取締小組定期查處。

前項直轄市或縣（市）聯合取締小組得請目的事業主管機關定期檢查是否依原核定計畫使用（非都市§5）。

二、依容許使用項目使用

非都市土地經劃定使用分區並編定使用地類別，應依其容許使用之項目及許可使用細目使用。但中央目的事業主管機關認定為重大建設計畫所需之臨時性設施，經徵得使用地之中央主管機關及有關機關同意後，得核准為臨時使用。中央目的事業主管機關於核准時，應函請直轄市或縣（市）政府將臨時使用用途及期限等資料，依相關規定程序登錄於土地參考資訊檔。中央目的事業主管機關及直轄市、縣（市）政府應負責監督確實依核定計畫使用

及依限拆除恢復原狀（非都市§6Ⅰ）。

　　前項容許使用及臨時性設施，其他法律或依本法公告實施之區域計畫有禁止或限制使用之規定者，依其規定（非都市§6Ⅱ）。

　　各種使用地容許使用之項目、許可使用細目及其附帶條件，如表3-3-1。

表3-3-1　各種使用地容許使用項目表[1]

使用地類別	容許使用項目
一、甲種建築用地	(一)住宅 (二)日用品零售及服務設施 (三)農產品集散批發運銷設施 (四)農作產銷設施 (五)畜牧設施 (六)鄉村教育設施 (七)行政與文教設施 (八)衛生及福利設施 (九)公用事業設施 (十)無公害性小型工業設施 (十一)宗教建築 (十二)再生能源相關設施 (十三)溫泉井及溫泉儲槽 (十四)兒童課後照顧服務中心 (十五)動物保護相關設施
二、乙種建築用地	(一)住宅 (二)鄉村教育設施 (三)行政及文教設施 (四)衛生及福利設施 (五)安全設施 (六)宗教建築 (七)日用品零售及服務設施

---

[1] 限於篇幅僅列出容許使用項目，至於許可使用細目及其附帶條件，請讀者參閱相關條文。

表3-3-1　各種使用地容許使用項目表（續）

使用地類別	容許使用項目
二、乙種建築用地	(八)公用事業設施 (九)無公害性小型工業設施 (十)農作產銷設施 (十一)畜牧設施 (十二)水產養殖設施 (十三)遊憩設施 (十四)交通設施 (十五)水源保護及水土保持設施 (十六)農產品集散批發運銷設施 (十七)再生能源相關設施 (十八)溫泉井及溫泉儲槽 (十九)兒童課後照顧服務中心 (二十)動物保護相關設施
三、丙種建築用地	(一)住宅 (二)鄉村教育設施 (三)行政及文教設施 (四)衛生及福利設施 (五)安全設施 (六)宗教建築 (七)日用品零售及服務設施 (八)公用事業設施 (九)無公害性小型工業設施 (十)農作產銷設施 (十一)畜牧設施 (十二)水產養殖設施 (十三)遊憩設施 (十四)戶外遊樂設施 (十五)觀光遊憩管理服務設施 (十六)水源保護及水土保持設施 (十七)交通設施 (十八)農產品集散批發運銷設施

表3-3-1　各種使用地容許使用項目表（續）

使用地類別	容許使用項目
三、丙種建築用地	(十九)森林遊樂設施 (二十)再生能源相關設施 (二一)溫泉井及溫泉儲槽 (二二)兒童課後照顧服務中心 (二三)動物保護相關設施
四、丁種建築用地	(一)工業設施 (二)工業社區 (三)再生能源相關設施 (四)臨時堆置收納營建剩餘土石方 (五)水庫、河川、湖泊淤泥資源再生利用臨時處理設施 (六)依產業創新條例第39條規定，經核定規劃之用地使用 (七)廢棄物回收貯存清除處理設施 (八)交通設施
五、農牧用地	(一)農作使用（包括牧草） (二)農舍（工業區、河川區除外；特定農業區、森林區不得興建集村農舍） (三)農作產銷設施（工業區、河川區除外） (四)畜牧設施（工業區、河川區及森林除外。但森林區屬原住民保留地經目的事業主管機關會同原住民主管機關同意者，不在此限） (五)水產養殖設施（工業區除外） (六)水源保護及水土保持設施 (七)採取土石（特定農業區、一般農業區、森林區及特定專用區除外） (八)林業使用 (九)休閒農業設施（工業區、河川區除外） (十)公用事業設施（限於點狀或線狀使用。點狀使用面積不得超過660平方公尺） (十一)戶外廣告物設施 (十二)私設通路 (十三)再生能源相關設施

表3-3-1　各種使用地容許使用項目表（續）

使用地類別	容許使用項目
五、農牧用地	(十四)臨時堆置收納營建剩餘土石方 (十五)水庫、河川、湖泊淤泥資源再生利用臨時處理設施 (十六)溫泉井及溫泉儲槽（工業區、特定農業區除外） (十七)農村再生設施 (十八)自然保育設施 (十九)綠能設施 (二十)動物保護相關設施
六、林業用地	(一)林業使用 (二)林業設施 (三)安全設施 (四)生態體系保護設施 (五)水源保護及水土保持設施 (六)營建剩餘土石方資源之暫屯、堆置、最終填埋設施 (七)採取土石 (八)公用事業設施（限於點狀或線狀使用。點狀使用面積不得超過660平方公尺） (九)戶外公共遊憩設施（限於點狀或線狀使用。點狀使用面積不得超過660平方公尺） (十)森林遊樂設施（限於森林區、風景區） (十一)休閒農業設施（工業區、河川區及森林區除外） (十二)礦石開採 (十三)再生能源相關設施 (十四)水庫、河川、湖泊淤泥資源再生利用臨時處理設施 (十五)溫泉井及溫泉儲槽 (十六)農村再生設施 (十七)自然保育設施 (十八)綠能設施 (十九)農舍 (二十)交通設施（限於點狀或線狀使用。點狀使用面積不得超過660平方公尺）

表3-3-1　各種使用地容許使用項目表（續）

使用地類別	容許使用項目
七、養殖用地	(一)水產養殖設施 (二)農作使用（包括牧草） (三)林業使用 (四)農作產銷設施 (五)畜牧設施 (六)水源保護及水土保持設施 (七)農舍（森林區除外） (八)休閒農業設施（工業區、河川區除外） (九)再生能源相關設施 (十)私設通路 (十一)農村再生設施 (十二)自然保育設施 (十三)綠能設施
八、鹽業用地	(一)鹽業設施 (二)農舍 (三)再生能源相關設施
九、礦業用地	(一)礦石開採及其設施 (二)採取土石 (三)水源保護及水土保持設施 (四)林業使用 (五)林業設施 (六)臨時堆置收納營建剩餘土石方 (七)水庫、河川、湖泊淤泥資源再生利用臨時處理設施 (八)再生能源相關設施 (九)沙土石碎解洗選加工設施 (十)溫泉井及溫泉儲槽
十、窯業用地	(一)窯業使用及其設施 (二)農作使用（包括牧草） (三)水產養殖設施 (四)再生能源相關設施 (五)臨時堆置收納營建剩餘土石方 (六)水庫、河川、湖泊淤泥資源再生利用臨時處理設施

表3-3-1 各種使用地容許使用項目表（續）

使用地類別	容許使用項目
十一、交通用地	(一)按現況或交通計畫使用 (二)交通設施（特定農業區除外） (三)公用事業設施（限於點狀或線狀使用。點狀使用面積不得超過660平方公尺） (四)再生能源相關設施 (五)戶外遊憩設施 (六)農村再生設施
十二、水利用地	(一)按現況或水利計畫使用 (二)水岸遊憩設施 (三)戶外遊樂設施 (四)採取土石 (五)其他經河川或排水處理機關核准者 (六)再生能源相關設施 (七)溫泉井及溫泉儲槽 (八)農村再生設施 (九)滯洪設施
十三、遊憩用地	(一)遊憩設施 (二)戶外遊樂設施 (三)水岸遊憩設施 (四)觀光遊憩管理服務設施 (五)古蹟保存設施 (六)鄉村教育設施 (七)行政及文教設施 (八)衛生及福利設施 (九)安全設施 (十)宗教建築 (十一)公用事業設施 (十二)農作使用（包括牧草） (十三)交通設施 (十四)生態體系保護設施 (十五)水源保護及水土保持設施

表3-3-1　各種使用地容許使用項目表（續）

使用地類別	容許使用項目
十三、遊憩用地	(十六)林業使用 (十七)森林遊樂設施 (十八)再生能源相關設施 (十九)溫泉井及溫泉儲槽 (二十)兒童課後照顧服務中心
十四、古蹟保存用地	古蹟保存設施
十五、生態保護用地	(一)生態體系保護設施 (二)農村再生設施 (三)自然保育設施
十六、國土保安用地	(一)水源保護及水土保持設施 (二)林業使用 (三)林業設施 (四)公用事業設施（限於點狀或線狀使用。點狀使用面積不得超過660平方公尺） (五)隔離綠帶 (六)綠地 (七)再生能源相關設施 (八)農村再生設施 (九)自然保育設施 (十)綠能設施 (十一)交通設施（限於點狀或線狀使用。點狀使用面積不得超過660平方公尺）
十七、殯葬用地	(一)殯葬設施 (二)林業使用 (三)林業設施 (四)電信、微波收發站（含基地台） (五)動物骨灰灑葬區 (六)再生能源相關設施
十八、特定目的事業用地	按特定目的事業計畫使用

　　海域用地以外之各種使用地容許使用項目、許可使用細目及其附帶條件如附表一；海域用地容許使用項目及區位許可使用細目如附表一之一。非都市土地容許使用執行要點，由內政部定之。目的事業主管機關為辦理容許使用案件，得視實際需要，訂定審查作業要點（非都市§6III～V）。

(一) 申請一般用地許可使用（非都市§6-1）

　　依前條第3項附表一規定應申請許可使用者，應檢附下列文件，向目的事業主管機關申請核准：

1. 非都市土地許可使用申請書如附表五。
2. 使用計畫書。
3. 土地登記（簿）謄本及地籍圖謄本。
4. 申請許可使用同意書。
5. 土地使用配置圖及位置示意圖。
6. 其他有關文件。

　　前項第3款之文件能以電腦處理者，免予檢附。申請人為土地所有權人者，免附第1項第4款規定之文件。第1項第1款申請書格式，目的事業主管機關另有規定者，得依其規定辦理。

(二) 申請海域用地許可使用（非都市§6-2）

　　依第6條第3項附表一之一規定，於海域用地申請區位許可者，應檢附申請書如附表一之二，向中央主管機關申請核准。

　　依前項於海域用地申請區位許可，經審查符合下列各款條件者，始得核准：

1. 對於海洋之自然條件狀況、自然資源分布、社會發展需求及國家安全考量等，係屬適當而合理。
2. 申請區位若位屬附表一之二環境敏感地區者，應經各項環境敏感地區之中央法令規定之目的事業主管機關同意。
3. 興辦事業計畫經目的事業主管機關核准或原則同意。
4. 申請區位屬下列情形之一者：
(1)非屬已核准區位許可範圍。
(2)屬已核准區位許可範圍，並經該目的事業主管機關同意。

(3)屬已核准區位許可範圍，且該區位逾3年未使用。

第1項申請案件，中央主管機關應會商有關機關審查。但涉重大政策或認定疑義者，應依下列原則處理：

1. 於不影響海域永續利用之前提下，尊重現行之使用。

2. 申請區位、資源和環境等為自然屬性者優先。

3. 多功能使用之海域，以公共福祉最大化之使用優先，相容性較高之使用次之。

本規則中華民國105年1月2日修正生效前，依其他法令已同意使用之用海範圍，且屬第1項需申請區位許可者，各目的事業主管機關應於本規則中華民國105年1月2日修正生效後6個月內，將同意使用之用海範圍及相關資料報送中央主管機關；其使用之用海範圍，視同取得區位許可。於海域用地申請區位許可審議之流程如附表一之三。

中央主管機關依前條核准區位許可者，應按個案情形核定許可期間，並核發區位許可證明文件，將審查結果納入海域相關之基本資料庫，並副知該目的事業主管機關及直轄市、縣（市）政府（非都市§6-3）。

(三) 山坡地範圍未編定使用地管制

山坡地範圍內森林區、山坡地保育區及風景區之土地，在未編定使用地之類別前，適用林業用地管制（非都市§7）。

(四) 原有使用或原建物之處理

土地使用編定後，其原有使用或建築物不合土地使用分區規定者，在政府令其變更使用或拆除建築物前，得為從來之使用。原有建築物，除准修繕外，不得增建或改建。惟其土地或建築物，倘對公眾安全、衛生及福利有重大妨礙者，該管直轄市或縣（市）政府應限期令其變更或停止使用、遷移、拆除或改建，其所受損害應予適當補償（非都市§8）。

三、建蔽率與容積率之管制

非都市土地建蔽率及容積率不得超過下列規定。但直轄市或縣（市）政府得視地方實際需要酌予調降，並報請中央主管機關備查（非都市§9）：

(一) 甲種建築用地：建蔽率60%。容積率240%。

(二) 乙種建築用地：建蔽率60%。容積率240%。

(三) 丙種建築用地：建蔽率40%。容積率120%。

(四) 丁種建築用地：建蔽率70%。容積率300%。

(五) 窯業用地：建蔽率60%。容積率120%。

(六) 交通用地：建蔽率40%。容積率120%。

(七) 遊憩用地：建蔽率40%。容積率120%。

(八) 殯葬用地：建蔽率40%。容積率120%。

(九) 特定目的事業用地：建蔽率60%。容積率180%。

　　經區域計畫擬定機關核定之開發計畫，有下列情形之一，區內可建築基地經編定為特定目的事業用地者，其建蔽率及容積率依核定計畫管制，不受前項第9款規定之限制：

(一) 規劃為工商綜合區使用之特定專用區。

(二) 劃為非屬製造業及其附屬設施使用之工業區。

　　依工廠管理輔導法第28條之10辦理使用地變更編定之特定目的事業用地，其建蔽率不受第1項第9款規定之限制。但不得超過70%。

　　第1項以外使用地之建蔽率及容積率，由下列使用地之中央主管機關會同建築管理、地政機關訂定：

(一) 農牧、林業、生態保護、國土保安用地之中央主管機關：行政院農業委員會。

(二) 養殖用地之中央主管機關：行政院農業委員會漁業署。

(三) 鹽業、礦業、水利用地之中央主管機關：經濟部。

(四) 古蹟保存用地之中央主管機關：文化部。

　　依原獎勵投資條例、原促進產業升級條例或產業創新條例編定開發之工業區，或其他政府機關依該園區設置管理條例設置開發之園區，於符合核定開發計畫，並供生產事業、工業及必要設施使用者，其擴大投資或產業升級轉型之興辦事業計畫，經工業主管機關或各園區主管機關同意，平均每公頃新增投資金額（不含土地價款）超過新台幣4億5,000萬元者，平均每公頃再增加投資新台幣1,000萬元，得增加法定容積1%，上限為法定容積15%（非都市§9-1Ⅰ）。

　　前項擴大投資或產業升級轉型之興辦事業計畫，為提升能源使用效率及設置再生能源發電設備，於取得前項增加容積後，並符合下列各款規定之一

者，得依下列項目增加法定容積：

(一) 設置能源管理系統：2%。

(二) 設置太陽光電發電設備於廠房屋頂，且水平投影面積占屋頂可設置區域範圍50%以上：3%（非都市§9-1II）。

第1項擴大投資或產業升級轉型之興辦事業計畫，依前二項規定申請後，仍有增加容積需求者，得依工業或各園區主管機關法令規定，以捐贈產業空間或繳納回饋金方式申請增加容積。第1項規定之工業區或園區，區內可建築基地經編定為丁種建築用地者，其容積率不受第9條第1項第4款規定之限制。但合併計算前三項增加之容積，其容積率不得超過400%。第1項至第3項增加容積之審核，在中央由經濟部、科技部或行政院農業委員會為之；在直轄市或縣（市）由直轄市或縣（市）政府為之。前五項規定應依第22條規定辦理後，始得為之（非都市§9-1III～VI）。

伍、非都市土地開發與使用分區之變更

區域計畫完成通盤檢討後，非都市土地符合非都市土地分區使用計畫者，得辦理分區變更（區畫§15-1）。

一、分區變更之提出

(一) 政府逕為辦理分區變更

政府為加強資源保育需檢討變更使用分區者，得由直轄市、縣（市）政府報經上級主管機關核定時，逕為辦理分區變更。

(二) 申請開發與分區變更

為開發利用，依各該區域計畫之規定，由申請人擬具開發計畫，檢同有關文件，向直轄市、縣（市）政府申請，報經各該區域計畫擬定機關許可後，辦理分區變更。所稱開發計畫，應包括下列內容（區畫細§15）：1.開發內容分析；2.基地環境資料分析；3.實質發展計畫；4.公共設施營運管理計畫；5.平地之整地排水工程；6.其他應表明事項。

1. 辦理使用分區變更之依據

依非都市土地使用管制規則規定，非都市土地經劃定使用分區後，因申

請開發,依區域計畫之規定需辦理土地使用分區變更者,應依本規則之規定辦理(非都市§10)。

2.應辦理使用分區變更之規模

非都市土地申請開發達下列規模者,應辦理土地使用分區變更(非都市§11):

(1)申請開發社區之計畫達50戶或土地面積在1公頃以上者,應變更為鄉村區。

(2)申請開發為工業使用之土地面積達10公頃以上者或依產業創新條例申請開發為工業使用之土地面積達5公頃以上,應變更為工業區。

(3)申請開發遊憩設施之土地面積達5公頃以上者,應變更為特定專用區。

(4)申請設立學校之土地面積達10公頃以上者,應變更為特定專用區。

(5)申請開發高爾夫球場之土地面積達10公頃以上者,應變更為特定專用區。

(6)申請開發公墓之土地面積達5公頃以上者或其他殯葬設施之土地面積達2公頃以上,應變更為特定專用區。

(7)前六款以外開發之土地面積達2公頃以上者,應變更為特定專用區。

前項辦理土地使用分區變更案件,申請開發涉及其他法令規定開發所需最小規模者,並應符合各該法令之規定。

申請開發涉及填海造地者,應按其開發性質辦理變更為適當土地使用分區,不受第1項規定規模之限制。

中華民國77年7月1日本規則修正生效後,同一或不同申請人向目的事業主管機關提出二個以上興辦事業計畫申請之開發案件,其申請開發範圍毗鄰,且經目的事業主管機關審認屬同一興辦事業計畫,應累計其面積,累計開發面積達第1項規模者,應一併辦理土地使用分區變更。

除此之外,為執行區域計畫,各級政府得就各區域計畫所列重要風景及名勝地區研擬風景區計畫,並依本規則規定程序申請變更為風景區,其面積以25公頃以上為原則。但離島地區,不在此限(非都市§12)。

二、辦理使用分區變更之程序

非都市土地開發需辦理土地使用分區變更者,其申請人應依相關審議規範之規定製作開發計畫書圖及檢具有關文件,並依下列程序,向直轄市或縣

（市）政府申請辦理（非都市§13）：

(一) 申請開發許可。

(二) 相關公共設施用地完成土地使用分區及使用地之異動登記，並移轉登記為該管直轄市、縣（市）有或鄉（鎮、市）有，但其他法律就移轉對象另有規定者，從其規定。

(三) 申請公共設施用地以外土地之土地使用分區及使用地之異動登記。

(四) 山坡地範圍，依水土保持法相關規定應擬具水土保持計畫者，應取得水土保持完工證明書；非山坡地範圍，應取得整地排水完工證明書。但申請開發範圍包括山坡地及非山坡地範圍，非山坡地範圍經水土保持主管機關同意納入水土保持計畫範圍者，得免取得整地排水完工證明書。

　　填海造地及非山坡地範圍農村社區土地重劃案件，免依前項第4款規定申請整地排水計畫完工證明書。

　　第1項第2款相關公共設施用地按核定開發計畫之公共設施分期計畫異動登記及移轉者，第1項第3款土地之異動登記，應按該分期計畫申請辦理變更為許可之使用分區及使用地。

(一) 申請方式

1. 兩階段許可之選擇

　　非都市土地開發需辦理土地使用分區變更者，申請人於申請開發許可時，得依相關審議規範規定，檢具開發計畫申請許可，或僅先就開發計畫之土地使用分區變更計畫申請同意，並於區域計畫擬定機關核准期限內，再檢具使用地變更編定計畫申請許可（非都市§15 I）。

　　申請人依前條規定僅先就開發計畫之土地使用分區變更計畫申請同意時，應於區域計畫擬定機關核准期限內，檢具開發計畫之使用地變更編定計畫向直轄市或縣（市）政府申請許可，逾期未申請者，其原經區域計畫擬定機關同意之土地使用分區變更計畫失其效力。但在核准期限屆滿前申請，並經區域計畫擬定機關同意者，不在此限（非都市§16 I）。

　　前項使用地變更編定計畫，經直轄市或縣（市）政府查核資料，並報經區域計畫委員會審議同意後，區域計畫擬定機關應核發開發許可予申請人，並通知土地所在地直轄市或縣（市）政府（非都市§16 II）。

　　申請人依第15條規定僅先就開發計畫之土地使用分區變更計畫申請同

意者，應於使用地變更編定計畫取得區域計畫擬定機關許可後，始得依第13條第1項第2款至第4款規定辦理。但依第15條第1項規定辦理之案件，經興辦事業計畫之中央目的事業主管機關認定屬重大建設計畫且有迫切需要，於取得區域計畫擬定機關同意後，得先申請土地使用分區之異動登記（非都市§16-1）。

2. 鄰避設施兩階段許可

申請開發殯葬、廢棄物衛生掩埋場、廢棄物封閉掩埋場、廢棄物焚化處理廠、營建剩餘土石方資源處理場及土石採取場等設施，應先就開發計畫之土地使用分區變更計畫申請同意，並於區域計畫擬定機關核准期限內，檢具使用地變更編定計畫申請許可（非都市§15Ⅱ）。

三、申請變更之審議與公告

直轄市或縣（市）政府依第13條規定受理申請後，應查核開發計畫書圖及基本資料，並視開發計畫之使用性質，徵詢相關單位意見後，提出具體初審意見，併同申請案之相關書圖，送請各該區域計畫擬定機關，提報其區域計畫委員會，依各該區域計畫內容與相關審議規範及建築法令之規定審議。

前項申請案經區域計畫委員會審議同意後，區域計畫擬定機關應核發開發許可予申請人並通知土地所在地直轄市或縣（市）政府。

依前條規定申請使用分區變更之土地，其使用管制及開發建築，應依區域計畫擬定機關核發開發許可或開發同意之開發計畫書圖及其許可條件辦理，申請人不得逕依第6條附表一作為開發計畫以外之其他容許使用項目或許可使用細目使用（非都市§14）。

非都市土地申請開發許可案件，申請人得於區域計畫擬定機關許可前向該機關申請撤回；區域計畫擬定機關於同意撤回後，應通知申請人及土地所在地直轄市或縣（市）政府（非都市§14-1）。

(一) 環境影響評估等併行審查

依非都市土地使用管制規則申請土地開發者於目的事業法規另有規定，或依法需辦理環境影響評估、實施水土保持之處理及維護或涉及農業用地變更者，應依各目的事業、環境影響評估、水土保持或農業發展條例有關法規規定辦理。

前項環境影響評估、水土保持或區域計畫擬定等主管機關之審查作業，得採併行方式辦理，其審議程序如附表二及附表二之一（非都市§17）。

(二) 目的事業主管機關之判定

非都市土地申請開發屬綜合性土地利用型態者，應由區域計畫擬定機關依其土地使用性質，協調判定其目的事業主管機關。

前項綜合性土地利用型態，係指多類別使用分區變更案或多種類土地使用（開發）案（非都市§18）。

(三) 簽訂協議書與許可之公告

1. 協議書之簽訂

申請人依第13條第1項第1款規定申請開發許可，依區域計畫委員會審議同意之計畫內容或各目的事業相關法規之規定，需與當地直轄市或縣（市）政府簽訂協議書者，應依審議同意之計畫內容及各目的事業相關法規之規定，與當地直轄市或縣（市）政府簽訂協議書。

前項協議書應於區域計畫擬定機關核發開發許可前，經法院公證（非都市§19）。

2. 開發許可之公告

區域計畫擬定機關核發開發許可、廢止開發許可或開發同意後，直轄市或縣（市）政府應將許可或廢止內容於各該直轄市、縣（市）政府或鄉（鎮、市、區）公所公告30日（非都市§20）。

四、開發許可或開發同意之廢止

(一) 廢止開發許可或開發同意之情形

申請人有下列情形之一者，直轄市或縣（市）政府應報經區域計畫擬定機關廢止原開發許可或開發同意：

1. 違反核定之土地使用計畫、目的事業或環境影響評估等相關法規，經該管主管機關提出要求處分並經限期改善而未改善。
2. 興辦事業計畫經目的事業主管機關廢止或依法失其效力、整地排水計畫之核准經直轄市或縣（市）政府廢止或水土保持計畫之核准經水土保持主管

機關廢止依法失其效力。

3. 申請人自行申請廢止。

　　屬區域計畫擬定機關委辦直轄市或縣（市）政府審議許可案件，由直轄市或縣（市）政府廢止原開發許可，並副知區域計畫擬定機關。

　　屬中華民國92年3月28日本規則修正生效前免經區域計畫擬定機關審議，並達第11條規定規模之山坡地開發許可案件，中央主管機關得委辦直轄市、縣（市）政府依前項規定辦理（非都市§21）。

(二) 廢止後之處置

　　開發許可或開發同意依前條規定廢止，或依第23條第1項規定失其效力者，其土地使用分區及使用地已完成變更異動登記者，依下列規定辦理（非都市§21-1Ⅰ）：

1. 未依核定開發計畫開始開發、或已開發尚未取得建造執照、或已取得建造執照尚未施工之土地，直轄市或縣（市）政府應依編定前土地使用性質辦理變更或恢復開發許可或開發同意前原土地使用分區及使用地類別。

2. 已依核定開發計畫完成使用或已依建造執照施工尚未取得使用執照之土地，申請人應於廢止或失其效力之日起1年內重新申請使用分區或使用地變更。申請人於獲准開發許可前，直轄市或縣（市）政府得維持其土地使用分區與使用地類別，及開發許可或開發同意廢止或失其效力時之土地使用現狀。

　　申請人因故未能於前項第2款規定期限內申請土地使用分區或使用地變更，於不影響公共安全者，得於期限屆滿前敘明理由向直轄市、縣（市）政府申請展期；展期期間每次不得超過1年，並以2次為限（非都市§21-1Ⅱ）。

　　第1項第2款應重新申請之土地，逾期未重新申請使用分區或使用地變更，或經申請使用分區或使用地變更未獲准許可，或申請人以書面表示不再重新申請者，直轄市或縣（市）政府應依編定前土地使用性質辦理變更或恢復開發許可或開發同意前之土地使用分區及使用地類別（非都市§21-1Ⅲ）。

　　依第16條之1但書規定，先完成土地使用分區之異動登記者，因原經區

域計畫擬定機關同意之土地使用分區變更計畫失其效力，或使用地變更編定計畫經區域計畫擬定機關不予許可，直轄市或縣（市）政府應依編定前土地使用性質辦理變更或恢復土地使用分區變更計畫同意前原土地使用分區類別（非都市§21-1Ⅳ）。

五、開發計畫之變更

(一) 開發計畫之變更

　　區域計畫擬定機關核發開發許可或開發同意後，申請人有變更下列各款情形之一者，經目的事業主管機關認定未改變原核准興辦事業計畫性質者，應依第13條至第20條規定之程序申請變更開發計畫（非都市§22）：
1. 增、減原經核准之開發計畫土地涵蓋範圍。
2. 增加全區土地使用強度或建築高度。
3. 變更原開發計畫核准之主要公共設施、公用設備或必要性服務設施。
4. 原核准開發計畫土地使用配置變更之面積已達原核准開發面積二分之一或大於2公頃。
5. 增加使用項目與原核准開發計畫之主要使用項目顯有差異，影響開發範圍內其他使用之相容性或品質。
6. 變更原開發許可或開發同意函之附款。
7. 變更開發計畫內容，依相關審議作業規範規定，屬情況特殊或規定之例外情形應由區域計畫委員會審議。
　　前項以外之變更事項，申請人應製作變更內容對照表送請直轄市或縣（市）政府，經目的事業主管機關認定未變更原核准興辦事業計畫之性質，由直轄市或縣（市）政府予以備查後通知申請人，並副知目的事業主管機關及區域計畫擬定機關。但經直轄市、縣（市）政府認定有前項各款情形之一或經目的事業主管機關認定變更原核准興辦事業計畫之性質者，直轄市或縣（市）政府應通知申請人依前項或第22條之2規定辦理。
　　因政府依法徵收、撥用或協議價購土地，致減少原經核准之開發計畫土地涵蓋範圍，而有第1項第3款所列情形，如不影響基地開發之保育、保安、防災並經專業技師簽證及不妨礙原核准開發許可或開發同意之主要公共設施、公用設備或必要性服務設施之正常功能行使，得準用前項規定辦理。

依原獎勵投資條例編定之工業區，申請人如變更原核准計畫，未涉及原工業區興辦目的性質之變更者，由工業主管機關辦理審查，免徵得區域計畫擬定機關同意。

依第1項及第3項規定應申請變更開發計畫或製作變更內容對照表備查之認定原則如附表二之二。

(二) 變更開發計畫委辦審議

申請人依前條規定申請變更開發計畫，符合下列情形之一者，區域計畫擬定機關得委辦直轄市、縣（市）政府審議許可（非都市§22-1）：

1. 中華民國92年3月28日本規則修正生效前免經區域計畫擬定機關審議，並達第11條規定規模之山坡地開發許可案件。
2. 依本法施行細則第18條第2項規定，區域計畫擬定機關委辦直轄市、縣（市）政府審議核定案件。
3. 原經區域計畫擬定機關核發開發許可或開發同意之案件，且變更開發計畫無下列情形：
(1)坐落土地跨越二個以上直轄市或縣（市）行政區域。
(2)屬填海造地案件。
(3)前條第1項第6款或第7款規定情形。

(三) 重新申請變更予廢止

經區域計畫擬定機關核發開發許可、開發同意或依原獎勵投資條例編定之案件，變更原經目的事業主管機關核准之興辦事業計畫性質且面積達第11條規模者，申請人應依本章規定程序重新申請使用分區變更。前項面積未達第11條規模者，申請人應依第四章規定申請使用地變更編定。

前二項除依原獎勵投資條例編定之案件外，其原許可或同意之開發計畫未涉及興辦事業計畫性質變更部分，應依第22條規定辦理變更；興辦事業計畫性質變更涉及全部基地範圍，原許可或同意之開發計畫，應依第21條規定辦理廢止。

第1項或第2項之變更與前項變更開發計畫或廢止原許可或同意之程序，得併同辦理，免依第21條之1第1項規定辦理。第1項及第2項之變更，涉及其他法令規定開發所需最小規模者，並應符合各該法令之規定。經變更後興辦

事業之目的事業主管機關認定第1項興辦事業計畫性質之變更，係因公有土地權屬或管理機關變更所致者，依第22條第2項規定辦理；涉及原許可或同意之廢止者，依第4項規定辦理（非都市§22-2）。

六、開發許可之進行

(一) 限期辦理相關事項

　　申請人於獲准開發許可後，應依下列規定辦理；逾期未申請者，區域計畫擬定機關原許可失其效力：

1. 於收受開發許可通知之日起1年內，取得第13條第1項第2款、第3款土地使用分區及使用地之異動登記及公共設施用地移轉之文件，並擬具水土保持計畫或整地排水計畫送請水土保持主管機關或直轄市、縣（市）政府審核。但開發案件因故未能於期限內完成土地使用分區及使用地之異動登記、公共設施用地移轉及申請水土保持計畫或整地排水計畫審核者，得於期限屆滿前敘明理由向直轄市、縣（市）政府申請展期；展期期間每次不得超過1年，並以2次為限。
2. 於收受開發許可通知之日起10年內，取得公共設施用地以外可建築用地使用執照或目的事業主管機關核准營運（業）之文件。但開發案件因故未能於期限內取得者，得於期限屆滿前提出展期計畫向直轄市、縣（市）政府申請核准後，於核准展期期限內取得之；展期計畫之期間不得超過5年，並以1次為限。

　　前項屬非山坡地範圍案件整地排水計畫之審查項目、變更、施工管理及相關申請書圖文件，由內政部定之。

　　申請人依第13條第1項或第3項規定，將相關公共設施用地移轉登記予該管直轄市、縣（市）政府或鄉（鎮、市）有後，應依核定開發計畫所訂之公共設施分期計畫，於申請建築物之使用執照前完成公共設施興建，並經直轄市或縣（市）政府查驗合格，移轉予該管直轄市、縣（市）有或鄉（鎮、市）有。但公共設施之捐贈及完成時間，其他法令另有規定者，從其規定。

　　前項應移轉登記為鄉（鎮、市）有之公共設施，鄉（鎮、市）公所應派員會同查驗（非都市§23）。

(二) 舊開發案之進行

中華民國105年11月30日本規則修正生效前經區域計畫擬定機關許可或同意之開發案件，未依下列各款規定之一辦理者，應依前條第1項、第3項及第4項規定辦理：

1. 依90年3月28日本規則修正生效之前條規定，申請雜項執照或水土保持施工許可。
2. 依99年4月30日本規則修正生效之前條規定，申請水土保持施工許可證或整地排水計畫施工許可證。
3. 依102年9月21日本規則修正生效之前條規定，申請水土保持計畫或整地排水計畫。

已依前項各款規定之一申請，尚未取得水土保持或整地排水完工證明文件者，應依前條第1項第2款、第3項及第4項規定辦理。前二項計算前條第1項之期限，以中華民國105年11月30日本規則修正生效日為起始日（非都市§23-1）。

(三) 整地排水計畫之施工

申請人應於核定整地排水計畫之日起1年內，申領整地排水施工許可證。整地排水計畫需分期施工者，應於計畫中敘明各期施工之內容，並按期申領整地排水施工許可證。整地排水施工許可證核發時，應同時核定施工期限或各期施工期限。

整地排水施工，因故未能於核定期限內完工時，應於期限屆滿前敘明事實及理由向直轄市、縣（市）政府申請展期。展期期間每次不得超過6個月，並以2次為限。但因天災或其他不應歸責於申請人之事由，致無法施工者，得扣除實際無法施工期程天數。

未依第1項規定之期限申領整地排水施工許可證或未於第3項所定施工期限或前項展延期限內完工者，直轄市或縣（市）政府應廢止原核定整地排水計畫，如已核發整地排水施工許可證，應同時廢止（非都市§23-2）。

申請人獲准開發許可後，依水利法相關規定需辦理出流管制計畫者，免依第13條第1項第4款、第23條第1項第1款、第23條之1第1項及前條整地排水相關規定辦理（非都市§23-3）。

陸、用地之變更編定

非都市土地編定用地別之後，原則上應依編定內容使用，惟鑑於各類產業活動之需求，已編定之用地勢必依社會經濟之發展需求而有所變更，茲就相關規定，分述如下：

一、變更編定之原則

土地使用分區內各種使用地，除依第三章規定辦理使用分區及使用地變更者外，應在原使用分區內申請變更編定。前項使用分區內各種使用地之變更編定原則，除本規則另有規定外，應依使用分區內各種使用地變更編定原則表辦理。非都市土地變更編定執行要點，由內政部定之（非都市§27），詳見表3-3-2。

表3-3-2　使用分區內各種使用地變更編定原則表

	特定農業區	一般農業區	鄉村區	工業區	森林區	山坡地保育區	風景區	河川區	特定專用區
甲種建築用地	×	×	×	×	×	×	×	×	×
乙種建築用地	×	×	＋	×	×	×	×	×	×
丙種建築用地	×	×	×	×	×	×	×	×	×
丁種建築用地	×	×	×	＋	×	×	×	×	×
農牧用地	＋	＋	＋	＋	＋	＋	＋	＋	＋
林業用地	×	＋	×	＋	＋	＋	＋	＋	＋
養殖用地	×	＋	×	×	＋	＋	＋	×	＋
鹽業用地	×	＋	×	×	×	×	×	×	＋
礦業用地	＋	＋	×	＋	×	＋	＋	×	＋
窯業用地	×	×	×	＋	×	×	×	×	×
交通用地	×	＋	＋	＋	×	＋	＋	＋	＋
水利用地	＋	＋	＋	＋	＋	＋	＋	＋	＋
遊憩用地	×	＋	＋	＋	×	＋	＋	＋	＋
古蹟保存用地	＋	＋	＋	＋	＋	＋	＋	＋	＋
生態保護用地	＋	＋	＋	＋	＋	＋	＋	＋	＋
國土保安用地	＋	＋	＋	＋	＋	＋	＋	＋	＋

表3-3-2　使用分區內各種使用地變更編定原則表（續）

	特定農業區	一般農業區	鄉村區	工業區	森林區	山坡地保育區	風景區	河川區	特定專用區
殯葬用地	×	＋	×	×	×	＋	＋	×	＋
特定目的事業用地	＋	＋	＋	＋	×	＋	＋	＋	＋

說明：1.「×」為不允許變更編定為該類用地。但本規則另有規定者，得依其規定辦理。

　　　2.「＋」為允許依本規則規定申請變更編為該類用地。

二、申請變更編定應檢附之文件

　　申請使用地變更編定，應檢附下列文件，向土地所在地直轄市或縣（市）政府申請核准，並依規定繳納規費（非都市§28Ⅰ）：

(一) 非都市土地變更編定申請書如附表四。

(二) 興辦事業計畫核准文件。

(三) 申請變更編定同意書。

(四) 土地使用計畫配置圖及位置圖。

(五) 其他有關文件。

　　下列申請案件免附前項第2款及第4款規定文件（非都市§28Ⅱ）：

(一) 符合第35條、第35條之1第1項第1款、第2款、第4款或第5款規定之零星或狹小土地。

(二) 依第40條規定已檢附需地機關核發之拆除通知書。

(三) 鄉村區土地變更編定為乙種建築用地。

(四) 變更編定為農牧、林業、國土保安或生態保護用地。

　　申請案件符合第35條之1第1項第3款者，免附第1項第2款規定文件（非都市§28Ⅲ）。

　　申請人為土地所有權人者，免附第1項第3款規定之文件（非都市§28Ⅳ）。

　　興辦事業計畫有第30條第2項及第3項規定情形者，應檢附區域計畫擬定機關核發許可文件。其屬山坡地範圍內土地申請興辦事業計畫面積未達10公頃者，應檢附興辦事業計畫面積免受限制文件（非都市§28Ⅴ）。

三、變更編定之興辦事業計畫

(一) 擬具興辦事業計畫

辦理非都市土地變更編定時，申請人應擬具興辦事業計畫（非都市§30Ⅰ）。

前項興辦事業計畫如有第11條或第12條需辦理使用分區變更之情形者，應依第三章規定之程序及審議結果辦理（非都市§30Ⅱ）。

第1項興辦事業計畫於原使用分區內申請使用地變更編定，或因變更原經目的事業主管機關核准之興辦事業計畫性質，達第11條規定規模，準用第三章有關土地使用分區變更規定程序辦理（非都市§30Ⅲ）。

(二) 變更前後目的事業主管機關之同意與核准

第1項興辦事業計畫除有同條文前二項規定情形外，應報經直轄市或縣（市）目的事業主管機關之核准。直轄市或縣（市）目的事業主管機關於核准前，應先徵得變更前直轄市或縣（市）目的事業主管機關及有關機關同意。但依規定需向中央目的事業主管機關申請或徵得其同意者，應從其規定辦理。變更後目的事業主管機關為審查興辦事業計畫，得視實際需要，訂定審查作業要點（非都市§30Ⅳ）。

申請人以前項經目的事業主管機關核准興辦事業計畫辦理使用地變更編定者，直轄市或縣（市）政府於核准變更編定時，應函請土地登記機關辦理異動登記，並將核定事業計畫使用項目等資料依相關規定程序登錄於土地參考資訊檔（非都市§30Ⅴ）。

依第4項申請變更編定之土地，其使用管制及開發建築，應依目的事業主管機關核准之興辦事業計畫辦理，申請人不得逕依第6條附表一作為興辦事業計畫以外其他容許使用項目或許可使用細目使用（非都市§30Ⅵ）。

依第28條第2項或第3項規定免檢附興辦事業計畫核准文件之變更編定案件，直轄市或縣（市）政府於核准前，應先徵得變更前直轄市或縣（市）目的事業主管機關及有關機關同意。但依規定需徵得中央目的事業主管機關同意者，應從其規定辦理（非都市§30Ⅶ）。

此外，直轄市或縣（市）政府於核准變更編定案件並通知申請人時，應同時副知變更前、後目的事業主管機關（非都市§51）。

(三) 變更編定地區之限制

1. 位於第一級環境敏感地區之限制

依第30條規定擬具之興辦事業計畫不得位於區域計畫規定之第一級環境敏感地區。但有下列情形之一者，不在此限（非都市§30-1）：

(1)屬內政部會商中央目的事業主管機關認定由政府興辦之公共設施或公用事業，且經各項第一級環境敏感地區之中央法令規定之目的事業主管機關同意興辦。

(2)為整體規劃需要，不可避免夾雜之零星土地符合第30條之2規定者，得納入範圍，並應維持原地形地貌不得開發使用。

(3)依各項第一級環境敏感地區之中央目的事業主管法令明定得許可或同意開發。

(4)屬優良農地，供農業生產及其必要之產銷設施使用，經農業主管機關認定符合農業發展所需，且不影響農業生產環境及農地需求總量。

(5)位於水庫集水區（供家用或公共給水）非屬與水資源保育直接相關之環境敏感地區範圍，且該水庫集水區經水庫管理機關（構）擬定水庫集水區保育實施計畫，開發行為不影響該保育實施計畫之執行。

前項第5款與水資源保育直接相關之環境敏感地區範圍，為特定水土保持區、飲用水水源水質保護區或飲用水取水口一定距離之地區、水庫蓄水範圍、森林（國有林事業區、保安林、大專院校實驗林地及林業實驗林地等森林地區、區域計畫劃定之森林區）、地質敏感區（山崩與地滑）、山坡地（坡度30%以上）及優良農地之地區。

興辦事業計畫位於區域計畫規定之第一級環境敏感地區，且有第1項第5款情形者，應採低密度開發利用，目的事業主管機關審核其興辦事業計畫時，應參考下列事項：

(1)開發基地之土砂災害、水質污染、保水與逕流削減相關影響分析及因應措施。

(2)雨、廢（污）水分流、廢（污）水處理設施及水質監測設施之設置情形。

依第28條第2項或第3項規定免檢附興辦事業計畫核准文件之變更編定案件，除申請變更編定為農牧、林業、國土保安或生態保護用地外，準用第1

項規定辦理。

2. 夾雜第一級環境敏感地區之零星土地限制

依第30條擬具之興辦事業計畫範圍內有夾雜第一級環境敏感地區之零星土地者，應符合下列各款情形，始得納入申請範圍（非都市§30-2）：

(1)基於整體開發規劃之需要。

(2)夾雜地仍維持原使用分區及原使用地類別，或同意變更編定為國土保安用地。

(3)面積未超過基地開發面積之10%。

(4)擬定夾雜地之管理維護措施。

3. 位於第二級環境敏感地區之限制

依第30條規定擬具之興辦事業計畫位於第二級環境敏感地區者，應說明下列事項，並徵詢各項環境敏感地區之中央法令規定之目的事業主管機關意見（非都市§30-3）：

(1)就所屬環境敏感地區特性提出具體防範及補救措施，並不得違反各項環境敏感地區劃設所依據之中央目的事業法令之禁止或限制規定。

(2)就所屬環境敏感地區特性規範土地使用種類及強度。

4. 位屬原住民保留地之限制

依第30條擬具之興辦事業計畫位屬原住民保留地者，在不妨礙國土保安、環境資源保育、原住民生計及原住民行政之原則下，得為觀光遊憩、加油站、農產品集貨場倉儲設施、原住民文化保存、社會福利及其他經中央原住民族主管機關同意興辦之事業，不受第30條之1規定之限制（非都市§30-4）。又申請開發之基地位於原住民族特定區域計畫範圍者，依下列規定辦理：

(1)該計畫劃設公告之水源保護區範圍，不適用第30條之1第1項但書規定。

(2)該計畫規定不受全國區域計畫第一級環境敏感地區不得辦理設施型使用地變更編定之限制，從其規定（非都市§30-6）。

惟為考量建物密集區，無法個別留設法定空地據以變更為丙種建築用地或特定目的事業用地作業，為解決部落企盼取得建築物合法化之實際需求，特增定政府主動辦理位於原住民族特定區域計畫內之使用地變更，因建物密集，致法定蒐集空地留設困難者，得以毗鄰相關之多筆土地合併為一宗

基地計算之，必要時得辦理地籍逕爲分割（非都市§30-7）。又直轄市、縣（市）主管機關得會同原住民族主管機關，就原住民族特定區域計畫範圍內原住民保留地指定適宜區位，並經部落同意，由鄉（鎮、市、區）公所擬定興辦事業計畫、開發計畫或其他相關計畫，依第三章、農村社區土地重劃條例或農村再生條例等規定程序辦理（非都市§30-8）。

5. 位於優良農地過渡條款

依第30條規定擬具之興辦事業計畫位於優良農地者，於本規則107年3月21日修正生效前，已依法提出申請，並取得農業用地變更使用同意文件，經目的事業主管機關徵詢農業主管機關確認維持同意之意見，得適用修正生效前之規定。

依第28條第2項或第3項規定免檢附興辦事業計畫核准文件之變更編定案件，除申請變更編定爲農牧、林業、生態保護或國土保安用地外，準用前項規定辦理（非都市§30-5）。

6. 修正申請變更編定範圍

直轄市或縣（市）政府審查申請變更編定案件認爲有下列情形之一者，應通知申請人修正申請變更編定範圍（非都市§50）：

(1)變更使用後影響鄰近土地使用者。

(2)造成土地之細碎分割者。

四、開發義務之履行

(一) 開發義務之類型

1. 開發影響費

申請開發者依區域計畫法第15條之1第1項第2款規定取得區域計畫擬定機關許可後，辦理分區或用地變更前，應將開發區內之公共設施用地完成分割移轉登記爲各該直轄市、縣（市）有或鄉、鎮（市）有，並向直轄市、縣（市）政府繳交開發影響費，作爲改善或增建相關公共設施之用；該開發影響費得以開發區內可建築土地抵充之。開發影響費之收費範圍、標準及其他相關事項，由中央主管機關定之。

開發影響費得成立基金；其收支保管及運用辦法，由直轄市、縣（市）主管機關定之。又開發影響費之徵收，於都市土地準用之（區畫§15-3）。

2.回饋金

(1)產業創新條例規定：公民營事業或興辦產業人申請設置之產業園區於土地使用分區變更前，應按產業園區核定設置當期公告土地現值，以核定設置土地總面積5%計算回饋金，繳交予直轄市、縣（市）主管機關設置之產業園區開發管理基金，不受區域計畫法第15條之3規定之限制。直轄市、縣（市）主管機關應提撥前項收取金額之一定比率，用於產業園區周邊相關公共設施之興建、維護或改善及受影響區域環境保護之改善。前項提撥金額比率，由中央主管機關會同內政部定之（產創§34）。

土地所有權人得向中央主管機關或直轄市、縣（市）主管機關申請用地變更規劃；中央主管機關或直轄市、縣（市）主管機關審查用地變更規劃申請案，應向申請人收取審查費。前項經中央主管機關或直轄市、縣（市）主管機關審查核准之用地變更規劃申請案，申請人應按變更規劃類別及核准當期公告土地現值之一定比率，繳交回饋金（產創§54Ⅲ、Ⅳ）。

興辦工業人因擴展工業或設置污染防治設備，需使用毗連之非都市土地時，其擴展計畫及用地面積，應經直轄市、縣（市）主管機關核定後發給工業用地證明書，辦理使用地變更編定。前項擴展工業，以直轄市、縣（市）主管機關認定之低污染事業為限。依第1項規定擴展工業時，應規劃變更土地總面積10%作為綠地，並由直轄市、縣（市）主管機關辦理變更編定為國土保安用地。興辦工業人為擴展工業或設置污染防治設備，於使用地變更編定前，應繳交回饋金；其回饋金之計算及繳交，準用產業創新條例第34條第1項規定（產創§65）。

(2)森林法規定：為獎勵私人或團體長期造林，政府應設置造林基金；其基金來源之一為山坡地開發利用者繳交之回饋金。該回饋金應於核發山坡地開發利用許可時通知繳交，其繳交義務人、計算方式、繳交時間、期限與程序及其他應遵行事項之辦法，由中央主管機關擬訂，報請行政院核定之（森林§48-1）。

(3)農業發展條例：農業用地於劃定或變更為非農業使用時，用地之變更使用，應視其事業性質，繳交回饋金，撥交農中央主管機關所設置之業發展基金，專供農業發展及農民福利之用（農發§12）。

(二) 開發義務之完成與變更編定

申請人於非都市土地開發依相關法規規定繳交開發影響費、捐贈土地、繳交回饋金或提撥一定年限之維護管理保證金時，應先完成捐贈之土地及公共設施用地之分割、移轉登記，並繳交開發影響費、回饋金或提撥一定年限之維護管理保證金後，由直轄市或縣（市）政府函請土地登記機關辦理土地使用分區及使用地變更編定異動登記，並將核定事業計畫使用項目等資料，依相關規定程序登錄於土地參考資訊檔（非都市§26）。

申請人依相關法規規定應繳交回饋金或提撥一定年限之維護管理保證金者，直轄市或縣（市）政府應於核准變更編定時，通知申請人繳交；直轄市或縣（市）政府應於申請人繳交後，函請土地登記機關辦理變更編定異動登記（非都市§29）。

五、變更編定之內容

(一) 毗鄰丁種建地之變更

工業區以外之丁種建築用地或都市計畫工業區土地，有下列情形之一而原使用地或都市計畫工業區內土地確已不敷使用，經依產業創新條例第65條規定，取得直轄市或縣（市）工業主管機關核定發給之工業用地證明書者，得在其需用面積限度內以其毗連非都市土地申請變更編定為丁種建築用地：
1. 設置污染防治設備。
2. 直轄市或縣（市）工業主管機關認定之低污染事業有擴展工業需要者。

前項第2款情形，興辦工業人應規劃變更土地總面積10%之土地作為綠地，辦理變更編定為國土保安用地，並依產業創新條例、農業發展條例相關規定繳交回饋金後，其餘土地始可變更編定為丁種建築用地。

依原促進產業升級條例第53條規定，已取得工業主管機關核定發給之工業用地證明書者，或依同條例第70條之2第5項規定，取得經濟部核定發給之證明文件者，得在其需用面積限度內以其毗連非都市土地申請變更編定為丁種建築用地。

都市計畫工業區土地確已不敷使用，依第1項申請毗連非都市土地變更編定者，其建蔽率及容積率，不得高於該都市計畫工業區土地之建蔽率及容積率。

直轄市或縣（市）工業主管機關應依第54條檢查是否依原核定計畫使用；如有違反使用，經直轄市或縣（市）工業主管機關廢止其擴展計畫之核定者，直轄市或縣（市）政府應函請土地登記機關恢復原編定，並通知土地所有權人（非都市§31）。

1. 已補辦臨時工廠登記經核准整體規劃之變更編定

位於依工廠管理輔導法第33條第3項公告未達5公頃之特定地區內已補辦臨時工廠登記之低污染事業興辦產業人，經取得中央工業主管機關核准之整體規劃興辦事業計畫文件者，得於特定農業區以外之土地申請變更編定為丁種建築用地及適當使用地。

興辦產業人依前項規定擬具之興辦事業計畫，應規劃20%以上之土地作為公共設施，辦理變更編定為適當使用地，並由興辦產業人管理維護；其餘土地於公共設施興建完竣經勘驗合格後，依核定之土地使用計畫變更編定為丁種建築用地。

興辦產業人依前項規定，於區內規劃配置之公共設施無法與區外隔離者，得敘明理由，以區外之毗連土地，依農業發展條例相關規定，配置適當隔離綠帶，併同納入第1項之興辦事業計畫範圍，申請變更編定為國土保安用地。

第1項特定地區外已補辦臨時工廠登記或列管之低污染事業興辦產業人，經取得直轄市或縣（市）工業主管機關輔導進駐核准文件，得併同納入第1項興辦事業計畫範圍，申請使用地變更編定。

直轄市或縣（市）政府受理變更編定案件，除位屬山坡地範圍者依第49條之1規定辦理外，應組專案小組審查下列事項後予以准駁：
(1)符合第30條之1至第30條之3規定。
(2)依非都市土地變更編定執行要點規定所定查詢項目之查詢結果。
(3)依非都市土地變更編定執行要點規定辦理審查後，各單位意見有爭議部分。
(4)農業用地經農業主管機關同意變更使用。
(5)水污染防治措施經環境保護主管機關許可。
(6)符合環境影響評估相關法令規定。
(7)不妨礙周邊自然景觀。

依第1項規定申請使用地變更編定者，就第1項特定地區外之土地，不得

再依前條規定申請變更編定（非都市§31-1）。

2. 已補辦臨時工廠登記無法整體規劃之變更編定

位於依工廠管理輔導法第33條第3項公告未達5公頃之特定地區內已補辦臨時工廠登記之低污染事業興辦產業人，經中央工業主管機關審認無法依前條規定辦理整體規劃，並取得直轄市或縣（市）工業主管機關核准興辦事業計畫文件者，得於特定農業區以外之土地申請變更編定為丁種建築用地及適當使用地。

興辦產業人依前項規定申請變更編定者，應規劃30%以上之土地作為隔離綠帶或設施，其中10%之土地作為綠地，變更編定為國土保安用地，並由興辦產業人管理維護；其餘土地依核定之土地使用計畫變更編定為丁種建築用地。

興辦產業人無法依前項規定，於區內規劃配置隔離綠帶或設施者，得敘明理由，以區外之毗連土地，依農業發展條例相關規定，配置適當隔離綠帶，併同納入第1項興辦事業計畫範圍，申請變更編定為國土保安用地。

第1項特定地區外經已補辦臨時工廠登記之低污染事業興辦產業人，經取得直轄市或縣（市）工業主管機關輔導進駐核准文件及直轄市或縣（市）工業主管機關核准之興辦事業計畫文件者，得申請使用地變更編定。

直轄市或縣（市）政府受理變更編定案件，準用前條第5項規定辦理審查。

依第1項規定申請使用地變更編定者，就第1項特定地區外之土地，不得再依第31條規定申請變更編定（非都市§31-2）。

(二) 包夾土地之變更

工業區以外位於依法核准設廠用地範圍內，為丁種建築用地所包圍或夾雜土地，經工業主管機關審查認定得合併供工業使用者，得申請變更編定為丁種建築用地（非都市§32）。

工業區以外為原編定公告之丁種建築用地所包圍或夾雜土地，其面積未達2公頃，經工業主管機關審查認定適宜作低污染、附加產值高之投資事業者，得申請變更編定為丁種建築用地。

工業主管機關應依第54條檢查是否依原核定計畫使用；如有違反使用，經工業主管機關廢止其事業計畫之核定者，直轄市或縣（市）政府應函請土

地登記機關恢復原編定，並通知土地所有權人（非都市§33）。

(三) 窯業用地之變更

　　一般農業區、山坡地保育區及特定專用區內取土部分以外之窯業用地，經領有工廠登記證者，經工業主管機關審查認定得供工業使用者，得申請變更編定為丁種建築用地（非都市§34）。

　　特定農業區或一般農業區內之丁種建築用地或取土部分以外之窯業用地，已依本規則82年11月7日修正發布生效前第14條規定，向工業主管機關或窯業主管機關申請同意變更作非工業或非窯業用地使用，或向直轄市或縣（市）政府申請變更編定為甲種建築用地而其處理程序尚未終結之案件，得從其規定繼續辦理。

　　前項經工業主管機關或窯業主管機關同意變更作非工業或非窯業用地使用者，應於83年12月31日以前，向直轄市或縣（市）政府提出申請變更編定，逾期不再受理。直轄市或縣（市）政府受理前二項申請案件，經審查需補正者，應於本規則90年3月26日修正發布生效後，通知申請人於收受送達之日起6個月內補正，逾期未補正者，應駁回原申請，並不得再受理（非都市§57）。

　　申請人依第34條或前條辦理變更編定後，其擬具之興辦事業計畫範圍內，有為變更前之窯業用地或丁種建築用地所包圍或夾雜之土地，面積合計小於1公頃，且不超過興辦事業計畫範圍總面積十分之一者，得併同提出申請（非都市§58）。

(四) 毗鄰甲、丙種建地之變更

　　毗鄰甲種、丙種建築用地或已作國民住宅、勞工住宅、政府專案計畫興建住宅特定目的事業用地之零星或狹小土地，合於下列各款規定之一者，得按其毗鄰土地申請變更編定為甲種、丙種建築用地：
1. 為各種建築用地、建築使用之特定目的事業用地或都市計畫住宅區、商業區、工業區所包圍，且其面積未超過0.12公頃者。
2. 道路、水溝所包圍或為道路、水溝及各種建築用地、建築使用之特定目的事業用地所包圍，且其面積未超0.12公頃者。
3. 凹入各種建築用地或建築使用之特定目的事業用地，其面積未超過0.12公

頃，且缺口寬度未超過20公尺者。

4. 對邊爲各種建築用地、作建築使用之特定目的事業用地、都市計畫住宅區、商業區、工業區或道路、水溝等，所夾狹長之土地，其平均寬度未超過10公尺，於變更後不致妨礙鄰近農業生產環境者。

5. 面積未超過0.012公頃，且鄰接無相同使用地類別者。

　　前項第1款至第3款、第5款土地面積因地形坵塊完整需要，得爲10%以內之增加。

　　第1項道路或水溝之平均寬度應爲4公尺以上，道路、水溝相毗鄰者，得合併計算其寬度。但有下列情形之一，經直轄市或縣（市）政府認定已達隔絕效果者，其寬度不受限制：

1. 道路、水溝之一與建築用地或建築使用之特定目的事業用地相毗鄰。

2. 道路、水溝相毗鄰後，再毗鄰建築用地或建築使用之特定目的事業用地。

3. 道路、水溝之一或道路、水溝相毗鄰後，與再毗鄰土地間因自然地勢有明顯落差，無法合併整體利用，且於變更後不致妨礙鄰近農業生產環境。

　　第1項及前項道路、水溝及各種建築用地或建築使用之特定目的事業用地，指於民國78年4月3日台灣省非都市零星地變更編定認定基準頒行前，經編定或變更編定爲交通用地、水利用地及各該種建築用地、特定目的事業地，或實際已作道路、水溝之未登記土地。但政府規劃興建之道路、水溝或建築使用之特定目的事業用地及具公用地役關係之既成道路，不受前段時間之限制。

　　符合第1項各款規定有數筆土地者，土地所有權人個別申請變更編定時，應檢附周圍相關土地地籍圖簿資料，直轄市或縣（市）政府應就整體加以認定後核准之。

　　第1項建築使用之特定目的事業用地，限於作非農業使用之特定目的事業用地，經直轄市或縣（市）政府認定可核發建照者。

　　第1項土地於山坡地範圍外之農業區者，變更編定爲甲種建築用地；於山坡地保育區、風景區及山坡地範圍內之農業區者，變更編定爲丙種建築用地（非都市§35）。˙

(五) 鄉村區邊緣畸零不整土地之變更

　　非都市土地鄉村區邊緣畸零不整且未依法禁、限建，並經直轄市或縣

（市）政府認定非作為隔離必要之土地，合於下列各款規定之一者，得在原使用分區內申請變更編定為建築用地：

1. 毗鄰鄉村區之土地，外圍有道路、水溝或各種建築用地、作建築使用之特定目的事業用地、都市計畫住宅區、商業區、工業區等隔絕，面積在0.12公頃以下者。

2. 凹入鄉村區之土地，三面連接鄉村區，面積在0.12公頃以下。

3. 凹入鄉村區之土地，外圍有道路、水溝、機關、學校、軍事等用地隔絕，或其他經直轄市或縣（市）政府認定具明顯隔絕之自然界線，面積在0.5公頃以下者。

4. 毗鄰鄉村區之土地，對邊為各種建築用地、作建築使用之特定目的事業用地、都市計畫住宅區、商業區、工業區或道路、水溝等，所夾狹長之土地，其平均寬度未超過10公尺，於變更後不致妨礙鄰近農業生長環境。

5. 面積未超過0.012公頃，且鄰接無相同使用地類別。

前項第1款、第2款及第5款土地面積因地形地塊完整需要，得為10%以內之增加。

第1項道路、水溝及其寬度、各種建築用地、作建築使用之特定目的事業用地之認定，依前條第3項、第4項及第6項辦理。符合第1項各款規定有數筆土地者，土地所有權人個別申請變更編定時，依前條第5項規定辦理。直轄市或縣（市）政府於審查第1項各款規定時，得提報直轄市或縣（市）非都市土地使用編定審議小組審議後予以准駁。

第1項土地於山坡地範圍外之農業區者，變更編定為甲種建築用地；於山坡地保育區、風景區及山坡地範圍內之農業區者，變更編定為丙種建築用地（非都市§35-1）。

(六) 道路用地之變更

特定農業區內土地供道路使用者，得申請變更編定為交通用地（非都市§36）。

(七) 因徵收或撥用剩餘地之變更

政府因興辦公共工程，其工程用地範圍內非都市土地之甲種、乙種或丙種建築用地因徵收、協議價購或撥用被拆除地上合法住宅使用之建築物，致

其剩餘建築用地畸零狹小,未達畸零地使用規則規定之最小建築單位面積,除有下列情形之一者外,被徵收、協議價購土地所有權人或公地管理機關得申請將毗鄰土地變更編定,其面積以依畸零地使用規則規定之最小單位面積扣除剩餘建築用地面積為限:

1. 已依本規則中華民國102年9月21日修正生效前第38條規定申請自有土地變更編定者。
2. 需地機關有安遷計畫者。
3. 毗鄰土地屬交通用地、水利用地、古蹟保存用地、生態保護用地、國土保安用地或工業區、河川區、森林區內土地者。
4. 建築物與其基地非屬同一所有權人者。但因繼承、三親等內之贈與致建築物與其基地非屬同一所有權人者,或建築物與其基地之所有權人為直系血親者,不在此限。

前項土地於山坡地範圍外之農業區者,變更編定為甲種建築用地;於山坡地保育區、風景區及山坡地範圍內之農業區者,變更編定為丙種建築用地(非都市§40)。

(八) 專案輔導之農業計畫用地之變更

農業主管機關專案輔導之農業計畫所需使用地,得申請變更編定為特定目的事業用地(非都市§41)。

(九) 興建住宅計畫需要之變更

政府興建住宅計畫或徵收土地拆遷戶安置計畫經各該目的事業上級主管機關核定者,得依其核定計畫內容之土地使用性質,申請變更編定為適當使用地;其於農業區供住宅使用者,變更編定為甲種建築用地。

前項核定計畫附有條件者,應於條件成就後始得辦理變更編定(非都市§42)。

(十) 安置災區災民所需土地

政府或經政府認可之民間單位為辦理安置災區災民所需之土地,經直轄市或縣(市)政府建築管理、環境影響評估、水土保持、原住民、水利、農業、地政等單位及有關專業人員會勘認定安全無虞,且無其他法律禁止或限

制事項者，得依其核定計畫內容之土地使用性質，申請變更編定為適當使用地。於山坡地範圍外之農業區者，變更編定為甲種建築用地；於山坡地保育區、風景區及山坡地範圍內之農業區者，變更編定為丙種建築用地（非都市§42-1）。

(十一) 因殯葬用地需要之變更

特定農業區、森林區內公立公墓之更新計畫經主管機關核准者，得依其核定計畫申請變更編定為殯葬用地（非都市§43）。

(十二) 因遊憩需要之變更

依本規則申請變更編定為遊憩用地者，依下列規定辦理（非都市§44）：
1. 申請人應依其事業計畫設置必要之保育綠地及公共設施；其設置之保育綠地不得少於變更編定面積30%。但風景區內土地，於本規則中華民國93年6月17日修正生效前，已依中央目的事業主管機關報奉行政院核定方案申請辦理輔導合法化，其保育綠地設置另有規定者，不在此限。
2. 申請變更編定之使用地，前款保育綠地變更編定為國土保安用地，由申請開發人或土地所有權人管理維護，不得再申請開發或列為其他開發案之基地；其餘土地於公共設施興建完竣經勘驗合格後，依核定之土地使用計畫，變更編定為適當使用地。

(十三) 於離島或原住民保留地之興建計畫變更

申請於離島、原住民保留地地區之農牧用地、養殖或林業用地住宅興建計畫，應以其自有土地，並符合下列條件，經直轄市或縣（市）政府依第30條核准者，得依其核定計畫內容之土地使用性質，申請變更編定為適當使用地，並以一次為限：
1. 離島地區之申請人及其配偶、同一戶內未成年子女均無自用住宅或未曾依特殊地區非都市土地使用管制規定申請變更編定經核准，且申請人戶籍登記滿2年經提出證明文件。
2. 原住民保留地地區之申請人，除應符合前款條件外，並應具原住民身分且未依第46條取得政府興建住宅。

3. 住宅興建計畫建築基地面積不得超過330平方公尺。

前項土地於山坡地範圍外之農業區者，變更編定爲甲種建築用地；於山坡地保育區、風景區及山坡地範圍內之農業區者，變更編定爲丙種建築用地。符合第1項規定之原住民保留地位屬森林區範圍內者，得申請變更編定爲丙種建築用地（非都市§45）。

(十四) 原住民保留地整體興建規劃之變更

原住民保留地地區住宅興建計畫，由鄉（鎮、市、區）公所整體規劃，經直轄市或縣（市）政府依第30條核准者，得依其核定計畫內容之土地使用性質，申請變更編定爲適當使用地。於山坡地範圍外之農業區者，變更編定爲甲種建築用地；於森林區、山坡地保育區、風景區及山坡地範圍內之農業區者，變更編定爲丙種建築用地（非都市§46）。

鄉（鎮、市、區）公所得就原住民保留地毗鄰使用分區更正後爲鄉村區，且於本規則中華民國108年2月16日修正生效前，實際以作住宅使用者，依下列規定擬具興辦事業辦法，報請直轄市或縣（市）政府依第30條規定核准：

1. 計畫範圍界線應符合本法施行細則第12條第2項規定情形之一且地形坵塊完整。
2. 現有巷道具有維持供交通使用功能者，得一併納入計畫範圍。
3. 供建築使用之小型公共設施用地，於生活機能上屬於部落生活圈範圍者，得一併納入計畫範圍。
4. 其他考量合理實際需要，經中央原住民族主管機關會商區域計畫擬定機關及國土計畫主管機關同意之範圍。

前項核准之興辦事業計畫，得依其核定計畫內容之土地使用性質，申請變更編定爲適當使用地。於山坡地範圍外之農業區者，變更編定爲甲種建築用地；於森林區、山坡地保育區、風景區及山坡地範圍內之農業區者，變更編定爲丙種建築用地（非都市§46-1）。

(十五) 因垃圾衛生掩埋場或營建廢棄土場需要之變更

非都市土地經核准提供政府設置廢棄物清除處理設施或營建剩餘土石方資源堆置處理場，其興辦事業計畫應包括再利用計畫，並應經各該目的事業

主管機關會同有關機關審查核定；於使用完成後，得依其再利用計畫按區域計畫法相關規定申請變更編定為適當使用地。再利用計畫經修正後，依前項規定之程序辦理（非都市§47）。

六、變更編定相關事宜

(一) 山坡地範圍內土地變更

1. 水土保持計畫與完工證明

　　山坡地範圍內各使用分區土地申請變更編定，屬依水土保持法相關規定應擬具水土保持計畫者，應另檢附水土保持機關核發之水土保持完工證明書，並依其開發計畫之土地使用性質，申請變更編定為允許之使用地。但有下列情形之一者，不在此限：

(1)甲種、乙種、丙種、丁種建築用地依本規則申請變更編定為其他種建築用地。

(2)徵收、撥用或依土地徵收條例第3條規定得徵收之事業，以協議價購或其他方式取得者，一併辦理變更編定。

(3)國營公用事業報經目的事業主管機關許可興辦之事業，以協議價購、專案讓售或其他方式取得。

(4)經直轄市或縣（市）政府認定水土保持計畫工程需與建築物一併施工。

(5)經水土保持主管機關認定無法於申請變更編定時核發。

　　依前項但書規定辦理變更編定者，應於開發建設時，依核定水土保持計畫書內容完成必要之水土保持處理及維護（非都市§48）。

2. 變更面積之限制

　　申請人擬具之興辦事業計畫土地位屬山坡地範圍內者，其面積不得少於10公頃。但有下列情形之一者，不在此限（非都市§52-1）：

(1)依第6條規定容許使用。

(2)依第31條至第35條之1、第40條、第42條之1、第45條、第46條及第46條之1規定辦理。

(3)興闢公共設施、公用事業、慈善、社會福利、醫療保健、教育文化事業或其他公共建設所必要之設施，經依中央目的事業主管機關訂定之審議規範核准。

(4)屬地方需要並經中央農業主管機關專案輔導設置之政策性或公用性農業產銷設施。

(5)申請開發遊樂設施之土地面積達5公頃以上。

(6)風景區內土地供遊憩設施使用，經中央目的事業主管機關基於觀光產業發展需要，會商有關機關研擬方案報奉行政院核定。

(7)辦理農村社區土地重劃。

(8)國防設施。

(9)取得特定工廠登記。

(10) 依其他法律規定得為建築使用。

3. 不得規劃作建築使用之情形

專案小組審查山坡地變更編定案件時，其興辦事業計畫範圍內土地，經依建築相關法令認定有下列各款情形之一者，不得規劃作建築使用（非都市§49-1Ⅱ）：

(1)坡度陡峭。

(2)地質結構不良、地層破碎、活動斷層或順向坡有滑動之虞。

(3)現有礦場、廢土堆、坑道，及其周圍有危害安全之虞。

(4)河岸侵蝕或向源侵蝕有危及基地安全之虞。

(5)有崩塌或洪患之虞。

(6)依其他法律規定不得建築。

(二) 專案小組之組成

直轄市或縣（市）政府受理變更編定案件時，除有下列情形之一者外，應組專案小組審查（非都市§49-1）：

1. 第28條第2項免擬具興辦事業計畫情形之一者。

2. 非屬山坡地變更編定案件。

3. 經區域計畫委員會審議通過案件。

4. 第48條第2款、第3款情形之一。

(三) 建築管理與使用檢查

非都市土地之建築管理，應依實施區域計畫地區建築管理辦法及相關法規之規定為之；其在山坡地範圍內者，並應依山坡地建築管理辦法之規定為

之（非都市§53）。

(四) 事業計畫廢止與失效後之處理

　　已依目的事業主管機關核定計畫編定或變更編定之各種使用地，於該事業計畫廢止或依法失其效力者，各該目的事業主管機關應通知當地直轄市或縣（市）政府。直轄市或縣（市）政府於接到前項通知後，應即依下列規定辦理，並通知土地所有權人（非都市§37）：

1. 已依核定計畫完成使用者，除依法提出申請變更編定外，應維持其使用地類別。
2. 已依核定計畫開發尚未完成使用者，其已依法建築之土地，除依法提出申請變更編定外，應維持其使用地類別，其他土地依編定前土地使用性質或變更編定前原使用地類別辦理變更編定。
3. 尚未依核定計畫開始開發者，依編定前土地使用性質或變更編定前原使用地類別辦理變更編定。

七、使用檢查與違規處理

(一) 目的事業主管機關之檢查

　　非都市土地依目的事業主管機關核定事業編定或變更編定、或經目的事業主管機關同意使用者，由目的事業主管機關應檢查是否依原核定計畫使用；其有違反使用者，應函請直轄市或縣（市）政府聯合取締小組依相關規定處理，並通知土地所有權人（非都市§54）。

(二) 違反管制之制裁

　　非都市土地違反管制使用規定者，該管直轄市或縣（市）政府得限期令其變更使用或拆除其建築物恢復土地原狀（區畫§21）。如不依限期變更土地使用或拆除建築物恢復土地原狀者，除依行政執行法辦理外，並得處6個月以下有期徒刑或拘役（區畫§22）。

第四章 都市計畫與新市鎮開發

第一節 都市計畫

壹、都市計畫之概念

一、都市計畫之定義與目的

都市計畫，係指在一定地區內有關都市生活之經濟、交通、衛生、保安、國防、文教、康樂等重要設施，作有計畫之發展，並對土地使用作合理之規劃而言（都計§3）。爰此，都市計畫應依據現在及既往情況，並預計25年內之發展情形訂定之（都計§5）。對於都市計畫範圍內之土地，直轄市及縣（市）政府得限制其使用人為妨礙都市計畫之使用（都計§6）

都市計畫之目的為改善居民生活環境，並促進市、鎮、鄉街有計畫之均衡發展（都計§1）。

二、都市計畫之種類

依都市計畫法之規定，都市計畫依其性質分為下列三種（都計§9）：

(一) 市（鎮）計畫。
(二) 鄉街計畫。
(三) 特定區計畫。

為發展工業或為保持優美風景或因其他目的而劃定之特定地區，應擬定特定區計畫（都計§12）。其應擬定之範圍標準分別如下：

(一) 市（鎮）計畫

下列各地方應擬定市（鎮）計畫（都計§10）：

1. 首都、直轄市。
2. 省會、市。
3. 縣政府所在地及縣轄市。

4. 鎮。

5. 其他經內政部或縣（市）政府指定應依本法擬定市（鎮）計畫之地區。

(二) 鄉街計畫

　　下列各地方應擬定鄉街計畫（都計§11）：

1. 鄉公所所在地。

2. 人口集居5年前已達3,000，而在最近5年內已增加三分之一以上之地區。

3. 人口集居達3,000，而其中工商業人口占就業總人口50%以上之地區。

4. 其他經縣政府指定應依本法擬定鄉街計畫之地區。

三、用語定義

　　本法用語定義如左（都計§7）：

(一) 主要計畫：係指依第15條所定之主要計畫書及主要計畫圖，作為擬定細部計畫之準則。

(二) 細部計畫：係指依第22條之規定所為之細部計畫書及細部計畫圖，作為實施都市計畫之依據。

(三) 都市計畫事業：係指依本法規定所舉辦之公共設施、新市區建設、舊市區更新等實質建設之事業。

(四) 優先發展區：係指預計在10年內必須優先規劃建設發展之都市計畫地區。

(五) 新市區建設：係指建築物稀少，尚未依照都市計畫實施建設發展之地區。

(六) 舊市區更新：係指舊有建築物密集，畸零破舊，有礙觀瞻，影響公共安全，必須拆除重建，就地整建或特別加以維護之地區。

貳、都市計畫之主管機關與計畫內容

一、都市計畫之主管機關

　　本法之主管機關：在中央為內政部；在直轄市為直轄市政府；在縣（市）為縣（市）政府（都計§4）。內政部、各級地方政府及鄉、鎮、縣轄市公所為審議及研究都市計畫，應分別設置都市計畫委員會辦理之。都市

計畫委員會之組織，由行政院定之（都計§74）。又內政部、各級地方政府及鄉、鎮、縣轄市公所應設置經辦都市計畫之專業人員（都計§75）。

二、都市計畫之內容

都市計畫內容，可依其內涵之不同，分為主要計畫與細部計畫，其內容分別如下：

(一) 主要計畫

依都市計畫法規定，市鎮計畫應先擬定主要計畫書，並視其實際情形，就下列事項分別表明之（都計§15）：

1. 當地自然、社會及經濟狀況之調查與分析。
2. 行政區域及計畫地區範圍。
3. 人口之成長、分布、組成與計畫年限內人口與經濟發展之推計。
4. 住宅、商業、工業及其他土地使用之配置。
5. 名勝、古蹟及具有紀念性或藝術價值應予保存之建築。
6. 主要道路及其他公眾運輸系統。
7. 主要上下水道系統。
8. 學校用地、大型公園、批發市場及供作全部計畫地區範圍使用之公共設施用地。
9. 實施進度及經費。
10. 其他應加表明之事項[1]。

前項主要計畫書，除用文字、圖表說明外，應附主要計畫圖，其比例尺不得小於一萬分之一；其實施進度以5年為一期，最長不得超過25年。

鄉街計畫及特定區計畫之主要計畫所應表明事項，得視實際需要，參照前條第1項規定事項全部或一部予以簡化，並得與細部計畫合併擬定之（都計§16）。

---

[1] 司法院釋字第406號解釋（85.6.21）認為：「其他應加表明之事項」，係指同條項第1款至第9款以外與其性質相類而須表明於主要計畫者之事項，對於法律已另有明文規定之事項，自不得再依該條款規定為限制或相反之表明或規定。旨在確立都市計畫法第17條第2項之立法目的，以保障人民自由使用財產權之憲法上權利。

(二) 細部計畫

細部計畫係以主要計畫爲指導原則，依都市計畫法規定，細部計畫應以細部計畫書及細部計畫圖就下列事項表明之（都計§22）：

1. 計畫地區範圍。
2. 居住密度及容納人口。
3. 土地使用分區管制。
4. 事業及財務計畫。
5. 道路系統。
6. 地區性之公共設施用地。
7. 其他。

前項細部計畫圖比例尺不得小於一千二百分之一。

都市計畫主要計畫之實施進度，應就其計畫地區範圍預計之發展趨勢及地方財力，訂定分區發展優先次序。第一期發展地區應於主要計畫發布實施後最多2年完成細部計畫，並於細部計畫發布後最多5年完成公共設施。其他地區應於第一期發展地區開始進行後，次第訂定細部計畫建設之。未發布細部計畫地區，應限制其建築使用及變更地形。但主要計畫發布已逾2年以上，而能確定建築線或主要公共設施已照主要計畫興建完成者，得依有關建築法令之規定，由主管建築機關指定建築線，核發建築執照（都計§17）。

參、都市計畫之訂定程序

都市計畫之擬定、變更，依本法所定之程序爲之（都計§8）。都市計畫之訂定程序，可分爲：一、計畫之擬定；二、計畫之公展與審議；三、計畫之核定；四、計畫之發布實施等四個步驟。又都市計畫經發布實施後，其實施狀況，當地直轄市、縣（市）政府或鄉、鎮、縣轄市公所應於每年終了1個月內編列報告，分別層報內政部或縣（市）政府備查（都計§86）。

一、計畫之擬定

都市計畫由各級地方政府或鄉、鎮、縣轄市公所依下列之規定擬定之（都計§13）：

(一) 市計畫由直轄市、市政府擬定，鎮、縣轄市及鄉街計畫分別由鎮、縣轄

市、鄉公所擬定，必要時得由縣政府擬定之。

(二) 特定區計畫由直轄市、縣（市）政府擬定。

(三) 相鄰接之行政地區，得由有關行政單位之同意，會同擬定聯合都市計畫，但其範圍未逾越省境或縣境者，得由縣政府擬定之。

　　此外，特定區計畫，必要時，得由內政部訂定之。經內政部或縣（市）政府指定應擬定之市（鎮）計畫或鄉街計畫，必要時，得由縣（市）政府擬定之（都計§14）。

二、計畫之公展與審議

(一) 公展

　　都市計畫之主要計畫擬定後，應先送由該管政府或鄉、鎮、縣轄市都市計畫委員會審議，其中依第13條、第14條規定由內政部或縣（市）政府訂定或擬定之計畫，應先分別徵求有關縣（市）政府及鄉、鎮、縣轄市公所之意見，以供參考（都計§18）。

　　惟主要計畫擬定後，送該管政府都市計畫委員會審議前，應於各該直轄市、縣（市）政府及鄉、鎮、縣轄市公所公開展覽30天及舉行說明會，並應將公開展覽及說明會之日期及地點刊登新聞紙或新聞電子報周知；任何公民或團體得於公開展覽之期間內，以書面載明姓名或名稱及地址，向該管政府提出意見，由該管政府都市計畫委員會予以參考審議，連同審議結果及主要計畫一併報請上級政府核定之。前項之審議，各級都市計畫委員會應於60天內完成。但情形特殊者，其審議期限得予延長，延長以60天為限。該管政府都市計畫委員會審議修正，或經內政部指示修正者，免再公開展覽及舉行說明會（都計§19）。

(二) 審議

　　都市計畫應送都市計畫委員會審議，故內政部、各級地方政府及鄉、鎮、縣轄市公所為審議及研究都市計畫，應分別設置都市計畫委員會辦理之。都市計畫委員會之組織，由行政院定之（都計§74）。

三、計畫之核定

(一) 主要計畫之核定

　　主要計畫應依下列規定分別層報核定之（都計§20）：

1. 首都之主要計畫由內政部核定，轉報行政院備案。
2. 直轄市、省會、市之主要計畫由內政部核定。
3. 縣政府所在地及縣轄市之主要計畫由內政部核定。
4. 鎮及鄉街之主要計畫由內政部核定。
5. 特定區計畫由縣（市）政府擬定者，由內政部核定；直轄市政府擬定者，由內政部核定，轉報行政院備案，內政部訂定者，報行政院備案。

　　主要計畫在區域計畫地區範圍內者，內政部在訂定或核定前，應先徵詢各該區域計畫機構之意見。第1項所訂應報請備案之主要計畫，非經准予備案，不得發布實施。但備案機關於公文到後30日內不爲准否之指示者，視爲准予備案。

(二) 細部計畫之核定

　　細部計畫擬定後，除首都、直轄市應報由內政部核定實施外，其餘一律由該管直轄市、縣市政府核定實施（都計§23）。

四、計畫之發布實施

(一) 主要計畫發布實施

　　主要計畫經核定備案後，當地直轄市、縣（市）政府應於接到核定或備案公文之日起30日內，將主要計畫書及主要計畫圖發布實施，並應將發布地點及日期刊登新聞紙或新聞電子報周知。內政部訂定之特定區計畫，層交當地直轄市、縣（市）政府依前項之規定發布實施。當地直轄市、縣（市）政府未依第1項規定之期限發布者，內政部得代爲發布之（都計§21）。

(二) 細部計畫發布實施

　　細部計畫擬定後，除首都、直轄市應報由內政部核定實施外，並應於核定發布實施後1年內豎立椿誌計算座標，辦理地籍分割測量，並將道路及其

他公共設施用地，土地使用分區之界線測繪於地籍圖上，以供公眾閱覽或申請謄本之用。細部計畫之擬定、審議、公開展覽及發布實施，應分別依照都市計畫法第18條至第21條之規定辦理（都計§23）。

此外，土地權利關係人為促進土地利用，得配合當地分區發展計畫，自行擬定或變更細部計畫，並應附具事業計畫及財務計畫，申請當地直轄市、縣（市）政府或鄉、鎮縣轄市公所依第23條規定辦理（都計§24）。土地權利關係人自行擬定或申請變更細部計畫，遭受直轄市、縣（市）政府或鄉、鎮、縣轄市公所拒絕時，得分別向內政部或縣（市）政府請求處理；經內政部或縣（市）政府依法處理後，土地權利關係人不得再提異議（都計§25）。

(三) 申請復議

直轄市及縣（市）政府對於內政部核定之主要計畫、細部計畫，如有申請復議之必要時，應於接到核定公文之日起1個月內提出，並以1次為限；經內政部復議仍維持原核定計畫時，應依第21條之規定即予發布實施（都計§82）。

肆、都市計畫之變更

都市計畫發布實施後，原則上不得任意變更，但為因應客觀環境之變遷及特殊情事之發生，則依下列方式，得變更之[2]。

一、計畫之變更方式

(一) 定期變更（通盤檢討變更）

都市計畫經發布實施後，不得隨時任意變更。但擬定計畫之機關每3年內或5年內至少應通盤檢討一次，依據發展情況，並考量人民建議作必要之

---

[2] 都市計畫變更之法律性質，依通盤檢討之變更與個案變更之不同而異，前者屬法律變更之性質，後者屬行政機關之一般處分，詳見吳庚，行政法之理論與實用，頁281，民國85年，並可參酌司法院釋字第148號解釋（66.5.6）、第156號解釋（68.3.16）。

變更。對於非必要之公共設施用地，應變更其使用[3]（都計§26）。

(二) 隨時變更（個案變更）

都市計畫經發布實施後，遇有下列情事之一時，當地直轄市、縣（市）政府或鄉、鎮、縣轄市公所，應視實際情況逕行變更（都計§27）：

1. 因戰爭、地震、水災、風災、火災或其他重大事變遭受損壞時。
2. 為避免重大災害之發生時。
3. 為適應國防或經濟發展之需要時。
4. 為配合中央、直轄市或縣（市）興建重大設施時。

前項都市計畫之變更，內政部或縣（市）政府得指定各該原擬定之機關限期為之，必要時，並得逕為變更。惟都市計畫個別變更範圍外之人民，如因都市計畫個別變更致其權利或法律上利益受侵害，基於有權利即有救濟之憲法原則，應許其提起行政訴訟以資救濟，始符憲法第16條保障人民訴訟權之意旨（釋774）。

二、變更之程序

主要計畫及細部計畫之變更，其有關審議、公開展覽、層報核定及發布實施等事項，應分別依照第19條至第21條及第23條之規定辦理（都計§28）。

三、計畫變更之義務

依都市計畫法規定，土地權利關係人依第24條規定自行擬定或變更細部計畫，或擬定計畫機關依第26條或第27條規定辦理都市計畫變更時，主管機關得要求土地權利關係人提供或捐贈都市計畫變更範圍內之公共設施用地、可建築土地、樓地板面積或一定金額予當地直轄市、縣（市）政府或鄉、

---

[3] 都市計畫擬定計畫機關依規定所為定期通盤檢討，對原都市計畫作必要之變更，屬法規性質，並非行政處分。惟如其中具體項目有直接限制一定區域內特定人或可得確定多數人之權益或增加其負擔者，基於有權利即有救濟之憲法原則，應許其就該部分提起訴願或行政訴訟以資救濟，始符合憲法第16條保障人民訴願權與訴訟權之意旨。參見司法院釋字第742號解釋（105.12.9）。

鎮、縣轄市公所。

　　土地權利關係人提供或捐贈之項目、比例、計算方式、作業方法、辦理程序及應備書件等事項，由內政部於審議規範或處理原則中定之（都計§27-1）。

　　又重大投資開發案件，涉及都市計畫之擬定、變更，依法應辦理環境影響評估、實施水土保持之處理與維護者，得採平行作業方式辦理。必要時，並得聯合作業，由都市計畫主管機關召集聯席會議審決之。前項重大投資開發案件之認定、聯席審議會議之組成及作業程序之辦法，由內政部會商中央環境保護及水土保持主管機關定之（都計§27-2）。

四、土地使用之限制

　　都市計畫之目的在於使都市做有計畫之發展，並對土地做合理之使用。直轄市及縣（市）政府對於都市計畫範圍內之土地，得限制其使用人為妨礙都市計畫之使用（都計§6）。因此，內政部、各級地方政府或鄉、鎮、縣轄市公所為訂定、擬定或變更都市計畫，得派查勘人員進入公私土地內實施勘查或測量。但設有圍障之土地，應事先通知其所有權人或使用人。為前項之勘查或測量，如必須遷移或除去該土地上之障礙物時，應事先通知其所有權人或使用人；其所有權人或使用人因而遭受之損失，應予適當之補償；補償金額由雙方協議之，協議不成，由當地直轄市、縣（市）政府函請內政部予以核定（都計§29）。

　　又都市計畫發布實施後，其土地上原有建築物不合土地使用分區規定者，除准修繕外，不得增建或改建。當地直轄市、縣（市）政府或鄉、鎮、縣轄市公所認有必要時，得斟酌地方情形限期令其變更使用或遷移；其因變更使用或遷移所受之損害，應予適當之補償，補償金額由雙方協議之；協議不成，由當地直轄市、縣（市）政府函請內政部予以核定（都計§41）。

伍、都市土地使用分區管制

一、土地使用分區管制

　　土地使用分區管制，係指對某特定地區之土地，依國家經濟政策、地方需要情形與土地所能供使用之性質，編定各種使用區，分別限制其使用之

謂。城市區域之土地，得依都市計畫法，分別劃定為限制使用區及自由使用區（土§91）。所謂「限制使用區」，指區內土地之使用，須受特定之限制，其限制範圍，當以合於公共衛生、便利交通、市容觀瞻、防範洪汜等原則為準。如住宅、商業、工業等限制使用區。所謂「自由使用區」，係指區內土地之使用乃依土地所有權人之意思，不受限制。

依都市計畫法規定，都市計畫得劃定住宅、商業、工業等使用區，並得視實際情況，劃定其他使用區域或特定專用區。各使用區，得視實際需要，再予劃分，分別予以不同程度之使用管制（都計§32）。又都市計畫地區，得視地理形勢，使用狀況或軍事安全上之需要，保留農業地區或設置保護區，並限制其建築使用（都計§33）。

(一) 住宅區：住宅區為保護居住環境而劃定，其土地及建築物之使用，不得有礙居住之寧靜、安全及衛生（都計§34）。

(二) 商業區：商業區為促進商業發展而劃定，其土地及建築物之使用，不得有礙商業之便利（都計§35）。

(三) 工業區：工業區為促進工業發展而劃定，其土地及建築物，以供工業使用為主；具有危險性及公害之工廠，應特別指定工業區建築之（都計§36）。

(四) 其他行政、文教、風景等使用區內土地及建築物，以供其規定目的之使用為主（都計§37）。

(五) 特定專用區內土地及建築物，不得違反其特定用途之使用（都計§38）。

二、建築管理與使用管制

對於都市計畫各使用區及特定專用區內土地及建築物之使用、基地面積或基地內應保留空地之比率、容積率、基地內前後側院之深度及寬度、停車場及建築物之高度，以及有關交通、景觀或防火等事項，內政部或直轄市政府得依據地方實際情況，於本法施行細則中作必要之規定（都計§39）。

都市計畫經發布實施後，應依建築法之規定，實施建築管理（都計§40）。

都市計畫發布實施後，其土地上原有建築物不合土地使用分區規定者，除准修繕外，不得增建或改建。當地直轄市、縣（市）政府或鄉、鎮、縣轄

市公所認有必要時，得斟酌地方情形限期令其變更使用或遷移；其因變更使用或遷移所受之損害，應予適當之補償，補償金額由雙方協議之；協議不成，由當地直轄市、縣（市）政府函請內政部予以核定（都計§41）。

陸、公共設施用地之闢置與使用

一、公共設施用地之意義

　　所謂「公共設施用地」，係指供作公共設施使用之土地。舉凡現已供或將來預供道路、溝渠、廣場、公園、綠地、學校、市場等公共設施使用之土地均屬之。依土地法規定，城市區域道路、溝渠及其他公共使用之土地，應依都市計畫法預為規定之（土§90）。土地法所稱「公共使用之土地」，即為公共設施用地，而將來預供公共設施使用之土地，即都市計畫法所稱之「公共設施保留地」。依都市計畫法第48條至第51條之立法意旨，係指依同法所定都市計畫擬定、變更程序及同法第42條規定劃設之公共設施用地中，留待將來各公共事業機構、各該管政府或鄉、鎮、縣轄市公所取得者，為「公共設施保留地」。此外，已取得或非留供各公共事業機構、該管政府、公所依法取得之公共設施用地，雖已開闢使用，但都市計畫法之立法意旨，仍屬公共設施保留地。

二、公共設施用地之設置

(一) 基本原則

　　都市內之公共設施用地，應就人口、土地使用、交通等現狀及未來發展趨勢，決定其項目、位置與面積，以增進市民活動之便利及確保都市生活環境（都計§43）。故都市計畫範圍內，應視實際情況，分別設置下列公共設施用地（都計§42）：

1. 道路、公園、綠地、廣場、兒童遊樂場、民用航空站、停車場所、河道及港埠用地。
2. 學校、社教機構、社會福利設施、體育場所、市場、醫療衛生機構及機關用地。
3. 下水道、郵政、電信、變電所及其他公共事業用地。

4. 本章規定之其他公共設施用地。

前項各款公共設施用地應儘先利用適當之公有土地。

(二) 配置原則

上述各種公共設施用地依都市計畫之規定其配置原則為：

1. 交通相關設施

道路系統、停車場所及加油站，應按土地使用分區及交通情形與預期之發展配置之；鐵路、公路通過實施都市計畫之區域者，應避免穿越市區中心（都計§44）。

2. 遊憩相關設施

公園、體育場所、綠地、廣場及兒童遊樂場所，應依計畫人口密度及自然環境作有系統之布置，除具有特殊情形外，其占有土地總面積不得少於全部計畫面積10%（都計§45）。

3. 公用相關設施

中小學校、社教場所、社會福利設施、市場、郵政、電信、變電所、衛生、警所、消防、防空等公共設施，應按閭鄰單位或居民分布情形適當配置之（都計§46）。

4. 嫌惡性設施

屠宰場、垃圾處理場、殯儀館、火葬場、公墓、污水處理廠、煤氣廠等應不妨礙都市發展及鄰近居民之安全、安寧與衛生之原則下，於邊緣適當地點設置之（都計§47）。

(三) 公共設施用地多目標使用

公共設施用地得作多目標使用，其用地類別、使用項目、准許條件、作業方法及辦理程序等事項之辦法，由內政部定之（都計§30Ⅱ）。

三、公共設施用地之取得

為便利公共設施用地之取得，並避免被徵收人投資改良之損失，浪費公共資源，凡依都市計畫已公布為道路或其他公共使用之土地，得為保留徵收，並限制其建築（土§93）。所謂「保留徵收」係指就舉辦事業將來所需

用之土地，在未需用以前預為呈請核定公布其徵收範圍，並禁止妨礙徵收之使用（土§213 II）。被保留徵收之公共設施用地並得限制其建築。至臨時性之建築，若不妨礙將來徵收之用途者，則不予限制，以兼顧土地所有權人之權益。惟保留徵收並未實際取得公共設施用地，只為取得前之限制使用之一種行政行為，以利未來徵收取得之手段。

　為避免公共設施用地保留徵收過久，影響土地所有權人權益，故依法公共設施用地保留徵收期間不得超過3年，逾期不徵收，視為廢止。但因舉辦開闢交通路線或國防設備之事業，得呈請核定延長保留徵收期間至多5年（土§214）。其期間之計算自公告之日起算（土施§57）。

　都市計畫公共設施用地之取得，依下列規定：

(一) 取得方式

1. 公有土地之取得

　公共設施用地，應儘先利用適當之公有土地（都計§42 II）。公有土地必須配合當地都市計畫予以處理，其為公共設施用地者，由當地直轄市、縣（市）政府或鄉鎮、縣轄市公所於興修公共設施時，依法辦理撥用；該項用地如有改良物時，應參照原有房屋重建價格補償之（都計§52）。又撥用公有土地，不得妨礙當地都市計畫。

2. 私有土地之取得

　依本法指定之公共設施保留地供公用事業設施之用者，由各該事業機構依法予以徵收或購買；其餘由該管政府或鄉、鎮、縣轄市公所依左列方式取得之（都計§48）：(1)徵收；(2)區段徵收；(3)市地重劃。依此，都市計畫依法劃定為公共設施用地之私有土地，其取得的方式可分別就取得的範圍，分為個別單獨取得與整體開發取得兩類，其中個別單獨之取得方式分別為：

(1)購買：就依法指定之公共設施保留地供公用事業設施之用者，由各該事業機構依法購買（都計§48，土徵§11參照）。

(2)徵收：凡依法指定之公共設施保留地供公用事業設施之用者，由各該事業機構依法予以徵收（都計§48，土徵§3）。惟不得妨礙當地都市計畫（都計§52）。依本法規定徵收之土地，其使用期限，應依照其呈經核准之計畫期限辦理，不受土地法第219條之限制。不依照核准計畫期限使用者，原土地所有權人得照原徵收價額收回其土地（都計§83）。

(3)交換：私有公共設施保留地得申請與公有非公用土地辦理交換，不受土地法、國有財產法及各級政府財產管理法令相關規定之限制；劃設逾25年未經政府取得者，得優先辦理交換。前項土地交換之範圍、優先順序、換算方式、作業方法、辦理程序及應備書件等事項之辦法，由內政部會商財政部定之。本條之施行日期，由行政院定之（都計§50-2）。

(4)容積移轉：公共設施保留地之取得、具有紀念性或藝術價值之建築與歷史建築之保存維護及公共開放空間之提供，得以容積移轉方式辦理。前項容積移轉之送出基地種類、可移出容積訂定方式、可移入容積地區範圍、接受基地可移入容積上限、換算公式、移轉方式、折繳代金、作業方法、辦理程序及應備書件等事項之辦法，由內政部定之（都計§83-1）。

　　除上述個別單獨取得依都市計畫劃定公共設施保留地外，亦可經由整體開發方式，取得公共設施保留地，其方法為：

(1)區段徵收：謂於一定區域內之土地，應重新分宗整理而為全區土地之徵收（土§212，都計§48，平§53，土徵§4）。依本法規定所為區段徵收之土地，於開發整理後，依其核准之計畫再行出售時，得不受土地法第25條規定之限制。但原土地所有權人得依實施都市平均地權條例之規定，於標售前買回其規定比率之土地（都計§84）。

(2)市地重劃：謂就都市計畫地區已發布細部計畫者，重新劃分其區段址界，進行地籍整理，興闢各項公共設施，促進各宗土地均能建築使用之整體開發而言（都計§48，平§56）。

(二) 取得期限

　　又都市計畫法對公共設施保留地之取得期限，在民國77年7月15日修正前之都市計畫法第50條規定：「在民國六十二年九月六日都市計畫法修正公布前尚未取得者，應自都市計畫法修正公布之日起，十年內取得之。但有特殊情形，經上級政府之核准，得延長之。其延長期間至多五年，逾期不徵收視同撤銷。在都市計畫法修正公布後指定之公共設施保留地，則自指定之日起算。」惟民國77年7月15日修正公布之都市計畫法為便利政府取得公共設

施用地，已將上述取得期限予以取消。惟如此修訂，因嚴重影響人民權益[4]有關取消公設用地取得年限，是否影響人民財產權之保障，司法院大法官釋字第336號，認爲係在維護都市計畫之整體性，爲增進公共利益之必要。

乃於都市計畫法增訂第50條之1規定：「公共設施保留地因依本法第四十九條第一項徵收取得之加成補償，免徵所得稅；因繼承或因配偶、直系血親間之贈與而移轉者，免徵遺產稅或贈與稅。」以資調劑。

(三) 補償標準

一般土地之徵收補償，在民國89年土地徵收條例公布施行前係按徵收當期之公告土地現值補償其地價（平§10前段）。惟爲解決公共設施用地取得問題，於修改都市計畫法取消取得年限之規定（都計§50）後，爲避免土地所有權人之抗議，爰同時配合修訂相關補償標準之規定，確保土地所有權人之權益。依都市計畫法之規定，徵收或區段徵收之公共設施保留地，其地價補償，係以徵收當期毗鄰非公共設施保留地之平均公告土地現值爲準，必要時得加成補償之。但加成最高以不超過40%爲限。加成之標準由當地直轄市、縣（市）地價評議委員會當年公告土地現值時評議之（都計§49）。

惟爲保障被徵收人之權益，土地徵收條例有關徵收補償標準，已修改爲都市計畫區內之公共設施保留地，應按毗鄰非公共設施保留地之平均市價補償其地價（土徵§30Ⅰ）。至於地上建築改良物之補償，則以重建價格爲準（都計§49Ⅰ，土徵§31Ⅰ參照）。撥用公有土地如有改良物時，應參照原有房屋重建價格補償之（都計§52）。

---

[4] 有關取消公設用地取得年限，是否影響人民財產權之保障，司法院釋字第336號解釋（83.2.4）認爲，「中華民國77年7月15日修正公布之都市計畫法第50條，對於公共設施保留地未設取得期限之規定，乃爲在維護都市計畫之整體性，爲增進公共利益之必要，與憲法並無牴觸。至爲兼顧土地所有權人之權益，主管機關應如何檢討修正有關法律，係立法問題。」

四、公共設施保留地取得前之使用

(一) 臨時建築使用

公共設施保留地，在未取得前，得申請建臨時建築使用。臨時建築之權利人，經地方政府通知開闢公共設施，並限期拆除回復原狀時，應自行無條件拆除，其不自行拆除者，予以強制拆除（都計§50Ⅱ）。依土地法規定，依都市計畫已公布爲道路或其他公共使用之土地，得爲保留徵收，並限制其建築。但臨時性質之建築，不在此限（土§93）。至於臨時建築使用辦法，內政部於民國62年12月5日訂頒「都市計畫公共設施保留地臨時建築使用辦法」以爲適用。

(二) 原來使用或妨礙目的較輕之使用

公共設施保留地，在取得期限內，不得妨礙其指定目的之使用，但得繼續爲原來之使用或妨礙較輕之使用（都計§51）。

五、獎勵私人投資興辦公共設施

都市建設，如全賴政府主動辦理，恐財務負擔較重，力有未逮。爲求運用民間財力物力，協助興辦公共設施，以加速都市計畫之進行，都市計畫地區範圍內，公用事業及其他公共設施，當地直轄市、縣（市）政府或鄉、鎮、縣轄市公所認爲必要時，得獎勵私人或團體投資辦理，並准收取一定費用。其獎勵辦法由內政部或直轄市政府定之；收費標準，由直轄市、縣（市）政府定之（都計§30Ⅰ）。又私人或團體興修完成之公共設施，自願將該項公共設施及土地捐獻政府者，應登記爲該市、鄉、鎮、縣轄市所有，並由各該市、鄉、鎮、縣轄市負責維護修理，並予獎勵（都計§56）。

(一) 公有土地

獲准投資辦理都市計畫事業之私人或團體，其所需之公共設施用地屬於公有者，得申請該公有土地之管理機關租用；屬於私有而無法協議收購者，應備妥價款，申請該管直轄市、縣（市）政府代爲收買之（都計§53）。惟爲防止私人藉興辦都市計畫之名，於取得土地後進行轉租、轉賣等土地投機行爲，其租用之公有土地不得轉租，如該私人或團體無力經營或違背原核

准之使用計畫，或不遵守有關法令之規定者，直轄市、縣（市）政府得通知其公有土地管理機關即予終止租用，另行出租他人經營，必要時並得接管經營。但對其已有設施，應照資產重估價額予以補償之（都計§54）。

(二) 私有土地

獲准興辦所需用之公共設施用地屬私有者，得協議收購；無法協議收購者，應備妥價款，申請該管直轄市、縣（市）政府代為收買[5]之土地，如有移轉或違背原核准之使用計畫者，該管政府有按原價額，優先收買之權。私人或團體未經呈報直轄市、縣（市）政府核准而擅自移轉者，其移轉行為不得對抗直轄市、縣（市）政府之優先收買權（都計§55）。

柒、新市區之建設

所謂新市區建設，係指建築物稀少，尚未依都市計畫實施建設發展之地區（都計§7）。易言之，所謂「新市區」，乃都市計畫範圍內須待實施建設與開發之地區。

一、新市區事業計畫之訂定

都市計畫主要計畫經公布實施後，當地直轄市、縣（市）政府或鄉、鎮、縣轄市公所應依都市計畫法第17條之規定，就優先發展地區，擬具事業計畫，實施新市區之建設。事業計畫，應包括下列各項：(一)劃定範圍之土地面積；(二)土地之取得及處理方法；(三)土地整理及細分；(四)公共設施之興修；(五)財務計畫；(六)實施進度；(七)其他必要事項（都計§57）。

二、新市區建設用地之取得

新市區建設之用地取得，依現行相關法令規定，主要係以區段徵收或市

5　所謂「代為收買」，法務部前身司法行政部以69年3月11日台函參字第2720號函表示代為收買，似與同法第48條規定「購買」相當，認應無強制之效力，需取得土地所有權人之同意始可。惟依此見，則恐無法達成鼓勵私人投資公共設施興建之政策目標，宜採具有強制力為當。

地重劃爲之，依土地法第92條規定，新設之都市，得由政府照都市計畫法，將市區土地之全部或一部依法徵收，整理重劃，再照徵收原價分宗放領，但得加收整理土地所需之費用。前述徵收之土地，得分期徵收，分區開放，未經開放之區域，得保留徵收，並限制其爲妨礙都市計畫之使用（土§92）。

又依平均地權條例之規定，新設都市地區之全部或一部實施開發建設者，得以區段徵收（平§53）或市地重劃（平§56）方式爲之。同樣依都市計畫法規定，縣市政府爲實施新市區之建設，對於劃定範圍內土地及地上物得實施區段徵收或土地重劃（都計§58Ⅰ）。茲分述如下：

(一) 區段徵收

區段徵收，謂於一定區域內之土地，應重新分宗整理，而爲全區土地之徵收（土§212Ⅱ）。新市區建設範圍內，於辦理區段徵收時各級政府所管之公有土地，應交由當地直轄市、縣（市）政府依照新市區建設計畫予以併同處理（都計§59）。

(二) 土地重劃

土地重劃，乃因實施都市計畫，或由於土地面積畸零狹小不適合經濟使用，而劃定區域範圍，將其區域內各宗土地重新規定其地界，而仍分配於原所有權人之謂（土§136）。辦理土地重劃時，該管地政機關應擬具土地重劃計畫書，呈經上級主管機關核定公告滿30日後實施之。在前項公告期間內，重劃地區內土地所有權人半數以上，而其所有土地面積超過重劃地區土地總面積半數者表示反對時，該管地政機關應參酌反對理由，修訂土地重劃計畫書，重行報請核定，並依核定結果辦理，免再公告。土地重劃之範圍選定後，直轄市、縣（市）政府得公告禁止該地區之土地移轉、分割、設定負擔、新建、改建及採取土石或變更地形，禁止期間不得超過1年6個月（都計§58Ⅱ～Ⅳ）。

三、公有土地之處理

在新市區建設範圍內，於辦理區段徵收時各級政府所管之公有土地，應交由當地直轄市、縣（市）政府依照新市區建設計畫，予以併同處理（都計§59）。公有土地已有指定用途，且不牴觸新市區之建設計畫者，得事先以

書面通知當地直轄市、縣（市）政府調整其位置或地界後，免予出售，但仍應負擔其整理費用（都計§60）。

四、私人舉辦之新市區建設事業

按都市計畫法第61條之規定，私人或團體申請當地直轄市、縣（市）政府核准後，得舉辦新市區之建設事業。但其申請建設範圍之土地面積至少應在10公頃以上，並應附具下列計畫書件：

(一) 土地面積及其權利證明文件。

(二) 細部計畫及其圖說。

(三) 公共設施計畫。

(四) 建築物配置圖。

(五) 工程進度及竣工期限。

(六) 財務計畫。

(七) 建設完成後土地及建築物之處理計畫。

前項私人或團體舉辦之新市區建設範圍內之道路、兒童遊樂場、公園以及其他必要之公共設施等，應由舉辦事業人自行負擔經費。

至於私人或團體舉辦新市區建設事業，其計畫書件函經核准後，得請求直轄市、縣（市）政府或鄉、鎮、縣轄市公所，配合興修前條計畫範圍外之關連性公共設施及技術協助（都計§62）。又獲准投資辦理都市計畫事業之私人或團體在事業上有必要時，得適用第29條之規定（都計§31）。

捌、實施計畫之經費與其他

一、經費來源

(一) 籌措經費

地方政府及鄉、鎮、縣轄市公所為實施都市計畫所需經費，應以左列各款籌措之（都計§77）：

1. 編列年度預算。

2. 工程受益費之收入。

3. 土地增值稅部分收入之提撥。

4. 私人團體之捐獻。

5. 中央或縣政府之補助。

6. 其他辦理都市計畫事業之盈餘。

7. 都市建設捐之收入。

　　都市建設捐之徵收，另以法律定之。

(二) 處分公有土地之價款

　　因實施都市計畫廢置之道路、公園、綠地、廣場、河道、港灣原所使用之公有土地及接連都市計畫地區之新生土地，由實施都市計畫之當地地方政府或鄉、鎮、縣轄市公所管理使用，依法處分時所得價款得以補助方式撥供當地實施都市計畫建設經費之用（都計§76）。

(三) 發行公債

　　中央、直轄市或縣（市）政府爲實施都市計畫或土地徵收，得發行公債。前項公債之發行，另以法律定之（都計§78）。

二、計畫地區之禁建與罰則

(一) 計畫地區之禁建

　　依本法新訂、擴大或變更都市計畫時，得先行劃定計畫地區範圍，經由該管都市計畫委員會通過後，得禁止該地區內一切建築物之新建、增建、改建，並禁止變更地形或大規模採取土石。但爲軍事、緊急災害或公益等之需要，或施工中之建築物，得特許興建或繼續施工。

　　前項特許興建或繼續施工之准許條件、辦理程序、應備書件及違反准許條件之廢止等事項之辦法，由內政部定之。

　　第1項禁止期限，視計畫地區範圍之大小及舉辦事業之性質定之。但最長不得超過2年。

　　前項禁建範圍及期限，應報請行政院核定。

　　第1項特許興建或繼續施工之建築物，如牴觸都市計畫必須拆除時，不得請求補償（都計§81）。

(二) 罰則

都市計畫範圍內土地或建築物之使用，或從事建造、採取土石、變更地形，違反本法或內政部、直轄市、縣（市）政府依本法所發布之命令者，當地地方政府或鄉、鎮、縣轄市公所得處其土地或建築物所有權人、使用人或管理人新臺幣6萬元以上30萬元以下罰鍰，並勒令拆除、改建、停止使用或恢復原狀。不拆除、改建、停止使用或恢復原狀者，得按次處罰，並停止供水、供電、封閉、強制拆除或採取其他恢復原狀之措施，其費用由土地或建築物所有權人、使用人或管理人負擔。

前項罰鍰，經限期繳納，屆期不繳納者，依法移送強制執行。

依第81條劃定地區範圍實施禁建地區，適用前二項之規定（都計§79）。

不遵前條規定拆除、改建、停止使用或恢復原狀者，除應依法予以行政強制執行外，並得處6個月以下有期徒刑或拘役（都計§80）。

第二節　新市鎮之開發

自19世紀末英國人霍華德（Ebenezy Howard）提倡田園都市（Garden City）之概念以來，各國紛紛均以新市鎮之開發來解決人口過度集中，促進區域均衡發展爲首要手段。台灣新市鎮之開發，最早可推至民國46年之中興新村開發，之後因十大建設之推展，林口、台中港、大坪頂等新市鎮之開發隨之而起，迄至目前之淡海新市鎮及高雄新市鎮之開發。

新市鎮開發其主要目標在於促進區域均衡發展，減輕大都市人口快速成長之壓力，並配合國民住宅之興建，有效利用土地資源，提高都市居住環境品質。惟新市鎮之開發，歷來缺乏完整之法令規範，致開發成效不彰，各式配合措施難以有效統合。爰此，乃於民國86年公布「新市鎮開發條例」，共七章33條法規，以爲新市鎮開發之主要規範。

壹、新市鎮之內涵

一、意義與目的

　　所謂新市鎮係指依本條例劃定一定地區，從事規劃開發建設，具有完整之都市機能，足以成長之新都市（新市鎮§3）。新市鎮開發之目的乃促進區域均衡及都市健全發展，誘導人口及產業活動之合理分布，改善國民居住及生活環境（新市鎮§1Ⅰ）。

二、主管機關與新市鎮區位之選定

　　本條例之主管機關：在中央為內政部；在直轄市為直轄市政府；在縣（市）為縣（市）政府（新市鎮§2）。

　　新市鎮開發區位之選定，中央主管機關得視區域及都市發展需要，並參考私人或團體之建議，會同有關機關及當地直轄市、縣（市）政府勘選一定地區內土地，擬具可行性規劃報告，報行政院核定，劃定為新市鎮特定區。新市鎮特定區之勘選原則及可行性規劃報告內容，由中央主管機關定之（新市鎮§4）。

三、規劃及計畫之擬定

　　新市鎮開發之規劃報告，中央主管機關於可行性規劃報告書（圖）核定後，應公告30日，公告期滿，應即進行或指定直轄市、縣（市）主管機關進行新市鎮之規劃與設計，擬定新市鎮特定區計畫，作為新市鎮開發之依據。

　　前項公告期間內應舉辦公聽會，特定區內私有土地所有權人半數以上，而其所有土地面積超過特定區私有土地面積半數者表示反對時，中央主管機關應予調處，並參酌反對理由及公聽會之結論修訂或廢止可行性規劃報告，重新報核，並依其核定結果辦理之。

　　新市鎮計畫範圍內之保護區土地，如逾20年未開發使用者，主管機關應併同新市鎮開發辦理協議價購、區段徵收，或許可私人或集團申請開發（新市鎮§5）。

貳、土地取得與處理

一、私有土地之取得

　　有關新市鎮規劃範圍內之私有土地，其取得方式於新市鎮特定區核定後，主管機關對於新市鎮特定區內之私有土地，應先與所有權人協議價購，未能達成協議者，得實施區段徵收，並於區段徵收公告期滿1年內，發布實施新市鎮特定區計畫。前項協議價購成立者，免徵其土地增值稅。耕地承租人因第1項徵收而領取之補償費，自民國86年5月23日本條例公布生效日後尚未核課確定者，不計入所得課稅。撥用公有耕地之承租人準用之（新市鎮§6）。

二、公有土地之取得

　　新市鎮特定區內之公有土地，應一律按公告土地現值撥供主管機關統籌規劃開發。前項公有土地管理機關原有附著於土地之建築物及構造物，如需遷建者，得洽由主管機關指定新市鎮開發基金代為辦理，遷建所需費用，由其土地及附著於土地之建築物及構造物之補償價款內支應（新市鎮§7）。

三、新市鎮土地之處理方式

(一) 區段徵收取得土地之處理

　　新市鎮特定區內土地經取得並規劃整理後，除以區段徵收方式辦理之抵價地，依規定發交原土地所有權人外，由主管機關依下列方式處理（新市鎮§8）[6]：

1. 道路、溝渠、公園、綠地、兒童遊樂場、體育場、廣場、停車場、國民學校用地，於新市鎮開發完成後，無償登記為當地直轄市、縣（市）有。
2. 前款以外之公共設施用地，有償撥供需地機關使用。
3. 國民住宅、安置原住戶或經行政院專案核准所需土地讓售需地機關。

---

[6] 有關區段徵收規劃整理係土地之處理方式，各相關法規之規範不太相同，請分別參酌：土地徵收條例第44條、獎勵民間參與交通建設條例第12條、大眾捷運法第6條、促進民間參與公共建設法第19條、平均地權條例第55條之2。

4. 社會、文化、教育、慈善、救濟團體舉辦公共福利事業、慈善救濟事業或教育事業所需土地，經行政院專案核准，得予讓售或出租。

5. 其餘可供建築土地，得予標售、標租、自行興建。

原土地所有權人依規定領回面積不足最小建築基地面積者，應於規定期間內提出申請合併、自行出售或由主管機關統籌興建建築物後分配之。未於規定期間內申請者，於規定期間屆滿之日起30日內，按徵收前原土地面積之協議地價發給現金補償。前項土地如在農地重劃區內者，應按重劃前之面積計算之。依第1項第2款至第5款撥用或讓售地價及標售低價，以開發總成本為基準，按其土地之位置、地勢、交通、道路寬度、公共設施及預期發展等條件之優劣估定之。其餘供建築土地之標租時，其期限不得逾99年。又其餘可供建築土地之標售、標租辦法，由中央主管機關定之。

新市鎮特定區範圍內土地，區段徵收前已設定抵押權，而於實施區段徵收後領回抵價地者，主管機關應於辦理土地囑託登記前，邀集權利人協調，除協調結果該權利消滅者外，應列冊送由該管登記機關，於發還抵價地時，按原登記先後，登載於領回之抵價地。其為合併分配者，抵押權之登載，應以區段徵收前各宗土地之權利價值，計算其權利範圍（新市鎮§28）。

(二) 特定區內特種土地之處理

新市鎮特定區內之既成社區建築基地及已辦竣財團法人登記之私立學校、社會福利事業、慈善事業、宗教團體所使用之土地，不妨礙新市鎮特定區計畫及區段徵收計畫，且經規劃為該等建築或設施使用者，於實施區段徵收時，其原建築面積得保留發還原土地所有權人，免令其繳納差額地價，其餘土地應參加區段徵收分配。但建築物法定空地擬保留分配者，應依規定繳納差額地價。前項應納之差額地價經限期繳納而逾期未繳納者，得移送法院強制執行（新市鎮§9）。

(三) 興建住宅之優先租售

主管機關依新市鎮開發條例第12條規定興建之住宅，優先租售予在該新市鎮就業之家庭及其他公共建設拆遷戶；商業、工業及其他都市服務設施，優先租、標售予有利於新市鎮發展之產業。前項新市鎮就業家庭優先租購住宅應具備之條件，由中央主管機關定之。有利於新市鎮發展產業之範圍，由

行政院視各該新市鎮之發展需要定之。第1項優先出售、出租辦法，由中央主管機關定之（新市鎮§23）。

(四) 公有土地處理之方式

為促進新市鎮之開發建設，主管機關就土地所為之處分、設定負擔或超過10年期間之租賃，不受土地法第25條之限制。土地或建築改良物依本條例出租者，其租金不受土地法第97條或第105條之限制（新市鎮§29）。

參、建設與管制

一、開發計畫與建設

(一) 整體開發計畫之擬訂

新市鎮特定區計畫發布後，主管機關應擬訂整體開發計畫，依實施進度，分期分區完成公共工程建設，並得視人口及產業引進之情形，興建住宅、商業、工業及其他都市服務設施。前項住宅、商業、工業及其他都市服務設施興建完成後，除本條例另有規定外，得辦理標售、標租；其標售、標租及管理辦法，由中央主管機關定之（新市鎮§12）。

(二) 公用事業與公共設施之配合

新市鎮特定區內、外必要之公用事業及公共設施，各該公用事業及公共設施主管機關應配合新市鎮開發進度優先興建並實施管理（新市鎮§13）。

二、開發使用與管理

(一) 土地開發使用

為促進新市鎮開發區內之土地使用與建設，達成開發目的，發揮新市鎮功能，有關新市鎮特定區內之土地使用管制規定如下：

1. 價購土地應依法使用或移轉：需地機關或社會、文化、教育、慈善、救濟團體依本法第8條第1項第3款或第4款價購之土地，應依原核准進度使用、或依核准使用計畫使用、或移轉（新市鎮§15）。
2. 依投資計畫實施建設：投資人標得土地後，應即依投資計畫規定之進度實

施建設（新市鎮§16II）。

3. 限期建築使用：主管機關爲促進新市鎮之發展，得依新市鎮特定區計畫之實施進度，限期建築使用（新市鎮§18I）。

4. 建築基地面積之限制：新市鎮特定區內建築基地未達新市鎮特定區計畫規定之最小建築基地面積者，不予核發建築執照。共有人於其共有土地建築房屋，適用土地法第34條之1有關共有土地處分之規定（新市鎮§20）。

5. 土地及建築物之使用：新市鎮特定區計畫發布實施後，實施整體開發前，區內土地及建築物之使用，得由中央主管機關訂定辦法管制之，不受都市計畫法規之限制。依前項辦法申請土地及建築物之使用者，經主管機關通知整體開發並限期拆除回復原狀時，應自行無條件拆除；其不自行拆除者，予以強制拆除（新市鎮§21）。

(二) 違規之處置

1. 強制買回或終止租約：需地機關或社會、文化、教育、慈善、救濟團體依新市鎮開發條例第8條第1項第3款或第4款價購之土地，如有未依原核准進度使用、違背原核准之使用計畫或擅自移轉者，主管機關應強制買回。未經原核准讓售機關之核准而擅自轉讓者，其移轉行爲不得對抗主管機關之強制買回（新市鎮§15）。
   投資人若違反新市鎮開發條例第16條第2項至第4項規定者，除依同法第17條規定分別處罰外，並應由主管機關強制收買或終止租約（新市鎮§17I）。有關強制買回之程序等相關事宜，除本條例另有規定外，準用平均地權條例照價收買之規定（新市鎮§19）。

2. 限期改善：投資人標得土地後，應即依投資計畫規定之進度實施建設。主管機關並應依投資計畫定期或不定期檢查。經檢查發現有未依進度開工或進度落後時，主管機關應通知於3個月內改善。得標人接獲通知，有正當理由未能於限期內改善者，應敘明原因，申請展期；展期之期間不得超過3個月（新市鎮§16II、III）。

3. 處分、轉租之禁止：得標人未完成建設前，不得以一部或全部轉售、轉租或設定負擔。違反者，其轉售、轉租或設定負擔之契約無效（新市鎮§16IV）。

4. 處以罰鍰：投資人違反新市鎮開發條例第16條第2項至第4項之規定者，處

以下列之處罰（新市鎮§17）：

(1)未依投資計畫進度開工或進度落後，經通知限期改善，逾期仍未改善者，處以該宗土地當期公告地價2%以上5%以下罰鍰，經再限期於3個月內改善，逾期仍未改善者，得按次連續處罰。

(2)擅自轉售、轉租或設定負擔者，處以該宗土地當期公告地價1%以上3%以下罰鍰。

前項所定罰鍰經通知限期繳納，逾期仍不繳納者，移送法院強制執行。主管機關依第1項規定強制收買者，對於土地上之設施，應限制投資人遷移，未於期限內遷移者，視同放棄。前項規定於主管機關依第1項之規定強制收買者，其價格不得超出原出售價格。

5. 加課地價稅：主管機關為促進新市鎮之發展，得依新市鎮特定區計畫之實施進度，限期建築使用。逾期未建築使用者，按該宗土地應納地價稅基本稅額之5倍至10倍加徵地價稅；經加徵地價稅滿3年，仍未建築使用者，按該宗土地應納地價稅基本稅額之10倍至20倍加徵地價稅或由主管機關照當期公告土地現值強制收買。前項限制建築之土地，其限期建築之期限，不因移轉他人而受影響，對於不可歸責於土地所有權人之事由而遲誤之期間，應予扣除。前項不可歸責於土地所有權人之事由，由中央主管機關於施行規則中定之（新市鎮§18）。

肆、開發獎勵與組織

一、開發之獎勵

(一) 投資新市鎮建設之獎勵及協助

為獎勵私人投資新市鎮開發，股份有限公司投資於新市鎮之建設，得依下列各款獎勵及協助（新市鎮§14）：

1. 按其投資總額20%範圍內抵減當年度應納營利事業所得稅；當年度不足抵減時，得在以後4年度內抵減之。

2. 必要之施工機器設備得按所得稅法固定資產耐用年數表所載年數，縮短二分之一計算折舊；其縮短後之年數不滿1年者，不予計算。

3. 於施工期間免徵地價稅。但未依規定完工者，應補徵之。

4. 洽請金融機構就其建設所需資金提供優惠貸款。

5. 協助從證券市場籌募資金。

前項第1款及第3款，於新市鎮土地規劃整理完成當年起第6年至第10年內投資建設者，其優惠額度減半，第11年起不予優惠。前二項獎勵辦法，由中央主管機關會同財政部定之。

(二) 長期優惠貸款之提供

主管機關為促進人口及產業之引進，得洽請金融機構提供長期優惠貸款，並得於新市鎮開發基金內指撥專款協助融資。前項優惠貸款辦法，由中央主管機關定之（新市鎮§22）。

(三) 興建住宅優先租售

主管機關依新市鎮開發條例第12條規定興建之住宅，優先租售予在該新市鎮就業之家庭及其他公共建設拆遷戶；商業、工業及其他都市服務設施，優先標租、標售予有利於新市鎮發展之產業。前項新市鎮就業家庭優先租購住宅應具備之條件，由中央主管機關定之。有利於新市鎮發展產業之範圍，由行政院視各該新市鎮之發展需要定之。第1項優先出售、出租辦法，由中央主管機關定之（新市鎮§23）。

(四) 稅捐之減免

1. 地價稅之免徵

主管機關取得新市鎮特定區內之土地，於未依新市鎮開發條例第8條第1項規定處理前免徵地價稅。但未依新市鎮特定區計畫書規定之實施進度處理者，於規定期間屆滿之次日起，依法課徵地價稅（新市鎮§10）。

2. 抵價地遺贈稅之免徵

新市鎮特定區計畫範圍內之徵收土地，所有權人於新市鎮範圍核定前已持有，且於核定之日起至依平均地權條例實施區段徵收發還抵價地5年內，因繼承或配偶、直系血親間之贈與而移轉者，免徵遺產稅或贈與稅。前項規定於本條例公布施行前，亦適用之（新市鎮§11）。

3. 劃定地區之減免

主管機關得劃定地區，就下列各款稅捐減免規定，獎勵有利於新市鎮發展之產業投資經營（新市鎮§24）：

(1) 於開始營運後按其投資總額20%範圍內抵減當年度應納營利事業所得稅額，當年度不足抵減時，得在以後4年度內抵減之。

(2) 土地所有權人於出售原營業使用土地後，自完成移轉登記之日起，2年內於新市鎮重購營業所需土地時，其所購土地地價，超過出售原營業使用之土地地價扣除繳納土地增值稅後之餘額者，得於開始營運後，向主管稽徵機關申請就其已納土地增值稅額內，退還其不足支付新購土地地價之數額。但重購之土地自完成移轉登記起5年內再轉讓或改作非獎勵範圍內產業之用途者，應追繳原退還稅款。

前項第1款之獎勵，以股份有限公司組織者為限。第1項稅捐之減免，自劃定地區起第6年至第10年內申請者，其優惠額度減半，第11年起不予優惠。前三項獎勵辦法，由中央主管機關會同財政部、經濟部定之。

4. 房屋稅之減免

新市鎮特定區內之建築物於興建完成後，其房屋稅、地價稅及買賣契稅，第1年免徵，第2年減徵80%，第3年減徵60%，第4年減徵40%，第5年減徵20%，第6年起不予減免。前項減免買賣契稅以一次為限（新市鎮§25）。

二、組織之設置

(一) 新市鎮開發基金之設置

新市鎮開發之規劃設計經費，由主管機關編列預算支應。

前項以外之土地取得、工程設計施工及經營管理等經費，中央主管機關得設置新市鎮開發基金支應。

新市鎮開發基金之收支、保管及運用辦法，由中央主管機關定之，其來源如下：

(1) 主管機關循預算程序之撥入款。

(2) 本基金孳息收入。

(3) 應用本基金開發新市鎮之盈餘款。

(4)其他有關收入。

　　中央主管機關得就對新市鎮開發有顯著效益之相關聯外交通建設，視本基金營運效能及財務狀況，補助其部分或全部建設經費（新市鎮§26）。

(二) 財團法人機構之設立

　　主管機關得設立財團法人機構辦理左列新市鎮開發事項（新市鎮§27）：

1. 新市鎮可行性規劃報告及新市鎮特定區計畫之研、修訂。
2. 建設財源之籌措與運用。
3. 土地及地上物之取得與處理。
4. 各項公用事業公共設施之興建及管理維護。
5. 都市服務設施建設之協調推動。
6. 住宅、商店、廠房之興建與租售。
7. 土地使用管制與建築管理。
8. 主管機關經管財產之管理與收益。
9. 獎勵參與投資建設之公告、審查。
10. 違反獎勵規定之處理。
11. 新市鎮內加徵地價稅之提報及限期建築使用之執行。
12. 人口與產業引進之協調推動。
13. 申請減免稅捐證明之核發。

　　前項財團法人機構之董監事，應有當地地方政府代表、土地所有權人代表或其委託之代理人及學者專家擔任；其組織章程及董監事人選並應經立法院同意。

三、從優從新主義之施行

　　為促進新市鎮開發建設，新市鎮開發條例有關獎勵投資建設及人口、產業引進之規定，如其他法律規定較本條例更有利者，適用最有利之法律（新市鎮§30）。此外，為加強既有新市鎮之開發，本條例公布施行前經行政院核定開發之新市鎮，適用本條例之規定（新市鎮§31）。

第五章　都市更新與危老建築重建

　　舊市區更新，係指舊有建築物密集，畸零破舊，有礙觀瞻，影響公共安全，必須拆除、重建或就地整建或特別加以維護之地區（都計§7⑥）。即就舊市區予以重建、整建或維護，以改善公共衛生，增加公共設施，復甦都市機能。舊市區更新即所謂都市更新，都市更新起源於1949年美國住宅法（The Housing Act）的「都市再發展」（Urban Redevelopment），該法案的目標為市中心區的拆除重建。國內都市更新在民國53年首次以「舊市區更新」為條文出現在都市計畫法中，但並無詳細內容與規定，直至民國62年透過都市計畫法第二次修正過程，方將計畫內容、辦理程序等規定加以具體化。惟因相關規定過於簡略，且缺乏激勵機制之設計，難以綜理繁雜之更新作業，故都市更新緩慢。政府部門為加速促進都市土地有計畫之再發展利用，復甦都市機能，改善居住環境，增進公共利益，於民國87年制定都市更新條例（以下簡稱都更），為都市更新專法。歷經12次修訂，迄至110年5月28日修正公布。

壹、都市更新之內涵

一、都市更新之目的與主管機關

　　都市更新之目的係為加速促進都市土地有計畫之再開發利用，恢復都市機能，改善居住環境，增進公共利益（都更§1）。本條例所稱主管機關：在中央為內政部；在直轄市為直轄市政府；在縣（市）為縣（市）政府（都更§2）。各級主管機關應置專業人員專責辦理都市更新業務，並得設專責法人或機構，經主管機關委託或同意，協助推動都市更新業務或實施都市更新事業（都更§30）。

直轄市、縣（市）主管機關應就都市之發展狀況、居民意願、原有社會、經濟關係、人文特色及整體景觀，進行全面調查及評估，並視實際情況劃定更新地區、訂定或變更都市更新計畫（都更§5）。

二、用詞定義

本條例用詞，定義如下（都更§3）：

(一) 都市更新：指依本條例所定程序，在都市計畫範圍內，實施重建、整建或維護措施。

(二) 更新地區：指依本條例或都市計畫法規定程序，於都市計畫特定範圍內劃定或變更應進行都市更新之地區。

(三) 都市更新計畫：指依本條例規定程序，載明更新地區應遵循事項，作為擬訂都市更新事業計畫之指導。

(四) 都市更新事業：指依本條例規定，在更新單元內實施重建、整建或維護事業。

(五) 更新單元：指可單獨實施都市更新事業之範圍。

(六) 實施者：指依本條例規定實施都市更新事業之政府機關（構）、專責法人或機構、都市更新會、都市更新事業機構。

(七) 權利變換：指更新單元內重建區段之土地所有權人、合法建築物所有權人、他項權利人、實施者或與實施者協議出資之人，提供土地、建築物、他項權利或資金，參與或實施都市更新事業，於都市更新事業計畫實施完成後，按其更新前權利價值比率及提供資金額度，分配更新後土地、建築物或權利金。

三、都市更新之處理方式

所謂都市更新，係指依都市更新條例所定程序，在都市計畫範圍內，實施重建、整建或維護措施（都更§3①）。都市更新之處理方式，分為下列三種（都更§4，都計§64參照）：

(一) 重建

指拆除更新單元內原有建築物，重新建築，住戶安置，改進公共設施，並得變更土地使用性質或使用密度。

(二) 整建

指改建、修建更新單元內建築物或充實其設備，並改進公共設施。

(三) 維護

指加強更新單元內土地使用及建築管理，改進公共設施，以保持其良好狀況。

申言之，都市更新指的是依都市更新條例所訂定之程序，在都市計畫範圍內，由都市更新事業在可單獨實施都市更新事業之更新單元範圍內，實施重建、整建或維護事業（都更§3④、⑤）。其中，更新單元內重建區段之土地所有權人、合法建築物所有權人、他項權利人、實施者或與實施者協議出資之人，提供土地、建築物、他項權利或資金，參與或實施都市更新事業，於都市更新事業計畫實施完成後，按其更新前權利價值比率及提供資金額度，分配更新後土地、建築物或權利金，稱之為權利變換（都更§3⑦）。

貳、都市更新計畫

一、更新計畫與更新地區

(一) 計畫之訂定

直轄市、縣（市）（局）政府或鄉、鎮、縣轄市公所對於窳陋或髒亂地區認為有必要時，得視都市之細部計畫，劃定地區範圍，訂定更新計畫，實施都市更新（都計§63）。更新計畫，應以圖說表明下列事項（都計§65）：

1. 劃定地區內重建、整建及維護地段之詳細圖說。
2. 土地使用計畫。
3. 區內公共設施興修或改善之設計圖說。
4. 事業計畫。
5. 財務計畫。
6. 實施進度。

(二) 更新地區之劃定

更新地區之劃定在於審視都市人口、社經發展情形、土地使用等狀況後，劃定地區範圍，以實施都市更新事業。故更新地區應依本條例或都市計畫法規定程序，於都市計畫特定範圍內劃定或變更應進行都市更新之地區（都更§3②）。都市更新地區之劃定，有由政府主管機關主動劃定或由土地及合法建築物所有權人向主管機關提議劃定兩種。其方式如下：

1. 主管機關主動劃定

(1)全面調查劃定更新地區

更新地區係指依本條例或都市計畫法規定程序，於都市計畫特定範圍內劃定或變更應進行都市更新之地區（都更§3②）。依都市更新條例規定，直轄市、縣（市）主管機關應就都市之發展狀況、居民意願、原有社會、經濟關係、人文特色及整體景觀，進行全面調查及評估，並視實際情況劃定更新地區，訂定或變更都市更新計畫（都更§5）。都市更新計畫應依本條例規定程序，載明更新地區應遵循事項，作為擬訂都市更新事業計畫之指導（都更§3③）。

(2)優先劃定更新地區

有下列各款情形之一者，直轄市、縣（市）主管機關得優先劃定或變更為更新地區並訂定或變更都市更新計畫（都更§6）：

①建築物窳陋且非防火構造或鄰棟間隔不足，有妨害公共安全之虞。

②建築物因年代久遠有傾頹或朽壞之虞、建築物排列不良或道路彎曲狹小，足以妨害公共交通或公共安全。

③建築物未符合都市應有之機能。

④建築物未能與重大建設配合。

⑤具有歷史、文化、藝術、紀念價值，亟須辦理保存維護，或其周邊建築物未能與之配合者。

⑥居住環境惡劣，足以妨害公共衛生或社會治安。

⑦經偵檢確定遭受放射性污染之建築物。

⑧特種工業設施有妨害公共安全之虞。

(3)迅行劃定更新地區

依都市更新條例規定，有下列各款情形之一時，直轄市、縣（市）主管

機關應視實際情況，迅行劃定或變更更新地區，並視實際需要訂定或變更都市更新計畫（都更§7）：

①因戰爭、地震、火災、水災、風災或其他重大事變遭受損壞。

②為避免重大災害之發生。

③符合都市危險及老舊建築物加速重建條例第3條第1項第1款、第2款規定之建築物。

前項更新地區之劃定、變更或都市更新計畫之訂定、變更，中央主管機關得指定該管直轄市、縣（市）主管機關限期為之，必要時並得逕為辦理。

(4)策略性劃定更新地區

有下列各款情形之一時，各級主管機關得視實際需要，劃定或變更策略性更新地區，並訂定或變更都市更新計畫（都更§8）：

①位於鐵路場站、捷運場站或航空站一定範圍內。

②位於都會區水岸、港灣周邊適合高度再開發地區者。

③基於都市防災必要，需整體辦理都市更新者。

④其他配合重大發展建設需要辦理都市更新者。

2.提議劃定更新地區

有本條例第6條優先劃定更新地區或第7條迅行劃定更新地區之情形時，土地及合法建築物所有權人得向直轄市、縣（市）主管機關提議劃定更新地區。直轄市、縣（市）主管機關受理前項提議，應依下列情形分別處理，必要時得通知提議人陳述意見（都更§10）：

(1)無劃定必要者，附述理由通知原提議者。

(2)有劃定必要者，依第9條規定程序辦理。

第1項提議應符合要件及應檢附之文件，由當地直轄市、縣（市）主管機關定之。

二、更新計畫之訂定或變更與更新計畫應表明事項

(一) 更新計畫之訂定或變更

依都市更新條例第9條規定，更新地區之劃定及都市更新計畫之訂定或變更，未涉及都市計畫之擬定或變更者，準用都市計畫法有關細部計畫規定程序辦理；其涉及都市計畫主要計畫或細部計畫之擬定或變更者，依都

市計畫法規定程序辦理，主要計畫或細部計畫得一併辦理擬定或變更（都更§9Ⅰ）。

　　全區採整建或維護方式處理，或依第7條規定劃定或變更之更新地區，其更新地區之劃定或變更及都市更新計畫之訂定或變更，得逕由各級主管機關公告實施之，免依前項規定辦理（都更§9Ⅱ）。

(二) 更新計畫應表明事項

　　依都市更新條例第9條第1項都市更新計畫應表明下列事項，作為擬訂都市更新事業計畫之指導（都更§9Ⅲ）：
1. 更新地區範圍。
2. 基本目標與策略。
3. 實質再發展概要：(1)土地利用計畫構想；(2)公共設施改善計畫構想；(3)交通運輸系統構想；(4)防災、救災空間構想。
4. 其他應表明事項。

　　依第8條劃定或變更策略性更新地區之都市更新計畫，除前項應表明事項外，並應表明下列事項（都更§9Ⅳ）：1.劃定之必要性與預期效益；2.都市計畫檢討構想；3.財務計畫概要；4.開發實施構想；5.計畫年期及實施進度構想；6.相關單位配合辦理事項。

參、更新事業

一、更新事業之實施

(一) 政府主導之都市更新

　　更新計畫由當地直轄市、縣（市）政府或鄉、鎮、縣轄市公所辦理（都計§67）。依都市更新條例第11條之規定，各級主管機關得成立都市更新推動小組，督導、推動都市更新政策及協調政府主導都市更新業務。

　　依現行規定，政府主導之都市更新可分為：1.主管機關自行實施；2.同意其他機關（構）自行實施；3.委託都市更新事業機構實施等三種。若以實施主體區分，可分為：1.機關實施；2.委託實施等二類。

1. 主管機關自行實施

經劃定或變更應實施更新之地區，除本條例另有規定外，直轄市、縣（市）主管機關得採下列方式之一，免擬具事業概要，並依第32條規定，實施都市更新事業（都更§12）：

(1)自行實施或經公開評選委託都市更新事業機構爲實施者實施。

(2)同意其他機關（構）自行實施或經公開評選委託都市更新事業機構爲實施者實施。

依第7條第1項規定劃定或變更之更新地區，得由直轄市、縣（市）主管機關合併數相鄰或不相鄰之更新單元後，依前項規定方式實施都市更新事業。

依第7條第2項或第8條規定由中央主管機關劃定或變更之更新地區，其都市更新事業之實施，中央主管機關得準用前二項規定辦理。

都市更新事業依第12條規定由主管機關或經同意之其他機關（構）自行實施者，得公開徵求提供資金並協助實施都市更新事業，其公開徵求之公告申請、審核、異議、申訴程序及審議判斷，準用第13條至前條規定（都更§21）。

2. 同意其他機關（構）自行實施

同意實施係指更新計畫由其他政府機關（構）擔任實施者，在經劃定或變更應實施更新之地區，免擬具事業概要，並依第32條規定都市更新事業計畫之報核程序，實施都市更新事業（都更§12）。

3. 委託都市更新事業機構實施

依都市更新條例第12條規定，經劃定或變更應實施更新之地區，直轄市、縣（市）主管機關得採經公開評選委託都市更新事業機構爲實施者實施。

(1)實施者之評選

依都市更新條例第12條所定公開評選實施者，應由各級主管機關、其他機關（構）擔任主辦機關，公告徵求都市更新事業機構申請，並組成評選會依公平、公正、公開原則審核；其公開評選之公告申請與審核程序、評選會之組織與評審及其他相關事項之辦法，由中央主管機關定之。主辦機關依前項公告徵求都市更新事業機構申請前，應於擬實施都市更新事業之地區，舉行說明會（都更§13）。

(2)公開評選異議之提出

參與都市更新公開評選之申請人對於申請及審核程序，認有違反本條例及相關法令，致損害其權利或利益者，得於下列期限內，以書面向主辦機關提出異議（都更§14）：

①對公告徵求都市更新事業機構申請文件規定提出異議者，爲自公告之次日起至截止申請日之三分之二；其尾數不足1日者，以1日計。但不得少於10日。

②對申請及審核之過程、決定或結果提出異議者，爲接獲主辦機關通知或公告之次日起30日；其過程、決定或結果未經通知或公告者，爲知悉或可得知悉之次日起30日。

主辦機關應自收受異議之次日起15日內爲適當之處理，並將處理結果以書面通知異議人。異議處理結果涉及變更或補充公告徵求都市更新事業機構申請文件者，應另行公告，並視需要延長公開評選之申請期限。

申請人提出異議，主辦機關認其異議有理由者，應自行撤銷、變更原處理結果或暫停公開評選程序之進行。但爲應緊急情況或公共利益之必要者，不在此限（都更§19Ⅰ）。

(3)申訴之提出與審議

申請人對於異議處理結果不服，或主辦機關逾期不爲處理者，得於收受異議處理結果或期限屆滿次日起15日內，以書面向主管機關提出申訴，同時繕具副本連同相關文件送主辦機關。申請與審核程序之異議及申訴處理規則，由中央主管機關定之（都更§14Ⅲ、Ⅳ）。

申訴人誤向該管都更評選申訴會以外之機關申訴者，以該機關收受日，視爲提起申訴之日。前項收受申訴書之機關應於收受日之次日起3日內，將申訴書移送於該管都更評選申訴會，並通知申訴人。都更評選申訴會應於收受申訴書之次日起2個月內完成審議，並將判斷以書面通知申訴人及主辦機關；必要時，得延長1個月（都更§16）。

都市更新公開評選申請及審核程序之爭議申訴，依主辦機關屬中央或地方機關（構），分別由中央或直轄市、縣（市）主管機關設都市更新公開評選申訴審議會（以下簡稱都更評選申訴會）處理。都更評選申訴會由各級主管機關聘請具有法律或都市更新專門知識之人員擔任，並得由各級主管機關高級人員派兼之；其組成、人數、任期、酬勞、運作及其他相關事項之辦

法,由中央主管機關定之(都更§15)。

(4)申訴審議之補正與撤回

申訴逾法定期間或不合法定程序者,不予受理。但其情形得予補正者,應定期間命其補正;屆期不補正者,不予受理。申訴提出後,申請人得於審議判斷送達前撤回之。申訴經撤回後,不得再提出同一之申訴(都更§17)。

(5)申訴審議之進行

申訴以書面審議為原則。都更評選申訴會得依職權或申請,通知申訴人、主辦機關到指定場所陳述意見。都更評選申訴會於審議時,得囑託具專門知識經驗之機關、學校、團體或人員鑑定,並得通知相關人士說明或請主辦機關、申訴人提供相關文件、資料。都更評選申訴會辦理審議,得先行向申訴人收取審議費、鑑定費及其他必要之費用;其收費標準及繳納方式,由中央主管機關定之(都更§18)。

申請人提出申訴,主辦機關認其申訴有理由者,應自行撤銷、變更原處理結果或暫停公開評選程序之進行。但為應緊急情況或公共利益之必要者,不在此限。依申請人之申訴,而為前項之處理者,主辦機關應將其結果即時通知該管都更評選申訴會(都更§19)。

(6)審議判斷之效力

申訴審議判斷,視同訴願決定。審議判斷指明原公開評選程序違反法令者,主辦機關應另為適法之處置,申訴人得向主辦機關請求償付其申請、異議及申訴所支出之必要費用(都更§20)。

(二) 所有權人主導之都市更新

依都市更新條例之規定,都市更新事業之施行,土地及合法建築物所有權人得自行實施或委託都市更新事業機構實施都市更新事業,其相關規定如下:

1.經劃定應實施更新之地區

依都市更新條例第22條規定,經劃定或變更應實施更新之地區,其土地及合法建築物所有權人得就主管機關劃定之更新單元,或依所定更新單元劃定基準自行劃定更新單元,舉辦公聽會,擬具事業概要,連同公聽會紀錄,申請當地直轄市、縣(市)主管機關依第29條規定審議核准,自行組織都市

更新會實施該地區之都市更新事業，或委託都市更新事業機構為實施者實施之；變更時，亦同。

前項之申請，應經該更新單元範圍內私有土地及私有合法建築物所有權人均超過二分之一，並其所有土地總面積及合法建築物總樓地板面積均超過二分之一之同意；其同意比率已達第37條規定者，得免擬具事業概要，並依第27條及第32條規定，逕行擬訂都市更新事業計畫辦理。

任何人民或團體得於第1項審議前，以書面載明姓名或名稱及地址，向直轄市、縣（市）主管機關提出意見，由直轄市、縣（市）主管機關參考審議。

依第1項規定核准之事業概要，直轄市、縣（市）主管機關應即公告30日，並通知更新單元內土地、合法建築物所有權人、他項權利人、囑託限制登記機關及預告登記請求權人[1]。

2. 未經劃定應實施更新之地區

依都市更新條例第23條規定，未經劃定或變更應實施更新之地區，有第6條第1款至第3款或第6款情形之一者，土地及合法建築物所有權人得按主管機關所定更新單元劃定基準，自行劃定更新單元，依前條規定，申請實施都市更新事業。

前項主管機關訂定更新單元劃定基準，應依第6條第1款至第3款及第6款之意旨，明訂建築物及地區環境狀況之具體認定方式。

第1項更新單元劃定基準於本條例中華民國107年12月28日修正之條文施行後訂定或修正者，應經該管政府都市計畫委員會審議通過後發布實施之；其於本條例中華民國107年12月28日修正之條文施行前訂定者，應於3年內修正，經該管政府都市計畫委員會審議通過後發布實施之。更新單元劃定基準訂定後，主管機關應定期檢討修正之。

---

[1] 司法院釋字第709號解釋（102.4.26）認為：（修訂前都市更新條例）第10條第1項有關主管機關核准都市更新事業概要之程序規定，未設置適當組織以審議都市更新事業概要，且未確保利害關係人知悉相關資訊及適時陳述意見之機會，與憲法要求之正當行政程序不符。同條第2項有關申請核准都市更新事業概要時應具備之同意比率之規定，不符憲法要求之正當行政程序。均有違憲法保障人民財產權之意旨。

　　依上述規定，在未經劃定或變更應實施更新之地區，其實施主體由土地及合法建築物所有權人組織更新團體申請實施。依都市更新條例第27條規定，逾7人之土地及合法建築物所有權人依第22條及第23條規定自行實施都市更新事業時，應組織都市更新會，訂定章程載明下列事項，申請當地直轄市、縣（市）主管機關核准：

(1)都市更新會之名稱及辦公地點。

(2)實施地區。

(3)成員資格、幹部法定人數、任期、職責及選任方式等事項。

(4)有關會務運作事項。

(5)有關費用分擔、公告及通知方式等事項。

(6)其他必要事項。

　　前項都市更新會應為法人；其設立、管理及解散辦法，由中央主管機關定之。

　　又都市更新會得依民法委任具有都市更新專門知識、經驗之機構，統籌辦理都市更新業務（都更§28）。

3.申請實施之要件

　　申請實施都市更新之基本要件，應經該更新單元範圍內私有土地及私有合法建築物所有權人均超過二分之一，並其所有土地總面積及合法建築物總樓地板面積均超過二分之一之同意（都更§22Ⅱ）。申請實施都市更新事業之人數與土地及建築物所有權比率之計算，不包括下列各款（都更§24）：

(1)依文化資產保存法所稱之文化資產。

(2)經協議保留，並經直轄市、縣（市）主管機關核准且登記有案之宗祠、寺廟、教堂。

(3)經政府代管或依土地法第73條之1規定由地政機關列冊管理者。

(4)經法院囑託查封、假扣押、假處分或破產登記者。

(5)未完成申報並核發派下全員證明書之祭祀公業土地或建築物。

(6)未完成申報並驗印現會員或信徒名冊、系統表及土地清冊之神明會土地或建築物。

　　又以信託方式實施都市更新事業，其依第22條第2項或第37條第1項規定計算所有權人人數比率，以委託人人數計算（都更§25）。都市更新事業機構以依公司法設立之股份有限公司為限。但都市更新事業係以整建或維護方

式處理者，不在此限（都更§26）。

(三) 更新事業計畫之審議

1. 都市更新審議委員會審議

都市更新事業計畫由實施者擬定，送由當地直轄市、縣（市）政府主管機關審議通過後核定發布實施；其屬中央主管機關依第7條第2項或第8條規定劃定或變更之更新地區辦理之都市更新事業，得逕送中央主管機關審議通過後核定發布實施。並即公告30日及通知更新單元範圍內土地、合法建築物所有權人、他項權利人、囑託限制登記機關及預告登記請求權人；變更時，亦同（都更§32Ⅰ）。

2. 舉辦公聽會

擬定或變更都市更新事業計畫期間，應舉辦公聽會，聽取民眾意見（都更§32Ⅱ）。

3. 公開展覽

都市更新事業計畫擬定或變更後，送各級主管機關審議前，應於各該直轄市、縣（市）政府或鄉（鎮、市）公所公開展覽30日，並舉辦公聽會；實施者已取得更新單元內全體私有土地及私有合法建築物所有權人同意者，公開展覽期間得縮短為15日（都更§32Ⅲ）。

前二項公開展覽、公聽會之日期及地點，應刊登新聞紙或新聞電子報，並於直轄市、縣（市）主管機關電腦網站刊登公告文，並通知更新單元範圍內土地、合法建築物所有權人、他項權利人、囑託限制登記機關及預告登記請求權人；任何人民或團體得於公開展覽期間內，以書面載明姓名或名稱及地址，向各主管機關提出意見，由各級主管機關予以參考審議。經各級主管機關審議修正者，免再公開展覽（都更§32Ⅳ）。依第7條規定劃定或變更之都市更新地區或採整建、維護方式辦理之更新單元，實施者已取得更新單元內全體私有土地及私有合法建築物所有權人之同意者，於擬定或變更都市更新事業計畫時，得免舉辦公開展覽及公聽會，不受前三項規定之限制[2]

2　司法院釋字第709號解釋（102.4.26）認為：（修訂前都市更新條例）第19條第3項前段規定（於99年5月12日修正公布將原第3項分列為第3項、第4項），並未要

（都更§32Ⅴ）。都市更新事業計畫擬訂或變更後，與事業概要內容不同者，免再辦理事業概要之變更（都更§32Ⅵ）。

4. 舉行聽證

各級主管機關依前條規定核定發布實施都市更新事業計畫前，除有下列情形之一者外，應舉行聽證；各級主管機關應斟酌聽證紀錄，並說明採納或不採納之理由作成核定（都更§33）：

(1)於計畫核定前已無爭議。

(2)依第4條第1項第2款或第3款以整建或維護方式處理，經更新單元內全體土地及合法建築物所有權人同意。

(3)符合第34條第2款或第3款之情形。

(4)依第43條第1項但書後段以協議合建或其他方式實施，經更新單元內全體土地及合法建築物所有權人同意。

不服依前項經聽證作成之行政處分者，其行政救濟程序，免除訴願及其先行程序。

(四) 更新事業計畫變更之處理

1. 簡化更新事業計畫變更

都市更新事業計畫之變更，得採下列簡化作業程序辦理（都更§34）：

(1)有下列情形之一而辦理變更者，免依第32條規定辦理公聽會及公開展覽：

① 依第4條第1項第2款或第3款以整建或維護方式處理，經更新單元內全體私有土地及私有合法建築物所有權人同意。

② 依第43條第1項本文以權利變換方式實施，無第60條之情形，且經更新單元內全體私有土地及私有合法建築物所有權人同意。

求主管機關應將該計畫相關資訊，對更新單元內申請人以外之其他土地及合法建築物所有權人分別為送達，且未規定由主管機關以公開方式舉辦聽證，使利害關係人得到場以言詞為意見之陳述及辯論後，斟酌全部聽證紀錄，說明採納及不採納之理由作成核定，連同已核定之都市更新事業計畫，分別送達更新單元之內各土地及合法建築物所有權人、他項權利人、囑託限制登記機關及預告登記請求權人，亦不符憲法要求之正當行政程序，均有違憲法保障人民財產權之意旨。

③ 依第43條第1項但書後段以協議合建或其他方式實施，經更新單元內全體土地及合法建築物所有權人同意。

(2) 有下列情形之一而辦理變更者，免依第32條規定舉辦公聽會、公開展覽及審議：

① 第36條第1項第2款實施者之變更，於依第37條規定徵求同意，並經原實施者與新實施者辦理公證。

② 第36條第1項第12款至第15款、第18款、第20款及第21款所定事項之變更，經更新單元內全體土地及合法建築物所有權人同意。但第13款之變更以不減損其他受拆遷安置戶之權益爲限。

(3) 第36條第1項第7款至第10款所定事項之變更，經各級主管機關認定不影響原核定之都市更新事業計畫者，或第36條第2項應敘明事項之變更，免依第32條規定舉辦公聽會、公開展覽及依第37條規定徵求同意。

2. 涉及都市計畫之變更

都市更新事業計畫之擬定或變更，涉及都市計畫之主要計畫變更者，應於依法變更主要計畫後，依第32條規定辦理；其僅涉及主要計畫局部性之修正不違背其原規劃意旨者，或僅涉及細部計畫之擬定、變更者，都市更新事業計畫得先行依第32條規定程序發布實施，據以推動更新工作，相關都市計畫再配合辦理擬定或變更（都更§35）。

(五) 都市更新事業計畫之內容事項

都市更新事業計畫應視其實際情形，表明下列事項（都更§36）：

1. 計畫地區範圍。
2. 實施者。
3. 現況分析。
4. 計畫目標。
5. 與都市計畫之關係。
6. 處理方式及其區段劃分。
7. 區內公共設施興修或改善計畫，含配置之設計圖說。
8. 整建或維護區段內建築物改建、修建、維護或充實設備之標準及設計圖說。
9. 重建區段之土地使用計畫，含建築物配置及設計圖說。

10.都市設計或景觀計畫。

11.文化資產、都市計畫表明應予保存或有保存價值建築之保存或維護計畫。

12.實施方式及有關費用分擔。

13.拆遷安置計畫。

14.財務計畫。

15.實施進度。

16.效益評估。

17.申請獎勵項目及額度。

18.權利變換之分配及選配原則。其原所有權人分配之比率可確定者，其分配比率。

19.公有財產之處理方式及更新後之分配使用原則。

20.實施風險控管方案。

21.維護管理及保固事項。

22.相關單位配合辦理事項。

23.其他應加表明之事項。

　　實施者為都市更新事業機構，其都市更新事業計畫報核當時之資本總額或實收資本額、負責人、營業項目及實績等，應於前項第2款敘明之。

　　都市更新事業計畫以重建方式處理者，第1項第20款實施風險控管方案依下列方式之一辦理：

1. 不動產開發信託。

2. 資金信託。

3. 續建機制。

4. 同業連帶擔保。

5. 商業團體辦理連帶保證協定。

6. 其他經主管機關同意或審議通過之方式。

(六) 更新事業計畫之作業

1.實施者實施調查或測量

　　實施者為擬訂都市更新事業計畫，得派員進入更新地區範圍內之公私有土地或建築物實施調查或測量；其進入土地或建築物，應先通知其所有權

人、管理人或使用人。依前項辦理調查或測量時，應先報請當地直轄市、縣（市）主管機關核准。但主管機關辦理者，不在此限。依第1項辦理調查或測量時，如必須遷移或除去該土地上之障礙物，應先通知所有權人、管理人或使用人，所有權人、管理人或使用人因而遭受之損失，應予適當之補償；補償金額由雙方協議之，協議不成時，由當地直轄市、縣（市）主管機關核定之（都更§41）。

2. 更新地區處分之限制

更新地區劃定或變更後，直轄市、縣（市）主管機關得視實際需要，公告禁止更新地區範圍內建築物之改建、增建或新建及採取土石或變更地形。但不影響都市更新事業之實施者不在此限。前項禁止期限，最長不得超過2年。違反第1項規定者，當地直轄市、縣（市）主機關得限期命令其拆除、改建、停止使用或恢復原狀（都更§42）。

3. 更新範圍之整建或維護

都市更新事業計畫經各級主管機關核定發布實施後，範圍內應行整建或維護之建築物，實施者應依實施進度辦理，所需費用所有權人或管理人應交予實施者。

前項費用，經實施者催告仍不繳納者，由實施者報請該管主管機關以書面行政處分命所有權人或管理人依限繳納；屆期未繳納者，由該管主管機關移送法務部行政執行署所屬行政執行分署強制執行。其執行所得之金額，由該管主管機關於實施者支付實施費用之範圍內發給之。第1項整建或維護建築物需申請建築執照者，得以實施者名義為之，並免檢附土地權利證明文件（都更§45）。

二、更新區內地主之同意

(一) 同意比率

實施者擬訂或變更都市更新事業計畫報核時，應經一定比率之私有土地與私有合法建築物所有權人數及所有權面積之同意；其同意比率依下列規定計算。但私有土地及私有合法建築物所有權面積均超過十分之九同意者，其所有權人數不予計算（都更§37 I）。

1. 政府主導更新之地區

依第12條規定經公開評選委託都市更新事業機構辦理者：應經更新單元內私有土地及私有合法建築物所有權人均超過二分之一，且其所有土地總面積及合法建築物總樓地板面積均超過二分之一之同意。但公有土地面積超過更新單元面積二分之一者，免取得私有土地及私有合法建築物之同意。實施者應保障私有土地及私有合法建築物所有權人權利變換後之權利價值，不得低於都市更新相關法規之規定（都更§37Ⅰ①）。

2. 地主自行劃定更新單元（經劃定或變更地區）

依第22條規定辦理者：(1)依第7條規定劃定或變更之更新地區，應經更新單元內私有土地及私有合法建築物所有權人均超過二分之一，且其所有土地總面積及合法建築物總樓地板面積均超過二分之一之同意。(2)其餘更新地區，應經更新單元內私有土地及私有合法建築物所有權人均超過四分之三，且其所有土地總面積及合法建築物總樓地板面積均超過四分之三之同意（都更§37Ⅰ②）。

3. 地主自行劃定更新單元（未經劃定或變更地區）

依第23條規定辦理者：應經更新單元內私有土地及私有合法建築物所有權人均超過五分之四之同意，且其所有土地總面積及合法建築物總樓地板面積均超過五分之四之同意（都更§37Ⅰ③）。

(二) 同意比率計算準據與審議

1. 計算準據

第37條第1項人數與土地及建築物所有權比率之計算，準用第24條之規定（都更§37Ⅱ）。即所列舉之除外之情形。都市更新事業以二種以上方式處理時，第37條第1項人數與面積比率，應分別計算之。第22條第2項同意比率之計算，亦同（都更§37Ⅲ）。

依第22條第2項或第37條第1項規定計算之同意比率，除有因繼承、強制執行、徵收或法院之判決於登記前取得所有權之情形，於申請或報核時能提出證明文件者，得以該證明文件記載者爲準外，應以土地登記簿、建物登記簿、合法建物證明或經直轄市、縣（市）主管機關核發之證明文件記載者爲準。

前項登記簿登記、證明文件記載爲公同共有者，或尙未辦理繼承登記，於分割遺產前爲繼承人公同共有者，應以同意之公同共有人數爲其同意人數，並以其占該公同共有全體人數之比率，乘以該公同共有部分面積所得之面積爲其同意面積計算之（都更§39）。

2. 同意之撤銷與審議

各級主管機關對第37條第1項同意比率之審核，除有民法第88條、第89條、第92條規定情事或雙方合意撤銷者外，以都市更新事業計畫公開展覽期滿時爲準。所有權人對於公開展覽之計畫所載更新後分配之權利價值比率或分配比率低於出具同意書時者，得於公開展覽期滿前，撤銷其同意（都更§37Ⅳ）。

主管機關審議時，知悉更新單元內土地及合法建築物所有權有持分人數異常增加之情形，應依職權調查相關事實及證據，並將結果依第29條辦理審議或處理爭議（都更§40）。

(三) 公寓大廈重建之特別規定

依都市更新條例第7條劃定或變更之都市更新地區或依第4條第1項第2款、第3款方式處理者，其共有土地或同一建築基地上有數幢建築物，其中部分建築物毀損而辦理重建、整建或維護時，得在不變更其他幢建築物區分所有權人之區分所有權及其基地所有權應有部分之情形下，以辦理重建、整建或維護之各該幢受損建築物區分所有權人之人數、區分所有權及其基地所有權應有部分爲計算基礎，分別計算其同意之比率（都更§38）。

三、更新地區土地之取得

(一) 私有土地取得方式

1. 依都市計畫法規定

辦理更新計畫，對於更新範圍內之土地及地上物，得依法實施徵收或區段徵收（都計§68）。更新地區範圍劃定後，其需拆除重建之地區，應禁止地形變更、建物新建、增建或改建，以免增加更新之困擾（都計§69）。而辦理更新計畫之機關或機構，得將重建或整建地區內拆除整理後之基地讓售或標售。其承受人應依照更新計畫期限，實施重建。其不依期限實施重建

者,應按原售價收回其土地、自行辦理或另行出售(都計§70)。另外,辦理更新計畫之機關或機構,對於整建地區之建物,得規定期限令其改建、修建、維護或充實設備,並給予技術上之輔導(都計§72)。由上述規定得知,依都市計畫法規定實施都市更新時,其私有土地取得之方式為:(1)徵收;(2)區段徵收。

2. 依都市更新條例規定

都市更新事業計畫範圍內重建區段之土地,以權利變換方式實施之。但由主管機關或其他機關辦理者,得以徵收、區段徵收或市地重劃方式實施之;其他法律另有規定或經全體土地及合法建物所有權人同意者,得以協議合建或其他方式實施之。以區段徵收方式實施都市更新事業時,抵價地總面積占徵收總面積之比例,由主管機關考量實際情形定之(都更§43)。由上述規定得知,依都市更新條例規定實施都市更新時,私有土地取得之方式為:(1)權利變換;(2)徵收;(3)區段徵收;(4)市地重劃;(5)協議合建;(6)其他方式等。

以協議合建方式實施都市更新事業,未能依都市更新條例第43條第1項取得全體土地及合法建築物所有權人同意者,得經更新單元範圍內私有土地總面積及私有合法建築物總樓地板面積均超過五分之四之同意,就達成合建協議部分,以協議合建方式實施之。對於不願參與協議合建之土地及合法建築物,以權利變換方式實施之。前項參與權利變換者,實施者應保障其權利變換後之權利價值不得低於都市更新相關法規之規定(都更§44)。

(二) 政府機關之配合

1. 公有不動產應一律參加都市更新

都市更新事業計畫範圍內公有土地及建築物,除另有合理之利用計畫,確無法併同實施都市更新事業者外,於舉辦都市更新事業時,應一律參加都市更新,並依都市更新事業計畫處理之,不受土地法第25條、國有財產法第7條、第28條、第53條、第66條、預算法第25條、第26條、第86條及地方政府公產管理法令相關規定之限制。公有土地及建築物為公用財產而須變更為非公用財產者,應配合當地都市更新事業計畫,由各該級政府之非公用財產管理機關逕行變更為非公用財產,統籌處理,不適用國有財產法第33條至第35條及地方政府公產管理法令之相關規定(都更§46Ⅰ、Ⅱ)。

前二項公有財產依下列方式處理（都更§46III）：

(1)自行辦理、委託其他機關（構）、都市更新事業機構辦理或信託予信託機構辦理更新。

(2)由直轄市、縣（市）政府或其他機關以徵收、區段徵收方式實施都市更新事業時，辦理撥用或撥供使用。

(3)以權利變換方式實施都市更新事業時，除按應有之權利價值選擇參與分配土地、建築物、權利金或領取補償金外，並得讓售實施者。

(4)以協議合建方式實施都市更新事業時，得主張以權利變換方式參與分配或以標售、專案讓售予實施者；其採標售方式時，除原有法定優先承購者外，實施者得以同樣條件優先購買。

(5)以設定地上權方式參與或實施。

(6)其他法律規定之方式。

經劃定或變更應實施更新之地區於本條例中華民國107年12月28日修正之條文施行後擬訂報核之都市更新事業計畫，其範圍內之公有土地面積或比率達一定規模以上者，除有特殊原因者外，應依第12條第1項規定方式之一辦理。其一定規模及特殊原因，由各級主管機關定之。

公有財產依第3項第1款規定委託都市更新事業機構辦理更新時，除本條例另有規定外，其徵求都市更新事業機構之公告申請、審核、異議、申訴程序及審議判斷，準用第13條至第20條規定。

公有土地上之舊違章建築戶，如經協議納入都市更新事業計畫處理，並給付管理機關使用補償金等相關費用後，管理機關得與該舊違章建築戶達成訴訟上之和解。

2.更新取得權益處分或收益限制之排除

各級主管機關、其他機關（構）或鄉（鎮、市）公所因自行實施或擔任主辦機關經公開評選都市更新事業機構實施都市更新事業取得之土地、建築物或權利，其處分或收益，不受土地法第25條、國有財產法第28條、第53條及各級政府財產管理規則相關規定之限制。

直轄市、縣（市）主管機關或鄉（鎮、市）公所因參與都市更新事業或推動都市更新辦理都市計畫變更取得之土地、建築物或權利，其處分或收益，不受土地法第25條及地方政府財產管理規則相關規定之限制（都更§47）。

四、權利變換之實施

所謂權利變換，係指更新單元內重建區段之土地所有權人、合法建築物所有權人、他項權利人、實施者或與實施者協議出資之人，提供土地、建築物、他項權利或資金，參與或實施都市更新事業，於都市更新事業計畫實施完成後，按其更新前權利價值比率及提供資金額度，分配更新後土地、建築物或權利金（都更§3⑦）。

(一) 計畫之報核

以權利變換方式實施都市更新時，實施者應於都市更新事業計畫核定發布實施後擬具權利變換計畫，依都市更新條例第32條及第33條規定程序辦理審議、公開展覽、核定及發布實施等事項；變更時亦同。但必要時，權利變換計畫之擬定報核，得與都市更新計畫一併辦理（都更§48Ⅰ）。

權利變換計畫之變更，得採下列簡化作業程序辦理（都更§49）：

1. 有下列情形之一而辦理變更者，免依第32條及第33條規定辦理公聽會、公開展覽、聽證及審議：
(1) 計畫內容有誤寫、誤算或其他類此之顯然錯誤之更正。
(2) 參與分配人或實施者，其分配單元或停車位變動，經變動雙方同意。
(3) 依第25條辦理時之信託登記。
(4) 權利變換期間辦理土地及建築物之移轉、分割、設定負擔及抵押權、典權、限制登記之塗銷。
(5) 依地政機關地籍測量或建築物測量結果釐正圖冊。
(6) 第36條第1項第2款所定事項之變更，經原實施者與新實施者辦理公證。
2. 有下列情形之一而辦理變更者，免依第32條及第33條規定辦理公聽會、公開展覽及聽證：
(1) 原參與分配者表明不願繼續參與分配，或原不願意參與分配者表明參與分配，經主管機關認定不影響其他權利人之權益者。
(2) 第36條第1項第7款至第10款所定事項之變更，經各級主管機關認定不影響原核定之權利變換計畫。
3. 有第1款各目情形所定事項之變更而涉及其他計畫內容變動，經各級主管機關認定不影響原核定之權利變換計畫。

(二) 調查及查估

1. 調查與測量

實施者爲擬定或變更權利變換計畫，須進入權利變換範圍內公、私有土地或建築物實施調查或測量時，準用都市更新條例第41條規定辦理。權利變換計畫應表明之事項及權利變換實施辦法，由中央主管機關定之（都更§48II、III）。

2. 權利價值之估價

權利變換前各宗土地、更新後土地、建築物及權利變換範圍內其他土地於評價基準日之權利價值，由實施者委任三家以上專業估價者查估後評定之。前項估價者由實施者與土地所有權人共同指定；無法共同指定時，由實施者指定一家，其餘二家由實施者自各級主管機關建議名單中，以公開、隨機方式選任之。各級主管機關審議權利變換計畫認有必要時，得就實施者所提估價報告書委任其他專業估價者或專業團體提複核意見，送各級主管機關參考審議。第2項之名單，由各級主管機關會商相關職業團體建議之（都更§50）。

(三) 共同負擔之處理

實施權利變換時，權利變換範圍內供公共使用之道路、溝渠、兒童遊樂場、鄰里公園、廣場、綠地、停車場等7項用地，除以各該原有公共設施用地、未登記地及得無償撥用之公有道路、溝渠、河川等公有土地抵充外，其不足土地與工程費用、權利變換費用、貸款利息、稅捐、管理費用及都市更新事業計畫載明之都市計畫變更負擔，申請各項建築容積獎勵及容積移轉所支付之費用由實施者先行墊付，於各級主管機關核定後，由權利變換範圍內之土地所有權人按其權利價值比率、都市計畫規定與其相對投入及受益情形，計算共同負擔，並以權利變換後應分配之土地及建築物折價抵付予實施者；其應分配之土地及建築物因折價抵付致未達最小分配面積單元時，得改以現金繳納（都更§51 I）。

前項權利變換範圍內，土地所有權人應共同負擔之比率[3]，由各級主管

---

[3] 權利變換又有謂爲「立體重劃」，惟與現行市地重劃之內涵在一、公共設施負擔

機關考量實際情形定之（都更§51Ⅱ）。權利變換範圍內未列為第1項共同負擔之公共設施，於土地及建築物分配時，除原有土地所有權人提出申請分配者外，以原公有土地應分配部分，優先指配；其仍有不足時，以折價抵付共同負擔之土地及建築物指配之。但公有土地及建築物管理機關（構）或實施者得要求該公共設施管理機構負擔所需經費（都更§51Ⅲ）。

第1項最小分配面積單元基準，由直轄市、縣（市）主管機關定之（都更§51Ⅳ）。第1項後段得以現金繳納之金額，土地所有權人應交予實施者。經實施者催告仍不繳納者，由實施者報請該管主管機關以書面行政處分命土地所有權人依限繳納；屆期未繳納者，由該管主管機關移送法務部行政執行署所屬行政執行分署強制執行。其執行所得之金額，由該管主管機關於實施者支付共同負擔費用之範圍內發給之（都更§51Ⅴ）。

本條例第51條所定負擔及費用，範圍如下（都更權變辦法§19）：

1. 原有公共設施用地：指都市更新事業計畫核定發布日權利變換地區內依都市計畫劃設之道路、溝渠、兒童遊樂場、鄰里公園、廣場、綠地、停車場等7項公共設施用地，業經各直轄市、縣（市）主管機關或鄉（鎮、市）公所取得所有權或得依法辦理無償撥用者。

2. 未登記地：指都市更新事業計畫核定發布日權利變換地區內尚未依土地法辦理總登記之土地。

3. 得無償撥用取得之公有道路、溝渠、河川：指都市更新事業計畫核定發布日權利變換地區內實際作道路、溝渠、河川使用及原作道路、溝渠、河川使用已廢置而尚未完成廢置程序之得無償撥用取得之公有土地。

4. 工程費用：包括權利變換地區內道路、溝渠、兒童遊樂場、鄰里公園、廣場、綠地、停車場等公共設施與更新後土地及建築物之規劃設計費、施工費、整地費及材料費、工程管理費、空氣污染防制費及其他必要之工程費用。

5. 權利變換費用：包括實施權利變換所需之調查費、測量費、規劃費、估價費、依本條例第57條第4項應發給之補償金額、拆遷安置計畫內所定之拆

項目；二、公地抵充項目；三、共同負擔原則；四、共同負擔比例；五、共同負擔之公共設施項目以外之公設負擔處理等，皆有不同，值得注意之。

遷安置費、地籍整理費及其他必要之業務費。

6. 貸款利息：指為支付工程費用及權利變換費用之貸款利息。

7. 管理費用：指為實施權利變換必要之人事、行政、銷售、風險、信託及其他管理費用。

8. 都市計畫變更負擔：指依都市計畫相關法令變更都市計畫，應提供或捐贈之一定金額、可建築土地或樓地板面積，及辦理都市計畫變更所支付之委辦費。

9. 申請各項建築容積獎勵所支付之費用：指為申請各項建築容積獎勵所需費用及委辦費，且未納入本條其餘各款之費用。

10. 申請容積移轉所支付之費用：指為申請容積移轉所支付之容積購入費用及委辦費。

前項第4款至第6款及第9款所定費用，以經各級主管機關核定之權利變換計畫所載數額為準。第7款及第10款所定費用之計算基準，應於都市更新事業計畫中載明。第8款所定都市計畫變更負擔，以經各級主管機關核定之都市計畫書及協議書所載數額為準。

(四) 土地及建物分配之處理

權利變換後之土地及建築物扣除前條規定折價抵付共同負擔後，其餘土地及建築物依各宗土地權利變換前之權利價值比率，分配與原土地所有權人。但其不願參與分配或應分配之土地及建築物未達最小分配面積單元，無法分配者，得以現金補償之。

依前項規定分配結果，實際分配之土地及建築物面積多於應分配之面積者，應繳納差額價金；實際分配之土地及建築物少於應分配之面積者，應發給差額價金。

第1項規定現金補償於發放或提存後，由實施者列冊送各級主管機關囑託該管登記機關辦理所有權移轉登記。依第1項補償之現金及第2項應發給之差額價金，經各級主管機關核定後，應定期通知應受補償人領取，逾期不領取者，依法提存之。

第2項應繳納之差額價金，土地所有權人應交予實施者。經實施者催告仍不繳納者，由實施者報請該管主管機關以書面行政處分命土地所有權人依限繳納；屆期未繳納者，由該管主管機關移送法務部行政執行署所屬行政執

行分署強制執行。其執行所得之金額,由該管主管機關於實施者支付差額價金之範圍內發給之。

應繳納差額價金而未繳納者,其獲配之土地及建築物不得移轉或設定負擔;違反者,其移轉或設定負擔無效,但因繼承而辦理移轉者,不在此限(都更§52)。權利變換後,原土地所有權人應分配之土地及建築物,自分配結果確定之日起,視爲原有(都更§56)。

(五) 異議與禁止事項之處理

1. 異議之處理

權利變換計畫書核定發布實施後2個月內,土地所有權人對其權利價值有異議時,應以書面敘明理由,向各級主管機關提出,各級主管機關應於受理異議後3個月內審議核復。但因情形特殊,經各級主管機關認有委託專業團體或機構協助作技術性諮商之必要者,得延長審議核復期限3個月。當事人對審議核復結果不服者,得依法提請行政救濟。

前項異議處理或行政救濟期間,實施者非經主管機關核准,不得停止都市更新事業之進行。第1項異議處理或行政救濟結果與原評定價值有差額部分由當事人以現金相互找補。第1項審議核復期限,應扣除各級主管機關委託專業團體或機關協助作技術性諮商及實施者委託專業團體或機構重新查估權利價值之時間(都更§53)。

2. 實施地區禁止事項

實施權利變換地區,直轄市、縣(市)主管機關得於權利變換計畫書核定後,公告禁止下列事項。但不影響權利變換之實施者,不在此限(都更§54):

(1)土地及建築物之移轉、分割或設定負擔。

(2)建築物之改建、增建或新建及採取土石或變更地形。

前項禁止期限,最長不得超過2年。違反第1項規定者,當地直轄市、縣(市)主管機關得限期命令其拆除、改建、停止使用或恢復原狀。

(六) 建照申請與拆除安置

1. 建照申請

依權利變換計畫申請建築執照，得以實施者名義爲之，並免檢附土地、建物及他項權利證明文件。都市更新事業依第12條規定由主管機關或經同意之其他機關（構）自行實施，並經公開徵求提供資金及協助實施都市更新事業者，且於都市更新事業計畫載明權責分工及協助實施內容，於依前項規定申請建築執照時，得以該資金提供者與實施者名義共同爲之，並免檢附前項權利證明文件。權利變換範圍內土地改良物未拆除或遷移完竣前，不得辦理更新後土地及建築物銷售（都更§55）。

都市更新案申請建築執照之相關法規適用，以擬訂都市更新事業計畫報核日爲準，並應自擬訂都市更新事業計畫經核定之日起2年內爲之。前項以權利變換方式實施，且其權利變換計畫與都市更新事業計畫分別報核者，得自擬訂權利變換計畫經核定之日起1年內爲之。未依前二項規定期限申請者，其相關法規之適用，以申請建築執照日爲準（都更§83Ⅰ～Ⅲ）。

2. 土地改良物之拆除

權利變換範圍內應行拆除遷移之土地改良物，由實施者依主管機關公告之權利變換計畫通知其所有權人、管理人或使用人，限期30日內自行拆除或遷移；屆期不拆除或遷移者，依下列順序辦理（都更§57）：

(1)由實施者予以代爲之。

(2)由實施者請求當地直轄市、縣（市）主管機關代爲之。

實施者依前項第1款規定代爲拆除或遷移前，應就拆除或遷移之期日、方式、安置或其他拆遷相關事項，本於眞誠磋商精神予以協調，並訂定期限辦理拆除或遷移；協調不成者，由實施者依前項第2款規定請求直轄市、縣（市）主管機關代爲之；直轄市、縣（市）主管機關受理前項第2款之請求後應再行協調，再行協調不成者，直轄市、縣（市）主管機關應訂定期限辦理拆除或遷移。但由直轄市、縣（市）主管機關自行實施者，得於協調不成時逕爲訂定期限辦理拆除或遷移，不適用再行協調之規定。

第1項應拆除或遷移之土地改良物，經直轄市、縣（市）主管機關認定屬高氯離子鋼筋混凝土或耐震能力不足之建築物而有明顯危害公共安全者，得準用建築法第81條規定之程序辦理強制拆除，不適用第1項後段及前項規定。

　　第1項應拆除或遷移之土地改良物爲政府代管、扣押、法院強制執行或行政執行者，實施者應於拆除或遷移前，通知代管機關、扣押機關、執行法院或行政執行機關爲必要之處理。

　　第1項因權利變換而拆除或遷移之土地改良物，應補償其價值或建築物之殘餘價值，其補償金額由實施者委託專業估價者查估後評定之，實施者應於權利變換計畫核定發布後定期通知應受補償人領取；逾期不領取者，依法提存。應受補償人對補償金額有異議時，準用第53條規定辦理。

　　第1項因權利變換而拆除或遷移之土地改良物，除由所有權人、管理人或使用人自行拆除或遷移者外，其代爲拆除或遷移費用在應領補償金額內扣回。

　　實施者依第1項第2款規定所提出之申請，及直轄市、縣（市）主管機關依第2項規定辦理協調及拆除或遷移土地改良物，其申請條件、應備文件、協調、評估方式、拆除或遷移土地改良物作業事項及其他應遵行事項之自治法規，由直轄市、縣（市）主管機關定之。

3. 弱勢者之安置

　　都市更新事業計畫核定發布實施日1年前，或以權利變換方式實施於權利變換計畫核定發布實施日1年前，於都市更新事業計畫範圍內有居住事實，且符合住宅法第4條第2項之經濟、社會弱勢者身分或未達最小分配面積單元者，因其所居住建築物計畫拆除或遷移，致無屋可居住者，除已納入都市更新事業計畫之拆遷安置計畫或權利變換計畫之舊違章建築戶處理方案予以安置者外，於建築物拆除或遷移前，直轄市、縣（市）主管機關應依住宅法規定提供社會住宅或租金補貼等協助，或以專案方式辦理，中央主管機關得提供必要之協助。

　　前項之經濟或社會弱勢身分除依住宅法第4條第2項第1款至第11款認定者外，直轄市、縣（市）主管機關應審酌更新單元內實際狀況，依住宅法第4條第2項第12款認定之（都更§84）。

(七) 權利變換權益之處理

1. 租賃關係之終止

　　權利變換範圍內出租土地及建築物，因權利變換而不能達到原租賃之目的者，租賃契約終止，承租人並得依下列規定向出租人請求補償。但契約另

有約定者，從其約定（都更§58）：

(1)出租土地係供為建築房屋者，承租人得向出租人請求相當1年租金之補償，所餘租期未滿1年者，得請求相當所餘租期租金之補償。

(2)前款以外之出租土地或建築物，承租人得向出租人請求相當2個月租金之補償。

　　權利變換範圍內出租之土地訂有耕地三七五租約者，應由承租人選擇依都市更新條例第60條或耕地三七五減租條例第17條規定辦理，不適用前項之規定。

2.他項權利等之處理

(1)不動產役權之處理：權利變換範圍內設定不動產役權之土地或建築物，該不動產役權消滅。前項不動產役權之設定為有償者，不動產役權人得向土地或建築物所有權人請求相當補償。補償金額如發生爭議時，準用第53條規定辦理（都更§59）。

(2)權利變換範圍內合法建築物及設定地上權、永佃權、農育權或耕地三七五租約之土地，由土地所有權人及合法建築物所有權人、地上權人、永佃權人、農育權人或耕地三七五租約之承租人於實施者擬訂權利變換計畫前，自行協議處理。

前項協議不成，或土地所有權人不願或不能參與分配時，由實施者估定合法建築物所有權之權利價值及地上權、永佃權、農育權或耕地三七五租約價值，於土地所有權人應分配之土地及建築物權利或現金補償範圍內，按合法建築物所有權、地上權、永佃權、農育權或耕地三七五租約價值占原土地價值比率，分配或補償予各該合法建築物所有權人、地上權人、永佃權人、農育權人或耕地三七五租約承租人，納入權利變換計畫內。其原有之合法建築物所有權、地上權、永佃權、農育權或耕地三七五租約消滅或終止。

土地所有權人、合法建築物所有權人、地上權人、永佃權人、農育權人或耕地三七五租約承租人對前項實施者估定之合法建築物所有權之價值及地上權、永佃權、農育權或耕地三七五租約價值有異議時，準用第53條規定辦理。

第2項之分配，視為土地所有權人獲配土地後無償移轉；其土地增值稅準

用第67條第1項第4款規定減徵並准予記存[4]，由合法建築物所有權人、地上權人、永佃權人、農育權人或耕地三七五租約承租人於權利變換後移轉時，一併繳納之（都更§60）。

(3)抵押權與典權之處理：權利變換範圍內土地及建築物經設定抵押權、典權或限制登記，除自行協議消滅者外，由實施者列冊送請各級主管機關囑託該管登記機關，於權利變換後分配土地及建築時，按原登記先後，登載於原土地或建築物所有權人應分配之土地及建築物；其為合併分配者，抵押權、典權或限制登記之登載，應以權利變換前各宗土地或各幢（棟）建築物之權利價值，計算其權利價值。

土地及建築物依第52條第3項及第57條第5項規定辦理補償時，其設有抵押權、典權或限制登記者，由實施者在不超過原土地或建築物所有權人應得補償之數額內，代為清償、回贖或提存後，消滅或終止，並由實施者列冊送請各級主管機關囑託該管登記機關辦理塗銷登記（都更§61）。

(4)舊違章建築戶之處理：權利變換範圍內占有他人土地之舊違章建築戶處理事宜，由實施者提出處理方案，納入權利變換計畫內一併報核；有異議時，準用第53條規定辦理（都更§62）。

(5)分配之限期接管：權利變換範圍內，經權利變換分配之土地及建築物，實施者應以書面分別通知受配人，限期辦理接管；逾期不接管者，自限期屆滿之翌日起，視為已接管（都更§63）。

3.權利變換相關之登記

經權利變換之土地及建築物，實施者應依據權利變換結果，列冊送請各級主管機關囑託該管登記機關辦理權利變更或塗銷登記，換發權利書狀；未於規定期限內換領者，其原權利書狀由該管登記機關公告註銷。

前項建築物辦理所有權第一次登記公告受有都市更新異議時，登記機關

---

4 土地增值稅之記存目的在於促進都市更新權利變換之推行，惟依權利變換之立法意旨（如本條例第3條第7款規定）及日本權利變換制度之本意，權利變換制度非以土地所有權人為主之都市更新事業，建物所有權人及他項權利人應與土地所有權人地位相同，不以所有權本位之制度設計。故將之視為無償移轉，再以記存方式優惠，實有不宜。

於公告期滿應移送囑託機關處理，囑託機關依本條例相關規定處理後，通知登記機關依處理結果辦理登記，免再依土地法第59條第2項辦理。

實施權利變換時，其土地及建築物權利已辦理土地登記者，應以各該權利之登記名義人參與權利變換計畫，其獲有分配者，並以該登記名義人之名義辦理囑託登記（都更§64）。

(八) 更新之獎勵

1. 容積獎勵

都市更新事業計畫範圍內之建築基地，得視都市更新事業需要，給予適度之建築容積獎勵；獎勵後之建築容積，不得超過各該建築基地1.5倍之基準容積，且不得超過都市計畫法第85條所定施行細則之規定。有下列各款情形之一者，其獎勵後之建築容積得依下列規定擇優辦理，不受前項後段規定之限制：

(1)實施容積管制前已興建完成之合法建築物，其原建築容積高於基準容積：不得超過各該建築基地0.3倍之基準容積再加其原建築容積，或各該建築基地1.2倍之原建築容積。

(2)前款合法建築物經直轄市、縣（市）主管機關認定屬高氯離子鋼筋混凝土或耐震能力不足而有明顯危害公共安全：不得超過各該建築基地1.3倍之原建築容積。

(3)各級主管機關依第8條劃定或變更策略性更新地區，屬依第12條第1項規定方式辦理，且更新單元面積達1萬平方公尺以上：不得超過各該建築基地2倍之基準容積或各該建築基地0.5倍之基準容積再加其原建築容積。

符合前項第2款情形之建築物，得依該款獎勵後之建築容積上限額度建築，且不得再申請第5項所定辦法、自治法規及其他法令規定之建築容積獎勵項目。

依第7條、第8條規定劃定或變更之更新地區，於實施都市更新事業時，其建築物高度及建蔽率得酌予放寬；其標準，由直轄市、縣（市）主管機關定之。但建蔽率之放寬以住宅區之基地為限，且不得超過原建蔽率。

第1項、第2項第1款及第3款建築容積獎勵之項目、計算方式、額度、申請條件及其他相關事項之辦法，由中央主管機關定之；直轄市、縣（市）主管機關基於都市發展特性之需要，得以自治法規另訂獎勵之項目、計算方

式、額度、申請條件及其他應遵行事項。

依前項直轄市、縣（市）自治法規給予之建築容積獎勵，不得超過各該建築基地0.2倍之基準容積。但依第2項第3款規定辦理者，不得超過各該建築基地0.4倍之基準容積。

各級主管機關依第5項規定訂定辦法或自治法規有關獎勵之項目，應考量對都市環境之貢獻、公共設施服務水準之影響、文化資產保存維護之貢獻、新技術之應用及有助於都市更新事業之實施等因素。

第2項第2款及第57條第3項耐震能力不足建築物而有明顯危害公共安全之認定方式、程序、基準及其他相關事項之辦法，由中央主管機關定之。

都市更新事業計畫於本條例中華民國108年1月30日修正之條文施行前擬訂報核者，得適用修正前之規定（都更§65）。

2. 容積移轉

更新地區範圍內公共設施保留地、依法或都市計畫表明應予保存、直轄市、縣（市）主管機關認定有保存價值及依第29條規定審議保留之建築所坐落之土地或街區，或其他為促進更有效利用之土地，其建築容積得一部或全部轉移至其他建築基地建築使用，並準用依都市計畫法第83條之1第2項所定辦法有關可移出容積訂定方式、可移入容積地區範圍、接受基地可移入容積上限、換算公式、移轉方式及作業方法等規定辦理。前項建築容積經全部轉移至其他建築基地建築使用者，其原為私有之土地應登記為公有（都更§66）。

3. 土地稅之減免

更新地區內之土地及建築物，依下列規定減免稅捐（都更§67）：

(1)更新期間土地無法使用者，免徵地價稅；其仍可繼續使用者，減半徵收。但未依計畫進度完成更新且可歸責於土地所有權人之情形者，依法課徵之。

(2)更新後地價稅及房屋稅減半徵收2年。

(3)重建區段範圍內更新前合法建築物所有權人取得更新後建築物，於前款房屋稅減半徵收2年期間內未移轉，且經直轄市、縣（市）主管機關視地區發展趨勢及財政狀況同意者，得延長其房屋稅減半徵收期間至喪失所有權止，但以10年為限。本條例中華民國107年12月28日修正之條文施行前，前款房屋稅減半徵收2年期間已屆滿者，不適用之。

(4)依權利變換取得之土地及建築物，於更新後第一次移轉時，減徵土地增值稅及契稅40%。

(5)不願參加權利變換而領取現金補償者，減徵土地增值稅40%。

(6)實施權利變換應分配之土地未達最小分配面積單元，而改領現金補償者，免徵土地增值稅。

(7)實施權利變換，以土地及建築物抵付權利變換負擔者，免徵土地增值稅及契稅。

(8)原所有權人與實施者間因協議合建辦理產權移轉時，經直轄市、縣（市）主管機關視地區發展趨勢及財政狀況同意者，得減徵土地增值稅及契稅40%。前項第3款及第8款實施年限，自本條例中華民國107年12月20日修正之條文施行之日起算5年；其年限屆期前半年，行政院得視情況延長之，並以一次爲限。

　　都市更新事業計畫於前項實施期限屆滿之日前已報核或已核定尚未完成更新，於都市更新事業計畫核定之日起2年內或於權利變換計畫核定之日起1年內申請建造執照，且依建築期限完工者，其更新單元內之土地及建築物，準用第1項第3款及第8款規定。

4. 信託財產土地稅之減免

　　以更新地區內土地爲信託財產，訂定以委託人爲受益人之信託契約者，不課徵贈與稅。前項信託土地，因信託關係而於委託人與受託人間移轉所有權者，不課徵土地增值稅（都更§68）。

　　以更新地區內之土地爲信託財產者，於信託關係存續中，以受託人爲地價稅或田賦之納稅義務人。前項土地應與委託人在同一直轄市或縣（市）轄區內所有之土地合併計算地價總額，依土地稅法第16條規定稅率課徵地價稅，分別就各該土地地價占地價總額之比率，計算其應納之地價稅。但信託利益之受益人爲非委託人且符合下列各款規定者，前項土地應與受益人在同一直轄市或縣（市）轄區內所有之土地合併計算地價總額（都更§69）：

(1)受益人已確定並享有全部信託利益。

(2)委託人未保留變更受益人之權利。

5. 更新事業機構之投資抵減

　　實施者爲股份有限公司組織都市更新事業機構，投資於經主管機關劃定或變更爲應實施都市更新地區之都市更新事業支出，得於支出總額20%範圍

內，抵減其都市更新事業計畫完成年度應納營利事業所得稅額，當年度不足抵減時，得在以後4年度抵減之。

都市更新事業依第12條規定由主管機關或經同意之其他機關（構）自行實施，經公開徵求股份有限公司提供資金並協助實施都市更新事業，於都市更新事業計畫或權利變換計畫載明權責分工及協助實施都市更新事業內容者，該公司實施都市更新事業之支出得準用前項投資抵減之規定。

前二項投資抵減，其每一年度得抵減總額，以不超過該公司當年度應納營利事業所得稅額50%為限。但最後年度抵減金額，不在此限。

第1項及第2項投資抵減之適用範圍，由財政部會商內政部定之（都更§70）。

(九) 相關配合措施

1. 都市更新審議及爭議處理之機制

各級主管機關為審議事業概要、都市更新事業計畫、權利變換計畫及處理實施者與相關權利人有關爭議，應分別遴聘（派）學者、專家、社會公正人士及相關機關（構）代表，以合議制及公開方式辦理之，其中專家學者及民間團體代表不得少於二分之一，任一性別比例不得少於三分之一。各級主管機關依前項規定辦理審議或處理爭議，必要時，並得委託專業團體或機構協助作技術性之諮商。第1項審議會之職掌、組成、利益迴避等相關事項之辦法，由中央主管機關定之（都更§29）。

2. 都市更新專業人員與基金之設置

各級主管機關應置專業人員專責辦理都市更新業務，並得設專責法人或機構，經主管機關委託或同意，協助推動都市更新業務或實施都市更新事業（都更§30）。各級主管機關為推動都市更新相關業務或實施都市更新事業，得設置都市更新基金（都更§31）。

3. 新設立都更公司之組成

實施者為新設立公司，並以經營都市更新事業為業者，得公開招募股份；其發起人應包括不動產投資開發專業公司及都市更新事業計畫內土地、合法建築物所有權人及地上權人，且持有股份總數不得低於該新設立公司股份總數之30%，並應報經中央主管機關核定。其屬公開招募新設立公司者，

應檢具各級主管機關已核定都市更新事業計畫之證明文件，向證券管理機關申報生效後，始得為之。

前項公司之設立，應由都市更新事業計畫內土地、合法建築物之所有權人及地上權人，優先參與該公司之發起。

實施者為經營不動產投資開發之上市公司，為籌措都市更新事業計畫之財源，得發行指定用途之公司債，不受公司法第247條之限制。

前項經營不動產投資開發之上市公司於發行指定用途之公司債時，應檢具各級主管機關核定都市更新事業計畫之證明文件，向證券管理機關申報生效後，始得為之（都更§71）。

4. 金融機構放款限制之放寬

金融機構為提供參與都市更新之土地及合法建築物所有權人、實施者或不動產投資開發專業公司籌措經主管機關核定發布實施之都市更新事業計畫所需資金而辦理之放款，得不受銀行法第72條之2之限制。金融主管機關於必要時，得規定金融機構辦理前項放款之最高額度（都更§72）。

5. 公共設施之興修與費用負擔

因實施都市更新事業而興修之重要公共設施，除本條例另有規定外，實施者得要求該公共設施之管理者負擔該公共設施興修所需費用之全部或一部；其費用負擔應於都市更新事業計畫中訂定。更新地區範圍外必要之關聯性公共設施，各該主管機關應配合更新進度，優先興建，並實施管理（都更§73）。

6. 主管機關之諮詢協助

直轄市、縣（市）主管機關應就都市更新涉及之相關法令、融資管道及爭議事項提供諮詢服務或必要協助。對於因無資力無法受到法律適當保護者，應由直轄市、縣（市）主管機關主動協助其依法律扶助法、行政訴訟法、民事訴訟法或其他相關法令規定申（聲）請法律扶助或訴訟救助（都更§85）。

(十) 更新事業監督及管理

1. 更新事業計畫報核之期限

實施者依第22條或第23條規定實施都市更新事業，應依核准之事業概要

所表明之實施進度擬訂都市更新事業計畫報核;逾期未報核者,核准之事業概要失其效力,直轄市、縣(市)主管機關應通知更新單元內土地、合法建築物所有權人、他項權利人、囑託限制登記機關及預告登記請求權人。

因故未能於前項期限內擬訂都市更新事業計畫報核者,得敘明理由申請展期;展期之期間每次不得超過6個月,並以2次為限(都更§74)。

2.更新事業之檢查

都市更新事業計畫核定後,直轄市、縣(市)主管機關得視實際需要隨時或定期檢查實施者對該事業計畫之執行情形(都更§75)。

前條之檢查發現有下列情形之一者,直轄市、縣(市)主管機關應限期令其改善或勒令其停止營運並限期清理;必要時,並得派員監管、代管或為其他必要之處理:

(1)違反或擅自變更章程、事業計畫或權利變換計畫。

(2)業務廢弛。

(3)事業及財務有嚴重缺失。

實施者不遵從前項命令時,直轄市、縣(市)主管機關得撤銷其更新核准,並得強制接管;其接管辦法由中央主管機關定之(都更§76)。

依第12條規定經公開評選委託之實施者,其於都市更新事業計畫核定後,如有不法情事或重大瑕疵而對所有權人或權利關係人之權利顯有不利時,所有權人或權利關係人得向直轄市、縣(市)主管機關請求依第75條予以檢查,並由該管主管機關視檢查情形依第76條為必要之處理(都更§77)。

3.實施者請求逕行審核

都市更新事業概要、都市更新事業計畫、權利變換計畫及其執行事項,直轄市、縣(市)政府怠於處理時,實施者得向中央主管機關請求處理,中央主管機關應即邀集有關機關(構)、實施者及相關權利人協商處理,必要時並得由中央主管機關逕行審核處理(都更§83Ⅳ)。

4.更新成果備查

實施者應於都市更新事業計畫完成後6個月內,檢具竣工書圖、經會計師簽證之財務報告及更新成果報告,送請當地直轄市、縣(市)主管機關備查(都更§78)。

(十一) 罰則

實施者違反第55條第3項規定者，處新台幣50萬元以上500萬元以下罰鍰，並令其停止銷售；不停止其行爲者，得按次處罰至停止爲止（都更§79）。

不依第42條第3項或第54條第3項規定拆除、改建、停止使用或恢復原狀者，處新台幣6萬元以上30萬元以下罰鍰。並得停止供水、供電、封閉、強制拆除或採取恢復原狀措施，費用由土地或建築物所有權人、使用人或管理人負擔（都更§80）。

實施者無正當理由拒絕、妨礙或規避第75條之檢查者，處新台幣6萬元以上30萬元以下罰鍰，並得按次處罰之（都更§81）。

前三條所定罰鍰，由直轄市、縣（市）主管機關處罰之（都更§82）。

第二節　危險及老舊建築物之重建

我國都市計畫地區人口密度高，老舊建築物之建築立面、公共管線窳陋，加蓋違建嚴重，且多數位於狹窄巷弄中，消防設施不完備，環境品質不佳等問題亟待解決。由於位處地震發生高危險地區，30年以上老舊建築耐震標準與設計與現行規範有所差距，如發生高強度地震災害，將對民眾生命、財產及安全影響甚鉅。又我國已步入高齡少子女化社會，五層樓以下老舊建築多無設置昇降設備，對於無障礙居住環境之需求日殷。

鑑於實務執行經驗，危險及老舊建築物因原建築容積大於法定容積、重建後使用面積減少、經濟弱勢者及衰頹地區重建經費籌措困難，致危險及老舊建築物推動重建不易，缺乏政策誘因，主管機關特制定「都市危險及老舊建築物加速重建條例」於民國106年5月10日公布實施，107年、109年修正公布。

壹、立法目的及適用範圍

一、立法目的

　　為因應潛在災害風險，加速都市計畫範圍內危險及老舊瀕危建築物之重建，改善居住環境，提升建築安全與國民生活品質（老舊重建§1）。

二、適用範圍

　　本條例適用範圍，為都市計畫範圍內非經目的事業主管機關指定具有歷史、文化、藝術及紀念價值，且符合下列各款之一之合法建築物（老舊重建§3）：

(一) 經建築主管機關依建築法規、災害防救法規通知限期拆除、逕予強制拆除，或評估有危險之虞應限期補強或拆除者。

(二) 經結構安全性能評估結果未達最低等級者。

(三) 屋齡30年以上，經結構安全性能評估結果之建築物耐震能力未達一定標準，且改善不具效益或未設置昇降設備者。

　　前項合法建築物重建時，得合併鄰接之建築物基地或土地辦理。

　　本條例施行前已依建築法第81條、第82條拆除之危險建築物，其基地未完成重建者，得於本條例施行日起3年內，依本條例規定申請重建。

　　第1項第2款、第3款結構安全性能評估，由建築物所有權人委託經中央主管機關評定之共同供應契約機構辦理。

　　辦理結構安全性能評估機構及其人員不得為不實之簽證或出具不實之評估報告書。

　　第1項第2款、第3款結構安全性能評估之內容、申請方式、評估項目、權重、等級、評估基準、評估方式、評估報告書、經中央主管機關評定之共同供應契約機構與其人員之資格、管理、審查及其他相關事項之辦法，由中央主管機關定之。

　　本條文係就危險建築物及老舊建築物之用詞，予以明定。按建築法第81條、第82條及災害防救法第27條對於危險建築物之評估方式已有明文，故經主管機關依相關法令通知限期拆除、逕予強制拆除，或評估有危險之虞應限期補強或拆除之合法建築物，即所謂危險建築物。又屋齡30年以上之建築

物，因興建當時之建築法規對於耐震設計規範及混凝土結構設計規範較爲不足，遭遇地震災害時恐危害人民安全，且多無設置昇降設備，對於無障礙居住環境之需求日殷，經濟弱勢者及衰頹地區重建經費籌措困難，經建築物性能評估無法改善，須拆除重建者，爰明定爲老舊建築物。

爲避免辦理結構安全性能評估機構及其人員爲不實之簽證或出具不實之評估報告書。爰明定，辦理結構安全性能評估機構及其人員違反第3條第5項規定爲不實之簽證或出具不實之評估報告書者，處新台幣100萬元以上500萬元以下罰鍰（老舊重建§11）。

貳、重建計畫申請與重建獎勵

一、重建計畫申請

依本條例規定申請重建時，新建建築物之起造人應擬具重建計畫，取得重建計畫範圍內全體土地及合法建築物所有權人之同意，向直轄市、縣（市）主管機關申請核准後，依建築法令規定申請建築執照。前項重建計畫之申請，施行期限至中華民國116年5月31日止（老舊重建§5）。

二、重建獎勵

(一) 建築容積獎勵

爲加速危險及老舊建築物之重建，給予適度之建築容積獎勵，以提供重建誘因，並解決危險及老舊建築物因原建築容積大於法定容積，致危險及老舊建築物推動重建不易，爰規定，重建計畫範圍內之建築基地，得視其實際需要，給予適度之建築容積獎勵；獎勵後之建築容積，不得超過各該建築基地1.3倍之基準容積或各該建築基地1.15倍之原建築容積，不受都市計畫法第85條所定施行細則規定基準容積及增加建築容積總和上限之限制。

本條例施行後一定期間內申請之重建計畫，得依下列規定再給予獎勵，不受前項獎勵後之建築容積規定上限之限制：

1. 施行後3年內：各該建築基地基準容積10%。
2. 施行後第4年：各該建築基地基準容積8%。
3. 施行後第5年：各該建築基地基準容積6%。

4. 施行後第6年：各該建築基地基準容積4%。
5. 施行後第7年：各該建築基地基準容積2%。
6. 施行後第8年：各該建築基地基準容積1%。

　　重建計畫範圍內符合第3條第1項之建築物基地或加計同條第2項合併鄰接之建築物基地或土地達200平方公尺者，再給予各該建築基地基準容積2%之獎勵，每增加100平方公尺，另給予基準容積0.5%之獎勵，不受第1項獎勵後之建築容積規定上限之限制。

　　前二項獎勵合計不得超過各該建築基地基準容積之10%。

　　依第3條第2項合併鄰接之建築物基地或土地，適用第1項至第3項建築容積獎勵規定時，其面積不得超過第3條第1項之建築物基地面積，且最高以1,000平方公尺為限。依本條例申請建築容積獎勵者，不得同時適用其他法令規定之建築容積獎勵項目。第1項建築容積獎勵之項目、計算方式、額度、申請條件及其他應遵行事項之辦法，由中央主管機關定之（老舊重建§6）。

(二) 建蔽率及建築物高度放寬

　　危險及老舊建築物在實務上往往因原建築容積大於法定容積、重建後使用面積減少、造成整合不易、難以推動重建之困境，爰規定，依本條例實施重建者，其建蔽率及建築物高度得酌予放寬；其標準由直轄市、縣（市）主管機關定之。但建蔽率之放寬以住宅區之基地為限，且不得超過原建蔽率（老舊重建§7），以化解實務執行時整合之阻力。

(三) 稅捐減免

　　為提高重建計畫範圍內土地及建築物所有權人參與之意願，以利重建工作之推展，爰參考都市更新條例立法例，明訂本條例施行後5年內申請之重建計畫，重建計畫範圍內之土地及建築物，經直轄市、縣（市）主管機關視地區發展趨勢及財政狀況同意者，得依下列規定減免稅捐。但依第3條第2項合併鄰接之建築物基地或土地面積，超過同條第1項建築物基地面積部分之土地及建築物，不予減免（老舊重建§8Ⅰ）：

1. 重建期間土地無法使用者，免徵地價稅。但未依建築期限完成重建且可歸責於土地所有權人之情形者，依法課徵之。

2. 重建後地價稅及房屋稅減半徵收2年。

3. 重建前合法建築物所有權人為自然人者，且持有重建後建築物，於前款房屋稅減半徵收2年期間內未移轉者，得延長其房屋稅減半徵收期間至喪失所有權止，但以10年為限。

　　本條例與都市更新條例等其他法律容有部分重疊，為避免重複獎勵或而造成不利，並以達成合理之政策目的為限，避免過度，爰規定依本條例適用租稅減免者，不得同時併用其他法律規定之同稅目租稅減免。但其他法律之規定較本條例更有利者，適用最有利之規定。第1項規定年限屆期前半年，行政院得視情況延長之，並以1次為限（老舊重建§8II）。

參、主管機關與獎助

一、主管機關

　　本條例所稱主管機關：在中央為內政部；在直轄市為直轄市政府；在縣（市）為縣（市）政府（老舊重建§2）。

二、主管機關之補助

(一) 評估費用補助

　　建築管理係地方制度法明定之地方自治事項，爰規定主管機關得補助結構安全性能評估費用，其申請要件、補助額度、申請方式及其他應遵行事項之辦法或自治法規，由各級主管機關定之。

　　對於第3條第1項第2款、第3款評估結果有異議者，該管直轄市、縣（市）政府應組成鑑定小組，受理當事人提出之鑑定申請；其鑑定結果為最終鑑定。鑑定小組之組成、執行、運作及其他應遵行事項之辦法，由中央主管機關定之（老舊重建§4）。

(二) 工程技術與弱勢者之協助

　　直轄市、縣（市）主管機關應輔導第3條第1項第1款之合法建築物重建，就重建計畫涉及之相關法令、融資管道及工程技術事項提供協助。重建計畫範圍內有居住事實且符合住宅法第4條第2項之經濟或社會弱勢者，直轄

市、縣（市）主管機關應依住宅法規定提供社會住宅或租金補貼等協助（老舊重建§9）。

(三) 重建計畫補助與融資保證

各級主管機關得就重建計畫給予補助，並就下列情形提供重建工程必要融資貸款信用保證（老舊重建§10）：

1. 經直轄市、縣（市）主管機關依第9條第1項規定輔導協助，評估其必要資金之取得有困難者。
2. 以自然人為起造人，無營利事業機構協助取得必要資金，經直轄市、縣（市）主管機關認定者。
3. 經直轄市、縣（市）主管機關評估後應優先推動重建之地區。

前項直轄市、縣（市）主管機關所需之經費，中央主管機關應予以補助。

商業銀行為提供參與重建計畫之土地及合法建築物所有權人或起造人籌措經主管機關核准之重建計畫所需資金而辦理之放款，得不受銀行法第72條之2之限制。

金融主管機關於必要時，得規定商業銀行辦理前項放款之最高額度（老舊重建§10-1）。

第六章　房屋及基地租用

　　土地法第三編第三章之「房屋及基地租用」，乃爲關於房屋政策之立法，觀諸其主要內容，由消極面而言，在於房屋及建地租用之管制規定；由積極面而言，乃爲房屋供需調節之規定。一般而言，有關房屋政策之立法內容，可由治本與治標予以區分之，治本之道如：一、興建公有房屋出租，二、鼓勵私人興建房屋。治標之道如：一、合理調整現有房屋之使用；二、實施房屋管制防止暴利；三、限制終止租約。我國民法債編第二章第五節之「租賃」，已有相關不動產租賃之規定，本法另設專章立法保障房屋及基地承租人權益，爲民法之特別法，期以解決有都市房屋不足問題之救濟辦法。此外，爲解決國民居住問題，以期達成「住者有其屋」之住宅政策目的，於民國64年制頒「國民住宅條例」，藉以積極推動國宅建設，此外，爲健全住宅市場，提升居住品質，使全體國民居住於適宜之住宅，且享有尊嚴之居住環境於民國100年12月30日制定公布「住宅法」。茲分述如下。

第一節　房屋供需之調節

壹、政府興建準備房屋

　　爲調劑房屋之不足，城市地方，應由政府建築相當數量之準備房屋，供人民承租自住之用。房屋之租金，不得超過土地及其建築物價額年息8%（土§94）。所謂「準備房屋」現行法律並無明確規定，依舊土地法第161條第2項之規定，係指隨時可供租賃之房屋，其數量則以市內房屋總數2%爲準備房屋。準備房屋之租金，則以土地及其建築物合計總額，依年利率8%爲其最高額。此外，由政府興辦或獎勵民間興辦「社會住宅」，專供出租之用（住宅§3②）。主管機關及民間興辦之社會住宅，應以直轄市、縣（市）轄區爲計算範圍，提供至少40%以上比率出租予經濟或社會弱勢者，另提供一定比率予未設籍於當地且在該地區就學、就業有居住需求者（住宅§4Ⅰ），亦應爲準備房屋之概念。

貳、新建房屋之賦稅減免

直轄市或縣（市）政府為救濟房屋不足，經行政院核准，得減免新建房屋之土地稅及改良物稅，並定減免期限（土§95）。為救濟房屋之不足，除積極地由政府興建準備房屋外，亦以減免賦稅方式，獎勵人民興建住宅。惟其中所稱「土地稅」包括地價稅及土地增值稅（土§144），兩者課稅目的不同，納稅義務人亦有異，就獎勵人民興建房屋而言，是否皆能達成其政策目的，有待爭議。又土地改良物稅依土地法第187條之規定，建築改良物為自住房屋時，免徵之，故其政策效果，亦屬有限。

參、自住房屋間數之限制

城市地方，每一人民自住之房屋間數，得由直轄市或縣（市）政府斟酌當地情形，為必要之限制。但應經民意機關之同意（土§96）。為了防制個人擁有過多房屋，而任其空置或低度使用，故乃限制每一人民自住之房屋間數，俾使住宅供應可藉此增加。惟執行上恐有下列疑義：一、每一人之自住房間數認定困難；二、違反規定無制裁之規定；三、須經民意機關之同意，實難執行。因此，難以藉以發揮調節房屋供需之功能。

肆、住宅政策與社會住宅

一、住宅政策與計畫

(一) 政策與計畫之擬定

為保障國民居住權益，健全住宅市場，提升居住品質，使全體國民居住於適宜之住宅且享有尊嚴之居住環境（住宅§1）。所謂住宅，指供居住使用，並具備門牌之合法建築物（住宅§3①）。爰此，為使全體國民居住於適宜之住宅，且享有尊嚴之居住環境需要，中央主管機關應衡酌未來環境發展、住宅市場供需狀況、住宅負擔能力、住宅發展課題及原住民族文化需求等，研擬住宅政策，報行政院核定。直轄市、縣（市）主管機關應依據中央住宅政策，衡酌地方發展需要，擬訂住宅施政目標，並據以研擬住宅計畫及財務計畫，報中央主管機關備查。中央主管機關應依據住宅政策、衡酌社會經濟發展、國土空間規劃、區域發展、產業、人口、住宅供需、負擔能

力、居住品質、中央及地方財政狀況，並參考直轄市、縣（市）主管機關住宅計畫執行情形，擬訂住宅計畫及財務計畫，報行政院核定。主管機關爲推動住宅計畫，得結合公有土地資源、都市計畫、土地開發、都市更新、融資貸款、住宅補貼或其他策略辦理。直轄市、縣（市）主管機關興辦之社會住宅，應每年將經濟或社會弱勢者入住比率及區位分布，報中央主管機關備查（住宅§5）。又各級主管機關應健全住宅市場、辦理住宅補貼、興辦社會住宅及提升居住環境品質，得設置住宅基金（住宅§7）。

(二) 住宅補貼

1. 補貼種類

爲協助一定所得及財產以下家庭或個人獲得適居之住宅，主管機關得視財務狀況擬訂計畫，辦理補貼住宅之貸款利息、租金或修繕費用；其補貼種類如下（住宅§9）：

(1)自建住宅貸款利息。

(2)自購住宅貸款利息。

(3)承租住宅租金。

(4)修繕住宅貸款利息。

(5)簡易修繕住宅費用。

申請前項住宅補貼，及其他機關辦理之各項住宅補貼，同一年度僅得擇一辦理。接受住宅貸款利息補貼者，除經行政院專案同意外，不得同時接受二種以上住宅貸款利息補貼；接受政府住宅費用補貼者，一定年限內以申請一次爲限。

2. 補貼之申請與資格

第9條第1項各種住宅補貼，同一家庭由一人提出申請；其申請應符合下列規定（住宅§10）：

(1)前條第1項第1款或第2款補貼：以無自有住宅之家庭或2年內建購住宅之家庭爲限。

(2)前條第1項第3款補貼：以無自有住宅之家庭爲限。

(3)前條第1項第4款或第5款補貼：以自有一戶住宅之家庭爲限。

前條第1項住宅補貼對象之先後順序，以評點結果決定之。經主管機關認定有下列情形之一者，增加評點權重；評點總分相同時，有增加評點權重

情形者，優先給予補貼：

(1)經濟或社會弱勢。

(2)未達基本居住水準。

(3)申請修繕住宅貸款利息或簡易修繕住宅費用補貼，其屬有結構安全疑慮之結構補貼。

　　主管機關擬定自購住宅貸款利息補貼之額度與戶數，應斟酌居住地區住宅行情、人口數量及負擔能力等因素決定之。主管機關預定每一年度之住宅租金補貼之額度與戶數，應斟酌居住地區租金水準、受補貼家戶之所得、戶口數與經濟或社會弱勢者之狀況及負擔能力等因素決定之（住宅§11Ⅰ、Ⅱ）。申請政府住宅補貼者，除修繕住宅貸款利息或簡易修繕貸款利息補貼外，其受補貼居住住宅須達第40條所定之基本居住水準（住宅§13）。

3.地價稅之優惠

　　接受自建住宅貸款利息補貼者，其土地於興建期間之地價稅，按自用住宅用地稅率課徵。前項土地經核准按自用住宅用地稅率課徵地價稅後，未依建築主管機關核定建築期限完工者，應自核定期限屆滿日當年期起，改按一般用地稅率課徵地價稅。第1項申請程序、前項申報改課程序及未依規定申報之處罰，依土地稅法相關規定辦理（住宅§14）。

4.公益出租人

　　指住宅所有權人或未辦建物所有權第一次登記住宅且所有人不明之房屋稅納稅義務人將住宅出租予符合租金補貼申請資格或出租予社會福利團體轉租予符合租金補貼申請資格，經直轄市、縣（市）主管機關認定者（住宅§3③）。公益出租人將住宅出租予依本法規定接受主管機關租金補貼或其他機關辦理之各項租金補貼者，於住宅出租期間所獲租金收入，免納綜合所得稅。但每屋每月租金收入免稅額度不得超過新臺幣1萬5,000元。前項免納綜合所得稅規定，實施年限為5年，其年限屆期前半年，行政院得視情況延長之。公益出租人依第1項規定出租住宅所簽訂之租賃契約資料，除作為該項租稅減免使用外，不得作為查核其租賃所得之依據（住宅§15）。

　　公益出租人出租之房屋，直轄市、縣（市）政府應課徵之房屋稅，依房屋稅條例規定辦理。公益出租人出租房屋之土地，直轄市、縣（市）政府應課徵之地價稅，得按自用住宅用地稅率課徵。前項租稅優惠之期限、範圍、基準及程序之自治條例，由直轄市、縣（市）主管機關定之，並報財政部備

查。第2項租稅優惠，實施年限為5年，其年限屆期前半年，行政院得視情況延長之。公益出租人出租房屋所簽訂之租賃契約資料，除作為第1項、第2項房屋稅及地價稅課徵使用外，不得作為查核前開租賃契約所載房屋、其土地之房屋稅及地價稅之依據（住宅§16）。又社會住宅於興辦期間，直轄市、縣（市）政府應課徵之地價稅及房屋稅，得予適當減免。前項減免之期限、範圍、基準及程序之自治條例，由直轄市、縣（市）主管機關定之，並報財政部備查（住宅§22Ⅰ、Ⅱ）。

5. 綜合所得稅與營業稅之優惠

　　住宅所有權人或未辦建物所有權第一次登記住宅且所有人不明之房屋稅納稅義務人將住宅出租予依本法規定接受主管機關租金補貼或其他機關辦理之各項租金補貼者，於住宅出租期間所獲租金收入，免納綜合所得稅。但每屋每月租金收入免稅額度不得超過新台幣1萬5,000元。前項免納綜合所得稅規定，實施年限為5年，其年限屆期前半年，行政院得視情況延長之（住宅§15）。

　　第22條第1項社會住宅營運期間作為居住、長期照顧服務、身心障礙服務、托育服務、幼兒園使用之租金收入，及依第19條第1項第5款、第6款或第2項第4款收取之租屋服務費用，免徵營業稅。第1項及前項租稅優惠，實施年限為5年，其年限屆期前半年，行政院得視情況延長之（住宅§22Ⅲ、Ⅳ）。

6. 定期查核

　　直轄市、縣（市）主管機關，應定期查核接受自建、自購、修繕住宅貸款利息補貼或承租住宅租金補貼者家庭成員擁有住宅狀況。接受住宅補貼者有下列情事之一時，直轄市、縣（市）主管機關應自事實發生之日起停止補貼，並追繳其自事實發生之日起接受之補貼或重複接受之利息補貼或租金：

(1)接受貸款利息補貼者家庭成員擁有二戶以上住宅、接受租金補貼者家庭成員擁有住宅。

(2)申報資料有虛偽情事。

(3)重複接受二種以上住宅貸款利息補貼。

　　直轄市、縣（市）主管機關為辦理第1項查核業務，應於核定自建、自購、修繕住宅資款利息及租金補貼後，將受補貼者之相關資料予以建檔（住宅§17）。

二、社會住宅

(一) 社會住宅之定義與需求

　　所謂「社會住宅」係指由政府興辦或獎勵民間興辦，專供出租之用之住宅及其必要附屬設施（住宅§3②）。主管機關及民間興辦之社會住宅，應以直轄市、縣（市）轄區爲計算範圍，提供至少40%以上比率出租予經濟或社會弱勢者，另提供一定比率予未設籍於當地且在該地區就學、就業有居住需求者。前項經濟或社會弱勢者身分，指家庭總收入平均分配全家人口之金額及家庭財產，未超過主管機關公告之一定標準，且符合下列規定之一者（住宅§4）：

1. 低收入戶或中低收入戶。
2. 特殊境遇家庭。
3. 育有未成年子女二人以上。
4. 於安置教養機構或寄養家庭結束安置無法返家，未滿25歲。
5. 65歲以上之老人。
6. 受家庭暴力或性侵害之受害者及其子女。
7. 身心障礙者。
8. 感染人類免疫缺乏病毒者或罹患後天免疫缺乏症候群者。
9. 原住民。
10. 災民。
11. 遊民。
12. 因懷孕或生育而遭遇困境之未成年人。
13. 其他經主管機關認定者。

(二) 民辦之社會住宅

1. 興辦計畫與申請

　　民間興辦社會住宅，應檢具申請書、興辦事業計畫及有關文件，向興辦所在地之直轄市、縣（市）主管機關提出申請。直轄市、縣（市）主管機關受理前項申請，對申請資料不全者，應一次通知限期補正；屆期不補正或不符規定者，駁回其申請。直轄市、縣（市）主管機關審查社會住宅申請興辦案件，得邀請相關機關或學者、專家，以合議制方式辦理；經審查符合規定

者，應核准其申請。直轄市、縣（市）主管機關應於受理申請之日起90日內完成審查；必要時，得延長60日。第1項至第3項申請興辦應備文件、審查事項、核准、撤銷或廢止核准、事業計畫之內容、變更原核定目的之處理及其他應遵行事項之辦法，由中央主管機關定之（住宅§27）。

2. 辦理方式

民間興辦之社會住宅，係以新建建築物辦理者，其建築基地應符合下列規定之一（住宅§28）：

(1)在實施都市計畫地區達500平方公尺以上，且依都市計畫規定容積核算總樓地板面積達600平方公尺以上。

(2)在非都市土地甲種建築用地及乙種建築用地達500平方公尺以上。

(3)在非都市土地丙種建築用地、遊憩用地及特定目的事業用地達1,000平方公尺以上。

3. 獎勵興辦之內容

(1)公有土地之提供：民間興辦之社會住宅，需用公有土地或建築物時，得由公產管理機關以出租、設定地上權提供使用，並予優惠不受國有財產法第28條之限制。前項出租及設定地上權之優惠辦法，由財政部會同內政部定之。民間需用基地內夾雜零星或狹小公有土地時，應由出售公有土地機關依讓售當期公告土地現值辦理讓售（住宅§29）。

(2)補貼與資金之提供：主管機關得補貼民間新建、增建、改建、修建或修繕社會住宅貸款利息、部分建設費用或營運管理費用（住宅§30）。

4. 登記與移轉之管理

民間興辦之社會住宅，應由直轄市、縣（市）主管機關囑託地政機關，於建物登記簿標示部其他登記事項欄註記社會住宅。但採第19條第2項第4款興辦方式者，不在此限。前項社會住宅興辦人變更其原核定目的之使用時，應將依本法取得之優惠及獎勵金額結算，報直轄市、縣（市）主管機關核定，並繳交全數結算金額；其有入住者應於安置妥善後，始得由該直轄市、縣（市）主管機關囑託地政機關塗銷社會住宅之註記。第1項社會住宅興辦人辦理所有權移轉時，應向主管機關申請同意時；同時變更原核定目的之使用者，並應依第2項規定辦理。第2項及前項結算金額，應繳交該主管機關設置之住宅基金；未設置住宅基金者，一律撥充中央主管機關住宅基金。第2項及第4項結算金額計算方式、計算基準、同意條件、應檢具文件及其他應

遵行事項之辦法，由直轄市、縣（市）主管機關定之（住宅§31）。

民間興辦社會住宅因故無法繼續營業，社會住宅經營者對於其入住之經濟或社會弱勢者，應即予以適當之安置；其無法安置時，由直轄市、縣（市）目的事業主管機關協助安置；經營者不予配合，強制實施之；必要時，得予接管。前項接管之實施程序、期限與受接管社會住宅之經營權、財產管理權之限制及補助協助安置等事項之辦法，由中央主管機關會商中央目的事業主管機關定之（住宅§32）。

(三) 公辦社會住宅

1. 取得與興辦方式

主管機關應評估社會住宅之需求總量、區位及興辦戶數，納入住宅計畫及財務計畫（住宅§18），並依下列方式興辦社會住宅（住宅§19）：

(1)新建。

(2)利用公有建築物及其基地興辦。

(3)接受捐贈。

(4)購買建築物。

(5)承租民間住宅並轉租及代為管理。

(6)獎勵、輔導或補助第52條第2項租屋服務事業承租民間住宅並轉租及代為管理，或媒合承、出租雙方及代為管理。

(7)辦理土地變更及容積獎勵之捐贈。

(8)其他經中央主管機關認定之方式。

主管機關新建興辦社會住宅之方式如下（住宅§20）：

(1)直接興建。

(2)合建分屋。

(3)以公有土地設定地上權予民間合作興建。

(4)以公有土地或建築物參與都市更新分回建築物及其基地。

(5)其他經主管機關認定者。

2. 用地之取得方式

主管機關依本法興辦社會住宅，需用公有非公用土地或建築物者，得辦理撥用；主管機關依本法興辦社會住宅使用國有土地或建築物衍生之收益，得作為社會住宅興辦費用，不受國有財產法第7條規定之限制。主管機關依

本法興辦社會住宅，需用之公有非公用土地或建築物，屬應有償撥用者，得採租用方式辦理，其租期由中央主管機關定之，不受國有財產法第43條有關租期之限制。租用期間之地價稅及房屋稅，由主管機關繳納。但社會住宅興建期間之租金得免予計收。興辦社會住宅所需土地因整體規劃使用之需要，得與鄰地交換分合。鄰地為私有者，其交換分合不受土地法第104條及第107條之限制（住宅§21）。

(四) 社會住宅之設備與經營

1. 設施之提供

為增進社會住宅所在地區公共服務品質，主管機關或民間興辦之社會住宅，應保留一定空間供作社會福利服務、長期照顧服務、身心障礙服務、托育服務、幼兒園、青年創業空間、社區活動、文康休閒活動、商業活動、餐飲服務或其他必要附屬設施之用。前項必要附屬設施之項目及規模，由中央主管機關公告之，並刊登政府公報（住宅§33）。

2. 經營管理與監督

主管機關興辦之社會住宅，得自行或委託經營管理。非營利私法人得租用公有社會住宅經營管理，其轉租對象應以第4條所定經濟或社會弱勢者為限（住宅§35）。社會住宅之經營管理，得視實際需要，自行或委託物業管理及相關服務業，提供文康休閒活動、社區參與活動、餐飲服務、適當轉介服務、其他依入住者需求提供或協助引進之服務，並收取費用。前項費用之收取規定，社會住宅經營者應報當地直轄市、縣（市）主管機關備查（住宅§36）。

主管機關應自行或委託機關（構）、學校、團體對社會住宅之經營管理者進行輔導、監督及定期評鑑；評鑑結果應公告周知。經評鑑優良者，應予獎勵。前項之評鑑及獎勵辦法，由中央主管機關定之（住宅§37）。

(五) 社會住宅之承租資格與收回

1. 承租資格

社會住宅承租者，應以無自有住宅或一定所得、財產基準以下之家庭或個人為限。前項社會住宅承租者之申請資格、程序、租金計算、分級收費、租賃與續租期限及其他應遵行事項之辦法或自治法規，由主管機關定之。社

會住宅承租者之租金計算，中央主管機關應斟酌承租者所得狀況、負擔能力及市場行情，訂定分級收費基準，並定期檢討之。第2項租金之訂定，不適用土地法第94條及第97條規定（住宅§25）。

2.住宅收回

社會住宅之承租人有下列情形之一者，經營管理者得隨時終止租約收回住宅（住宅§38）：

(1)已不符承租社會住宅之資格。

(2)將住宅部分或全部轉租或借予他人居住。

(3)改建、增建、搭蓋違建、改變住宅原狀或變更爲居住以外之使用。

(4)其他違反租約中得終止租約收回住宅之規定。

承租人因前項情形由經營管理者收回住宅，續因緊急事件致生活陷於困境者，經營管理者應通報社政主管機關協助之。

第二節　房屋租用

房屋租賃，在私法自治之原則下，本應由當事人基於平等之基礎上，由雙方合意成立之。按土地法房屋租用之規定，乃基於居住係人民基本生活之必須，爲調合住宅所有人與使用人間權利義務關係、以保障經濟上之弱者，維護住宅使用之公平正義，特增加租金之限制、擔保金之限制與終止租約之限制，以國家公權力指導住宅之合理使用，保障房屋承租人之權益，在契約自由原則之例外規範，排除民法相關規定之適用。

壹、租金之限制

爲滿足居住需求，減輕承租人之經濟負擔，城市地方，由政府建築相當數量之準備房屋供人民承租之用。其租金，不得超過土地及其建築物價額年息8%（土§94）。對於私有之房屋租賃，其約定之租金，城市地方房屋之租金，以不超過土地及其建築物申報總價額年息10%爲限。惟約定房屋租金超過該規定者，該管直轄市、縣（市）政府得依前項所定標準強制減定之（土§97）。所謂「土地及建築物之總價額」，土地價額依法定地價，建築

物價額依該管直轄市或縣（市）地政機關估定之價額爲準（土施§25）。由於強制減定之規定，故當事人約定之租金超過限制之最高額時，出租人就超過部分無請求權[1]。再者，如租賃契約約定租賃所得之所得稅由承租人負擔，實質上仍屬租金性質，合計仍不得超過上限[2]。

　　爲因應特殊開發之必要，上述規定有下列各種除外情形，如：一、新市鎮開發之建築改良物出租者（新市鎮§29II）；二、科學園區之廠房租金標準（科學園區§16）；三、產業園區內土地或建築物租金之計算（產創§45II）；四、科技產業園區內得劃定一部分地區作爲社區，社區內之建築物以租與園區從業人員爲限；其租金基準，由投資興建人擬訂，報請管理處核定（科技園區§15IV）；五、不動產投資信託之信託財產，其全部或一部依信託契約出租時，其租金不受土地法第97條第1項規定之限制（不動產證券§24）；六、農業科技園區事業、創新育成中心或研究機構興建之廠房，相關研究生產設施之租金標準（農業科園區§12）；七、國有非公用不動產以標租方式出租或出租係供營利事業使用者（國產§43III）；八、社會住宅租金之訂定，不適用土地法第97條之規定（住宅§28III）；九、爲避免影響出租人提供租賃住宅之意願，並尊重市場機制，爰定明予以排除適用土地法第97條之規定（租賃住宅§6）。惟房屋租金限制之本旨在於減輕城市地方居住負擔，上述科學園區等租金水準，非爲立法規範之範疇，諸些除外規定，亦非必要。

貳、擔保金之限制

　　爲制止出租人在限制租金之下，變相重收擔保金，致增加承租人之負擔，故以現金爲租賃之擔保者，其現金利息視爲租金之一部。利率之計算，應與租金所由算定之利率相等（土§98）。又租賃之擔保金，不得超過2個月房屋租金之總額。已交付之擔保金，超過該項限度者，承租人得以超過之部分抵付房租（土§99）。所謂「現金利息視爲租金之一部」，爲法定抵銷，無須當事人之意思表示，即當然抵銷。至於「抵付房租」，亦屬抵銷性

---

[1] 參照最高法院43年台上字第392號判例。
[2] 參照台灣高等法院98年度上易字第551號判決。

質，但非法定抵銷，須由承租人以意思表示之[3]。又縱使約定租金不得超過土地及其建築物申報總價年息10%，但加計擔保金之利息時，超過規定，亦得請求減之。惟產業園區內之土地，建築物及設施，以出租方式辦理者，不受此限（產創§45Ⅱ）。

參、終止租約之限制

為限制出租人任意終止租約，收回房屋，以保障承租人之租賃權利，其相關規定如下：

一、民法債編之規定

(一) 租賃有定期限者

租賃定有期限者，其租賃關係，於期限屆滿時消滅（民§450Ⅰ）。但租賃期限屆滿後，承租人仍為租賃物之使用收益，而出租人不即表示反對之意思者，視為以不定期限繼續契約（民§451）。

(二) 租賃未定期限者

未定期限者，各當事人得隨時終止契約。但有利於承租人之習慣者，從其習慣（民§450Ⅱ）。

(三) 不論定期與否，出租人皆得終止租約之情形

1. 承租人應依約定方法，為租賃物之使用收益，無約定方法者，應以依租賃物之性質而定之方法為之。承租人違反前項之規定為租賃物之使用收益，經出租人阻止而仍繼續為之者，出租人得終止契約（民§438）。
2. 承租人租金支付有遲延者，出租人得定相當期限，催告承租人支付租金，如承租人於其期限內不為支付，出租人得終止契約。租賃物為房屋者，遲付租金之總額，非達2個月之租額，不得依前項之規定，終止契約（民§440Ⅰ、Ⅱ）。
3. 承租人非經出租人承諾，不得將租賃物轉租於他人。但租賃物為房屋者，

3　參閱溫豐文，土地法，頁288，三民書局，民國89年9年修訂版。

除有反對之約定外，承租人得將其一部分轉租於他人。承租人違反前項規定，將租賃物轉租於他人者，出租人得終止契約（民§443）。

二、土地法之規定

出租人非因下列情形之一，不得收回房屋（土§100），惟產業園區內出租之房屋，不在此限（產創§45）：

(一) 出租人收回自住或重新建築時。所謂收回自住，乃收回房屋，自己居住，包括供自己營業之使用在內[4]。所謂重新建築，係指客觀標準上有重建必要者而言，非謂瀕於倒塌，始合收回要件[5]。

(二) 承租人違反民法第443條第1項之規定，轉租於他人時。

(三) 承租人積欠租金額，除以擔保金抵償外，達2個月以上時。出租人依本款規定，收回房屋，應依民法第440條第1項規定，對承租人定相當期限，催告其交付，承租人於期限內不為交付，其租賃契約，始得終止（司法院36年院解字第3489號）。

(四) 承租人以房屋供違反法令之使用時。

(五) 承租人違反租賃契約時。租賃物之使用，應依雙方約定方式為之，始符誠信原則，若承租人違反或不依物之性質使用，自無保護之必要，此乃重申民法第438條之規定意旨。

(六) 承租人損壞出租人之房屋或附著財物，而不為相當之賠償時。

上述規定，就其規範性質而言，第1款之規定僅適用於不定期租賃，至於第2款至第6款，對於定期、不定期皆適用較為適宜[6]。

肆、租賃爭議之調處

因房屋租用發生爭議，得由該管直轄市或縣（市）地政機關予以調處，

---

4 參見司法院36年院解字第3489號，最高法院94年度第3次民事庭會議決議。

5 參見64年台上字第1387號、70年台上字第1401號判例。

6 本款規定，初認為不論定期與不定期租賃，均有其適用（司法院35年院解字第3238號），後復認為祇適用於不定期租賃，定期租賃則不適用（司法院36年院解字第3489號），惟依鮑德澂教授之見解，則認為兩次之解釋，均欠恰當。詳見氏著，土地法規概論，頁247，中國地政研究所，民國69年6月增修初版。

不服調處者,得向司法機關訴請處理(土§101)。惟此調處係屬任意,非必須先經調處,始得向司法機關訴請處理。未經調處程序,逕行起訴,仍為法之所許(最高法院68年台上字第1340號判例)。

第三節　基地之租用

基地,係指供建築使用之土地。基地租用,係指在他人土地上以建築為目的,而租用他人基地之租賃關係。使用他人基地為建築使用時,所需之土地使用權源,可以租賃、借貸或設定地上權、典權方式為之。通常習俗,以債權性質之租賃與物權性質之地上權,較為普遍。

壹、基地租賃與地上權

按照我國民法之規定,地上權與租賃權其差異之處如下:

一、登記與否之不同

地上權為物權,在已依法辦理土地登記之地區,非經登記,不生效力(民§758)。土地租賃權則為債權,當事人間訂立租賃契約後,即生效力,毋庸登記。

二、效力之不同

地上權登記後,有對世的效力,而土地租賃權為債權,僅有對人的效力(民§425、§426)。

三、存續時間的不同

地上權之存續時間,法無限制;而土地租賃權之存續期間,最長不得超過20年,逾20年者,縮短為20年。惟租用基地建築房屋,不受此限(民§449)。又區段徵收後,其餘可供建築用地之標租或設定地上權,其期限不得逾99年(土徵§44Ⅴ)。

四、讓與之不同

地上權人，除契約另有訂定或有習慣外，得將其權利讓與他人（民§838）；而土地租賃權人非經出租人承諾，不得將租賃土地轉租於他人（民§443）。

五、地租支付之不同

地上權人有負擔支付地租之義務，但不以支付地租為必要，故得為有償或無償。土地租賃則以支付地租為成立要件，故為有償（民§421）。

六、設定權利之不同

地上權得為抵押權之標的物（民§882），即得為權利物權之標的。土地承租人則不能就其租賃權設定抵押權。

七、減租不同

地上權設定後，因土地價值之昇降，依原定地租給付顯失公平者，當事人得請求法院增減之（民§835-1Ⅰ）；土地承租人則於租賃關係存續中，因不可歸於自己之事由，致土地之一部滅失者，得按減少之部分，請求減少租金，如就其存餘部分不能達租賃之目的者，得終止契約（民§435）。

貳、基地租賃之規定

由上述分析可知，以設定地上權方式使用他人基地，較以租賃方式有利，惟基地所有權人除非獲得相當代價，亦不會輕易承諾設定地上權，故現行土地法為保障房屋基地承租人之權益，特規定如下：一、租用基地應為地上權登記；二、租金及擔保金之限制；三、出租人收回基地之限制；四、基地或房屋優先購買權之規定。以下將依次分項說明之。

一、租地建屋應為地上權登記

為保護基地承租人之權益，租用基地建築房屋時，應由出租人與承租人於契約成立後2個月內，聲請該管直轄市、縣（市）地政機關為地上權之登記（土§102）。依此規定承租土地訂定租賃契約時，可聲請地上權之登記，學說上稱為「準地上權」。此項準地上權，係由當事人以法律行為而設

定，於租用基地成立後，除有相反之約定外，出租人負有與承租人會同申請之義務[7]。

其次，規定於契約成立後2個月內為地上權之登記，其2個月期間係屬訓示規定，苟在租賃契約存續期間內，雖有逾越該2個月期間，並不生失權效果，惟承租人之設定地上權之請求權，仍有民法第125條消滅時效規定之適用，自基地租賃契約成立時起算15年內若未申請登記地上權，則喪失其請求權[8]。又本條之規定不僅限於相關私有基地建築房屋，於承租公有基地建築房屋，亦均應適用，方足以達成提高租賃基地承租人的地位之立法目的。

為保護租用基地建築房屋之承租人，並期規定之明確，乃於民國88年4月21日民法修訂時，增訂民法第422條之1規定：「租用基地建築房屋者，承租人於契約成立後，得請求出租人為地上權之登記。」惟仍值得吾人注意者，若經地上權設定後，當事人之間法律關係為何？若認經轉換成地上權不復有租賃關係時，則民法及土地法有關租賃之特別保護規定，是否不得適用，恐待爭議。通說認為雖已為地上權登記，然仍未脫去租賃權之性質，旨在加強基地承租人之地位；惟亦有認為，土地法第102條規定，係以法律強制將租賃契約轉換為地上權之設定，故租地建屋後，經為地上權登記，原承租人即轉移為地上權而不適用本法關於基地租用之規定之租賃權。

按土地法第102條之立法意旨，乃在加強基地承租人之保護，係依法該規定為地上權登記後，轉換為地上權，而不復存在租賃關係，則民法關於租賃權之規定及土地法關於特別保護基地租用之規定，反不得適用，顯有違反土地法立法之原旨。故應解為租地建屋經為地上權登記後，仍具有租賃關係且得準用地上權之規定，俾兼得發揮物權的效力[9]。

二、租金及擔保金之限制

有關租用基地之租金與擔保金之規定，同法第97條、第99條之規定，於租用基地建築房屋均準用之（土§105）惟產業園區內出租之基地，不受此

7　參見最高法院41年台上字第117號判例。

8　參見最高法院68年台上字第1627號判例。

9　參閱黃宗樂，台灣之基地租用之保護，頁4，邁向二十一世紀市地利用研討會，中國土地經濟學會主辦，民國84年2月20日。

限（產創§45II）。亦即：

(一) 基地租金之限制

　　租用基地之租金，以不超過基地申報地價總額年息10%爲限，約定租金額超過上述規定者，該管縣市政府得依上述標準強制減定之。又按照申報地價總額年息10%爲限，乃指基地租金之最高額而言，並非必須依照10%計算之。

(二) 基地租用擔保金之限制

　　租用基地擔保金之總額，不得超過2個月基地租金之總額，已交付之基地租用擔保金超過上述限制者，承租人得以超過之部分抵付租金。唯有主張依土地法第103條第4款之規定相對於此，解釋爲基地租賃之擔保金額不超過2年租金之總額。超過此限度者，得以超過之部分，抵付地租[10]。又此項擔保金額得否計付利息，土地法第105條無準用第98條之明文，自無以其利息視爲租金之一部分之問題。然就立法論上，似宜明文準用爲適。

三、基地收回之限制

　　租用建築房屋之基地，非因下列情形之一，出租人不得收回（土§103）。惟產業園區內出租之基地，不受此限（產創§45II）：

(一) 契約年限屆滿時。係指租約定有存續期間，而其期限已屆滿者而言。僅於契約定有期限者始適用之，下列第2款至第5款，則不問是否有期限，均有適用[11]。

(二) 承租人以基地供違反法令之使用時。係指承租人違反法令使用時，自不應予以保護，故得由出租人終止租約收回基地，以善盡所有人之責任。惟基地建築房屋未領得建築執照，似難認爲供違反法令使用而予以收回。

(三) 承租人轉租基地於他人時。爲防止承租人轉租圖利，中間剝削，故得由

---

[10] 史尚寬，土地法原論，頁200，正中書局，民國64年2月台5版。黃宗樂亦贊同此說，註9前揭文，頁6。

[11] 參見院解字第4075號。

出租人收回基地。又轉租基地於他人，不以全部轉租爲限，即對一部轉租亦得就全部租賃關係予以終止。

(四) 承租人積欠租金額，除以擔保現金抵償外，達2年以上者。所謂達2年以上者，係以前後合計達2年既足。又依本款終止租約時，仍應依民法規定定相當期限催告後，承租人於期限內不爲支付者，始得爲之。科技產業園區內營業之事業租用區內土地興建建築物，積欠租收回租地，不受民法第440條及本款規定之限制（科技園區§16III）。

(五) 承租人違反租賃契約時。租賃物之使用，應依雙方約定爲主，承租人違反約定之使用方法，自有違誠信原則，故得由出租人終止租約，收回其土地。

上述第1款與民法第450條有關租賃關係於期限屆滿時消滅，其規定並無不同。第2款規定，所謂供違反法令之使用，若租用基地建屋未依法領得建築執照，僅屬違反建築許可之規定，難認與本條款所定之情形相符（最高法院41年台上字第95號判例參照）。第3款之轉租，不以全部轉租爲限，即使部分轉租，亦得以終止租賃關係（最高法院52年台上字第680號判例參照）。第5款有關租賃契約之違反，如雙方當事人就租賃物之使用方法有所約定時，而承租人違反之，經出租人阻止而仍繼續爲之者，出租人非不得終止租約（最高法院59年台上字第4423號判例參照）。又前述第1款之規定，固僅對契約定有期限者始適用之。同條第2款至第5款之規定，則不問契約是否定有期限，均可適用（司法院37年院解字第4075號）。

四、基地或房屋之優先購買權

土地法第104條規定：「基地出賣時，地上權人、典權人或承租人有依同樣條件優先購買之權。房屋出賣時，基地所有權人有依同樣條件優先購買之權。其順序以登記之先後定之。（I）」「前項優先購買權人，於接到出賣通知後十日內不表示者，其優先購買權視爲放棄。出賣人未通知優先購買權人而與第三人訂立買賣契約者，其契約不得對抗優先購買權人。（II）」本規定在於避免土地所有與土地利用分離，以保持房屋與基地所有權之一體化，俾其法律關係單純。旨在使基地與基地上之房屋合歸一人所有，以盡經

濟上之效用，並杜絕紛爭[12]。故優先購買權之行使，係指房屋與基地分屬不同之人所有，房屋所有人對於土地並有地上權、典權或租賃關係存在之情形而言[13]。爰此，基地承租人若於基地上未爲房屋之建築，當無本規定之適用。又當房屋出賣時，基地所有權人優先購買取得房屋所有權之後，房屋所有權人之地上權、典權是否視爲消滅，雖未有明文規定，惟參照民法第838條規定，地上權與其建築物不得分離，而爲讓與，及民法第917條規定，典權人在地上有建築物者，其典權與建築物不得分離而爲讓與等一體化之規定，其土地上之地上權及典權自應隨房屋出賣而一併由土地所有權人主張優先購買，而移轉爲土地所有權擁有後，混同而消滅，但地上權、典權之存續，於所有人或第三人有法律上之利益者，不在此限（民§762參照）。房屋承租人於出租人之房屋或基地出賣時，不得援用本條規定，主張優先購買權（司法院36年院解字第3763號）。又優先購買權之制度設計，亦爲產權一體化原則之構思（參閱第一編第二章第四節之說明）。此外，興辦社會住宅所需土地因整體規劃使用之需要，得與鄰地交換分合。鄰地爲私有者，其交換分合不受土地法第104條及第107條之限制（住宅§21Ⅳ）。

其次，依上述規定行使優先購買權，其要件如下：

(一) 行使之主體

基地出賣時，須爲基地之地上權人、典權人、租賃權人始得行使優先購買權。房屋出賣時，須爲基地所有權人始得行使優先購買權。

(二) 行使之時機

須以基地或房屋之買賣爲前提，繼承、贈與、交換或遺贈則不得主張優先購買權。強制執行法上之拍賣，及破產管理人就破產財團之土地房屋爲拍賣，在解釋上爲買賣之一種，自在適用之列。

(三) 購買之條件

須依出賣人與第三人所訂有效存在之買賣契約，並具備同樣條件者方

---

[12] 參見最高法院65年台上字第530號判例。

[13] 參見最高法院69年台上字第945號判例。

得主張優先購買權。本條所定之優先購買權爲物權之先買權。於不動產出賣於第三人時，有權向不動產所有人以意思表示，使其負有移轉其不動產於自己，而自己負有支付所有人原與第三人所約定代價之義務，故亦爲形成權之一種。此形成權之行使，須以行使時所有人與第三人間有買賣契約之存在爲要件[14]。

(四) 行使之表示期限

須出賣人通知到達後10日內表示，逾期不表示者，其優先購買權則視爲放棄。

(五) 行使之順序

地上權人、典權人或承租人享有優先購買權之順序，以登記之先後定之[15]。

土地法第104條所規定之優先購買權，具有物權效力，而與本法第34條之1所規定之共有人優先購買權僅具債權效力者不同（最高法院68年台上字第3141號判例）。蓋因土地法第104條第2項後段訂有「出賣人未通知優先購買權人而與第三人訂立買賣契約者，其契約不得對抗優先購買權人」之明文，而使此一優先購買權，不僅於當事人之間可以主張，對於第三人亦得主張。依最高法院67年度台上字第2062號判決：「查修正土地法第104條第1項所規定之優先購買權，其立法理由在於避免土地所有與土地利用分離，違反該條規定者，依同條第2項之規定，其買賣契約不得對抗優先購買權人。

---

[14] 參見最高法院67年度第5次民事庭庭推總會會議決議。

[15] 所稱優先購買權之行使順序以登記之先後定之，惟不動產物權之設定，除典權之設定可轉典外，依民法第841條之5規定，區分地上權之土地與普通地上權或典權，只要後設定物權之權利行使，不得妨害先設定之物權，則可同時存在。爰此，基於一體化之立法意旨，宜以有房屋之存否爲優先順序之考量爲宜。又轉典後之典權人始建築房屋，則由前一手之典權人取得優先購買權，恐與本法一體化原則立法意旨不符。區分地上權之設定，已依法有據（參閱民§841-1，土徵§57等相關條文），則依登記之先後順序是否有當，與本條文土地與建築物權屬一體化之立法意旨是否一致，有待商榷。

反之，同法第34條之1第4項所規定之共有人優先承購權，僅係共有人間之權利、義務關係，並無對抗第三人之效力，足見前者之效力較之後者強大。且現行土地政策之避免土地畸零及所有權分散等，係對農地及空地而言，如地上已由第三人建有房屋，即無保護基地共有人，使其優先承購他共有人應有部分之必要。故應認修正土地法第104條第1項之優先購買權，較共有人之優先購買權優先，方合立法本旨。」

惟依國軍老舊眷村改建條例第19條規定，國軍老舊眷村或不適用營地，因整體規劃必須與鄰地交換分合者，經雙方同意後，報其上級機關核定，不受土地法第104條及第107條之限制。依住宅法之規定就公有土地及建築物之處分、設定負擔或超過10年期間之租賃，不受土地法第25條、第104條、第107條、國有財產法第28條及地方政府公產管理法令之限制（住宅§58），又因整體規劃使用之需要，得與鄰地交換分合。鄰地為私有者，其交換分合不受土地法第104條及第107條之限制（住宅§21）。其次，需用土地人申請徵收土地，依法先與所有權人協議價購時，依其他法律規定有優先購買權者，無優先購買權之適用（土徵§11Ⅲ）。

此外，民法債編於民國88年增修訂時，為達到使用與所有合一之目的，促進物之利用並減少糾紛，爰參照土地法第104條之規定，增訂第426條之2規定：「租用基地建築房屋，出租人出賣基地時，承租人有依相同條件優先承買之權。承租人出賣房屋時，基地所有人有依同樣條件優先承買之權。（Ⅰ）」「前項情形，出賣人應將出賣條件以書面通知優先承買權人。優先承買權人於通知達到後，十日內未以書面表示承買者，視為放棄。（Ⅱ）」「出賣人未以書面通知優先購買權人而為所有權之移轉登記者，不得對抗優先承買權人。（Ⅲ）」其次，依法推定之租賃關係（民§425-1），基於立法目的宜有優先購買權之適用，即民法及土地法有關之規定（民§422-1，土§104）於推定之租賃關係之承租人，亦得援用之。

五、基地租用爭議之處理

有關基地租用發生爭議時，係由該管直轄市、縣（市）地政機關調處，不服調處者，得向司法機關訴請處理（土§105）。惟申請調處，乃為租賃雙方當事人之權利，並非強行義務，非為經過調處，始得訴請司法機關處理。

六、基地租賃關係之推定

　　土地及房屋為個別之不動產，各得單獨為交易之標的。惟房屋性質上不能與土地分離而存在。故土地及其土地上之房屋同屬一人所有，而僅將土地或僅將房屋所有權讓與他人，或將土地及房屋同時或先後讓與相異之人時，實務上見解（最高法院48年台上字第1457號判例，73年度第5次民事庭會議決議參照）認為除有特別約定外，應推斷土地受讓人默許房屋受讓人繼續使用土地，但應支付相當代價，故其法律關係之性質，當屬租賃。

　　為杜爭議並期明確，又為兼顧房屋受讓人及社會經濟利益，明訂當事人間在房屋得使用期限內，除有反證外，推定有租賃關係。爰此，民法增訂第425條之1規定：「土地及其土地上之房屋同屬一人所有，而僅將土地或僅將房屋所有權讓與他人，或將土地及房屋同時或先後讓與相異之人時，土地受讓人或房屋受讓人與讓與人間或房屋受讓人與土地受讓人間，推定在房屋得使用期限內，有租賃關係。其期限不受第四百四十九條第一項規定之限制。（Ｉ）」「前項情形，其租金數額當事人不能協議時，得請求法院定之。（Ⅱ）」又上述推定之租賃關係，宜解為適用土地法有關基地租用之相關規定，以符合立法旨趣。

　　此外，民法第426條之1規定，租用基地建築房屋，承租人房屋所有權移轉時，其基地租賃契約，對於房屋受讓人，仍繼續存在。租用基地建築房屋，於房屋所有權移轉時，房屋受讓人如無基地租賃權，基地出租人將可請求拆屋收回基地，殊有害社會之經濟。為促進土地利用，並安定社會經濟，實務上於此情形，認為其房屋所有權移轉時，除當事人有禁止轉讓房屋之特約外，應推定基地出租人於立約時，即已同意租賃權得隨建築物而移轉於他人；房屋受讓人與基地所有人間，仍有租賃關係存在（最高法院43年台上字第479號、48年台上字第227號及52年台上字第2047號等判例參照）。爰參酌上開判例意旨，增訂本條，並明訂其租賃契約繼續存在，以杜紛爭。

第七章　耕地租用

　　耕地租用在民法上之規定稱為「耕地租賃」，而在耕地三七五減租條例中，則稱為「耕地租佃」，將永佃權[1]亦包括入內。耕地租用在民法相關規定中，基於契約自由原則，將出租者與承租者基於平等地位予以對等相待，致對傳統上經濟地位較弱之佃農之保護似有不足。基於土地政策之考量，對於佃農之佃權保障以及爭議之處理，乃於土地法及耕地三七五減租條例中，予以特別之規定，藉以保障佃農權益，並進而促進耕地有效利用。惟由於經濟發展結果，不僅國內經濟結構改變，農民與地主之社經地位，亦與往昔不同。爰此，農業發展條例於民國89年1月4日全面修正施行後，所訂立之農業用地租賃契約，應依本條例之規定，不適用耕地三七五減租條例之規定。本條例未規定者，適用土地法、民法及其他有關法律之規定。本條例中華民國89年1月4日修正施行前已依耕地三七五減租條例，或已依土地法及其他法律之規定訂定租約者，除出租人及承租人另有約定者外，其權利義務關係、租約之續約、修正及終止，悉依該法律之規定。本條例中華民國89年1月4日修正施行前所訂立之委託經營書面契約，不適用耕地三七五減租條例之規定；在契約存續期間，其權利義務關係，依其約定；未約定之部分，適用本條例之規定（農發§20）。

第一節　耕地租用之概念

壹、耕地租用之意義

　　以自任耕作為目的，約定支付地租，使用他人之農地者，為耕地租用（土§106Ⅰ）。所謂「自任耕作」是指以承租人本人及其家屬自耕為限。所稱「耕作」是指目的在定期收穫，而施人工於他人之土地以栽培農作物而言（司法院21年院字第738號），除農業上之耕作外，亦包括漁、牧在

---

[1] 按民法物權編於民國99年2月5日修正公布，永佃權已刪除，新增農育權。

內（土§106Ⅱ）。又承租他人非農、漁、牧地，供耕作之使用者，既非耕地租用，自無耕地三七五減租條例之適用（最高法院88年台上字第1號判例）。

惟所指「農地」之定義，與平均地權條例第3條第3款或農業發展條例第3條第10款所稱之「農業用地」是否宜為一致，或與農業發展條例第3條第11款所稱之「耕地」較適，實值深究之。

貳、耕地租用之分類

耕地租用其類別甚多，茲就租佃期間之地租標準，分類如下：

一、就租佃期間而言

(一) 不定期租用

指承租人租種耕地，不定租用期限，地主可隨時終止租約者而言。

(二) 定期租用

指承租人租種耕地，與地主定有租用期限，非嗣租期滿，地主不得終止租約者而言。

(三) 永佃

指支付佃租，永久在他人土地上為耕作或牧畜而言，除有特殊原因，地主不得撤佃。

二、就支付地租標準而言

(一) 力役地租

謂以勞動之提供作為支付地主之地租，為最原始之付租方式，又稱為力租。

(二) 實物地租

謂以耕地之一定量出產物，為支付地主之地租，又稱為物租。

(三) 現金地租

謂以支付一定數額之現金，作為支付地主之地租，又稱為錢租。

(四) 滑式地租

謂租佃雙方約定地租之支付，以部分為現金，部分為實物之地租繳納方式。

依土地法第110條之規定，原則上係採現金地租，惟依耕地三七五減租條例第2條規定，則採實物地租。

第二節　耕地租佃之保障

為保護傳統上經濟地位較弱之佃農，並達成間接扶植自耕農之基本國策（憲§143IV），以及改善農民生活之基本國策（憲§153），合理分配農業資源，土地法及耕地三七五減租條例中，乃就地租額、租期、租約之終止、收回自耕等相關事項，予以特別規定，以重新建構耕地承租人與出租人之農業產業關係，俾合理分配農業資源，並奠定國家經濟發展方向，茲分述如下。

壹、耕地地租最高額之限制

一、不得超過地價8%

依土地法規定，地租不得超過地價8%，約定地租或習慣地租超過地價8%者，應比照地價8%減定之，不及地價8%者，依其約定或習慣。前項地價指法定地價，未經依法規定地價之地方，指最近3年之平均地價（土§110）。所謂「法定地價」謂土地所有權人申請登記時，在標準地價20%之增減範圍以內，自由申報之地價，或不為申報時之標準地價（土§148、§156、§158）。

二、不得超過主要作物正產品全年收穫總量375‰

依耕地三七五減租條例規定，耕地地租租額，不得超過主要作物正產品全年收穫總量375‰原約定地租超過375‰者，減為375‰；不及375‰不得增加。前項所稱主要作物，係指依當地農業習慣種植最為普遍之作物，或實際輪植之作物；所稱正產品，係指農作物之主要產品而為種植之目的者（耕地§2）。此一規定，係依據國民政府在大陸所實施之「二五減租」之精神而訂，所謂「二五減租」，即就繳交給地主50%的收穫，再減去25%，亦即50%×(1–25%)，實際上即等於付經地主之地租僅375‰。

貳、耕地地租得以實物代繳

依土地法規定，耕地地租，承租人得依習慣以農作物代繳（土§111）。依地方習慣以農作物繳付地租之地方，農產物折價之標準，由該管直轄市或縣（市）地政機關依當地農產物最近2年之平均市價規定之。地價如經重估，農產物價亦應視實際變更，重予規定（土施§26）。而依耕地三七五減租條例之規定，即採實物地租（耕地§2）。

參、預收地租及押租之禁止

所謂預收地租乃指訂立契約時，先收取租金；而押租亦即擔保金，指承租人為擔保由租賃所生之債務，所支付於出租人之現金或實物。依土地法規定，耕地出租人不得預收地租，但因習慣以現金為耕地租用之擔保者，其金額不得超過1年應繳租額四分之一。前項擔保金之利息，應視為地租之一部，其利率應按當地一般利率計算之（土§112）。惟依耕地三七五減租條例之規定，出租人不得預收地租及收取押租（耕地§14，民§457-1Ⅰ參照），則更進一步地保護佃權之權益。故出租人如有違反者，處拘役或科400元以上4,000元以下之罰金（耕地§23）。

肆、耕地附屬物收受報酬之限制

耕作地之租賃，附有農具、牲畜或其他附屬物者，當事人應於訂約時，評定其價值，並繕具清單，由雙方簽名，各執一份（民§462Ⅰ）。耕作地之承租人依清單所受領之附屬物，應於租賃關係終止時，返還於出租人。如

不能返還者，應賠償其依清單所定之價值。但因使用所生之通常折耗，應扣除之（民§463）。

惟爲防止地主因供應耕地附屬物，而藉以向承租人索取報酬，變相提高地租，故土地法規定，耕地出租人以耕畜、種子、肥料或其他生產用具供給承租人者，除依民法第462條及第463條之規定外，得依租用契約於地租外酌收報酬。但不得超過供給物價值年息10%（土§121）。又進一步於耕地三七五減租條例規定，承租人之農舍，原由出租人無條件供給者，本條例施行後，仍由承租人繼續使用，出租人不得藉詞拒絕或收取報酬（耕地§12），以防止出租人藉供給農舍之名，索取報酬，增加佃農負擔。

由上述規定可得知：

一、原無條件由承租人使用之耕畜、農具等，類推適用土地法第121條。

二、承租人農舍之無償使用權，係附隨於耕地之租佃關係而生，故耕地租佃關係消滅時，農舍使用權亦隨之喪失。

伍、地租之繳付與減免

一、承租人地租一部支付權

承租人原應按期支付地租，惟鑑於農業生產之特性，於承租人不能按期支付應交地租之全部，而以一部支付時，出租人不得拒絕收受，承租人亦不得因其收受而推定爲減租之承諾（土§113，民§457-1 II參照）。依此，承租人支付一部分地租時，出租人不得拒絕收取，否則應負受領遲延之責任（民§234）。

二、地租之繳付與收受

原則上，清償債務之費用，除法律另有規定，或契約另有訂定外，由債務人負擔（民§317）。惟依耕地三七五減租條例規定，地租之數額、種類、成色標準、繳付日期與地點及其他有關事項，應於租約內訂明；其以實物繳付需由承租人運送者，應計程給費，由出租人負擔之（耕地§7）。承租人應按期繳付地租，出租人收受時，應以檢定合格之量器或衡器爲之（耕地§8）。此外，承租人於約定主要作物生長季節改種其他作物者，仍應以約定之主要作物繳租。但經出租人同意，得依當地當時市價折合現金或所種

之其他作物繳付之（耕地§9）。此外，依民法第326條之規定，債權人受領遲延時，債務人得將其給付物為債權人提存之，以免其責任。故為避免出租人藉故拖延而增加承租人之不便，依照本條例及租約規定繳付之地租，出租人無正當理由拒絕收受時，承租人得憑村里長及農會證明，送請鄉（鎮、市、區）公所代收，限出租人於10日內領取，逾期得由鄉（鎮、市、區）公所斟酌情形，照當地當時市價標售保管，其效力與提存同（耕地§10）。

三、災害歉收之減免地租

耕作地之承租人，因不可抗力，導致其收益減少或全無者，得請求減少或免除租金。前項租金減免請求權，不得預先拋棄（民§457）。為確保承租人之收益，遇有荒歉，市縣政府得按照當地年收穫實況為減租或免租之決定，但應經民意機關之同意（土§123）。此外，減租或免租之決定，應經中央地政機關之核定（土施§29）。

耕地三七五減租條例規定，耕地因災害或其他不可抗力致農作物歉收時，承租人得請求鄉（鎮、市、區）公所耕地租佃委員會查勘歉收成數，議定減租辦法，鄉（鎮、市、區）公所耕地租佃委員會應於3日內辦理；必要時得報請直轄市或縣（市）政府耕地租佃委員會復勘決定之。地方如普遍發生前項農作物歉收情事，鄉（鎮、市、區）公所耕地租佃委員會應即勘定受災地區歉收成數，報請直轄市或縣（市）政府耕地租佃委員會議定減租辦法。耕地因災歉致收穫量不及3成時，應予免租（耕地§11）。

陸、租約之登記與租佃保障

一、耕地租約之訂定與登記

為避免以口頭方式訂定契約，致地主與佃農權益不明確，易起爭執，故規定耕地租約應一律以書面為之；租約之訂立、變更、終止或換訂，應由出租人會同承租人申請登記（耕地§6Ⅰ），惟此一規定，係為保護佃農及謀舉證之便利而設，非謂凡租約之訂立、變更、終止或換訂，須經登記始能生效（最高法院51年台上字第2629號判例）。

二、租佃期間之保障

租佃期間之長短對承租人耕作方式或意願，具有相當之影響，依民法規定，租賃契約之期限，不得逾20年，逾20年者，縮短為20年（民§449Ⅰ）。此係最長期間之規定，惟對佃農而言，其較關心者，或對其權利影響較大者，乃為最短期限之保障，故耕地租佃期間，不得少於6年；其原約定租期超過6年者，依其原約定（耕地§5）。以資保障佃權，安定佃農生活。故約定租期不及6年者，自原約定租佃期間開始之日起，延長至6年（最高法院42年台上字第201號判例）。

三、租佃權之保障

為確保承租人之租佃權，在耕地租期屆滿前，出租人縱將其所有權讓典與第三人，其租佃契約對於受讓受典人仍繼續有效，受讓受典人應會同原承租人申請為租約變更之登記（耕地§25）。

四、終止租約之限制

(一) 不定期耕地租約之終止

依不定期限租用耕地之契約，僅得於有下列情形之一時終止之（土§114，民§459參照）：

1. 承租人死亡而無繼承人時。
2. 承租人放棄其耕作權時。
3. 出租人收回自耕時。
4. 耕地依法變更其使用時。
5. 違反民法第432條及第462條第2項之規定時。
6. 違反第108條之規定時。
7. 地租積欠達2年之總額時。

此外，承租人放棄其耕作權利，應於3個月前向出租人以意思表示為之，非因不可抗力繼續1年不為耕作者，視為放棄耕作權利（土§115）。同樣，出租人依土地法第114條第3款及第5款之規定終止契約時，出租人應於1年前通知承租人（土§116）。出租人收回自耕之耕地再出租時，原承租人有優先承租之權。自收回自耕之日起，未滿1年而再出租時，原承租人得以原租用條件承租（土§117）。

(二) 定期耕地租約之終止

土地法第114條第1款、第2款、第6款、第7款各款之規定，於定期租用耕地之契約準用之（土施§27）。此即1.承租人死亡而無繼承人時；2.承租人放棄其耕作權利時；3.承租人將耕地全部或一部轉租於他人時；4.地租積欠達2年之總額時。依耕地三七五減租條例規定，耕地租約在租佃期限未屆滿前，非有下列情形之一不得終止（耕地§17，民§458參照）：

1. 承租人死亡而無繼承人時。

2. 承租人放棄其耕作權時。

3. 地租積欠達2年之總額時。

4. 非因不可抗力繼續1年不為耕作時。

5. 經依法編定或變更為非耕地使用時。

依前項第5款規定，終止租約時，除法律另有規定外，出租人應給予承租人下列補償：

1. 承租人改良土地支付之費用。但以未失效能部分之價值為限。

2. 尚未收穫農作物之價額。

3. 終止租約當期之公告土地現值，減除土地增值稅後餘額三分之一[2]。

為保護承租人之權益，如承租人自動放棄耕作權時，依上述第2款規定，亦須確有因遷徙或轉業之正當理由[3]，又得終止租約之情形，無土地法第114條及民法第438條有關終止租約之適用[4]。另依平均地權條例規定，出租耕地經依法編定為建築用地者，出租人為收回自行建築或出售作為建築使用時，得終止租約（平§76Ⅰ）。惟為保護耕作承租人，耕地出租人依前條規定終止租約收回耕地時，除應補償承租人為改良土地所支付之費用及尚未

---

[2] 本款賦予補償承租人之義務，乃為平衡雙方權利義務關係，對出租人耕地所有權所為之限制，尚無悖於憲法第15條保障財產權之本旨。惟不問狀況如何，補償額度一概為三分之一之規定，有關機關應衡酌憲法第22條保障契約自由之意旨及社會經濟條件之變遷等情事，儘速予以檢討修正。參見司法院釋字第580號解釋（93.7.9）。

[3] 參見司法院釋字第78號解釋（46.8.9）。

[4] 參見司法院釋字第125號解釋（57.10.30）。

收穫之農作改良物外，應就申請終止租約當期之公告土地現值，預計土地增值稅，並按公告土地現值減除預計土地增值稅後餘額三分之一給予補償。前項改良土地所支付費用，以承租人已依耕地三七五減租條例第13條規定以書面通知出租人為限。公有出租耕地終止租約時，應依照第1項規定補償耕地承租人（平§77）。又依平均地權條例第76條規定終止耕地租約時，應由土地所有權人以書面向直轄市或縣（市）政府提出申請，經審核其已與承租人協議成立者，應准終止耕地租約；其經審核尚未與承租人達成協議者，應即邀集雙方協調。承租人拒不接受協調或對補償金額有爭議時，由直轄市或縣（市）政府，依前條規定標準計算承租人應領補償，並通知領取，其經領取或依法提存者，准予終止耕地租約。耕地租約終止後，承租人拒不返還耕地時，由直轄市或縣（市）政府移送法院裁定後，強制執行之，不受耕地三七五減租條例關於租佃爭議調解調處程序之限制（平§78）。

其立法意旨在於貫徹編定土地用途，促進土地合理利用，排除耕地三七五減租條例第17條、第19條之拘束，並無同條例第15條之適用。此外，位於工業區範圍內之公私有出租耕地，於開發工業區時，終止租約，除補償承租人為改良土地所支付之費用及尚未收穫之農作改良物外，並應以地價扣除繳納增值稅後餘額三分之一，補償原耕地承租人（產創§27Ⅲ）。

柒、續訂租約與收回自耕之限制

一、耕地租約之續訂

租賃未定期限者，各當事人得隨時終止契約。但有利於承租人之習慣者，從其習慣（民§450Ⅱ）。租賃期限屆滿後，承租人仍為租賃物之使用收益，而出租人不即表示反對之意思者，視為以不定期限繼續契約（民§451）。租期屆滿，租賃關係本應消滅，惟依上述民法之規定，出租人不即表示反對之意思表示，則以默示更新方式視為不定期續租。故土地法規定，依定有期限之契約租用耕地者，於契約屆滿時，除出租人收回自耕外，如承租人繼續耕作，視為不定期限繼續契約（土§109）。厥與民法相關規定之意旨相通。惟更進一步，為維護三七五減租政策之效果，確保承租人之佃權，防止出租人任意收回乃規定，耕地租約應於租佃屆滿時，除出租人依本條例收回自耕外，如承租人願繼續承租者，應續訂租約（耕地§20）。

二、收回自耕之限制

　　為防止出租人於租期屆滿後，任意終止租約，致使承租人喪失耕作之土地，耕地租約期滿時，有下列情形之一，出租人不得收回自耕[5]（耕地§19）：

(一) 出租人不能自任耕作者。

(二) 出租人所有收益足以維持一家生活。

(三) 出租人因收回耕地，致承租人失其家庭生活依據者[6]。

　　出租人為擴大家庭農場經營規模，得收回與其自耕地同一或鄰近地段內之耕地自耕，不受前項第2款規定之限制。出租人依前項規定收回耕地時，準用耕地三七五減租條例第17條第2項規定補償承租人[7]。出租人不能維持其一家生活而有第1項第3款情事時，得申請鄉（鎮、市、區）公所耕地租佃委員會予以調處。

捌、耕地租佃之特定權利與義務

一、承租人之特定權利與義務

(一) 耕地特別改良權

　　為期佃農致力改良耕地，增加生產，以改善其生活，於保持耕地原有性質及效能外，以增加勞力資本之結果，致增加耕地生產力或耕作便利者，為耕地特別改良。特別改良，承租人得自由為之。但特別改良費之數額，應即通知出租人（土§119）。此外為徹底保障其改良成果，承租人之特別改良

---

[5] 下列三款限制耕地出租人收回耕地之限制，尚屬必要，與憲法第23條比例原則及第15條保障人民財產權規定之意旨，要無不合。參見司法院釋字第580號解釋（93.7.9）。

[6] 目的在於保障佃農，於租約期滿時不致因出租人收回耕地嚴重影響其家庭生活及生存權利。參見司法院釋字第422號解釋（86.3.7）。

[7] 參見司法院釋字第580號解釋（93.7.9），認為契約屆滿後，租賃關係已消滅，如另行增加耕地所有權人不必要之負擔，形同設置出租人收回耕地之障礙，與鼓勵擴大家庭農場經營規模，以促進農業現代化之立法目的顯有牴觸。

費，得請求出租人償還，故依土地法第114條第2款、第3款、第5款、第6款契約終止返還耕地時，承租人得向出租人要求償還其所支出前條第2項耕地特別改良費。但以其未失效能部分之價值爲限。前項規定，於永佃權依民法第845條及第846條之規定撤佃時準用之（土§120，民§461-1參照）。

同理，耕地三七五減租條例亦規定，承租人對於承租耕地之特別改良得自由爲之，其特別改良事項及費用數額，應以書面通知出租人，並於租佃契約終止返還耕地時，由出租人償還之。但以未失效能部分之價值爲限。所稱之耕地特別改良，係指於保持耕地原有性質及效能外，以增加勞力資本之結果，致增加耕地生產力或耕作便利者（耕地§13）。經依法編定或變更爲非耕地使用，終止租約時，除法律另有規定外，出租人應給予承租人下列補償（耕地§17Ⅱ）：

1. 承租人改良土地所支付之費用。但以未失效能部分價值爲準。
2. 尚未收穫農作物之價額。
3. 終止租約當期之公告土地現值，減除土地增值稅後餘額三分之一。

(二) 承買、承典耕地之優先權

爲扶值佃農使其成爲自耕農，臻達「耕者有其田」之政策目標，出租人出賣或出典耕地時，承租人有依同樣條件優先承買或承典之權（土§107Ⅰ）。至於優先承買、承典之程序，準用土地法第104條第2項之規定（土§107Ⅱ，民§460-1參照）。同時，耕地三七五減租條例亦規定，耕地出賣或出典時，承租人有優先承受之權，出租人應將賣典條件以書面通知承租人，承租人在15日內未以書面表示承受者，視爲放棄。出租人因無人承買或受典而再行貶價出賣或出典時，仍應照前項規定辦理。出租人違反前2項規定而與第三人訂立契約者，其契約不得對抗承租人（耕地§15）。又此規定不因承租人事先有拋棄優先承受權之意思表示而排除其適用[8]。

(三) 耕地轉租之禁止

承租人非經出租人承諾，不得將租賃物轉租於他人。但租賃物爲房屋

---

[8] 參見大法官釋字第124號解釋（57.8.23）。

者,除有反對之約定外,承租人得將其部分轉租於他人。承租人違反前項規定,將租賃物轉租於他人者,出租人得終止租約(民§443)。惟為避免寄生地主之產生,同時貫徹保護承租人之宗旨,土地法更規定,承租人縱經出租人承諾,仍不得將耕地全部或一部轉租於他人(土§108)。同理,耕地三七五減租條例亦規定,承租人應自任耕作,並不得將耕地全部或一部轉租他人。承租人違反前項規定時,原定租約無效,得由出租人收回自行耕種或另行出租。惟承租人因服兵役致耕作勞力減少而將承租耕地全部或一部託人代耕者,不視為轉租(耕地§16)。

二、出租人之特定權利與義務

(一) 留置權之行使限制

不動產之出租人,就租賃契約所生之債權,對於承租人之物置於該不動產者,有留置權。但禁止扣押之物,不在此限(民§445Ⅰ)。惟土地法為保護承租人,特別規定,出租人對於承租人耕作上必須之農具、牲畜、肥料及農產物,不得行使民法第445條規定之留置權(土§118)。對於民法留置權之規定,予以相當之限制。

(二) 地租外酌收報酬

為兼顧出租人之權益,同時防止出租人過份額外加收報酬,耕地出租人以耕畜、種子、肥料或其他生產用具供給承租人者,除依民法第462條及第463條之規定外,得依租用契約於地租外酌收報酬。但不得超過供給物價值年息10%(土§121)。

第三節　耕地租佃爭議之處理

壹、耕地租佃委員會

為調解耕地租佃之爭議,直轄市或縣(市)政府及鄉(鎮、市、區)公所應分別設立三七五耕地租佃委員會。但鄉(鎮、市、區)公所轄區內地主、佃農戶數過少時,得不設立,或由數鄉(鎮、市、區)合併設立耕地租

佃委員會。前項委員會佃農代表人數，不得少於地主與自耕農代表人數之總和；其組織規程由省（市）政府擬訂，報請行政院核定。鄉（鎮、市、區）公所未設立耕地租佃委員會者，其有關租佃事項，由直轄市或縣（市）政府耕地租佃委員會處理之（耕地§3）。依此規定，耕地租佃委員會分為縣市與鄉鎮兩級。而台灣省政府曾擬訂「台灣省各縣（市）政府暨鄉（鎮）（區）（市）公所耕地租佃委員會組織規程」，呈報行政院核定後，公布施行。

貳、租佃爭議之處理程序

耕地租用，出租人與承租人間發生租佃爭議時，應由當地鄉（鎮、市、區）公所耕地租佃委員會調解。調解不成立者，由縣市政府耕地租佃委員會調處。不服調處者，由縣市政府耕地租佃委員會移送該管司法機關。司法機關應即迅予處理，並免收裁判費用。前項爭議案件，非經調解、調處，不得起訴。經調解、調處成立者，由縣市政府耕地租佃委員會給予書面證明（耕地§26）。如當事人一方不履行其義務時，他造當事人得逕向該管司法機關聲請強制執行，並免收執行費用（耕地§27）。

第四節　農業用地租賃關係之合理化

由於社會經濟發展、產業結構改變，農業用地租佃關係與民國40年代農村社會情形，相去甚遠，地主與佃農之社會經濟地位，亦不若以往之呈現對立關係，耕地三七五減租條例施行之背景條件不復存在。故為促進農地經營之合理化，爰於農業發展條例增訂規範新農業用地租賃制度之基本原則，其內容如下。

壹、農業用地租賃契約之適用

依農業發展條例規定，本條例中華民國89年1月4日修正施行後所訂立之農業用地租賃契約，應依本條例之規定，不適用耕地三七五減租條例之規定。本條例未規定者，適用土地法、民法及其他有關法律之規定。本條例中

華民國89年1月4日修正施行前已依耕地三七五減租條例，或已依土地法及其他法律之規定訂定租約者，除出租人及承租人另有約定者外，其權利義務關係、租約之續約、修正及終止，悉依該法律之規定。本條例中華民國89年1月4日修正施行前所訂立之委託經營書面契約，不適用耕地三七五減租條例之規定；在契約存續期間，其權利義務關係，依其約定；未約定之部分，適用本條例之規定（農發§20）。

貳、農業用地租賃之訂定與終止

依農業發展條例規定，本條例中華民國89年1月4日修正施行後所訂立之農業用地租賃契約之租期、租金及支付方式，由出租人與承租人約定之，不受土地法第110條及第112條之限制。租期逾1年未訂立書面契約者，不適用民法第422條之規定。前項農業用地租賃約定有期限者，其租賃關係於期限屆滿時消滅，不適用民法第451條及土地法第109條、第114條之規定；當事人另有約定於期限屆滿前得終止租約者，租賃關係於終止時消滅，其終止應於6個月前通知他方當事人；約定期限未達6個月者，應於15日前通知。農業用地租賃未定期限者，雙方得隨時終止租約。但應於6個月前通知對方（農發§21）。

參、農業用地租賃關係終止之處理

依農業發展條例規定，本條例中華民國89年1月4日修正施行後所訂立之農業用地租賃契約，其租賃關係終止，由出租人收回其農業用地時，不適用平均地權條例第11條、第63條、第77條、農地重劃條例第29條及促進產業升級條例第27條有關由出租人給付承租人補償金之規定（農發§22）。

第八章　邊際土地之使用

　　土地資源為國家經濟發展之最基本結構條件，土地資源之開發利用對於各類產業活動或人民生活需求，均具有相當之影響，因此促進土地資源之利用，為一國之基本土地政策目標。荒地使用乃針對荒蕪未經開墾而適合開墾利用之土地，或已開墾使用之土地，因人為或自然等因素，而棄置不用者，透過法律之規範，以加強其開發利用，臻達地盡其利之目的。故本章邊際土地之使用，包括公有荒地之開墾及私有荒地之督促使用，並就其他相關法規如農業發展條例、山坡地保育利用條例等有關土地之開發利用，一併列入本章探討之。

第一節　公有荒地之開發使用

壹、荒地之定義

　　凡編為農業或其他直接生產用地，未依法使用者，為荒地。但因農業生產之必要而休閒之土地，不在此限（土§88）。依此規定，凡編為農業生產用地或其他直接生產用地，且在客觀條件下可以開發使用，而竟未依法使用者，即為所稱之荒地。

貳、公有荒地之開發利用

一、公有荒地之勘測與使用計畫

　　公有荒地，應由該管直轄市或縣（市）地政機關於一定期間內勘測完竣，並規定其使用計畫（土§125）。各地方荒地使用計畫，由直轄市或縣（市）政府定之，並報請中央地政機關及中央墾務機關備查。但大宗荒地面積在10萬畝以上者，得由中央地政機關及中央墾務機關會同直轄市或縣（市）政府定之（土施§31）。

二、公有荒地之開墾

爲促進公有荒地之開發利用，公有荒地可經由招民開墾及設置墾務機關開墾兩種方式行之。

(一) 招民開墾

公有荒地適合耕作使用者，除政府保留使用者外，由該管直轄市或縣（市）地政機關會同主管農林機關劃定墾區，規定墾地單位，定期招墾（土§126）。

1. 承墾人資格限制

公有荒地之承墾人，以中華民國人民爲限（土§128）。

2. 承墾面積之限制

承墾人承領荒地，每一農戶以一墾地單位爲限，每一農業合作社承領耕地單位之數，不得超過其所含自耕農戶之數（土§130）。

3. 承墾人之種類

公有荒地之承墾人，分下列二種（土§129）：

(1)自耕農戶。

(2)農業生產合作社。

前項農業生產合作社，以依法呈准登記，並由社員自任耕作者爲限。

4. 承墾期限

承墾人自受領承墾證書之日起，應於1年內實施開墾工作，其墾竣之年限，由主管農林機關規定之，逾限不實施開墾者，撤銷其承墾證書（土§131）。

承墾人於規定墾竣年限而未墾竣者，撤銷其承墾證書。但因不可抗力，致不能依規定年限墾竣，得請求主管農林機關酌予展限（土§132）。

5. 承墾人之獎勵

爲鼓勵人民參與荒地開墾，承墾人自墾竣之日起，無償取得所領墾地之耕作權，應即依法向該管直轄市或縣（市）地政機關聲請爲耕作權之登記。但繼續耕作滿10年者，無償取得土地所有權（土§133Ⅰ）。前項耕作權不得轉讓。但因繼承或贈與於得爲繼承之人，不在此限。第1項墾竣土地，得由該管直轄市或縣（市）政府酌予免納土地稅2年至8年（土§133Ⅱ、Ⅲ）。

由此可得知，土地法對於承墾人之獎勵有三：

(1)荒地墾竣之日，取得該墾地之耕作權。

(2)耕作滿10年，取得其所有權。

(3)墾竣土地得免納土地稅2年至8年。

(二) 設置墾務機關開墾

公有荒地，非農戶或農業生產合作社所能開墾者，得設墾務機關辦理之（土§134）。

第二節　山坡地之保育利用

台灣地區山坡地約占土地總面積74%，故應如何予以開發利用或維護保育，對於土地資源有限之台灣而言，自屬相當重要，爰此「山坡地保育利用條例」之制頒，即有其政策功能之必要。所稱「山坡地保育利用」，係指依自然特徵、應用工程、農藝或植生方法，以防治沖蝕、崩坍、地滑、土、石流失等災害，保護自然生態景觀，涵養水源等水土保持處理與維護，並爲經濟有效之利用（山坡地§5）。茲就其規定內容敘述如下：

壹、山坡地之相關定義

一、山坡地保育區之定義

所謂「山坡地保育區」，爲保育水土及自然生態資源、保護景觀、環境，依有關法令，會同有關機關劃定之地區（區畫細§13⑥）。

二、山坡地之定義

所稱「山坡地」，係指國有林事業區、試驗用林地及保安林地以外，經中央或直轄市主管機關參照自然形勢、行政區域或保育、利用之需要，就合於下列情形之一者劃定範圍，報請行政院核定公告之公、私有土地（山坡地§3）：

(一) 標高在100公尺以上者。

(二) 標高未滿100公尺，而其平均坡度5%以上者。

三、公有山坡地之定義

所稱「公有山坡地」，係指國有、直轄市有、縣（市）有或鄉（鎮、市）有之山坡地（山坡地§4）。

貳、山坡地保育利用之主管機關

為有效防止私自進入山區，濫伐濫砍，破壞山林，同時因應社會經濟發展之需要，適當開發山坡地，山坡地之管理自屬相當重要，有關山坡地之主管機關及其權責如下：

一、主管機關

山坡地主管機關，在中央為行政院農業委員會；在直轄市為直轄市政府；在縣（市）為縣（市）政府（山坡地§2Ⅰ）。

二、主管機關之權責

有關山坡地之地政及營建業務，由內政部會同中央主管機關辦理；有關國有山坡地之委託管理及經營，由財政部會同中央主管機關辦理（山坡地§2Ⅱ）。

參、山坡地之劃定及水土保持計畫

一、劃定及編定之依據

山坡地應按土地自然形勢、地質條件、植生狀況、生態及資源保育、可利用限度及其他有關因素，依照區域計畫法或都市計畫法有關規定，分別劃定各種使用區或編定各種使用地（山坡地§6Ⅰ）。

二、水土保持計畫之擬訂與變更

各種使用區或使用地，其水土保持計畫由直轄市或縣（市）主管機關視需要分期擬訂，報請中央主管機關核定後公告實施；其變更時，亦同（山坡

地§6II）。

肆、山坡地開發利用之處置

政府爲增進山坡地之利用或擴大經營規模之需要，得劃定地區，辦理土地重劃、局部交換、協助農民購地，並輔導農民合作經營、共同經營或委託經營（山坡地§13）。同時，政府爲實施山坡地保育、利用，興建公共設施之需要，得徵收或收回下列土地（山坡地§14）：

一、私有地。

二、未繳清地價之放領地。

三、放租地。

前項土地有特別改良或地上物者，由政府予以補償；其爲放領地者，並發還已交繳之地價。

由於山坡地地形之特性，開發利用若有不當，則輒起災害或有危害之虞，故山坡地之開發利用，致有發生災害或危害公共設施之虞者，主管機關應予限制，並得緊急處理；所需費用，視實際情況，以由經營人、所有人或使用人負擔爲原則（山坡地§15）。

伍、山坡地之放領、放租

爲促進山坡地之利用，對於公有山坡地在一定條件下，開放人民承領或承租爲必然之趨勢，其相關規定如下：

一、放領、放租之對象

志願從事農業具有經營計畫之青年，得依農業發展條例之規定，開發或承受公有山坡地（山坡地§19）。

二、放領、放租之面積限制

公有宜農、牧、林山坡地，其承租、承領面積，每戶合計不得超過20公頃。但基於地形限制，得爲10%以內增加。本條例施行前，原承租面積超過前項規定者，其超過部分，於租期屆滿時不得續租。公有山坡地放租、放領辦法，由內政部會同有關機關擬訂，報請行政院核定之（山坡地§20）。

三、放領、放租地之轉租及繼承

(一) 承領之轉租及繼承之限制

　　依山坡地保育利用條例承領之公有山坡地，承領人在繳清地價取得土地所有權前，不得轉讓或出租；承領轉讓或出租者，其轉讓或出租行為無效，由主管機關撤銷其承領權，收回土地另行處理；所繳地價不予發還，土地之特別改良或地上物均不予補償。承領人在繳清地價取得土地所有權前死亡無人繼承，或無力自任耕作，或因遷徙、轉業，不能繼續承領者，由主管機關收回土地另行處理；所繳地價除死亡無人繼承者依民法處理外，一次發還；其特別改良或地上物，比照前條第2項規定辦理。承領人繳清地價，取得土地所有權後，其屬宜林地者，承領人應依規定先行造林，始得移轉；屬宜農、牧地者，其移轉之承受人以能自耕者為限（山坡地§27）。

(二) 承租之轉租及繼承之限制

　　依山坡地保育利用條例承租之公有山坡地，不得轉租；承租人轉租者，其轉租行為無效，由主管機關撤銷其承租權，收回土地，另行處理；土地之特別改良及地上物均不予補償。承租人死亡無人繼承，或無力自任耕作，或因遷徙、轉業，不能繼續承租者，由主管機關終止租約，收回土地，另行處理；地上物得限期由承租人收割、處理，或由主管機關估定價格，由新承租（承領）人補償承受，原承租人所有特別改良併同辦理（山坡地§26）。

陸、山坡地之保育與維護

　　為維護山坡地資源，避免濫墾或不當開發，造成土地資源之破壞，乃就山坡地保育維護之實施者，相關之檢查與使用限度之劃定，分別規定如下：

一、山坡地保育之實施

　　在山坡地為下列經營或使用，其土地之經營人、使用人或所有人，於其經營或使用範圍內，應實施水土保持之處理與維護（山坡地§9）：
(一) 宜農、牧地之經營或使用。
(二) 宜林地之經營、使用或採伐。
(三) 水庫或道路之修建或養護。

(四) 探礦、採礦、採取土石、堆積土石或設置有關附屬設施。
(五) 建築用地之開發。
(六) 公園、森林遊樂區、遊憩用地、運動場地或軍事訓練場之開發或經營。
(七) 墳墓用地之開發或經營。
(八) 廢棄物之處理。
(九) 其他山坡地之開發或利用。

二、保育之實施方式與標準

　　山坡地有加強保育、利用之必要者，其水土保持處理與維護，應依直轄市或縣（市）主管機關指定方式實施之（山坡地§11）。其次，其實施標準與檢查、處罰之規定，山坡地之經營人、使用人或所有人應依主管機關規定之水土保持技術規範及期限，實施水土保持之處理與維護。前項實施水土保持之處理與維護，其期限最長不得超過3年；已完成水土保持處理後，應經常加以維護，保持良好之效果，如有損壞，應即搶修或重建。主管機關對前二項水土保持之處理與維護，應隨時稽查（山坡地§12）；其有未依規定實施或實施不合標準者，除依規定處罰外，並準用第25條規定處理。

　　又宜農、牧地完成水土保持處理，經直轄市或縣（市）主管機關派員檢查合格者，發給宜農、牧地水土保持合格證明書。宜林地完成造林後，經直轄市或縣（市）主管機關派員檢查合格屆滿3年，其成活率達70%者，發給造林水土保持合格證明書（山坡地§12-1）。

三、利用限度之分類與查定

　　山坡地供農業使用者，應實施土地可利用限度分類，並由中央或直轄市主管機關完成宜農、牧地、宜林地、加強保育地查定。土地經營人或使用人，不得超限利用。前項查定結果，應由直轄市、縣（市）主管機關於所在地鄉（鎮、市、區）公所公告之；公告期間不得少於30日。經中央或直轄市主管機關查定之宜林地，其已墾殖者，仍應實施造林及必要之水土保持處理與維護（山坡地§16）。

第三節 海埔河川地之開發使用

　　台灣地區四周環海，歷年來有關海埔地之開發或河川地之開發利用，即一直積極進行中，爲規範這些新生地之開發利用，分別頒定「海埔地開發管理辦法」（民國88年10月5日修正）及「河川管理辦法」（民國110年2月17日修正）以爲規範，其內容分述如下。

壹、海埔地之開發使用

一、海埔地之定義

　　所稱「海埔地」，係指在海岸地區經自然沈積或施工築堤涸出之土地（海埔地§3①）。在海岸地區築堤排水填土造成陸地之行爲，是爲造地開發（海埔地§3②）。

二、海埔地開發計畫之擬具

　　爲開發及管理海埔地，促進土地及天然資源之保育利用，海埔地之開發，應由中央主管機關依國家土地政策、衡量經濟發展、水土資源保育利用及生態環境之維護等因素擬具海埔地整體計畫，報請行政院核定（海埔地§1、§4）。

三、海埔地之開發許可

　　由於海埔地之開發，對於海岸資源影響甚大，並涉及國土保安等相關問題，故海埔地開發非經相關法令之許可，不得任意開發使用（海埔地§5）。目前國內有關海埔地之開發，係採開發許可制，其相關程序如下：

(一) 開發之申請

　　海埔地之開發，應由開發人向當地直轄市或縣（市）主管機關申請。但開發地區跨越二以上縣（市）或省（市）行政區時，應向中央主管機關申請（海埔地§6）。申請人申請開發許可時，應檢附下列文件（海埔地§7）：

1. 申請書。

2. 開發地區及開發工程實施地區表示圖。

3. 造地開發計畫書、圖。

4. 使用開發計畫書、圖。

5. 財務計畫書。

6. 環境說明書或環境影響評估報告書。

7. 土地處理方法及預定對價計畫書。但供公用之土地免附。

8. 其他必要之文件。

(二) 計畫之公展

受理申請機關於查核開發計畫書之文件符合前條規定後，應即將其計畫書、圖於所在地鄉（鎮、市、區）公所公開閱覽30日。公開閱覽期間內，人民或團體得以書面載明姓名或名稱及地址，向受理申請機關提出意見（海埔地§8 I）。

(三) 計畫之審查

1. 審查機關與期限

受理申請機關應於公開展覽期滿之日起30日內彙整前項意見，檢同開發文件申請，依下列規定辦理（海埔地§8 II）：

(1)受理申請機關為縣（市）主管機關者，報請中央主管機關審查。

(2)受理申請機關為直轄市主管機關者，由其逕行初審後，報請中央主管機關複審。

(3)受理申請機關為中央主管機關者，由中央主管機關逕為審查。

初審機關應自收受申請許可開發文件之日起90日內完成初審工作。

2. 審查條件

開發申請案經審查符合下列各款條件，得許可開發（海埔地§9）：

(1)於國土利用係屬適當而合理者。

(2)不違反國家或地方公共團體基於法律所為之土地利用或環境保護計畫者。

(3)對環境保護、自然保育及災害防止為完全之考慮者。

(4)與水源供應或鄰近之道路交通、排水系統、電力、電信及垃圾處理等公共設施與公共設備服務能相互配合者。

(5)造地開發完成後得依法取得土地所有權或租用權者。

(6)造地開發完成後之土地分配比例、處理方法及其預定對價計算係屬適當而合理者。

(7)申請人具有完成開發之財力及信用者。

中央主管機關於審查開發計畫時，應徵詢相關意見，必要時得邀請開發申請人列席說明。

前項審查內容涉及專門技術或知識部分，得委託專業機構或學術團體代為審查；其所需費用由開發申請人負擔（海埔地§10）。

(四) 公告及通知

中央主管機關應於受理申請或收受直轄市主管機關初審案之日起90日內審查完竣，將審查結果以書面通知申請人，並將其許可內容交由直轄市或縣（市）主管機關於各該直轄市、縣（市）政府、鄉（鎮、市、區）公所及開發所在地公告30日（海埔地§11）。

四、開發之施工管理

(一) 造地施工之許可

開發計畫經審查許可後，開發人應於收受通知之日起1年內檢具造地施工計畫、施工設計書、圖等向中央或直轄市主管機關申請造地施工許可；經其審查符合規定後，通知開發人簽訂開發契約，並發給該許可。但開發人為主管機關或其承辦造地施工許可發證之附屬機關者，免簽訂開發契約。

前項造地施工許可，於開發地區跨越二以上省（市）行政區或開發人為各目的事業中央主管機關時，應向中央主管機關申請之。

申請造地施工許可期限，開發人有正當理由者，得申請延長之，以一次為限，延長期間不得逾1年。逾期未申請造地施工許可者，由直轄市主管機關提報中央主管機關或逕由中央主管機關將原開發許可公告註銷。

第1項施工計畫內容涉及專門技術或知識部分，得準用第10條第2項規定辦理（海埔地§14）。

(二) 施工管理

施工期間，開發人應依施工進度分期分區紀錄並拍照備查，於申報完工

認可時一併送請主管機關審查。該管主管機關應會同各有關機關隨時抽查。該管主管機關應會同各有關機關隨時抽查，發現有不合格或引起公害之原因者，應依契約規定令其限期改善或停工（海埔地§16）。

　　開發人完成造地開發時，應即報請該管主管機關進行勘驗，經勘驗合格者，發給完工認可證明（海埔地§17）。開發人完成造地開發後，應將人工設施及開發區海底地形實測資料送請中央主管機關備查（海埔地§17-1）。

　　又為加強施工管理，開發人、設計人、監造人或承造人因開發計畫之實施，而有侵害他人財產、肇致危險或傷害他人時，應視其情形分別依法負其責任（海埔地§15）。

五、海埔地之使用管理

(一) 海埔地之登記與管理

　　經完工認可之海埔地應依法辦理地籍測量及土地總登記，並依其使用開發計畫辦理土地使用編定、變更編定或循都市計畫程序辦理變更（海埔地§18）。

　　造地開發完成之海埔地，其公共設施用地所有權登記，依下列規定辦理（海埔地§19）：1.其屬中央機關開發者，登記為國有；2.其屬地方政府開發者，登記為直轄市或縣（市）有；3.其屬民間開發者，登記為直轄市或縣（市）有。

　　其次，開發完成之海埔地，其公共設施由公共設施用地管理機關維護（海埔地§21）。

(二) 海埔地產權之分配

　　造地開發完成之海埔地，開發人得依其經許可之土地分配比例依法辦理土地所有權登記或租用。其扣除開發人所有土地及公共設施用地之剩餘土地，依前條規定登記為公有。

　　前項土地分配比例，指依開發成本抵算之等值土地面積；該等值土地面積之區位，開發人有依其開發計畫優先選擇之權利。

　　第1項剩餘土地之面積以不低於造地開發總面積之30%為原則，其坵塊以能維持最低經濟規模之使用開發為原則（海埔地§20）。

貳、河川地之管理使用

一、河川管理

　　所稱「河川」，指依中央主管機關認定其屬於水資源開發或國土保育或區域發展關係重大之水系，並經公告之水道。前項河川依其管理權責，分為中央管河川、直轄市管河川及縣（市）管河川三類（河川管理§2Ⅰ、Ⅱ）。

　　所稱「河川管理」，係指下列事項（河川管理§3）：

(一) 河川治理計畫之規劃、設計、施工。

(二) 河川區域之劃定與變更。

(三) 土石可採區之劃定。

(四) 河川環境管理計畫之訂定。

(五) 河防建造物之管理。

(六) 河川之巡防與違法危害河防事件之取締及處分。

(七) 河川使用申請案件之受理、審核、許可、廢止、撤銷及使用費之徵收。

(八) 治理計畫用地之取得。

(九) 防汛、搶險、搶修。

(十) 其他有關河川管理行政事務。

二、河川區域之劃定與變更

　　河川區域之劃定及變更，由管理機關測定，報主管機關核定、公告並函送有關鄉（鎮、市、區）公所揭示及公開閱覽；中央管河川由水利署測定，報中央主管機關核定公告，並函送當地直轄市、縣（市）主管機關轉由有關鄉（鎮、市、區）公所揭示及公開閱覽。

　　前項公告劃入河川區域內之公私有土地在未經變更公告劃出前，管理機關應依本辦法相關規定限制其使用（河川管理§7Ⅰ、Ⅱ）。

三、河川使用

(一) 許可使用之範圍

　　管理機關得依河川治理計畫，並參酌所轄河川水土資源、生態環境、自

然景觀、河川沿岸土地發展及其他相關情事，訂定河川環境管理計畫報經其主管機關核定之。

管理機關應依前項核定之各該河川環境管理計畫，公告其管理使用分區、得申請許可使用之範圍及其項目。但原已許可使用者，應俟使用期限屆滿後始得變更，其為種植使用者，得展限使用二次期滿後再行變更之。

前項經許可使用之土地於許可期限屆滿或經撤銷、廢止使用許可者，管理機關應命使用人限期整復，未依所定期限整復者，除依本法第95條規定處分，該河川公地如符合許可要件者，管理機關得指定期限公告受理申請許可使用（河川管理§27）。

(二) 使用之優先順序

河川公地同一地點有二人以上申請使用，且書件齊全者，依下列規定定其優先順序：1.收件在先者；2.送達日期相同不能分別先後者，以抽籤決定之。

前項行為屬種植使用時，在原許可使用人死亡後6個月內，如原許可使用人之配偶及年滿16歲之直系血親過半數共同推具申請資格者提出申請時為最優先。

屬土石採取使用者，管理機關應就各該可採區公告受理申請，其申請程序及優先順序依土石採取法規定辦理（河川管理§31）。

(三) 許可使用期限

河川區域之許可使用期間不得超過5年：期滿欲繼續使用者，除種植植物、圍築魚塭、插、吊蚵使用者依第33條第3項規定辦理外，應於期限屆滿前3個月起30日內以新案申請許可，逾期未申請者，其許可於期限屆滿時失其效力。

許可期限屆滿未申請展期而繼續使用，或其使用未經申請許可者，除屬第3項應依規定辦理者外，應依本法裁處。屬本法第78條之1第1款、第4款、第6款之圍築魚塭、插、吊蚵之使用期滿未依第1項規定申請許可，且其使用符合本法及本辦法其相關規定者，得補辦申請許可，管理機關於其補繳使用期間之使用費後，依新案許可使用。但其使用不符合本法及本辦法規定者或未於管理機關通知期限內補辦許可者，應依本法裁處。

前項補辦許可申請屬河川公地使用者，管理機關應於許可前追繳使用期

間之使用費,但使用期間超過5年者,以5年為限。

本法第78條之1第1款、第2款、第4款及第6款之圍築魚塭、插、吊蚵使用行為於許可使用期限屆滿後,未依管理機關通知期限內申請繼續使用之河川公地,始得受理他人申請。

政府機關、公有公用事業機構或公法人施設之永久性建造物,其許可使用年限按實際需要訂定,不受第1項許可使用期間之限制。

因申請水權而施設之建造物,其許可使用年限得按水權狀核准年限訂定,不受第1項許可使用期間之限制(河川管理§33)。

申請種植植物、圍築魚塭及插、吊蚵使用者,許可使用人於期滿仍欲繼續使用者,經查無違反許可使用規定,且該河川土地適宜原使用者,得於期限屆滿前3個月起之30日內,持原許可書或身分證明文件,依原使用許可範圍及方式向管理機關申請展期,每次得延長5年;准予展期者,加註展期使用期間,並以2次為限(河川管理§34III)。

(四) 使用面積之限制

申請使用為河川公地者,同一戶之總使用面積為種植使用者不得超過5公頃;其為圍築魚塭及插、吊蚵使用者,同一戶之總使用面積不得超過3公頃(河川管理§34IV)。

(五) 申請人之限制

為便利河川之使用管理,下列人員不得申請使用河川公地種植植物及圍築魚塭及插、吊蚵(河川管理§36):1.法人。但圍築魚塭及插、吊蚵者,不在此限;2.住所與申請種植地點非在同一或毗鄰鄉(鎮、市、區)者。但其居住地距離申請地點在10公里以內者,不在此限;3.戶籍為寄居者;4.未滿16歲之自然人。

申請於河川區域私有地種植植物,圍築魚塭或插、吊蚵者,不受前項第2款及第3款之限制。

(六) 經營方式

經許可使用河川公地者,其土地相毗連或鄰近農民自願結合共同從事農業經營者,得依相關法規合作經營(河川管理§40)。

第九章　土地重劃

　　土地重劃係屬土地之綜合性改良方法之一，現行土地法對於土地重劃之規範，僅於第三編第六章，自第135條至第142條，共8條條文，對於重劃之基本原則予以概括性之規定。由於土地重劃又可依土地之性質與施行地區之不同，分爲市地重劃、農地重劃、水利地重劃及農村社區土地重劃四類，除於「平均地權條例」增訂有關市地重劃之相關條款外，內政部爰增訂「市地重劃實施辦法」（民國77年6月30日），至於農地重劃部分，訂有「農地重劃條例」（民國69年12月19日），以分別作爲實施市地重劃與農地重劃之執行依據。此外，爲配合河川整治計畫之需要，水利法於民國88年7月15日公布增訂水利地重劃。爲促進農村社區土地管理利用，改善農村生活環境，於民國89年1月26日公布「農村社區土地重劃條例」，以爲實施農村社區重劃之依據。

第一節　實施土地重劃之意義與執行方法

壹、土地重劃之意義與目的

一、意義

　　土地重劃者，乃將一定區域內各宗畸零狹小、使用分散之坵塊，加以整理合併，改善其公共設施，重新規定其地界，而成爲整齊劃一，合於經濟使用之宗地，再按交換分合方法，分配於原所有權人之一種土地開發改良方式。

二、目的

　　土地重劃之目的在於將散碎、分割之土地經重劃後，成爲坵塊整齊、地籍明確、地形方整、地界清楚、公共設施完善之土地，以增加土地經濟供給，並提高土地之利用價值。

貳、土地重劃之種類與原因

一、種類

(一) 市地重劃

係就都市計畫發布地區範圍內編為建築用地,因坵塊細窄零碎、形式不整、公共設施缺乏或環境窳陋之地區,重新劃分區段址界,進行地籍清理、整理地形、興闢各類公共設施,使地區內每宗土地均能建築使用,以增進都市之發展建設,促進市地之經濟利用。

(二) 農地重劃

係就一定範圍內之農地,予以分割合併或廢除舊有坵塊,重新予以交換分合,並興闢農田灌溉、水利及交通等各項設施,增加直接生產用地,以便利農業經營,提高農業生產力,促進農地利用之現代化。

(三) 水利地重劃

係為配合河川整治計畫,於興建堤防或整理河川時將水道治理計畫線或堤防預定線內之公、私有土地重新整理分配之重劃計畫。

(四) 農村社區土地重劃

為促進農村社區土地合理利用,改善生活環境,爰於依區域計畫法劃定非都市土地使用分區之鄉村區、農村聚落及原住民聚落,進行土地重劃。

二、原因

直轄市或縣(市)地政機關因下列情形之一,經上級機關核准,得就管轄區內之土地,劃定重劃地區,施行土地重劃,將區內各宗土地重新規定其地界(土§135):

(一) 實施都市計畫者。

(二) 土地面積畸零狹小,不適合於建築使用者。

(三) 耕地分配不適合於農事工作或不利於排水灌溉者。

(四) 將散碎之土地交換合併,成立標準農場者。

(五) 應用機器耕作，興辦集體農場者。

依上述第(一)款至第(五)款所指出的五種重劃情形而言，第(一)及第(二)款之情形是屬於市地重劃之範圍，第(三)款至第(五)款屬農地重劃之範圍。此外，政府為增進山坡地之利用或擴大經營規模之需要，得劃定地區，辦理土地重劃（山坡地§13）。

除上述土地法有關實施土地重劃之原因外，實施市地重劃（平§56）、農地重劃（農劃§6）、水利地重劃（水利§83-1）及農村社區土地重劃（農社劃§5）等施行之情形，均明訂於各相關法律條文中，將於下列各節分別說明。

參、土地重劃之舉辦主體

一、由政府主管機關辦理

市縣地政機關依土地法第135條規定之各類情形，經上級機關核准後，得就管轄區內之土地，劃定重劃地區，施行土地重劃，將區內各宗地重新規定其地界。政府主管機關辦理土地重劃時，為尊重實施地區土地所有權人之意願，若自公告之日起30日內，重劃地區私有土地所有權人半數以上，而其所有土地面積，超過重劃地區內土地總面積一半者，表示反對時，主管機關應予調處，並參酌反對理由，修訂重劃計畫書，重行報請核定，並依其核定結果公告實施（土§140，平§56，市劃§58，農劃§7，農社劃§6參照）。土地重劃之實施，由前揭規定可看出其本質亦為國家高權之行使，故其施行上之正當程序，亦應參酌土地徵收程序為宜。

二、由土地所有權人申請辦理

依土地法第135條規定進行之土地重劃，得因重劃區內土地所有權人過半數，而其所有土地面積，除公有土地外，超過重劃區內土地總面積一半者之共同請求，由直轄市、縣（市）地政機關核准為之（土§141，平§57，農劃§8，農社劃§7參照）。

三、獎勵土地所有權人辦理

　　為促進土地重劃之辦理，以提高土地利用效率，除由政府機關主動積極舉辦重劃事業外，我國亦特別獎勵土地所有權人自行組織重劃會，辦理重劃業務，一方面可適度減輕政府興辦之人力及財務周轉壓力，另一方面可鼓勵人民積極參與公眾事務，並及時滿足個別發展之需求。爰此，於辦理重劃時，由重劃區內私有土地所有權人半數以上，而其所有權土地面積超過重劃區內私有土地總面積半數以上者之同意，並經主管機關核准後，即可實施之（平§58，農社劃§9），同時並給予相當之獎勵。惟自行辦理農地重劃，其私有土地所有權人數及私有土地所有權面積，均應達區內三分之二以上者同意者，方得施行之（農劃§10）。

第二節　市地重劃之舉辦與施行

　　都市土地開發為促進都市發展之基礎要件，透過土地開發興闢公共設施等基礎建設，滿足市民居住活動空間，並提供都市各類產業發展所需基地，不僅健全都市機能，更可增進都市發展。市地重劃本質上即屬土地整體開發方式之一，經由市地重劃整合私有土地，以利整體開發建設。惟在私有產權受到制度性充分保障的規範體系下，雖可促進市場經濟發達，但由於私有產權的排他性，面對私有產權地主拿翹（Holdout）的策略行為，往往成為土地開發產權整合問題（Assembling Problem）之所在，導致土地開發的失靈，而為形成僵局（Gridlock）現象[1]。市地重劃制度之設計，即在分配公平原則下，透過產權之交換分合，由參與開發之土地所有人分享開發所創造之整合價值（Assembly Value），以有助於解決開發僵局的困境，促進土地之有效利用。

---

[1] 楊松齡，產權與土地開發整合僵局之探討，台灣環境與土地，16期，民國104年。

壹、市地重劃之原因及舉辦主體

一、市地重劃之原因

　　為促進都市土地利用，增進土地經濟價值，執行都市計畫，促成都市建設發展與景觀之維護，各級主管機關得就下列地區報經上級主管機關核准後辦理市地重劃（平§56Ⅰ，市劃§48參照）：

(一) 新設都市地區之全部或一部，實施開發建設者。

(二) 舊都市地區為公共安全、公共衛生、公共交通或促進土地合理使用之需要者。

(三) 都市土地開發新社區者。

(四) 經中央主管機關指定限期辦理者。

二、舉辦主體

(一) 由政府主管機關辦理

　　依土地法規定，土地重劃，自公告之日起30日內，有關係之土地所有權人半數以上，而其所有土地面積，除公有土地外，超過重劃地區內土地總面積一半者，表示反對時，直轄市或縣（市）地政機關應即報上級機關核定之（土§140）。

　　依平均地權條例規定，依規定辦理市地重劃時，主管機關應擬具市地重劃計畫書，送經上級主管機關核定公告滿30日後實施之（平§56Ⅱ）。

(二) 由土地所有權人申請辦理

　　適當地區內之私有土地所有權人半數以上，而其所有土地面積超過區內私有土地總面積半數者之同意，得申請該管直轄市或縣（市）政府核准後優先實施市地重劃（平§57，土§141）。

(三) 獎勵土地所有權人自行辦理

　　為促進土地利用，擴大辦理市地重劃，中央主管機關得訂定辦法，獎勵土地所有權人自行組織重劃會辦理之。其獎勵事項如下（平§58）：

1. 給予低利之重劃貸款。

2. 免收或減收地籍整理規費及換發權利書狀費用。

3. 優先興建重劃區及其相關地區之公共設施。

4. 免徵或減徵地價稅及田賦。

5. 其他有助於市地重劃之推行事項。

重劃會辦理市地重劃時，應由重劃區內私有土地所有權人半數以上，而其所有土地面積超過重劃區私有土地總面積半數以上者之同意，並經主管機關核准後實施之。

貳、市地重劃實施之程序

一、重劃地區之選定

重劃地區之範圍，由該主管機關勘定；其由中央主管機關辦理者，應會同當地直轄市或縣（市）政府辦理（市劃§6）。

(一) 重劃區邊界劃定之原則

重劃地區範圍應儘量配合都市計畫之閭鄰單位規劃辦理，其邊界並應依下列原則劃定：

1. 明顯之地形、地物。

2. 非屬整個街廓納入重劃區者，依街廓分配線。

3. 計畫道路中心線。但路寬在8公尺以下或都市計畫附帶以市地重劃方式開發者，得將道路全部納入重劃區。

都市計畫指定整體開發之地區，其以市地重劃方法開發者，應以都市計畫指定整體開發地區為重劃地區範圍，並得依都市計畫劃定之開發分區辦理重劃；其經依第8條評估實施市地重劃有困難者，應檢討都市計畫後再辦理重劃（市劃§7）。

(二) 勘選重劃區之評估

主管機關勘選市地重劃地區時，應就下列事項加以評估（市劃§8）：

1. 都市計畫。

2. 土地所有權人意願。

3. 地區發展之潛力。

4. 人口成長情形與建地需求量。

5. 地區現況。

6. 重劃後地價預期增漲幅度。

7. 財務計畫。

8. 其他特殊事項。

　　勘選市地重劃地區評估作業準則，由中央主管機關定之。

　　選定之重劃地區尚未發布細部計畫或其細部計畫需變更者，應於完成細部計畫之擬定或變更程序後，再行辦理重劃。但選定重劃之地區，其主要計畫具有都市計畫法第22條第1項規定之內容者，得先依主要計畫辦理重劃，以配合擬定細部計畫（市劃§9）。此外，重劃地區選定後，直轄市或縣（市）政府，得視實際需要報經上級主管機關核定後，分別或同時公告禁止或限制下列事項（平§59）：

1. 土地移轉、分割或設定負擔。

2. 建築改良物之新建、增建、改建或重建及採取土石或變更地形。

　　前項禁止或限制期間，以1年6個月為期。

二、重劃計畫之核定及公告

(一) 擬定與核定

　　重劃地區選定後，主管機關應舉辦座談會，並擬具市地重劃計畫書，報請上級主管機關核定（市劃§14）。前項座談會主管機關應以書面載明下列事項，通知土地所有權人：

1. 重劃區範圍及總面積（附範圍圖）。

2. 公共設施用地負擔項目及其概略面積。

3. 舉辦重劃工程項目。

4. 重劃經費負擔概算及負擔方式。

5. 預計重劃平均負擔比率。

　　第1項重劃計畫書應記載下列事項：

1. 重劃地區及其範圍。

2. 法律依據。

3. 辦理重劃原因及其預期效益。

4. 重劃地區公、私有土地總面積及其土地所有權人總數。

5. 重劃地區原公有道路、溝渠、河川及未登記地土地面積。

6. 土地總面積：指計畫範圍內之公、私有土地面積及未登記地之計算面積。

7. 預估公共設施用地負擔：包括土地所有權人共同負擔之公共設施用地項目、面積及平均負擔比率。

8. 預估費用負擔：包括土地所有權人共同負擔之工程項目及其費用、重劃費用及貸款利息之總額與平均負擔比率。

9. 土地所有權人平均重劃負擔比率概計。

10. 重劃區內原有合法建物或既成社區重劃負擔減輕之原則。

11. 財務計畫：包括資金需求總額、貸款及償還計畫。

12. 預定重劃工作進度表。

13. 重劃區範圍都市計畫地籍套繪圖。

　　前項第7款至第9款之計算式如下述；依第10款減輕之重劃負擔，不得因此增加其他土地所有權人之負擔。

　　依本條例規定辦理重劃，如為申請優先實施重劃或有超額負擔時，重劃計畫書應記載土地所有權人同意辦理情形及處理方法。

　　上述有關預估公共設施用地平均負擔比率及預估費用平均負擔比例之計算公式如下：

1. **公共設施用地平均負擔比率**

$$= \frac{公共設施用地負擔總面積－重劃前原公有道路、溝渠、河川及未登記地面積}{重劃區總面積－重劃前原公有道路、溝渠、河川及未登記地面積}$$

2. **費用平均負擔比率**

$$= \frac{工程費總額＋重劃費總額＋貸款利息總額}{重劃後平均地價 \times（重劃區總面積－重劃前原公有道路、溝渠、河川及未登記地面積）}$$

3. **重劃總平均負擔比率**

＝公共設施用地平均負擔比率＋費用平均負擔比率

(二) 公告及通知

　　重劃計畫書經核定後，主管機關應即依法公告，及通知土地所有權人，並舉行座談會，說明重劃意旨及計畫要點（市劃§16Ⅰ）。此外，依規定辦理市地重劃時，主管機關應擬具市地重劃計畫書，送經上級主管機關核定公

告滿30日後實施之（平§56II）。

(三) 異議提出與處理

土地所有權人對重劃計畫書有反對意見者，應於公告期間內以書面載明理由與其所有土地之座落、面積及姓名、住址，於簽名蓋章後，提出於主管機關為之（市劃§16II）。此外，在公告期間內，重劃地區私有土地所有權人半數以上，而其所有土地面積超過重劃地區土地總面積半數者，表示反對時，主管機關應予調處，並參酌反對理由，修訂市地重劃計畫書，重行報請核定，並依其核定結果公告實施（平§56III）。

三、測量、調查及地價查估

(一) 現況調查測量

重劃計畫書經核定公告滿30日後，主管機關應即實施重劃區範圍、公共設施用地及土地使用現況之測量，並調查各宗土地使用現況，編造有關清冊（市劃§19）。

(二) 查估重劃前後地價

重劃前後之地價應依下列規定查估後，提請地價評議委員會評定之（市劃§20）：

1. 重劃前之地價應先調查土地位置、地勢、交通、使用狀況、買賣實例及當期公告現值等資料，分別估計重劃前各宗土地地價。
2. 重劃後之地價應參酌各街廓土地之位置、地勢、交通、道路寬度、公共設施、土地使用分區及重劃後預期發展情形，估計重劃後各路街之路線價或區段價。

四、計算負擔及分配設計

市地重劃是由參加重劃之土地所有權人共同分擔開發成本，由於公共設施及相關改良費用的支出，使重劃區之土地效用提高，因資本化結果，而形成土地價值的一部分，使該地區可建築用地之價格水準上昇。換言之，由於開發建設成本的投入，將使參加重劃之土地所有權人因而受益，其受益與投

入開發成本之間，有極為密切的關係，重劃成本即應由受益者依受益程度，共同負擔重劃成本，以符合權利與義務相對性之公平原則。

　　受益者付費原則主要目的，即在使受益與負擔間的均衡。其基本理念在於對資源分配的過程中，受益者對於成本負擔的多寡，應以享受利益之程度為標準，並以享受利益為負擔之依據。受益與負擔之間若能達到均衡狀態，即可符合公平原則的本旨。

(一) 重劃共同負擔之計算

　　土地所有權人依平均地權條例第60條規定，應共同負擔之項目如下：

1. 公共設施用地負擔

　　指重劃區內供公共使用之道路、溝渠、兒童遊樂場、鄰里公園、廣場、綠地、國民小學、國民中學、停車場、零售市場等10項用地，扣除重劃區內原公有道路、溝渠、河川及未登記地等土地後，由參加重劃土地所有權人按其土地受益比例所算得之負擔（市劃§21Ⅰ①）。

　　上述所定重劃區內供公共使用之道路，包括道路之安全島、綠帶及行人步道；所稱重劃區內供公共使用之溝渠，指依都市計畫法定程序所劃設供重劃區內公共使用之排水用地（市劃§21Ⅱ）。

　　又上述公共設施用地負擔所列舉10項供公共使用之用地，不包括下列用地（市劃§21Ⅲ）：

(1)重劃前業經主管機關核准興建之兒童遊戲場、鄰里公園、廣場、綠地、國民小學、國民中學、停車場及零售市場等八種用地。

(2)重劃前政府已取得者。

　　上述共同負擔之10項公設用地屬「鄰里性」之公共設施，原則上係供重劃區內之居民使用，重劃區內之土地所有人，理論上即為區內各項公共設施的使用者，從「使用」和「付費」的關係上而言，重劃負擔自然符合「使用者付費」的理念。實施市地重劃的目的，在於促進都市的健全發展及土地的經濟利用，提升居住品質，參加重劃之土地，經重劃改良後，因公共設施的完備、區內環境改善、居住品質提升，再加土地利用價值提高，使得重劃後土地價值上漲，使原土地所有權人享受土地開發利益。因此，若從「受益」與「付費」的關係上而言，則重劃負擔之內涵，亦有歸屬於「受益者付費原

則」之範疇[2]。

又公共設施用地負擔，包括臨街地特別負擔及一般負擔，其內容如下（市劃§25）：

(1)臨街地特別負擔：指重劃後分配於道路兩側之臨街地，對其面臨之道路用地，按路寬比例所計算之負擔。

(2)一般負擔：指公共設施用地負擔扣除道路兩側臨街地特別負擔後，所餘之負擔。

又臨街地特別負擔，應依下列標準計算（市劃§26）：

(1)面臨寬度超過4公尺未滿8公尺之道路者，其道路寬度超過4公尺部分，由兩側臨街地各負擔二分之一。

(2)面臨寬度8公尺以上未滿20公尺之道路者，其兩側臨街地各負擔路寬之四分之一。

(3)面臨寬度20公尺以上道路者，其兩側臨街地各負擔5公尺。

街角地對其正面道路之臨街地特別負擔，依前項標準計算；其對側面道路之臨街地特別負擔，依前項標準二分之一計算。

市地重劃區範圍以都市計畫道路中心線爲界者，其臨接地特別負擔，應按參與重劃之道路寬度計算。分配結果未列入共同負擔公共設施用地、面臨路寬4公尺以下道路及已開闢公有道路之臨街地，不計算臨街地特別負擔（市劃§27）。

2. 費用負擔

指工程費用、重劃費用及貸款利息，由參加重劃土地所有權人依其土地受益比例，按評定重劃後地價折價抵付之負擔（市劃§21Ⅰ②）。

上述所稱工程費用，指道路、橋樑、溝渠、地下管道、兒童遊樂場、鄰里公園、廣場、綠地、平面停車場等公共設施之規劃設計、施工、整地、材料、工程管理費用及應徵之空氣污染防制費（市劃§21Ⅳ）。

此外，重劃區內之區域性道路、下水道等公共設施，除其用地應由重劃區內土地所有權人，按其土地受益比例共同負擔外，其工程費得由政府視實

---

[2] 楊松齡，「市地重劃負擔減輕及差額地價課題題之探討」土地開發暨未來趨勢研討會，民國106年7月7日。

際情況編列預算補助，或由政府視實際情況配合施工（市劃§24）。

3.其他負擔

因重劃抵充為公共設施用地之公有出租農業用地，直轄市或縣（市）政府應逕為註銷租約，並按重劃計畫書公告當期該土地之公告土地現值三分之一補償承租人，所需費用列為重劃共同負擔（平§63-1Ⅱ）。又重劃負擔及分配面積之計算，以土地登記總簿所載之面積為準。重劃區內土地實際面積少於土地登記總面積而未能更正者，差額得列入共同負擔（市劃§29）。

(二) 重劃共同負擔之方式及比例

1.負擔方式

重劃區內供公共使用之10項用地，除以原公有道路、溝渠、河川及未登記地等4項土地抵充外，其不足土地及工程費用、重劃費用與貸款利息，由參加重劃土地所有權人按其土地受益比例共同負擔，並以重劃區內未建築土地折價抵付。如無未建築土地者，改以現金繳納。其經限期繳納而逾期不繳納者，得移送法院強制執行（平§60Ⅰ）。

2.負擔比例

依規定折價抵付共同負擔之土地，其合計面積以不超過各該重劃區總面積之45%為限。但經重劃區內私有土地所有權人半數以上且其所有土地面積超過區內私有土地總面積半數之同意者，不在此限（平§60Ⅲ）。又重劃區內供公共使用之10項用地以外之公共設施用地，非經重劃區全體土地所有權人之同意，不得列為共同負擔（市劃§23Ⅱ）。未列為共同負擔之其他公共設施用地，於土地交換分配時，應以該重劃地區之公有土地優先指配（平§60Ⅱ）。

依平均地權條例第60條第2項指配之公有土地，以未建築或已有建築物因實施重劃而須拆除之土地為限。其提供順序如左（市劃§32）：(1)本直轄市、縣（市）有土地；(2)本鄉（鎮）有土地；(3)國有土地；(4)他直轄市、縣（市）有土地；(5)他鄉（鎮）有土地。前項公有土地不足指配於未列為共同負擔之公共設施用地時，其指配順序如左：(1)依本條例施行細則第83條規定負擔順序未列入共同負擔之公共設施用地；(2)機關用地；(3)其他公共設施用地。

　　重劃區內未列爲共同負擔之公共設施用地，依規定以重劃區內之公有土地優先指配；如有不足，得以抵費地指配或按該公共設施用地範圍內土地所有權人所有土地面積比例分配之，其分配面積不受原街廓原路街線最小分配面積之限制。但該範圍內私有土地所有權人主張以原位置（次）分配時，不得以抵費地強行指配。前項以抵費地指配於未列爲共同負擔之公共設施用地者，需地機關應配合重劃進度編列預算，按主管機關所定底價價購，其底價不得低於各該宗土地評定重劃後地價。但依法得民營之公用事業用地，得依第54條規定辦理公開標售（市劃§34）。

3.負擔減輕之原則

　　市地重劃所選定之重劃範圍，重劃前之各別宗地條件、情況不一，理論上，重劃後各別宗地受益程度，自有所不同。重劃區內已有之合法建物或既成社區時，參與重劃後所受之效益，相較於其他未建築或地籍界址不整之土地，實有顯著差異。爰此，爲減少重劃糾紛與困擾，重劃計畫書應記載事項增列「重劃區內原有合法建物或既成社區重劃負擔減輕之原則」，以符負擔公平原則。惟若對各宗土地重劃前後之地價，得以精準查估掌握，反映眞實地價，則負擔減輕原則即無必要。

(三) 土地分配及設計

1.分配最小面積標準

　　土地畸零狹小，全宗面積在土地法第31條所規定最小面積單位以下者，得依土地重劃廢置或合併之（土§137）。依此意旨，重劃後之土地最小分配面積標準，由主管機關視各街廓土地使用情況及分配需要於規劃設計時定之。但不得小於畸零地使用規則及都市計畫所規定之寬度、深度及面積（市劃§30）。

　　土地重劃後，應依各宗土地原來之面積或地價，仍分配於原所有權人。但限於實際情形不能依原來之面積或地價妥爲分配者，得變通補償（土§136）。故土地重劃後依法有兩種分配方式：(1)採面積分配：即以面積爲計量單位，依重劃前個別宗地之土地面積爲基準；(2)採價值分配：以權利價值爲計量單位，依重劃前個別宗地之土地價值爲基準。就市地重劃而言，重劃區之開發改良，因資本化結果，而形成土地價值的一部分，使該地區可建築用地之價格水準上升。依平均地權條例規定，重劃後之土地在扣除折價

抵付共同負擔之土地後，其餘土地仍依各宗土地地價數額比例分配與原土地所有權人。但應分配土地之一部或全部因未達最小分配面積標準，不能分配土地者，得以現金補償之（平§60-1Ⅰ）。其所謂依各宗土地價數額比例分配，即採價值分配之意。

2.分配位置準則與調整分配方法

重劃後之土地分配位置，以重劃前原有土地相關位次分配於原街廓之面臨原有路街線者為準，其調整分配方法如下（市劃§31）：

(1)逐宗個別分配原則：同一土地所有權人在重劃區內有數宗土地，其每宗土地應分配之面積已達原街廓原路街線最小分配面積標準者，除依第22條規定辦理外，應逐宗個別分配；其未達原街廓原路街線最小分配面積標準者，按應分配之面積較大者集中合併分配。但不得合併分配於公共設施用地及依法不能建築之土地。

(2)合併分配原則：同一土地所有權人在重劃區內所有土地應分配之面積，未達或合併後仍未達重劃區內最小分配面積標準二分之一者，除通知土地所有權人申請與其他土地所有權人合併分配者外，應以現金補償之；其已達重劃區內最小分配面積標準二分之一者，得於深度較淺、重劃後地價較低之街廓按最小面積標準分配或協調合併分配之。

(3)跨線分配原則：同一宗土地跨占分配線兩側，其各側應分配之面積已達原街廓原路街線最小分配面積標準者，應於分配線兩側個別分配之；其中一側應分配之面積，未達原街廓原路街線最小分配面積標準者，應向面積較大之一側合併分配之。

(4)共有土地分配原則：分別共有土地，共有人依該宗應有部分計算之應分配面積已達原街廓原路街線最小分配面積標準，且經共有人過半數及其應有部分合計過半數之同意或其應有部分合計逾三分之二同意者，得分配為單獨所有；其應有部分未達原街廓原路街線最小分配面積標準者，得依第2款規定辦理或仍分配為共有。

(5)合法建物土地分配原則：重劃前已有合法建築物之土地，其建築物不妨礙都市計畫、重劃工程及土地分配者，按原有位置分配之。

(6)公設用地分配原則：重劃區內之都市計畫公共設施用地，除道路、溝渠用地外，在重劃前業經主管機關核准興建者，應仍分配與原土地所有權人。

(7)公設用地指配原則：重劃前土地位於共同負擔之公共設施用地或非公共
負擔之公共設施用地，經以公有土地、抵費地指配者，其分配位置由主
管機關視土地分配情形調整之。

重劃前各宗土地如已設定不同種類之他項權利，或經法院查封、假扣
押、假處分、破產登記或其他依法律所爲禁止處分之登記者，不得合併分
配。主管機關辦理市地重劃時，爲配合整體建設、大街廓規劃或興建社會
住宅之需要，得經協調後調整相關土地分配位次，不受第1項分配方法之限
制。

重劃前政府已取得之公共設施用地，已依計畫闢建使用，且符合平均地
權條例施行細則第82條第1款規定之道路、溝渠、河川等用地，依平均地權
條例第60條第1項規定辦理抵充；其餘不屬該條款之用地仍按原位置、原面
積分配，不得辦理抵充。

(四) 重劃負擔及分配面積之計算

重劃負擔及分配面積之計算，以土地登記總簿所載之面積爲準，其計
算順序及公式如下。重劃區內土地實際面積少於土地登記總面積而未能更正
者，差額得列入共同負擔（市劃§29）。

1. **重劃區臨街地特別負擔總面積**
   ＝（正面道路負擔總面積＋側面道路負擔總面積）（1－C）
   正面道路負擔總面積＝（正面道路長度×正面道路負擔標準）之總和
   側面道路負擔總面積＝（側面道路長度×側面道路負擔標準）之總和

2. **重劃區一般負擔總面積**
   ＝公共設施用地負擔總面積—重劃前原公有道路、溝渠、河川及未登
   記地面積—臨街地特別負擔總面積

3. **重劃區一般負擔係數**

$$＝\frac{一般負擔總面積×重劃前平均地價}{重劃後平均地價×（重劃區總面積－重劃前原公有道路、溝渠、河川及未登記地面積）}$$

4. **重劃區費用負擔係數**

$$＝\frac{工程費用總額＋重劃費用總額＋貸款利息總額}{重劃後平均地價×（重劃區總面積－公共設施用地負擔總面積）}$$

5. 重劃前後宗地地價上漲率

$$=\frac{重劃後宗地單價}{重劃前宗地單價}$$

6. **各宗土地重劃後應分配之面積**

$G=[a(1-A\times B)-Rw\times F\times \ell 1-S\times \ell 2](1-C)$

符號說明：

G：表示各宗土地重劃後應分配之面積

a：表示參加重劃土地重劃前原有之宗地面積；如重劃後非以原有街廓分配時應先計算預計分配街廓之重劃前宗地面積（a'）

$$a'=\frac{a\times 原位置之重劃前宗地單價}{預計分配街廓之重劃前宗地平均單價}$$

A：表示宗地地價上漲率

B：表示一般負擔係數

W：表示分配土地寬度（宗地側街臨街線實際長度之中點向宗地分配線作垂直線所量其間之距離）

Rw：表示街角地側面道路負擔百分率，即重劃後分配於土地寬度為W公尺時，所應分攤之側面道路負擔百分比。其計算表如表3-9-1：

表3-9-1

W（公尺）	1	2	3	4	5	6	7	8	9
Rw(%)	17.4	24.4	31.3	37.8	44.0	50.0	55.7	61.1	66.3
W（公尺）	10	11	12	13	14	15	16	17	18
Rw(%)	71.1	75.7	80.0	84.0	87.8	91.3	94.4	97.4	100

F：表示街角第一筆土地面臨側面道路之長度

S：表示宗地面臨正街之實際分配寬度

$\ell 1$：表示側面道路負擔尺度

$\ell 2$：表示正面道路負擔尺度

C：表示費用負擔係數

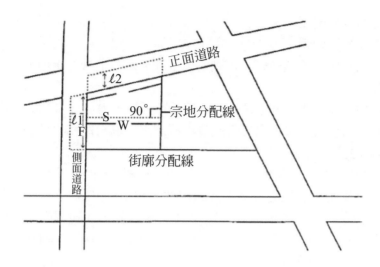

五、土地改良物或墳墓拆遷補償及工程施工

(一) 改良物或墳墓拆遷補償

重劃區內應行拆除之土地改良物或墳墓，應給予補償。其補償金額由主管機關查定，於拆除或遷移前，將補償金額及拆遷期限公告30日，並通知其所有權人或墓主；其為無主墳墓者，得以公告代替通知（市劃§38Ⅱ）。

(二) 工程施工

重劃工程之施工，應於重劃計畫書公告確定及其土地改良物或墳墓補償金額經領取或依法提存後為之（市劃§40Ⅰ）。

六、公告通知與異議處理

主管機關於辦理重劃分配完畢後，應檢附下列圖冊，將分配結果公告於重劃土地所在地鄉（鎮、市、區）公所30日，以供閱覽（市劃§35）。
(一) 計算負擔總計表。
(二) 重劃前後土地分配清冊。
(三) 重劃後土地分配圖。
(四) 重劃前地籍圖。

(五) 重劃前後地號圖。

(六) 重劃前後地價圖。

主管機關應將前項公告及重劃前後土地分配清冊檢送土地所有權人（市劃§35Ⅱ）。

土地所有權人對於第1項分配結果有異議時，得於公告期間內向主管機關以書面提出異議。未提出異議或逾期提出者，其分配結果於公告期滿時確定（市劃§35Ⅲ）。

主管機關對於土地所有權人提出之異議案件，得先予查處。其經查處結果如仍有異議者或未經查處之異議案件，應依第2條規定以合議制方式予以調處；調處不成者，由主管機關擬具處理意見，連同調處紀錄函報上級主管機關裁決之。但分別共有之土地依第31條第1項第4款調整分配為單獨所有者，共有人如提出異議，主管機關得不予調處，仍分配為共有（市劃§35Ⅳ）。

七、地籍整理

(一) 地籍測量

土地分配結果公告確定後，主管機關應依重劃前後土地分配清冊所載分配面積及重劃後土地分配圖之分配位置，實地埋設界標，辦理地籍測量，但得免辦理地籍調查。前項地籍測量後之面積，如與重劃前後土地分配清冊所載分配面積不符時，主管機關應依地籍測量之結果，釐正該土地分配清冊之面積。經釐正面積差距未達0.5平方公尺者，其地價款得免發給或繳納。但土地所有權人請求發給者，應予發給（市劃§42）。

(二) 土地權利變更登記

經重劃之土地，重劃機關應依據重劃結果，重新編號，列冊送由該管登記機關逕為辦理權利變更登記，換發土地權利書狀；未於規定期限內換領者，宣告其原土地權利書狀無效（平§67）。其辦理內容，於重劃土地辦竣地籍測量後，主管機關應將重劃前後土地分配清冊及重劃後土地分配圖等資料送由該管登記機關逕為辦理權利變更登記。其有應納差額地價者，並應通知該管登記機關於土地登記總簿加註「未繳清差額地價，除繼承外不得辦理

所有權移轉登記。」字樣，於土地所有權人繳清差額地價時，立即通知該管登記機關註銷。重劃後分配之土地，於辦竣權利變更登記前，主管機關得經其相鄰土地所有權人之同意，合併爲共有。但設有他項權利者，應徵得他項權利人之同意。依第1項辦理登記完竣後，該管登記機關應通知土地所有權人於30日內換領土地權利書狀，免收登記費及書狀費（市劃§44）。

其次，重劃區內經抵充或列爲共同負擔取得之公共設施用地及抵費地，登記爲直轄市或縣（市）有。前項經抵充或列爲共同負擔取得之公共設施用地管理機關爲各該公共設施主管機關，抵費地管理機關爲直轄市或縣（市）主管機關（市劃§50）。

(三) 配回土地之效力

市地重劃後，重行分配與原所有權人之土地，自分配結果確定之日起，視爲其原有之土地。但對於行政上或判決上之處分，其效力與原有土地性質上不可分者，不適用之（平§62）。所謂「視爲其原有之土地」[3]，是指參加重劃之土地所有權人重劃後重行分配之土地，「視爲」重劃前「其原有之土地」。此可由出租之公、私有耕地因實施市地重劃「致不能達到原租賃之目的者」，由直轄市或縣（市）政府逕爲註銷其租約並通知當事人（平§63Ⅰ）之規定得知，得知若「能達到原租賃之目的者」，重劃前原有土地上之租賃關係，重劃後重行分配之土地「視爲其原有之土地」，仍然存在。

土地重劃後配回之土地是爲權利載體之轉換，原權利不因此而受影響，故原土地所有權人重劃後分配之土地「視爲其原有之土地」。因此，若原土地上已登載之限制登記，原土地所有權人參加重劃獲配土地時，自應轉載於重劃後分配之土地。

其次，所謂「對於行政上或判決上之處分，其效力與原有土地性質上不可分者」，如重劃前原有土地上之廢棄物經主管機關裁罰，擔負廢棄物清理之法定義務，仍爲原土地所有權人。又如重劃前原有土地被法院判決應供袋地通行，重劃後所分配之土地，並無供袋地通行之義務。

---

[3] 都市更新條例第56條、農村社區土地重劃條例第21條及農地重劃條例第27條規定，皆將實施權利變換後、農村社區土地重劃後及農地重劃後配回之土地，自分配結果確定之日起，視爲其原有土地。

(四) 他項權利與租賃之處理

重劃前原設定之他項權利或有租賃關係者，可依下列規定辦理。

1. 土地租賃之處理

出租之公私有耕地因實施市地重劃致不能達到原租賃之目的，由直轄市或縣（市）政府逕為註銷其租約並通知當事人。依前項規定註銷租約者，承租人得依下列規定請求或領取補償（平§63）：

(1)重劃後分配土地者，承租人得向出租人請求按重劃計畫書公告當期該土地之公告土地現值三分之一補償。

(2)重劃後未受分配土地者，其應領之補償地價，由出租人領取三分之二，承租人領取三分之一。

因重劃抵充為公共設施用地之公有出租農業用地，直轄市或縣（市）政府應逕為註銷租約，並按重劃計畫書公告當期該土地之公告土地現值三分之一補償承租人，所需費用列為重劃共同負擔。

出租土地，因重劃而不能達到原租賃之目的者，承租人得終止租約，並得向出租人請求相當1年租金之補償。其因重劃而增減其利用價值者，出租人或承租人得向對方請求變更租約及增減相當之租金（平§63-1）。

2. 他項權利之處理

地上權、農育權及不動產役權因市地重劃致不能達其設定目的者，各該權利視為消滅。地上權人、農育權人或不動產役權人得向土地所有權人請求相當之補償。土地建築改良物經設定抵押權或典權，因市地重劃致不能達其設定目的者，各該權利視為消滅。抵押權人或典權人得向土地所有權人請求以其所分配之土地，設定抵押權或典權（平§64）。

實施重劃未受土地分配者，其原設定抵押權或典權之權利價值，由重劃機關在不超過土地所有權人應得補償之數額內予以協調清理（平§64-1）。

3. 補償請求權之行使

有關平均地權條例第63條之1及第64條之補償請求權之行使，應於重劃分配結果確定之次日起2個月內為之（平§65）。

八、交接及清償

(一) 通知交接

市地重劃區內，經重劃分配之土地，重劃機關應以書面分別通知原土地所有權人及使用人，限期辦理遷讓或接管；逾期不遷讓者，得移送法院強制執行；逾期不接管者自期限屆滿之日起，視為已接管（平§66）。

(二) 損益補償

土地重劃後，土地所有權人所受之損益，應互相補償，其供道路或其他公共所使用土地之地價，應由政府補償之（土§139）。由於個別土地之地價、區位之差異，重劃分配之結果難免產生重劃後實際分配土地之價值遠高於應分配之價值，或者實際分配土地之價值低於應分配價值等不均衡分配之情形；此外，於重劃土地分配設計之時，更設有最小分配面積之限制，於是，亦可能產生土地所有權人因重劃後應分配土地面積未達最小分配面積而未獲分配土地之情形。爰此，產生差額分配，即相對於重劃後應分配土地之增配或短配。

1. 差額分配情形

土地之增配或短配之差額分配的產生，可區分下列五種狀況：

(1)已達重劃區內最小分配面積標準而超配土地者：依市地重劃實施辦法第52條第1項規定，重劃後實際分配之土地面積多於應分配之面積者。

(2)已達重劃區內最小分配面積標準而短配土地者：依市地重劃實施辦法第52條第2項規定，重劃後實際分配之土地面積少於應分配之面積者。

(3)未達重劃區內最小分配面積而不能分配土地者：依市地重劃實施辦法第53條第1項規定，土地所有權人重劃後應分配之土地面積未達重劃區最小分配面積標準二分之一而不能分配土地時者。

(4)重劃前已有合法建築物之土地按原有位置分配者：依市地重劃實施辦法第14條第2項第10款規定，重劃區內原有合法建物或既成社區重劃負擔減輕之原則。

(5)重劃前已有合法建築物之土地按原有位置分配而超配土地者：市地重劃區內已建合法房屋因分配需要而增配之土地，因其土地利用價值較低，

得訂定核減標準，以照顧該土地所有權人之權益[4]。

2. 差額分配之處理

(1)重劃後實際分配之土地面積多於應分配之面積者，主管機關應於重劃土地接管後30日內通知土地所有權人，就其超過部分按評定重劃後地價限期繳納差額地價；逾期未繳納者，依法移送強制執行（市劃§52Ⅰ）。市地重劃後土地分配之結果，土地所有權人實際分配之土地面積多於應分配之土地面積時，就分配公平原則觀之，增配之土地在公法上即屬「不當得利」，即為無法律上原因而受領之給付，主管機關對此即有返還該不當得利之請求權，以調整不當之財產移動，故請求繳納差額地價之請求權，是為公法之返還請求權[5]。

(2)重劃後實際分配之土地面積少於應分配之面積者，主管機關應於重劃土地接管後30日內通知土地所有權人，就其不足部分，按評定重劃後地價發給差額地價補償，逾期不領取者，依第53條之1規定存入專戶保管（市劃§52Ⅱ）。市地重劃後土地分配之結果，土地所有權人實際分配之土地面積少於應分配之土地面積時，應發給差額地價。此差額地價之發給，對重劃範圍內之土地所有權人而言，主管機關辦理之市地重劃在重劃計畫確定後，即生強制土地所有權人參與市地重劃實施之效力[6]。故就財產權保障與分配公平原則以觀，在於填補土地所有權人因參加重劃後

4　內政部76年11月25日台(76)內地字第553144號函：「關於市地重劃區內已建合法房屋因分配需要而增配之土地，因其土地利用價值較低，可否就該增配土地之重劃後地價再提地價評議委員會暨標準地價評議委員會重新評定乙案，為減輕該增配土地所有權人之重劃負擔依本部72年8月31日台(72)內地字第181585號函規定，得由直轄市及縣（市）主管機關，斟酌該地區實際情形，本於職權，訂定核減標準，以照顧該土地所有權人之權益。」

5　參閱陳敏，行政法總論，頁1181，神州圖書公司，民國92年。

6　依平均地權條例第56條第2項及第3項規定：辦理市地重劃時，主管機關應擬具市地重劃計畫書，送經上級主管機關核定公告滿30日後實施之。在前項公告期間內，重劃地區私有土地所有權人半數以上，而其所有土地面積超過重劃地區土地總面積半數者，表示反對時，主管機關應予調處，並參酌反對理由，修訂市地重劃計畫書，重行報請核定，並依其核定結果公告實施。

面積短配而產生之財產損失，實質上應具有損失補償之性質，符合「補償原則」之具體規定。惟既未明確規定差額地價補償發放之期日，亦未規範逾期發放之法律效果，宜可參照土地徵收補償之相關規定，以落實參與重劃之土地所有權人財產權保障之要旨。

(3) 土地所有權人重劃後應分配之土地面積未達重劃區最小分配面積標準二分之一而不能分配土地時，主管機關應於重劃分配結果公告確定之次日起60日內，以其重劃前原有面積按原位置評定重劃後地價發給現金補償。但重劃區範圍勘定後，除因繼承或強制執行者外，土地所有權人申請分割土地，致應分配土地面積未達重劃區最小分配面積標準二分之一者，以其重劃前原有面積按原位置評定重劃前地價者，發給現金補償；逾期未領取者，依第53條之1規定存入專戶保管。土地所有權人重劃後應分配土地面積已達重劃區最小分配面積標準二分之一，經主管機關按最小分配面積標準分配後，如申請放棄分配土地而改領現金補償時，應以其分配權利面積，按重劃後分配位置之評定重劃後地價予以計算補償。前二項土地設有他項權利或出租或辦竣限制登記者，主管機關應於發給補償費前邀集權利人協調，協調成立者，依其協調結果處理，協議不成者，應將補償費依第53條之1規定存入專戶保管，並列冊送由該管登記機關逕為塗銷登記（市劃§53）。此亦為於填補土地所有人因參加重劃後面積短配而產生之財產損失，實質上亦屬損失補償之性質。

(三) 補償費專戶之設置

直轄市或縣（市）主管機關應於國庫設立市地重劃補償費、差額地價保管專戶，保管因受領遲延、拒絕受領或不能受領之補償費或差額地價，不適用提存法之規定。

直轄市或縣（市）主管機關應於本辦法規定應發給補償費或差額地價之期限屆滿次日起3個月內存入專戶保管，並通知應受補償人。儲存之補償費或差額地價應給付利息，以實收利息照付。自通知送達發生效力之日起，逾15年未領取之補償費或差額地價，歸屬國庫。

未受領之市地重劃補償費或差額地價，依第1項規定繳存專戶保管時，視同補償或領取完竣。

前三項規定，於本辦法中華民國102年12月25日修正生效前未辦竣提存

之未受領補償費或差額地價，準用之（市劃§53-1）。

九、財務結算

(一) 標售抵費地

主管機關對於重劃區內之抵費地，於土地分配結果公告確定後，除得按底價讓售爲社會住宅用地、公共事業用地或行政院專案核准所需用地外，應訂定底價辦理公開標售，並得於重劃負擔總費用已清償之原則下，辦理公開標租或招標設定地上權。經公開標售而無人得標時，得在不影響重劃區財務計畫之原則下，予以降低底價再行公開標售、標租或招標設定地上權。前項標售、讓售底價不得低於各宗土地之評定重劃後地價。但經降低底價再行公開標售者，不在此限（市劃§54Ⅰ、Ⅱ）。

(二) 抵費地盈餘或不足之處理原則

重劃區之抵費地售出後所得價款應優先抵付重劃總費用，如有盈餘時，應以其半數撥充實施平均地權基金，半數作爲增添該重劃區公共設施建設、管理、維護之費用；如有不足時，應由實施平均地權基金貼補之（市劃§56）。

(三) 財務結算

主管機關對於每一重劃區之帳務，應於重劃完成之日起1年內完成結算公告之（市劃§55）。

參、自辦市地重劃之實施

爲促進土地利用，擴大辦理市地重劃，依平均地權條例第58條之規定，中央主管機關得定訂辦法，獎勵土地所有權人自行組織重劃會辦理之。爰此，內政部於民國68年訂定發布「獎勵土地所有權人辦理市地重劃辦法」乙則。惟105年7月29日司法院釋字第739號解釋，宣告本辦法有關籌備會發起成立要件、籌備會申請核定重劃範圍、籌備會申請核定及公告重劃計畫書等程序，違反正當行政程序及法律保留原則；又直轄市或縣（市）主管機關核定重劃範圍及核准實施重劃計畫之過程，未設置適當組織審議、未將重劃計

畫相關資訊分別送達重劃範圍土地所有權人及未以公開方式舉辦聽證，使利害關係人得到場陳述意見等，亦不符憲法要求之正當行政程序，應於解釋公布之日起1年內檢討修正，逾期未完成者，該部分規定失其效力。為使自辦市地重劃作業符合憲法精神，以維重劃範圍土地所有權人及利害關係人之權益，並考量實務執行需要，爰修正本辦法部分條文，於106年7月27日發布施行。其實施辦法的內容，說明如下：

一、自辦重劃之程序與依據

為獎勵土地所有權人辦理市地重劃，其自辦市地重劃之主要程序如下（獎重§6）：

(一) 重劃之發起及成立籌備會。

(二) 勘選擬辦重劃範圍。

(三) 研擬重劃會章程草案。

(四) 召開重劃會成立大會。

(五) 申請核准成立重劃會。

(六) 申請核定擬辦重劃範圍。

(七) 徵求土地所有權人同意。

(八) 重劃計畫書草案之研擬、申請核定及公告，並通知土地所有權人及已知之利害關人。

(九) 測量、調查及地價查估。

(十) 土地改良物或墳墓拆遷補償及工程施工。

(十一)計算負擔及分計。

(十二)公告、公開閱覽重劃分配結果及其異議之處理。

(十三)申請地籍整理。

(十四)辦理交接及清償。

(十五)財務結算。

(十六)撰寫重劃報告。

(十七)報請解散重劃會。

土地所有權人自行辦理市地重劃時，應依「獎勵土地所有權人辦理市地重劃辦法」之規定，申請辦理。本辦法未規定時，準用「市地重劃實施辦法」之規定辦理（獎重§2），此外，自辦市地重劃之地區，土地所有權

人得依都市計畫法第24條規定自行擬定或變更細部計畫,申請核辦(獎重§4)。自辦市地重劃之範圍不得小於一個街廓。但有明顯之天然界線或都市計畫另有規定範圍者,不在此限(獎重§5)。

　　舉辦自辦市地重劃座談會、召開重劃會成立大會、會員大會、徵求土地所有權人同意、公告重劃計畫書及重劃分配結果,應通知全體土地所有權人;公告土地改良物或墳墓拆遷補償,應通知土地改良物所有權人或墓主。各項通知應以書面掛號交寄並取得回執或由專人送達簽收。前項所列應通知事項未能送達者,準用民事訴訟法規定向法院聲請裁定准為公示送達,或報經直轄市或縣(市)主管機關同意後,連續刊登當地報紙3日並於重劃範圍土地所在鄉(鎮、市、區)公所公告之。第1項舉辦座談會、召開重劃會成立大會及會員大會之通知,應載明會議事由,並於會議召開期日30日前為之;公告重劃計畫書、土地改良物或墳墓拆遷補償及重劃分配結果之通知,應載明公告事由、時間及地點,並於公告首日為之(獎重§7)。

二、重劃會之發起與組織

(一) 重劃會之發起

　　自辦市地重劃,應依本辦法之規定組織重劃會,設立時應冠以市地重劃區名稱,並於重劃區當地鄉(鎮、市、區)設會址。前項重劃會,係以自辦市地重劃區內全體土地所有權人為會員。但土地分配結果公告確定後,以土地分配結果公告期滿之日土地登記簿所載土地所有權人為會員(獎重§3)。

　　自辦市地重劃,應由擬辦重劃範圍土地所有權人發起成立籌備會[7],並由發起人檢附擬辦重劃範圍圖及其於該範圍土地所有權狀影本,向直轄市或縣(市)主管機關申請核准成立籌備會;其申請書應載明下列事項:

1. 擬辦重劃範圍及土地所有權人總數。
2. 發起人姓名、住址,並檢附身分證影本。如發起人為法人時,應檢具法人登記證明文件及其代表人資格證明文件。

---

[7] 司法院釋字第739號解釋(105.7.29)對成立籌備會之要件、申請核定擬辦重劃範圍、申請核定之公告通知及相關程序等見解,可參見之。

3. 發起人於擬辦重劃範圍所有土地標示。

4. 籌備會代表人姓名及聯絡地址。

　　前項發起成立籌備會，應以發起人人數逾擬辦重劃範圍土地所有權人總數十分之三，及其於該範圍所有土地面積合計逾該範圍土地總面積十分之三之同意行之。

　　第1項申請有下列各款情形之一者，應不予核准：

1. 擬辦重劃範圍不符合第5條規定。

2. 非屬都市計畫指定整體開發地區，擬辦重劃範圍公有土地管理機關已有具體利用或處分計畫，且報經權責機關核定。但剔除該部分公有土地後，擬辦重劃範圍仍屬完整者，不在此限。

3. 經政府擬定開發計畫或有重大建設。

4. 擬辦重劃範圍位於都市計畫檢討變更地區，且涉及擬辦重劃範圍都市計畫變更。

5. 經政府指定以區段徵收方式開發。

　　擬辦重劃範圍土地所有權人總數為一人者，不得自辦市地重劃。但祭祀公業所有土地，得以派下員人數比例及其所有土地面積比例均逾十分之三之同意申請發起。

　　擬辦重劃範圍土地經訂定信託契約，依第2項規定計算發起人人數比例及其於擬辦重劃範圍土地面積比例時，應以登記機關信託專簿登載信託契約委託人及土地面積為準（獎重§8）。

(二) 籌備會之任務

　　籌備會為籌組成立重劃會，其任務如下（獎重§9）：

1. 勘選擬辦重劃範圍。

2. 調查擬辦重劃範圍現況。

3. 向有關機關申請提供都市計畫與地籍資料及技術指導。

4. 舉辦座談會說明重劃意旨。

5. 研擬重劃會章程草案。

6. 召開重劃會成立大會。

7. 其他法令規定應行辦理並經中央主管機關認定應由籌備會辦理者。

　　同一擬辦重劃範圍經核准成立二個以上籌備會者，直轄市或縣（市）主

管機關應於核准成立重劃會時,同時廢止其他籌備會成立之核准。

籌備會經核准成立後,召開重劃會成立大會前,應舉辦座談會說明重劃意旨,並通知擬辦重劃範圍全體土地所有權人及函請直轄市或縣(市)主管機關列席。前項座談會,其舉辦通知應載明下列事項(獎重§9-1):

1. 擬辦重劃範圍及總面積(附範圍圖)。
2. 公共設施用地負擔項目及其概略面積。
3. 土地所有權人參加重劃之土地標示及面積。
4. 舉辦重劃工程項目。
5. 預計重劃平均負擔比率。
6. 重劃經費負擔概算及負擔方式。

籌備會應於舉辦座談會後,通知擬辦重劃範圍全體土地所有權人及函請直轄市或縣(市)主管機關列席召開重劃會成立大會,審議重劃會章程草案,並互選代表組成理事會及監事會,分別負責執行業務。前項理事會應由理事7人以上組成之,並由理事互選1人為理事長;監事名額不得超過理事名額三分之一。但重劃會會員人數為8人以下時,應由1人為監事,其餘會員均為理事(獎重§11Ⅰ、Ⅱ)。

理事及監事個人於擬辦重劃範圍重劃前所有重劃前土地總面積應達該範圍都市計畫規定最小建築基地面積;都市計畫未規定者,應達該直轄市或縣(市)畸零地使用規則規定建築基地最小寬度及最小深度相乘之面積。但有下列情形之一者,不在此限(獎重§11Ⅲ):

1. 符合面積資格者擔任後,仍不足理事或監事人數。
2. 符合面積資格者經選任或擔任後,因故不願擔任、違反法令、死亡或經會員大會解任,致不足理事、監事人數。

籌備會於召開重劃會成立大會選任理事及監事後,應檢附重劃會章程草案、會員與理事、監事名冊、重劃會成立大會及理事會紀錄送請直轄市或縣(市)主管機關核准成立重劃會。籌備會未於核准成立之日起6個月內申請核准成立重劃會者,直轄市或縣(市)主管機關得解散之。但不可歸責於籌備會之事由而遲誤之期間,應予扣除。籌備會因故未能於前項期限內申請核准成立重劃會者,得敘明理由向直轄市或縣(市)主管機關申請展期;展期之期間每次不得逾2個月,並以2次為限。重劃會成立大會審議重劃會章程草案與選任理事及監事,準用第13條第1項、第2項及第4項規定辦理(獎重

§11IV～VII）。

(三) 重劃會之章程

重劃會章程應載明下列事項（獎重§10）：
1. 重劃會名稱及會址。
2. 重劃區範圍及核准文號。
3. 會員大會召開之條件、程序。
4. 會員之權利及義務。
5. 理事、監事之名額、選任及解任。
6. 理事會及監事會之權責。
7. 出資方式及財務收支程序及財務公開方式。
8. 章程之訂定與修改。
9. 依第34條第2項規定訴請司法機關裁判之期限及逾期不訴請裁判之處理。

(四) 會員大會之舉行與權責

會員大會之召開，除依章程規定外，得經會員十分之一以上且其所有土地面積超過重劃區總面積十分之一以上連署，以書面記明提議事項及理由，請求理事會召開。前項請求提出後15日內，理事不為召開之通知時，會員得報經主管機關許可自行召開。經會員大會決議之提案，於1年內不得作為連署請求召開會員大會之提議事項或理由（獎重§12）。

會員大會舉辦時，會員如不能親自出席會員大會者，得以書面委託他人代理出席。但重劃範圍私有土地所有權人少於10人時，受託人僅得接受1人委託。重劃範圍未辦理繼承登記之土地，經法院指定遺產管理人者，得由遺產管理人代為出席會員大會；國有、直轄市有、縣（市）有、鄉（鎮、市）有或其他法人所有之土地，由公有土地管理機關、該法人代表人或其指派代表出席會員大會。會員大會之權責如下（獎重§13）：
1. 修改重劃會章程。
2. 選任、解任理事及監事。
3. 監督理事及監事職務之執行。
4. 審議擬辦重劃範圍。
5. 審議重劃計畫書草案。

6. 審議禁止或限制事項。

7. 審議拆遷補償數額。

8. 審議預算及決算。

9. 審議重劃前後地價。

10. 認可重劃分配結果。

11. 追認理事會對重劃分配結果異議之協調處理結果。

12. 審議抵費地之處分。

13. 審議理事會及監事會提請審議事項。

14. 審議其他事項。

　　會員大會對於前項款事項之決議，應有會員二分之一以上，及其於重劃範圍所有土地面積逾該範圍土地總面積二分之一以上之同意行之。但會員有下列情形之一者，其人數及所有土地面積不列入計算：

1. 重劃前政府已取得之公共設施用地，且依規定原位置原面積分配或依法應抵充之土地。

2. 自籌備會核准成立之日前一年起至重劃完成前取得所有權之重劃範圍土地，除繼承取得者外，其所有土地面積未達該範圍都市計畫規定最小建築基地面積；都市計畫未規定者，應達該直轄市或縣（市）畸零地使用規則規定建築基地最小寬度及最小深度相乘之面積。

3. 受託人接受委託人數逾重劃範圍私有土地所有權人人數十分之一。

　　第3項之權責，除第1款至第5款、第10款及第13款外，得經會員大會決議授權由理事會辦理。

(五) 理監事會之權責

　　理事會之權責如下（獎重§14）：

1. 選任或解任理事長。

2. 召開會員大會並執行其決議。

3. 研擬重劃範圍。

4. 研擬重劃計畫書草案。

5. 代為申請貸款。

6. 土地改良物或墳墓拆遷補償數額之查定。

7. 工程設計、發包、施工、監造、驗收、移管及其他工程契約之履約事項。

8. 研擬重劃分配結果草案。

9. 異議之協調處理。

10.撰寫重劃報告。

11.其他重劃業務應辦事項。

　　理事會對於前項各款事項之決議，應有理事四分之三以上之出席，出席理事三分之二以上之同意行之。理事會執行重劃業務時，得視實際需要雇用各種專業人員辦理或委託法人、學術團體辦理，並將相關人員名冊送請直轄市或縣（市）主管機關備查。

　　第1項第10款重劃報告應記載下列事項：1.重劃區名稱；2.重劃範圍面積及參加重劃人數；3.重劃經過；4.重劃負擔；5.重劃工程；6.重劃效益；7.地籍整理情形；8.抵費地處分及經費收支情形；9.異議情形及處理經過；10.檢討。

　　監事會之權責如下（獎重§15）：

1. 監察理事會執行會員大會之決議案。

2. 監察理事會執行重劃業務。

3. 審核經費收支。

4. 監察財務及財產。

5. 其他依權責應監察事項。監事會對於前項各款事項之決議，應有監事四分之三以上之出席，出席監事三分之二以上之同意行之。重劃會不設監事會時，第1項各款所列事項，由監事一人行之。

　　重劃會理事、監事應親自出席理事、監事會議，不得委託他人代理。會員大會及理事會召開時，應函請直轄市或縣（市）主管機關派員列席，會議紀錄並應送請備查（獎重§16、§17）。

　　重劃會如有違反法令，擅自變更經直轄市或縣（市）主管機關核定之重劃計畫書或廢弛重劃業務者，直轄市或縣（市）主管機關應予警告或撤銷其決議。情節重大者，得命其整理，必要時得解散之。重劃會應於完成財務結算後，檢附重劃報告，送請直轄市或縣（市）主管機關核備，並報請解散之（獎重§18、§19）。

三、重劃業務之執行

(一) 重劃範圍之申請核定

重劃會於擬辦重劃範圍經會員大會審議通過後，應備具申請書並檢附下列圖冊向直轄市或縣（市）主管機關申請核定擬辦重劃範圍（獎重§20）：

1. 擬辦重劃範圍及位置圖。
2. 擬辦重劃範圍都市計畫地籍套繪圖。
3. 擬辦重劃範圍土地清冊並載明土地所有權人及已知之利害關係人。
4. 公共設施用地負擔項目及其概略面積。

直轄市或縣（市）主管機關受理前項申請後，應檢送擬辦重劃範圍都市計畫地籍套繪圖，通知擬辦重劃範圍全體土地所有權人及已知之利害關係人陳述意見，通知應於受理陳述意見截止日15日前為之，並於機關公告欄及網站公告，公告期間自通知之日起，不得少於15日。

直轄市或縣（市）主管機關應以合議制方式審議第1項申請案件。經審議符合規定者，應核定重劃範圍，核定處分書應送達重劃範圍全體土地所有權人及已知之利害關係人，並於機關公告欄及網站公告；不予核定重劃範圍者，應敘明理由駁回。

第1項第3款、前二項、第25條第1項第3款、第27條第1項、第2項及第4項所稱已知之利害關係人，指重劃範圍土地登記簿所載土地他項權利人、囑託限制登記機關、預告登記請求權人、耕地三七五租約承租人及合法建物所有權人。

(二) 共同負擔之審核

申請擬辦重劃範圍內土地所有權人依平均地權條例第60條第1項規定應提供之公共設施用地，經直轄市或縣（市）主管機關計算結果，扣除原公有道路、溝渠、河川用地及未登記地抵充部分後賸餘面積，未達該範圍土地扣除上開抵充土地後之面積20%者，直轄市或縣（市）主管機關應通知重劃會重新調整擬辦重劃範圍。

依前項規定處理結果，應共同負擔之公共設施用地仍未達20%者，其不足部分得按下列順序經擬辦重劃範圍全體土地所有權人同意列為共同負擔或由部分土地所有權人同意自行負擔後，核定重劃範圍。

1. 提供該範圍其他非共同負擔之公共設施用地。
2. 經徵得直轄市或縣（市）都市計畫主管機關之同意，增加劃設之公共設施用地。

　　依都市計畫指定整體開發之地區以市地重劃方式開發者，應以都市計畫指定整體開發地區爲重劃範圍，並得依都市計畫規定或劃定之開發分區辦理市地重劃（獎重§22）。

　　自辦市地重劃範圍內重劃前政府已取得之公共設施用地，其用地免納入重劃共同負擔，並按原位置原面積分配（獎重§24）。

(三) 民意之徵求

　　重劃計畫書草案經會員大會審議通過後，重劃會應檢附下列書、表、圖冊，向直轄市或縣（市）主管機關申請核准實施市地重劃（獎重§25）：
1. 申請書。
2. 重劃計畫書草案。
3. 重劃範圍土地清冊並載明土地所有權人及已知之利害關係人。
4. 土地所有權人同意書。
5. 土地所有權人意見分析表，包括同意、不同意之意見及其處理經過情形。
6. 其他有關資料。

　　前項第2款重劃計畫書草案，應載明市地重劃實施辦法第14條第3項規定事項。

(四) 重劃計畫之申請

　　前條第1項第4款土地所有權人同意書應載明下列事項（獎重§26）：
1. 重劃範圍及總面積（附範圍圖）。
2. 公共設施用地負擔項目及其概略面積。
3. 土地所有權人參加重劃之土地標示及面積。
4. 舉辦重劃工程項目。
5. 預計重劃平均負擔比率。
6. 重劃經費負擔概算及負擔方式。

　　土地所有權人同意參加重劃者，應於前項同意書簽名或蓋章。
　　籌備會核准成立之日起前1年至重劃會申請核准實施市地重劃之日前取

得所有權之重劃範圍土地，除繼承取得者外，土地所有權人所有土地面積未達該範圍都市計畫規定最小建築基地面積者，不計入同意與不同意人數及土地面積比例；都市計畫未規定者，其所有土地面積未達該直轄市、縣（市）畸零地使用規則規定建築基地最小寬度及最小深度相乘之面積者，不計入同意與不同意人數及土地面積比例。

土地所有權人於直轄市或縣（市）主管機關核准實施市地重劃前，得以書面向直轄市或縣（市）主管機關撤銷其同意書；其應檢附文件，準用第26條之1。

重劃會依第25條第1項第4款規定檢附土地所有權人同意書，並應檢附下列文件之一。但土地所有權人親自到直轄市或縣（市）主管機關確認同意書無誤者，不在此限（獎重§26-1）：

1. 同意人印鑑證明書。
2. 同意書經依公證法及其施行細則等相關規定辦理公證或認證之文件。

前項第1款印鑑證明書，以直轄市或縣（市）主管機關受理第25條第1項申請案件之日前1年內核發者為限。

(五) 重劃計畫之聽證、審議與公告

直轄市或縣（市）主管機關受理申請核准實施市地重劃後，應檢送重劃計畫書草案，通知土地所有權人及已知之利害關係人舉辦聽證，通知應於聽證期日15日前為之，並於機關公告欄及網站公告，公告期間自通知之日起，不得少於15日。

直轄市或縣（市）主管機關應以合議制方式審議第25條第1項申請案件，並應以公開方式舉行聽證，斟酌全部聽證之結果，說明採納及不採納之理由，作成准駁之決定。經審議符合規定者，應核准實施市地重劃，核准處分書應連同重劃計畫書、聽證會紀錄及合議制審議紀錄，送達重劃範圍全體土地所有權人及已知之利害關係人，並於機關公告欄及網站公告；不予核准實施市地重劃者，應敘明理由駁回。重劃計畫書修正草案內容涉及變更重劃範圍者，重劃會得併同申請核定變更重劃範圍及重劃計畫修正草案。重劃會應於重劃計畫書核定後公告30日，並通知土地所有權人及已知之利害關係人（獎重§27）。

(六) 重劃計畫之公告

重劃計畫書經公告確定後，重劃會得視需要向直轄市或縣（市）主管機關申請辦理重劃區範圍邊界之鑑界、分割測量及登記（獎重§28）。

重劃計畫書經公告確定後，重劃會得經會員大會之決議，送請直轄市或縣（市）主管機關依平均地權條例第59條規定，分別或同時公告禁止或限制下列事項（獎重§29）：

1. 土地移轉、分割或設定負擔。
2. 建築改良物之新建、增建、改建或重建及採取土石或變更地形。

(七) 重劃土地之分配與處理

1. 土地之分配

重劃負擔之計算及土地交換分合設計，依市地重劃實施辦法規定辦理。重劃會於辦理重劃土地分配前，應將計算負擔總計表送請直轄市或縣（市）主管機關核備。

前項計算負擔總計表有關工程費用，應以送經各工程主管機關核定之數額為準；土地改良物或墳墓之拆遷補償費，以理事會查定提交會員大會通過之數額為準；其餘重劃費用，以重劃計畫書所載數額為準；貸款利息，以各該工程主管機核定之工程費用，及理事會查定提交會員大會通過之地上物拆遷補償與重劃費用加總數額，重劃計算之金額為主（獎重§33）。至於重劃前後地價，應於重劃範圍公共設施工程開工後，辦理重劃結果分配設計前，由重劃會委託不動產估價師查估後，送理事會提經會員大會通過後，送請直轄市或縣（市）主管機關提交地價評議委員會評定之（獎重§30）。

2. 重劃土地之處理

自辦市地重劃共同負擔及抵充之公共設施用地，登記為直轄市或縣（市）有；管理機關為各該公共設施主管機關。抵費地在未出售前，以直轄市或縣（市）主管機關為管理機關，於出售後，登記與承受人（獎重§39）。

自辦市地重劃內抵費地之出售，應於重劃工程竣工驗收，並報經主管機關同意為之。但重劃工程未竣工驗收係因不可歸責於重劃會之事由，並經主管機關同意者，不在此限。前項抵費地出售方式、對象、價款及盈餘款之處

理應由理事會訂定並提報會員大會通過後辦理之。所得價款應優先償還重劃費用、工程費用、貸款及利息。抵費地出售後，應由重劃會造具出售清冊二份，送請該管直轄市或縣（市）主管機關核備，並由直轄市或縣（市）主管機關於備查同時，檢附清冊一份通知該管登記機關作為當事人申請移轉登記時之審查依據（獎重§42、§43）。

(八) 重劃工程之處理

自辦市地重劃範圍之公共設施工程，理事會應依有關規定規劃、設計及監造，並委由合格之相關工程技師簽證；其設計書圖及工程預算，並應於計算負擔總計表報核前，送請各該工程主管機關核定，始得發包施工。施工前應提報經簽證之監造執行計畫，送請各該工程主管機關備查。各該工程主管機關為前項核定時，應依各該地區所訂公共設施工程費用規定予以審查。重劃工程施工期間，理事會應督促監造單位及施工廠商依有關施工規範辦理，並應分別於總工程進度達30%及75%時，向直轄市或縣（市）主管機關申請查核。理事會未依前項規定申請查核，直轄市或縣（市）主管機關經書面通知限期申請查核，屆期未申請者，直轄市或縣（市）主管機關得逕行查核。直轄市或縣（市）主管機關依前二項辦理查核時，應邀集各該工程主管機關成立查核小組，辦理查核事宜；必要時，並得聘請專家學者協辦（獎重§32）。

自辦市地重劃地區重劃工程完竣，理事會應申請各該工程主管機關會同驗收合格，並由承包商向工程主管機關依相關規定繳交保固保證金後，送請各該工程主管機關接管養護。保固期滿無事故者，該保固保證金無息退還承包商（獎重§44）。

(九) 地上物與其他權利之處理

1. 地上物之處理

重劃範圍內應行拆遷之土地改良物或墳墓，應予補償；其補償數額，由理事會依重劃範圍所在直轄市或縣（市）土地改良物或墳墓拆遷補償相關規定查定，並提交會員大會通過後辦理。

前項應行拆遷之土地改良物或墳墓，以妨礙重劃分配結果或工程施工者為限。土地改良物所有權人或墓主對於補償數額有異議或拒不拆遷時，應由

理事會協調；協調不成時，由理事會報請直轄市或縣（市）主管機關以合議制方式調處；不服調處結果者，應於30日內訴請司法機關裁判；逾期不訴請裁判，且拒不拆遷者，重劃會得訴請司法機關裁判。自辦市地重劃進行中，重劃範圍內土地所有權人阻撓重劃施工者，應由理事會協調；協調不成時，重劃會得訴請司法機關裁判（獎重§31）。

2.耕地租賃之處理

自辦市地重劃區重劃前訂有耕地租約之公、私有土地者，重劃後依下列方式處理（獎重§37）：

(1)重劃後分配土地者，重劃會應於分配結果公告確定後2個月內邀集租約雙方當事人協調，承租人得依平均地權條例第63條第2項第1款規定向出租人請求按重劃前租約面積、重劃計畫書公告當期該土地之公告土地現值三分之一之補償。協調同意終止租約者，重劃會應檢具有關資料函知直轄市或縣（市）主管機關轉請有關機關辦理註銷租約並通知當事人；協調不成者，重劃會應於權利變更登記後，檢具有關資料函知有關機關逕為辦理租約標示變更登記。

(2)重劃後未受分配土地者，重劃會就其應領之補償地價，由出租人領取三分之二，承租人領取三分之一，並函知直轄市或縣（市）主管機關轉請有關機關辦理註銷租約及通知當事人。

因重劃抵充為公共設施用地之原公有道路、溝渠、河川及未登記地而訂有耕地租約者，重劃會應函請直轄市或縣（市）政府逕為註銷租約，並按重劃前租約面積、重劃計畫書公告當期該土地之公告土地現值三分之一補償承租人，所需費用列為重劃共同負擔。

3.他項權利之處理

自辦市地重劃區重劃前已設定他項權利或辦竣限制登記之土地，於重劃後分配土地者，重劃會應於辦理土地變更登記前邀集權利人協調。

除協調結果該權利消滅者外，應列冊送請直轄市或縣（市）主管機關併同重劃前後土地分配圖冊，轉送登記機關按原登記先後轉載於重劃後分配之土地。其為合併分配者，他項權利及限制登記之轉載，應以重劃前各宗土地面積比率計算其權利範圍；他項權利為地上權、永佃權、地役權或典權者，並應附具位置圖。

自辦市地重劃區重劃前已設定他項權利登記之土地，於重劃後未分配

土地者，重劃會應於重劃分配結果確定之日起2個月內，邀集權利人協調。達成協議者，依其協議結果辦理；協議不成者，應將其地價補償費提存法院後，列冊送請直轄市或縣（市）主管機關轉送登記機關逕為塗銷登記。

第1項規定之轉載及前項規定因協議不成逕為塗銷登記辦竣後，登記機關應通知權利人（獎重§38）。

(十) 地籍之清理

重劃分配結果公告期滿確定後，重劃會應即辦理實地埋設界樁，並檢附下列圖冊，申請直轄市或縣（市）主管機關辦理地籍測量及土地登記（獎重§35）：1.重劃前後土地分配清冊；2.重劃後土地分配圖；3.重劃前後地號圖。

直轄市或縣（市）主管機關辦竣地籍測量後，對重劃後土地分配面積與地籍測量結果不符部分，應列冊通知重劃會更正土地分配清冊之面積，再行辦理土地登記。

土地登記辦竣，且重劃區工程經各該工程主管機關接管後，直轄市或縣（市）主管機關應通知重劃會依下列標準按宗計算每一土地所有權人重劃負擔總費用數額，列冊送請審核後，發給市地重劃負擔總費用證明書：
1. 公共設施用地，以土地所有權人實際負擔之公共設施用地，按重劃土地分配結果公告期滿時之當期公告土地現值計算。
2. 工程費用、重劃費用及貸款利息，以送經該管直轄市或縣（市）主管機關核定之計算負擔總計表所列費用為準（獎重§36）。

(十一) 重劃結果之處理

1. 公告通知

理事會經研擬重劃分配結果草案後，應即檢具下列圖冊提經會員大會通過後，公告公開閱覽30日，並通知土地所有權人（獎重§34）：
(1)計算負擔總計表。
(2)重劃前後土地分配清冊。
(3)重劃後土地分配圖。
(4)重劃前地籍圖。
(5)重劃前後地號圖。

(6)重劃前後地價圖。

　　土地所有權人得於前項公告期間內對重劃分配結果提出異議，理事會應予協調處理，並將協調處理結果送會員大會追認；協調不成，異議人得依章程所定期限訴請司法機關裁判。

　　理事會依前項規定協調處理結果，有下列情形之一者，可免提會員大會追認：

(1)協調不成。

(2)異議人同意依原重劃分配結果辦理分配。

(3)異議人及重劃範圍其他相關土地所有權人均同意調整重劃分配結果而未涉及抵費地之調整。

2. 通知接管及差額繳納

　　自辦市地重劃區辦竣土地登記後，重劃會應以書面通知土地所有權人及使用人定期到場交接土地，並限期辦理遷讓或接管。逾期不遷讓者，得經理事會通過後訴請司法機關裁判（獎重§40）。

　　自辦市地重劃範圍土地所有權人應繳納差額地價逾期未繳清者，重劃會得訴請司法機關裁判，並得依保全程序聲請司法機關限制其土地移轉登記。重劃會應發給差額地價及現金補償，重劃範圍土地所有權人逾期未領取者，應依法提存（獎重§41）。

3. 辦理結算

　　自辦市地重劃於抵費地全數出售前，理事會應先辦理結算，並報請直轄市或縣（市）政府備查後公告。前項公告應張貼於重劃區適當位置，當地鄉（鎮、市、區）公所及村（里）辦公處之公告牌（獎重§45）。

四、自辦重劃之獎勵

(一) 重劃費用之貸款

　　土地所有權人參加自辦市地重劃所需費用，得向政府指定之銀行或實施平均地權基金申請低利貸款，其貸款手續得委由重劃會代辦之（獎重§46）。

(二) 地政規費之減免

自辦市地重劃籌備會或重劃會向有關機關申請閱覽地籍藍曬圖、都市計畫圖、耕地租約資料時,有關機關應依相關規定辦理並免收閱覽費;申請發給土地登記、地籍圖及地價謄本時,減半收取謄本費(獎重§47)。

自辦市地重劃免收土地權利變更登記及換發權利書狀費用。自辦市地重劃地區,直轄市或縣(市)主管機關應優先辦理公共設施用地分割測量,並免收測量費用。依第28條及第35條辦理之重劃區範圍邊界之鑑界、分割測量及地籍測量之費用,減半收取(獎重§48)。

(三) 相關公共設施之配合興建

自辦市地重劃區之公共設施,除土地所有權人依平均地權條例施行細則第83條規定之順序負擔公共設施用地,並依同細則第82條負擔工程費用興建者外,其餘由直轄市或縣(市)主管機關依下列規定辦理(獎重§49):

1. 依規定應列入共同負擔之公共設施用地而未興建者,應協調有關機關優先編列預算配合施工。
2. 前款以外之公共設施,應協調有關機關於重劃完成後優先於2年內興建。

自辦市地重劃區之相關地區公共設施,直轄市或縣(市)主管機關應協調有關機關於重劃完成後優先於2年內興建。

此外,自辦市地重劃區內之區域性道路、下水道等公共設施,除其用地應由重劃區內土地所有權人按其土地受益比例共同負擔外,其工程費用得由直轄市或縣(市)政府視實際情形編列預算補助或由政府視實際情形配合施工(獎重§54)。

(四) 土地稅之減免

重劃會應於重劃計畫書公告確定之翌日起30日內,將重劃範圍土地列冊報經直轄市或縣(市)主管機關轉送稅捐稽徵機關依法減免地價稅或田賦(獎重§50)。

自辦市地重劃完成後之土地,由重劃會於重劃完成之日起30日內列冊報經主管機關轉送稅捐稽徵機關依法免徵地價稅或田賦。自辦市地重劃區抵費地公開出售時,不計徵土地增值稅(獎重§51、§52)。

(五) 公共事業設施之配合

　　自辦市地重劃區所需之自來水、電力、電訊、天然氣等設施，應由直轄市或縣（市）主管機關洽請各該事業機構於重劃工程施工時一併施設（獎重§53）。

(六) 其他規劃之配合

　　政府因舉辦大規模重劃之需要，將已完成自辦市地重劃之地區列入重劃範圍時，應將自辦市地重劃之負擔予以扣除（獎重§57）。

　　自辦市地重劃區內既成巷道，經都市計畫規劃為可供建築土地，於重劃後其鄰近計畫道路已開闢完成可供通行而無繼續供公眾通行之必要時，由重劃會申請主管機關通知有關機關依法逕依重劃分配結果辦理公告廢止（獎重§55）。

　　自辦市地重劃範圍準用市地重劃實施辦法第28條規定增設或加寬之8公尺以下巷道，及依本辦法第22條第2項第2款規定增加劃設之公共設施用地，重劃會應於重劃分配結果公告確定後申請直轄市或縣（市）主管機關通知都市計畫擬定機關依法辦理都市計畫細部計畫變更（獎重§56）。

第三節　農村社區土地重劃之舉辦與施行

壹、重劃之原因與舉辦主體

一、農村社區土地重劃之原因

　　為辦理農村社區土地重劃，以促進農村社區土地合理利用，改善生活環境（農社劃§1），於民國89年1月16日公布「農村社區土地重劃條例」，其中所謂「農村社區」係指依區域計畫法劃定非都市土地使用分區之鄉村區、農村聚落及原住民聚落。前項農村社區得因區域整體發展或增加公共設施之需要，適度擴大其範圍（農社劃§3）。

　　有關重劃區之選定，依農村社區土地重劃條例第5條之規定，有下列情形之一者，直轄市或縣（市）主管機關得報請中央主管機關核定辦理農村社

區土地重劃：

(一) 促進農村社區土地合理利用需要。

(二) 實施農村社區更新需要。

(三) 配合區域整體發展需要。

(四) 配合遭受地震、水災、風災、火災或其他重大事變損壞之災區重建需要。

　　依前項第4款辦理之重劃，得由直轄市或縣（市）主管機關於災區內、外擇定適當土地併同報核。必要時，亦得由中央主管機關逕行決定辦理。惟於規劃時，應考量農業發展、古蹟民俗文物維護、自然生態保育及社區整體建設（農社劃§6III）。

二、舉辦主體

(一) 由政府主管機關辦理

　　直轄市或縣（市）主管機關依農村社區土地重劃條例第5條規定選定重劃區後，先徵詢農村社區更新協進會之意見，辦理規劃，依規劃結果擬訂重劃計畫書、圖，並邀集土地所有權人及有關人士等舉辦聽證會，修正重劃計畫書、圖，經徵得區內私有土地所有權人過半數，而其所有土地面積超過區內私有土地總面積半數之同意，報經中央主管機關核定後，於重劃區所在地鄉（鎮、市、區）公所之適當處所公告30日；公告期滿實施之。

　　前項公告期間內，重劃區私有土地所有權人提出異議時，主管機關應予調處（農社劃§6I、II）。

(二) 由土地所有權人申請辦理

　　農村社區內私有土地符合農村社區土地重劃條例第5條各款情形之一者，經土地所有權人過半數，而其所有土地面積超過區內私有土地總面積半數之同意，得由土地所有權人申請該管直轄市或縣（市）主管機關核准後，優先辦理農村社區土地重劃（農社劃§7）。

(三) 獎勵土地所有權人自行辦理

　　為促進土地利用，擴大辦理農村社區土地重劃，得由土地所有權人自行

組設重劃會辦理農村社區土地重劃，並由中央主管機關訂定獎勵。獎勵事項如下（農社劃§9）：

1. 給予低利之重劃貸款。
2. 免收或減收地籍整理規費及換發權利書狀費用。
3. 優先興建重劃區及其相關地區之公共設施。
4. 免徵或減徵地價稅與田賦。
5. 其他有助於農村社區土地重劃之推行事項。

　　重劃會辦理農村社區土地重劃時，應經重劃區內私有土地所有權人合計超過二分之一，且其所有面積合計超過私有土地面積二分之一者之同意，就重劃區全部土地辦理重劃，並經該管直轄市或縣（市）主管機關核准後實施。

三、更新協進會之成立

　　直轄市或縣（市）主管機關辦理農村社區土地重劃，應設置農村社區土地重劃委員會；農村社區得設置農村社區更新協進會，協助辦理農村社區更新及土地重劃之協調推動及成果維護事宜。其組織由內政部會商行政院農業委員會及原住民委員會定之。農村社區更新協進會得聘請專家、學者參與規劃、諮詢（農社劃§4）。

貳、農村社區重劃之實施

一、重劃區內土地調查與地價評議

　　直轄市或縣（市）主管機關應於辦理重劃時調查各宗土地之位置、交通及利用情形，並斟酌重劃後各宗土地利用價值，相互比較估計重劃前後地價，提經地價評議委員會評定後，作為計算公共設施用地負擔、費用負擔、土地交換分配及變通補償之標準（農社劃§10）。

二、重劃負擔

(一) 費用負擔

　　辦理農村社區土地重劃時，其行政業務費及規劃設計費由政府負擔；

工程費由政府與土地所有權人分擔，其分擔之比例由行政院定之（農社劃§11Ⅰ）。

(二) 公共設施用地負擔

重劃區內規劃之道路、溝渠、電信電力地下化、下水道、廣場、活動中心、綠地及重劃區內土地所有權人認為為達現代化生活機能必要之其他公共設施用地，除以原公有道路、溝渠、河川及未登記土地等四項土地抵充外，其不足土地及拆遷補償費與貸款利息，由參加重劃土地所有權人按其土地受益比例共同負擔（農社劃§11Ⅱ）。

(三) 負擔方式與比例

重劃費用及公共設施用地，由土地所有權人負擔，以重劃區內未建築土地按評定重劃後地價折價抵付。如無未建築土地者，改以現金繳納。折價抵付共同負擔之土地，其合計面積以不超過各該重劃區總面積35%為限。但經重劃區內私有土地所有權人過半數，而其所有土地面積超過區內私有土地總面積半數之同意者，不在此限（農社劃§11Ⅲ、Ⅳ）。此外，重劃區內土地實際面積少於土地登記總面積而未能更正者，其差額得列入共同負擔（農社劃§17）。又重劃區內重劃前經編定為建築用地以外之土地，應提供負擔至少40%土地，其超過依前述折價抵付共同負擔土地部分，準用農村社區土地重劃條例第29條規定處理（農社劃§11Ⅴ）。

三、重劃土地之分配

(一) 權利之確認

重劃區內之土地，均應參加分配，其土地標示及權利均以開始辦理分配日之前1日土地登記簿上所記載者為準（農社劃§14）。

(二) 權利移轉之限制

直轄市或縣（市）主管機關應自開始辦理分配之日起，一定期限內停止受理土地權利移轉及設定負擔之登記。但因繼承、強制執行、公用徵收及法院判決之原因所為之登記者，不在此限。

上述停止登記之期間，不得逾8個月。停止登記期間及前條之開始辦理分配日，由直轄市或縣（市）主管機關開始辦理分配日之30日前公告之（農社劃§15）。

(三) 分配位置與調整

重劃後土地分配之位置，以按重劃前原有土地相關位次分配為準，其調整分配方法如下（農社劃§18）：

1. 既有建物分配原則

重劃前土地已有建築物，且不妨礙重劃計畫及土地分配者，按其原有位置分配。

2. 逐宗個別分配原則

同一土地所有權人在重劃區內有數宗土地，其每宗土地應分配之面積均已達最小分配面積標準者，應逐宗個別分配；其未達最小分配面積標準者，得以應分配之面積較大者集中合併分配。

3. 合併分配原則

同一土地所有權人在重劃區內所有土地應分配之面積，未達或合併後仍未達最小分配面積標準二分之一者，除通知土地所有權人申請與其他土地所有權人合併分配者外，應以現金補償之；其已達最小分配面積標準二分之一者，得於重劃後深度較淺或地價較低之土地按最小分配面積標準分配之。

4. 共有土地分配原則

分別共有土地，經共有人過半數及其應有部分合計過半數之同意，且其應有部分計算之應分配面積已達最小分配面積標準者，得分配為單獨所有。但應有部分合計逾三分之二者，其人數不予計算。

5. 公設用地分配原則

重劃前土地位於重劃計畫之公共設施用地者，其分配位置由主管機關視土地分配情形調整之。

前項最小分配面積標準，由直轄市或縣（市）主管機關視土地使用情況及分配需要，於規劃設計時定之。但不得小於畸零地使用規則規定之寬度、深度及面積。

四、重劃相關工作之進行

(一) 禁限建之規定

直轄市或縣（市）主管機關於農村社區土地重劃計畫書、圖公告時，得同時公告一定期限內禁止該重劃區內建築改良物之新建、增建、改建及採取土石或變更地形。禁止期間，不得超過1年6個月。公告禁止事項，無須徵詢土地及建築改良物所有權人之意見（農社劃§8）。

(二) 原有公用土地之處理

重劃區內原有道路、池塘、溝渠或其他供公共使用之土地，得因實施重劃予以變更或廢止之（農社劃§12）。

(三) 地上物之拆遷

重劃區內應行拆遷之土地改良物或墳墓，直轄市或縣（市）主管機關應予公告，並通知其所有權人或墓主限期30日內自行拆除或遷葬；逾期不為拆除或遷葬或為無主無法通知者，應代為拆除或遷葬。

因重劃而拆除之土地改良物或遷葬之墳墓，應予補償；其補償數額，由直轄市或縣（市）主管機關查定之。但違反第8條公告禁止之事項者，不予補償。代為拆除或遷葬者，其費用在其應領補償金額內扣回。應行拆遷之土地改良物，於拆遷時應注意古蹟、民俗文物之保存（農社劃§13）。

五、分配結果

(一) 公告通知

直轄市或縣（市）主管機關於辦理土地分配完畢後，應即將分配結果，於重劃區所在地鄉（鎮、市、區）公所或重劃區之適當處所公告之，並以書面分別通知土地所有權人與他項權利人（農社劃§19Ⅰ）。

(二) 異議之處理

土地所有權人對於重劃區土地之分配結果如有異議，應於公告期間內向該管直轄市或縣（市）主管機關以書面提出；未於公告期間內提出異議者，其分配結果於公告期滿時確定。

前項異議，該管直轄市或縣（市）主管機關應予查處。其涉及他人權利者，應先發交農村社區更新協進會予以調解，調解不成立者，由該管直轄市或縣（市）主管機關調處。土地所有權人對主管機關之調處如有不服，應當場表示異議。經表示異議之調處案件，主管機關應於10日內報請上級機關裁決之（農社劃§20）。

(三) 分配之確定與接管

農村社區土地重劃後分配與原土地所有權人之土地，自分配結果確定之日起，視為其原有土地（農社劃§21）。重劃區內經重劃分配之土地，該管直轄市或縣（市）主管機關應以書面分別通知原土地所有權人及使用人限期辦理遷讓或接管；逾期不接管者，自期限屆滿之日起，視為已接管（農社劃§22）。

六、權利清理及地籍整理

(一) 權利之清理

1. 耕地租賃之清理

適用耕地三七五減租條例之出租公、私有耕地因實施重劃致不能達到原租賃之目的者，由直轄市或縣（市）主管機關逕為註銷其租約並通知當事人。

依前項規定註銷租約者，承租人得依下列規定請求或領取補償：

(1)重劃後分配土地者，承租人得向出租人請求按重劃計畫書公告當期該土地之公告土地現值三分之一之補償。

(2)重劃後未受分配土地者，其應領之補償地價，由出租人領取三分之二，承租人領取三分之一。

因重劃抵充為公共設施用地之原公有道路、溝渠、河川及未登記地而訂有耕地租約者，直轄市或縣（市）主管機關應逕為註銷租約，並按重劃計畫書公告當期該土地之公告土地現值三分之一補償承租人，所需費用列為重劃共同負擔（農社劃§26）。

2. 他項權利之清理

重劃區內土地原設定之他項權利登記或限制登記，由直轄市或縣（市）

主管機關於重劃土地分配確定後，依據分配結果予以協調清理後，逕為轉載或為塗銷登記，並分別通知土地所有權人及其他權利人（農社劃§23）。

因重劃致地上權、永佃權或地役權不能達其設定之目的者，各該權利視為消滅。地上權人、永佃權人或地役權人得向土地所有權人請求相當之補償。

土地、建築改良物經設定抵押權或典權，因重劃而不能達其設定之目的者，各該權利視為消滅。抵押權人或典權人得向土地所有權人請求以其所分配之土地，設定抵押權或典權。但建築改良物非土地所有權人所有者，其建築改良物之抵押權人或典權人得向建築改良物所有權人請求相當之補償。

前二項請求權之行使，應於重劃分配結果確定通知送達之次日起2個月內為之（農社劃§24）。

此外，實施重劃未受分配之土地上其原設定抵押權或典權之權利價值，主管機關應於重劃分配確定之日起2個月內，邀集權利人協調，達成協議者，依其協議結果辦理；協議不成者，應將土地所有權人應得補償地價提存之，並列冊送由該管登記機關逕為塗銷登記（農社劃§25）。

(二) 地籍整理

重劃區土地分配結果確定後，直轄市或縣（市）主管機關應依據分配結果重新編號，列冊送由該管登記機關逕為辦理地籍測量及變更登記，並通知土地所有權人於30日內換領土地權利書狀，免收登記費及書狀費；未於規定期限內換領者，宣告其原土地權利書狀無效（農社劃§27）。

七、重劃區土地之處理

(一) 折價抵付土地之處理

依農村社區土地重劃條例第11條第4項折價抵付之土地，扣除共同負擔公共設施用地後之土地，應訂定底價公開標售，並得按底價讓售為國民住宅用地、公共事業用地或行政院專案核准所需用地。

上述土地公開標售時，經農村社區更新協進會決定，得賦予重劃區內土地所有權人或該重劃核定時已設籍者，有依同樣條件優先購買之權。土地之標售、讓售，不受土地法第25條之限制。所定底價，不得低於各宗土地評定

重劃後地價（農社劃§29）。

（二）區內公設用地之處理

重劃區內經抵充或列為共同負擔之公共設施用地與依農村社區土地重劃條例第29條及第11條第5項規定供出售之土地，登記為直轄市或縣（市）有。

前項經抵充或列為共同負擔之公共設施用地，以各該公共設施主管機關為管理機關；供出售之土地以各該直轄市或縣（市）主管機關為管理機關（農社劃§30）。

八、財務結算與分配差額處理

（一）財務結算

直轄市或縣（市）主管機關對於每一重劃區之財務，應於重劃計畫書所載工程完竣後1年內完成結算並公告之，並應於完成結算後6個月內撰寫重劃成果報告，檢同有關圖冊層報中央主管機關備查（農社劃§33）。

（二）分配差額之處理

重劃區內之土地，扣除依農村社區土地重劃條例第11條規定提供負擔之土地後，其餘土地仍依各宗土地地價數額比例分配與原土地所有權人。經分配結果，實際分配面積多於或少於應分配之面積者，應繳納或發給差額地價。

前項重劃土地負擔及分配面積之計算，以土地登記簿所載面積為準（農社劃§16）。

此外，依農村社區土地重劃條例第11條第3項規定改以現金繳納者及第16條規定應繳納之差額地價，經限期繳納而逾期未繳納者，得移送法院強制執行。重劃區重劃分配之土地，經依第22條規定限期辦理遷讓而逾期不遷讓者亦同（農社劃§31）。

九、重劃後土地之處理

（一）土地增值稅之減免

重劃區祖先遺留之共有土地經整體開發建築者，於建築後第一次土地移

轉時,得減免土地增值稅,其減免之規定,由財政部會同內政部定之(農社劃§32)。

(二) 移轉之限制

重劃分配之土地,自分配確定之日起,在土地所有權人依農村社區土地重劃條例第16條第1項規定應繳納之差額地價未繳清前,不得移轉或設定負擔(農社劃§28)。

第四節 農地重劃之舉辦與施行

壹、農地重劃之原因及舉辦主體

一、農地重劃之原因

為便利農業經營,促進農地之生產利用,依土地法第135條之規定,有下列情況之一者,經上級主管機關核准,得就管轄區內之土地劃定重劃地區,施行土地重劃,將區內各宗土地,重新規定其地界:

(一) 耕地分配不適於農事工作,或不利於排水灌溉者。

(二) 將散碎之土地交換合併,成立標準農場者。

(三) 應用機器耕作,興辦集體農場者。

惟為進一步明確規範農地重劃施行,直轄市或縣(市)主管機關因下列情形之一,得就轄區內之相關土地勘選為重劃區,擬訂農地重劃計畫書,連同範圍圖說報經上級機關核定,實施農地重劃(農劃§6Ⅰ):

(一) 耕地坵形不適於農事工作或不利於灌溉排水者。

(二) 耕地散碎不利於擴大農場經營規模或應用機械耕作者。

(三) 農路、水路缺少,不利於農事經營者。

(四) 須新闢灌溉、排水系統者。

(五) 農地遭受水沖、砂壓等重大災害者。

(六) 舉辦農地之開發或改良者。

二、舉辦主體

(一) 由政府主管機關辦理

依土地法第135條之規定，農地重劃由直轄市或縣（市）地政機關上級主管機關核准，得就管轄區內之土地進行重劃。但直轄市或縣（市）地政機關辦理土地重劃時，自土地重劃公告之日起30日內，有關係之土地所有權人半數以上，而其所有土地面積除公有土地外，超過重劃區內土地總面積一半者表示反對時，應即呈報上級機關核定之（土§140）。

又依農地重劃條例規定，直轄市或縣（市）主管機關得就轄區內相關土地勘選為重劃區，擬訂農地重劃計畫書，連同範圍圖說，報經上級主管機關核定，實施農地重劃（農劃§6）。農地重劃計畫書經上級主管機關核定後，直轄市或縣（市）主管機關應即於重劃區所在地鄉（鎮、市、區）公所或重劃區之適當處所公告30日，公告期滿實施之。在公告期間內，重劃區內土地所有權人半數以上，而其所有土地面積超過重劃區土地總面積半數者表示反對時，該管主管機關應予調處，並參酌反對理由，修訂農地重劃計畫書，重行報請核定，並依核定結果公告實施（農劃§7）。

(二) 由土地所有權人申請辦理

勘選之農地重劃區，因重劃區內私有土地所有權人過半數，而其所有土地面積超過區內私有土地總面積半數之申請，直轄市或縣（市）主管機關得報經上級主管機關核准後優先辦理（農劃§8）。

(三) 獎勵土地所有權人自行辦理

為促進土地利用，擴大辦理農地重劃，中央主管機關得訂定辦法，獎勵土地所有權人自行辦理之，其獎勵事項適用平均地權條例第58條之規定（農劃§10 I）。內容如下：
1. 給予低利或免息之重劃貸款。
2. 免收或減收地籍整理規費及換發權利書狀費用。
3. 優先興建重劃區及其相關地區之公共設施。
4. 免徵或減徵地價稅與田賦。
5. 其他有助於土地重劃之推行事項。

貳、農地重劃實施之程序

一、重劃區之選定

直轄市或縣（市）主管機關因下列情形之一，得就轄區內之相關土地勘選為重劃區，擬訂農地重劃計畫書，連同範圍圖說，報經上級主管機關核定，實施農地重劃（農劃§6）：

(一) 耕地坵形不適於農事工作或不利於灌溉、排水者。

(二) 耕地散碎不利於擴大農場經營規模或應用機械耕作者。

(三) 農路、水路缺少，不利於農事經營者。

(四) 須新闢灌溉、排水系統者。

(五) 農地遭受水沖、砂壓等重大災害者。

(六) 舉辦農地之開發或改良者。

農地重劃之勘選，應兼顧農業發展規劃與農村社區建設，得不受行政區域之限制。

二、重劃計畫之核定及公告

(一) 計畫之核定

農地重劃計畫，由該管直轄市或縣（市）政府依農業技術、地方需要定之，並應報請中央地政機關備查（土施§34）。

(二) 公告實施

農地重劃計畫書經上級主管機關核定後，直轄市或縣（市）主管機關應即於重劃區所在地之鄉（鎮、市、區）公所或重劃區之適當處所公告30日，公告期滿實施之（農劃§7Ⅰ）。

(三) 異議處理與使用限制

公告期間內，重劃區土地所有權人半數以上，而其所有土地面積超過重劃區土地總面積半數者表示反對時，該主管機關應予調處並參酌反對理由，修訂農地重劃計畫書，重行報請核定，並依核定結果公告實施（農劃§7Ⅱ），其次，直轄市或縣（市）主管機關於農地重劃計畫書公告時，得同時公告於一定期限內禁止該重劃區內土地之新建、增建、改建及採取土石

或變更地形。但禁止之期間，不得超過1年6個月（農劃§9）。

三、規劃設計與施工

重劃區內農路、水路工程設施之規劃設計標準，及農路、水路建造物規格，由中央主管機關會商中央農業及水利等有關機關定之（農劃§14）。重劃後之農地坵塊，以能直接灌溉、排水及臨路為原則。坵塊標準，由直轄市或縣（市）主管機關定之。重劃工程之施工，應於重劃區內主要作物，收穫後為之；主要作物收穫季節不一時，應擇主要作物損害最少之期間為之（農劃§15、§16）。

四、土地分配設計

(一) 原位次分配原則

重劃區內之土地，均應參加分配（農劃§18），故重劃區內同一分配區之土地辦理分配時，應按原有位次分配之。但同一所有權人在同一分配區有數宗土地時，面積小者應儘量向面積大者集中；出租土地與承租人所有土地相鄰時，應儘量向承租人所有土地集中（農劃§22）。

前項但書規定於下列土地辦理分配時，不適用之：
1. 農地重劃計畫書公告之日前已有建築改良物之土地。
2. 原有鄰近公路、鐵路、村莊或特殊建築改良物之土地。
3. 墳墓地。
4. 原位於公墓、河川或山谷邊緣或其他特殊地形範圍內之土地。
5. 養、溜、地、溝、水、原、林、雜等地目土地，難以改良成田、旱土地使用者。

(二) 現金補償原則

同一土地所有權人，在重劃區內所有土地應分配之面積，未達或合併後仍未達最小坵塊面積者，應以重劃前原有面積按原位置查定之單位區段地價計算，發給現金補償。但二人以上之土地所有權人，就其未達最小坵塊面積者，得申請分配於其中一人。前項發給現金補償之土地，應予以集中公開標售，經兩次標售而未標出者，直轄市或縣（市）主管機關應出售與需要耕地之農民。第2項公開標售或出售時，其毗連土地之現耕所有權人有依同樣條

件優先購買之權，如毗連土地現耕所有權人有二人以上主張優先購買時，以抽籤定之（農劃§23）。

(三) 共有土地分配原則

重劃區內共有土地有下列情形之一者，得分配爲個人所有（農劃§24）：1.共有人之應有部分折算面積達最小坵塊面積者；2.共有人共有二筆以上之土地，部分共有之應有部分達最小坵塊面積者；3.共有土地經共有人自行協議，分配爲其中一人者。

五、重劃負擔

(一) 費用負擔

農地重劃，除區域性排水工程由政府興辦並負擔費用外，其餘農路、水路及有關工程由政府或農田水利會興辦，所需工程費用由政府與土地所有權人分擔，其分擔之比例由行政院定之。前項土地所有權人應分擔之工程費用，得由土地所有權人提供重劃區內部分土地折價抵付之（農劃§4）。

(二) 公共設施用地負擔

重劃後農路、水路用地，應以重劃區內原爲公有及農田水利會所有農路、水路土地抵充之；其有不足者，按參加重劃分配土地之面積比例分擔之。前項應抵充農路、水路用地之土地，直轄市或縣（市）主管機關應於農地重劃計畫書公告時，同時通知其管理機關或農田水利會不得出租、處分或設定負擔（農劃§11）。

六、耕地優先購買權

爲促進農地重劃後之耕地，得以有效使用，於重劃區內耕地出售時，承租人、共有人或毗鄰現耕所有權人，得享有優先購買權，其次序如下（農劃§5）：

(一) 出租耕地之承租人。

(二) 共有土地現耕之他共有人。

(三) 毗連耕地之現耕所有權人。

七、公告通知與異議處理

(一) 公告通知

直轄市或縣（市）主管機關於辦理土地分配完畢後，應即將分配結果，於重劃所在地鄉（鎮、市、區）公所或重劃區之適當處公告之，並以書面分別通知土地所有權人、承租人、承墾人與他項權利人。前項公告期間為30日（農劃§25）。

(二) 異議處理

土地所有權人對於重劃區土地之分配如有異議，應於公告期間向該管市或縣（市）主管機關以書面提出，該管直轄市或縣（市）主管機關應予查處。其涉及他人權利者，並應通知其權利關係人予以調處。土地所有權人對主管機關之調處如有不服，應當場表示異議。經表示異議之調處案件，主管機關應於5日內報請上級機關裁決之。在縣設有農地重劃委員會或農地重劃協進會者，前項調處案件，應先發交農地重劃委員會或農地重劃協進會予以調解（農劃§26）。

八、換地交接及差價補償

(一) 換地交接

農地重劃後分配於原土地所有權人之土地，自分配確定之日起，視為其原有土地（農劃§27）。其次，重劃區內經重分配之土地，應由該管主管機關，以書面分別通知土地所有權人、使用人、承墾人限期辦理交接；逾期不交接者，得移送法院強制執行（農劃§28）。

(二) 差額補償

直轄市或縣（市）主管機關應於辦理重劃時重新查定重劃區之單位區段地價，作為土地分配及差額、補償之依據。重劃土地之分配，按各宗土地原來面積，扣除應負擔之農路、水路用地及抵付工程費用之土地，按重新查定之單位區段地價，折算成應分配之總地價，再按新分配區單位區段地價折算面積，分配予原所有權人。但限於實際情形，應分配土地之一部或全部未達最小坵塊面積不能妥為分配者，得以現金補償之（農劃§21）。

九、權利清理及地籍整理

(一) 權利之清理

1. 耕地租賃之處理

出租耕地因實施重劃致標示變更或不能達到原租賃之目的者,應依據公告確定結果,逕為變更或註銷其租約,並通知當事人。

依前項規定註銷租約者,承租人得依下列規定請求或領取補償(農劃§29):

(1)因出租耕地畸零狹小,而合併於其他耕地者,承租人得向出租人請求相當1年租金之補償。

(2)因出租耕地畸零狹小而未受分配土地者,所應領受之補償地價,由土地所有權人領取三分之二,承租人領取其三分之一。

2. 他項權利之處理

他項權利之處理,原設定之他項權利登記及限制登記,直轄市或縣(市)主管機關於重劃土地分配確定後,依據分配結果逕為轉載或為塗銷登記(農劃§30)。故因重劃致地上權、農育權或永佃權不能達其設定之目的者,各該權利視為消滅。地上權人、農育權人或永佃權人得向土地所有權人請求相當之補償。前項請求權之行使,應自重劃分配確定之日起,2個月內為之(農劃§31)。

其次,重劃土地之上所存之不動產役權,於重劃後仍存在於原有土地上。但因重劃致設定不動產役權之目的已不存在者,其不動產役權視為消滅,不動產役權人得向土地所有權人請求相當之補償。因重劃致不動產役權人不能享受與從前相同之利益者,得於保存其利益之限度內設定不動產役權。前條第2項之規定,於本條第1項但書情形準用之(農劃§32)。此外,實施重劃未受分配之土地,其原設定抵押權或典權有關權利價值,由直轄市或縣(市)主管機關在不超過土地所有權人應得補償之數額內予以協調清理(農劃§33)。

(二) 地籍整理

重劃區範圍內之土地於重劃後,應分別區段重新編號,並逕為辦理地籍測量、土地登記、換發權利書狀、免收登記費及書狀工本費(農劃§34)。其次,重劃區內未經辦理地籍整理之土地,在實施農地重劃時,其地籍測

量、土地登記及規定地價，依重劃結果辦理（農劃§35）。此外，重劃分配之土地，在農地重劃工程費用或差額地價未繳清前不得移轉。但承受人承諾繳納者，不在此限（農劃§36）。

十、重劃成果之維護

(一) 重劃區內耕地優先購買權

為達成擴大農場經營規模之目標，以維護農地重劃之成果，重劃區內耕地出售時，其優先購買權之次序如下（農劃§5）：

1. 出租耕地之承租人。
2. 共有土地現耕之他共有人。
3. 毗連耕地之現耕所有權人。

(二) 農水路之管理維護

重劃區農路及非農田水利會管理之水路，其用地應登記為該管直轄市或縣（市）所有。原登記為國有、省有及鄉（鎮）有者，應辦理註銷手續。

前項農路及水路，由直轄市或縣（市）政府自行或指定機關、團體管理、維護之。其費用由各該政府列入年度預算。

重劃區內農田水利會管理之水路及有關水利設施，其用地登記為農田水利會所有，並由農田水利會管理、維護之（農劃§37）。

農地重劃完成後，農路、水路之管理機構，對於重劃區之農路、水路每年應檢查一次以上，並管理、維護之。

重劃區內之耕地使用人對其耕地坵塊所鄰接之農路、水路，有維護之義務，發現遭受毀損時，並應即時通知管理機構（農劃§38）。

(三) 妨害農地重劃之處罰

為維護農地重劃成果，促進農地重劃之進行，有下列行為之一者，處3年以下有期徒刑、拘役或科或併科5,000元以下罰金（農劃§40）：

1. 移動或毀損重劃測量標樁，致妨害重劃工程之設計、施工或重劃土地之分配者。
2. 以強暴、脅迫或其他方法妨害重劃工程之施工者。
3. 以堵塞、毀損或其他方法妨害農路、水路之灌溉、排水或通行者。

第十章 工業用地之開發

　　產業發展與創新是促進經濟發展之主要動力來源，惟產業生產活動之基礎結構條件中，用地之規劃、取得實為產業生產之主要環節所在，故如何積極規劃、取得產業用地，以滿足國家經濟發展之所需，為歷年來政府部門在工業政策中，所最為關切之重點。產業用地雖可依區域計畫法、都市計畫法或非都市土地使用管制規則之規定，將適合產業生產活動之土地規劃為產業區或工業用地、丁種建築用地等，然此種靜態之利用指導規劃，無法滿足國內經濟發展之所需，為求能積極、主動規劃、取得產業用地，政府部門乃於民國49年制頒「獎勵參與投資條例」開創了主動開發興闢工業區之法制基礎，隨後並依各階段經濟發展之需要，而分別公布了「促進產業升級條例」、「科學園區設置管理條例」、「加工出口區設置管理條例」、「產業創新條例」等規定，以加速產業用地之開發興闢，創造優良產業生產活動空間，促進產業發展。本章乃就前揭法令規定所開發之產業用地等內容，分別概述如下。

第一節　產業園區開發

壹、產業發展與園區設置

一、產業發展基本方針

　　為促進產業創新，改善產業環境，提升產業競爭力（產創§1），產業創新條例公布施行後1年內，行政院應提出產業發展綱領。各中央目的事業主管機關應訂定產業發展方向及產業發展計畫，報行政院核定，並定期檢討。各產業之中央目的事業主管機關，應負責推動所主管產業之發展（產創§4）。直轄市、縣（市）政府得訂定地方產業發展策略；訂定時，應會商各中央目的事業主管機關。各中央目的事業主管機關得獎勵或補助直轄市、縣（市）政府，以推動地方產業發展（產創§5）。

二、產業園區之設置

中央主管機關、直轄市、縣（市）主管機關、公民營事業或興辦產業人得勘選面積達一定規模之土地，擬具可行性規劃報告，並依都市計畫法或區域計畫法、環境影響評估法及其他相關法規提具書件，經各該法規主管機關核准後，由中央主管機關核定產業園區之設置。

中央主管機關依前項規定核定產業園區之設置後，應交由直轄市、縣（市）主管機關於30日內公告；屆期未公告者，得由中央主管機關代為公告。

直轄市、縣（市）主管機關、公民營事業或興辦產業人依第1項規定所勘選達一定規模之土地，其面積在一定範圍內，且位於單一直轄市、縣（市）行政區者，其依相關法規所提書件，由直轄市、縣（市）主管機關報各該法規主管機關核准後，由直轄市、縣（市）主管機關核定產業園區之設置，並於核定後30日內公告。

中央主管機關、直轄市、縣（市）主管機關於依第1項提具可行性規劃報告前，應舉行公聽會，聽取土地所有權人及利害關係人之意見；各該主管機關應作成完整紀錄，供相關主管機關審查之參考。

第1項設置產業園區之土地面積規模及第3項由直轄市、縣（市）主管機關核定產業園區之設置面積，由中央主管機關會商內政部定之（產創§33）。

此外，為促進產業轉型及升級，以維持在地產業、中小企業之生存，並保障在地之就業及環境之保育，中央主管機關得會商內政部，規劃鄉村型小型園區或在地型小型園區，並給予必要之協助、輔導或補助。前項協助、輔導或補助之對象、資格條件、審核基準、申請程序及其他相關事項之辦法，由中央主管機關定之（產創§36）。

又為吸引資金回國投資，中央主管機關得提出產業用地取得協助措施，以獎勵回國投資（產創§23）。

三、開發之回饋

公民營事業或興辦產業人申請設置之產業園區於土地使用分區變更前，應按產業園區核定設置當期公告土地現值，以核定設置土地總面積5%計算

回饋金，繳交予直轄市、縣（市）主管機關設置之產業園區開發管理基金，不受區域計畫法第15條之3規定之限制。直轄市、縣（市）主管機關應提撥前項收取金額之一定比率，用於產業園區周邊相關公共設施之興建、維護或改善及受影響區域環境保護之改善。前項提撥金額比率，由中央主管機關會同內政部定之（產創§34）。

又興辦工業人因擴展工業或設置污染防治設備，需使用毗連之非都市土地時，其擴展計畫及用地面積，應經直轄市、縣（市）主管機關核定後發給工業用地證明書，辦理使用地變更編定。前項擴展工業，以直轄市、縣（市）主管機關認定之低污染事業為限。依第1項規定擴展工業時，應規劃變更土地總面積10%作為綠地，並由直轄市、縣（市）主管機關辦理變更編定為國土保安用地。

興辦工業人為擴展工業或設置污染防治設備，於使用地變更編定前，應繳交回饋金；其回饋金之計算及繳交，準用第34條第1項規定（產創§65Ⅰ～Ⅲ）。

四、開發建設之管理

公民營事業或興辦產業人申請設置之產業園區，應自核定設置公告之次日起3年內取得建築執照；屆期未取得者，原設置之核定失其效力。產業園區之設置失其效力後，應由直轄市、縣（市）主管機關通知土地登記機關回復原分區及編定，並函送中央主管機關備查（產創§35）。

又產業園區內土地屬築堤填海造地者，於造地施工前，應依下列規定辦理（產創§38）：

(一) 屬中央主管機關開發者，應將審查完竣之造地施工管理計畫送內政部備查。

(二) 屬直轄市、縣（市）主管機關、公民營事業或興辦產業人開發者，應提具造地施工管理計畫及繳交審查費後，報中央主管機關審查核定，並繳交開發保證金及與中央主管機關簽訂開發契約後，始得施工。

前項造地施工管理計畫之書件內容、申請程序、開發保證金及其他相關事項之辦法，由中央主管機關定之。

五、產業園區閒置土地之處理

由中央主管機關或直轄市、縣（市）主管機關開發設置之產業園區，土地所有權人無正當理由已持續閒置土地相當期間，除與主管機關另有契約約定或依相關規定處理者外，如符合中央主管機關所定閒置土地認定基準，各該主管機關得公告及通知土地所有權人及利害關係人，於2年期限內依法完成建築使用；各該主管機關並得隨時輔導土地所有權人及利害關係人於期限內依法完成建築使用。

各該主管機關依前項規定限期完成建築使用時，應囑託土地登記機關辦理註記登記。2年期間不因土地所有權移轉而中斷，效力仍及於繼受人。土地所有權人因有不可歸責之事由致遲誤之期間，應予扣除，如有正當理由者，並得請求延展之。

於前二項期限內依法完成建築使用者，各該主管機關應囑託土地登記機關辦理塗銷註記登記；屆期未完成建築使用者，各該主管機關得處以土地所有權人該閒置土地當期公告現值總額10%以下之罰鍰，並得通知土地所有權人於1個月內提出改善計畫。各該主管機關於接獲改善計畫後得通知土地所有權人進行協商，土地所有權人應於接獲進行協商之通知日起1個月內完成協商。土地所有權人未遵期提出改善計畫或屆期未與各該主管機關完成協商者，各該主管機關基於促進產業園區用地合於立法目的使用及發展國家經濟防止土地囤積之公共利益，得作成書面處分並載明該閒置土地依查估市價審定之合理價格後，予以公開強制拍賣。

前項強制拍賣，各該主管機關囑託法務部行政執行署所屬各分署辦理之，其程序除本條另有規定外，準用行政執行法之規定。

前二項強制拍賣之閒置土地，如投標無效、應買人所出之最高價未達查估市價審定之合理價格，或不符合其他拍賣條件者，不得拍定。

前項情形，各該主管機關得以同一或另定合理價格，依前三項規定囑託重行拍賣。

經拍定之土地，不適用土地法或其他法令關於優先承買之規定，並應由法務部行政執行署所屬各分署通知土地登記機關塗銷註記登記、他項權利登記與限制登記，及除去租賃後，點交予拍定人。各該主管機關認無繼續拍賣之必要時，得向法務部行政執行署所屬各分署撤回囑託，並囑託土地登記機

關塗銷註記登記。

前七項閒置土地與完成建築使用認定基準、公告及通知事項、不可歸責事由扣除期間與請求延展期間之事由、囑託登記之事項、查估市價審定之方法、程序及應遵行事項、強制拍賣應買人之資格及應遵守取得土地之使用條件等相關事項之辦法，由中央主管機關定之（產創§46-1）。

六、開發成本與未出租售土地之管理

中央主管機關或直轄市、縣（市）主管機關開發之產業園區，其資金全部由受託之公民營事業籌措者，於委託開發契約期間，其開發成本由各該主管機關認定；出售土地或建築物所得超過成本者，受託之公民營事業應將該差額之一定比率繳交至各該主管機關所設置之產業園區開發管理基金。但差額之一定比率，不得低於50%。

前項開發契約期程屆滿時，區內未出租售之土地或建築物，開發產業園區之各該主管機關得依下列方式之一辦理：

(一) 按合理價格支付予受託之公民營事業。但合理價格不得超過未出租售土地或建築物所分擔之實際投入開發成本。

(二) 通知所在地之直轄市、縣（市）政府囑託登記機關辦理移轉登記予受託之公民營事業。受託公民營事業仍應依產業園區規劃之用途使用及處分。

前二項開發成本之認定方式、差額之一定比率及合理價格之計算方式，由各該主管機關於委託開發契約中訂明（產創§47）。

貳、園區規劃與用地取得

一、產業園區用地規劃與變更

(一) 園區規劃

產業園區得規劃下列用地（產創§39）：1.產業用地；2.社區用地；3.公共設施用地；4.其他經中央主管機關核定之用地。

產業用地所占面積，不得低於全區土地總面積60%。

社區用地所占面積，不得超過全區土地總面積10%。

公共設施用地所占面積，不得低於全區土地總面積20%。

第1項各種用地之用途、使用規範及其他相關事項之辦法，由中央主管機關定之。

因產業園區發展需求，申請變更已通過之產業園區環境影響說明書或評估書，其屬依環境影響評估法規定應提變更內容對照表，且變更內容符合下列要件之一者，得由原核定設置產業園區之中央主管機關或直轄市、縣（市）主管機關審查核定，送中央環境保護主管機關備查，不受環境影響評估法第16條規定之限制（產創§40）：

1. 產業園區內坵塊之整併或分割。
2. 產業園區內公共設施局部調整位置。

前項審查作業辦法，由中央主管機關會同中央環境保護主管機關定之。

(二) 園區用地變更

中央主管機關及直轄市、縣（市）主管機關基於政策或產業發展之必要時，得變更規劃產業園區之用地。但不得違反第39條第2項至第5項規定之面積比率、用地用途及使用規範。

中華民國88年12月31日前核定編定之工業用地或工業區，不受前項但書面積比率規定之限制。

土地所有權人得向中央主管機關或直轄市、縣（市）主管機關申請用地變更規劃；中央主管機關或直轄市、縣（市）主管機關審查用地變更規劃申請案，應向申請人收取審查費。

前項經中央主管機關或直轄市、縣（市）主管機關審查核准之用地變更規劃申請案，申請人應按變更規劃類別及核准當期公告土地現值之一定比率，繳交回饋金。

第1項及第3項用地變更規劃之要件、應備書件、申請程序、核准之條件、撤銷或廢止之事由、前二項審查費、回饋金收取基準及其他相關事項之辦法，由中央主管機關定之（產創§54）。

(三) 擴散用地變更及使用期限

興辦工業人因擴展工業或設置污染防治設備，需使用毗連之非都市土地時，其擴展計畫及用地面積，應經直轄市、縣（市）主管機關核定後發給工

業用地證明書，辦理使用地變更編定。

前項擴展工業，以直轄市、縣（市）主管機關認定之低污染事業為限。依第1項規定擴展工業時，應規劃變更土地總面積10%作為綠地，並由直轄市、縣（市）主管機關辦理變更編定為國土保安用地。

興辦工業人為擴展工業或設置污染防治設備，於使用地變更編定前，應繳交回饋金；其回饋金之計算及繳交，準用第34條第1項規定。

第1項擴展範圍內之公有土地，由各該出售公地機關辦理讓售或出租，不受土地法第25條及地方政府公產管理法令規定之限制；其計價方式，按一般公有財產計價標準計算。

直轄市、縣（市）主管機關審查擴展計畫，應向申請人收取審查費。

第1項擴展計畫之申請要件、應備書件、申請程序、申請面積限制、第2項低污染事業之認定基準、前項審查費收取基準及其他相關事項之辦法，由中央主管機關定之（產創§65）。

申請使用毗連非都市土地之興辦工業人，應自使用地變更編定完成之次日起2年內，依核定擴展計畫完成使用；未完成使用前，不得以一部或全部轉售、轉租、設定地上權或以其他方式供他人使用。

興辦工業人因故無法於前項所定期限內完成使用，應向直轄市、縣（市）主管機關申請展延；其申請展延完成使用之期限，總計不得超過2年。

興辦工業人於前二項所定期限內違反核定擴展計畫使用者，直轄市、縣（市）主管機關應命其限期改善；屆期未改善者，直轄市、縣（市）主管機關應廢止原核定，並通知相關機關回復原編定及廢止原核發建造執照或雜項執照。

興辦工業人未於第1項及第2項所定期限內，依核定擴展計畫完成使用者，直轄市、縣（市）主管機關應廢止原核定，並通知相關機關回復原編定及廢止原核發建造執照或雜項執照（產創§66）。

(四) 園區設置之廢止

產業園區之全部或一部，因環境變遷而無存續必要者，原核定設置之中央主管機關或直轄市、縣（市）主管機關得廢止原核定，並由直轄市、縣（市）主管機關於廢止原核定後30日內公告；屆期未公告者，得由中央主管

機關代為公告。但廢止原核定涉及土地使用分區變更者，應於都市計畫或區域計畫主管機關依法核定後，始得公告。

前項由直轄市、縣（市）主管機關廢止原核定者，各該主管機關應將其相關廢止文件送交中央主管機關備查。

第1項因環境變遷而無存續必要之認定基準、廢止設置程序及其他相關事項之辦法，由中央主管機關定之（產創§55）。

二、園區用地之取得

(一) 私有土地之取得

中央主管機關或直轄市、縣（市）主管機關為開發產業園區需用私有土地時，得徵收之（產創§42Ⅰ）。惟公民營事業或興辦產業人為開發產業園區需用私有土地時，應自行取得。但符合下列情形之一者，得申請直轄市、縣（市）主管機關辦理徵收：

1. 因私有土地所有權人死亡，其繼承人於繼承開始之日起2年內未聲請辦理繼承登記。
2. 因祭祀公業管理人死亡致無法承購。

依前項規定徵收之土地，應由辦理徵收之直轄市、縣（市）主管機關逕行出售予前項之公民營事業或興辦產業人，不受土地法第25條及地方政府公產管理法令規定之限制；其出售價格，由直轄市、縣（市）主管機關審定（產創§43Ⅰ、Ⅱ）。

(二) 公有土地之讓售

中央主管機關或直轄市、縣（市）主管機關為開發產業園區需用公有土地時，由各該出售公地機關逕行辦理讓售，不受土地法第25條及地方政府公產管理法令規定之限制。前項公有土地讓售價格，按產業園區徵收私有土地同一地價區段原使用性質相同土地之補償地價計算。但產業園區內土地均為公有時，其讓售價格，按一般公有財產處分計價標準計算（產創§42Ⅱ、Ⅲ）。

公民營事業或興辦產業人為開發產業園區需用公有土地時，應由出售公地機關辦理讓售，其公有土地面積不超過設置總面積十分之一或總面積不超

過5公頃者，不受土地法第25條及地方政府公產管理法令規定之限制；其讓售價格，應按一般公有財產處分計價標準計算（產創§43Ⅲ）。

三、園區土地建物之使用受益及處分

中央主管機關或直轄市、縣（市）主管機關開發之產業園區內土地、建築物及設施，由各該主管機關依本條例之規定使用、收益、管理及處分，不受土地法第25條、國有財產法及地方政府公產管理法令規定之限制。

前項以出租方式辦理者，其租金及擔保金之計算，不受土地法第97條、第99條第1項及第105條規定之限制；其終止租約或收回，不受民法第440條第2項、第3項及土地法第100條、第103條規定之限制；以設定地上權方式辦理者，不受民法第836條第1項撤銷地上權需積欠地租達2年總額規定之限制（產創§45）。

中央主管機關或直轄市、縣（市）主管機關開發之產業園區內土地、建築物及設施，應分別依下列規定使用、收益或處分；其使用、收益或處分之計價，由開發產業園區之各該主管機關審定。但資金全部由受託之公民營事業籌措者，依委託開發契約規定辦理：

(一) 產業用地及其地上之建築物，由開發產業園區之各該主管機關辦理租售、設定地上權或依其他經中央主管機關核定之方式處理。

(二) 社區用地，由開發產業園區之各該主管機關，依序依下列方式處理：

1. 配售予被價購或徵收之土地或房屋所有權人。

2. 出售予園區內企業興建員工住宅及售供員工興建住宅使用。

3. 出售供興建住宅使用。

(三) 公共設施用地、公共建築物及設施，由開發產業園區之各該主管機關辦理租售、設定負擔、收益或無償提供使用。

前項第2款第1目房屋所有權人，以依第41條第1項公告停止所有權移轉之日前，已辦竣戶籍登記者為限。

辦理第1項土地、建築物與設施使用、收益或處分之程序、條件及其他相關事項之辦法，由中央主管機關定之。

中央主管機關或直轄市、縣（市）主管機關開發之產業園區內土地，為配合國家經濟發展政策，得按區位、承購對象、出售價格及相關條件，報行政院專案核准出售，並得由承購土地者，依可行性規劃報告完成興建相關公

共設施（產創§46）。

參、產業園區之管理

一、園區業務之委託

　　中央主管機關或直轄市、縣（市）主管機關得委託公民營事業，辦理產業園區之申請設置、規劃、開發、租售或管理業務。

　　前項委託業務，其資金由受託之公民營事業籌措者，得以公開甄選方式為之；其辦理不適用政府採購法或促進民間參與公共建設法之規定。

　　第1項公民營事業之資格、委託條件、委託業務之範圍與前項公開甄選之條件、程序、開發契約期程屆期之處理及其他相關事項之辦法，由中央主管機關定之（產創§37）。

二、園區管理

(一) 管理機構之設置

　　產業園區應依下列規定成立管理機構，辦理產業園區內公共設施用地及公共建築物與設施之管理維護及相關服務輔導事宜（產創§50）：

1. 中央主管機關或直轄市、縣（市）主管機關開發之產業園區，由各該主管機關成立，並得委託其他機關或公民營事業成立或經營管理。
2. 公民營事業開發之產業園區，由各該公民營事業於辦理土地租售時，向所在地直轄市、縣（市）主管機關申請成立法人性質之管理機構。
3. 二以上興辦產業人聯合申請設置產業園區，應自所在地直轄市、縣（市）主管機關公告設置時，成立管理機構。
4. 單一興辦產業人申請設置之產業園區或該產業園區全部租售予另一單一興辦產業人單獨使用時，得免成立管理機構。

　　中央主管機關或直轄市、縣（市）主管機關依前項規定成立之管理機構，其組織、人員管理、薪給基準、退職儲金提存、撫卹及其他相關事項之辦法，由各該主管機關定之。

　　中央主管機關或直轄市、縣（市）主管機關依第1項第1款規定委託成立管理機構之經營、管理及其他相關事項之辦法，由中央主管機關定之。

　　又產業創新條例施行前開發之工業區，得依第50條規定成立管理機構。

　　直轄市、縣（市）主管機關於本條例施行前開發之工業區，由中央主管機關管理者，中央主管機關得移交該工業區予直轄市、縣（市）主管機關接管，並辦理工業區內之公共設施用地及公共建築物與設施之權利變更登記，不受土地法第25條、國有財產法及地方政府公產管理法令規定之限制。前項移交、接管條件、程序及其他相關事項之辦法，由中央主管機關定之（產創§52）。

(二) 公共設施之管理

　　中央主管機關或直轄市、縣（市）主管機關開發之產業園區，其公共設施用地及公共建築物與設施，由該產業園區之管理機構代管，並應依下列規定登記。但本條例另有規定者，不在此限（產創§51）：

1. 中央主管機關開發之產業園區，其所有權登記為國有，管理機關為經濟部。但社區內之公共設施用地及公共建築物與設施，其所有權登記為所在地之直轄市、縣（市）有，管理機關為該直轄市、縣（市）主管機關。
2. 直轄市、縣（市）主管機關開發之產業園區，其所有權登記為所屬直轄市、縣（市）有，管理機關為該直轄市、縣（市）主管機關。

　　公民營事業開發之產業園區，其公共設施用地及公共建築物與設施之所有權，應無償移轉登記予各該管理機構。但公共設施用地及公共建築物與設施係供不特定對象使用或屬社區範圍內者，其所有權應登記為所在地之直轄市、縣（市）有，並由該直轄市、縣（市）主管機關管理。

　　前項公民營事業移轉登記所有權予各該管理機構後，該公共設施用地或公共建築物與設施之租售、設定負擔或為其他處分，非經直轄市、縣（市）主管機關核准，不生效力。

(三) 管理費用之收取

　　依第50條規定成立之管理機構，得向區內各使用人收取下列費用（產創§53）：

1. 一般公共設施維護費。
2. 污水處理系統使用費。
3. 其他特定設施之使用費或維護費。

　　前項各類費用之費率，由管理機構擬訂，產業園區屬中央主管機關開發者，應報中央主管機關核定；屬直轄市、縣（市）主管機關、公民營事業開發者，應報直轄市、縣（市）主管機關核定。

　　中央主管機關及直轄市、縣（市）主管機關開發之產業園區內使用人屆期不繳納第1項之費用者，每逾二日按滯納數額加徵1%滯納金；加徵之滯納金額，以應納費額之15%為限。

三、開發管理基金之設置與繳交

(一) 基金之設置與用途

　　為因應產業園區發展之需要及健全產業園區之管理，中央主管機關或直轄市、縣（市）主管機關得設置產業園區開發管理基金。產業園區開發管理基金之設置，應以具自償性為原則。

　　產業園區開發管理基金之來源如下（產創§49）：
1. 依本條例收取之回饋金。
2. 融貸資金之利息。
3. 依前條規定繳交之款項。
4. 產業園區維護費、使用費、管理費、服務費及權利金。
5. 產業園區開發完成後之結餘款。
6. 由政府循預算程序之撥款。
7. 基金孳息。
8. 投資產業園區相關事業之收益。
9. 依第47條第1項規定收取之超過成本收入。
10. 其他有關之收入。

　　產業園區開發管理基金之用途如下：
1. 供產業園區開發之融貸資金。
2. 產業園區內土地或建築物，長期未能租售，致租售價格超過附近使用性質相同之土地或建築物者，其所增加開發成本利息之補貼。
3. 產業園區或其周邊相關公共設施之興建、維護或改善。
4. 產業園區管理機構之營運。
5. 產業園區或其周邊受影響區域環境保護之改善。

6. 產業園區之相關研究、規劃或宣導。

7. 產業園區相關事業之投資。

8. 產業園區內重大公共意外事故之後續救助、補償之定額支出。

9. 其他有關之支出。

(二) 繳交

中央主管機關或直轄市、縣（市）主管機關開發之產業園區，除配售之社區用地外，其土地或建築物出售時，承購人應按承購價額1%繳交開發管理基金予開發產業園區之各該主管機關設置之產業園區開發管理基金。依前條第2項第2款規定辦理囑託移轉登記前，受託之公民營事業應按合理價格1%繳交產業園區開發管理基金（產創§48）。

中央主管機關或直轄市、縣（市）主管機關開發之產業園區，其資金全部由受託之公民營事業籌措者，於委託開發契約期間，其開發成本由各該主管機關認定；出售土地或建築物所得超過成本者，受託之公民營事業應將該差額之一定比率繳交至各該主管機關所設置之產業園區開發管理基金。但差額之一定比率，不得低於50%（產創§47Ⅰ）。

肆、工業專用港及碼頭

一、專用港及碼頭之設置

中央主管機關基於政策或衡量產業園區內興辦工業人之經營需要，且經評估非鄰近商港所能提供服務者，得於其所核定設置之產業園區內，設置工業專用港或工業專用碼頭。

前項工業專用港或工業專用碼頭之設置，應由中央主管機關會商交通部後，報行政院核定。工業專用港或工業專用碼頭區域之劃定，由中央主管機關會商交通部、內政部及有關機關後，報行政院核定。工業專用港或工業專用碼頭之指定，由中央主管機關會同交通部，報行政院核定後公告（產創§56）。

二、專用港及碼頭之興建管理

(一) 興建管理

工業專用港或工業專用碼頭得由中央主管機關自行興建及經營管理，或經中央主管機關核准由公民營事業投資興建及經營管理。

經中央主管機關核准由公民營事業投資興建及經營管理工業專用港或工業專用碼頭，中央主管機關應與該公民營事業簽訂投資興建契約，並收取權利金，解繳至中央主管機關設置之產業園區開發管理基金。

公民營事業依第1項規定投資興建之相關設施及建築物，得於投資興建契約中約定於投資興建及經營管理期間內，登記為該公民營事業所有，並由其自行管理維護。

前項投資興建及經營管理期間，公民營事業不得移轉其投資興建之相關設施及建築物之所有權，且應於期間屆滿後，將相關設施及建築物所有權移轉予國有，由中央主管機關管理之。

工業專用港或工業專用碼頭規劃建設之執行、港埠經營、港務管理、專用碼頭之興建、管理維護、船舶入出港、停泊、停航、港區安全、港區行業管理及其他相關事項之辦法，由中央主管機關會同交通部定之（產創§64）。

又工業專用港或工業專用碼頭之使用對象，由中央主管機關會同交通部認定之。工業專用港或工業專用碼頭，不得供該產業園區以外之使用（產創§57II、III）。

(二) 用地興建物設施之權屬

工業專用港或工業專用碼頭內設施使用之土地應登記為國有，管理機關為經濟部（產創§57 I）。中央主管機關得核准工業專用港內碼頭用地出租予產業園區內興辦工業人，供其興建相關設施及建築物自用，所興建之設施及建築物得登記為該興辦工業人所有，並由其自行管理維護（產創§59）。

(三) 管理之收取

中央主管機關得向工業專用港或工業專用碼頭之使用人收取管理費。

工業專用港或工業專用碼頭之相關設施及建築物之所有權人，得向設施

或建築物使用人收取使用費。

　　工業專用港或工業專用碼頭之經營管理者，得向工業專用港或工業專用碼頭之使用人收取服務費。

　　前三項管理費、使用費及服務費，其收費項目、費率及計算方式之辦法，由中央主管機關會商交通部定之（產創§62）。

三、興建經營之督導與收回調度

(一) 興建經營之督導

　　第58條第1項之公民營事業或第59條之興辦工業人於興建、經營管理或使用工業專用港或工業專用碼頭期間，如有施工進度嚴重落後、工程品質重大違失、經營不善、危害公益、妨礙工業專用港或工業專用碼頭相關設施正常運作或其他重大情事發生時，中央主管機關得依下列順序處理（產創§61）：

1. 限期改善。
2. 屆期不改善或改善無效者，得命其於一定期間內停止全部或一部之興建、經營管理或使用。
3. 屆期不改善或改善無效其情節重大者，得廢止其投資興建及經營管理之核准，並強制接管營運。

　　前項強制接管營運之接管人、接管前公告事項、被接管人應配合事項、勞工權益、接管營運費用、接管營運之終止及其他相關事項之辦法，由中央主管機關定之。

(二) 收回與調度使用

　　中央主管機關基於國家安全或政策需要，得收回工業專用港或工業專用碼頭內之土地及相關設施、建築物。

　　中央主管機關依前項規定收回土地、相關設施或建築物時，應給予公民營事業或興辦工業人下列補償：

1. 營業損失。
2. 經許可興建之相關設施或建築物，依興建完成時經中央主管機關認定之價格，扣除折舊後之剩餘價值。

第58條第1項之公民營事業因違反投資興建契約，或前條興辦工業人違反租約時，致中央主管機關終止投資興建契約或租約，中央主管機關得收回工業專用港或工業專用碼頭內之土地及相關設施、建築物，公民營事業或興辦工業人所興建之相關設施及建築物，不予補償（產創§60）。

因緊急避難或緊急事故之特殊需要，中央主管機關或航政主管機關得無償調度使用工業專用港或工業專用碼頭設施（產創§63）。

第二節 科學園區之開發

壹、科學園區之意義與設置目的

一、意義

科學園區之意義，係指由科技部取得園區所需用地，開闢完成後供科學事業設置生產之使用。所謂科學事業係指經核准在園區內成立從事高級技術產品或服務之開發、製造或研究發展之事業（科學園區§4Ⅰ）。

前項科學事業應為依法設立之公司、分公司或其他商業組織；其投資計畫須能配合我國產業之發展、使用或能培養較多之本國科學技術人員，且投入研發經費占營業額一定比例以上，並合於下列條件之一者為限（科學園區§4）：

(一) 具有產品或服務設計能力及整體發展計畫。

(二) 產品或服務已經初期研究發展，正在成長中。

(三) 產品或服務具有發展及創新之潛力。

(四) 從事高級創新研究及發展工作。

(五) 可引進與培植高級科學技術人員，並需要較多研究發展費用。

(六) 對我國經濟建設或國防有重大助益。

二、設置目的

科學園區設置之目的，為引進高級技術工業及科學技術人才提升區域創新整合能量，以激勵國內工業技術之研究創新，並促進高級技術產業之發展

（科學園區§1）。

貳、科學園區之設置

一、園區土地之取得

(一) 公有土地之撥用與私有土地之徵收

園區內之土地，其原屬其他機關管理者，管理局得申請撥用；原屬私有者，得予徵收（科學園區§13 I）。

(二) 民間取得土地開發

公民營事業或財團法人，得在民國70年5月20日公告發布實施之擬定新竹科學工業園區特定區主要計畫案範圍內取得土地，並向主管機關申請同意，且依第1條規定報請行政院核定後併入科學園區。

投資開發園區之公民營事業或財團法人應規劃開發總面積至少30%公共設施土地，其中綠地應占開發總面積10%以上，並負責管理維護。

第1項由民間取得土地開發之園區，其設置管理辦法，由主管機關擬訂，報請行政院核定（科學園區§14）。公民營事業或財團法人，依法在當地市鄉鎮毗鄰科學園區或科學園區特定區計畫範圍內取得土地，並向主管機關申請同意，且依第1條規定報請行政院核定後併入科學園區。其設置管理辦法，由主管機關擬訂，報經行政院核定後（科學園區§15）。

二、園區土地之規劃處理

(一) 社區之規劃

園區得劃定一部分地區作為社區，並由管理局配合園區建設進度予以開發。前項社區用地，除供公共設施及其必要之配合設施外，得配售予園區內被徵收土地或房屋之原所有權人供興建住宅使用；其配售土地辦法，由主管機關定之（科學園區§13 II、III）。

園區事業得依其需要向管理局申請租用園區土地，除應付租金外，並應負擔公共設施建設費用。前項租金、費用之計收基準及其他相關事項之辦法，由主管機關定之。租用第4項土地興建建築物，積欠租金總額逾4個月租

額者，管理局得終止租約，收回租地，不受民法第440條第3項及土地法第103條第4款規定之限制（科學園區§13）。

園區內之公園、綠地、標準廠房區通道及其他供公眾使用空間，其使用應符合其設置目的，且不得有長期占用或損害設施等影響公眾公眾使用之情況；相關管理辦法，由主管機關定之（科學園區§16）。

(二) 廠房、住宅之興建與租售

園區內之廠房及社區內之員工、宿舍，得由園區設立之機構請准自建或由管理局興建租售。

前項廠房以租售與園區內設立之機構、員工宿舍以租與園區從業人員為限。其售價及租金標準，由投資興建人擬訂報請管理局核定；租金標準不受土地法第97條規定之限制（科學園區§18）。

(三) 轉讓之限制與徵購

園區內私有廠房之轉讓，以供經核准設立之園區事業及研究機構使用為限。前項廠房及其有關建築物有下列情形之一者，管理局得依市價徵購之：

1. 未供經核准設立之機構使用。
2. 使用情形不當。
3. 高抬轉讓價格。
4. 依第11條規定應遷出園區。

依前項規定徵購廠房及其有關建築物時，對於原所有權人存於該廠房及其有關建築物內之一切物資，管理局得限期令其遷移或代為置他處存放，費用及因遷移該物資所生之損害，由所有權人負擔之。廠房及其有關建築物之徵購辦法，由主管機關會商有關機關定之（科學園區§19）。

(四) 強制拍賣

園區內之私有廠房及有關建築物有前條第2項第2款或第4款之情形，管理局得進行強制拍賣。

有前條第2項第2款得進行強制拍賣之情形時，管理局應公告及通知建物所有權人於2年期限內改善不當使用情形。

管理局依前項規定限期改善時，應囑託地政機關辦理註記登記。2年期

間不因所有權移轉而中斷，效力仍及於繼受人。建物所有權人因有不可歸責之事由致遲誤之期間，應予扣除，如有正當理由者，並請求延展之。

於前項期限內完成改善者，管理局應囑託地政機關辦理塗銷註記登記；屆期未完成改善者，管理局得處以建物所有權人該建物所在園區土地當期公告現值總額10%以下之罰鍰，並得通知建物所有權人於1個月內提出改善計畫。管理局於接獲改善計畫後得通知建物所有權人進行協商，建物所有權人應於接獲協商之通知日起1個月內完成協商。

建物所有權人未依前項規定遵期提出改善計畫、屆期未與管理局完成協商或有前條第2項第4款情形者，管理局基於促進科學園區用地、廠房及有關建築物合於立法目的使用及發展國家經濟之公共利益，得做成書面處分並載明該廠房及有關建築物依查估市價審定之合理價格後，予以公開強制拍賣。

前項強制拍賣，由管理局囑託法務部行政執行署所屬各分署辦理之，其程序除本條另有規定外，準用行政執行法之規定。

前二項強制拍賣之廠房及有關建築物，如投標無效、應買人所出最高價未達查估市價審定之合理價格，或不符合其他拍賣條件者，不得拍定。

前項情形，管理局得以同一或另定合理價格，依前三項規定囑託重行拍賣。

經拍定之廠房及有關建築物，不適用土地法或其他法令關於優先承買之規定，並應由法務部行政執行署所屬各分屬通知地政機關塗銷註記登記、他項權利登記與限制登記，及除去租賃後，點交予拍定人。管理局認無繼續拍賣之必要時，得向法務部行政執行署所屬各分屬撤回囑託，並囑託地政機關塗銷註記登記。

前九項公告及通知事項、不可歸責事由扣除期間與請求延展期間之事由、囑託登記之事項、查估市價審定之方法、程序及應遵循事項、強制拍賣之應買人之資格與應遵守取得廠房及有關建築物之使用條件、囑託及強制拍賣相關程序、與金錢債權執行程序競合及抵押權人參與分配之處理等相關事項之辦法，由主管機關定之（科學園區§20）。

第三節　科技產業園區之開發

　　台灣經濟起飛的起點爲民國54年1月30日公布「加工出口區設置管理條例」設置加工出口區，50多年來由於園區具有厚實的競爭實力、卓越的轉型績效，園區發展及產業升級轉型更與時俱進，爲求名符其實，以利園區的擴充、招商及人才引進，於是推動園區更名，於110年2月3日公布「科技產業園區設置管理條例」，「加工出口區」即正名爲「科技產業園區」。

壹、科技產業園區設置之目的與管理

一、設置之目的

　　爲促進投資、發展經貿及提升創新能量，特制定本條例。主管機關得依本條例之規定，選擇適當地區，劃定範圍，報請行政院設置科技產業園區（科技園區§1）。

二、區內之管理

　　園區業務由主管機關所屬產業園區管理局（以下簡稱園管局）辦理，掌理有關園區之事項（科技園區§5Ⅰ）。此外，爲有利園區之管理，與區內事業之發展，園區之設置及管理，依本條例之規定；本條例未規定者，適用其他有關法律之規定。但其他法律之規定，較本條例更有利者，適用最有利之法律（科技園區§3）。

　　所稱區內事業，指經核准在園區內製造加工、組裝、研究發展、貿易、諮詢、技術服務、倉儲、運輸、裝卸、包裝、修配之事業及經主管機關經濟部核定之其他相關事業。所稱在區內營業之事業，指區內事業及其他經核准在園區內設有營業或聯絡處所之事業（科技園區§4）。至於在區內營業之事業之種類，由主管機關視經濟發展政策及園區之位置、面積等情形定之（科技園區§6）。

貳、科技產業園區之設置

一、用地之取得

園區內之土地（以下簡稱區內土地），園管局得自行或委託公民營事業開發；開發所需用地爲私有者，依下列方式辦理：

(一) 依法徵收。

(二) 由土地所有權人以地上權設定方式，提供園管局開發。

園管局得與公營事業依據園區設置計畫簽訂合作開發協議書，由公營事業提供土地供管理處辦理開發事宜。前項合作開發協議書應包括開發方式、土地提供、分配、使用、出租、租金代收、稅捐、法律糾紛處理等權利義務事項。

第1項開發所需用地爲公有者，由各該公有土地之管理機關逕行提供開發，不受土地法第25條、國有財產法第7條、第28條、第66條、預算法第25條、第26條、第86條及各級政府財產管理法令相關規定之限制（科技園區§14）。

二、社區之劃設與建物租售限制

園區內得劃定一部分地區作爲社區，由園管局配合園區之需要，作有計畫之開發及管理；其涉及土地使用之擬訂、編定或變更者，應依都市計畫法或區域計畫法之規定辦理。

前項社區之開發及租用管理辦法與其土地租用及費用計收標準，由主管機關定之。

社區內之建築物，得由在區內營業之事業請准自建或由園管局興建出租；必要時，得開放民間投資興建出租。

前項建築物以租與園區從業人員爲限；其租金基準，由投資興建人擬訂，報請園管局核定，不受土地法第97條規定之限制。

在區內營業之事業或民間事業投資興建社區內之建築物有下列情形之一者，得讓售，其讓售對象以在區內營業之事業爲限。讓售時，應先報經園管局同意：

(一) 經有關主管機關撤銷或廢止其公司登記、商業、法人登記或投資興建資

格。

(二) 依第38條規定應遷出園區（科技園區§15）。

三、區內土地建物租用與移轉之限制

(一) 區內土地建物租用

在區內營業之事業得依其需用情形租用區內土地，除給付土地租金外，並應負擔公共設施建設費用。前項土地租用及費用計收標準，由主管機關定之。租用第1項土地興建建築物，積欠租金逾4個月者，園管局或分局得終止租約，收回租地，不受民法第440條及土地法第103條第4款規定之限制（科技園區§16）。

園區內建築物（以下簡稱區內建築物）之興建及租售，得依下列方式辦理：

1. 由在區內營業之事業自行興建。

2. 由園管局自行興建租售。

3. 由公民營事業投資申請核准興建租售。

前項第2款由園管局興建租售者，其租售辦法，由主管機關定之，不受國有財產法第7條、第28條、第66條、預算法第25條、第26條及第86條規定之限制。第1項第3款公民營事業投資申請核准興建程序、審查及租售辦法，由主管機關定之（科技園區§17）。

園管局開發之園區內供公共使用之土地及公共建築物與設施，其所有權登記為國有，管理機關登記為產業園區管理局。但以委託管理所開發之園區土地，其管理機關仍登記為原機關（科技園區§18）。

(二) 區內土地建物移轉之限制

園區內私有土地或建築物之轉讓對象，以在區內營業之事業為限。前項土地或建築物有下列情形之一者，園管局或分局得協議價購，不適用政府採購法之規定；所有權人拒絕參與協議或經開會未能達成協議者，得辦理徵收：

1. 不供在區內營業之事業使用。

2. 使用情形不當。

3. 高抬轉讓價格。

4. 自行停業6個月以上或歇業。

5. 因更新計畫需使用土地者。

6. 依第10條及第38條規定應遷出園區。

依前項第1款至第4款規定取得私有土地或建築物時，對於原所有權人或占有人存於該土地或建築物內外之物資，得由園管局或分局限期令其遷移，逾期得代為移置他處存放或變賣或聲請法院拍賣；其費用及所生之損害，由原所有權人負擔；其經變賣或拍賣者，所得價款扣除費用後，如有餘款依法處理。

依第2項第5款取得私有土地或建築物時，對於原所有權人得優先核配建築物或提供遷廠之土地，並補償其拆遷停工之損失；其辦法由主管機關定之。

經解散之在區內營業之事業，其餘留物資，應於1年內處理完畢；逾期者，由園管局或分局變賣或聲請法院拍賣；所得價款扣除費用後，如有餘款依法處理。

園管局或分局協議價購、徵收或聲請法院拍賣取得之土地或建築物，土地得出租；建築物得租售予在區內營業之事業。前項土地出租及建築物租售辦法，由主管機關定之，不受國有財產法第7條、第28條、第66條、預算法第25條、第26條及第86條規定之限制（科技園區§19）。

(三) 私有建物之強制拍賣

園區內之私有廠房及有關建築物有第19條第2項第2款或第6款之情形，園管局或分局得進行強制拍賣。有第19條第2項第2款之情形，經依前項規定進行強制拍賣時，園管局或分局應公告及通知建物所有權人於2年期限內改善不當使用情形。

園管局或分局依前項規定限期改善時，應囑託地政機關辦理註記登記。2年期間不因建物所有權移轉而中斷，效力仍及於繼受人。建物所有權人因有不可歸責之事由致遲誤之期間，應予扣除，如有正當理由者，並得請求延展之。

於前項期限內完成改善者，園管局或分局應囑託地政機關辦理塗銷註記登記；屆期未完成改善者，園管局或分局得處以建物所有權人該建物所在園

區土地當期公告現值總額10%以下之罰鍰，並得通知建物所有權人於1個月內提出改善計畫。園管局或分局於接獲改善計畫後得通知建物所有權人進行協商，建物所有權人應於接獲進行協商之通知日起1個月內完成協商。

建物所有權人未依前項規定遵期提出改善計畫、屆期未與管理處或分處完成協商或有第19條第2項第6款情形者，園管局或分局得作成書面處分並載明該廠房及有關建築物依查估市價審定之合理價格後，予以公開強制拍賣。

前項強制拍賣，由園管局或分局囑託法務部行政執行署所屬各分署辦理之，其程序除本條另有規定外，準用行政執行法之規定。前二項強制拍賣之廠房及有關建築物，如投標無效、應買人所出之最高價未達查估市價審定之合理價格，或不符合其他拍賣條件者，不得拍定。

前項情形，園管局或分局得以同一或另定合理價格，依前三項規定囑託重行拍賣。經拍定之廠房及有關建築物，不適用土地法或其他法令關於優先承買之規定，並應由法務部行政執行署所屬各分署通知地政機關塗銷註記登記、他項權利登記與限制登記，及除去租賃後，點交予拍定人。園管局或分局認無繼續拍賣之必要時，得向法務部行政執行署所屬各分署撤回囑託，並囑託地政機關塗銷註記登記。

前九項公告及通知事項、不可歸責事由扣除期間與請求延展期間之事由、囑託登記之事項、查估市價審定之方法、程序及應遵行事項、強制拍賣應買人之資格與應遵守取得廠房及有關建築物之使用條件、囑託及強制拍賣相關程序、與金錢債權執行程序競合及抵押權人參與分配之處理等相關事項之辦法，由主管機關定之（科技園區§20）。

四、契稅之減免

區內事業取得園區內新建之標準廠房或自管理處依法取得建築物，免徵其契稅（科技園區§21Ⅰ）。

五、園區作業基金之設置

園區應設置作業基金，為下列各款之運用：
(一) 園區之開發、擴充、改良、維護及管理。
(二) 園區開發及相關事業之投資或貸款。
(三) 園區開發管理相關之研究規劃、設計及宣導事項。

(四) 各項作業服務事項。
(五) 其他經行政院專案核准者。
　　前項作業基金之收支保管及運用辦法，由行政院定之。

第四編

▶ 第一章　通　則

▶ 第二章　規定地價

▶ 第三章　地價稅

▶ 第四章　土地增值稅

▶ 第五章　土地改良物稅

▶ 第六章　房屋稅

▶ 第七章　契　稅

▶ 第八章　遺產及贈與稅

▶ 第九章　工程受益費

土地稅

國家以土地爲課稅之對象，古今中外，各國皆然，我國有謂「有土斯有財，有財斯有用」，此意揭然。土地課稅之法律依據，主要係基於我國憲法第142條實施平均地權之國民經濟原則，及第143條「私有土地應照價納稅」，土地價值非施以勞力資本而增加者，「應由國家徵收土地增值稅」此外，土地法第143條規定，土地及其改良物，除依法免稅者外，依本法之規定徵稅。因此，對於土地課稅之理論依據，在於：一、不勞而獲之地值收回公有；二、降低地主獲利之誘因；三、防止土地之投機壟斷；四、達成國民公平使用土地之目的；五、獲得財政上之收入。故土地稅雖爲國家財政收入之一，但爲達成土地政策目的，特規定於土地法中，以明其政策功能。

　　我國土地法第四編土地稅，分爲通則、地價及改良物價、地價稅、土地增值稅、土地改良物稅、土地稅之減免、欠稅等共七章，計65條。此外，平均地權條例中有關土地稅之規定，以及民國66年政府制定之「土地稅法」，爲土地法中有關土地稅之特別法。此外，「房屋稅條例」、「契稅條例」、「遺產及贈與稅法」、「工程受益費徵收條例」等亦爲廣義之土地稅，均爲土地稅法之特別法。茲分別論述如後。

第一章 通 則

第一節　土地稅之涵義

壹、土地稅之意義

　　土地稅是指以土地爲課稅對象，向納稅義務人所徵收之賦稅。若以最廣義的層面來解釋土地稅，其意義則是指以土地或土地改良物的自然地租或財產價值爲課稅對象，所徵收的賦稅。但一般均主張土地及土地改良物應分離課稅，原因在於土地係屬天賦之自然資源，而土地改良物乃係後天附設，經投施資本與勞力所累積的資本財。由於二者之性質不同，但仍屬土地稅之課徵之對象，所以土地與改良物之估價方式及稅率的規定，乃採分別處理與課徵。

貳、土地稅之種類

　　依土地法規定，土地稅分爲地價稅及土地增值稅（土§144）。土地及其改良物，除依本法規定外，不得用任何名目徵收或附加稅款（土§147前段）。又土地稅法，將土地稅分爲地價稅、田賦及土地增值稅三種（土稅§1）。惟除上述相關規定係針對土地課稅外，依房屋稅條例、契稅條例、遺產及贈與稅法等之規定，復可徵收不動產之房屋稅、契稅、遺產稅及贈與稅，同時依土地法規定，亦得依法徵收工程受益費（土§147）。因此，根據上述各項規定有關土地稅之種類，吾人可就其廣義與狹義之內涵，分類如圖4-1-1：

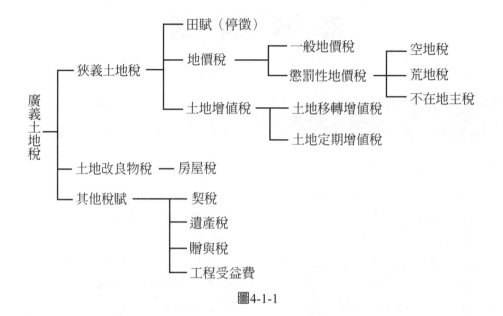

圖4-1-1

　　土地稅之田賦，依土地稅法第1條、第22條及平均地權條例第22條之規定，在非都市土地依法編定之農業用地或未規定地價者，徵收田賦。但都市土地合於下列規定者，亦同：

一、依都市計畫編為農業區及保護區，限作農業用地使用者。

二、公共設施尚未完竣前，仍作農業用地使用者。

三、依法限制建築，仍作農業用地使用者。

四、依法不能建築，仍作農業用地使用者。

五、依都市計畫編為公共設施保留地，仍作農業用地使用者。

　　惟近年來政府鑑於農業所得與非農業所得之差距日益擴大，已停止田賦之課徵[1]。其次，土地改良物雖區分為建築改良物與農作改良物兩者（土§5Ⅰ），然政府迄未針對土地改良物課徵土地改良物稅。

參、土地稅之性質

　　土地稅之目的，依平均地權土地政策之理想，主要在於稅去自然地租，

---

[1] 行政院76年8月20日台財字第19365號函釋，自民國76年第二期起停徵田賦。

以消除不勞而獲之社會不公平現象，而就土地增值稅而言，其乃在於漲價歸公政策目標之達成，亦即屬於「公產」部分之土地自然增值，藉土地增值稅之課徵，予以收回，故性質上已非「稅」之本質。徵收土地稅之目的，在於執行土地政策，而非在於單純開闢財源，故如無土地法上之立法理由，而由財稅機關依財政目的徵稅，則必致影響國家之土地政策。土地稅之徵收，雖然不脫財政目的，然更重於土地政策之達成，故一般稅捐之徵收優先於普通債權。而土地增值稅、地價稅、房屋稅之徵收，優先於一切債權及抵押權（稅捐§6），更深寓其義。

土地稅之徵收，主要作用，在以徵稅之手段促進土地之公平及自由，其用途在於謀地方之建設與社會福利，故不容許以其他之目的與用途，就土地徵收其他稅賦，致妨害原來之目的，土地法爰此特予明白規定，土地及其改良物，除依本法規定外，不得用任何名目徵收或附加稅款（土§147前段）。惟如有建築道路、堤防、溝渠，或其他土地改良之水陸工程，則該一地區之土地使用價值必然增高，其實際受益者，仍為該地區各宗土地之所有權人，其所需費用，自應仍由各該土地所有權人負擔，政府即得依法向之徵收工程受益費（土§147）。

工程受益費之性質，不特為償還政府支出之土地改良工程費用，且寓有政府對土地規劃使用，促進地盡其用，及使土地漲價歸公之雙重意思在內；故在英美稱此種工程受益費為「受益捐」（Benifit or Betterment Tax），或「特別稅賦」（Special Asscessment）[2]。

第二節　土地稅納稅義務人與課徵方法

壹、土地稅之納稅義務人

土地稅之納稅義務人，即租稅債務歸屬之法律主體。一般而言，土地稅皆對所有人徵收之。茲就土地稅中較為重要之地價稅與土地增值稅分別說明之，至於其他廣義之土地稅納稅主體，容後再敘。

---

2 侯木仲，中國土地法論，頁245～246，民國64年2月再版。

一、地價稅

　　地價稅一般大都歸類屬財產稅之一，而率以財產之價值爲其稅捐客體。然依土地法立法時「土地法原則」前言之揭示「國家整理土地之目的，在使地盡其利，並使人民有平均享受使用土地之權利。」及釋字第625號解釋地價稅理由書中「……故土地所有權人在同一直轄市或縣（市）之所有土地，面積愈多及地價總額愈高者，其地價稅之負擔將愈重，藉此以促使土地所有權人充分利用其土地或將不需要之土地移轉釋出。……」大法官明確指出憲法第143條第1項規定「照價納稅」之意旨，其目的在於平均地權與地盡其利。皆足以顯示，不宜將現行地價稅單純歸類爲財產稅，而忽視其政策意涵。

　　課徵地價稅之政策意義，係課取土地之自然地租。爰此，地價稅其稅捐客體，原則上爲自土地產生之應有孳息[3]或潛在收益能力。所以地價稅之歸屬，在於土地孳息或潛在收益能力的基本歸屬；依量能原則，納稅義務人即應以孳息或潛在收益能力之取得者爲認定標準。現行地價稅基本上以土地所有權人爲納稅義務人，至於典權人、承領人、耕作權人、土地使用人或占有人（土稅§3），基於實質課稅公平原則，以實質經濟事實關係及其所生實質經濟利益之歸屬與享有爲依據[4]，合於量能課稅原則。

　　又按地價稅構成要件，現行地價稅其稅捐主體（土稅§3、§3-1、§4）；稅捐客體（土稅§14）；稅基（土稅§15）；稅率（土稅§16～§21），皆有明確規定。

二、土地增值稅

　　財政學者對於現行土地增值稅，係以土地移轉時之價差所得爲稅捐客體，故將其歸屬於所得稅或交易資本利得稅之一種，歷來多有主張納入綜合所得稅或改以資本利得稅予以徵收之。咸不知土地增值稅係源自西方理論之實踐，如約翰彌勒（J. Mill）、達馬熙克（A. Damaschke）等，認爲土地私

3　黃茂榮，稅捐法專題研究（各論部分），頁594，植根法律叢書編輯室編輯，民國90年。

4　參閱最高行政法院107年1月份第2次庭長法官聯席會議決議。

有制度之下，地價之增漲，係由社會環境所造成，土地所有人並未有任何努力與犧牲，係屬不勞而獲之利得，應收歸公享。1905年同盟會宣言認為「釀成經濟組織之不平等者，莫大於土地為少數人所操縱」，主張實施平均地權，目的在於「文明之福祉，國民平等以享之……社會改良進步之增值，則歸於國家，為國民共享。」故於土地法立法時，「土地法原則」即明訂「對於不勞而獲之土地增益行累進稅」。憲法第143條第3項規定：「土地價值非因施以勞力資本而增加者，應由國家徵收土地增值稅，歸人民共享之」，其政策意旨明確。

土地增值稅既以非因施以勞力資本而增加之不勞利得，為稅捐客體，則不勞利得之歸屬者，即土地增值稅納稅義務人。現行土地增值稅納稅義務人以土地所有權移轉時，有償移轉者，為原所有權人；無償移轉者，為取得所有權之人（土稅§5），即符於政策意旨。

又按土地增值稅構成要件，現行土地增值稅其稅捐主體（土稅§5、§5-1、§5-2）；稅捐客體（土稅§28）；稅基（土稅§31、§31-1）；稅率（土稅§33），皆有明確規定。

貳、土地稅之課徵方法[5]

一、依土地面積課稅

就土地面積的大小，乘以一固定稅率，以得出納稅人應繳之稅額。現今土地使用日漸複雜，使用類別繁多，依不同使用，收益有所不同，又土地有區位之優劣或肥瘠程度之不同，故依土地面積課徵顯然有失公平。

二、按土地總生產量課稅

依土地所能生產之總產物量，按一定稅率課徵土地稅，惟農作物種類多，性質差異甚大，生產單位之規模及生產方法不同，若不扣其成本等費用，而就土地總生產量直接課稅，顯然有缺憾。

5　參閱蘇志遠，土地法規新論，頁568～570，文笙書局，民國81年10月。

三、按土地租賃純收益課徵

係依出租之土地實際收益，扣除所有必要支出費用後之餘額，對其加以課稅。至於非出租之土地，則比照相同使用類別土地的租賃純收益，計算出其純收益，以為課稅之標的。

四、按地價課稅

即以土地價格為課稅標準。由於土地的價值最後必以地價方式，顯現其高低不同之差異；因此以地價作為課稅依據，較為客觀可行，現今各國大多採行之，我國目前亦以地價為課徵土地稅之基本依據。

第三節　土地稅制之基本原則

壹、照價納稅

根據憲法規定，中華民國領土內之土地屬於國民全體。人民依法取得之土地所有權，應受法律之保障與限制。私有土地應照價納稅，政府並得照價收買（憲§143Ⅰ）。依憲法所揭示之原則，所謂「照價納稅」係指依地價課徵地價稅，以實現憲法之要求。惟現行平均地權條例第22條及土地稅法第22條規定，現作農業使用之土地，徵收田賦。此規定，恐有違憲之疑。

貳、漲價歸公

依憲法規定，土地價值非因施以勞力資本而增加者，應由國家徵收土地增值稅，歸人民共享之（憲§143Ⅲ）。憲法所揭示之原則，即為　孫中山先生所主張的「漲價歸公」之精神，所謂「漲價」係指土地之自然增值，即非因土地所有人所投資而增漲的部分，就該自然增值部分以土地增值稅方式課徵，以歸社會大眾共享之，並實現憲法之要求，即以社會經濟目的重於財政收入。

參、依法課徵與免徵土地稅

土地及其改良物，除依法免稅者外，依土地法之規定徵稅（土

§143）。土地及其改良物，除依法規定外，不得用任何名目徵收或附加稅款（土§147），以避免巧立名目苛徵稅賦，而增加土地所有權人之負擔。即一切土地及土地改良物，除依法免稅外，均應照土地法之規定，課徵土地稅及其改良物稅。

肆、土地稅爲地方稅

土地稅爲地方稅（土§146）。所謂土地稅係指對土地價值及土地增值依法應課之稅。地方稅係指屬於直轄市、縣（市）政府所徵收的賦稅。依財政收支劃分法第12條之規定，土地稅屬縣（市）稅。

伍、土地及土地改良物之價值應分別規定

土地與土地改良物的性質有所差異，價值因素形成不同，所以兩者必須實行分離課稅方式；並分別採不同之課稅標準。故土地稅與土地改良物稅，應施行分離課稅（土§145）。

第二章　規定地價

　　規定地價其目的係在劃分公私土地權利之界限，以實施照價徵稅、照價收買、漲價歸公，以爲調整土地分配、防杜投機壟斷，促進地盡其利，實現地利共享之基本步驟。

　　所謂「規定地價」，依孫中山先生主張，乃是指規定素地之價，亦即土地之原始價值或未改良價值，以作爲劃分公私土地權利的界限，同時爲實行照價徵稅、照價收買及漲價歸公之基本依據。雖然孫中山先生主張地價由人民自由申報，事後再由政府核定，即「先報後估法」，但目前土地法則是採用「先估後報法」，即先由縣市政府公布標準地價，然後由土地所有權人於標準地價上下20%內申報地價（土§156）。

第一節　規定地價之程序

　　規定地價之程序，依土地法規定，直轄市或縣（市）地政機關辦理地價申報之程序如下（土§149）：

一、查定標準地價。

二、業主申報。

三、編造地價冊。

　　惟平均地權條例復進一步規定，直轄市或縣（市）主管機關辦理規定地價或重新規定地價之程序如下（平§15）：

一、分區調查最近1年之土地買賣價格或收益價格。

二、依據調查結果，劃分地價區段並估計區段地價後，提交地價評議委員會評議。

三、計算宗地單位地價。

四、公告及申報地價，其期限爲30日。

五、編造地價冊及總歸戶冊。

　　以下就土地法及平均地權條例所規定之規定地價程序的內容，分別述明如下：

壹、土地法規定之程序

依土地法規定有關規定地價之程序，分述如下：

一、查定標準地價

查定標準地價之程序，可分如下四個步驟：

(一) 調查地價

地價調查，應抽查最近2年內土地市價或收益價格，以為查定標準地價之依據。其抽查宗數，得視地目繁簡、地價差異為之（土§150）。根據本規定即地價調查是由縣市地政單位，採抽樣調查方式，計算區段平均地價，而不是對每宗土地做普遍性調查。

(二) 劃分地價等級

劃分地價等級的目的，在於掌握地價高低層次。依據地價調查結果，就地價相近及地段相連或地目相同之土地，劃分為地價等級，並就每等級內抽查宗地之市價或收益價格，以其平均數或中數，為各該地價等級之平均地價（土§151）。

依此之規定劃分地價等級之標準分有兩種：
1. 就地價相近及地段相連者劃歸同一地價等級。
2. 就地目相同之土地，劃分為若干地價等級。

(三) 公布標準地價

每地價等級之平均地價，由該管直轄市或縣（市）地政機關報請該管直轄市或縣（市）政府公布為標準地價（土§152）。每一地價等級之平均地價，經該直轄市或縣（市）政府公告之後，即成為標準地價。同時，標準地價之公布，應於開始土地總登記前分區行之（土§153）。

(四) 異議之提出與處理

土地所有權人對於標準地價認為規定不當時，如有該區內同等級土地所有權人過半數之同意，得於標準地價公布後30日內，向該管直轄市或縣

（市）政府提出異議。直轄市或縣（市）政府接受前項異議後，應即提交標準地價評議委員會評議之（土§154）。標準地價評議委員會之組織規程，由中央地政機關定之（土§155 I）。

二、業主申報

業主申報，係指由土地所有權人依法申報地價之謂。惟「業主」宜改爲「所有權人」較妥切。

(一) 申報時期與申報限制

土地所有權人依土地法所申報之地價，爲「法定地價」（土§148）。亦即土地所有人申報之地價經政府接受即稱爲法定地價，財稅機關則據此地價課徵地價稅。業主申報之期限，於土地所有權人聲請登記所有權時，應同時申報地價，但僅得爲標準地價20%以內之增減（土§156）。若土地所有權人聲請登記時，而不同時申報地價者，以標準地價爲法定地價（土§158）。

(二) 聲請照價收買

土地所有權人申報價額之限制，申報地價僅得爲標準地價20%以內之增減，亦即申報地價不得高於或低於標準地價20%。若土地所有權人認爲標準地價過高時，不能依前條爲申報時，得聲請該管直轄市或縣（市）政府照標準地價收買其土地（土§157）。目的主要在防止地政機關所定之標準地價過高，使得地主或業主遭受到重稅之不利，故允許土地所有權人聲請照標準地價收買其土地。

三、編造地價冊

每直轄市或縣（市）辦理地價申報完竣，應即編地價冊及總歸戶冊，送該管直轄市或縣（市）財政機關（土§159）。編造地價冊之目的是作爲課徵地價稅之依據。所謂「地價冊」係記載每一筆土地之地段、地號、地目、地價、面積、土地所有權人、姓名、住所等之書冊。

貳、平均地權條例規定之程序

依平均地權條例規定，主管機關規定地價之程序如下（平§15）：

一、分區調查最近1年之土地買賣價格或收益價格。

二、依據調查結果，劃分地價區段並估計區段地價後，提交地價評議委員會評議。

三、計算宗地單位地價。

四、公告及申報地價，其期限為30日。

五、編造地價冊及總歸戶冊。

據此，地價調查估計規則補充規定地價調查估計之辦理程序如下（土估§3）：

一、蒐集、製作或修正有關之基本圖籍及資料。

二、調查買賣或收益實例、繪製地價區段草圖及調查有關影響區段地價之因素。

三、估計實例土地正常單價。

四、劃分或修正地價區段，並繪製地價區段圖。

五、估計區段地價。

六、計算宗地單位地價。

依據上開規定，平均地權條例所規定地價之程序可歸納如下：

一、分區調查地價

(一) 調查地價資料

地價之調查估計，應切合估計當時土地之實值。此外，應就影響區段地價之因素，如土地使用管制、交通運輸、自然條件、土地改良、公共建設、特殊設施、工商活動、房屋建築現況、發展趨勢及其他影響因素等之資料，依據地價區段勘查表規定之項目勘查並填寫（土估§9）。

(二) 調查買賣或收益實例

地價調查表應以買賣實例為主，無買賣實例者，得調查收益實例。收益實例，係指租賃權或地上權等他項權利，且具有租金或權利金等對價給付之實例（土估§4），此外，調查買賣或收益實例時，應依買賣或收益實例調

查估價表之項目調查並填寫之。

　　調查買賣或收益實例時，應依買賣或收益實例調查估價表之項目調查並填寫之。前項調查得採用不動產成交案件申報登錄之實際資訊，或採用當事人、四鄰、不動產估價師、不動產經紀人員、地政士、金融機構、公有土地管理機關、司法機關或有關機關（構）提供之資訊（土估§6）。

(三) 買賣實例價格之調整

　　買賣或收益實例如有下列情形之一，致價格明顯偏高或偏低者，應先作適當之修正，記載於買賣或收益實例調查估價表。但該影響交易價格之情況無法有效掌握及量化調整時，應不予採用（土估§7）：

1. 急買急賣或急出租急承租。
2. 期待因素影響之交易。
3. 受債權債務關係影響之交易。
4. 親友關係人間之交易。
5. 畸零地或有合併使用之交易。
6. 地上物處理有糾紛之交易。
7. 拍賣。
8. 公有土地標售、讓售。
9. 受迷信影響之交易。
10. 包含公共設施用地之交易。
11. 人為哄抬之交易。
12. 與法定用途不符之交易。
13. 其他特殊交易。

　　買賣或收益實例除依前條規定辦理外，並應就下列事項詳予查證確認後，就實例價格進行調整，並記載於買賣或收益實例調查估價表（土估§8）：

1. 交易價格、租金或權利金等及各項稅費之負擔方式。
2. 有無特殊付款方式。
3. 實例狀況。

二、估計區段地價及評議

(一) 劃分地價區段

　　劃分地價區段時，依下列方法辦理（土估§18）：劃分地價區段時，應攜帶地籍圖、地價分布圖及地價區段勘查表實地勘查，以鄉（鎮、市、區）為單位，斟酌地價之差異、當地土地使用管制、交通運輸、自然條件、土地改良、公共建設、特殊設施、環境污染、工商活動、房屋建築現況、土地利用現況、發展趨勢及其他影響地價因素，於地籍圖上將地價相近、地段相連、情況相同或相近之土地劃為同一區段。

　　已開闢道路及其二側或一側帶狀土地，其地價與一般地價區段之地價有顯著差異者，得就具有顯著商業活動之繁榮地區，依當地發展及地價高低情形，劃設繁榮街道路線價區段。繁榮街道以外已開闢之道路，鄰接該道路之土地，其地價顯著較高者，得於適當範圍劃設一般路線價區段。

　　非建築用地中經依法允許局部集中作建築使用且地價有顯著差異時，應就該建築使用之土地單獨劃分地價區段。非都市土地及都市計畫農業區、保護區之零星建築用地，或依規定應整體開發而未開發之零星建築用地，在同一區段範圍內，得將地價相近且使用情形相同而地段不相連之零星建築用地，視為一個地價區段另編區段號。

　　公共設施保留地應單獨劃分地價區段。但其毗鄰之非公共設施保留地均屬相同區段地價之地價區段時，得併入毗鄰之非公共設施保留地劃為同一地價區段。

　　帶狀保留地穿越數個地價不同之區段時，得視二側非保留地地價區段之不同，分段劃分地價區段。

(二) 估計區段地價

　　估計區段地價，依下列方法辦理（土估§21）：

1. 有買賣或收益實例估計正常單價之區段，以調整至估價基準日之實例土地正常單價，求其中位數為各該區段之區段地價。
2. 無買賣及收益實例之區段，應於鄰近或適當地區選取二個以上使用分區或編定用地相同，且依前款估計出區段地價之區段，作為基準地價區段，按影響地價區域因素評價基準表及影響地價區域因素評價基準明細表，考量

價格形成因素之相近程度，修正估計目標地價區段之區段地價。無法選取使用分區或編定用地相同之基準地價區段者，得以鄰近使用性質類似或其他地價區段之區段地價修正之。

估計區段地價之過程及決定區段地價之理由，應填載於區段地價估價報告表。

第1項第1款所稱之中位數，指土地正常單價調整至估價基準日之單價，由高而低依序排列。其項數為奇數時，取其中項價格為中位數；其項數為偶數時，取中間兩項價格之平均數為中位數；實例為一個時，以該實例之土地正常單價為中位數。

影響地價區域因素評價基準，由內政部定之。

(三) 提交地價評議委員會評議

直轄市或縣（市）主管機關依據調查結果，劃分地價區段並估計區段地價後，應提交地價評議委員會評議（平§15Ⅱ）。

三、計算宗地單位地價

宗地單位地價之計算方法如下（土估§23）：

(一) 屬於繁榮街道路線價區段之土地，由直轄市或縣（市）地政機關依繁榮街道路線價區段宗地單位地價計算原則計算。

(二) 其他地價區段之土地，以區段地價作為宗地單位地價。

(三) 跨越二個以上地價區段之土地，分別按各該區段之面積乘以各該區段地價之積之和，除以宗地面積作為宗地單位地價。

(四) 宗地單位地價應以每平方公尺新台幣元表示，計算至個位數，未達個位數四捨五入。

四、公告及申報地價

(一) 公告地價

直轄市或縣（市）主管機關於地價評議完竣及計算宗地地價後，應按土地所在之鄉（鎮、市、區）公告其宗地單位地價，依同款申報地價之30日期限，自公告之次日起算；依同條第5款編造總歸戶冊時，應以土地所有權人在同一直轄市或縣（市）之土地，為歸戶之範圍（平細§16）。

(二) 申報地價

土地所有權人應於公告期間申報地價，土地所有權人未於公告期間申報地價者，以公告地價80%為其申報地價。土地所有人於公告期間申報地價者，其申報地價超過公告地價120%時，以公告地價120%為其申報地價；申報之地價未滿公告地價之80%時，得照價收買或以公告地價80%為其申報地價（平§16）。

五、編造地價冊及總歸戶冊

依照申報地價，編造總歸戶冊時，應以土地所有權人在同一直轄市或縣（市）之土地，為歸戶之範圍（平細§16後段）。

第二節　重新規定地價

重新規定地價之原因有二：一、避免造成投機壟斷的情況；二、避免產生稅賦不公平之現象發生。所謂重新規定地價，是指土地已依法辦理規定地價之後，由於在不同地區或在不同時期內，地價標準已有明顯之落差，所以重新辦理規定地價，使得土地稅之負擔公平合理。

壹、土地法之規定

地價申報滿5年或1年屆滿而地價已較原標準地價有50%以上增減時，得重新規定地價（土§160）。故辦理重新規定地價，須具有兩個基本原因：一、地價申報滿5年；二、1年屆滿而地價已較原標準地價有50%以上之增減時，得重新規定地價。至於重新規定地價其法定程序適用土地法第150條至第152條及第154條第156條之規定。由上述規定可知重新規定地價的程序，與第一次規定地價的程序是相同的。

貳、平均地權條例之規定

規定地價後，每2年重新規定地價一次。但必要時得延長之。重新規

定地價亦同（平§14）。依規定，不論地價有何變動，每隔2年須重新規定地價一次。惟若地價沒有太大變動甚至沒有變動，實無重新規定地價的必要[1]。

　　上述平均地權條例所規定之地價或重新規定地價，均爲政府據以公告之「公告地價」，而爲土地所有權人申報地價之參考，並爲未來稅捐機關課徵地價稅之依據[2]。

第三節　公告土地現值

壹、沿　革

　　土地法中有關土地增值稅係以買賣價格爲計算基礎（土§178），故原無公告土地現值之制度設計。民國43年公布實施都市平均地權條例後，於民國43年開徵土地增值稅時，係以土地所有權人於買賣土地申報之地價做爲計算土地增值稅之依據。惟因缺乏標準，審核尺度不一，滋生弊端。迄至民國53年修法時，乃增列條文第31條規定：「直轄市或縣（市）政府對於轄區內之都市土地，應分別區段、地目、地價等級，經常調查其地價動態及市價，編制土地現值表，每六個月提經都市地價評議委員會評定，予以公告，作爲都市土地權利變更登記時申報土地價值之參考。」規定地方政府組織地價評議委員會，每半年評定一次都市土地公告現值，作爲課徵土地增值稅之主要

1　民國67年都市土地重新規定地價後，地價稅隨之大增，社會反映強烈，爲減輕人民地價稅負擔，政府除分3年按稅額不同比率課徵地價稅外（67年按稅額60%課徵，68年按稅額80%課徵，69年按稅額100%課徵），並延長重新規定地價之時間，迄至民國76年7月1日始再重新規定地價。

2　台灣於民國45年公告地價後，土地所有權人申報地價之比率爲95.82%，民國53年爲98.63%，民國57年爲97.74%，民國66年修訂「平均地權條例」後，67年重新規定地價，申報率亦達99.96%，惟因平均地權條例第16條規定，土地所有權人未於公告期間申報地值者，以公告地值80%爲其申報地價，故迄至76年重新規定地價時，申報率大幅降爲1.24%。迄今民國99年申報率僅0.014%，在地價資訊及估價技術已有相當基礎時，現行申報地價制度實有再重新考量之處。

參考[3]，至此正式建立公告土地現值制度。

政府每半年公告土地現值一次，由於時間過短，在人力、財力上負荷較重，於民國57年修訂實施都市平均地權條例時（第39條），將公告土地現值改為每年辦理一次。惟因未統一規定公告時間，致實施以來，其公告時間不一，對權利人權益影響甚鉅。乃於民國75年6月29日修正平均地權條例，規定每年7月1日為公告日期，嗣後為配合土地徵收條例之公布施行及會計年度改為曆年制，於民國91年5月29日修正規定，將土地現值公告日期改為每年1月1日公告。

貳、作　用

公告土地現值的產生，原為便利審核土地移轉現值而設，並為政府部門內部之參考，演進為公開公告之土地移轉標準[4]。於民國66年將「實施都市平均地權條例」擴大修訂為「平均地權條例」後，明文規定政府於依法徵收土地時，應按照徵收當期之公告土地現值，補償其地價，而成為補償徵收土地地價之依據[5]。從而公告土地現值之法定作用，即定為兩大方向，一為土地所有權移轉時計算土地增值稅之依據，另一為土地徵收時，補償被徵收土地地價之標準。惟民國101年土地徵收條例亦修改徵收補償標準為市價，公告地區現值僅為課徵土地增值稅之依據。

依民國106年修正前平均地權條例第14條規定，規定地價後每3年重新規定地價一次[6]，又同條例第46條規定，直轄市或縣市政府對於轄區內土地，

---

[3] 依同條例第32條規定略以，所有權移轉時權利人及義務人應於移轉事實發生之日起30日內共同申報土地現值，經審查低於申報當期公告土地現值20%時，應重新申報，逾期不重新申報或重新申報仍過低時，得照申報現值收買或照公告現值徵收土地增值稅。

[4] 行政院於61年5月18日以台(61)財字第4753號令規定：「基於事實需要，今後土地買賣移轉，原則上應一律以公告現值為準，計課土地增值稅。對於其他各項補助，均免予併價課徵。各縣市依實施都市平均地權條例第39條規定逐年公告之現值，務須參照當地實際移轉價值公告，以利漲價歸公政策之執行。」

[5] 參照民國66年2月2日公布之「平均地權條例」第10條、第46條之規定。

[6] 民國106年平均地權條例第14條修訂為每2年重新規定地價一次。

每年編制土地現值表一次並公告。基於一地一價原則及節省人力作業成本，乃規定依法編製之土地現值表，應每年公告一次。但在舉辦規定地價或重新規定地價之當年，應以公告地價為公告土地現值[7]，採「兩價合一」之地價政策。惟實施後形成當地價過高時，土地所有權人地價稅負擔較重；當地價偏低時，徵收補償地價過低，造成被徵收土地所有權人之抗爭，且土地增值稅之漲價歸公目的不彰。爰此，乃於民國79年修正上述規定，在舉辦規定地價或重新規定地價之當年，以編製之土地現值表，作為評定公告地價之參考（平細§64）至此採公告地價與公告土地現值，「兩價分離」之地價政策。

依現行平均地權第46條規定，直轄市或縣（市）政府對於轄區內之土地，應經常調查其地價動態，繪製地價區段圖並估計區段地價後，提經地價評議委員會評定，據以編製土地現值表於每年1月1日公告，作為土地移轉及設定典權時，申報土地移轉現值之參考；並作為主管機關審核土地移轉現值及補償徵收土地地價之依據。

由上述規定可得知，現行公告土地現值與公告地價之差異如下：一、課稅稅目依據不同：公告土地現值為課徵土地增值稅時，作為申報移轉現值之依據（平§38、46，土稅§30）；公告地價為土地所有權人依法申報地價，作為課徵地價稅之依據（平§16、17，土稅§15）；二、政策作用不同：公告土地現值作為申報土地移轉現值之下限，以為抑制土地所有權人低報移現值，實施照價收買，臻達漲價歸公之政策目的（平§31Ⅰ②、③）；公告地價作為申報地價之依據，以為抑制土地所有權人低報地價，實施照價收買，臻達照價課稅之政策目的（平§16、31Ⅰ①）；三、公告期間不同：公告土地現值於每年1月1日公告（平§46）；公告地價每2年重新規定地價一次，必要時得延長之（平§14）；四、地價申報限制之不同：申報土地移轉現值若低於當期公告土地現值者，得由主管機關照其申報之移轉現值收買或照公告土地現值徵收土地增值稅（平§47-1Ⅱ）。申報地價時，若申報之地價超過公告地價120%時，以公告地價120%為其申報地價；申報之地價未滿公告地價80%時，得照價收買或以公告地價80%為其申報地價（平§16）。

---

[7] 參閱民國68年8月7日公布之「平均地權條例施行細則」第64條之規定。

第四節　地價評議委員會之組織

　　直轄市或縣（市）政府公告之標準地價、公告地價及公告土地現值，須經地價評議委員會評議。標準地價評議委員會之組織規程，由中央地政機關定之。前項委員會之委員，應由地方民意機關之代表參加（土§155）。又平均地權條例規定，本條例所定地價評議委員會，由直轄市或縣（市）政府組織之；其組織及運作辦法，由中央主管機關定之。前項委員會委員，由相關機關代表及地政、不動產估價、法律、工程與都市計畫領域之專家學者或民間相關團體代表組成，其中專家學者與民間相關團體代表，不得少於委員總數二分之一；任一性別委員，不得少於委員總數三分之一（平§4）。內政部於民國76年2月2日公布「地價評議委員會暨標準地價評議委員會組織規程」，又於民國81年1月10日公布「地價評議委員會暨標準地價評議委員會組織規程補充規定」，以爲地價評議組織之依據。其組織及權責分別如下：

壹、組　織

　　本會置委員十七人，其中一人爲主任委員，由直轄市市長或副市長、縣（市）長或副縣（市）長兼任；一人爲副主任委員，由直轄市政府秘書長、縣（市）政府主任秘書兼任；其餘委員，由直轄市或縣（市）政府就下列人員遴聘之（地價評議§4）：

一、議員代表一人。

二、地方公正人士一人。

三、對地價有專門知識之專家學者一人。

四、不動產估價師公會代表一人。

五、建築師公會代表一人。

六、地政士公會代表一人。

七、不動產經紀業公會代表一人。

八、建築開發商業同業公會代表一人。

九、銀行公會代表一人。

十、農會代表一人。

十一、地政主管人員一人。

十二、財政主管人員一人。

十三、工務或都市計畫主管人員一人。

十四、建設或農林主管人員一人。

十五、稅捐主管人員一人。

　　本會委員任期3年，期滿得續聘之。但代表機關、團體出任者，應隨其本職進退。

　　第1項委員出缺時，直轄市或縣（市）政府應予補聘，其任期以至原委員任期屆滿之日為止。

　　直轄市、縣（市）議會未推派議員代表或直轄市、縣（市）無第1項第4款至第9款公會之一者，直轄市、縣（市）政府應另遴聘對地價有專門知識之專家學者。

　　本會會議由主任委員召集，並為會議主席；主任委員不能出席時，由副主任委員代理之（地價評議§5）。

貳、職　權

　　本會任務為下列事項之評議（地價評議§3）：

一、地價區段之劃分及各區段之地價。

二、土地改良物價額。

三、市地重劃前後及區段徵收後之地價。

四、依法復議之徵收補償價額。

五、依法異議之標準地價。

六、徵收補償地價加成補償成數。

七、其他有關地價及標準地價評議事項。

第三章　地價稅

地價稅，乃對土地未改良價值，即土地原始價格或素地地價課徵之稅，而使土地逐年所生之天然地租，以賦稅方式，收歸公有，以達「地租社會化」之目的。依我國土地法立法原則之揭示：一、徵收土地稅，以地值爲根據；二、土地稅稅率採漸進辦法。故課徵地價稅的作用可增進土地利用，達到調節土地供需，同時，由於「地租社會化」，使之能抑制壟斷投機，又可積聚社會財富，有維持地價之安定發展的功效，故其社會經濟目的重於財政收入。

按孫中山先生平均地權之理想，對地徵稅有三大好處（意義）：一、可免地之荒廢；二、可獎勵人工之進步；三、可免資本家壟斷土地之弊。由於土地逐年所生的天然地租，以地價稅爲手段收歸公有，將使土地所有人不得不利用土地從事生產，促使土地作有效利用，不致荒廢，同時亦避免投機炒作出現。故於土地法第四編第三章、平均地權條例第三章及土地稅法第二章，均對地價稅予以相關之規範。

第一節　地價稅之課徵及納稅義務

壹、課稅範圍與時機

一、課稅範圍

平均地權條例規定，已規定地價之土地，應按申報地價，依法徵收地價稅（平§17）。又土地稅法規定，已規定地價之土地，除依規定課徵田賦者外，應課徵地價稅（土稅§14）。由以上規定，可得知地價稅課徵範圍爲已規定地價之土地，即爲地價稅之租稅客體，所謂「已規定地價之土地」，係指已依法辦理規定地價之土地而言（土§149，平§15），且以申報地價做爲課稅標準。所謂「申報地價」係指土地所有權人於政府公告地價時，公告期間所申報之地價；若未於公告期間申報地價者，以公告地價80%爲其申報地價（平§16，土§156）。公有土地及低報地價依法照價收買之土地，以

各該宗土地之公告地價為申報地價（平細§21參照）。

二、課徵時機

　　依土地法規定，地價稅照法定地價按年徵收一次，必要時得准分兩期繳納（土§167）。原則上，地價稅以每年8月31日為納稅義務基準日，由直轄市或縣（市）主管稽徵機關按照地政機關編送之地價歸戶冊及地籍異動通知資料核定，於11月1日起1個月內1次徵收當年地價稅（土稅§40）。

貳、納稅義務

一、納稅義務人

　　依土地稅法規定，地價稅或田賦納稅義務人，如下[1]（土稅§3）：

(一) 土地所有權人。

(二) 設有典權土地，為典權人。

(三) 承領土地，為承領人。

(四) 承墾土地，為耕作權人。

　　前項第1款土地所有權屬於公有或公同共有者，以管理機關或管理人為納稅義務人；其為分別共有者，地價稅以共有人各按其應有部分為納稅義務人；田賦以共有人所推舉之代表為納稅義務人，未推舉代表人者，以共有人各按其應有部分為納稅義務人。地價稅以納稅義務基準日土地登記簿所載之所有權人或典權人為納稅義務人（土稅細§20Ⅰ，稅捐§12）。又依法繳納地價稅，為公法上之義務，除非法律另有規定外，不得以他人名義為之，亦非可由當事人約定，變更其對國家應履行之義務（最高行政法院66年判字第418號判例）。

---

[1] 依土地法規定，地價稅向所有權人徵收之，其設有典權之土地，由典權人繳納。不在地主之土地，其地價稅得由承租人代付，在當年應繳地租內扣還之（土§172）。明定地價稅繳納義務人為土地所有權人、土地典權人及土地承租人。

二、代繳人

(一) 指定代繳

　　地價稅之繳納，除納稅義務人外，亦得指定代繳人。土地有下列情形之一者，主管稽徵機關得指定土地使用人負責代繳其使用部分之地價稅或田賦（土稅§4）：

1. 納稅義務人行蹤不明者。
2. 權屬不明者。
3. 無人管理者。
4. 土地所有權人申請由占有人代繳者。

　　土地所有權人在同一直轄市、縣（市）內有兩筆以上土地，為不同之使用人所使用時，如土地所有權人之地價稅係按累進稅率計算，各土地使用人應就所使用土地之地價比例負代繳地價稅之義務。第1項第1款至第3款代繳義務人代繳之地價稅或田賦，得抵付使用期間應付之地租或向納稅義務人求償。惟縱令事實上代繳，但並不能因此變更公法上納稅義務之主體（最高行政法院58年判字第517號判例）。

　　又規定並未有指定代繳之實體要件，核屬裁量規定，稽徵機關是否准予指定，應依「合義務性裁量」決定之。由於地價稅係對特定財產本體的潛在收益能力課稅，認定其租稅主體時，自應以實質經濟事實關係及其所生實質經濟利益之歸屬與享有為依據，而無權占有人非法占有他人土地，已不符法秩序，其享有使用土地之經濟利益，如不負擔地價稅，亦與公平正義有違，稽徵機關於此情形之裁量減縮至零，應指定無權占有人代繳。此外，基於實質課稅公平原則，於文義解釋及合目的解釋範圍內，非不得將此款規定適用於有權占有之情形（最高行政法院107年1月份第2次庭長法官聯席會議決議）。

(二) 申請代繳

　　欠繳土地稅之土地，其所欠稅款，土地承受人得申請代繳或在買價、典價內照數扣留完納；其屬代繳者，得向納稅義務人求償（土稅§51Ⅲ）。

三、受託人之納稅義務

不動產投資信託或不動產資產信託，以土地爲信託財產，並以其爲標的募集或私募受益證券者，該土地之地價稅，於信託關係存續中，以受託機關爲納稅義務人。其應納稅款之計算，就該信託計畫在同一直轄市或縣（市）轄區內之所有信託土地合併計算地價總額，依土地稅法第16條規定稅率課徵地價稅（不動產證券§51）。

土地爲信託財產者，於信託關係存續中，以受託人爲地價稅或田賦之納稅義務人。前項土地應與委託人在同一直轄市或縣（市）轄區內所有之土地合併計算地價總額，依土地稅法第16條規定稅率課徵地價稅，分別就各該土地地價占地價總額之比例，計算其應納之地價稅。但信託利益之受益人爲非委託人且符合左列各款規定者，前項土地應與受益人在同一直轄市或縣（市）轄區內所有之土地合併計算地價總額（土稅§3-1，平§19-1）：

(一) 受益人已確定並享有全部信託利益者。

(二) 委託人未保留變更受益人之權利者。

四、代扣稅款

經徵收或收買之土地，該管直轄市、縣（市）地政機關或收買機關，應檢附土地清冊及補償清冊，通知主管稽徵機關，核算土地增值稅及應納未納之地價稅或田賦，稽徵機關應於收到通知後15日內，造具代扣稅款證明冊，送由徵收或收買機關，於發放價款或補償費時代爲扣繳（土稅§52）。

五、繳納期限

地價稅以每年8月31日爲納稅義務基準日，由直轄市或縣（市）主管稽徵機關按照地政機關編送之地價歸戶冊及地籍異動通知資料核定，於11月1日起1個月內1次徵收當年地價稅（土稅§40）。惟應納地價稅額因公告地價調整致納稅義務人繳納困難者，得於規定繳納期間內，向稅捐稽徵機關申請延期或分期繳納，延期繳納期間不得逾6個月，分期繳納期間不得逾1年。前項延期或分期繳納辦法，直轄市及縣（市）政府得依社會經濟情況及實際需要定之（平§17）。

第二節　地價稅之計徵及稅率

壹、計徵基礎

地價稅按每一土地所有權人在每一直轄市或縣（市）轄區內之地價總額計徵之。前項所稱地價總額，指每一土地所有權人依法定程序辦理規定地價或重新規定地價，經核列歸戶冊之地價總額（土稅§15）。即地價稅之計徵基礎為地價總額，係依歸戶冊之地價總額為準，為底冊稅。

貳、地價稅稅率

有關地價稅稅率之立法例，大致可分為比例稅率與累進稅率二種。所謂「比例稅率」，係按標的物的數量或價值以同一稅率來課徵稅款；由於價值與稅額往往呈單一且相同的比例，故又稱為單一比例稅率，即稅率不因計稅標準之不同而變動者。至於「累進稅率」，是按標的物的數量或價值，其稅率以分層遞增方式課徵稅收；也就是說，數量愈多或價值愈大，則課稅愈重，即稅率因計稅標準之增加而增加者。累進稅率又可分為「全額累進」與「超額累進」兩種，全額累進是指當數量或價值超過一定數額時，按數額所屬之累進稅率課徵全部稅款，即全部之計稅標準皆依其所達最高級距之稅率計徵者；超額累進者，數量或價值分層級，按超過較低一級的數量或價值部分以較高一級的稅率課徵稅額，即就各級距內之計稅標準，分別適用其稅率，再加總其稅額者。

事實上，地價稅應以比例稅率或以累進稅率為其稅率，至今仍有爭議。雖然地價稅採比例稅率，其好處為：一、為簡單劃一，足以反映真正負擔能力；二、為適用稅基較廣，可充裕財政收入；三、為不妨害資本累積、客觀經濟相等原則。民國19年制定之舊土地法採比例稅率，分別依改良地未改良地與荒地，適用不同稅率（舊土§291～§296）。惟地價稅採用累進稅率，乃基於社會報償之理論，具有維持社會正義、地權合理分配、能促進土地利用及地利共享，又可增加土地供給。因此，我國現行的土地法，土地稅法及平均地權條例，對於地價稅及土地增值稅均依前揭土地法立法原則「土地稅稅率採漸進辦法」之精神，採用超額累進稅制的方式進行課徵。

一、累進起點地價

所謂累進起點地價，是指土地所有人所有土地的總地價達到開始課徵累進稅的地價標準。累進起點地價係由直轄市或縣（市）政府按照自住自耕地必須面積，參酌地價及當地經濟狀況擬定，呈請行政院核定之（土§171）。地價稅採累進稅率，以各該直轄市或縣（市）土地7公畝之平均地價，為累進起點地價。但不包括工業用地、礦業用地、農業用地及免稅土地在內（平§18，土稅§16II）。其計算公式如下（平細§27）：

$$\text{地價稅累進起點地價} = \frac{\text{〔直轄市或縣（市）規定地價總額〕} - \text{〔工業用地地價} + \text{礦業用地地價} + \text{農業用地地價} + \text{免稅地地價〕}}{\text{〔直轄市或縣（市）規定地價總面積（公畝）〕} - \text{〔工業用地面積} + \text{礦業用地面積} + \text{農業用地面積} + \text{免稅地面積（公畝）〕}} \times 7$$

上述累進起點地價，應於舉辦規定地價或重新規定地價後，當期地價稅開徵前計算完竣，並分別報請內政部、財政部備查。

二、稅率結構

現行地價稅之課徵，係依土地稅法及平均地權條例相關規定為之，故其規定內容，分述如下[2]：

---

[2] 依土地法第168條之規定，地價稅照法定地價按累進稅率徵收之。故其基本稅率及累進稅率如下：

一、基本稅率：地價稅以其法定地價15‰為基本稅率（土§169）。

二、累進稅率：土地所有權人之地價總額，未超過累進起點地價時，依前條稅率徵收，超過累進起點地價時，依下列方法累進課稅（土§170）：

(一)超過累進起點地價500%以下者，其超過部分加徵2‰。

(二)超過累進起點地價1000%以下者，除按前款規定外，就其已超過500%部分加徵3‰。

(三)超過累進起點地價1,500%以下者，除按前款規定徵收外，就其已超過1,000%部分加徵5‰，以後每超過500%，就其超過部分遞加5‰，以加至50‰為止。

故依上開規定，地價稅之累進稅率共分十二級，分別為15‰、17‰、20‰、25‰、30‰、35‰、40‰、45‰、50‰、55‰、60‰及65‰等。

(一) 基本稅率：地價稅之基本稅率爲10‰（土稅§16，平§19）。

(二) 累進稅率：土地所有權人之地價總額未超過土地所在地直轄市或縣（市）累進起點地價者，其地價稅按基本稅率徵收；超過累進起點地價者，依下列規定累進課徵（土稅§16，平§19）：

1. 超過累進起點地價未達5倍者，就其超過部分課徵15‰。

2. 超過累進起點地價5倍至10倍者，就其超過部分課徵25‰。

3. 超過累進起點地價10倍至15倍者，就其超過部分課徵35‰。

4. 超過累進起點地價15倍至20倍者，就其超過部分課徵45‰。

5. 超過累進起點地價20倍以上者，就其超過部分課徵55‰。

　　前項所稱累進起點地價，以各該直轄市或縣（市）土地7公畝之平均地價爲準。但不包括工業用地、礦業用地、農業用地及免稅土地在內。

　　故依上開規定，現行地價稅之累進稅率共分六級，其內容及其速算公式如表4-3-1：

表4-3-1

第一級	應徵課稅＝課稅地價（未超過累進起點地價時）×稅率（10‰）
第二級	應徵課稅＝課稅地價（超過累進起點地價未達5倍時）×稅率（15‰） －累進差額（累進起點地價×0.005）
第三級	應徵課稅＝課稅地價（超過累進起點地價未達10倍時）×稅率（25‰） －累進差額（累進起點地價×0.065）
第四級	應徵課稅＝課稅地價（超過累進起點地價15倍以下時）×稅率（35‰） －累進差額（累進起點地價×0.175）
第五級	應徵課稅＝課稅地價（超過累進起點地價20倍以下時）×稅率（45‰） －累進差額（累進起點地價×0.335）
第六級	應徵課稅＝課稅地價（超過累進起點地價20倍以上時）×稅率（55‰） －累進差額（累進起點地價×0.545）

第三節　地價稅之優惠與減免

壹、適用特別稅率之申報

　　納稅者依其實質負擔能力負擔稅捐，無合理之政策目的不得爲差別待遇（納保§5），此即量能原則下之課稅平等。由於租稅優惠創造租稅特權，租稅優惠遂與平等原則相衝突，故須有特殊之正當事由。爰此，地價稅之課徵，基於量能課稅公平原則，納稅義務人在符合課稅要件之情形下，皆有依法繳納之義務。惟基於土地政策之考量、社會公益之需求，乃立法予以地價稅之優惠。故主管機關應於每年地價稅開徵60日前，將土地稅法第17條及第18條適用特別稅率課徵地價稅之有關規定及其申請手續公告周知（土稅§42）。得適用特別稅率之用地，土地所有權人應於每年地價稅開徵40日前提出申請，逾期申請者，自申請之次年期開始適用。前已核定而用途未變更者，以後免再申請。適用特別稅率之原因、事實消滅時，應即向主管稽徵機關申報（土稅§41）。又對於非可歸因於納稅義務人之事由致不能爲使用或無法使用土地時，乃予以地價稅之減免等之特別稅率（土§192～§195，平§25，土稅§6參照）。

　　其次，上述適用特別稅率課徵地價稅之申請，與適用特別稅率之原因、事實消滅時，應即申報（土稅§41）等之規定，係鑑於課稅要件事實，多發生於納稅義務人所得支配之範圍，稅捐稽徵機關掌握困難，爲貫徹公平合法課稅之目的，因而課納稅義務人申報協力義務（參見釋字第537號）。即基於在機關核納稅義務人之間的資訊落差，如由稽徵機關依職權查核者，將倍增稽徵成本。因此，透過稅法上規定，課與納稅義務人履行保持與提供課稅資訊的協力義務，以便稽徵機關得以有效率地進行稽核，此即稅法上之協力義務（稅捐§12-1Ⅳ）。

貳、適用特別稅率之內容[3]

　　關於地價稅之特別稅率及相關優惠與減免，其內容如下：

---

[3] 此處所指適用特別稅率之土地，除依土地稅法之規定外（土稅§17、§18），其

一、自用住宅用地

(一) 一般住宅用地

　　自用住宅用地係指土地所有權人或其配偶、直系親屬於該地辦竣戶籍登記，且無出租或供營業用之住宅用地（平§3⑥，土稅§9）。自用住宅用地，於都市土地面積未超過3公畝部分，非都市土地面積未超過7公畝部分，其地價稅之稅率按2‰計徵。惟土地所有權人與其配偶及未成年之受撫養親屬，適用自用住宅用地稅率繳納地價稅者，以一處爲限（平§20Ⅰ，土稅§17Ⅲ）。由上述規定，有關自用住宅用地申請優惠稅率之要件如下：(一)自用住宅用地須爲土地所有權人所有；(二)須土地所有權人或其配偶、直系親屬於該地辦竣戶籍登記；(三)須無出租或供營業使用；(四)面積須符合一

他相關規定有關地價稅之減免與優惠，亦包括在內。又土地法相關之規定整理如下：

一、公有土地之減免：公有土地及公有建築改良物，免徵土地稅及改良物稅。但供公營事業使用或不作公共使用者，不在此限（土§191）。

二、私有土地之減免：私有土地之減免，依土地法之規定可分為一般情形及特殊情況二種：

(一)一般情形之減免：供下列各款使用之私有土地，得由財政部會同中央地政機關呈經行政院核准，免稅或減稅（土§192，土減§8參照）：1.學校及其他學術機關用地；2.公園及公共體育場用地；3.農林、漁牧試驗場用地；4.森林用地；5.公立醫院用地；6.公共墳場用地；7.其他不以營利為目的之公益事業用地。

(二)特殊情形之減免：於此所指的特殊情形有三：1.為因地方發生災難或調劑社會狀況；2.為因保留地徵收或依法限制使用；3.為因自然環境及技術上無法使用之土地。現分述如下：1.因地方發生災難或調劑社會狀況因地方發生災難或調劑社會經濟狀況，得由財政部會同中央地政機關呈經行政院核准，就關係區內之土地，於災難或調劑期中，免稅或減稅（土§193）；2.因保留地徵收或依法限制使用因保留徵收或依法律限制不能使用之土地，概應免稅。但在保留徵收期內，仍能為原來之使用者，不在此限（土§194）；3.因自然環境及技術上無法使用之土地在自然環境及技術上無法使用之土地，或在墾荒過程中之土地，由財政部會同中央地政機關呈經行政院核准，免徵地價稅（土§195）。

定規定（3公畝及7公畝）；(五)以一處爲限；(六)土地上之建築改良物屬土地所有權人，或其配偶、直系親屬所有爲限（土稅細§4）。

土地所有權人在本法施行區域內申請超過一處之自用住宅用地時，依本法第20條第3項認定一處適用自用住宅用地稅率，以土地所有權人擇定之戶籍所在地爲準；土地所有權人未擇定者，其適用順序如下：

(一) 土地所有權人之戶籍所在地。

(二) 配偶之戶籍所在地。

(三) 未成年受扶養親屬之戶籍所在地。

土地所有權人與其配偶或未成年之受扶養親屬分別以所有土地申請自用住宅用地者，應以共同擇定之戶籍所在地爲準；未擇定者，應以土地所有權人與其配偶、未成年之受扶養親屬申請當年度之自用住宅用地地價稅最高者爲準。

第1項第3款戶籍所在地之適用順序，依長幼次序定之（平細§29，土稅細§8）。

(二) 公益出租房屋之土地

爲鼓勵更多房東加入公益出租人行列，爰於民國110年6月9日公布增修公益出租人出租房屋之土地，直轄市、縣（市）政府應課徵之地價稅，得按自用住宅用地稅率課徵。前項租稅優惠之期限、範圍、基準及程序之自治條例，由直轄市、縣（市）主管機關定之，並報財政部備查。第1項租稅優惠，實施年限爲5年，其年限屆期前半年，行政院得視情況延長之（住宅§16）[4]。

所稱公益出租人指住宅所有權人或未辦建物所有權第一次登記住宅且所有人不明之房屋稅納稅義務人將住宅出租予符合租金補貼申請資格，經直轄市、縣（市）主管機關認定者（住宅§3③）。所稱符合租金補貼申請資格指一定所得及財產以下家庭或個人（住宅§9Ⅰ），以無自有住宅之家庭爲限，同一家庭由一人提出申請（住宅§10Ⅰ）。

---

[4] 註臺北市、新北市、桃園市、臺中市、臺南市及高雄市，六直轄市皆公布施行興辦社會住宅與公益出租人出租房屋優惠地價稅及房屋稅自治條例，其中臺中市與高雄市對適用自用住宅用地優惠稅率課徵之土地，面積限制都市土地面積未超過150平方公尺部分或非都市土地面積未超過350平方公尺部分。

二、國民住宅、勞工宿舍用地

國民住宅及企業或公營事業興建之勞工宿舍，自動工興建或取得土地所有權之日起，其用地之地價稅，按2‰稅率計徵之（平§20Ⅱ，土稅§17Ⅱ）。又為協助一定所得及財產以下家庭或個人獲得適居之住宅，政府得視財政狀況擬訂計畫，辦理補貼住宅之貸款利息。接受自建住宅貸款利息補貼者，其土地於興建期間之地價稅，按自用住宅稅率課徵。惟經核准後，未依建築主管機關核定建築期限完工者，應自核定期限屆滿日當年期起，改按一般用地稅率課徵地價稅（住宅§9Ⅰ、§14Ⅰ、Ⅱ）。

三、工礦等事業用地

供左列事業直接使用之土地，按10 計徵地價稅。但未按目的事業主管機關核定規劃使用者，不適用之：(一)工業用地、礦業用地；(二)私立公園、動物園、體育場所用地；(三)寺廟、教堂用地、政府指定之名勝古蹟用地；(四)經主管機關核准設置之加油站及依都市計畫法規設置供公眾使用之停車場用地；(五)其他經行政院核定之土地。又在依法劃定之工業區或工業用地公告前，已在非工業區或工業用地設立之工廠，經政府核准有案者，其直接供工廠使用之土地，準用前項規定。第1項各款土地之地價稅，符合減免規定者，依法減免之（平§21，土稅§18）。又臺鐵公司土地供鐵路運輸及宿舍使用者，免納地價稅；其餘土地與公司投資經營之附屬事業之土地，地價稅率為10‰（臺鐵公司§20Ⅰ）。政府依第9條第2項規定提供臺鐵公司作鐵路運輸及宿舍使用之公有土地，準用前項有關免納地價稅之規定（臺鐵公司§20Ⅱ）。

四、公共設施保留地[5]

都市計畫公共設施保留地，在保留期間仍為建築使用者，除自用住宅用地按2‰計徵外，其他建築用地統按6‰計徵地價稅。公共設施保留地未作任

5　都市計畫法所稱之「公共設施保留地」，依都市計畫法第48條至第51條之立法意旨，係指依同法所定都市計畫擬定、變更程序及同法第42條規定劃設之公共設施用地中，留待將來各公用事業機構、各該管政府或鄉、鎮、縣轄市公所取得者而言（內政部87年6月30日台內營字第8772176號函）。

何使用並與使用之土地隔離者，免徵地價稅（平§23，土稅§19）。

五、公有土地

公有土地按基本稅率徵收地價稅或田賦。但公有土地供公共使用者，免徵地價稅或田賦（平§24，土稅§20）。

六、公用或公益用土地

為發展經濟，促進土地利用，增進社會福利，對於國防、政府機關、公共設施、騎樓走廊、研究機構、教育、交通、水利、給水、鹽業、宗教、醫療、衛生、公私墓、慈善或公益事業及合理之自用住宅等使用之土地及重劃、墾荒、改良土地者，其地價稅或田賦得予以適當之減免，其減免標準與程序，由行政院定之（平§25，土稅§6）。

七、都市更新之土地

因都市更新之進行，於更新期間土地無法使用者，免徵地價稅；其仍可繼續使用者，減半徵收。但未依計畫進度完成更新且可歸責於土地所有權人之情形者，依法課徵之。又更新後地價稅減半徵收2年（都更§67Ⅰ①、②）。

八、新市鎮特定區之土地

新市鎮開發時，主管機關取得新市鎮特定區內之土地，於未依新市鎮開發條例第8條第1項之規定處理前免徵地價稅（新市鎮§10）。股份有限公司投資於新市鎮之建設，於施工期間免徵地價稅（新市鎮§14Ⅰ③）。此外，新市鎮特定區內之建築物興建完成後，其地價稅第一年免徵，第二年減徵80%，第三年減徵60%，第四年減徵40%，第五年減徵20%，第六年起不予減免（新市鎮§25Ⅰ）。

九、國軍眷村改建之土地

國軍老舊眷村改建時，由主管機關規劃改建配售之住宅建築完工後，在產權未完成移轉登記前，免徵地價稅（國眷§25）。

十、獎勵民間參與交通建設之土地

為獎勵民間參與交通建設，所獎勵之民間機構在興建或營運期間，供直接使用之不動產應課徵之地價稅得予適當減免（獎參§31Ⅰ）。

十一、參與重大公共建設之土地

為促進民間參與公共建設法，參與重大公共建設之民間機構在興建或營運期間，供其直接使用之不動產應課徵之地價稅、房屋稅及取得時應課徵之契稅，得予適當減免（促參§39Ⅰ）。

十二、獎勵民間自辦重劃之土地

為促進土地利用，擴大辦理市地重劃、農地重劃或農村社區土地重劃，得以免徵或減徵地價稅方式，獎勵土地所有權人自行組織重劃會辦理（平§58，農劃§10，農社劃§9）。

十三、農產品批發市場之土地

農產品批發市場之土地，減半徵收其地價稅（農產§17）。

十四、歷史建築物之土地

為保存文化資產，經主管機關登錄之私有歷史建築物，得在50%範圍內減徵地價稅（文資§99）。

十五、商港之土地

商港經營事業機構、航港局或指定機關應無償提供海關、移民、檢疫及安檢等行使公權力機關作業所需之旅客、貨物通關及行李檢查所需之場地，其場地免納地價稅。商港區內商港經營機構取得之土地，其地價稅率為10‰（商港§8Ⅰ、Ⅱ）。

十六、興辦社會住宅之土地

主管機關依本法興辦社會住宅，需用之公有非公用土地或建築物，屬應有償撥用者，得採租用方式辦理，其租期由中央主管機關定之，不受國有財產法第43條有關租期之限制。租用期間之地價稅及房屋稅，由主管機關

繳納。但社會住宅興建期間之租金得免予計收（住宅§21Ⅲ）。社會住宅於興辦期間，直轄市、縣（市）政府應課徵之地價稅及房屋稅，得予適當減免（住宅§22Ⅰ）。

第四節 懲罰性地價稅與欠稅之懲處

壹、懲罰性地價稅

為促進土地利用，實現土地政策之理想，對未依規定期限使用之空地、荒地，加徵地價稅，以加重其持有土地成本之負擔，以資懲罰，是謂懲罰性地價稅，此外為促進新市鎮之開發建設，逾期未使用者，亦加重其地價稅，以敦促開發建設之進行，其項目包括如下：

一、空地稅

所謂空地，凡編為建築用地，未依法使用者，為空地。土地建築改良物價值不及所占地基申報地價20%者，視為空地（土§87）。私有土地，經限期強制使用，而逾期未使用者，應於依法使用前加徵空地稅。前項空地稅，不得少於應繳地價稅之3倍，不得超過應繳地價稅之10倍（土§173）。所稱應徵地價稅，係指該空地應繳之基本稅（土施§43）。惟依平均地權條例規定，所謂空地係指已完成道路、排水、及電力設施，於有自來水地區並已完成自來水系統，而仍未依法建築使用；或雖建築使用，而其建築改良物價值不及所占基地申報地價10%，且經直轄市或縣（市）政府認定應予增建、改建或重建之私有土地及公有非公用建築用地（平§3⑦）。爰此，平均地權條例規定，直轄市或縣（市）政府對於私有空地，得視建設發展情形，分別劃定區域，限期建築、增建、改建或重建；逾期未建築、增建、改建或重建，按該宗土地應納地價稅基本稅額加徵2倍至5倍之空地稅或照價收買（平§26Ⅰ，土稅§21）。

二、荒地稅

所謂荒地，凡編為農業或其他直接生產用地，未依法使用者，為荒地。但因農業生產之必要而休閒之土地不在此限（土§88）。私有荒地經限期強

制使用而逾期未使用者，應於依法使用前加徵荒地稅。前項荒地稅不得少於應徵地價稅，不得超過應繳地價稅之3倍（土§174）。所稱應徵地價稅係指荒地應繳之基本稅（土施§43）。平均地權條例規定，農業用地閒置不用，經直轄市或縣（市）政府經內政部核准通知限期使用或命其委託經營，逾期仍未使用或委託經營者，按應納田賦加徵1倍至3倍之荒地稅；經加徵荒地稅滿3年，仍不使用者，得照價收買（平§26-1Ⅰ，土稅§22-1Ⅰ）。

三、新市鎮建地之限期使用

為促進新市鎮之發展，主管機關得依新市鎮特定區計畫之實施進度，限期建築使用。逾期未建築使用者，按該宗土地應納地價稅基本稅額之5倍至10倍加徵地價稅；經加徵地價稅滿3年，仍未建築使用者，按該宗土地應納地價稅基本稅額之10倍至20倍加徵地價稅或由主管機關照當期公告土地現值強制收買。限期建築之土地，其限期建築之期限，不因移轉他人而受影響，對於不可歸責於土地所有權人之事由而遲誤之期間，應予扣除（新市鎮§18Ⅰ、Ⅱ）。

貳、欠稅之懲處[6]

依法已規定地價之土地，應按申報地價依法課徵地價稅（平§17）。爰此主管稽徵機關於查定納稅義務人每年應納地價稅額後，應填發地價稅稅單，分送納稅義務人或代繳義務人，並將繳納期限、罰則、繳納方式、稅額計算方法等公告週知（土稅§43）。地價稅納稅義務人或代繳義務人應於收到地價稅稅單後30日內，向指定公庫繳納（土稅§45）。惟若欠繳或逾期未繳者，相關懲罰、處置之規定如下。

一、加徵滯納金及強制執行

納稅義務人或代繳義務人未於稅單所載限繳日期內繳清應納稅款者，應加徵滯納金。經核准以票據繳納稅款者，以票據兌現日為繳納日（土稅§53Ⅰ）。

---

6 土地法對於地價稅之欠稅，其懲處方法如下：
　一、加徵罰鍰：地價稅不依期完納者，就其所欠數額，自逾期之日起，按月加徵所欠數額2%以下之罰鍰，不滿1月者，以1月計（土§200）。

依稅法規定逾期繳納稅捐應加徵滯納金者，每逾2日按滯納數額加徵1%滯納金；逾30日仍未繳納者，移送強制執行。但因不可抗力或不可歸責於納稅義務人之事由，致不能於法定期間內繳清稅捐，得於其原因消滅後10日內，提出具體證明，向稅捐稽徵機關申請延期或分期繳納經核准者，免予加徵滯納金（稅捐§20）。

二、短匿之罰鍰

納稅義務人藉變更、隱匿地目等則或於適用特別稅率、減免地價稅或田賦之原因、事實消滅時，未向主管稽徵機關申報者，若為逃稅或減輕稅賦者，除追補應納部分外，處短匿稅額或賦額3倍以下之罰鍰（土稅§54Ⅰ①）。

又短匿申報而應追補之稅額或賦額、隨賦徵購實物及罰鍰，納稅義務人應於通知繳納之日起1個月內繳納之；屆期不繳納者，移送強制執行（土稅§54Ⅲ）。

三、欠稅之處置

欠繳土地稅之土地，在欠稅未繳清前，不得辦理移轉登記或設定典權。經法院或行政執行分署拍賣之土地，依第30條第1項第5款但書規定審定之移轉現值核定其土地增值稅者，如拍定價額不足扣繳土地增值稅時，法院或行政執行分署應俟拍定人代為繳清差額後，再行發給權利移轉證書。第1項所欠稅款，土地承受人得申請代繳或在買價、典價內照數扣留完納；其屬代繳者，得向納稅義務人求償（土稅§51）。又經徵收或收買之土地，該管直轄

二、拍賣欠稅土地：(一)積欠地價稅等於2年應繳稅額時，該管直轄市或縣（市）財政機關得通知直轄市或縣（市）地政機關，將欠稅土地及其改良物之全部或一部交司法機關拍賣，以所得價款抵償欠稅，餘款分配於他項權利人及交還原欠稅人（土§201）；(二)司法機關應於拍賣前30日，以書面通知土地所有權人（土§202）。土地所有權人接到通知後，如提供相當繳稅擔保者，司法機關得展期拍賣。但展期以1年為限（土§203）。

三、提取土地收益：欠稅土地為有收益者，得由該管直轄市或縣（市）財政機關通知直轄市或縣（市）地政機關提取收益，抵償欠稅，免將土地拍賣。但提取收益，於積欠地價稅額等於全年應繳稅額時，方得為之。提取收益數額，以足抵償欠稅為限（土§204）。

市、縣（市）地政機關或收買機關，應檢附土地清冊及補償清冊，通知主管稽徵機關，核算土地增值稅及應納未納之地價稅或田賦，稽徵機關應於收到通知後15日內，造具代扣稅款證明冊，送由徵收或收買機關，於發放價款或補償費時代為扣繳（土稅§52）。

第五節　田　賦

　　田賦係以土地純收益課稅，現行土地法中，並沒有課徵田賦的規定，且依憲法第143條第1項規定，私有土地應照價納稅；惟現行平均地權條例及土地稅法卻規定，非都市土地依法編定之農業用地或未規定地價者，徵收田賦。但都市土地合於下列規定者亦同（平§22，土稅§22）：
一、依都市計畫編為農業區及保護區，限作農業用地使用者。
二、公共設施尚未完竣前，仍作農業用地使用者。
三、依法限制建築，仍作農業用地使用者。
四、依法不能建築，仍作農業用地使用者。
五、依都市計畫編為公共設施保留地，仍作農業用地使用者。
　　前項第2款及第3款，以自耕農地及依耕地三七五減租條例出租之耕地為限。農民團體與合作農場所有直接供農業使用之倉庫、冷凍（藏）庫、農機中心、蠶種製造（繁殖）場、集貨場、檢驗場、水稻育苗用地、儲水池、農用溫室、農產品批發市場用地，仍徵收田賦。公有土地供公共使用及都市計畫公共設施保留地在保留期間未作任何使用並與使用中之土地隔離者，免徵田賦。
　　就上列有五種情況，只有第1款、第4款明確限定必須為農業使用，第5款則為公共設施保留地，第2款、第3款將來亦可能為建築使用，故若不辨其異，皆課徵田賦，並不公平。其次，田賦之課稅雖其目的在掌握軍糈民糧，但顯然與憲法所定照價納稅之精神不符合。惟為調劑農業生產狀況，或因應農業發展需要，行政院得決定停徵全部或部分田賦（土稅§27-1）。依此，行政院為減輕農民負擔，於民國76年第2044次院會通過，全面停徵田賦迄今，上述不平情況或可紓緩。惟就土地稅之稅基而言，農地停徵田賦或未開徵地價稅，實為鉅大之消蝕，基於土地政策或租稅公平而言，誠值深思之。

第四章　土地增值稅

　　平均地權土地政策之「漲價歸公」，其主要目的在於由全民共同分享土地的自然增值。由於社會環境的變遷、經濟發展、政治改良等因素，使得土地價格上升，惟此增值與個人所投施的勞力及資本無關，係屬不勞而獲之利得，故對此增值部分，宜課予相當之稅賦，以歸諸國民共享。土地法立法原則：「對不勞而獲之土地增值行累進稅。」其意在此，故土地增值稅課徵之目的，乃就土地非因個人投施勞力資本，而自然增值的部分，課以賦稅，期以消弭漲價歸私之不公平現象，其社會經濟目的重於財政收入。

　　徵收土地增值稅，乃實現平均地權最有效之手段，其用意在於稅去私人不勞而獲的利得，防絕土地投機壟斷，使社會大眾所創造之財富，歸諸予社會大眾所共有，以去除社會財富之不平，達到「地利共享」的目的，故其社會政策作用遠大於財政政策的效果。我國憲法第143條第3項規定：「土地價值非因施以勞力資本而增加者，應由國家徵收土地增值稅，歸人民共享之。」其意甚明。向獲得土地自然漲價之利益者徵收土地增值稅，既合於租稅公平原則，且與憲法第15條、第19條及第143條無牴觸[1]。

　　漲價歸公之土地增值稅稅收，為達成地利共享的目的，乃規定「依本條例施行漲價歸公之收入，以供育幼、養老、救災、濟貧、衛生、扶助身心障礙等公共福利事業、興辦社會住宅、徵收公共設施保留地、興辦公共設施、促進農業發展、農村建設、推展國民教育及實施平均地權之用。」（平§51）

第一節　課稅範圍與時機

壹、課徵範圍

　　為實施漲價歸公，已規定地價之土地，土地所有權人於申報地價後之

---

[1] 參見司法院釋字第180號解釋（72.5.6）。

自然漲價，應依法徵收土地增值稅（平§35，土稅§28）。故課徵土地增值稅之範圍，須爲一、已規定地價之土地；二、就自然漲價課徵之。茲分述如下：

一、已規定地價之土地：係指已依法辦理規定地價之土地而言（土§149，平§15），與課徵地價稅者相同。

二、就自然漲價課徵之：所謂「自然漲價」部分，應指土地價值非因私人施以勞力資本而增加之部分（憲§143Ⅲ），亦即土地增值之實數額（土§176），或所謂土地漲價總數額（平§36，土稅§28）之部分。

貳、課稅時機

依土地法規定，土地增值稅照土地增值之實數額計算，於土地所有權移轉或雖無移轉而屆滿10年時，徵收之。前項10年期間，自第一次依法規定地價之日起計算（土§176）。依此，土地增值稅課徵時機則可分爲二：一、移轉課徵；二、定期課徵。惟依平均地權條例及土地稅法規定，於土地所有權移轉或設定典權時，徵收土地增值稅（平§36Ⅰ，土稅§28、§29）。故綜上規定，土地增值稅之課徵時機可分爲：一、移轉課徵；二、定期課徵；三、設定典權時課徵。故土地增值稅爲機會稅，茲就其課徵時機，分述如下。

一、移轉課徵

土地移轉增值稅，係當土地所有權移轉時，向土地自然增值之獲取者，課以增值稅。土地所有權移轉的原因如：買賣、繼承、贈與等，惟當土地交換、分割、合併時亦視爲移轉[2]，而課以土地增值稅，如土地交換，應分別向原土地所有權人徵收土地增值稅。

分別共有土地分割後，各人所取得之土地價值與其分割前應有部分價值相等者，免徵土地增值稅；其價值減少者，就其減少部分課徵土地增值稅。公同共有土地分割，其土地增值稅之課徵，準用前項規定。土地合併後，各

2　司法院釋字第173號解釋（71.3.5）認爲：共有土地之分割，共有人因分割所取得之土地價值，與依其應有部分所算得之價值較少而未受補償時，自屬無償移轉之一種，應向取得土地價值增多者，就其增多部分課徵土地增值稅。

共有人應有部分價值與其合併前之土地價值相等者，免徵土地增值稅。其價值減少者，就其減少部分課徵土地增值稅。前述土地價值之計算，以共有土地分割或土地合併時之公告土地現值爲準（平細§65，土稅細§42）。又在特殊情形之移轉，依法得免徵或不課徵土地增值稅[3]，其內容詳如後述。

二、定期課徵

　　土地所有權雖未移轉，惟其地價仍隨社會進步、經濟發展而自然增加，土地所有權人享有不勞而獲之增值利益，爲徹底達成漲價歸公之目的，土地法規定土地所有權無移轉，而屆滿10年時，應徵收土地增值稅（土§176）。但農人之自耕地及自住地，於10年屆滿無移轉時，不徵收土地增值稅（土§197）。又政府實施工程地區，於公共工程完成後，屆滿5年時，亦徵收土地增值稅（土§177），俾免土地所有權人會因公共工程而得到不勞而獲的利益。未移轉土地之自然漲價，當由土地所有權人獲取，故定期增值稅向土地所有權人徵收之，惟前項土地設有典權者，其增值稅得向典權人徵收之。但於土地回贖時，出典人應無息償還（土§183）。

三、設定典權時課徵

　　土地增值稅之課徵，應依土地漲價總數額計算，於土地所有權移轉時行之。惟土地設定典權，若出典人於典期屆滿後，經過2年，不以原典價回贖；或未定期限之典權，出典人出典後經過30年不回贖，典權人因而即取得典物（土地）之所有權，造成土地移轉之事實（民§923、§924參照），

3　土地增值稅之免徵或不課徵，性質上爲稅捐債務之免除或租稅債務之遞延，惟在各種免除規定中，有些情形，係屬附有解除條件者，其不同之處，宜注意之，如一、受贈土地之財團法人有未按捐贈目的使用土地者、違反各該事業設立宗旨者、土地收益未全部用於各該事業者、稽徵機關查獲或經人舉發查明捐贈人有以任何方式取得所捐贈土地之利益者。有上述情形之一，應追補應納之土地增值稅（土稅§55-1）；二、重購退稅之土地，土地所有權人自完成移轉登記之日起，五年內再行移轉時，應追還原退還稅款（土稅§37）；三、公共設施保留地經變更爲非公共設施保留地後再移轉時，以該土地第一次免徵土地增值稅前之原規定地價或前次移轉現值爲原地價，計算漲價總數額，課徵土地增值稅（土稅§39）。

藉以逃避增值稅之課徵。爰此乃規定由出典人於設定典權時，應依規定預繳土地增值稅[4]，嗣出典人回贖時，原繳之土地增值稅，再無息退還（平§36 I，土稅§29）。

第二節　納稅義務

壹、納稅義務人

　　徵收土地增值稅之目的，旨在以課稅方式稅去地主享受因社會大眾共同努力而自然增漲的成果，使自然漲價之利益歸公。因此，享有此不勞而獲之受益者，自應為土地增值稅之納稅義務人（釋180）。

一、移轉增值稅之納稅人

　　土地所有權移轉為絕賣者，其增值稅向出賣人徵收，如為繼承或贈與者，其增值稅向繼承人或受贈人徵收之（土§182）。

　　又依平均地權條例及土地稅法規定，土地移轉情形：(一)有償移轉；(二)無償移轉；(三)信託移轉三種情形，其納稅義務人不同，茲說明如下（平§37、§37-1，土稅§5、§5-2）：

(一) 有償移轉時：土地為有償移轉者，為原所有權人。所稱有償移轉，指買賣、交換、政府照價收買或徵收等方式之移轉。

(二) 無償移轉時：土地為無償移轉者，為取得土地之所有權人。所稱無償移轉，指遺贈及贈與等方式之移轉。

(三) 信託移轉時[5]：信託移轉者，受託人就受託土地，於信託關係存續中，

4　租稅之預繳，並非在清償期前為繳納，而係對附解除條件之租稅債務為繳納。故設定典權時預繳土地增值稅，於出典人回贖等，原繳之土地增值稅再無息退還，即成立退稅請求權。

5　本處所指「信託移轉」，係指土地信託成立後，受託人就信託關係存續中之受託土地所為之移轉。與信託行為成立時，委託人就信託之土地移轉為受託人者不同，依規定以土地為信託財產者，於下列各款信託關係人間移轉所有權，不課徵土地增值稅（土稅§28-3，平§35-3）：一、因信託行為成立，委託人與受託人

有償移轉所有權、設定典權或依信託法第35條第1項規定轉爲其自有土地時，以受託人爲納稅義務人，課徵土地增值稅。以土地爲信託財產，受託人依信託本旨移轉信託土地與委託人以外之歸屬權利人時，以該歸屬權利人爲納稅義務人，課徵土地增值稅。惟依不動產資產信託契約約定，信託土地於信託終止後，毋須返還委託人者，於信託行爲成立移轉土地所有權時，以委託人爲納稅義務人，課徵土地增值稅，不適用土地稅法第28條之3規定（不動產證券§52）。

二、定期增值稅之納稅人

在規定地價之後10年屆滿或實施工程地區5年屆滿，而無移轉之土地，其增值稅向土地所有權人徵收之，該土地若設有典權者，得向典權人徵收之。但於土地回贖時，出典人應無息償還（土§183）。

三、設定典權之納稅人

土地設定典權者，土地增值稅之納稅義務人爲出典人（土稅§5Ⅰ③）。受託人就受託土地，於信託關係存續中，設定典權時，以受託人爲納稅義務人（土稅§5-2Ⅰ）。

貳、代繳人

土地所有權移轉，其應納之土地增值稅，納稅義務人未於規定期限內繳納者，得由取得所有權之人代爲繳納。依平均地權條例第47條規定由權利人單獨申報土地移轉現值者，其應納之土地增值稅，應由權利人代爲繳納（土稅§5-1，平§50）。又由取得所有權人申報代爲繳納者，既係代爲繳納，納稅主體自仍爲原來之納稅義務人，而非代繳之人（行政法院69年判字第1號判例）。其次，約定土地增值稅之負擔，屬私法上之契約，自不能變更公法上納稅義務之主體（行政法院48年判字第67號判例）。欠稅土地，土地承

間；二、信託關係存續中受託人變更時，原受託人與新受託人間；三、信託契約明定信託財產之受益人爲委託人者，信託關係消滅時，受託人與受益人間；四、因遺囑成立之信託，於信託關係消滅時，受託人與受益人間；五、因信託行爲不成立、無效、解除或撤銷，委託人與受託人間。

受人得申請代繳，並得向納稅義務人求償（土稅§51Ⅲ）。

公司依法併購時，依法由原土地所有權人負擔之土地增值稅，准予記存於併購後之取得土地之公司名下。若被收購公司於收購土地完成移轉登記日起3年內，轉讓該對價取得之股份致持有股份低於原收購取得對價之65%時，被收購公司應補繳記存之土地增值稅；該補繳稅款未繳清者，應由收購公司負責代繳（企併§39Ⅱ）。

第三節　土地增值額之計算

土地增值稅之徵收，係就土地自然漲價部分課徵（平§35），且其徵收優先一切債權及抵押權（稅捐§6Ⅰ）。其課稅標準土地法係以「土地增值實數額」為準[6]，平均地權條例及土地稅法係以土地「漲價總數額」為準，

---

[6] 土地法規定依規定土地增值稅照土地增值之實數額計算徵收之（土§176前段），其數額計算之方式，首先，計算土地增值總數額；其次，除去免稅額後，得出土地增值實數額；最後，再扣減改良費用及已繳之工程受益費，得出計徵之稅基，其內容如下：

一、土地增值總數額之計算：土地增值總數額之標準，依下列之規定（土§178）：(一)規定地價後，未經過移轉之土地，於絕賣移轉時，以現賣價超過原規定地價之數額為標準；(二)規定地價後，未經過移轉之土地，於繼承或贈與移轉時，以移轉時之估定地價超過原規定地價之數額為標準；(三)規定地價後，曾經移轉之土地，於下次移轉時，以現移轉價超過前次移轉時地價之數額為標準。原規定地價及前次移轉時之地價，稱原地價。原地價遇一般物價劇烈變動時，直轄市或縣（市）財政機關應以當地物價指數調整計算之，並應經當地民意機關之同意（土§179）。

二、土地增值實數額之計算：土地增值總數額除去免稅額，為土地增值實數額（土§180）。土地增值稅免稅額應由該管直轄市或縣（市）政府擬訂，層轉行政院核定（土施§36）。

三、土地增值實數額之扣減：土地增值實數額，應減去土地所有權人為改良土地所用之資本及已繳之工程受益費（土§184）。

茲分別說明如下。

　　土地增值稅之徵收，應依照土地漲價總數額計算（平§36Ⅰ前段，土稅§28）。土地漲價總數額之計算方式，首先，計算漲價總數額，即將移轉現值減去經物價指數調整後之原規定地價或前次移轉現值；其次，再將改良費用、工程受益費、土地重劃費及變更土地使用之捐贈總額予以扣除，得出計徵之稅基。

　　據上所述，土地自然漲價總數額之計算公式如下（土稅細§50，平細§56）：

　　土地漲價總數額

　　＝申報土地移轉現值－原規定地價或前次移轉時所申報之土地移轉現值
　　　×台灣地區消費者物價總指數÷100－（改良土地費＋工程受益費＋
　　　土地重劃負擔總費用＋因土地使用變更而無償捐贈作為公共設施用地
　　　其捐贈土地之公告現值總額）

一、漲價總數額之計算

　　土地漲價總數額之計算，應自該土地所有權移轉或設定典權時，經核定之申報移轉現值中減除下列各款後之餘額，為漲價總數額。

(一) 規定地價後，未經過移轉之土地，其原規定地價。規定地價後，曾經移轉之土地，其前次移轉現值。

(二) 土地所有權人為改良土地已支付之全部費用，包括已繳納之工程受益費、土地重劃費用及因土地使用變更而無償捐贈一定比率土地作為公共設施用地者，其捐贈時捐贈土地之公告現值總額。

　　前項第1款所稱之原規定地價，依平均地權條例之規定；所稱前次移轉時核計土地增值稅之現值，於因繼承取得之土地再行移轉者，係指繼承開始時該土地之公告現值。但繼承前依第30條之1第3款規定領回區段徵收抵價地之地價，高於繼承開始時該土地之公告現值者，應從高認定（土稅§31Ⅰ、Ⅱ）。

　　又原規定地價及前次移轉時核計土地增值稅之現值遇一般物價有變動時，應按政府發布之物價指數調整後，再計算其土地漲價總數額（土稅§32）。

　　土地所有權人辦理土地移轉繳納土地增值稅時，在其持有土地期間內，

因重新規定地價增繳之地價稅，就其移轉土地部分，準予抵繳其應納之土地增值稅。但準予抵繳之總額，以不超過土地移轉時應繳增值稅總額5%爲限。前項增繳之地價稅抵繳辦法，由行政院定之（土稅§31Ⅲ、Ⅳ）。

二、申報移轉現值

土地所有權移轉或設定典權時，權利人及義務人應於訂定契約之日起30日內，檢同契約有關文件，共同申請土地所有權移轉或設定典權登記，並共同申報其土地移轉現值。但依規定得由權利人單獨申請登記者，權利人得單獨申報其移轉現值（平§47Ⅰ，土稅§49Ⅰ），故土地增值稅亦爲申報稅之一種。

又爲建立並提供正常之不動產交易價格資訊，以促進不動產交易市場健全發展，權利人及義務人應於買賣案件申請所有權移轉登記時，檢附申報書共同向直轄市、縣（市）主管機關申報登錄土地及建物成交案件實際資訊（以下簡稱申報登錄資訊）。前項申報登錄資訊，除涉及個人資料外，得提供查詢。已登錄之不動產交易價格資訊，在相關配套措施完全建立並完成立法後，始得爲課稅依據。第2項申報登錄資訊類別、內容與第3項提供之內容、方式、收費費額及其他應遵行事項之辦法，由中央主管機關定之。直轄市、縣（市）主管機關爲查核申報登錄資訊，得向權利人、義務人、地政士或不動產經紀業要求查詢、取閱有關文件或提出說明；中央主管機關爲查核疑有不實之申報登錄價格資訊，得向相關機關或金融機構查詢、取閱價格資訊有關文件。受查核者不得規避、妨礙或拒絕。前項查核，不得逾確保申報登錄資訊正確性目的之必要範圍。第2項受理及第6項查核申報登錄資訊，直轄市、縣（市）主管機關得委任所屬機關辦理。本條例中華民國109年12月30日修正之條文施行前，以區段化、去識別化方式提供查詢之申報登錄資訊，於修正施行後，應依第3項規定重新提供查詢（平§47Ⅱ～Ⅸ）。

(一) 移轉現值之審核標準

土地所有權移轉或設定典權，其申報移轉現值之審核標準如下（土稅§30，平§47-1）：

1. 申報人於訂定契約之日起30日內申報者，以訂約日當期之公告土地現值爲準。

2. 申報人逾訂定契約之日起30日始申報者，以受理申報機關收件日當期之公告土地現值爲準。

3. 遺贈之土地，以遺贈人死亡日期當期之公告土地現值爲準。

4. 依法院判決移轉登記者，以申報人向法院起訴日當期之公告土地現值爲準。

5. 經法院或法務部行政執行署所屬行政執行分署（以下簡稱行政執行分署）拍賣之土地，以拍定日當期之公告土地現值爲準。但拍定價額低於公告土地現值者，以拍定價額爲準；拍定價額如已先將設定抵押金額及其他債務予以扣除者，應以併同計算之金額爲準。

6. 經政府核定照價收買或協議購買之土地，以政府收買日或購買日當期之公告土地現值爲準。但政府給付之地價低於收買日或購買日當期之公告土地現值者，以政府給付之地價爲準。

　　前項第1款至第4款申報人申報之移轉現值，經審核低於公告土地現值者，得由主管機關照其自行申報之移轉現值收買或照公告土地現值徵收土地增值稅。前項第1款至第3款之申報移轉現值，經審核超過公告土地現值者，應以其自行申報之移轉現值爲準，徵收土地增值稅。

　　中華民國86年1月17日至86年10月30日期間經法院判決移轉、法院或行政執行分署拍賣、政府核定照價收買或協議購買之案件，於期間屆至尚未核課或尚未核課確定者，其申報移轉現值之審核標準適用第1項第4款至第6款及第2項規定。

　　此外，土地稅法依第28條之3規定不課徵土地增值稅之土地，於所有權移轉、設定典權或依信託法第35條第1項規定轉爲受託人自有土地時，以該土地第一次不課徵土地增值稅前之原規定地價或最近一次課徵土地增值稅時核定之移轉現值爲原地價，計算漲價總數額、課徵土地增值稅。但屬土地稅法第39條第2項但書規定情形者，其原地價之認定，依其規定。因遺囑成立之信託，於成立時以土地爲信託財產者，該土地有前項應課徵土地增值稅之情形時，其原地價指遺囑人死亡日當期之公告土地現值。前二項土地，於計課土地增值稅時，委託人或受託人於信託前或信託關係存續中，有支付土地稅法第31條第1項第2款改良土地之改良費用或同條第3項增繳之地價稅者，準用該條之減除或抵繳規定（土稅§31-1，平§38-1參照）。

(二) 免稅土地之現值核定

　　依法免徵土地增值稅之土地，主管稅捐機關應依下列規定核定其移轉現值並發給免稅證明，以憑辦理土地所有權移轉登記（土稅§30-1）：

1. 依土地稅法第28條但書規定免徵土地增值稅之公有土地，以實際出售價額為準；各級政府贈與或受贈之土地，以贈與契約訂約日當期之公告土地現值為準。

2. 依土地稅法第28條之1規定，免徵土地增值稅之私有土地，以贈與契約訂約日當期之公告土地現值為準。

3. 依土地稅法第39條之1第3項規定，免徵土地增值稅之抵價地，以區段徵收時實際領回抵價地之地價為準。

三、原地價

(一) 原地價之涵義

　　土地所有權移轉，其移轉現值超過原規定地價或前次移轉時申報之現值，應就其超過總數額扣減規定之改良費用後，徵收土地增值稅（平§38 I）。其中所謂「原規定地價」或「前次申報移轉現值」，即為所稱之「原地價」（土§179）。所稱「原規定地價」，係指中華民國53年規定之地價；其在民國53年以前已依土地法規定辦理規定地價及在53年以後舉辦規定地價之土地，均以其第一次規定之地價為原規定地價。所稱前次移轉時申報之現值，於因繼承取得之土地再行移轉者，係指繼承開始時該土地之公告土地現值。但繼承前依土地稅法第30條之1第3款規定領回區段徵收抵價地之地價，高於繼承開始時該土地之公告現值者，應從高認定（平§38 II，土稅§31 II）。所稱「前次申報移轉現值」，係指規定地價後，曾經移轉之土地，依法（平§47-1，土稅§30）所申報之現值。

　　「原地價」即「原規定地價」或「前次申報移轉現值」的作用：1.作為計算「土地增值實數額」或土地「漲價總數額」的基礎，即土地非因個人投施勞力資本而增加之部分，或所謂自然增值的部分之計算基礎。2.建構土地增值稅之「連續性原則」，即前次土地移轉申報之移轉現值，作為當次土地移轉之「原地價」；當次土地移轉申報之移轉現值，作為下次土地移轉之「原地價」。

　　下列情形土地移轉時，基於土地增值稅之連續性原則，其原地價之認定分別如下：

1. 配偶相互贈與土地

　　配偶相互贈與之土地，得申請不課徵土地增值稅。但於再移轉依法應課徵土地增值稅時，以該土地第一次不課徵土地增值稅前之原規定地價或最近一次課徵土地增值稅時核定之申報移轉現值為原地價，計算漲價總數額，課徵土地增值稅（土稅§28-2，平§35-2）。

2. 信託土地之移轉

　　依土地稅法第28條之3規定不課徵土地增值稅之土地，於所有權移轉、設定典權或依信託法第35條第1項規定轉為受託人自有土地時，以該土地第一次不課徵土地增值稅前之原規定地價或最近一次課徵土地增值稅時核定之申報移轉現值為原地價，計算漲價總數額，課徵土地增值稅。但屬土地稅法第39條第2項但書或同條第3項但書規定情形者，其原地價之認定，依其規定。

　　因遺囑成立之信託，於成立時以土地為信託財產者，該土地有前項應課徵土地增值稅之情形時，其原地價指遺囑人死亡日當期之公告土地現值。

　　以自有土地交付信託，且信託契約明定受益人為委託人並享有全部信託利益，受益人於信託關係存續中死亡者，該土地有第1項應課徵土地增值稅之情形時，其原地價指受益人死亡日當期之公告土地現值。但委託人藉信託契約，不當為他人或自己規避或減少納稅義務者，不適用之。

　　第1項土地，於計課土地增值稅時，委託人或受託人於信託前或信託關係存續中，有支付土地稅法第31條第1項第2款改良土地之改良費用或同條第3項增繳之地價稅者，準用該條之減除或抵繳規定；第2項及第3項土地，遺囑人或受益人死亡後，受託人有支付前開費用及地價稅者，亦準用之。

　　本法中華民國104年7月1日修正施行時，尚未核課或尚未核課確定案件，適用前二項規定（土稅§31-1）。

3. 公共設施保留地之移轉

　　依都市計畫法指定之公共設施保留地尚未被徵收前之移轉，準用前項前段規定，免徵土地增值稅。但經變更為非公共設施保留地後再移轉時，以該土地第一次免徵土地增值稅前之原規定地價或最近一次課徵土地增值稅

時核定之申報移轉現值爲原地價，計算漲價總數額，課徵土地增值稅（土稅§39Ⅱ，平§42Ⅱ）。

4.供公共設施使用之非都市土地之移轉

非都市土地經需用土地人開闢完成或依計畫核定供公共設施使用，並依法完成使用地編定，其尚未被徵收前之移轉，經需用土地人證明者，準用第1項前段規定，免徵土地增值稅。但經變更爲非公共設施使用後再移轉時，以該土地第一次免徵土地增值稅前之原規定地價或最近一次課徵土地增值稅時核定之申報移轉現值爲原地價，計算漲價總數額，課徵土地增值稅（土稅§39Ⅲ）。

5.抵價地之移轉

區段徵收之土地，依平均地權條例第54條第1項、第2項規定以抵價地補償其他價者，免徵土地增值稅。但領回抵價地後第一次移轉時，應以原土地所有權人實際領回抵價地之地價爲原地價，計算漲價總數額，課徵土地增值稅，並準用第1項之規定（土稅§39-1Ⅲ，平§42-1Ⅱ）。

6.農業用地之移轉

作農業使用之農業用地，於本條例中華民國89年1月6日修正施行後第一次移轉，或依第1項規定取得不課徵土地增值稅之土地後再移轉，依法應課徵土地增值稅時，以該修正施行日當期之公告土地現值爲原地價，計算漲價總數額，課徵土地增值稅。

本條例中華民國89年1月6日修正施行後，曾經課徵土地增值稅之農業用地再移轉時，依法應課徵土地增值稅時，以該土地最近一次課徵土地增值稅時核定之申報移轉現值爲原地價，計算漲價總數額，課徵土地增值稅，不適用前項規定（平§45Ⅳ、Ⅴ，土稅§39-2Ⅳ、Ⅴ）。

7.醫療機構用地之移轉

醫療法修正施行前已設立之醫療機構，於醫療法修正施行後3年內改爲醫療法人，將原供醫療使用之土地無償移轉，不課徵土地增值稅。但於再次移轉第三人時，以該土地無償移轉前之原規定地價或前次移轉現值爲原地價計算漲價總數額，課徵土地增值稅（醫療§38Ⅲ）。

8.水利相關用地之移轉

水庫蓄水範圍、海堤區域、河川區域及排水設施範圍內規定限制使用之

私有土地，其使用現狀未違反本法規定者，於贈與直系血親或繼承時，免徵贈與稅或遺產稅。但承受人於承受之日起5年內，其承受之土地使用現狀違反本法規定者，應由主管機關通報該管稽徵機關追繳應納稅賦。前項贈與，其土地使用現狀未違反本法規定者，得申請不課徵土地增值稅。但再移轉第三人時，以該土地第一次贈與前之原規定地價或前次移轉現值為原地價，計算漲價總數額，課徵土地增值稅。依前二項規定申請免徵遺產稅、贈與稅及不課徵土地增值稅者，應由繼承人、贈與人或受贈人檢附主管機關核發其土地使用現狀未違反本法規定之證明文件，送該管稽徵機關辦理（水利§97-1）。

(二) 物價指數之調整

依土地稅法第31條之原規定地價及前次移轉時核計土地增值稅之現值，遇一般物價有變動時，應按政府發布之物價指數調整後，再計算其土地漲價總數額（土稅§32，平§39），以使土地漲價總數額之計算，臻於公平合理[7]。

四、改良費用之扣減

土地漲價總數額，應減去土地所有權人為改良土地已付之全部費用（平§36II，釋286），其內容包括：(一)改良土地費；(二)工程受益費；(三)土地重劃費；(四)因土地使用變更而無償捐贈一定比率土地作為公共設施用地者，其捐贈時土地之公告現值總額（平細§54，土稅§31）四種。

其中改良土地費用係指下列各項改良所支出之費用（平細§11）：

(一) 建築基地改良：包括整平或填挖基地、水土保持、埋設管道、修築駁嵌、開挖水溝、鋪築道路等。

(二) 農地改良：包括耕地整理、水土保持、土壤改良及修築農路、灌溉排水、防風、防砂、堤防等設施。

(三) 其他用地開發所為之土地改良。

土地所有權人為土地之改良，應依下列規定申請驗證登記（平細§12）：

---

[7] 參見司法院釋字第196號解釋（74.6.14）。

(一) 於開始興工改良之前，填具申請書，向工務（建設）機關申請查驗，並於工程完竣翌日起10日內申請複勘，在申請查驗前已改良者，不予受理。

(二) 工務（建設）機關應於接到申請書翌日起5日內，會同農糧、水利機關派員實地勘查工程開始或完竣情形。

(三) 改良土地費用評估標準，由工務（建設）機關會同農糧、水利機關調查擬定，報直轄市或縣（市）政府核定。

(四) 改良土地費用核定後，工務（建設）機關應即登記，並於登記翌日起5日內按宗發給證明，並通知地政機關及稅捐稽徵機關。

在實施建築管理之地區，建築基地改良得併同雜項執照申請驗證，並按宗發給證明。

上述土地所有權人為土地改良所支付之全部費用皆予以減除，惟因改良土地而增加之價值，卻未列為減除項目，雖對因而增加之價值認定及計算不易，難以將之與自然漲價部分明確劃分[8]，惟土地法第180條有關免稅額減除之規定，仍有值得參採之處。

第四節　土地增值稅之稅率

壹、一般稅率

我國土地增值稅係採取分級超額累進稅率，課徵稅率以土地稅法與平均地權條例之規定為主[9]。鑑於不動產交易市場歷年來呈低迷狀況，為活絡不

---

[8] 參見司法院釋字第286號解釋（80.11.29），認為因認定及計算不易，難以將之與自然漲價部分明確劃分，且土地增值稅並未就漲價部分全額徵收，已足以兼顧其利益，與憲法第15條及第143條第3項規定之意旨尚無牴觸。此見解仍有待審酌之餘地。

[9] 依土地法規定，土地增值稅之稅率，依下列之規定（土§181）：一、土地增值實數額在原地價100%以下者，徵收其增值實數額20%；二、土地增值實數額在原地價數額200%以下者，除按前款規定徵收外，就其已超過100%部分徵收40%；三、

動產交易，前於民國91年1月30日，修正平均地權條例第40條及土地稅法第33條，土地增值稅減半徵收，爲期2年。復於民國93年1月14日再修訂爲自民國91年1月17日修正施行之日起3年內，減徵50%。惟爲使此暫行措施，得以制度化正常推行，再於民國94年1月21日修訂將原40%、50%、60%之稅率，修訂爲20%、30%、40%，並考量長期持有者之負擔，分別予以酌減，其規定如下（平§40Ⅰ，土稅§33Ⅰ）：

一、土地漲價總數額，超過原規定地價或前次移轉時申報之現值數額未達100%者，就其漲價總數額，徵收增值稅20%。

二、土地漲價總數額，超過原規定地價或前次移轉時申報之現值數額在100%以上未達200%者，除按前款規定辦理外，其超過部分，徵收增值稅30%。

三、土地漲價總數額，超過原規定地價或前次移轉時申報之現值數額在200%以上者，除按前款規定分別辦理外，其超過部分，徵收增值稅40%。

　　故依上述之規定，土地增值稅累進稅率共分三等級，土地增值總額未達原地價100%者，其增值總額按20%之稅率課徵土地增值稅；若增值總額介於原地價之100%與200%間者，除按前項規定外，其超過100%部分，課徵土地增值稅30%之稅率；若增值總額爲原地價200%以上者，除按前兩項規定外，超過200%者，課徵40%稅率之土地增值稅。

　　又爲鼓勵土地長期持有，避免短期投機操作，以及促進土地之釋出，對於持有土地年限超過20年以上者，就其土地增值稅超過第1項最低稅率部

土地增值實數額在原地價300%以下者，除按前二款規定分別徵收外，就其超過200%部分徵收60%；四、土地增值實數額超過原地價數額300%者，除按前三款規定分別徵收外，就其超過部分徵收80%。

依上述規定，土地增值稅累進稅率共分四級，是以土地之增值倍數累進課徵。增值實數額等於原地價或低於原地價者，按其增值實數額課取20%之金額作為土地增值稅，若其增值實數額介於原地價1倍及2倍間者，除按前款規定外，其超過1倍部分按40%的稅率來課取土地增值稅；若其增值實數額在原地價之2倍及3倍間者，除按前兩款規定，其超過2倍部分須依60%之稅率再課徵土地增值稅；若其增值實數額超過原地價3倍者，除須依前3項規定外，其餘得按80%之稅率課取土地增值稅。

分減徵20%；超過30年以上者，減徵30%；超過40年以上者，減徵40%（平§40Ⅵ～Ⅶ，土稅§33Ⅵ～Ⅷ）。其速算公式如表4-4-1。

表4-4-1

稅　　級	計算公式
第一級	應徵稅額＝土地漲價總數額〔超過原規定地價或前次移轉時申報現值（按台灣地區消費者物價指數調整後）未達100%者〕×稅率（20%）
第二級	應徵稅額＝土地漲價總數額〔超過原規定地價或前次移轉時申報現值（按台灣地區消費者物價指數調整後）在100%以上未達200%者〕×稅率（30%）－累進差額（按台灣地區消費者物價指數調整後之原規定地價或前次移轉價值×0.10）
第三級	應徵稅額＝土地漲價總數額〔超過原規定地價或前次轉時申報現值（按台灣地區消費者物指數調整後）在200%以上者〕（40%）－累進差額（按台灣地區消費者物價指數調整後之原規定地價或前次移轉現值×0.30）

貳、優惠稅率

一、自用住宅之優惠

　　自用住宅為人民之所需基本生活空間，為利於自用住宅所有人之遷徙自由，而不受重購住宅之拘束，爰規定土地所有權人出售其自用住宅用地者，都市土地面積未超過3公畝部分或非都市土地面積未超過7公畝部分，其土地增值稅統就該部分之土地漲價總數額按10%徵收之；超過3公畝或7公畝者，其超過部分之土地漲價總數額，依一般之稅率徵收之。土地所有權人以自用住宅用地優惠稅率繳納土地增值稅者，須出售前1年內無供營業使用或出租情事，而且一生以一次為限。惟自用住宅之評定現值不及所占基地公告土地現值10%者，不適用之。但自用住宅建築工程完成滿1年以上者不在此限（土稅§34Ⅰ～Ⅵ，平§41Ⅰ～Ⅵ）。

　　土地所有權人申報出售在本條例施行區域內之自用住宅用地，面積超過本條例第41條第1項規定時，應依土地所有權人擇定之適用順序計算至該規定之面積限制為止；土地所有權人未擇定者，應以各筆土地依本條例第40條

規定計算之土地增值稅，由高至低之適用順序計算之。

　　本細則中華民國103年1月13日修正施行前出售自用住宅用地尚未核課確定案件，適用前項規定（平細§58，土稅細§44）。

　　前述「一生一次」之增值稅優惠，每人一生只限一次機會，不能重複使用。為鼓勵民眾換屋，民國98年12月30日修正土地稅法第34條，新增「一生一屋」之優惠規定。規定如下（土稅§34Ⅴ，平§41Ⅴ）：

　　土地所有權人適用前項規定後，再出售其自用住宅用地，符合下列各款規定者，不受前項一次之限制：

(一) 出售都市土地面積未超過1.5公畝部分，或非都市土地面積未超過3.5公畝部分。

(二) 出售時土地所有權人與其配偶及未成年子女，無該自用住宅以外之房屋。

(三) 出售前持有該土地6年以上。

(四) 土地所有權人或其配偶、未成年子女於土地出售前，在該地設有戶籍且持有該自用住宅連續滿6年。

(五) 出售前5年內，無供營業使用或出租。

　　因增訂前項規定造成直轄市政府及縣（市）政府稅收之實質損失，於財政收支劃分法，修正擴大中央統籌分配稅款規模之規定施行前，由中央政府補足之，並不受預算法第23條有關公債收入不得充經常支出之用之限制。

　　前項實質損失之計算，由中央主管機關與直轄市政府及縣（市）政府協商之。

二、遷廠於工業區之優惠

　　為獎勵工業區之設廠，並改善都市生活環境品質，中小企業因下列原因之一，遷廠於工業區、都市計畫工業區或於中小企業發展條例施行前依原獎勵投資條例編定之工業用地，其原有工廠用地出售或移轉時，應繳之土地增值稅，按其最低級距稅率徵收（中小企業§34）：

(一) 工廠用地，因都市計畫或區域計畫之實施，而不合其區分使用規定者。

(二) 因防治污染、公共安全或維護自然景觀之需要，而有改善之困難，主動申請遷廠，並經主管機關核准者。

(三) 經政府主動輔導遷廠者。

依前項規定遷建工廠後3年內，將其工廠用地轉讓於他人時，其遷廠前出售或移轉之原有工廠用地所減徵之土地增值稅部分，應依法補徵之。

第五節　土地增值稅減免與抵繳

壹、土地增值稅之減免

一、免徵[10]

土地增值稅之免徵，性質上為稅捐債務之免除，基於漲價歸公之政策落實及公共利益考量，對於下列各項土地移轉情形，特予免除土地增值稅之繳納義務。

(一) 各級政府出售或依法贈與之公有土地，及接受贈與之私有土地，免徵土地增值稅（平§35但書，土稅§28但書）。

(二) 私人捐贈供興辦社會福利事業或依法設立私立學校使用之土地，免徵土地增值稅。但以符合下列各款規定為限：1.受贈人為財團法人；2.法人章程載明法人解散時，其謄餘財產歸屬當地地方政府所有；3.捐贈人未以任何方式取得所捐贈土地之利益（平§35-1，土稅§28-1）。茲所稱社會福利事業，指依法經社會福利主管機關許可設立，以興辦社會福利服務及社會救助為主要目的之事業，所稱依法設立私立學校，指依私立學校法規定，經主管教育行政機關許可設立各級、各類私立學校（平細

---

[10] 土地法所定土地增值稅免徵之情形如下：

　一、土地徵收或土地重劃，致所有權移轉時，不徵收土地增值稅（土§196）。

　二、農人之自耕地及自住地，於10年屆滿無移轉時，不徵收土地增值稅（土§197）。

　三、農地因農人施用勞力與資本，致地價增漲時，不徵收土地增值稅（土§198）。

　惟凡減稅或免稅之土地，其減免之原因事實有變更或消滅時，仍應繼續徵稅（土§199）。

§50，土稅細§43）。私人捐贈供依法設立私立學校使用之土地免徵土地增值稅者，必須符合土地稅法第28條之1所定免徵要件，且以該等要件持續履行爲必要，方符立法者授與免徵土地增值稅之稅捐優惠立法本旨（最高行政法院108年度判字第19號判決）。

(三) 私有土地因繼承而移轉者，不徵土地增值稅（土稅§28但書，平§36Ⅰ但書）。

(四) 區段徵收之土地，以現金補償其地價、免徵土地增值稅。依平均地權條例第54條第1項、第2項規定以抵價地補償其地價者，免徵土地增值稅（土稅§39-1Ⅱ、Ⅲ，平§42-1）。

(五) 被徵收之土地，免徵其土地增值稅；依法得徵收之私有土地，土地所有權人自願售予需用土地人者，準用之（土稅§39Ⅰ，平§42）。

(六) 依都市計畫法指定之公共設施保留地，尚未被徵收前之移轉，免徵土地增值稅（土稅§39Ⅱ，平§42Ⅱ）。

(七) 非都市土地經需用土地人開闢完成或依計畫核定供公共設施使用，並依法完成使用地編定，其尚未被徵收前之移轉，經需用土地人證明者，準用第1項前段規定，免徵土地增值稅（土稅§39Ⅲ）。

(八) 新市鎮特定區土地協議價購時，於新市鎮特定區核定後，主管機關對於新市鎮特定區私有之土地，應先與所有權人協議價購；協議價購成立者，免徵其土地增值稅（新市鎮§6Ⅰ、Ⅱ）。

(九) 都市更新實施權利變換時，應分配之土地未達最小分配單元，而改領現金者，免徵土地增值稅。此外，實施權利變換，以土地及建築物抵付權利變換負擔者，免徵土地增值稅（都更§67Ⅰ⑥、⑦）。

(十) 爲成立國營臺灣鐵路股有限公司，促進鐵路事業健全發展，依第9條第2項規定移轉資產予臺鐵公司及其投資經營之附屬事業時，免納一切稅捐（臺鐵公司§20Ⅲ）。依此，臺鐵公司作價取得之土地於移轉時，免納土地增值稅。

二、不課徵

土地增值稅之不課徵，僅是就該次移轉原應課徵之土地增值稅暫時不予課徵，性質上爲租稅債務之遞延，係爲配合土地政策之考量或基於實質課稅之經濟歸屬原則考量而設。申請「不課徵」土地增值稅，係該次移轉之納

稅義務人之權利，此請求權之行使，依規定須由得享有該申請不課徵權利之人，依相關法令規定，以向主管稽徵機關提出申請之方式爲之（最高行政法院102年度判字第599號判決）。

　　其除採取「當事人申請主義」之外，嗣後於土地增值稅課徵機會實現時，以其該土地申請不課徵土地增值稅「前」一次移轉之原規定地價或最近一次課徵土地增值稅時核定之申報移轉現值爲原地價，計算土地漲價總數額，並課徵土地增值稅，申言之，其係採「分次移轉，一次總整計算完稅」徵收之稽徵基礎上，租稅遞延繳納。

　　下列情形之土地移轉，納稅義務人得申請不課徵土地增值稅。

(一) 配偶相互贈與之土地，得申請不課徵土地增值稅。但於再移轉依法應課徵土地增值稅時，以該土地第一次不課徵土地增值稅前之原規定地價或最近一次課徵土地增值稅時核定之申報移轉現值爲原地價，計算漲價總數額，課徵土地增值稅。前項受贈土地，於再移轉計課土地增值稅時，贈與人或受贈人於其具有土地所有權之期間內，有支付土地稅法第31條第1項第2款改良土地之改良費用或同條第3項增繳之地價稅者，準用該條之減除或抵繳規定；其爲經重劃之土地，準用土地稅法第39條之1第1項之減徵規定。該項再移轉土地，於申請適用土地稅法第34條規定稅率課徵土地增值稅時，其出售前一年內未曾供營業使用或出租之期間，應合併計算（土稅§28-2，平§35-2）。

(二) 農業用地在依法作農業使用，移轉於自然人時，得申請不課徵土地增值稅。前項不課徵土地增值稅之土地承受人於其具有土地所有權之期間內，曾經有關機關查獲該土地未作農業使用且未在有關機關所令期限內恢復作農業使用，或雖在有關機關所令期限內已恢復作農業使用而再有未作農業使用情事時，於再移轉時應課徵土地增值稅。前項所定土地承受人有未作農業使用之情事，於配偶間相互贈與之情形，應合併計算（土稅§39-2Ⅰ、Ⅱ，平§45Ⅰ，農發§37Ⅰ）。

(三) 農業用地經依法律變更爲非農業用地，不論其爲何時變更，經都市計畫主管機關認定符合下列各款情形之一，並取得農業主管機關核發該土地作農業使用證明書者，得分別檢具由都市計畫及農業主管機關所出具文件，向主管稽徵機關申請適用第37條第1項、第38條第1項或第2項規定，不課徵土地增值稅或免徵遺產稅、贈與稅或田賦（農發§38-1）：

1. 依法應完成之細部計畫尚未完成，未能准許依變更後計畫用途使用者。
2. 已發布細部計畫地區，都市計畫書規定應實施市地重劃或區段徵收，於公告實施市地重劃或區段徵收計畫前，未依變更後之計畫用途使用者。
   本條例中華民國72年8月3日修正生效前已變更為非農業用地，經直轄市、縣（市）政府視都市計畫實施進度及地區發展趨勢等情況同意者，得依前項規定申請不課徵土地增值。
(四) 更新地區信託土地時，以更新地區內之土地為信託財產，信託之土地，因信託關係而於委託人與受託人間移轉所有權者，不課徵土地增值稅（都更§68II）。
(五) 土地為信託財產時，於下列各款信託關係人間移轉所有權，不課徵土地增值稅（土稅§28-3，平§35-3）：
1. 因信託行為成立，委託人與受託人間。
2. 信託關係存續中受託人變更時，原受託人與新受託人間。
3. 信託契約明定信託財產之受益人為委託人者，信託關係消滅時，受託人與受益人間。
4. 因遺囑成立之信託，於信託關係消滅時，受託人與受益人間。
5. 因信託行為不成立、無效、解除或撤銷，委託人與受託人間。
(六) 醫療法修正施行前已設立之醫療機構，於醫療法修正施行後3年內改為醫療法人，將原供醫療使用之土地無償移轉，不課徵土地增值稅。但於再次移轉第三人時，以該土地無償移轉前之原規定地價或前次移轉現值為原地價計算漲價總數額，課徵土地增值稅（醫療§38III）。
(七) 水庫蓄水範圍、海堤區域、河川區域及排水設施範圍內規定限制使用之私有土地，其使用現狀未違反本法規定者，於贈與直系血親或繼承時，免徵贈與稅或遺產稅。但承受人於承受之日起5年內，其承受之土地使用現狀違反本法規定者，應由主管機關通報該管稽徵機關追繳應納稅賦。前項贈與，其土地使用現狀未違反本法規定者，得申請不課徵土地增值稅。但再移轉第三人時，以該土地第一次贈與前之原規定地價或前次移轉現值為原地價，計算漲價總數額，課徵土地增值稅。依前二項規定申請免徵遺產稅、贈與稅及不課徵土地增值稅者，應由繼承人、贈與人或受贈人檢附主管機關核發其土地使用現狀未違反本法規定之證明文件，送該管稽徵機關辦理（水利§97-1）。

三、不計徵

政府辦理市地重劃時，土地所有權人依規定負擔之公共用地及抵費地，登記爲直轄市、縣（市）所有者，不計徵土地增值稅（平細§87Ⅰ）。

自辦市地重劃區抵費地出售時，不計徵土地增值稅（獎重§52）。

四、減徵

(一) 經重劃之土地，於重劃後第一次移轉時，其土地增值稅減徵40%（平§42Ⅳ，土稅§39-1Ⅰ）。

(二) 區段徵收之土地依平均地權條例第54條第1項、第2項規定以抵價地補償其地價者，免徵土地增值稅。但領回抵價地後第一次移轉時，應以原土地所有權人實際領回抵價地之地價爲原地價，計算漲價總數額，課徵土地增值稅，準用第1項規定（土稅§39-1Ⅲ），其土地增值稅減徵40%。

(三) 都市更新地區依權利變換取得之土地，於更新後第一次移轉時，減徵土地增值稅40%。若不願參加權利變換而領取現金補償者，減徵土地增值稅40%（都更§67Ⅰ④、⑤）。原所有權人與實施者間因協議合建辦理產權移轉時，經直轄市、縣（市）主管機關視地區發展趨勢及財政狀況同意者，得減徵土地增值稅40%（都更§67Ⅰ⑧）。此外，實施權利變換之關係人（合法建築物所有權人、地上權人、永佃權人、農育權人或耕地三七五租約承租人）依規定分配之土地，視爲土地所有權人獲配土地後無償移轉；其土地增值稅亦可準用本條規定減徵並准予記存（都更§60Ⅳ）。

又更新單元內重建區段之土地所有權人參與都市更新事業，因權利變換分配之土地，自分配結果確定之日起，視爲其原所有權之延續，即以法律擬制其以原有土地變換取得更新之土地，並非移轉關係，不生徵收土地增值稅的問題，事後將獲配之土地移轉予他人，則屬更新後第一次移轉，應徵收土地增值稅，並依都市更新條例第46條第3款（現行爲都更§67Ⅰ④）規定，予以減徵40%；至於實施者取得更新後之土地，係由原土地所有權人以其權利變換後應分配之土地折價抵付共同負擔而移轉予實施者，該次移轉即爲土地所有權人提供土地參與都市更新

及權利變換後第一次移轉，依都市更新條例第46條第6款（現行為都更§67Ⅰ⑦）規定，免徵土地增值稅，故實施者日後再為移轉時，已屬該權利變換取得之土地於更新後第二次移轉，自無都市更新條例第46條第3款規定減徵土地增值稅40%之適用（最高行政法院101年度判字第717號判決）。

(四) 水質水量保護區依都市計畫程序劃為水源特定區者，其土地應視限制程度減免土地增值稅[11]（自來水§12-1）。

(五) 農村社區實施土地重劃，重劃區祖先遺留之共有土地經整體開發建築者，於建築後第一次土地移轉時，得減免土地增值稅，其減免之規定，由財政部會同內政部定之[12]（農社劃§32）。

貳、土地增值稅之抵繳

現行地價稅之稅額是以規定地價作為計算基礎，當依法重新規定地價時（平§14），則以新規定地價來計算地價稅額。若此，有部分漲價將以課地價稅的方式被提前徵收歸公。惟土地所有權移轉時，是以移轉價格減去原地價（原規定地價）後的餘額，為課徵土地增值稅的標的；所以若土地在所有權移轉前，曾經重新規定地價，顯然地價稅會因新規定地價之提高而增加，

---

[11] 依財政部發布之「水源特定區土地減免土地增值稅贈與稅及遺產稅標準」（95.3.14修正）第2條規定水質水量保護區依都市計畫程序劃定為水源特定區之土地，其土地增值稅之減免，除依土地稅法之規定外，並依下列規定辦理：一、農業區、保護區、河川區、行水區、公共設施用地及其他使用分區管制內容與保護區相同者，減徵50%。但有下列情形之一者，全免：(一)水源特定區計畫發布實施前已持有該土地，且在發布實施後第一次移轉或因繼承取得後第一次移轉者；(二)本法第12條之1施行前已持有該土地，且在施行後第一次移轉或因繼承取得後第一次移轉者。二、風景區、甲種風景區及乙種風景區，減徵40%。但管制內容與保護區相同者，減徵30%。三、住宅區，減徵30%。四、商業區及社區中心，減徵20%。

[12] 依財政部發布之「農村社區土地重劃祖先遺留共有土地減徵土地增值稅標準」（89.4.25）第2條之規定重劃區祖先遺留之共有土地經整體開發建築者，於建築後第一次土地移轉時，其土地增值稅之減免，除依其他法律規定外，另減徵20%。

而與移轉時所徵收的土地增值稅有部分重疊之嫌。故為避免重複課稅，損及人民利益，因此平均地權條例規定，土地所有權人辦理土地移轉繳納土地增值稅時，在其持有土地期間內，因重新規定地價增繳之地價稅，就其移轉土地部分，准予抵繳其應納之土地增值稅，但准予抵繳之總額，以不超過土地移轉時應繳增值稅總額5%為限（平§36III，土稅§31III）。

土地所有權人在持有土地期間，經重新規定地價者，其增繳之地價稅，自重新規定地價起（按新地價核計之稅額），每繳納1年地價稅抵繳該筆土地應繳土地增值稅總額1%（繳納半年者，抵繳0.5%）。如納稅義務人申請按實際增繳稅額抵繳其應納土地增值稅者，應檢附地價稅繳納收據，送該管稽徵機關按實抵繳，其計算公式如附件。依前項計算公式計算增繳之地價稅，因重新規定地價、地價有變動或使用情形變更，致適用課徵地價稅之稅率不同者，應分別計算之（增繳地價稅抵繳§5）。

參、土地增值稅之記存

土地增值稅之記存，性質上亦為租稅債務遞延之一種，惟計算方式有別，為促進產業發展及經營管理，或促進都市更新之進行。「記存」係指「登記暫存」之謂，土地增值稅之記存，乃稅捐主管機關囑託登記機關將其稅賦暫存予以註記登記於土地登記簿上。事實上，其土地增值稅額已核定，基於政策考量而依法「暫不課徵」，於再為移轉時即須完全繳納，與「免徵」之租稅債務免除，有所不同，係以「分次移轉，分次分算加總完稅」徵收模式之稽徵基礎上，租稅遞延繳納，並非免稅。又所謂的「再移轉」，係指買賣、贈與、信託、拍賣、被徵收等情形。

下列情形之土地移轉，納稅義務人得申請土地增值稅之記存。

一、實施權利變換關係人取得土地

當實施權利變換範圍內土地所有權人與權利變換關係人（合法建築物所有權人、地上權人、永佃權人、農育權人或耕地三七五租約承租人）協議不成，或土地所有權人不願或不能參與分配時，由實施者估定關係人之權利價值，於土地所有權人應分配之土地範圍內按所占價值比例分配，其分配之土地，視為土地所有權人獲配土地後無償移轉；其土地增值稅準用都市更新條例第67條第1項第4款規定減徵並准予記存（都更§60IV）。

二、金融機構之許可合併

金融機構經主管機關許可合併者，原供消滅機構直接使用之土地隨同移轉時，經依土地稅法審核確定其現值後，即予辦理土地所有權移轉登記，其應繳納之土地增值稅准予記存，由該存續機構或新設機構於該項土地再移轉時一併繳納之；其破產或解散時，經記存之土地增值稅，應優先受償（金融合併§13 I ⑤）。消滅機構依銀行法第76條規定承受之土地，因合併而隨同移轉予存續機構或新設機構時，免徵土地增值稅（金融合併§13 I ④）。

三、企業之合併

為利企業以併購進行組織調整，發揮企業經營效率，企業合併者，公司所有之土地，經申報審核確定其土地移轉現值後，即予辦理土地所有權移轉登記。其依法由原土地所有權人負擔之土地增值稅，准予記存於併購後取得土地之公司名下；該項土地再移轉時，其記存之土地增值稅，就該土地處分所得價款中，優先於一切債權及抵押權受償（企併§39 I ⑤參照）。又公司依法併購時，依法由原土地所有權人負擔之土地增值稅，准予記存於併購後之取得土地之公司名下。若被收購公司於收購土地完成移轉登記日起3年內，轉讓該對價取得之股份致持有股份低於原收購取得對價之65%時，被收購公司應補繳記存之土地增值稅；該補繳稅款未繳清者，應由收購公司負責代繳（企併§39Ⅱ）。

四、金融機構許可轉換

金融機構經主管機關許可轉換為金融控股公司或其子公司時，原供金融機構直接使用之土地隨同移轉時，其應繳納之土地增值稅准予記存，由繼受公司於轉換行為完成後之該項土地再移轉時一併繳納之；其破產或解散時，經記存之土地增值稅，應優先受償（金控§28②）。

五、學校法人土地之合併與私校變更

學校法人所有之土地因合併而隨同移轉時，其應繳納之土地增值稅准予記存，由承受土地之學校法人於該項土地再移轉時一併繳納之。合併後取得土地學校法人解散時，經記存之土地增值稅，應優先於一切債權及抵押權受

償（私校§68III、IV）。又學校法人經董事會決議及法人主管機關許可變更爲其他教育、文化或社會福利事業之財團法人時，原依土地稅法第28條之1受贈土地者，免依該法規定處罰，其應追補之土地增值稅，准予記存，並於該土地下次移轉時，一併繳納之。但下次移轉係因變更後之財團法人解散，且其捐助章程已明定該土地歸屬於法人住所所在地之地方自治團體者，免徵之。前項記存之土地增值稅，於該土地移轉時應優先於一切債權及抵押權受償（私校§21II、III）。

六、承受停業要保機構之營業

處理存款保險問題，過渡銀行承受停業要保機構之營業、資產及負債時，於申請對停業要保機構所有不動產之變更登記時，依法由原土地所有權人負擔之土地增值稅，准予記存於取得土地者名下；要保機構概括承受過渡銀行之營業及主要資產、負債時，亦同。其歷次準予記存之土地增值稅，就該土地處分所得價款中，優先於一切債權及抵押權受償（存保§37）。

肆、土地增值稅之分期繳納

工業區土地作價投資於中小企業者，經該中小企業同意，以該中小企業所取得之該中小企業之股票作爲納稅擔保，投資人應繳納之土地增值稅，得自該項土地投資之年分起，分5年平均繳納。上述投資之土地，以供該中小企業自用者爲限；如非供自用或再轉讓時，其未繳之土地增值稅，應由投資人一次繳清（中小企業§33）。

第六節　土地增值稅之退稅及欠稅之懲處

壹、退　稅

一、購置使用性質相同土地之退稅

土地所有權人出售其自用住宅用地、自營工廠用地或自耕之農業用地，另行購買使用性質相同之土地者，依法退還其出售土地所繳之土地增值稅。

前項土地被徵收時，原土地所有權人於領取補償地價後，另行購買使用性質相同之土地者，依法退還徵收土地所繳之土地增值稅（平§44）。據此可知，自用住宅用地、自營工廠用地或自耕農業用地出售或被徵收，另行購買使用性質相同之土地者，得申請退稅。

(一) 退稅之條件

土地所有權人於出售土地後，自完成移轉登記之日起，2年內重購土地合於下列規定之一，其新購土地地價超過原出售土地地價，扣除繳納土地增值稅之餘額者，得向主管稽徵機關申請就其已納土地增值稅額內，退還其不足支付新購土地地價之數額（土稅§35）：

1. 自用住宅用地出售後，另行購買都市土地未超過3公畝部分或非都市土地未超過7公畝部分，仍作自用住宅用地者[13]。
2. 自營工廠出售後，另於其他都市計畫工業區或政府編定之工業用地內購地設廠者。
3. 自耕之農業用地出售後，另行購買仍自耕之農業用地者。

前項規定土地所有權人於先購買土地後，自完成登記之日起2年內，始出售土地者，準用之。第1項第1款及第2項規定，於土地出售前1年內，曾供營業使用或出租者，不適用之。

前條第1項所稱原出售土地地價，以該次移轉計徵土地增值稅之地價為準。所稱新購土地地價，以該次移轉計徵土地增值稅之地價為準；該次移轉課徵契稅之土地，以該次移轉計徵契稅之地價為準（土稅§36）。

出售原營業使用土地後，另於新市鎮重購營業所需土地。

土地所有權人於出售原營業使用土地後，自完成移轉登記之日起，2年內於新市鎮重購營業所需土地時，其所購土地地價，超過出售原營業使用之土地地價扣除繳納土地增值稅後之餘額者，得於開始營運後，向主管稽徵機關申請就其已納土地增值稅額內，退還其不足支付新購土地地價之數額。但重購之土地自完成移轉登記起5年內再轉讓或改作非獎勵範圍內產業之用途

---

[13] 自用住宅用地重購退稅，非必已依自用住宅用地稅率課徵地價稅者為限。參見司法院釋字第478號解釋（88.3.19）。

者，應追繳原退還稅款（新市鎮§24Ⅰ②）。土地所有權人依規定申請退還已納土地增值稅者，其出售原營業使用土地，以出售前1年內，未出租且繼續營業使用者爲限（新市鎮產業引進稅捐減免獎勵辦法§14）。

(二) 退稅之追繳

土地所有權人因重購土地退還土地增值稅者，其重購之土地，自完成移轉登記之日起，5年內再行移轉時，除就該次移轉之漲價總數額課徵土地增值稅外，並應追繳原退還稅款；重購之土地，改作其他用途者亦同（土稅§37），故重購退稅，係屬附有解除條件之稅捐債務的免除。

二、回贖出典土地之退稅

已規定地價之土地，設定典權時，出典人應依土地稅法規定預繳土地增值稅。但出典人回贖時，原繳之土地增值稅，應無息退還（土稅§29）。故如已預繳土地增值稅之出典土地回贖時，自應退還其已繳之土地增值稅，由出典人檢同有關土地回贖已塗銷典權登記之土地登記簿影本及原納稅證明文件，向主管稽徵機關申請之（土稅細§45）。

貳、欠稅之懲處[14]

一、欠稅之處置

(一) 移轉之限制

欠繳土地稅之土地，在欠稅未繳清前，不得辦理移轉登記或設定典權。經法院或行政執行分署拍賣之土地，依土地稅法第30條第1項第5款但書規定審定之移轉現值核定其土地增值稅者，如拍定價額不足扣繳土地增值稅時，

---

14 欠繳增值稅之懲處，依土地法規定之方法如下：一、加徵罰鍰：土地增值稅不依法完納者，自逾期之日起，按月加徵2%以下之罰鍰（土§205）；二、拍賣欠稅土地：土地增值稅欠稅至1年屆滿，仍未繳納者，得由該管直轄市或縣（市）財政機關通知直轄市或縣（市）地政機關，將其土地改良物一部或全部交司法機關拍賣，以所得價款抵償欠稅，餘款交還欠稅人（土§206）。

法院或行政執行分署應俟拍定人代爲繳清差額後,再行發給權利移轉證書。第1項所欠稅款,土地承受人得申請代繳或在買賣、典價內照扣留完納;其屬代繳者,得向繳稅義務人求償(土稅§51)。

(二) 代扣稅款

經徵收或收買之土地,該管直轄市、縣(市)地政機關或收買機關,應檢附土地清冊及補償清冊,通知主管稽徵機關,核算土地增值稅及應納未納之地價稅或田賦,稽徵機關應於收到通知後15日內,造具代扣稅款證明冊,送由徵收或收買機關,於發放價款或補償費時代爲扣繳(土稅§52)。

二、罰鍰與刑責

(一) 逾期之滯納金及強制執行

納稅義務人或代繳義務人未於稅單所載限繳日期內繳清應納稅款者,應加徵滯納金;逾30日仍未繳納者,移送行政執行分署強制執行。經核准以票據繳納稅款者,以票據兌現日爲繳納日(土稅§53Ⅰ)。

(二) 罰鍰

土地買賣未辦竣權利移轉登記,再行出售者,處再行出售移轉現值2%之罰鍰(土稅§54Ⅱ),係對未辦竣權利移轉登記即「再行出售之行爲」予以處罰。此外,土地買賣未辦竣移轉登記,承買人再行出售該土地者,處應納登記費20倍以下之罰鍰(平§81),係就「未辦竣權利移轉登記」之行爲爲處罰。上述規定均屬行爲罰之規範,並均係針對有土地買賣卻未辦竣權利移轉登記即再行出售之事實爲之,且依其係分別以「再行出售移轉現值」及「應納登記費」作爲所處罰鍰之基準(參照最高行政法院101年度4月份第2次庭長法官聯席會議)。

(三) 追繳及罰鍰

受贈土地之財團法人,有下列情形之一者,除追補應納之土地增值稅外,並處應納土地增值稅額2倍以下之罰鍰(土稅§55-1,平§81-1):
1. 未按捐贈目的使用土地者。

2. 違反各該事業設立宗旨者。

3. 土地收益未全部用於各該事業者。

4. 經稽徵機關查獲或經人舉發，查明捐贈人有以任何方式取得所捐贈土地之利益者。

(四) 徒刑及罰金

以經營土地買賣，違背土地法律，從事土地壟斷投機者，處3年以下有期徒刑，並得併科7,000元（銀元）以下罰金（平§83）。

第五章 土地改良物稅

　　土地改良物依法可分為建築改良物及農作改良物二種（土§5），有關改良物之課稅，除土地法係僅對建築改良物課徵外（土§188），尚有「房屋稅條例」一種。此外，對建築改良物課稅係以建築改良物價值為準據，故為確立建築改良物價值估算之客觀標準，內政部乃公布「土地建築改良物估價規則」（以下簡稱建物估價），以為依據。

第一節　土地改良物稅之特性與意義

壹、土地改良物之特性

　　改良物（Improvements）謂因施以勞力、資本，而增加土地之價值，尚未失其效用之土地定著物。所謂定著物，為不動產之一種（民§66）。又依土地法規定，土地改良物分為建築改良物與農作改良物兩種。附著於土地之建築物或工事，為建築改良物。附著於土地之農作物及其他植物與水利土壤之改良，為農作改良物（土§5）。

　　土地法所謂改良物，與民法所謂定著物，涵義有別。蓋民法之定著物，須具有獨立經濟價值之性質，而改良物則不論其有無獨立經濟價值之性質，苟有增加土地之效用者，均為改良物。故土地改良物必為定著物，而定著物則未必全為改良物。

貳、土地改良物稅之意義

　　基於社會發展之需要，對於土地期能充分改良利用，臻達平均地權土地政策「地盡其利」之目的。因此，國家對於土地課稅，除了開闢財源外，主要係透過課徵重稅以制裁投機，並促進土地之改良利用。土地經改良利用結果之土地改良物，乃屬投注資本勞力之成果，就土地經濟理論而言，實不應列為課稅之標的，以保障資本勞力之正當收益，促進土地之利用。惟為遷就地方財政收入之需要，現行規定仍對於土地改良物課以稅賦。

此外，由於農業生產較易受天然氣候影響，收益不穩定，因此爲兼顧農民生活，農作改良物不得徵稅（土§188）。故實際上，土地法之土地改良物稅僅對建築改良物課稅（土§185、§186）。

第二節　土地改良物價值及其估價

壹、土地改良物價值之估定

土地及其改良物之價值，應分別規定（土§145）。基於兩者性質上之差異及政策目的之不同，宜採分別估價主義，俾便爲課稅之依據。建築改良物之價值，由該管直轄市或縣（市）地政機關於規定地價時同時估定之（土§161）。又建築改良物之估價方法，土地法規定，建築改良物價值之估計，以同樣之改良物於估計時爲重新建築需用費額爲準，但應減去因時間經歷所受損耗之數額（土§162）。故建築改良物之估價所採用方法爲「重置成本估價法」。

貳、土地改良物之估價方法

一、估價方法

農作改良物由於本質上差異較大，且其收益易受天然氣候及市場因素影響，同時在農作改良物不得徵稅之規定下（土§188），有關農作改良物之估價，未有訂定之必要。至於建築改良物之估價，依土地法規定，建築改良物價值之估計，以同樣之改良物於估計時爲重新建築需用費額爲準，但應減去因時間經歷所受損耗之數額（土§162）。據此估計建築物現值，須以相同建築改良物重新建築，並以之所需之建築費用爲依據進行估算之。惟該估計方法，依土地建築改良物估價規則之規定應按實際需要情形得以(一)淨計法；(二)立方尺計算法；(三)平方尺計算法，以求得重新建築費用；由該費用總額再減去因時間經歷所受損耗，即爲該建築改良物之現值（建物估價§9～§11）。

二、重新估價

由於建築改良物價值，會因每年損耗及折舊，而逐年降低，故為求得正確價值勢必重新估價，依規定其重估時期與重新規定地價同時進行（土§166），此對於每年均會損耗及折舊之建築改良物而言，每年依價課稅之改良物稅稅額，將相對提高，實不合情理。

此外，就原建築改良物增加之改良物，於重新估計價值時，併合於改良物計算之。但因維持建築改良物現狀所為之修繕，不視為增加之改良物（土§163）。

三、估價程序

依土地建築改良物估價規則規定，建築改良物之估價程序如下（建物估價§3）：(一)調查；(二)計算；(三)評議；(四)公布與通知；(五)造冊。茲分述如下：

(一) 調查

其應調查之資料如下：

1. 調查並填寫建築改良物物價調查表

其格式由省市地政機關定之。內容包括下列事項（建物估價§5）：

(1)建築改良物及建築地所有權人姓名、住址、地號。

(2)建築改良物之種類（依本規則第4條所分之種類）。

(3)建築改良物建築年月。

(4)建築改良物之建築情形及簡單圖說。

(5)建築改良物之使用狀況及其收益情形。

(6)建築改良物之耐用年限。

(7)建築改良物廢棄後之殘餘價值。

(8)建築改良物之面積及（平方尺計）或體積（立方尺計）。

(9)建築改良物之買賣價格。

(10)建築改良物之附屬設備，如衛生、電氣等。

(11)建築改良物建築時，所用各種工料之數量及其費用。

(12)建築改良物之增修情形。

(13)建築改良物占地面積。

(14)調查年、月、日。

(15)調查員簽名蓋章。

2. 調查工料費

調查建築改良物價值前，應調查當時各種建築材料之價格及工資支付標準，以爲估計重新建築費用之依據（建物估價§7）。

(二) 計算

以同樣建築改良物爲重新建築所需費用，應按實際需要情形，以淨計法或立方尺法或平方尺法計算之。重新建築費用求得後，再由該費用總額內減去因時間經歷所受損耗，即爲該建築改良物之現值（建物估價§8、§12）。

(三) 評議

直轄市或縣（市）地政機關將建築改良物價值計算完竣後，送經標準地價評議委員會加以評定（土§164前段，建物估價§17前段）。

(四) 公布與通知

建築改良物價值經標準地價評議委員會評定後，應報請該管直轄市或縣（市）政府公布爲建築改良物之法定價值，並由直轄市或縣（市）地政機關分別以書面通知所有權人（土§164後段）。建物所有權人接受通知後，認爲評定不當時，得於通知書送達後30日內，聲請標準地價評議委員會重新評定（土§165）。建築改良物價值，經過公布通知程序，不發生異議，或發生異議經標準地價評議委員會重新評定者，爲建築改良物之法定價值（建物估價§20）。

(五) 造冊

建築改良物之法定價值，應分別編入地價冊及總歸戶冊內。編竣後，並應移送該管市縣財政機關（建物估價§21）。

第三節　土地改良物稅之課徵

壹、土地改良物稅之課稅時機與稅率

　　土地改良物其課稅時機依規定，建築改良物稅之徵收，於徵收地價稅時為之（土§186）。其次，土地改良物稅之納稅義務人，建築改良物稅向建築物所有權人徵收，其設有典權者之建築改良物稅由典權人繳納。不在地主之出租房屋，其建築改良物稅由承租人代付，在當年應繳之房租內扣還之（土§186）。有關建築改良物之課稅稅率，建築改良物照其估定價值，按年徵稅，其最高稅率不得超過10‰（土§185）。其基本稅率並未明訂，故於每年徵收建築改良物稅時，應由該管市縣政府擬訂稅率後，層轉行政院核定之，如有增減之必要，其程序亦同（土施§36、§42）。

貳、土地改良物稅減免之規定

　　就土地法中有關土地改良物稅減免之規定，可分為下列三種情形：

一、自住房屋

　　建築改良物為自住房屋時，免予徵稅（土§187）。其意旨一方面為減輕自有自用住宅者之負擔，一方面亦可鼓勵土地之建築改良。

二、地價過低之建築改良物

　　地價每畝不滿500元之地方，其建築改良物應免予徵稅（土§189）。所稱500元，係以銀元為單位，依官定比率每1銀元折算新台幣3元計算，則相當於新台幣1,500元，又一畝係指市畝而言，相當於6.67公畝，折合坪數約201.7坪左右。通常較落後或發展較緩慢之地區，其地價才會如此低廉，惟地價較低與建築改良物免稅，就土地政策而言，兩者之間似無直接有所連繫。

三、公有公用建築改良物

　　公有土地及公有建築改良物，免徵土地稅及改良物稅。但供公營事業使

用或不作公共使用者，不在此限（土§191），故公有公用之土地或建築改良物原則上應免予課稅。

參、欠稅之規定

　　土地改良物稅之欠繳，依土地法規定，建築改良物欠稅，準用本章關於地價稅欠稅各條之規定（土§207）。亦即依土地法第七章欠稅之規定，其內容如下：

一、自逾期之日起，按月加徵所欠數額2%以下之罰鍰，不滿1月者，以1月計（土§200）。

二、積欠改良物稅達2年應繳稅額時，該管直轄市或縣（市）財政機關得通知直轄市或縣（市）地政機關，將欠稅之改良物全部或一部交司法機關拍賣，以所得價款抵償欠稅，餘款依法分配於他項權利人及交還原欠稅人（土§201）。

三、在進行拍賣時，應由司法機關於拍賣前30日，以書面通知建築改良物所有權人（土§202）。建築改良物所有權人接到前項通知之後，提供相當繳稅擔保者，司法機關得展期拍賣，惟展期以1年為限（土§203）。

四、若欠稅之改良物有收益者，得由該管直轄市或縣（市）財政機關通知直轄市或縣（市）地政機關提取其收益，抵償欠稅，免將改良物拍賣。惟提取之收益，應於積欠建築改良物稅額等於全年應繳數額時，方得為之。又提取之收益數額，以足抵償其欠稅為限（土§204）。

第六章 房屋稅

　　房屋稅，係以附著於土地之各種房屋，或有關增加該房屋使用價值之建築物為課徵對象之賦稅。依土地法之規定，建築改良物除依該法規定徵收建築改良物稅，及依工程受益費徵收條例規定徵收工程受益費外，不得用任何名目徵收或附加稅款（土§147）。惟因地方財政之需要，乃於民國32年3月11日公布「房捐徵收條例」，迄至民國56年4月11日修正公布「房屋稅條例」（以下簡稱房稅），為房屋稅課徵之依據。房屋為後天人為改良之土地改良物，依土地法原則第4項「改良物之輕稅」原則，為收鼓勵人民土地改良之效，原應一概免稅，故建築改良物之課稅稅率，最高不得超過10‰（土§185）、建築改良物為自住房屋時，免予徵稅（土§187）[1]，其意在此。惟現行規定，住家用房屋稅卻高於地價稅基本稅率，誠有檢討之必要。

第一節　課徵標的與納稅義務人

壹、課徵標的

　　房屋稅，以附著於土地之各種房屋，及有關增加該房屋使用價值之建築物為課徵對象（房稅§3）。

　　所謂房屋，係指固定於土地上之建築物，供營業、工作或住宅用者。其次，增加該房屋使用價值之建築物，指附屬於應徵房屋稅房屋之其他建築物，因而增加該房屋之使用價值者（房稅§2）。故如房屋周圍之圍牆，因屬增加房屋使用價值之建築物，依房屋稅條例第3條規定，應併入房屋現值課徵房屋稅（行政法院62年判字第639號判例）。又房屋稅之課徵標的，不以已登記之房屋為對象，未辦建物所有權第一次登記者，亦得為課徵之（房稅§4IV參照）。

---

[1] 房屋稅條例對於自住房屋並無負予課徵房屋稅之規定與土地法第187條之規定，二者互有出入適用上易滋誤解，應由相關主管機關檢討房屋租稅之徵收政策修正之。參見司法院釋字第369號解釋（83.12.13）。

貳、納稅義務人

房屋稅之納稅義務人，為房屋之所有人。房屋稅向房屋所有人徵收之；以土地設定地上權之使用權房屋，向該使用權人徵收之；設有典權者，向典權人徵收之。共有房屋向共有人徵收之，由共有人推定一人繳納，其不為推定者，由現住人或使用人代繳。前項代繳之房屋稅，在其應負擔部分以外之稅款，對於其他共有人有求償權。第1項所有權人、使用權人或典權人住址不明，或非居住房屋所在地者，應由管理人或現住人繳納之。如屬出租，應由承租人負責代繳，抵扣房租。未辦建物所有權第一次登記且所有人不明之房屋，其房屋稅向使用執照所載起造人徵收之；無使用執照者，向建造執照所載起造人徵收之；無建造執照者，向現住人或管理人徵收之。房屋為信託財產者，於信託關係存續中，以受託人為房屋稅之納稅義務人。受託人為二人以上者，準用第1項有關共有房屋之規定（房稅§4）。

由上述規定可知，房屋稅之納稅義務人可分為：一、房屋所有人；二、典權人；三、共有人；四、管理人；五、承租人；六、現住人；七、起造人；八、受託人。

第二節　房屋稅之內容

壹、房屋現值之評定

房屋稅係依房屋現值課徵（房稅§5），有關房屋現值之評定，其程序如下：

一、申報稅籍

納稅義務人應於房屋建造完成之日起30日內檢附有關文件，向當地主管稽徵機關申報房屋稅籍有關事項及使用情形；其有增建、改建、變更使用或移轉、承典時，亦同（房稅§7）。房屋使用情形變更，除致稅額增加，納稅義務人應於變更之次期房屋稅開徵40日以前向當地主管稽徵機關申報外，應於每期開徵40日以前申報；經核定後使用情形未再變更者，以後免再申報。房屋使用情形變更致稅額減少，逾期申報者，自申報之次期開始適用；

致稅額增加者，自變更之次期開始適用，逾期申報或未申報者，亦同。

房屋之新建、重建、增建或典賣移轉，主管建築機關及主辦登記機關應於核准發照或登記之日，同時通知主管稽徵機關（房稅§23）。

二、評價與核價

主管稽徵機關依據不動產評價委員會評定之標準，核計房屋現值。

依前項規定核計之房屋現值，主管稽徵機關應通知納稅義務人。納稅義務人如有異議，得於接到通知書之日起30日內，檢附證件，申請重行核計（房稅§10）。

前述不動產評價委員會，由直轄市或縣（市）政府組織之；其組織及運作辦法，由財政部定之。前項委員會委員，由相關行政機關代表、具有不動產估價、土木或結構工程、建築、都市計畫專長之專家學者或屬該等領域之民間團體代表組成，其中專家學者及民間團體代表，不得少於委員總數二分之一；任一性別委員，不得少於委員總數三分之一（房稅§9）。故知房屋稅係依房屋現值及規定稅率課徵之，而房屋現值由主管稽徵機關依據不動產評價委員會評定之標準核計，不以房屋之實際造價為準。

三、評定之依據與公告

房屋標準價格，由不動產評價委員會依據下列事項分別評定，並由直轄市、縣（市）政府公告之（房稅§11）：

(一) 按各種建造材料所建房屋，區分種類及等級。

(二) 各類房屋之耐用年數及折舊標準。

(三) 按房屋所處街道村里之商業交通情形及房屋之供求概況，並比較各該不同地段實價登錄之不動產交易價格減除土地價格部分，訂定標準。

前項房屋標準價格，每3年重行評定一次，並應依其耐用年數予以折舊，按年遞減其價格。

上述規定係對房屋稅之稅捐客體決定其稅基（稅捐客體量化後之金額或數量）之法定方式。而稅基屬於租稅構成要件，涉及稅基計算標準之事項，係影響人民應納稅額及財產權實質且重要事項，應由法律或法律具體明確授

權之命令定之（釋705）[2]。

貳、房屋稅之稅率

一、稅率之擬定

　　直轄市及縣（市）政府得視地方實際情形，在規定稅率範圍內，分別規定房屋稅率，提經當地民意機關通過，報請或層轉財政部備案（房稅§6）。

二、稅率

　　房屋稅依房屋現值，按下列稅率課徵之（房稅§5Ⅰ）：
(一) 住家用房屋：
1. 供自住、公益出租人出租使用或以土地設定地上權之使用權房屋並供該使用權人自住使用者，為其房屋現值1.2%。但本人、配偶及未成年子女於全國僅持有一戶房屋，供自住且房屋現值在一定金額以下者，為其房屋現值1%。
2. 前目以外，出租申報租賃所得達所得稅法第14條第1項第5類規定之當地一般租金標準者或繼承取得之共有房屋，最低不得少於其房屋現值1.5%，最高不得超過2.4%。
3. 起造人持有使用執照所載用途為住家用之待銷售房屋，於起課房屋稅2年內，最低不得少於其房屋現值2%，最高不得超過3.6%。
4. 其他住家用房屋，最低不得少於其房屋現值2%，最高不得超過4.8%。
(二) 非住家用房屋：供營業、私人醫院、診所或自由職業事務所使用者，最低不得少於其房屋現值3%，最高不得超過5%；供人民團體等非營業使用者，最低不得少於其房屋現值1.5%，最高不得超過2.5%。
(三) 房屋同時作住家及非住家用者，應以實際使用面積，分別按住家用或非

---

[2] 台北市房屋標準價格及房屋現值評定作業要點（100.7.1）所定高級住宅之8項標準，與房屋稅條例第11條第1項第1款規定「按各種建造材料所建房屋，區分種類及等級」，所稱之「建造材料」，幾乎無相關。其因而提高稅基，增加人民之租稅負擔，似有違反租稅法定主義之嫌。

住家用稅率,課徵房屋稅。但非住家用者,課稅面積最低不得少於全部面積六分之一。

直轄市及縣(市)政府應依前項第1款第2目至第4目規定,按各該目納稅義務人全國總持有應稅房屋戶數或其他合理需要,分別訂定差別稅率;納稅義務人持有坐落於直轄市及縣(市)之各該目應稅房屋,應分別按其全國總持有戶數,依房屋所在地直轄市、縣(市)政府訂定之相應稅率課徵房屋稅。

依前二項規定計算房屋戶數時,房屋為信託財產者,於信託關係存續中,應改歸戶委託人,與其持有第1項第1款規定之房屋,分別合併計算戶數。但信託利益之受益人為非委託人,且符合下列各款規定者,應改歸戶受益人:

(一) 受益人已確定並享有全部信託利益。

(二) 委託人未保留變更受益人之權利。

第1項第1款第1目供自住使用之住家用房屋,房屋所有人或使用權人之本人、配偶或直系親屬應於該屋辦竣戶籍登記,且無出租或供營業情形;其他供自住及公益出租人出租使用之要件及認定之標準,與前三項房屋戶數之計算、第2項合理需要之認定及其他相關事項之辦法,由財政部定之。

第1項第1款第1目但書規定房屋現值一定金額之自治法規,由直轄市及縣(市)政府訂定,報財政部備查。

第1項第1款第1目但書規定房屋現值一定金額、第2項差別稅率之級距、級距數及各級距稅率之基準,由財政部公告之;直轄市及縣(市)政府得參考該基準訂定之。

參、房屋稅之課徵

一、房屋稅徵收率之備查(房稅§6)

直轄市及縣(市)政府在前條規定稅率範圍內訂定之房屋稅徵收率,應提經當地民意機關通過,報財政部備查。

中華民國113年7月1日以後,直轄市及縣(市)政府各期開徵房屋稅已依前條第1項第1款、第2項及第5項規定辦理,且符合前條第6項所定基準

者，如仍有稅收實質淨損失，於財政收支劃分法修正擴大中央統籌分配稅款規模之規定施行前，該期損失由中央政府補足之，不受預算法第23條有關公債收入不得充經常支出之用之限制。

前項稅收實質淨損失之計算，由財政部與直轄市及縣（市）政府協商定之。

中華民國113年7月1日以後，直轄市及縣（市）政府各期開徵房屋稅未依前條第2項規定訂定差別稅率者，應依前條第6項所定基準計課該期之房屋稅。

二、房屋稅之徵收（房稅§6-1）

房屋稅於每年5月1日起至5月31日止徵收，其課稅所屬期間為上一年7月1日起至當年6月30日止。

新建、增建或改建房屋，於當期建造完成者，均須按月比例計課，未滿1個月者不計；當期拆除者，亦同。每年3月1日起至6月30日止新建、增建或改建完成之房屋，該期間之房屋稅併入次期課徵；上一年7月1日起至當年2月末日止拆除之房屋，其尚未拆除期間之當期房屋稅仍應課徵。

房屋遇有焚燬、坍塌、拆除至不堪居住程度者，應由納稅義務人申報當地主管機關查實後，在未重建完成期內，停止課稅（房稅§8）。

第三節　房屋稅之減免與罰則

壹、房屋稅之減免

一、公有房屋之免稅

公有房屋供下列各款使用者，免徵房屋稅（房稅§14）：
(一) 各級政府機關及地方自治機關之辦公房屋及其員工宿舍。
(二) 軍事機關部隊之辦公房屋及其官兵宿舍。
(三) 監獄、看守所及其辦公房屋暨員工宿舍。
(四) 公立學校、醫院、社會教育學術研究機構及救濟機關之校舍、院舍、辦

公房屋及其員工宿舍。

(五) 工礦、農林、水利、漁牧事業機關之研究或試驗所所用之房屋。

(六) 糧政機關之糧倉、鹽務機關之鹽倉、公賣事業及政府經營之自來水廠（場）所使用之廠房及辦公房屋。

(七) 郵政、電信、鐵路、公路、航空、氣象、港務事業，供本身業務所使用之房屋及其員工宿舍。

(八) 名勝古蹟及紀念先賢先烈之祠廟。

(九) 政府配供貧民居住之房屋。

(十) 政府機關為輔導退除役官兵就業所舉辦事業使用之房屋。

又臺鐵公司土地供鐵路運輸及宿舍使用者，免納房屋稅；其餘房屋與公司投資經營之附屬事業之房屋，房屋稅率為3%（臺鐵公司§20Ⅰ）。政府依第9條第2項規定提供臺鐵公司作鐵路運輸及宿舍使用之公有房屋，準用前項有關免納房屋稅之規定（臺鐵公司§20Ⅱ）。

二、私有房屋之減免

(一) 一般情形之減免

私有房屋有下列情形之一者，免徵房屋稅（房稅§15）：

1. 業經立案之私立學校及學術研究機構，完成財團法人登記者，其供校舍或辦公使用之自有房屋。

2. 業經立案之私立慈善救濟事業，不以營利為目的，完成財團法人登記者，其直接供辦理事業所使用之自有房屋。

3. 專供祭祀用之宗祠、宗教團體供傳教布道之教堂及寺廟。但以完成財團法人或寺廟登記，且房屋為其所有者為限。

4. 無償供政府機關公用或供軍用之房屋。

5. 不以營利為目的，並經政府核准之公益社團自有供辦公使用之房屋。但以同業、同鄉、同學或宗親社團為受益對象者，除依工會法組成之工會經由當地主管稅稽機關報經直轄市或縣（市）政府核准免徵外，不予免徵。

6. 專供飼養禽畜之房舍、培植農產品之溫室、稻米育苗中心作業室、人工繁殖場、抽水機房舍；專供農民自用之燻菸房、稻穀及茶葉烘乾機房、存放農機具倉庫及堆肥舍等房屋。

7. 受重大災害，毀損面積占整棟面積五成以上，必須修復始能使用之房屋。

8. 司法保護事業所有之房屋。

9. 住家用房屋現值在新台幣10萬元以下屬自然人持有，全國合計三戶爲限者。但房屋標準價格如依第11條第2項規定重行評定時，按該重行評定時之標準價格增減程度調整之。調整金額以千元爲單位，未達千元者，按千元計算[3]。

10. 農會所有之倉庫，專供糧政機關儲存公糧，經主管機關證明者。

11. 經目的事業主管機關許可設立之公益信託，其受託人因該信託關係而取得之房屋，直接供辦理公益活動使用者。

　　私有房屋有下列情形之一者，其房屋稅減半徵收：

1. 政府平價配售之平民住宅。

2. 合法登記之工廠供直接生產使用之自有房屋。

3. 農會所有之自用倉庫及檢驗場，經主管機關證明者。

4. 受重大災害，毀損面積占整棟面積三成以上不及五成之房屋。

　　依第1項第1款至第8款、第10款、第11款及前項規定減免房屋稅者，應由納稅義務人於每期房屋稅開徵40日以前向當地主管稽徵機關申報；逾期申報者，自申報之次期開始適用。經核定後減免原因未變更者，以後免再申報。

　　自然人持有現值在新臺幣10萬元以下之住家房屋於全國合計超過三戶時，應於事實發生之日起30日內，向當地主管稽徵機關申報擇定適用第1項第9款規定之房屋；逾期申報者，自申報日當月份起免徵。

　　中華民國110年7月1日前，自然人已持有現值在新臺幣10萬元以下之住家房屋於全國合計超過三戶者，應於110年7月31日以前向當地主管稽徵機關申報擇定適用第1項第9款規定之房屋；屆期未申報者，由當地主管稽徵機關從優擇定，納稅義務人得於111年6月30日以前申報變更。

　　第1項第9款私有房屋持有戶數之認定、前二項申報程序、前項從優擇定

---

[3] 本款規定雖未分別就自住房屋與其他住家用房屋而爲不同之規定，仍屬立法機關裁量之範疇，與憲法保障人民平等權及財產權之本旨，亦無牴觸，請參閱司法院釋字第369號解釋文。

之方式及其他相關事項之辦法,由財政部定之。

(二) 特殊情形之減免

有下列情形之私有房屋,其房屋稅減免如下:

1. 都市更新區之房屋:更新後房屋稅減半徵收2年(都更§67Ⅰ②)。
2. 新市鎮特定區之房屋:新市鎮特定區之建築物於興建完成後,其房屋稅第1年免徵,第2年減徵80%,第3年減徵60%,第4年減徵40%,第5年減徵20%,第6年起不予減免(新市鎮§25)。
3. 國軍眷村改建房屋:由主管機關配售住宅完工後,在產權未完成登記前,免徵房屋稅(國眷§25)。
4. 獎勵參與交通建設之不動產:所獎勵之民間機構在興建或營運期間,供直接使用之不動產,應課徵之房屋稅,得予以適當減免(獎參§31Ⅰ)。
5. 重大公共建設之民間機構房屋:依促進民間參與公共建設法第39條第1項之規定,參與重大公共建設之民間設備在興建或營運期間,供其直接使用之不動產應課徵之地價稅、房屋稅及取得時應課徵之契稅,得予適當減免。
6. 私有古蹟、考古遺址及其所定著之土地,免徵房屋稅(文資§99Ⅰ)。

貳、罰 則

一、漏稅之處罰

納稅義務人未依本條例第7條之規定期限申報,因而發生漏稅者,除責令補繳應納稅額外,並照所漏稅額處以2倍以下罰鍰(房稅§16)。

欠繳房屋稅之房屋,在欠稅未繳清前,不得辦理移轉登記或設定典權登記。前項所欠稅款,房屋承受人得申請代繳,其代繳稅額得向納稅義務人求償,或在買價、典價內照數扣除(房稅§22)。

二、滯納金

納稅義務人未於稅單所載限繳日期以內繳清應納稅款者,應加徵滯納金(房稅§18)。

參、附則

房屋之新建、重建、增建或典賣移轉，主管建築機關及主辦登記機關應於核准發照或登記之日，同時通知主管稽徵機關（房稅§23）。房屋稅徵收細則，由各直轄市及縣（市）政府依本條例分別訂定，報財政部備查（房稅§24）。

本條例修正條文自公布日施行。但中華民國90年6月20日修正公布條文施行日期，由行政院定之；112年12月19日修正之第4條至第7條、第12條及第15條，自113年7月1日施行（房稅§25-1）。

第七章　契　稅

　　契稅係於不動產所有權流通（買賣、出典、交換、贈與、分割、占有）時，向不動產取得人課徵之稅，是為不動產取得稅（流通稅）。就其性質而言，係為取得不動產所有權應申報繳納，故屬行為稅之一種，類似於外國之不動產取得稅。現行契稅之課徵，係以「契稅條例」為依據。

第一節　課徵範圍與納稅義務

壹、課徵範圍

　　契稅之課徵，係於不動產買賣、承典、交換、贈與、分割或因占有而取得所有權者，均應申報繳納契稅。但在開徵土地增值稅區域之土地，免徵契稅（契稅§2Ⅰ）。

　　依土地稅法之規定，當前已全面開徵土地增值稅，故不動產中，實際僅於建築物（房屋）有上述流通情形時，始課徵契稅。此外，不動產之買賣契稅，係就不動產買賣之債權契約行為而課徵，並不以完成不動產所有權移轉取得之物權行為為要件，買賣行為一經成立，即應繳納契稅，至該買賣契約是否履行，既與契稅納稅義務不生影響，自亦不因買賣契約以後是否解除而可請求免稅（最高行政法院61年判字第408號判例）。又依法領買或標購公產及向法院標購拍賣之不動產者，仍應申報繳納契稅（契稅§11）。

貳、納稅義務人與申報

　　契稅之納稅義務人如下：
一、買賣契稅，應由買受人申報納稅（契稅§4）。
二、典權契稅，應由典權人申報納稅（契稅§5）。
三、交換契稅，應由交換人估價立契，各就承受部分申報納稅（契稅§6Ⅰ）。
四、前項交換有給付差額價款者，其差額價款，應依買賣契稅稅率課徵（契稅§6Ⅱ）。

五、贈與契稅，應由受贈人估價立契，申報納稅（契稅§7）。

六、分割契稅，應由分割人估價立契，申報納稅（契稅§8）。

七、占有契稅，應由占有不動產依法取得所有權之人估價立契，申報納稅
（契稅§9）。

　　此外，先典後賣者，得以原納典權契稅額，抵繳買賣契稅。但以典權人
與買主同屬一人者爲限（契稅§10）。又依法領買或標購公產及向法院標購
拍賣之不動產，仍應申報繳納契稅（契稅§11）。

　　凡以遷移、補償等變相方式支付差價，取得不動產所有權者，應照買賣
契稅申報納稅；其以抵押、借貸等變相方式代替設典，取得使用權者，應照
典權契稅申報納稅。建築物於建造完成前，因買賣、交換、贈與，以承受人
爲建造執照原始起造人或中途變更起造人名義，並取得使用執照者，應由使
用執照所載起造人申報納稅（契稅§12）。

第二節　契稅之內容

壹、課稅標準與稅率

一、課稅標準

　　契稅之課稅價格，係依契價（契稅§3）爲準。所稱契價，以當地不動
產評價委員會評定之標準價格爲準。但依第11條取得不動產之移轉價格低於
評定標準價格者，從其移轉價格。不動產評價委員會組織，由財政部定之
（契稅§13）。於買賣或設定典權時，申報納稅（契稅§4、§5）；於交
換、贈與、分割、占有時，由納稅義務人申報立契之估價爲準（契稅§6〜
§9）。又不動產爲信託財產，受託人依信託本旨移轉信託財產與委託人以
外之歸屬權利人等，應由歸屬權利人估價立契，依第16條規定之期限申報繳
納贈與契稅（契稅§7-1）。

二、稅率

契稅稅率依不動產買賣、交換等各種不同情形，分別規定如下（契稅§3）：

(一) 買賣契稅為其契價6%。
(二) 典權契稅為其契價4%。
(三) 交換契稅為其契價2%。
(四) 贈與契稅為其契價6%。
(五) 分割契稅為其契價2%。
(六) 占有契稅為其契價6%。

貳、稽徵程序

一、申報契稅

納稅義務人申報契稅之期限如下（契稅§16）：

(一) 納稅義務人應於不動產買賣、承典、交換、贈與及分割契約成立之日起，或因占有而依法申請為所有人之日起30日內，填具契稅申報書表，檢附公定格式契約書及有關文件，向當地主管稽徵機關申報契稅。但未辦建物所有權第一次登記之房屋買賣、交換、贈與、分割，應由雙方當事人共同申報。

(二) 不動產移轉發生糾紛時，其申報契稅之起算日期，應以法院判決確定日為準。

(三) 向政府機關標購或領買公產，以政府機關核發產權移轉證明書之日為申報起算日。

(四) 向法院標購拍賣之不動產，以法院發給權利移轉證明書之日為申報起算日。

(五) 建築物於建造完成前，因買賣、交換、贈與，以承受人為建造執照原始起造人或中途變更起造人名義並取得使用執照者，以主管建築機關核發使用執照之日起滿30日為申報起算日。

二、收件

主管稽徵機關收到納稅義務人之契稅申報書表暨所附證件，應即填給收件清單，加蓋機關印信及經手人名章，交付納稅義務人執存（契稅§17）。

三、查定與補正

主管稽徵機關收到納稅義務人契稅申報案件，應於15日內審查完竣，查定應納稅額，發單通知納稅義務人依限繳納。

主管稽徵機關對納稅義務人所檢送表件，如認為有欠完備或有疑問時，應於收件後7日內通知納稅義務人補正或說明（契稅§18）。

四、繳納期限

納稅義務人應於稽徵機關核定稅額通知書送達後30日內繳納（契稅§19）。

又契稅由直轄市及縣（市）稅捐稽徵處徵收或鄉、鎮、市、區公所代徵之（契稅§29）。凡因不動產之買賣、承典、交換、贈與、分割及占有而辦理所有權登記者，地政機關應憑繳納契稅收據、免稅證明書或同意移轉證明書，辦理權利變更登記（契稅§23）。

第三節　契稅之減免與罰則

壹、契稅之減免

一、一般情形之減免

有下列情形之一者，免徵契稅（契稅§14）：

(一) 各級政府機關、地方自治機關、公立學校因公使用而取得之不動產；但供營業用者，不在此限。

(二) 政府經營之郵政，因業務使用而取得之不動產。

(三) 政府因公務需要，以公有不動產交換，或因土地重劃而交換不動產取得所有權者。

(四) 建築物於建造完成前，變更起造人名義者。但依第12條第2項規定應申

報納稅者，不適用之。

(五) 建築物於建造完成前，其興建中之建築工程讓與他人繼續建造未完工部分，因而變更起造人名義爲受讓人，並以該受讓人爲起造人名義取得使用執照者。

二、信託財產之不課徵

不動產爲信託財產者，於下列各款信託關係人間移轉所有權，不課徵契稅（契稅§14-1）：

(一) 因信託行爲成立，委託人與受託人之間。
(二) 信託關係存續中受託人變更時，原受託人與新受託人之間。
(三) 信託契約明訂信託財產之受益人爲委託人者，信託關係消滅時，受託人與受益人間。
(四) 因遺囑成立之信託，於信託關係消滅時，受託人與受益人間。
(五) 因信託行爲不成立、無效、解除或撤銷，委託人與受託人間。

三、特殊情形之減免

(一) 都市更新時

依權利變換取得之土地及建築物，於更新後第一次移轉時，減徵40%（都更§67Ⅰ④）。原所有權人與實施者間因協議合建辦理產權移轉時，經直轄市、縣（市）主管機關視地區發展趨勢及財政狀況同意者，得減徵契稅40%（都更§67Ⅰ⑧）。實施權利變換，以土地及建築物抵付權利變換負擔者，免徵契稅（都更§67Ⅰ⑦）。

(二) 新市鎮開發時

新市鎮特定區內之建築物於興建完成後，其買賣契稅第1年免徵，第2年減徵80%，第3年減徵60%，第4年減徵40%，第5年減徵20%，第6年起不予減徵。

前項減免買賣契稅以一次爲限（新市鎮§25）。

(三) 國軍眷村改建時

由主管機關配售之住宅，免徵不動產買賣契稅（國眷§25）。

(四) 獎勵參與交通建設時

所獎勵之民間機構在興建或營運期間，供其直接使用之不動產取得時應課徵之契稅，得予適當減免（獎參§31Ⅰ）。

(五) 公司合併經營時

為利企業以併購進行組織調整，發揮企業經營效率，公司進行分割、收購或合併者，取得不動產所有權者，免徵契稅（企併§39Ⅰ②）。此外，金融機構經主管機關許可合併者，其因而發生之契稅，一律免徵（金融合併§17Ⅰ②）。

(六) 民間參與重大公共建設

參與重大公共建設之民間設備在興建或營運期間，供其直接使用之不動產應課徵之地價稅、房屋稅及取得時應課徵之契稅，得予適當減免（促參§39Ⅰ）。

(七) 科技產業園區內建物之取得

取得科技產業園區內新建之標準廠房或自管理處依法取得建築物，其契稅免徵之（科技園區§21Ⅰ③）。

(八) 臺鐵公司作價取得之房屋

依國營臺灣鐵路股有限公司設置條例第9條第2項規定，移轉資產予臺鐵公司及其投資經營之附屬事業時，免納一切稅捐（臺鐵公司§20Ⅲ）。依此，臺鐵公司作價取得之房屋於移轉時，免納契稅。

貳、罰　則

一、怠報金

納稅義務人不依規定期限申報者，每逾3日，加徵應納稅額1%之怠報金，但最高以應納稅額為限。但不得超過新台幣1萬5,000元（契稅§24）。

二、滯納金

納稅義務人不依規定期限繳納稅款者，每逾2日，加徵應納稅額1%之滯納金；逾期30日仍不繳納稅款及滯納金或前條之怠報金者，移送法院強制執行（契稅§25）。

三、補稅與罰鍰

納稅義務人應納契稅，匿報或短報，經主管稽徵機關查得，或經人舉發查明屬實者，除應補繳稅額外，並加處以應納稅額1倍以上3倍以下之罰鍰（契稅§26）。

在規定申報繳納契稅期間，因不可抗力致不能如期申報或繳納者，應於不可抗力之原因消滅後10日內，聲明事由，經查明屬實，免予加徵怠報金或滯納金（契稅§30）。

第八章　遺產及贈與稅

　　遺產稅係對於死亡人死亡時所遺之財產課稅，主要目的在於促進社會財富之重新分配。贈與稅係對財產所有人以自己財產無償給予他人，經他人允受之財產所課之稅。遺產稅之課徵，即對被繼承人之遺產，按其總額依累進稅率課徵，含有抑制財富集中之社會政策意義，將被繼承人所積蓄財富部分回饋社會。惟如僅對死亡時之遺產課稅，則生前有計畫之財產贈與，將成為逃避遺產稅之合法手段。故目前各國稅制，大都以贈與稅為遺產稅之補助稅目，我國自不例外。我國遺產稅之擬議，始於民國初年，於民國18年制定「遺產稅條例」，其後經歷多次修正，迄民國62年2月6日，「遺產及贈與稅法」之公布實施。

第一節　課徵範圍與納稅義務人

壹、課徵範圍

一、遺產稅

　　遺產稅之課稅範圍如下（遺贈§1）：
(一) 凡經常居住中華民國境內之中華民國國民死亡時遺有財產者，應就其在中華民國境內境外全部遺產，依本法規定，課徵遺產稅。
(二) 經常居住中華民國境外之中華民國國民，及非中華民國國民，死亡時在中華民國境內遺有財產者，應就其在中華民國境內之遺產，依本法規定，課徵遺產稅。

　　無人承認繼承之遺產，依法歸屬國庫；其應繳之遺產稅，由國庫依財政收支劃分法之規定分配之（遺贈§2）。又死亡事實發生前2年內，被繼承人自願喪失中華民國國籍者，仍應依本法關於中華民國國民之規定，課徵遺產稅（遺贈§3-1參照）。

　　此外，因遺囑成立之信託，於遺囑人死亡時，其信託財產應依本法規定，課徵遺產稅。信託關係存續中受益人死亡時，應就其享有信託利益之權

利未受領部分，依本法規定課徵遺產稅（遺贈§3-2Ⅰ）。都市計畫法第50條之1固規定公共設施保留地因繼承而移轉者，免徵遺產稅，惟被繼承人死亡時，所遺以公共設施保留地爲信託財產而尚未領受之信託利益，其繼承人所繼承之遺產標的爲享有信託利益之權利，而非公共設施保留地，自無適用都市計畫法第50條之1規定，免徵遺產稅之餘地（最高行政法院105年6月份第2次庭長法官聯席會議決議）。

二、贈與稅

贈與稅之課稅範圍如下（遺贈§3）：
(一) 凡經常居住中華民國境內之中華民國國民，就其在中華民國境內或境外之財產爲贈與者，應依本法規定，課徵贈與稅。
(二) 經常居住中華民國境外之中華民國國民，及非中華民國國民，就其在中華民國境內之財產爲贈與者，應依本法規定，課徵贈與稅。又贈與行爲發生前2年內，贈與人自願喪失中華民國國籍者，仍應依本法關於中華民國國民之規定，課徵贈與稅（遺贈§3-1參照）。

財產之移動，具有下列各款情形之一者，以贈與論，依本法規定，課徵贈與稅（遺贈§5）：
(一) 在請求權時效內無償免除或承擔債務者，其免除或承擔之債務。
(二) 以顯著不相當之代價，讓與財產、免除或承擔債務者，其差額部分。
(三) 以自己之資金，無償爲他人購置財產者，其資金。但該財產爲不動產者，其不動產。
(四) 因顯著不相當之代價，出資爲他人購置財產者，其出資與代價之差額部分。
(五) 限制行爲能力人或無行爲能力人所購置之財產，視爲法定代理人或監護人之贈與。但能證明支付之款項屬於購買人所有者，不在此限。
(六) 二親等以內親屬間財產之買賣。但能提出已支付價款之確實證明，且該已支付之價款非由出賣人貸與或提供擔保向他人借得者，不在此限。

此外，信託財產之信託契約明訂信託利益之全部或一部之受益人爲非委託人者，視爲委託人將享有信託利益之權利贈與該受益人，依遺產及贈與稅法規定，課徵贈與稅。

信託契約明訂信託利益之全部或一部之受益人爲委託人，於信託關係存

續中、變更爲非委託人者，於變更時，適用前項規定課徵贈與稅。

　　信託關係存續中，委託人追加信託財產，致增加非委託人享有信託利益之權利者，於追加時，就增加部分，適用第1項規定課徵贈與稅。

　　前三項之納稅義務人爲委託人。但委託人有第7條第1項但書各款情形之一者，以受託人爲納稅義務人（遺贈§5-1）。又信託財產於下列各款信託關係人間移轉或爲其他處分者，不課徵贈與稅（遺贈§5-2）：

(一) 因信託行爲成立，委託人與受託人間。

(二) 信託關係存續中受託人變更時，原受託人與新受託人間。

(三) 信託關係存續中，受託人依信託本旨交付信託財產，受託人與受益人間。

(四) 因信託關係消滅，委託人與受託人間或受託人與受益人間。

(五) 因信託行爲不成立、無效、解除或撤銷，委託人與受託人間。

貳、納稅義務人

　　死亡事實或贈與行爲發生前2年內，被繼承人或贈與人自願喪失中華民國籍者，仍應依本法關於中華民國國民之規定，課徵遺產稅或贈與稅（遺贈§3-1）。

一、遺產稅

　　遺產稅之納稅義務人如下（遺贈§6）：

(一) 有遺囑執行人者，爲遺囑執行人。

(二) 無遺囑執行人者，爲繼承人及受遺贈人。

(三) 無遺囑執行人及繼承人者，爲依法選定之遺產管理人。

　　其應選定遺產管理人，於死亡發生之日起6個月內未經選定呈報法院者，或因特定原因不能選定者，稽徵機關得依非訟事件法之規定，申請法院指定遺產管理人。

二、贈與稅

　　贈與稅之納稅義務人爲贈與人。但贈與人有下列情形之一者，以受贈人爲納稅義務人（遺贈§7）：

(一) 行蹤不明者。

(二) 逾本法規定繳納期限尚未繳納，且在中華民國境內無財產可供執行者。

(三) 死亡時贈與稅尚未核課。

依前項規定受贈人有二人以上者，應按受贈財產之價值比例，依本法規定計算之應納稅額，負納稅義務。

第二節　課稅價值之估算與稅率

壹、課稅價值之估算

一、財產價值之計算

遺產及贈與財產價值之計算，以被繼承人死亡時或贈與人贈與時之時價為準；被繼承人如係受死亡之宣告者，以法院宣告死亡判決內所確定死亡日之時價為準。

本條中華民國84年1月5日修正生效前發生死亡事實或贈與行為而尚未核課或尚未核課確定之案件，其估價適用修正後之前項規定辦理（遺贈§10Ⅰ、Ⅱ）。上述所稱時價，土地以公告土地現值或評定標準價格為準；房屋以評定標準價格為準；其他財產時價之估定，本法未規定者，由財政部定之（遺贈§10Ⅲ）。遺產稅之稅基量化要以被繼承人死亡時點，遺產之「時價」為準，無所謂「收入成本費用配合原則」之適用。當遺產為不動產中之土地者，其「時價」之認定標準，以被繼承人死亡時點之「土地公告現值」為斷（最高行政法院108年度大字第2號裁定）。

(一) 信託利益之計算

依遺產及贈與稅法第3條之2第2項規定應課徵遺產稅之權利，其價值之計算，依下列規定估定之（遺贈§10-1）：

1. 享有全部信託利益之權利者，該信託利益為金錢時，以信託金額為準，信託利益為金錢以外之財產時，以受益人死亡時信託財產之時價為準。

2. 享有孳息以外信託利益之權利者，該信託利益為金錢時，以信託金額按受益人死亡時起至受益時止之期間，依受益人死亡時郵政儲金匯業局1年期

定期儲金固定利率複利折算現值計算之；信託利益爲金錢以外之財產時，以受益人死亡時信託財產之時價、按受益人死亡時起至受益時止之期間，依受益人死亡時郵政儲金匯業局1年期定期儲金固定利率複利折算現值計算之。

3. 享有孳息部分信託利益之權利者，以信託金額或受益人死亡時信託財產之時價，減除依前款規定所計算之價值後之餘額爲準。但該孳息係給付公債、公司債、金融債券或其他約載之固定利息者，其價值之計算，以每年享有之利息，依受益人死亡時郵政儲金匯業局1年期定期儲金固定利率，按年複利折算現值之總和計算之。

4. 享有信託利益之權利爲按期定額給付者、其價值之計算，以每年享有信託利益之數額，依受益人死亡時郵政儲金匯業局1年期定期儲金固定利率，按年複利折算現值之總和計算之；享有信託利益之權利爲全部信託利益扣除按期定額給付後之餘額者，其價值之計算，以受益人死亡時信託財產之時價減除依前段規定計算之價值後之餘額計算之。

5. 享有前四款所規定信託利益之一部者，按受益比率計算之。

(二) 他益信託權利價值之計算

依遺產及贈與稅法第5條之1規定應課徵贈與稅之權利，其價值之計算，依下列規定估定之（遺贈§10-2）：

1. 享有全部信託利益之權利者，該信託利益爲金錢時，以信託金額爲準，信託利益爲金錢以外之財產時，以贈與時信託財產之時價爲準。

2. 享有孳息以外信託利益之權利者，該信託利益爲金錢時，以信託金額按贈與時起至受益時止之期間、依贈與時郵政儲金匯業局1年期定期儲金固定利率複利折算現值計算之；信託利益爲金錢以外之財產時，以贈與時信託財產之時價，按贈與時起至受益時止之期間，依贈與時郵政儲金匯業局1年期定期儲金固定利率複利折算現值計算之。

3. 享有孳息部分信託利益之權利者，以信託金額或贈與時信託財產之時價，減除依前款規定所計算之價值後之餘額爲準。但該孳息係給付公債、公司債、金融債券或其他約載之固定利息者，其價值之計算，以每年享有之利息，依贈與時郵政儲金匯業局1年期定期儲金固定利率，按年複利折算現值之總和計算之。

4. 享有信託利益之權利為按期定額給付者、其價值之計算,以每年享有信託利益之數額,依贈與時郵政儲金匯業局1年期定期儲金固定利率,按年複利折算現值之總和計算之;享有信託利益之權利為全部信託利益扣除按期定額給付後之餘額者,其價值之計算,以贈與時信託財產之時價減除依前段規定計算之價值後之餘額計算之。

5. 享有前四款所規定信託利益之一部者,按受益比率計算之。

二、國外財產遺產或贈與稅之扣抵

國外財產依所在地國法律已納之遺產稅或贈與稅,得由納稅義務人提出所在地國稅務機關發給之納稅憑證,併應取得所在地中華民國使領館之簽證;其無使領館者,應取得當地公定會計師或公證人之簽證,自其應納遺產稅或贈與稅額中扣抵。但扣抵額不得超過因加計其國外遺產而依國內適用稅率計算增加之應納稅額。

被繼承人死亡前2年內贈與之財產,依第15條之規定併入遺產課徵遺產稅者,應將已納之贈與稅與土地增值稅連同按郵政儲金匯業局一年期定期存款利率計算之利息,自應納遺產稅額內扣抵。但扣抵額不得超過贈與財產併計遺產總額後增加之應納稅額(遺贈§11)。

三、各項金額依消費者物價指數調整

本法規定之下列各項金額,每遇消費者物價指數較上次調整之指數累計上漲達10%以上時,自次年起按上漲程度調整之。調整金額以萬元為單位,未達萬元者按千元數四捨五入:(一)免稅額;(二)課稅級距金額;(三)被繼承人日常生活必需之器具及用具、職業上之工具,不計入遺產總額之金額;(四)被繼承人之配偶、直系血親卑親屬、父母、兄弟姊妹、祖父母扣除額、喪葬費扣除額及身心障礙特別扣除額。財政部於每年12月底前,應依據前項規定,計算次年發生之繼承或贈與案件所應適用之各項金額後公告之。所稱消費者物價指數,指行政院主計總處公布,自前一年11月起至該年10月底為止12個月平均消費者物價指數(遺贈§12-1)。

貳、課徵稅率與應稅財產

一、遺產稅稅率

遺產稅係按被繼承人死亡時，依法計算其遺產總額，減除第17條、第17條之1規定之各項扣除額及第18條規定之免稅額後之課稅遺產淨額，依下列稅率課徵之（遺贈§13）：

(一) 5,000萬元以下者，課徵10%。

(二) 超過5,000萬元至1億元者，課徵500萬元，加超過5,000萬元部分之15%。

(三) 超過1億元者，課徵1,250萬元，加超過1億元部分之20%。

(一) 遺產總額

遺產總額應包括被繼承人死亡時依遺產及贈與稅法第1條規定之全部財產，及依遺產及贈與稅法第10條規定計算之價值。但第16條規定不計入遺產總額之財產，不包括在內（遺贈§14）。

被繼承人死亡前2年內贈與下列個人之財產，應於被繼承人死亡時，視為被繼承人之遺產，併入其遺產總額，依本法規定徵稅（遺贈§15）：

1. 被繼承人之配偶。

2. 被繼承人依民法第1138條及第1140條規定之各順序繼承人。

3. 前款各順序繼承人之配偶。

民國87年6月26日以後，至前項修正公布生效前發生之繼承案件，適用前項之規定。

下列各款不計入遺產總額（遺贈§16）：

1. 遺贈人、受遺贈人或繼承人捐贈各級政府及公立教育、文化、公益、慈善機關之財產。

2. 遺贈人、受遺贈人或繼承人捐贈公有事業機構或全部公股之公營事業之財產。

3. 遺贈人、受遺贈人或繼承人捐贈於被繼承人死亡時，已依法登記設立為財團法人組織且符合行政院規定標準之教育、文化、公益、慈善、宗教團體及祭祀公業之財產。

4. 遺產中有關文化、歷史、美術之圖書、物品，經繼承人向主管稽徵機關聲明登記者。但繼承人將此項圖書、物品轉讓時，仍須自動申報補稅。

5. 被繼承人自己創作之著作權、發明專利權及藝術品。

6. 被繼承人日常生活必需之器具及用品，其總價值在72萬元以下部分。

7. 被繼承人職業上之工具，其總價值在40萬元以下部分。

8. 依法禁止或限制採伐之森林。但解禁後仍須自動申報補稅。

9. 約定於被繼承人死亡時，給付其所指定受益人之人壽保險金額、軍、公教人員、勞工或農民保險之保險金額及互助金。

10. 被繼承人死亡前5年內，繼承之財產已納遺產稅者。

11. 被繼承人配偶及子女之原有財產或特有財產，經辦理登記或確有證明者。

12. 被繼承人遺產中經政府闢為公眾通行道路之土地或其他無償供公眾通行之道路土地，經主管機關證明者。但其屬建造房屋應保留之法定空地部分，仍應計入遺產總額。

13. 被繼承人之債權及其他請求權不能收取或行使確有證明者。

惟遺贈人、受遺贈人或繼承人提供財產、捐贈或加入於被繼承人死亡時已成立之公益信託並符合下列各款規定者，該財產不計入遺產總額（遺贈§16-1）：

1. 受託人為信託業法所稱之信託業。

2. 各該公益信託除為其設立目的之舉辦事業而必須支付之費用外，不以任何方式對特定或可得特定之人給予特殊利益。

3. 信託行為明訂信託關係解除、終止或消滅時，信託財產移轉於各級政府、有類似目的之公益法人或公益信託。

(二) 遺產之扣除額

下列各款，應自遺產總額中扣除，免徵遺產稅（遺贈§17）：

1. 被繼承人遺有配偶者，自遺產總額中扣除400萬元。

2. 繼承人為直系血親卑親屬者，每人得自遺產總額中扣除40萬元。其有未成年者，並得按其年齡距屆滿成年之年數，每年加扣40萬元。但親等近者拋棄繼承由次親等卑親屬繼承者，扣除之數額以拋棄繼承前原得扣除之數額為限。

3. 被繼承人遺有父母者，每人得自遺產總額中扣除100萬元。
4. 前三款所定之人如爲身心障礙者權益保障法規定之重度以上身心殘障者，或精神衛生法規定之嚴重病人，每人得再加扣500萬元。
5. 被繼承人遺有受其扶養之兄弟姊妹、祖父母者，每人得自遺產總額中扣除40萬元；其兄弟姊妹中有未成年者，並得按其年齡距屆滿成年之年數，每年加扣40萬元。
6. 遺產中之農業用地及其地上農作物，由繼承人或受遺贈人承受者，扣除其土地及地上農作物價值之全數。承受人自承受之日起5年內，未將該土地繼續作農業使用且未在有關機關所令期限內恢復作農業使用，或雖在有關機關所令期限內已恢復作農業使用而再有未做農業使用情事者，應追繳應納稅賦。但如因該承受人死亡、該承受土地被徵收或依法變更爲非農業用地者，不在此限。
7. 被繼承人死亡前6年至9年內，繼承之財產已納遺產稅者，按年遞減扣除80%、60%、40%及20%。
8. 被繼承人死亡前，依法應納之各項稅捐、罰鍰及罰金。
9. 被繼承人死亡前，未償之債務，具有確實證明者。
10. 被繼承人之喪葬費用，以100萬元計算。
11. 執行遺囑及管理遺產之直接必要費用。

　　被繼承人如爲經常居住中華民國境外之中華民國國民，或非中華民國國民者，不適用前項第1款至第7款之規定；前項第8款至第11款規定之扣除，以在中華民國境內發生者爲限；繼承人中拋棄繼承權者，不適用前項第1款至第5款規定之扣除。

(三) 配偶剩餘財產扣除額

　　被繼承人之配偶依民法第1030條之1規定主張配偶剩餘財產差額分配請求權者，納稅義務人得向稽徵機關申報自遺產總額中扣除。納稅義務人未於稽徵機關核發稅款繳清證明書或免稅證明書之日起1年內，給付該請求權金額之財產予被繼承人之配偶者，稽徵機關應於前述期間屆滿之翌日起5年內就未給付部分追繳應納稅賦（遺贈§17-1）。

(四) 遺產之免稅額

被繼承人如為經常居住中華民國境內之中華民國國民，自遺產總額中減除免稅額1,200萬元；其為軍警公教人員因執行職務死亡者，加倍計算。

被繼承人如為經常居住中華民國境外之中華民國國民，或非中華民國國民，其減除免稅額比照前項規定辦理（遺贈§18）。

二、贈與稅稅率

贈與稅係按贈與人每年贈與總額，減除第21條規定之扣除額及第22條規定之免稅額後之課稅贈與淨額，依下列稅率課徵之：

(一) 2,500萬元以下者，課徵10%。

(二) 超過2,500萬元至5,000萬元者，課徵250萬元，加超過2,500萬元部分之15%。

(三) 超過5,000萬元者，課徵625萬元，加超過5,000萬元部分之20%。

1年內有二次以上贈與者，應合併計算其贈與額，依前項規定計算稅額，減除其已繳之贈與稅額後，為當次之贈與稅額（遺贈§19）。

(一) 贈與總額

贈與總額係按個人每年贈與財產之總價值合併計算，若有本法第5條所規定之情形者，視同贈與，課徵贈與稅。惟下列各款不計入贈與總額（遺贈§20）：

1. 捐贈各級政府及公立教育、文化、公益、慈善機關之財產。
2. 捐贈公有事業機構或全部公股之公營事業之財產。
3. 捐贈依法登記為財團法人組織且符合行政院規定標準之教育、文化、公益、慈善、宗教團體及祭祀公業之財產。
4. 扶養義務人為受扶養人支付之生活費、教育費及醫藥費。
5. 作農業使用之農業用地及其地上農作物，贈與民法第1138條所定繼承人者，不計入其土地及地上農作物價值之全數。受贈人自受贈之日起5年內，未將該土地繼續作農業使用且未在有關機關所令期限內恢復作農業使用，或雖在有關機關所令期限內已恢復作農業使用而再有未做農業使用情事者，應追繳應納稅賦。但如因該承受人死亡、該承受土地被徵收或依法

變更爲非農業用地者，不在此限。

6. 配偶相互贈與之財產。

7. 父母於子女婚嫁時所贈與之財物，總金額不超過100萬元。

民國84年1月14日以前配偶相互贈與之財產，及婚嫁時受贈於父母之財物在100萬元以內者，於本項修正公布生效日尚未核課或尚未核課確定者，適用前項第6款及第7款之規定。

惟因委託人提供財產成立、捐贈或加入符合遺產及贈與稅第16條之1各款規定之公益信託，受益人得享有信託利益之權利，不計入贈與總額（遺贈§20-1）。

(二) 贈與之扣除額

贈與附有負擔者，由受贈人負擔部分應自贈與額中扣除（遺贈§21）。不動產贈與移轉所繳納之契稅或土地增值稅，得自贈與總額中扣除（遺贈細§19）。

(三) 贈與之免稅額

贈與納稅義務人，每年得自贈與總額中減除免稅額220萬元（遺贈§22）。

第三節　稽徵程序

壹、申　報

一、遺產稅之申報

被繼承人死亡遺有財產者，納稅義務人應於被繼承人死亡之日起6個月內，向戶籍所在地主管稽徵機關依本法規定辦理遺產稅申報。但依遺產及贈與稅法第6條第2項規定由稽徵機關申請法院指定遺產管理人者，自法院指定遺產管理人之日起算。

被繼承人爲經常居住中華民國境外之中華民國國民或非中華民國國民死

亡時，在中華民國境內遺有財產者，應向中華民國中央政府所在地之主管稽徵機關辦理遺產稅申報（遺贈§23）。

二、贈與稅之申報

除遺產及贈與稅法第20條所規定之贈與外，贈與人在1年內贈與他人之財產總值超過贈與稅免稅額時，應於超過免稅額之贈與行為發生後30日內，向主管稽徵機關依本法規定辦理贈與稅申報。

贈與人為經常居住中華民國境內之中華民國國民者，向戶籍所在地主管稽徵機關申報；其為經常居住中華民國境外之中華民國國民或非中華民國國民，就其在中華民國境內之財產為贈與者，向中華民國中央政府所在地主管稽徵機關申報（遺贈§24）。

同一贈與人在同1年內有二次以上依本法規定應申報納稅之贈與行為者，應於辦理後一次贈與稅申報時，將同1年內以前各次之贈與事實及納稅情形合併申報（遺贈§25）。

又除第20條之1所規定之公益信託外，委託人有第5條之1應課徵贈與稅情形者，應以訂定、變更信託契約之日為贈與行為發生日，依第24條第1項規定辦理（遺贈§24-1）。

三、申報之延期

遺產稅或贈與稅納稅義務人具有正當理由不能如期申報者，應於前三條規定限期屆滿前，以書面申請延長之。

前項申請延長期限以3個月為限；但因不可抗力或其他有特殊之事由者，得由稽徵機關視實際情形核定之（遺贈§26）。

四、通知申報

稽徵機關於查悉死亡事實或接獲死亡報告後，應於1個月內填發申報通知書，檢附遺產稅申報書表，送達納稅義務人，通知依限申報，並於限期屆滿前10日填具催報通知書，提示逾期申報之責任，加以催促。

前項通知書應以明顯之文字，載明民法限定繼承及拋棄繼承之相關規定。納稅義務人不得以稽徵機關未發第1項通知書，而免除本法規定之申報義務（遺贈§28）。

貳、調查估價

　　稽徵機關應於接到遺產稅或贈與稅申報書表之日起2個月內，辦理調查及估價，決定應納稅額，繕發納稅通知書，通知納稅義務人繳納；其有特殊情形不能在2個月內辦竣者，應於限期內呈准上級主管機關核准延期（遺贈§29）。

參、稅款繳納

一、限期繳納

　　遺產稅及贈與稅納稅義務人，應於稽徵機關送達核定納稅通知書之日起2個月內，繳清應納稅款；必要時，得於限期內申請稽徵機關核准延期2個月。

　　遺產稅或贈與稅應納稅額在30萬元以上，納稅義務人確有困難，不能一次繳納現金時，得於納稅期限內，向該管稽徵機關申請，分18期以內繳納，每期間隔以不超過2個月爲限。經申請分期繳納者，應自繳納期限屆滿之次日起，至納稅義務人繳納之日止，依郵政儲金一年期定期儲金固定利率，分別加計利息；利率有變動時，依變動後利率計算。

二、實物抵繳

　　遺產稅或贈與稅應納稅額在30萬元以上，納稅義務人確有困難，不能一次繳納現金時，得於納稅期限內，就現金不足繳納部分申請以在中華民國境內之課徵標的物或納稅義務人所有易於變價及保管之實物一次抵繳。中華民國境內之課徵標的物屬不易變價或保管，或申請抵繳日之時價較死亡或贈與日之時價爲低者，其得抵繳之稅額，以該項財產價值占全部課徵標的物價值比例計算之應納稅額爲限。

　　本法中華民國98年1月12日修正之條文施行前所發生未結之案件，適用修正後之前三項規定。但依修正前之規定有利於納稅義務人者，適用修正前之規定。第4項抵繳財產價值之估定，由財政部定之。第4項抵繳之財產爲繼承人公同共有之遺產且該遺產爲被繼承人單獨所有或持分共有者，得由繼承人過半數及其應繼分合計過半數之同意，或繼承人之應繼分合計逾三分之二

之同意提出申請，不受民法第828條第3項限制（遺贈§30）。

第四節　稅捐之保全與獎懲

壹、稅捐之保全

　　遺產稅未繳清前，不得分割遺產、交付遺贈或辦理移轉登記。贈與稅未繳清前，不得辦理贈與移轉登記。但依遺產及贈與稅第41條規定，於事前申請該管稽徵機關核准發給同意移轉證明書，或經稽徵機關核發免稅證明書、不計入遺產總額證明書或不計入贈與總額證明書者，不在此限。

　　遺產中之不動產，債權人聲請強制執行時，法院應通知該管稽徵機關，迅依法定程序核定其遺產稅額，並移送法院強制執行（遺贈§8）。

　　繼承人為二人以上時，經部分繼承人按其法定應繼分繳納部分遺產稅款、罰鍰及加徵之滯納金、利息後，為辦理不動產之公同共有繼承登記，得申請主管稽徵機關核發同意移轉證明書；該登記為公同共有之不動產，在全部應納款項未繳清前，不得辦理遺產分割登記或就公同共有之不動產權利為處分、變更及設定負擔登記（遺贈§41-1）。

　　地政機關及其他政府機關，或公私事業辦理遺產或贈與財產之產權移轉登記時，應通知當事人檢附稽徵機關核發之稅款繳清證明書，或核定免稅證明書或不計入遺產總額證明書或不計入贈與總額證明書，或同意移轉證明書之副本；其不能繳附者，不得逕為移轉登記（遺贈§42）。

貳、獎　懲

一、舉發獎勵

　　告發或檢舉納稅義務人及其他關係人有短報、漏報、匿報或故意以虛偽不實及其他不正當行為之逃稅，或幫助他人逃稅情事，經查明屬實者，主管稽徵機關應以罰鍰提成獎給舉發人，並為舉發人保守秘密（遺贈§43）。

二、逾期申報之處罰

　　納稅義務人違反遺產及贈與稅法第23條或第24條之規定，未依限期辦理遺產稅或贈與稅申報者，按核定應納稅額加處2倍以下之罰鍰（遺贈§44）。惟其罰鍰，連同應徵之稅款，最多不得超過遺產總額或贈與總額（遺贈§47）。

三、短漏報之處罰

　　納稅義務人對依本法規定，應申報之遺產或贈與財產，已依本法規定申報而有漏報或短報情事者，應按所漏稅額處以2倍以下之罰鍰（遺贈§45）。惟其罰鍰，連同應徵之稅款，最多不得超過遺產總額或贈與總額（遺贈§47）。

四、故意逃稅之處罰

　　納稅義務人有故意以詐欺或其他不正當方法，逃漏遺產稅或贈與稅者，除依繼承或贈與發生年度稅率重行核計補徵外，並應處以所漏稅額1倍至3倍之罰鍰（遺贈§46）。惟其罰鍰，連同應徵之稅款，最多不得超過遺產總額或贈與總額（遺贈§47）。

五、稅前分割遺產等刑責

　　納稅義務人違反遺產及贈與稅法第8條之規定，於遺產稅未繳清前，分割遺產、交付遺贈或辦理移轉登記，或贈與稅未繳清前，辦理贈與移轉登記者，處1年以下有期徒刑（遺贈§50）。

六、逾期繳納之處罰及強制執行

　　納稅義務人，對於核定之遺產稅或贈與稅應納稅額，逾遺產及贈與稅第30條規定期限繳納者，每逾2日加徵應納稅額1%滯納金；逾期30日仍未繳納者，主管稽徵機關應即移送法院強制執行；法院應於稽徵機關移送後7日內開始辦理。

　　前項應納稅款及滯納金，應自滯納期限屆滿之次日起，至納稅義務人繳納之日止，依郵政儲金匯業局1年期定期存款利率，按日加計利息，一併徵收（遺贈§51）。

七、未驗證而受理之處罰

違反遺產及贈與稅法第42條之規定，於辦理有關遺產或贈與財產之產權移轉登記時，未通知當事人繳驗遺產稅或贈與稅繳清證明書，或核定免稅證明書，或不計入遺產總額證明書，或不計入贈與總額證明書，或同意移轉證明書等之副本，即予受理者，其屬民營事業，1萬5,000元以下之罰鍰；其屬政府機關及公有公營事業，由主管機關對主辦及直接主管人員從嚴議處（遺贈§52）。

第九章　工程受益費

　　工程受益費，一向為籌措公共建設經費普遍所採用的方法之一。論其性質，係屬行政收入而為非稅收入之一種，不同於一般之賦稅，故土地法第147條規定，土地及其改良物，除依本法規定外，不得用任何名目徵收或附加稅款。但因建築道路、堤防、溝渠或其他土地及其改良之水陸工程所需要費用，得依法徵收工程受益費。此外，工程受益費亦符「受益者付費」之原理。因工程設施之受益，可藉此由國家收回，自不產生不勞利得現象，故土地法第184條規定，於徵收土地增值稅時，其土地增值實數額，應減去土地所有權人已繳納之工程受益費（參照平§36Ⅱ，平細§54Ⅱ，土稅§31Ⅰ）。

　　工程受益費之徵收，另制頒「工程受益費徵收條例」（以下簡稱工程受益）及「工程受益費徵收條例施行細則」，以為徵收之依據，其主要內容如下：

第一節　徵費範圍及數額

壹、徵費範圍

　　各級政府於該管區域內，因推行都市建設，提高土地使用，便利交通或防止天然災害，而建築或改善道路、橋樑、溝渠、港口、碼頭、水庫、堤防、疏濬水道及其他水陸等工程，應就直接受益之公私有土地及其改良物，徵收工程受益費（工程受益§2Ⅰ）。所稱直接受益之土地及其改良物，係指土地及定著於該土地之建築改良物（工程受益細§2）。

貳、徵收數額

　　工程受益費之徵收數額，最高不得超過該項工程實際所需費用80%。其為水庫、堤防、疏濬水道等工程之徵收最低限額，由各級政府視實際情形定之（工程受益§2Ⅱ），並以徵足原定數額為限（工程受益§5Ⅲ）。

　　所稱工程實際所需費用，包括下列各種費用（工程受益§3）：

一、工程興建費。

二、工程用地之徵購費及公地地價。

三、地上物拆遷補償費。

四、工程管理費。

五、借款之利息負擔。

　　前項第2款之公地地價，以各該公地管理機關抵繳同一工程應繳納之工程受益費數額為限。

第二節　繳納義務與徵收標準

壹、繳納義務人

　　工程受益費向公告徵收時之土地所有權人徵收之；其設有典權者，向典權人徵收；放領之公地，向其承領人徵收。所有權人或典權人未自行使用之不動產，經催徵而不繳納者，得責由承租人或使用人扣繳或墊繳之（工程受益§8II）。

　　土地及其改良物不屬同一人者，其應徵之工程受益費，由土地所有權人及土地改良物所有權人分擔；其分擔比率，由辦理工程之各級政府定之。

　　前項土地改良物在未繳清全部受益費以前，如因土地租賃期限屆滿而予以拆除，由土地所有權人負責繳納未到期之部分；如係於租賃期間內拆除或改建，由改建人負責繳納之（工程受益§9）。

　　此外，受益範圍內之土地及其改良物不屬同一人者，其工程受益費由土地所有權人及改良物所有權人按土地及其改良物之完稅價值比例分擔為原則（工程受益細§58）。

貳、徵收標準

　　工程受益費之徵收標準，按土地受益之程度，擬定徵收費率（工程受益§8I）。以市區道路工程而言，各級政府辦理新築或改善市區道路工程，應向道路兩旁受益範圍內之公私有土地及其改良物，徵收工程受益費（工程

受益細§17）。其受益範圍之認定，負擔工程受益費總額之比例，費率訂定標準等，茲分別概述如下：

一、受益範圍

所稱受益範圍依下列之規定：

(一) 沿道路之境界線或法令指定退縮之建築線或道路之端線為受益線。

(二) 市區道路新築及拓寬工程，其受益範圍，在路寬40公尺以下者，為沿道路境界線，自該線起垂直深入至等於該道路寬度5倍以內所包括之地區，其路寬在40公尺以上者，仍以路寬40公尺之標準計算其受益地區。

(三) 市區道路改善工程，其受益範圍為沿道路境界線，自該線起垂直深入40公尺以內所包括之地區。

(四) 在市區道路之終始端，其受益範圍，為以道路中心線與端線之交點為圓心，並以圓心至各受益等級區邊線之垂直長度為半徑所作之半圓地區。

前項第2款至第4款之受益地區稱為受益面，如遇有與道路平行或偏斜之河川、大排水明溝、鐵路、高速公路等特殊地形，其受益面至各該河川等之邊線為止，超越部分及法令指定退縮部分之受益面不予計徵，不予計徵之工程受益費不得加計為其他受益者之負擔（工程受益細§18）。

二、負擔工程受益費總額之比例

市區道路新築及拓寬工程受益線與受益面，負擔工程受益費總額之比例規定如下：

(一) 受益線負擔總額20%，各土地依其臨接受益線之長度分擔受益線之受益費。

(二) 受益面之負擔分為下列三區：

1. 第一區：沿道路境界線自該線起垂直深入至等於路寬之地區，負擔40%。

2. 第二區：沿第一區邊線，自該線起垂直深入至等於路寬兩倍以內之地區，負擔25%。

3. 第三區：沿第二區邊緣，自該線起垂直深入至等於路寬兩倍以內之地區，負擔15%。

4. 市區道路之終始端地區受益面負擔比例，比照第一、二、三區辦理。

前項第2款各區內之土地分別依其所有土地之面積，分擔各區之受益費

（工程受益細§19）。

市區道路改善工程徵收工程受益費，其受益面不分受益等級區，其工程受益費總額之負擔比例，為受益線與受益面各為50%（工程受益細§20）。

三、費率計算標準

各級政府得視實際需要在本條例第2條第2項規定限額內衡酌下列因素，訂定費率計算標準（工程受益細§55）：

(一) 工程實際所需費用。

(二) 受益程度。

(三) 土地價格。

(四) 該地區受益（繳納義務）人普遍之負擔能力。

四、工程受益費之計算

(一) 受益費徵收單價之計算

受益區範圍內，除都市計畫道路外，其餘土地應徵、免徵之面積，均應擬計受益費額，依下列規定計算徵收單價（工程受益細§56Ⅰ④）：

1. 總工程費乘以徵收費率為受益費總額。

2. 受益費總額，依第19條或第20條之規定乘以百分比，為受益線或受益面之受益費額。

3. 受益線分配之總受益費額，除以受益線長度為受益線之徵收單價。

4. 受益面各區分配之受益費額，除以各該區之面積，為各該區受益費徵收單價。

5. 有撥用公地者依本條例第3條第2項之規定辦理。

(二) 核計受益費額

根據各受益人所有土地之受益線長度及各區受益面面積，乘以受益線及各區受益面徵收單價，分別將受益線費額及各區應負擔之費額填註，並統計其應徵收費額：其依工程受益費徵收條例第12條規定重複受益而減免者，各區、線填其負擔費額，合計欄填其減免後之應徵收費額，並將減免費額於備註欄內註明（工程受益細§56Ⅰ⑤）。

第三節　徵收程序與內容

壹、擬具計畫書報核

　　各級地方政府徵收工程受益費，應擬具徵收計畫書，包括工程計畫、經費預算、受益範圍及徵收費率等，送經各該級民意機關決議後，報請中央主管機關備查。如係長期辦理之工程，應先將分期、分年之工程計畫，依照上開規定，先行送經民意機關決議，報請中央主管機關核備後，據以編列年度預算或特別預算辦理。中央舉辦之工程，應由主辦工程機關循收支預算程序辦理（工程受益§5Ⅰ）。

貳、審　查

　　各級地方民意機關對於工程受益費徵收計畫書，應連同該工程經費收支預算一併審定；如工程受益費徵收案予以延擱或否決，該工程經費收支預算應併同延緩或註銷（工程受益§5Ⅱ）。

參、公　告

　　就土地及其改良物徵收受益費之工程，主辦工程機關應於開工前30日內，將工程名稱、施工範圍、經費預算、工程受益費徵收標準及數額暨受益範圍內之土地地段、地號繪圖公告30日，並於公告後3個月內，將受益土地之面積、負擔之單價暨該筆土地負擔工程受益費數額，連同該項工程受益費簡要說明，依第8條第2項規定以書面通知各受益人（工程受益§6Ⅰ前段）。

肆、徵　收

一、開徵期限

　　就土地及其改良物徵收之工程受益費，於各該工程開工之日起，至完工後一年內開徵。受益範圍內之土地及其改良物公告後之移轉，除因繼承者外，應由買受人出具承諾書，願依照規定繳納未到期之工程受益費，或先將

工程受益費全部繳清，始得辦理移轉登記；經查封拍賣者亦同（工程受益§6II、III）。

二、徵收期限

工程受益費之徵收，得一次或分期為之。各級政府如因財政困難，無力墊付工程費用者，得於完成第5條第1項所規定之程序後，先行開徵，或以應徵之工程受益費為擔保，向金融機構借款辦理（工程受益§7）。此外，土地及其改良物於公告徵收工程受益費後，不因其用途變更而免予徵收（工程受益§11）。

三、免徵之情形

下列各款之土地及其改良物、車輛、船舶，免徵工程受益費（工程受益§14）：
(一) 非營業性或依都市計畫法規定保留之公共設施用地及其改良物。
(二) 駐軍兵營、要塞、軍用機場、軍用基地及其改良物。
(三) 軍用港口、碼頭、船舶、戰備及訓練車輛。

四、緩徵之情形

土地被政府徵收致剩餘面積依建築法規定不能單獨建築使用時，其工程受益費得申請暫緩徵收，俟與鄰地合併使用時由主管建築機關通知經徵機關補徵之（工程受益細§88）。

受益土地遇有嚴重災害，經核定減免賦稅者，當期之工程受益費得申請緩徵，按徵收期別年限遞延之。但土地流失滿5年尚未浮復，該項工程受益費應予註銷（工程受益細§89）。

五、欠費之處罰

土地及其改良物之受益人不依規定期限繳納工程受益費者，自期限屆滿之次日起，每逾3日應按納費額加徵滯納金1%；逾期超過1個月，經催繳而仍不繳納者，除加徵滯納金10%外，應由經徵機關移送法院強制執行（工程受益§15）。

第五編

▶第一章　通　則

▶第二章　土地徵收

▶第三章　徵收程序

▶第四章　徵收補償

土地徵收

在民主思想的法治理念下，現代國家之憲法對於國民基本權利之規範，皆奠基於個人之保護爲中心意旨。其中，財產權之保障乃在於確保所有權人賴以生存之物質資源外，旨在於建立並確保個人享有一自由領域，藉以建立自我責任之生活；故財產權之保障並非單純的物之保障，而在於權利主體之保障，與其爲個人財產權利之維護，毋寧爲個人人格、尊嚴、自由領域之保障與發揚。

我國平均地權土地制度理念，土地所有權依法應受保障，在社會公益需求及所有權社會化理念下，土地所有權得予以限制；然在不得不剝奪私有地權的情況下，國家得行使其高權，強制剝奪私有土地，以爲公益之需，此亦爲各國之共通原則。爰此，國家得動用高權強制取得私有土地之時機、程序、補償標準及內容，自應予以明確規範，以免遭公權力之恣意介入，而有損私有財產權保障之宗旨。

國家因公共利益之必要發動國家高權取得私有土地所有權，在我國現行法制下有以「強制收買」、「徵購」、「照價收買」、「土地徵收」等方式，剝奪私有所有權，以達政策意旨。惟除照價收買、土地徵收在制度設計上，尚稱明確外，其餘皆甚爲簡陋；其中土地法第五編「土地徵收」，計分通則、徵收程序、徵收補償三章，對有關土地徵收事項作一般性之規範，共40條。惟歷年來爲配合國家公共建設或經濟政策之需要，其他特別法如平均地權條例、都市計畫法、國民住宅條例、促進產業升級條例、都市更新條例、新市鎮開發條例、獎勵民間參與交通建設條例等，亦有特別之規定，致形成土地徵收相關立法散置各處，一制數法，輒生扞格之現象，非但執行不便，且易增困擾，對私有產權之保障未盡公平，造成徵收土地之阻力，日益增劇。爲整合以往土地徵收程序互異、補償項目及標準不一之現象，爰於民國89年2月2日公布「土地徵收條例」，以爲實施土地徵收之統一規範，又爲配合社會之需求於民國101年1月4日公布大幅修訂後之土地徵收條例。

第一章 通 則

國家發動高權合法強制取得私有財產，依各國法制不同而各異其稱謂，如美國之Eminent Domain、英國之Compulsory Purchase、加拿大之Expropriation、新加坡之Land Acquisition、澳大利亞之Compulsory Acquisition，在我國現行法規範下，國家合法強制取得私有土地所有權之方式，則有以「徵收」、「照價收買」、「徵購」、「強制收買」、「收歸國有」等稱之，以為強制剝奪私有土地所有權方式。由於立法目的不同，上述強制取得私有財產權之法規範疏密有別，對於人民財產權之保障亦有差異，故先就「徵購」、「強制收買」、「收歸國有」、「照價收買」等相關規定內容說明之，「土地徵收」部分，另章再說明。

第一節　強制取得之規範

壹、強制取得之政策目的

國家基於公共利益之前提下，以國家高權合法強制取得私有土地所有權，為現代民主法治國家剝奪私有財產權之不得已的最後手段。在平均地權土地政策的意旨下，強制取得私有土地，在於確保土地的自由，並增進公共福祉。依此理念，國家合法強制取得私有土地所有權之目的有二：其一，在積極地促進公益之達成；其二，在消極地懲罰土地之投機壟斷，達成土地政策目的。

一、積極提供公益使用土地之目的

傳統上，基於公用目的或公共需要為前提，以土地徵收方式強制取得私有土地所有權。我國早期實施耕者有其田、創設自耕農政策所進行土地徵收，係為確保土地自由，以土地重行分配為目的；惟達成階段性土地政策後，已功成身退。現行相關規定，則以為促進土地合理利用，國家因公益需要興辦事業時，依事業所必須者，進行土地徵收（土徵§1、§3，土§208），故土地徵收係積極地提供公益事業所需土地之手段，以土地徵收

達成增進公共利益之目的。

二、消極懲罰土地投機壟斷之目的

為防止私人進行土地投機兼併，照價收買之目的與土地徵收不同，既不必以公共用途、公共需用為前提，亦不須與土地所有權人協議，國家即可強制取得私有土地所有權。如私有土地所有權人如申報地價過低（平§16）、空地未依限使用（平§26）、荒地未依限使用（土§89，平§26-1）、申報移轉現值過低（平§47-1）、私有超額未建土地（平§72）、收回耕地未建築使用（平§76），皆為懲罰土地所有權人之土地投機壟斷行為，以照價收買手段以達成消極懲罰之目的。

除上述透過「土地徵收」或「照價收買」方法，以達成積極或消極土地政策目的外，以「徵購」、「強制收買」或「收歸國有」方法，所欲達成之立法目的，亦不出前述兩大土地政策目的，惟其與目的之一致性、程序及補償標準之明確性則相去甚遠，其相關規定內容如下。

貳、徵購之強制取得

以徵購方法強制取得私有土地所有權，其立法目的大致可分為下列二種情況：

一、緊急或特殊性之徵購

國家為因應戰時民防工作之必需，確保動員實施階段各類需求之供應，或災害緊急之必要，對於私有不動產，得以徵購方法強制取得，以確保國家安全與災害之消弭。其相關規定如下：

(一) 民防法（§13）

主管機關因民防工作之必需，於戰時或事變時，得協調地方衛生主管機關簽發徵購命令，徵購供急救醫療使用之藥品醫材及其他經行政院指定公告之民防必需物資。

(二) 全民防衛動員準備法（§16）

為確保動員實施階段軍事、工業及基本民生需求之供應，物資經濟動員

準備分類計畫主管機關應預估需求，完成各項重要物資及固定設施之調查及統計，並選定部分重要物資作適量儲存。直轄市及縣（市）政府並應配合辦理。

針對動員實施階段需求，國防部應訂定動員實施階段物資、固定設施徵購、徵用及補償實施辦法。

(三) 災害防救法（§31）

各級政府爲實施災害應變措施，應依權責實施第27條第1項各列事項及成立災害應變中心後，指揮官於災害應變範圍內，依其權責分別實施第30條第1項各列事項，對於救災所需必要物資之製造、運輸、販賣、保管、倉儲業者，得徵用、徵購或命其保管（災害防救§31）。依本法執行徵調、徵用、徵購或優先使用，應給予適當之補償；其作業程序、補償基準、給付方式及其他相關事項之辦法，由內政部定之（災害防救§33）。

(四) 國防法（§25）

行政院平時得依法指定相關主管機關規定物資儲備存量、擬訂動員準備計畫，並舉行演習；演習時得徵購、徵用人民之財物及操作該財物之人員；徵用並應給予相當之補償。

前項動員準備、物資儲備、演習、徵購、徵用及補償事宜，以法律定之。

二、懲罰性之徵購

爲促進產業發展、國家開發各類園區以供事業營運發展之所需，若園區內私有廠房建築物，未供經核准設立之機構使用、或使用情形不當、或高抬轉讓價格者，將有違園區設置之目的，故管理機關得強制徵購之，以利園區之運作。其相關規定如下：

(一) 科學園區設置管理條例（§19）

園區內私有廠房之轉讓，以供經核准設立之園區事業及研究機構使用爲原則。

前項廠房及其有關建築物有下列情形之一者，管理局或分局得依市價徵

購之：
1. 未供經核准設立之機構使用者。
2. 使用情形不當者。
3. 高抬轉讓價格者。
4. 依第10條規定應遷出園區者。

　　依前項規定徵購廠房及其有關建築物時，對於原所有權人存於該廠房及其有關建築物內之一切物資，管理局或分局得限期令其遷移或代爲移置他處存放，費用及因遷移該物資所生之損害，由原所有權人負擔之。

　　廠房及其有關建築物之徵購辦法，由主管機關會商有關機關定之。

(二) 農業科技園區設置管理條例（§13）

　　有下列情形之一者，管理局得以書面定30日以內期限，命園區事業、創新育成中心或研究機構改善或遷出；屆期不改善或遷出者，管理局得視其情形徵購或強制接管及處置：
1. 提供園區內廠房及相關研究生產設施予未經核准之園區事業、創新育成中心、研究機構使用。
2. 園區內廠房及相關研究生產設施未依核准之進駐目的使用。
3. 高抬園區內廠房及相關研究生產設施租售價格。
4. 依第19條第3項、第32條或第34條第2項規定廢止進駐核准而應遷出者。

　　管理局依前項規定徵購或強制接管及處置時，對於原所有權人存放於該廠房及其他建築物內之一切物品，得限期令其遷移或代爲移置；其費用及因遷移所生之損害，由原所有權人負擔之。

　　第1項廠房及相關研究生產設施之徵購程序與方式、強制接管及處置之辦法，由主管機關定之。

參、強制收買之強制取得

　　國家爲促進重大建設之推動，對於民間參與投資興建而取得之土地，若未依規劃進度施工、或違背原核准之使用計畫、或擅自處分者，主管機關得以強制收買取得私有土地所有權以確保重大建設之進行，故其立法目的係以懲罰性爲主，相關規定如下：

一、新市鎮開發條例（§15～§18）

　　需地機關或社會、文化、教育、慈善、救濟團體依第8條第1項第3款或第4款價購之土地，如有未依原核准進度使用、違背原核准之使用計畫或擅自移轉者，主管機關應強制買回。未經原核准讓售機關之核准而擅自轉讓者，其移轉行爲不得對抗主管機關之強制買回（§15）。

　　主管機關依第8條標售或標租土地時，投資人應附具投資計畫，經主管機關審查核准，始得參與投標。投資人標得土地後，應即依投資計畫規定之進度實施建設。主管機關並應依投資計畫定期或不定期檢查。經檢查發現有未依進度開工或進度落後時，主管機關應通知於3個月內改善。得標人接獲通知，有正當理由未能於限期內改善者，應敘明原因，申請展期；展期之期間不得超過3個月。得標人未完成建設前，不得以一部或全部轉售、轉租或設定負擔。違反者，其轉售、轉租或設定負擔之契約無效。第1項投資計畫之審查準則，由中央主管機關定之（§16）。

　　投資人違反前條第2項至第4項規定者，除依左列各款分別處罰外，並應由主管機關強制收買或終止租約：

(一) 未依投資計畫進度開工或進度落後，經通知限期改善，逾期仍未改善者，處以該宗土地當期公告地價2%以上5%以下罰鍰，經再限期於3個月內改善，逾期仍未改善者，得按次連續處罰。

(二) 擅自轉售、轉租或設定負擔者，處以該宗土地當期公告地價1%以上3%以下罰鍰。

　　前項所定罰鍰經通知限期繳納，逾期仍不繳納者，移送法院強制執行。

　　主管機關依第1項規定強制收買時，對於土地上之設施，應限期投資人遷移，未於期限內遷移者，視同放棄。前項規定於主管機關依第1項終止租約時，準用之。依第15條及本條第1項之規定強制收買者，其價格不得超出原出售價格（§17）。

　　主管機關爲促進新市鎮之發展，得依新市鎮特定區計畫之實施進度，限期建築使用。逾期未建築使用者，按該宗土地應納地價稅基本稅額之5倍至10倍加徵地價稅；經加徵地價稅滿3年，仍未建築使用者，按該宗土地應納地價稅基本稅額之10倍至20倍加徵地價稅或由主管機關照當期公告土地現值強制收買。前項限期建築之土地，其限期建築之期限，不因移轉他人而

受影響，對於不可歸責於土地所有權人之事由而遲誤之期間，應予扣除。
前項不可歸責於土地所有權人之事由，由中央主管機關於施行細則中定之
（§18）。

二、獎勵民間參與交通建設條例（§44）

本條例所獎勵之民間機構，經廢止興建或營運許可者，其因本條例規定
取得之土地地上權及租約應予終止；其必要且堪用之營運資產及興建中之工
程，主管機關得強制收買之。

主管機關依前項規定強制收買之營運資產或興建中之工程，得移轉其
他依法核准之民間機構繼續興建或營運，或由指定之政府專責機構興建、營
運。

肆、收歸國有之強制取得

基於國土保安等公益上之需要，以收歸國有方法之強制取得私有土地所
有權，如森林法第7條規定：「公有林及私有林有左列情形之一者，得由中
央主管機關收歸國有。但應予補償金：
一、國土保安上或國有林經營上有收歸國有之必要者。
二、關係不限於所在地之河川、湖泊、水源等公益需要者。

前項收歸國有之程序，準用土地徵收相關法令辦理；公有林得依公有財
產管理之有關規定辦理。」

第二節　照價收買

壹、照價收買之意義與政策作用

一、意義

所謂照價收買是指國家依私人所報之地價，強制收買其土地，並取得私
人土地所有權之行為，為平均地權四大要綱之一，憲法第143條第1項規定，
私有土地應照價納稅，政府並得照價收買，主要目的在於合理調整地權之分

配，保持土地自由，以杜絕私人投機壟斷之弊害，使地價申報確實，以便照價徵稅與漲價歸公之實施。照價收買爲國家依法強制取得私人土地所有權方式之一，爲促進土地利用，執行土地政策，國家依法可用照價收買方式，取得土地並消滅私有所有權。

二、政策作用

照價收買，爲國家依法強制取得私有之土地，以保持地權分配得以公平合理，其政策作用基本上可分述如下：

(一) 防止土地投機壟斷之產生。

(二) 爲規定地價之輔佐辦法，以制止地主低報地價，促使地價申報正確，以利「照價課稅」及「漲價歸公」之施行。

(三) 於國家有公共之需時，可照價取得土地。

就以上政策作用，可得知照價收買原具有多重之政策作用，與平均地權政策之關係甚爲密切。惟實際上，依現行土地法等相關法規之規定觀之，僅在於消極之懲罰性規定，並未發揮其積極之政策作用。即便如此，上述相關懲罰性之規定，政府亦未確實執行，政策功能迄難落實。

貳、照價收買之時機

一、土地法之規定

根據土地法之規定，照價收買之時機分別如下：

(一) 私有超額之土地

私有土地受前條規定限制時，由該管直轄市或縣（市）政府規定辦法，限令於一定期間內，將額外土地分割出賣。

不依前項規定分割出賣者，該管直轄市或縣（市）政府得依本法徵收之。前項徵收之補償地價，得斟酌情形搭給土地債券（土§29，土施§8）。

(二) 未依限使用之私有荒地

私有荒地，逾期不使用者，該管直轄市或縣（市）政府得照申報地價收

買之（土§89II）。

(三) 公告地價過高

土地所有權人認為標準地價過高，不能依前條為申報時，得聲請該管直轄市或縣（市）政府照標準地價收買其土地（土§157）。惟此規定非為懲罰性為目的，與照價收買之立法政策不同，宜區別之。

二、平均地權條例之規定

就平均地權條例之規定，實施照價收買之時機如下：

(一) 申報地價過低

舉辦規定地價或重新規定地價時，土地所有權人未於公告期間申報地價者，以公告地價80%為其申報地價。土地所有權人於公告期間申報地價者，其申報之地價超過公告地價120%時，以公告地價120%為其申報地價；申報之地價未滿公告地價80%時，得照價收買或以公告地價80%為其申報地價（平§16）。

(二) 空地未依限使用

直轄市或縣（市）政府對於私有空地，得視建設發展情形，分別劃定區域，限期建築、增建、改建或重建；逾期未建築、增建、改建或重建者，按該宗土地應納地價稅基本稅額加徵2倍至5倍之空地稅或照價收買。

經依前項規定限期建築、增建、改建或重建之土地，其新建之改良物價值不及所占基地申報地價50%者，直轄市或縣（市）政府不予核發建築執照（平§26）。

(三) 荒地未依限使用

農業用地閒置不用，經直轄市或縣（市）政府報經內政部核准通知限期使用或命其委託經營，逾期仍未使用或委託經營者，按應納田賦加徵1倍至3倍之荒地稅；經加徵荒地稅滿3年，仍不使用者，得照價收買。但有下列情形之一者不在此限。

1. 因農業生產或政策之必要而休閒者。

2. 因地區性生產不經濟而休耕者。

3. 因公害污染不能耕作者。

4. 因灌溉、排水設施損壞不能耕作者。

5. 因不可抗力不能耕作者。

前項規定之實施辦法，由中央主管機關會同農業主管機關定之（平§26-1）。

(四) 申報移轉現值過低

土地所有權移轉或設定典權時，權利人及義務人應於訂定契約之日起30日內，檢同契約及有關文件，共同申請土地所有權移轉或設定典權登記，並共同申報其土地移轉現值。但依規定得由權利人單獨申請登記者，權利人得單獨申報其移轉現值（平§47Ⅰ）。惟若申報之移轉現值，經審核低於公告土地現值者，得由主管機關照其自行申報之移轉現值收買，或照公告土地現值徵收土地增值稅（平§47-1Ⅱ）。

(五) 私有超額未建築用地

私有未建築之超額土地（平§72），依第26條、第72條、第76條照價收買後再出售之土地及依第55條之2第1項第5款出售之土地，其承購人應自承購之日起1年內興工建築；逾期不建築，亦未報准延期建築者，直轄市或縣（市）政府得照原價收回。

前項延期建築之期限，不得逾6個月（平§73）。

(六) 收回耕地未建築使用

出租耕地經依法編為建築用地者，出租人為收回自行建築或出售作為建築使用時，得終止租約。

依前項規定終止租約，實際收回耕地屆滿1年後，不依照使用計畫建築使用者，直轄市或縣（市）政府得照價收買之（平§76）。

參、照價收買之程序與補償標準

一、照價收買之程序

政府機關於進行照價收買時，其法定程序如下（平§28）：

(一) 公告並通知土地權利人

直轄市或縣市政府應將報准照價收買之土地先行公告，並以書面通知土地所有權人及土地移轉之權利人或他項權利人。其屬依申報地價低於公告地價80%實施照價收買之土地，其公告及通知，應於申報地價後開徵當期地價稅之前辦理完竣（平§29）。

(二) 限期繳交書狀證件

受通知人應於通知送達之次日起50日內，繳交土地所有權狀、土地他項權利證明書及有關證件；逾期不繳交者，宣告其書狀、證件無效。

(三) 發給補償費

直轄市或縣市政府對繳交之書狀、證件審核無訛，或依前款規定宣告其書狀、證件無效後，應於30日內給付地價及他項權利補償費；逾期不領取者，依法提存。

(四) 限期交付土地

照價收買之土地，其所有權人應於受領地價完竣或其地價經依法提存之次日起60日內，將其土地交付該管直轄市或縣（市）政府；逾期不交付者，必要時由主管機關移送法院裁定後強制執行（平§30）。

(五) 囑託登記

直轄市或縣（市）政府對於前述照價收買之土地，應予補償費發給完竣或依法提存後10日囑託該管地政機關辦理登記為直轄市或縣（市）政府所有；其為出租耕地者，並應辦理租約註銷登記（平細§47）。

二、照價收買之補償

(一) 地價之補償

照價收買土地之地價，依下列標準計算之（平§31）：
1. 低報地價者，以其申報地價為準。
2. 低報移轉現值者，以其申報土地移轉現值為準。
3. 未依限期使用之空地、荒地或超額未建築用地、或終止租約未建築之用地，以收買當期之公告土地現值為準。

(二) 他項權利之補償

照價收買土地設有他項權利者，他項權利補償費由直轄市或縣（市）政府於發給土地所有權人之補償地價內代為扣交他項權利人，並塗銷之。但他項權利價值之總和，以不超過該宗土地收買地價扣除土地增值稅及本條例第11條規定補償耕地承租人之地價後之餘額為限。前項權利價值經登記數額者，以登記之數額為準；未登記數額者，由直轄市或縣（市）地政機關通知權利人及義務人會同申報或協議定之；協議不成時，由地政機關估計後提交地價評議委員會評定之。照價收買土地設有抵押權者，如其設定登記在耕地租約訂立之前，該抵押權人應優先於耕地承租人受償。第1項規定，於地上建築改良物一併收買者準用之（平細§46）。

(三) 耕地租賃之補償

依法徵收或照價收買之土地為出租耕地時，除由政府補償承租人為改良土地所支付之費用，及尚未收穫之農作改良物外，並應由土地所有權人，以所得之補償地價，扣除土地增值稅後餘額之三分之一，補償耕地承租人。前項補償承租人之地價，應由主管機關於發放補償或依法提存時，代為扣交。公有出租耕地依法撥用時，準用前二項之規定，補償承租人；所需經費，由原管理機關負擔。但為無償撥用者，補償費用，由需地機關負擔（平§11）。

(四) 土地改良物之補償

1. 農作改良物之補償

照價收買之土地，地上如有農作改良物，應予補償。前項農作改良物價額之估定，如其孳息成熟時間在收買後1年以內者，應按其成熟時之孳息估定之；其在1年以上者，應依其種植、培育費用，並參酌現值估定之。依法徵收之土地，準用前二項之規定（平§33）。

2. 建築改良物之補償

照價收買之土地，地上建築改良物同屬土地所有權人所有者，應一併收買。但不屬土地所有權人所有者，不在此限。前項改良物之價額，由直轄市或縣（市）政府查估後，提交地價評議委員會評定之（平§34）。

肆、照價收買土地之處分

政府依法照價收買之土地，得隨時公開出售，不受土地法第25條必須經該管區內民意機關之同意，並經行政院之核准之限制（平§7）。亦即政府處分照價收買之土地不須依土地法第25條之規定，經該管地區內民意機關之同意及行政院之核准。照價收買取得之土地與一般公有土地之處分，其目的及性質有所不同，照價收買是用以控制真實地價及促進土地利用之手段，就政策目的而言，政府主管機關可自由處分照價收買之土地，將可使照價收買手段充分彈性運用，以落實政策作用，促地權分配合理。

惟照價收買之土地，亦不可任由主管機關隨意處分該土地，照價收買之土地，應依下列方式處理之（平細§48）：

一、照價收買之土地建有房屋時，得讓售與地上權人、土地承租人或房屋所有權人。地上權人、土地承租人或房屋所有權人不願承購或在限期內不表示意見時，得予標售。

二、照價收買之土地為空地時，除依規定得讓與有合併使用必要之鄰地所有權人外，應予標售。

三、照價收買之土地為農業用地時，應予標售或出租與農民。

前項應行標售之土地，如適宜興建社會住宅者或公共設施使用者，得優先讓售與需用土地人。其餘土地應隨時公開底價標售。前二項標售底價及讓售之地價，依各直轄市、縣（市）公產管理法令規定辦理。

第二章 土地徵收

第一節 土地徵收之概念

　　所謂「土地徵收」（Land Expropriation, Compulsory Acquisition）乃國家為實現公共利益，基於國家高權之運作，依法定程序，強制取得私人土地權利，並給予適當補償之行政行為[1]。土地徵收乃公用徵收之一種，惟公用徵收的標的涉及私人一切的財產權（動產、不動產及他項權利等），而土地徵收僅以土地權利為限。土地徵收並非國家取得土地財產之工具，其目的亦非僅在剝奪或限制財產權，而在於使被徵收之土地，得供所欲實現之公益之使用，土地徵收僅為達成此目的之手段而已，故只有在公共利益不能以通常的手段實現時，始得動用徵收方式為之。爰此，土地徵收實為體現公共福祉所要求之輔助手段而已。我國憲法第108條第1項第14款規定，「公用徵收」係由中央立法並執行，或交由省縣執行之。然憲法條文中僅明訂立法機關或執行機關，卻未言明公用徵收的目的、補償標準，就人民財產權之保障而言，誠有不足之處。惟釋字第409號解釋認為：「徵收土地之要件及程序，憲法並未規定，係委由法律予以規範，此亦有憲法第108條第1項第14款可資依據……然徵收土地究對人民財產權發生嚴重影響，法律就徵收之各項要件，自應詳加規定……」，意指現行土地徵收制度規範有法律保留之意涵。

　　依土地法立法九原則中的第5項原則指出，政府得制定收用私有土地辦法。依此現行土地徵收條例及土地法第五編土地徵收，對土地徵收之目的、

---

[1] 司法院釋字第425號解釋，對於「土地徵收」之涵義認為「……係國家因公共事業之需要，對於人民受憲法保障之財產權，經由法定程序予以剝奪之謂。」似偏向古典徵收之概念。惟釋字第400號、第516號、第579號、第652號、第731號、第732號解釋等，皆以「因公用或其他公益目的之必要」為土地徵收之論述，似已肯認將「公用徵收」擴張至「公益徵收」。

程序、補償標準等作一般原則性規定。在其他相關法律中，例如平均地權條例、都市計畫法、促進產業升級條例等，亦有相同之規定。

其中就土地徵收之目的而言，分別說明如下：

壹、興辦公益事業

依土地法規定，國家因下列公共事業之需要，得依本法之規定，徵收私有土地。但徵收之範圍應以其事業所必須者為限（土§208）：

一、國防設備。

二、交通事業。

三、公用事業。

四、水利事業。

五、公共衛生。

六、政府機關、地方自治機關及其他公共建築。

七、教育學術及慈善事業。

八、國營事業。

九、其他由政府興辦以公共利益為目的之事業。

由上述之規定可知，徵收權之行使，係以國家為主體，國家須依法律之規定，始得徵收私有土地，國家因公共事業之需要，徵收私有土地，明示徵收以「公共事業之需要」為限，惟其中第9款規定興辦以「公共利益為目的之事業」，係就徵收土地之目的及用途所為之「概括規定」（釋409）。又依其用語以觀，似已非僅限於「公用」情形，應可認為已承認「公益徵收」的概念。其中，所謂「公共事業」，本條文針對土地徵收之公共事業種類併採列舉式規定（土§208①～⑧）及概括性規定（土§208⑨），以儘量涵蓋較廣的公共事業範疇，便利公共建設之進行。所列九項公共事業其含義說明如下：

一、國防設備：舉凡為保衛國家安全而在軍事上興建防禦設備，如陸、海、空軍基地、要塞堡壘、靶場、兵工廠、造船廠等一切軍事工程建設。

二、交通事業：凡一切與公共交通運輸有關之建築設施，如鐵路、公路、港口、運河、船塢等均是。

三、公用事業：乃為社會大眾所共同使用之設備，如電力、電信、自來水、瓦斯、石油等公用事業。

四、水利事業：乃指與農田水利、灌溉工程有關之事業，如水庫、堤防、疏洪道等均屬之。

五、公共衛生：係指為公共保健所興建之設施，如醫院、衛生所、保育院及公共衛生試驗所等事業均是。

六、政府機關、地方自治團體及其他公共建築：此乃指各級政府機關及地方自治團體之辦公處所，及其他屬於供公共使用之公共建築物均屬之。

七、教育學術及慈善事業：教育學術係指教育學術機構，如學校、圖書館、美術館、公共館商場等；而慈善事業，如育幼院、養老院等均屬之。

八、國營事業：乃由國家獨資經營之事業，或由政府與人民集資經營，而政府出資占總資本50%以上者之事業。

九、其他由政府興辦以公共利益為目的之事業：係指上述所列八項公共事業以外，由政府興辦以公共利益為目的之事業而言。

　　至於依本條文之規定行使土地徵收之請求權，除了公法人外（需用土地人），是否可擴張適用於私人，我國目前迄無具體實例，實務上亦採否定之見解，但若能以公共利益為評斷，則採肯定之見解為宜[2]。

　　惟因徵收法制，除土地法中列有專編規定外，其他相關法律規定紛歧，形成一制數法現象，尤以土地徵收程序互異，補償項目及標準不一，造成徵收執行之阻力日增，爰乃於2000年制頒「土地徵收條例」，以整合紛歧不一之現行土地徵收法律。依土地徵收條例規定，國家因公益需要，興辦下列各款事業，得徵收私有土地；徵之之範圍，應以其事業所必須者為限（土徵§3）：

一、國防事業。

二、交通事業[3]。

三、公用事業。

四、水利事業。

---

2 參閱楊松齡，「民營化」下之土地徵收立法──論土地徵收之申請，律師雜誌，225期，頁29～38，民國87年6月。

3 司法院釋字第732號解釋（104.9.25）認為，大眾捷運法規定之毗鄰地區辦理開發所需之土地，報請徵收取得，為交通事業所必須者以外之土地，不符合憲法第23條之比例原則，與憲法保障人民財產權及居住自由之意旨有違。

五、公共衛生及環境保護事業。

六、政府機關、地方自治機關及其他公共建築。

七、教育、學術及文化事業。

八、社會福利事業。

九、國營事業。

十、其他依法得徵收土地之事業。

上述規定,將原土地法規定興辦之「公共事業」用語,擴充為「公益需要」確立了「公益徵收」之制度。事業種類增加了第5款「環境保護事業」、第7款原教育學術及慈善事業改為「教育、學術及文化事業」外,並增加了第8款之「社會福利事業」,使得原為「公用徵收」之制度,形式上明確擴張為「公益徵收」之土地徵收制度[4]。原土地法所列各款事業之興辦,於規定條文中並未指明其興辦主體,致有私人得否依法申請徵收之議,惟現行土地徵收條例規定:「國家因公益需要,興辦下列各款事業……。」將原土地法中未明訂之興辦事業主體,在土地徵收條例中,限定為「國家興辦」,此固可減少有關興辦事業之主體資格之議,然是否符合潮流所需,有待觀察。又第10款的「其他依法得徵收土地之事業」,補正了土地法第208條第9款的法律保留問題,則第10款的規定即可認為是憲法原則的落實。[5]

---

[4] 美國憲法第五修正案頒布以來,「公用」(Public Use)的概念,亦不斷擴充到「公共需要」(Public Need)、「公共目的」(Public Purpose),相關案例如:Berman v. Parker(1954)、Poletown Neighborhood Council v. City of Detroit(1981)、City of Oakland v. Oakland Raiders(1982)、Hawaii Housing Authority v. Midkiff(1984)皆將「公用」擴充到「公共利益」的概念,惟Kelo v. City of New London(2005)案例的發展,更值得我們注意,尤其是近年來徵收或區段徵收所產生的爭議,這些案例可提供深思之處。我國憲法之「公用徵收」,土地法之「公共事業之需要」,土地徵收條例之「公益需要」,其演進亦如同由「Public Use」、「Public Need」到「Public Purpose」、「Public Interest」,有關徵收之公共利益的概念,亦宜再省思之。

[5] 參閱司法院釋字第732號解釋,蘇永欽大法官協同意見書。

貳、實施國家經濟政策

國家因興辦公益事業之需要，得徵收私有土地外，政府機關因實施國家經濟政策，得徵收私有土地，但應以法律規定者爲限（土§209）。政府因實施國家經濟政策，得依據有關法律規定，徵收私有土地，此乃爲政策性徵收。由於所稱「國家經濟政策」本條文並未列舉其事項，範圍未明，故明訂以法律規定者爲限。惟實施國家經濟政策所促進之公益，在多元價值體系下，應有較嚴格的、密度較高的審查標準，方符合徵收之公共利益。當前有關之規定如：不得私有土地之徵收（土§14）、私有超額土地之徵收（土§29）、新設都市土地之徵收（土§92）、區段徵收（土§212）之相關規定（詳見區段徵收二節）。

第二節　土地徵收之構成要件

土地徵收係國家基於公共利益或公共目的，爲取得興辦公益事業所需用之土地，依法律規定行使國家公權力，剝奪私有土地權利，以利公共事業之進行。雖然，國家依法得行使土地徵收權，但土地徵收涉及人民權益，基於憲法關於人民之生存權、工作權及財產權，應予保障之意旨，一般採用土地徵收制度的國家均於法律明訂土地徵收之要件，此爲我國徵收制度不足之處。基於人民財產權保障之精神，土地徵收構成要件應包含如下[6]：

壹、徵收必須基於公共福祉之目的（公益原則）

基於公共福祉之目的方得實施土地徵收，爲土地徵收所必須遵行之首要要件。蓋土地徵收並非國家取得財產之目的，而是欲實現公共福祉，非將私有財產剝奪或限制而不可達時，始可發動徵收權。單純的「公共利益」並非徵收施行之要件，須具有「重大性」與「急迫性」的公共福祉下，方符合

---

[6] 楊松齡，財產權保障與公用徵收補償之研究，經社法制論叢，9期，頁271～272，行政院經建會，民國81年1月。

徵收的構成要件，此可見諸德國威瑪憲法第153條第2項、西德基本法第14條第3項、日本憲法第29條第2項、我國土地法第208條第1項、土地徵收條例第3條等之規定。惟公共福祉之概念，廣泛而且抽象，因此立法者須透過「利益之衡量」[7]，來制定有關徵收之法令，其具體內容，應以法律規定之，亦即確定特定公共福祉之需要，以免流於空泛的公共利益，甚或國庫利益，而有損人民財產權保障之憲法精神。爰此，土地徵收條例乃增訂依法得予徵收或區段徵收之農業用地，於劃設或變更時，應經目的事業主管機關考量徵收之公益性及必要性（土徵§3-1 II）。需用土地人興辦事業徵收土地時，應依下列因素評估興辦事業之公益性及必要性，並為綜合評估分析（土徵§3-2）：

一、社會因素：包括徵收所影響人口之多寡、年齡結構及徵收計畫對周圍社會現況、弱勢族群生活型態及健康風險之影響程度。

二、經濟因素：包括徵收計畫對稅收、糧食安全、增減就業或轉業人口、徵收費用、各級政府配合興辦公共設施與政府財務支出及負擔情形、農林漁牧產業鏈及土地利用完整性。

三、文化及生態因素：包括因徵收計畫而導致城鄉自然風貌、文化古蹟、生活條件或模式發生改變，對該地區生態環境、周邊居民或社會整體之影

---

[7] 「利益衡量」往往陷於公益、私益之衡量，而導入功利主義（Utilitarianism）式的團體思想，致對私益之保障，恐有不足。就私有財產權保障之憲法精神而言，社會科學中的方法論個人主義（methodological individualism），公共利益須以個人利益為基礎，應衡量者是何種方案可使公共利益最大化。惟我國憲法一方面建立私有財產保障之憲法基礎（憲§15），另一方面又揭櫫平均地權土地政策之基本國策（憲§142、§143），對於土地所有權之本質，實值深究之。故於土地徵收時，宜就利益衡量界定為何，土地徵收條例所訂之綜合評估分析是否適宜，應再加探究之必要。詳參閱楊松齡，土地徵收之公共利益判斷，土地立法修法研析研討會，2012年台灣本土法學雜誌社主辦。又吳庚前大法官也指出「公益不是整體社群或其中大部分成員利益的總和；而是各個成員事實上利益，經由複雜的交互影響過程，所形成理想的整合狀態」，參閱吳庚，都更未爆彈知多少，中國時報，2012年4月5日。爰此，以「利益衡量」方式界定土地徵收之公益，仍有可議之處。

響。

四、永續發展因素：包括國家永續發展政策、永續指標與國土計畫。

五、其他：依徵收計畫個別情形，認為適當或應加以評估參考之事項。

在現行土地徵收之整體制度下，有關公共利益之形成、衡量，分別在土地使用計畫、興辦事業計畫及土地徵收計畫三個重要階段上進行之。三階段在整體土地徵收計畫上，對於「公共利益」的判斷，分別有不同之價值理念的形塑及應遵循之行政體系[8]。因此「徵收之公共利益」係就整體觀之？土地徵收條例第3條之1、第3條之2有關公益性之規定是否符合「徵收之公共利益」之內涵？有待斟酌之。

貳、徵收必須遵守「比例原則」

土地徵收，乃係基於公益，強制剝奪私有財產權，以實現公共福祉之目的，所採之不得已的「最後手段」，徵收只有在無其他法律上或經濟可替代之方法以供使用時，始為合法。因此，在實施土地徵收時，對於「公益上之必要」與「權利之侵害」兩者間，為調和公私利益，宜保持正當比例。土地徵收為行政行為，故土地徵收之進行，應「採取之方法應有助於目的之達成」、「有多種同樣能達成目的之方法時，應選擇對人民權益損害最小者」、「採取之方法所造成損害，不得與欲達成目的之利益顯失均衡」即符合比例原則（行程§7）。我國憲法第23條之「所必要者」，土地法第220條規定之「非因舉辦較重大事業無可避免者」，土地法施行法第49條規定之「應就損失最少之地方為之」等規定，皆屬遵循比例原則之精神。爰此，規定徵收要件及其程序之法律必須符合憲法第23條所定之必要性之原則[9]。

參、徵收必須給予補償（結合條款）

憲法對於財產權保障之主要目的，在於確保財產權人能擁有其財產權，依財產之存續狀態行使其自由使用、收益及處分之權能，並免於遭受公權力

8　參閱楊松齡，土地徵收之公共利益判斷，土地立法修法研析研討會，2012年台灣本土法學雜誌社主辦。

9　參見司法院釋字第425號解釋（86.4.11）、第534號解釋（90.11.30）。

或第三人之侵害，俾能實現個人自由、發展人格及維護尊嚴。如因公用或其他公益目的之必要，國家機關雖得依法徵收人民之財產，但應給予相當之補償，方符憲法保障財產權之意旨（釋400）[10]。故財產權保障，在於保障財產權人基本之自由空間，係屬存續保障，而非財產權之價值保障。唯有在土地徵收之下，財產權之存續保障，始轉為財產權價值之保障。土地徵收之執行，使徵收標的所有人，因公共福祉而受財產上之特別犧牲，基於平等原則必須給予補償，此可觀諸德國威瑪憲法第153條、西德基本法第14條、美國憲法第五修正案、第十四修正案，皆有明文規定。我國憲法雖未就徵收應予補償為規定，但基於憲法保障財產權之宗旨，自應予以補償。對於有徵收必有補償之關係或有稱之為「唇齒條款」或「結合條款」，然補償之實質內涵為何？現行相關之補償規定是否足以達成憲法保障財產權意旨？實有待考量。

肆、徵收必須具有法律基礎（法律保留原則）

土地徵收，係國家因公共事業之需要，對人民受憲法保障之財產權，經由法定程序予以剝奪（釋425）。由於土地徵收係對私有財產權之合法侵犯，因此在憲法保障財產權之基本職責下，依憲法第23條、第143條、第145條及中央標準法第5條、第6條規定所顯示之干涉法律保留的要求，須在已有法律規定的基礎上，方得對私有財產權實施土地徵收。故土地徵收在法律保留原則下，須具有法律基礎，原則上係由行政機關依據法律規定所為之行政處分，亦即所謂行政徵收。

---

10 除司法院釋字第400號解釋認為應予「相當之補償」外，釋字第409號解釋亦採「相當之補償」用語。惟自釋字第425號解釋採「合理之補償」用語後，釋字第440號、第516號、第579號、第652號解釋，均採「合理之補償」用語，其中第579號解釋認為補償與損失必須相當，惟「相當之補償」、「合理之補償」其本意為何？學術界相關學說對於徵收補償原則，亦有「完全補償說」、「相當補償說」及「折衷說」等不同之見解。上述有關徵收補償之概念，實值再深入探究之。參閱楊松齡，市價補償即為公平？論徵收補償之地價基準，台灣環境與土地，3期，頁65～78，民國101年9月。

伍、徵收之標的須爲受憲法保障之法律地位

　　土地徵收乃係以公權力侵犯私有財產權之法律地位爲表徵，因此受侵犯之私有財產權，必以受憲法所保障之財產權爲限。憲法所保障之財產權其內涵應爲一切具有財產價值之權利，不論其所依據者爲公法或私法上之法律地位。對於不受憲法保障之私有財產權之侵犯，不生徵收問題。故土地徵收時，所徵收之標的自應以受憲法所保障的土地權利爲據（憲§143參照）如違章建築因非屬憲法上所應保障之財產權，故主管機關依法拆除，不予任何補償，自非徵收。

第三節　土地徵收之標的

　　土地徵收之標的，其本體爲土地之所有權。土地徵收之作用，在於原始取得一完全無負擔之土地以利公益之使用，故土地徵收後，原土地所有權人之所有權乃絕對消滅。同時，土地徵收時建構在土地上之權利，亦隨著土地徵收完畢，完全歸於消滅。由此可知，土地徵收之標的可分爲二大類，即土地及土地改良物之所有權，惟近年來由於工程技術之進步，以及空間權觀念之建立，興辦公益事業所需之空間，不再以傳統垂直式整體取得爲必要，僅以所需之空間爲範圍（空間地上權），亦成爲土地徵收之標的[11]。茲將土地徵收之標的詳述如下：

---

[11] 此與德國建設法規定之徵收之意涵及標的仍有所異，對財產權之保障，恐有不足之處。德國建設法第86條徵收標的規定：「徵收，得爲下列事項：1.剝奪土地所有權或課予負擔；2.剝奪土地其他權利或課予負擔；3.剝奪取得、占有或使用土地之權利，或剝奪限制義務人使用土地之權利包括依財產法（Vermögensgesetz）之移轉回復請求權（Rückübertragungsansprüche）；4.如本章有規定者，於其範圍內成立賦予第三款規定權利類型之法律關係。」參閱德國建設法，譯者：王珍玲、傅玲靜、劉如慧，內政部營建署委託，民國108年6月27日。

壹、土　地

一、土地所有權

　　土地徵收，係基於公共目的，國家以支付相當補償予被徵收人為要件，強制取得私有土地之行政處分。土地一經徵收後，原權利主體之所有權即喪失（土徵§21參照）。故土地徵收之主要標的，係以土地所有權為主。

二、地上權

　　土地所有權以外之土地權利，基本上應隨土地所有權之被徵收而一併消滅（土徵§36參照），惟基於實際上之需求，及空間權觀念之建立，對於興辦公益事業之需要，大眾捷運系統因路線工程上之必要或獎勵民間機構興建交通建設，需穿越公、私有土地之上空或地下所需用之空間範圍時，於協議不成後，得徵收取得所需用空間範圍之地上權，即單獨徵收取得所需之地上權，而地主仍保有土地所有權，是為國內有關權利徵收之特例（捷運§19，獎參§19，土徵§57，促參§18，共同管道§14）。又需用土地人因興辦事業，穿越私有地之上空或地下，致逾越所有權人社會責任所應忍受範圍，形成個人之特別犧牲，而不依徵收規定項主管機關申請徵收地上權者，土地所有權人得請求需用土地人項主管機關申請徵收地上權[12]。又徵收地上權依英美法概念，為部分徵收（Partial Takings）之一種，係屬功能上（Functional）之徵收。

三、其他土地權利之處理

　　需用土地人為公益事業之需要，申請土地徵收取得之土地所有權，若非完全無負擔，將會限制所有權之作用，有礙需用土地人為公共事業之推行。故土地徵收，除被徵收人喪失其所有權之外，其他土地之權利應隨土地所有權之徵收而消滅。

　　所謂土地所有權以外之土地權利，除民法所規定之地上權、農育權、不動產役權、典權及抵押權外，土地法規定之耕作權、基地及耕地租用權，以

---

[12] 參見司法院釋字第747號解釋（106.3.27）。

及土地法之關係法，如礦業法上之礦業權、水利法上之水權及漁業法上之漁業權等，均應隨土地徵收而消滅。

需用土地人因徵收而取得土地所有權，為原始取得，故土地或建築改良物原設定之他項權利均應隨著所有權被徵收而一併消滅（土徵§36參照）。

土地他項權利之確認，如被徵收土地之所有權已經登記完畢者，其所有權或他項權利除於公告前因繼承、強制執行或法院之判決而取得，並於公告期間內向該管直轄市或縣（市）地政機關聲請其權利備案者外，以公告之日土地登記簿所記載者為準。被徵收土地之所有權未經登記完畢者，土地他項權利人應於前條公告期間內，向該管直轄市或縣（市）地政機關聲請將其權利備案（土§228，土徵§24）。又所有權未經依法登記完畢之土地，土地他項權利人不依前條規定聲請備案者，不視為被徵收土地應有之負擔（土§229）。

此外，被徵收之土地應有之負擔，其款額計算，以該土地所應得之補償金額為限，並由該管直轄市或縣（市）地政機關於補償地價時為清算結束之（土§221，土徵§35 I）。依土地法施行法規定，被徵收土地應有之負擔，由該管直轄市或縣（市）地政機關於發給補償金時代為補償，並以其餘款交付被徵收土地之所有權人（土施§59）。

貳、土地改良物

徵收私有土地時，原地上之土地改良物若繼續存在，將不利於公益事業之興辦，故土地改良物應隨著土地之徵收而一併徵收之，以利公益事業之進行，並維護改良物所有權人之權益。又一併徵收取得之土地改良物，為公有財產，應依相關法令分類編號、登帳，並列冊管理（國產§2、§21參照）。惟基於對所有人權益之保障，並避免投機情事之產生，對土地上之土地改良物有下列情形者，則不實施一併徵收（土§215，土徵§5 I）：

一、土地改良物所有權人要求取回，並自公告期滿之日起15日內自行遷移者。

二、墳墓及其他紀念物必須遷移者。

三、建築改良物依法令規定不得建造者。

四、農作改良物之種類或數量與正常種植情形不相當者，其不相當部分。

五、其他法律另有規定者。

又土地徵收後須依興辦事業計畫之需要,分期執行者有之,故其土地改良物之一併徵收時間,以能配合其計畫進度而辦理,方可兼顧公共工程之推行與所有權人之權益。爰此,前項應徵收之土地改良物,得視其興辦事業計畫之需要,於土地徵收公告之日起3年內徵收之。但土地改良物所有權人於需用土地人報請徵收土地前,請求同時一併徵收其改良物時,需用土地人應同時辦理一併徵收(土徵§5Ⅱ)。第1項第3款及第4款之土地改良物,於徵收土地公告期滿後,由該管直轄市或縣(市)主管機關通知其所有權人或使用人限期遷移或拆除之,不予補償;屆期不拆遷者,由該管直轄市或縣(市)主管機關會同有關機關逕行除去(土徵§5Ⅲ)。

原則上土地改良物為土地徵收時一併徵收之標的,至於土地改良物之其他權利,應準用土地之其他權利的處理方式,隨同土地徵收時一併消滅。又需用土地人取得經核准撥用或提供開發之公有土地,該公有土地上之私有土地改良物,得準用土地改良物一併徵收之規定徵收之(土徵§6)。

參、徵收標的之限制

比例原則係土地徵收要件之一,故土地徵收範圍應以公共事業所必需者為限(土§208)。此外,土地徵收時,有特殊情形,亦應避免徵收,茲就土地及土地改良物說明如下:

一、土地

(一) 名勝古蹟

徵收土地,遇有名勝古蹟,應於可能範圍內避免之。名勝古蹟已在徵收土地區內者,應於可能範圍內保存之(土§210)。依土地徵收條例規定,申請徵收之土地遇有古蹟、遺址或登錄之歷史建築,應於可能範圍內避免之;其未能避免者,需用土地人應先擬訂古蹟保存計畫,徵得古蹟主管機關同意,始得徵收(土徵§7)。

由於名勝古蹟乃為國家人文歷史的象徵,應加以保存,避免因公共事業之需用而拆除,故土地法第14條規定,名勝古蹟不得為私有,得依法徵收之。文化資產保存法第32條、第55條有關私有古蹟之政府優先購買權或古蹟定著土地之徵收,其用意皆在於此。

(二) 現供公共事業使用之土地

現供土地法第208條各款事業使用之土地，非因舉辦較爲重大事業無可避免者，不得徵收之。但徵收只爲現供使用土地之小部分，不妨礙現有事業繼續進行者，不在此限（土§220）。

故當聲請徵收事業所需之土地和現有公共事業所需用地重疊者，應儘量避免。若無可避免時，應以事業較重大者爲主，即依事業之性質、妨礙現有事業之大小，爲衡量取捨之準據。

(三) 耕地

憲法上明訂人民財產權應受保障，同時基於比例原則之考量，故應選擇損害較少的範圍內實行徵收，以保障私有財產權。此外，爲避免影響糧食之供給，及扶植自耕農之基本國策考量，故徵收範圍應儘量避免耕地。爰此，需用土地人興辦公益事業，應按事業性質及實際需要，勘選適當用地及範圍，並應儘量避免耕地及優先使用無使用計畫之公有土地或國營事業土地。對於經依都市計畫法、區域計畫法或國家公園法劃設或變更後，依法得予徵收或區段徵收之農業用地，於劃設或變更時，應經目的事業主管機關考量徵收之公益性及必要性。需用土地人勘選用地內之農業用地，免經區域計畫擬定機關許可者，於變更爲非農業使用時，應先徵得直轄市或縣（市）農業主管機關同意。特定農業區農牧用地，除零星夾雜難以避免者外，不得徵收。但國防、交通、水利事業、公用事業供輸電線路使用者所必須或經行政院核定之重大建設所需者，不在此限（土徵§3-1）。是以，徵收土地於不妨礙徵收目的之範圍內，應就損失最少之地方爲之，並應儘量避免耕地（土施§49）。

二、土地改良物

徵收土地時，其改良物基於興辦公益事業之考量，原則上應一併徵收之。但基於對私有財產權自治之尊重，以及避免投機情事之發生，土地改良物有下列情形之一者，不在此限（土徵§5Ⅰ）：

(一) 土地改良物所有權人要求取回，並自公告期滿之日起15日內自行遷移者。

(二) 墳墓及其他紀念物必須遷移者。

(三) 建築改良物依法令規定不得建造者。

(四) 農作改良物之種類或數量與正常種植情形不相當者，其不相當部分[13]。

(五) 其他法律另有規定者。

第四節 土地徵收之當事人

土地徵收之當事人，主要可爲土地徵收人、土地徵收請求權人（需用土地人）及土地被徵收人，三者的關係爲土地徵收請求權人向土地徵收人請求爲其所興辦事業發動徵收，經其核准後，由土地徵收人透過執行機關（土地所在地之直轄市、縣（市）政府）向土地被徵收人實施土地徵收，惟徵收時其他權利關係人，如他項權利人、三七五租約承租人等，亦因徵收之實施，而消滅其權利，故亦爲與徵收有關之當事人。茲分別說明如下：

壹、土地徵收人

土地徵收人乃爲土地徵收之主體，即所謂徵收權人，土地徵收人究竟指何者，有三種不同的學說[14]：

一、需用土地人

土地徵收其執行的主因在於徵收之目的爲公益事業，故不論公法人或私法人或自然人或地方團體均得爲徵收人。

二、國家及需用土地人

土地徵收權人爲國家，國家仍可將徵收權授與私法人或自然人，故需用

---

[13] 參見司法院釋字第344號解釋（83.5.6）對超出部分不予補償之規定，乃為防止土地所有人於徵收前故爲搶植或濫種，以取得不當利益而設，爲達公平補償目的所必要，與憲法並無牴觸。

[14] 史尚寬，土地法原論，頁461，中正書局，民國64年2月台5版。

土地人仍得爲土地徵收人。

三、國家

國家乃是享有土地之最高支配權，故土地徵收權非國家不得享有。

依我國土地法第208條及第209條及土地徵收條例第3條等規定，國家或代表國家之政府機關，因公共事業之需要或實施國家經濟政策，得依法徵收私有土地。由上述規定可看出我國採第三種學說，即土地徵收權人或土地徵收之主體應爲國家，而非需用土地人（行政法院24年判字第18號判例）。故不論爲政府機關或法人團體，因興辦公共事業或實施國家經濟政策，需用私有土地時，均無權直接逕向他人徵收土地，必須依法定程序，擬具徵收計畫書，向授權代表國家行使土地徵收權之政府機關申請，經核准後，由徵收執行機關執行徵收。

代表國家核准徵收之政府機關，爲中央主管機關（土徵§14）。中央主管機關於核准徵收後，應將原案全部通知該土地所在地之該管直轄市或縣（市）主管機關，由直轄市或縣（市）主管機關執行徵收（土§225，土徵§17），故直轄市或縣（市）主管機關爲徵收之執行機關。

貳、土地徵收請求權人（需用土地人）

土地徵收請求權人，即爲興辦公共事業或實施國家經濟政策之需用土地人，或稱爲事業興辦人[15]。就理論上而言，無論公法人、私法人或自然人，

---

[15] 同註1。徵收請求權之行使係以需用土地人之地位，向核准機關申請之（土徵§13），與殘餘地之申請徵收（土§217，土徵§8）、被興辦事業穿越上空或地下土地之申請徵收（土徵§57，捷運§19，促參§18Ⅱ，共同管道§14），以及被徵用土地之申請徵收（土§58），私有土地因共同管道系統之穿越而申請徵收（共同管道§14），投資開發產業園區之公民營事業或興辦工業人之申請徵收（產創§43），畸零地與鄰地合併使用之申請徵收（建§45）雖性質上皆屬公法之請求權，惟其行使請求權之要件、行使之主體，與行使之對象皆不同，宜注意之。又司法院釋字第747號解釋（106.3.17）認爲需用土地人興辦之事業，穿越私有土地之上空或地下，致逾越所有權人社會責任所應忍受範圍，形成個人之特別犧牲，而不依徵收規定向主管機關申請徵收地上權者，土地所有權人得請求需用土地人向主管機關申請徵收地上權。

為興辦公共事業或實施國家經濟政策，並符合法定條件，均得為土地徵收請求權人。而國家本身亦得為需用土地人，但須由代表國家有適法經營該事業職權之機關為需用土地人，並應說明其興辦之事業已得目的事業主管機關之許可（土§211，土徵§10Ⅰ），始得申請徵收土地。

土地徵收請求權人依現行法之規定，未明確限定為公法人，故解釋上，只要符合土地徵收要件之私法人及自然人者，皆得為徵收請求權人。惟我國實務上，不承認私人得為申請徵收之需用土地人（行政院44年2月11日台內字第873號令）。且現行土地徵收條例規定將興辦事業主體明訂為「國家」，似乎已排除私人興辦公共事業之可能。惟事實上，依現行法私人得興辦公共事業之規定，如農產品市場交易法（§13、§15）、鐵路法（§2、§7）、產業創新條例（§43）等不乏其例，故興辦事業之需用土地人之主體僅限於「國家」，誠有檢討之餘地。

其次，就實行國家經濟政策而言，由於執行政策者為政府機關，故此種徵收目的之土地徵收請求權人，必為各級政府機關。例如土地法第14條不得私有土地之徵收、土地法第92條為新設都市得徵收土地，以及其他有關區段徵收之規定等，其徵收請求權人均以政府機關為限。

參、土地被徵收人

土地被徵收人係指徵收標的之所有人，就土地徵收之標的而言，包括土地及土地改良物，故土地被徵收人可分為土地、建築改良物、農作改良物之所有權人。至於因土地徵收而不能存在，致一併消滅之他項權利人、耕地三七五租約承租人及其他權利關係人等，為與土地徵收有關之權利人，而非土地被徵收人。就土地被徵收人而言，依土地法第208條、第209條及第220條觀之，應可包括自然人、私法人或公法人，而在理論上，國家、地方自治團體不妨為被徵收人[16]。

---

[16] 現行實務上，各級政府機關為公務或公共需用公有土地時，係以撥用方式取得土地（土§26，國產§38）。

第五節　土地徵收之類別及其目的

　　土地徵收之種類[17]，依土地徵收目的可大致區分爲「一般徵收」及「特別徵收」，前者之徵收乃指土地徵收而言，爲狹義的土地徵收；而後者所指徵收，例如區段徵收、附帶徵收、擴張徵收等而言，此爲廣義之土地徵收[18]。茲將此二類土地徵收分述如下：

壹、一般徵收

　　一般徵收，係指就所徵收之土地一次單純個別予以徵收，舉凡爲公益事業之需要，在合於一般徵收之要件後，向國家申請徵收私有土地者均屬之。土地法第208條、土地徵收條例第3條規定，因興辦公益事業之需要，得依法徵收私有土地，但其徵收之範圍，應以其事業所必須者爲限。此外，依法徵收後，於補償費發給完竣屆滿3年，未依徵收計畫開始使用者；未依核准徵收原定興辦事業使用者；或依原徵收計畫開始使用後未滿5年，不繼續依原徵收計畫使用者。原土地所有權人，得依土地徵收條例第9條規定，於徵收公告之日起20年內，向該管直轄市或縣（市）地政機關申請照徵收價額收回其土地。

---

17 美國在徵收（Takings）的類型上，若從徵收客體及權利範圍區分，可分為全面徵收（Total Takings）及部分徵收（Partial Takings）。部分徵收又可再細分為因空間上（Spatial）、功能上（Functional）、時間上（Temporally）的徵收。又從因徵收所造成損害之類別，可分為實質性徵收（Physical Takings）、管制性徵收（Regulatory Takings）與衍生性徵收（Derivation Takings）。參閱Gideon Parchomovsky & Peter Siegelman (2004), "Selling Mayberry: Communities and Individuals in Law and Economics," California Law Review, Vol. 92, 1, pp. 75-146. David A. Dana & Thomas W. Merrill (2002), "Property: Takings," New York, New York Foundation Press, pp. 169-232。事實上美國之徵收（Takings）所包含的範疇與涵義，比我國徵收之範圍為廣，將takings譯為「徵收」，甚不妥切，惟為便利瞭解與使用，不得已暫且摘之。

18 參閱李鴻毅，土地法論，頁840，三民書局，民國73年5月增修8版。

貳、特殊徵收

基於興辦公共事業性質、空間範圍等特殊性之土地徵收，稱之特殊徵收[19]，以下茲將各種特殊徵收及其目的說明如下：

一、區段徵收

(一) 意義

所謂「區段徵收」，謂於一定區域內之土地，應重新分宗整理，而為全區土地之徵收（土§212Ⅱ）。換言之，區段徵收，乃基於特定目的事業之需要，而將某一特定區域範圍內之土地，全部徵收，重新整理規劃後，再支配使用，故此種徵收乃是徵收區域之擴張，以利整體規劃、整理、重建或發展。又區段徵收因徵收範圍之擴張，非完全以「公用」為必要，就公用性（Public Use）之檢視而言，近年來多被認為有違憲之虞，實值探究之。又區段徵收後之土地，亦有部分再度移轉到另一私人手中，西方學者將此種類型之徵收，稱之為「私徵收」（Private Takings），爭議亦大，區段徵收之存廢，有待深思之[20]。又歐洲國家在19世紀，即採區段徵收方式進

---

[19] 保留徵收雖名為「徵收」，惟其本質與土地徵收有別，保留徵收之意義，謂就舉辦事業將來所需用之土地，在未需用以前，預為呈請核定公布其徵收之範圍，並禁止妨礙徵收之使用（土§213Ⅱ）。故保留徵收，為興辦事業之必要，預先公布事業所需要之範圍，以利將來興辦事業之順利進行，乃禁止原土地權利人，為興辦事業相違之土地使用。其性質係課予土地權利人負擔之行政處分，與土地徵收在於剝奪私有土地所有權，有所不同。依土地法第240條規定，保留徵收之土地應補償之地價，依徵收時之地價。由此觀之，保留徵收期間對土地權利人並不給予補償，僅於徵收實行時，始依當時地價給予補償。故保留徵收本質上與土地徵收，並不相同，僅係對土地使用權之一種限制，為土地上之公用負擔。惟若依德國建設法第86條徵收標的之規定，以及美國就takings規範或歷來相關判例之見解，保留徵收亦有為「徵收」類型之一，或有「立法徵收」（Legislative Taking）之虞。爰此，土地法第240條相關的補償規定，有待斟酌之處。

[20] 西方國家對於此種「有益私人之徵收」或「過渡型之徵收」的「私徵收」，亦有正反不同之看法，典型案例如註3所列學者，有主張只有通過所謂「The Hathcock Tests」之檢視三原則（Public Necessity Test, Public Accountability Test, and Public

行都市整體建設，法國於1850年4月13日通過拿破崙三世法規（The Statute of Napoleon III），用區段徵收（Zone Condemnation）方式，於巴黎和其他城市進行窳陋建築、衛生設施等之改善。1858年比利時法律允許對與街道建設有關的衛生設施進行超額徵收，於1867年修訂得以用區段徵收（Zone Condemnation）方式，進行城市建設和改善計畫，而義大利在1865年即通過區段徵收的徵收方式。直到1909年，英國首次在住宅城市規劃法（Housing Town Planning, etc. Act）中確立，採區段徵收進行城市改造。[21]

(二) 實施之依據

1. 土地法之規定

因下列各款之一徵收土地，得為區段徵收（土§212Ⅰ）：

(1)實施國家經濟政策。

(2)新設都市地域。

(3)舉辦第208第1款或第3款之事業。

其中第208條第1款及第3款之事業，指國防設備及公用事業而言。而新設之都市，亦得採區段徵收，如新設之都市，得由政府依都市計畫法，將市區土地之全部或一部依法徵收，整理重劃，再照徵收原價分宗放領，但得加收整理土地所需之費用（土§92Ⅰ）。

2. 土地徵收條例之規定

有下列各款情形之一者，得為區段徵收（土徵§4Ⅰ）：

(1)新設都市地區之全部或一部，實施開發建設者。

(2)舊都市地區為公共安全、衛生、交通之需要或促進土地之合理使用實施更新者。

(3)都市土地之農業區、保護區變更為建築用地或工業區變更為住宅區、商業區者。

Concern Test）亦未嘗不可。詳細內容，請參閱楊松齡，區段徵收本質之探討，台灣環境與土地，8期，頁141～155，民國102年12月。

[21] F. B. Williams (1922), "The law of city planning and zoning," pp. 75-82, The Macmillan Company.

(4)非都市土地實施開發建設者。

(5)農村社區為加強公共設施、改善公共衛生之需要或配合農業發展之規劃實施更新者。

(6)其他依法得為區段徵收者。

　　前項第1款至第3款之開發範圍經中央主管機關核定者，得先行區段徵收，並於區段徵收公告期滿後1年內發布實施都市計畫，不受都市計畫法第52條規定之限制（土徵§4Ⅱ）。第1項第5款之開發，需用土地人得會同有關機關研擬開發範圍，並檢具經上級目的事業主管機關核准之興辦事業計畫書，報經中央主管機關核定後，先行區段徵收，於區段徵收公告期滿後，依土地使用計畫完成非都市土地分區或用地編定之變更（土徵§4Ⅲ）。第1項第4款或第6款之開發，涉及都市計畫之新訂、擴大或變更者，得依第2項之規定辦理；未涉及者，得依前項之規定辦理（土徵§4Ⅳ）。不相連之地區，得依都市計畫或興辦事業計畫書內容、範圍合併辦理區段徵收，並適用前3項之規定（土徵§4Ⅴ）。區段徵收範圍勘選、計畫之擬定、核定、用地取得、拆遷補償、工程施工、分配設計、地籍整理、權利清理、財務結算及區段徵收與都市計畫配合等事項之實施辦法，由中央主管機關定之（土徵§4Ⅵ）。

3.平均地權條例之規定

　　各級主管機關得就下列地區報經行政院核准後施行區段徵收（平§53Ⅰ）：

(1)新設都市地區之全部或一部，實施開發建設者。

(2)舊都市地區為公共安全、公共衛生、公共交通之需要或促進土地之合理使用實施更新者。

(3)都市土地開發新社區者。

(4)農村社區為加速公共設施、改善公共衛生之需要，或配合農業發展之規劃實施更新或開發新社區者。

4.都市計畫法之規定

　　依本法指定之公共設施保留地供公用事業設施之用者，由各該事業機構依法予以徵收或購買；其餘由該管政府或鄉、鎮、縣轄市公所依下列方式取得之（都計§48）：

(1)徵收。

(2)區段徵收。

(3)市地重劃。

縣（市）政府為實施新市區之建設，對於劃定範圍內之土地及地上物得實施區段徵收或土地重劃（都計§58Ⅰ）。

辦理更新計畫，對於更新地區範圍內之土地及地上物得依法實施徵收或區段徵收（都計§68）。

5.農業發展條例之規定

農村社區之更新，得實施重劃或區段徵收；其辦法由行政院定之（農發§61Ⅱ）。

6.大眾捷運法之規定

聯合開發用地得以市地重劃或區段徵收方式取得。協議不成者，得徵收之（捷運§7Ⅲ）。

7.獎勵民間參與交通建設條例之規定

為獎勵民間參與交通建設，促進土地之合理利用，達成地利共享目標，主管機關得於場站、交流道、服務區、轉運區及其毗鄰地區劃定範圍，報經行政院核定後，辦理區段徵收（獎參§12Ⅰ）。

8.都市更新條例之規定

為促進都市土地有計畫之再開發利用，都市更新事業計畫範圍內重建區段之土地，得以區段徵收方式實施之。但抵價地占總徵收面積之比例，由主管機關考量實際情形定之（都更§25）。

9.新市鎮開發條例之規定

為開發新市鎮，促進區域均衡及健全都市發展，新市鎮特定區範圍內之私有土地得實施區段徵收（新市鎮§6Ⅰ）。

10.發展觀光條例之規定

為促進觀光事業發展之需要，中央主管機關對於劃為風景特定區內之土地，得依法申請施行區段徵收（觀光§15）。

11.促進民間參與公共建設法之規定

經主管機關核准之公共建設整體計畫所需之用地，含公共建設及其附屬設施所需用之土地，得採區段徵收方式辦理（促參§13）。

12.水利法之規定

尋常洪水位行水區域之土地，得以區段徵收方式辦理用地之取得（水利

§83-1）。

13.離島建設條例之規定

目的事業主管機關或縣（市）政府為因應民間投資機構投資離島重大建設取得所需地，得選定適當地區，報請中央主管機關核准後，逕行辦理區段徵收（離島§8III）。

14.國際機場園區發展條例

主管機關核定園區實施計畫所需新增之土地，其為私有者，由機場公司與所有權人協議價購或以其他方式取得使用權利已達計畫新增用地面積50%，而其他新增計畫用地無法價購或取得權利時，得依法申請徵收。必要時，得由主管機關指定交通部民用航空局依法辦理撥用、徵收或區段徵收（機場園區§11）。又為推動航空城之開發及建設，園區所在地之直轄市、縣（市）政府就土地之取得採區段徵收方式辦理時，為籌措區段徵收開發建設資金，得依法規規定引進民間參與（機場園區§38）。

二、附帶徵收

所謂「附帶徵收」，依舊土地法第342條第2項規定：「謂將興辦之公共事業所必需土地範圍外之接連土地，為一併徵收者。」由規定可知，附帶徵收為依附於土地徵收之一併徵收。即徵收之範圍，不囿於事業所必需者，而得超出興辦事業所需以外之相接連之土地，一併加以強制徵收。

附帶徵收（Incidental Condemnation）在美國亦稱為「超額徵收」（Excess Condemnation），美國紐約州在1812年就允許徵收在取得街道和公園用地時留下的殘餘（Remnants）土地，並隨即出售。英國在1845年土地條款法（Land Clauses Act）雖然沒有授權超額徵收，但卻承認徵收多餘的土地（Superfluous Lands），並在土地條款整合法（Land Clauses Consolidation Act）中規定多餘的土地必須在徵收完成後10年內出售，其目的在於獲取回償（Recoupment）。1858年比利時法律允許對與街道建設有關的衛生設施進行超額徵收。法國於1807年即有徵收殘餘土地相關法律規定，於1850年4月13日通過拿破崙三世法規（The Statute of Napoleon III），用區段徵收（Zone Condemnation）方式，於巴黎和其他城市進行窳陋建築、衛生設施等之改善。在1887年提出超額徵收原則（Principle of Excess Condemnation），規

定城市新修道路兩旁之土地，不適建築者，得一併徵收之[22]。當爲建築或拓寬道路；修建廣場、公園、體育場；興建高速公路；建設或改善公共建設；保護公用事業之美觀、安靜或效用；保護都市內之公園、遊覽地等，均得實施超額徵收。於法國規定，城市新修道路兩旁之土地，不適建築者，得一併徵收。瑞典都市計畫法規定，於計畫施行後，在計畫周圍之土地，地價有上漲之虞者，得一併徵收之。由上述附帶徵收之施行，其目的大致如下[23]：

(一) 促進殘餘土地之經濟有效使用。

(二) 避免將來擴展徵收時，須高價補償。

(三) 抑制土地投機，並可掌握建設用地發展之需。

(四) 保護公共使用之美好寧適環境。

(五) 收回公共建設所投入之成本。

(六) 收取公共建設周邊所增漲之地價。

　　現行土地法，已將舊土地法有關附帶徵收規定予以刪除，惟仍在土地法施行法第50條第5款規定，於徵收土地計畫書應記明事項中，仍有附帶徵收之事項，但對於附帶徵收之意義、目的及適用情形，並未予以規範。

三、擴張徵收

　　土地徵收之範圍，應以事業所必須者爲限（土徵§3，土§208），需用土地人興辦事業徵收土地時，應評估興辦事業之公益性及必要性（土徵§3-2）。即應以事業興辦所必需者爲其限度，不得逾越其範圍。惟如有將徵收之範圍，嚴格限於興辦事業所必需之程度，勢將導致被徵收人有損失之虞時，爲顧及被徵收人之利益，而擴張其徵收範圍，以減少被徵收人之損失，將更符合財產權保障之本旨。爰此，國家在被徵收人一方之請求，於一定條件下，得變更該事業施行所不必需土地之所有權關係，國家爲徵收擴張權者，對國家請求行使此徵收擴張權之權利，爲擴張徵收請求權，爲公法上

---

[22] F. B. Williams，註21前揭書，pp. 59-80。Herbert S. Swan (1915), "Excess condemnation," pp. 23-29.

[23] F. B. Williams，註21前揭書，pp. 60-61。Robert Eugene Cushman (1917) Excess condemnation, pp. 6-10, D. Appleton and company; J. B. Steiner (1938), "Excess Condemnation," Missouri Law Review, Vol. 3, No. 1.

之權利[24]。擴張徵收的本質，尤其是對徵收後所造成之殘餘土地，與超額徵收是相同的。惟歐美之殘餘土地的超額徵收，除考量對被徵收人權益外，主要還是以形塑美好寧適環境及促進土地有效利用為重點，且可將其出售。在1810年南加州Charlestong市即通過法律規定，在地主的要求下市政府必須被迫購買這些殘餘土地。1832年路易斯安那、1858年巴爾的摩，1838年馬里蘭亦通過相同的法律規定[25]。

　　擴張徵收請求權制度之設計，係為顧及土地之經濟的使用及被徵收人之利益所設。此請求權可分別兩類[26]：

(一) 全部徵收請求權

　　即土地或建物之一部被徵收時，於一定條件下，被徵收人得於興辦事業所需用土地以外之殘餘部分，請求徵收之。基於殘餘之土地或建物在使用上已不符合經濟效用，為避免所有權人因徵收後財產價值受損，得向國家請求一併徵收之權利。即就被徵收客體在物理上殘餘的部分，在量的考量上，為全部徵收之請求。

　　依土地法規定，徵收土地之殘餘部分，面積過小或形勢不整，致不能為相當之使用時，所有權人得於徵收公告期滿6個月內，向直轄市或縣（市）地政機關要求一併徵收之（土§217）。而依土地徵收條例規定，有下列各款情形之一者，所有權人得於徵收公告之日起1年內向該管直轄市或縣（市）主管機關申請一併徵收，逾期不予受理（土徵§8）：

1. 徵收土地之殘餘部分面積過小或形勢不整，致不能為相當之使用者。
2. 徵收建築改良物之殘餘部分不能為相當之使用者。

　　前項申請，應以書面為之。於補償費發給完竣前，得以書面撤回之（土徵§8II）。一併徵收之土地或建築改良物殘餘部分，應以現金補償之（土

---

[24] 參閱史尚寬，註14前揭書，頁482～483。

[25] Robert Eugene Cushman，註23前揭書，pp. 46-50。

[26] 參閱史尚寬，註14前揭書，頁483。就被徵收而言，又可分為「物之部分剝奪」，即僅取去部分之標的物，與「權利之部分剝奪」，即對完整權利中，具有獨立性，可分離之部分，排除原權利人之法律地位，參閱陳敏，行政法總論，頁1134，神州圖書出版公司，民國92年3版。

徵§8III）。

　　殘餘地一併徵收，係屬擴張徵收類型之一，由被徵收人向地方政府申請一併徵收，與土地徵收請求權不同。請求權之行使，須符下列要件：

1. 須由土地或建物所有權人之請求。

2. 殘餘地或建物須因徵收所致。即須爲土地或建物之一部徵收，致其殘餘部分利用上受限。

3. 殘餘地或建物須不能爲相當使用。即須與徵收有因果關係，致不能爲相當使用。

4. 須於徵收公告日起1年內，以書面向主管機關請求之。附帶徵收與殘餘地一併徵收，雖有相似之處，惟前者乃以興辦公共事業利益爲主，且須爲土地徵收請求權人之請求，即由需用土地人主動請求之；而後者乃以被徵收人之利益考量爲主，由其主動向地方政府主管機關提出請求，需用土地人係處於被動情況。

(二) 完全徵收請求權

　　即公共事業之施行，僅以取得部分之權利爲已足，惟其餘部分權利者，就其剩餘權利之行使有所不能時，於一定條件下，得請求權利之完全徵收。即就所有權爲完全物權之觀點，對於僅取得部分權利，有礙於原權利人之使用時，原權利人可爲完全徵收之請求。如需用土地人因興辦事業，需穿越私有土地或土地改良物之上空或地下，得就所需之空間範圍協議取得地上權，協議不成時，準用徵收規定取得地上權。但應擇其損害最少之處所及方法爲之。該土地因事業之興辦，致不能爲相當之使用時，土地所有權人得自施工之日起至完工後1年內，請求徵收所有權，需用土地人不得拒絕（土徵§57，捷運§19，促參§18，獎參§19）[27]。

　　此外，國家因興辦臨時性之公共建設工程，得徵用私有土地或土地改良物。徵用期間逾3年者，或2次以上徵用，期間合計逾3年者，需用土地人

---

[27] 請求權之行使其對象不一，土地徵收條例之規定係向需用土地人請求徵收，大眾捷運法及獎勵民間參與交通建設條例規定係向主管機關請求，促進民間參與公共建設法則規定向主辦機關請求。

應於申請徵用前，以書面通知；土地或土地改良物所有權人於收到通知書之日起30日內，得請求需用地人徵收所有權，需用土地人不得拒絕（土徵§58）。

第六節　土地徵用

壹、土地徵用之意義

　　土地徵用係指國家因公共需要，依法強制占有使用私人土地，並給予補償；於使用完畢後，將土地還歸之課予使用負擔的行政行為。我國有關土地徵用之規定，早見於民國17年由國民政府公布之「土地徵收法」第4條中規定：「本法稱徵收者，謂收買與租用。」將本質上屬於「徵用」之「強制租用」，一併納入「土地徵收」範疇。惟民國19年公布之「土地法」，則無有關土地徵用之規範。土地徵用雖然只在一定期間內，權利人喪失其使用之權利，然依英美法概念，仍為部分徵收（Partial Takings）之一種，係屬時間上（Temporally）的徵收，與地上權徵收為功能上（Functional）徵收，有所不同，不可不辨。

　　由於土地徵用並未消滅私有土地或土地改良物所有權，只於徵用期間，原權利人喪失其使用之權利，俟需用土地人於徵用期間屆滿，將土地或改良物歸還於原所有權人，故土地徵用大多為具有臨時性使用之必要所為之行政行為。土地徵收條例制頒前，有關土地徵用之規定，早期僅見於國家總動員法、軍事徵用法（二法於93年廢止）等於軍事上或戰時緊急需用之情況的規定中。近來於水土保持法（§26）、水利法（§76）、災害防救法（§31）、傳染病防治法（§54）、國防法（§25）、民防法（§12、§13）、全民防衛動員準備法（§16）、國土測繪法（§10），均有徵用土地之相關規定，惟未建立完整規範體制。茲鑑於近年來，國內推動各項重大公共工程建設，屢有因施工營建之必要，而須臨時使用私有土地或土地改良物之必要，乃於土地徵收條例中制定有關土地徵用相關規範，以茲遵循。

貳、土地徵用之內容

一、實施時機

政府於各項公共事業興辦過程中，因工程建設之需要，輒需臨時鋪橋造路等，以利公共建設工程之進行，惟又非永久需用，自無適用徵收手段取得所需用地之必要，爰乃規範國家因興辦臨時性之公共建設工程，得徵用私有土地或土地改良物（土徵§58 I）。故徵用之時機，以臨時性之公共建設工程所需為限。又依土地徵收條例第二章規定，於徵用土地或土地改良物時，準用之。但因情況緊急，如遲延使用土地或土地改良物，公共利益有受重大危害之虞者，得經中央主管機關核准後，先行使用該土地或土地改良物（土徵§58IV）。

二、徵用之標的

土地徵用之標的，為取得土地或土地改良物之使用權，故對於土地或土地改良物所有權人或地上權、典權、不動產役權、農育權、永佃權、耕作權人，應每年發給使用補償費（土徵§58V）。其中土地改良物當為建築改良物，至於農作改良物中之農作物及其他植物，其性質不適為興辦臨時性公共建設工程徵用之標的，當因徵用之故而消滅。惟水利之改良或有徵用之可能，亦可為徵用之標的。土地被徵用後，與徵用性質不能併存之地上權、典權、地役權、永佃權、耕作權或耕地三七五租約，其權利是否如同徵收時因而消滅（土徵§36）或僅於徵用時暫時停止其權利之行使，未有明文規定，且涉及其使用補償費之核算，實宜修法補充之。

三、徵用之當事人

土地徵用之當事人，可為土地徵用人、土地徵用請求權人、被徵用人及與徵用有關之權利人。土地徵用人指土地徵用權人，參酌土地徵收制度，自應由國家擁有土地徵用權，故國家為徵用權人。其次，土地徵用請求權人依土地徵收條例第58條之規定，徵用請求權人為興辦臨時性公共建設工程之「國家」，所謂國家，應指各級政府或政府機關而言。

被徵用人，依土地徵用之標的觀之，當為土地所有權人、土地改良物所

有權人為主。若土地已有設定他項權利，如地上權、典權、不動產役權、農育權、永佃權、耕作權等用益性質之物權者，則該項物權之權利性質無法因土地徵用而並存，故亦發給使用補償費。惟於土地徵收制度中，亦予以補償之耕地三七五租約承租人，在土地徵用時，是否發給補償費，則未有明文。至於因徵用致土地改良物必須拆除或砍除者，其權利人為與徵用有關之當事人。

四、徵用之補償

徵用土地或土地改良物，應自公告徵用之日起計算使用補償費，並於公告期滿後15日內一次發給所有權人、地上權、典權、不動產役權、農育權、永佃權或耕作權人；其每年補償費，土地依徵用公告期滿第15日之公告土地現值10%計算，土地改良物依徵收補償費10%計算；徵用期間不足1年者，按月計算之；不足1月者，按日計算之（土徵§58Ⅴ）。前項使用補償費，經應受補償人同意者，得延期或分期發給（土徵§58Ⅵ）。因徵用致土地改良物必需拆除或未能回復為徵用前之使用者，準用第31條規定給予補償。但其使用方式經徵得所有權人同意者，不在此限（土徵§58Ⅶ）。惟對於上述設定用益物權之土地所有權人，在徵用期間是否應與補償，未有明文。徵用期間，土地所有權人與該當用益物權人之法律關係為何？若有地租支付之約定者，在徵用期間是否繼續支付？諸些情形，尚乏規定，誠待補充之。

五、申請徵收之請求權

為避免土地徵用期間過久，導致權利人之不利，故規範徵用期間逾3年者，或二次以上徵用，期間合計逾3年者，需用土地人應於申請徵用前，以書面通知；土地或土地改良物所有權人於收到通知書之日起30日內，得請求需用土地人徵收所有權，需用土地人不得拒絕（土徵§58Ⅱ）。依前項規定請求徵收土地或土地改良物所有權者，不得再依第9條規定申請收回其土地或土地改良物（土徵§58Ⅲ）。由於被徵用人提出徵收所有權時，需用土地人不得拒絕，故該徵收請求權具有形成權之性質。

參、土地徵用與土地徵收之比較

土地徵用係由需用土地人向國家申請，基於臨時性公共建設工程之必要，以公權力強制取得私人土地或土地改良物之使用權，故與土地徵收相較，有下列差異之處：

一、目的不同

土地徵用係以臨時性之公共建設工程所需為主（土徵§58Ⅰ），土地徵收則以永久性之公益目的事業為主（土徵§3）。

二、客體不同

土地徵用係取得土地或土地改良物之使用權為主，並不在於剝奪私有所有權（土徵§58），土地徵收則以剝奪私有所有權為原則，由需用土地人取得土地所有權（土徵§21）。

三、補償內容不同

土地徵用之補償，係每年給予被徵用人使用補償費（土徵§58Ⅲ），土地徵收則一次給予被徵收人全部之補償費（土徵§30、§31）。

四、請求徵收之不同

土地經徵用後，期間逾3年者，或二次以上徵用，期間合計逾3年者，土地或土地改良物所有權人，得請求需用土地人徵收所有權，需用土地人不得拒絕（土徵§58Ⅱ），土地徵收後若有殘餘之土地或建物，並符合法定要件後，方得於徵收公告之日起1年內向該管直轄市或縣（市）主管機關申請一併徵收（土徵§8）。

第三章 徵收程序

有關土地之徵收程序，依土地法第五編第二章及土地徵收條例第二章之規定，大致可分為：一、土地徵收之申請；二、土地徵收之核准；三、土地徵收之執行。惟區段徵收因性質上特殊，故於平均地權條例及土地徵收條例中，另有特別之規定。徵收係對人民財產權之強制剝奪，因此必有完備之徵收程序，以確保徵收之正當程序，並非謂合於徵收目的及用途，即可任意執行徵收。規定徵收及其程序之法律必須符合必要性原則[1]。雖然土地徵收之程序，各國立法例，不盡相同，但須遵守既定程序，為各國立法所共同的基本準則[2]。

由各國對土地徵收程序之立法例，大致可歸納出土地徵收程序為：

---

[1] 參見司法院釋字第425號解釋（86.4.11），又司法院釋字第409號解釋（85.7.5）認為徵收土地之要件及程序，憲法並未規定，係委由法律予以規範。然徵收土地究對人民財產權發生嚴重影響，法律就徵收之各項要件，自應詳加規定，土地法第208條各款用語不是有欠具體明確，徵收程序之相關規定亦不盡周全，有關機關應檢討修正。

[2] 各國有關土地徵收之程序大致如下：一、美國之徵收程序：美國聯邦憲法第五修正案規定：「私有財產，非經法定程序，給與公平補償，不得收歸公共使用。徵收法律由各州立法機關自行制定。」而各州的土地徵收程序大致如下：(一)徵收土地之聲請；(二)法院之裁決；(三)補償金之評定。二、英國之徵收程序：英國對於土地徵收程序之規定，大致如下：(一)徵收之聲請；(二)徵收之核准；(三)補償金額之議定；(四)交付讓與契據與補償金額。三、法國之徵收程序：法國之土地徵收程序發展最早，其程序大致如下：(一)興辦事業之核准；(二)徵收土地範圍之核定；(三)提請法院作成土地徵收之判決；(四)由法院陪審團認定補償金額；(五)補償金之給付。四、日本之徵收程序：日本之土地徵收程序於「土地收用法」規定，大致如下：(一)興辦事業之認定；(二)徵收土地範圍及補償金之裁決；(三)補償之給付與徵收之完成。參閱蘇志超，土地法規新論，頁779～783，文笙書局，民國81年10月新修訂10版。

一、事業之認定

謂就該事業認定是否合於法律所定得爲徵收之事業，或其是否得爲公共用途目的之事業，以及是否有徵收之必要，而加以確認，以使需用土地人取得請求徵收土地之地位之法律效力。

二、徵收之申請

興辦事業人經認定得爲徵收之事業後，取得需用土地人之資格地位得向代表國家之主管機關申請土地徵收。

三、徵收之核准

主管機關爲就已取得徵收請求地位之事業，審議其以徵收方式取得私人土地之必要性。分別依徵收土地之範圍、事業之性質等形式與實質要件進行審查，立法例多採由需用土地人擬定徵收計畫，送經核准機關審議之。

四、徵收之完成

一般大都以補償金之支付，爲被徵收人喪失土地權利，需用土地人取得土地權利之要件，故徵收執行機關於補償費發放完竣，並由需用土地人完成取得土地權利後，將辦理情形，報中央主管機關備查後，爲徵收之完成。

第一節　土地徵收之聲請與核准

壹、土地徵收之聲請

當需用土地人符合土地徵收條例第3條之規定，須徵收私有土地興辦公益事業者，得向國家申請土地徵收。依土地徵收條例規定，在聲請土地徵收前，應先完成下列先行程序：

一、舉行公聽會或聽證

由於徵收土地對人民財產權發生嚴重影響，法律就徵收之各項要件自應詳加規定，尤其於徵收計畫確定前，應聽取土地所有權人及利害關係人之意

見，俾公益考量與私益維護得以兼顧，且有促進決策之透明作用。爰此，需用土地人於事業計畫報請目的事業主管機關許可前，應舉行公聽會，聽取土地所有權人及利害關係人之意見。但因舉辦具機密性之國防事業或已舉行公聽會或說明會者，不在此限。特定農業區經行政院核定為重大建設須辦理徵收者，若有爭議，應依行政程序法舉行聽證。需用土地人興辦之事業無須報經目的事業主管機關許可者，除有第2項但書情形外，應於與所有權人協議價購或以其他方式取得前，先舉行公聽會（土徵§10II～IV）。惟徵收係對所有權人財產之剝奪，應對被徵收平等對待，而非僅於特定農業區之徵收有爭議者，才依法舉行聽證。亦有近者，大法官釋字第739號解釋，指摘獎勵土地所有權人辦理市地重劃之主管機關，未設置適當組織為審議、將重劃計畫相關資訊分別送達重劃範圍內申請人以外之其他土地所有權人，及以公開方式舉辦聽證，使利害關係人得到場以言詞為意見之陳述及論辯後，斟酌全部聽證紀錄，說明採納及不採納之理由作成核定，不符憲法要求之正當行政程序。是以土地徵收之辦理，更應全面建立聽證制度，以符正當行政程序，臻達憲法對財產權保障之本旨。

二、協議價購或其他方式取得

為尊重私有財產權益，非有必要，應儘可能避免動用徵收權，故需用土地人申請徵收土地或土地改良物前，除國防、交通或水利事業，因公共安全急需使用土地未及與土地所有權人協議者外，應先與所有權人協議價購或以其他方式取得；所有權人拒絕參與協議或經開會未能達成協議者，始得依本條例申請徵收。前項協議之內容應做成書面，並應記明協議之結果。如未能達成協議，應記明未達成協議之理由，於申請時送交中央主管機關。第1項協議價購，依其他法律規定有優先購買權者，無優先購買權之適用。第1項協議價購，應由需用土地人依市價與所有權人協議。前項所稱市價，指市場正常交易價格（土徵§11）。

惟中央主管機關於擬定經行政院核定之國定古蹟保存計畫，如影響當地居民權益，主管機關除得依法辦理徵收外，其協議價購不受土地徵收條例第11條第4項之限制（文資§39IV）。

又若興辦事業人與土地所有人能達成協議，而完成土地權利之移轉，則屬民法上之契約，且有權決定徵收之內政部非協議之當事人，亦未發動公權

力（徵收作用）之行使，自不具公法行為之性質（103年度高等行政法院法律座談會參酌）。

三、興辦事業之許可

為保護土地所有權人之權益，需用土地人於聲請徵收土地時，應證明其興辦事業已得法令之許可（土§211）。需用土地人興辦之事業依法應經目的事業主管機關許可者，於申請徵收土地或土地改良物前，應將其事業計畫報經目的事業主管機關許可（土徵§10Ⅰ）。需用土地人於行使土地徵收請求權時，須合於法律所規定之公共事業，故應先經目的事業主管機關確認且許可後，方得向中央主管機關提出徵收之申請。

四、實施調查或勘測

需用土地人與所有權人協議不成時，為申請徵收土地或土地改良物之需，得洽請直轄市或縣（市）主管機關會同有關人員進入公、私有土地或土地改良物內實施調查或勘測，其所有權人、占有人、使用人或管理人不得拒絕或阻撓。但進入建築物或設有圍障之土地調查或勘測，應於7日前通知其所有權人、占有人、使用人或管理人（土徵§12Ⅰ）。為實施前項調查或勘測，須遷移或拆除地上障礙物，致所有權人或使用人遭受之損失，應先予適當之補償，其補償價額以協議為之（土徵§12Ⅱ）。

五、徵收申請之提出

需用土地人以協議價購或其他方式取得，惟所有權人拒絕參與協議或經開會未能達成協議時，需用土地人依法始得提出徵收之申請[3]（土徵§11）。申請徵收土地或土地改良物，應由需用土地人擬具詳細徵收計畫書，並附具徵收土地圖冊或土地改良物清冊及土地使用計畫圖，送由核准徵收機關核准，並副知該管直轄市或縣（市）主管機關（土徵§13Ⅰ）。所規

---

[3] 國際商港需用之土地，以協議價購或其他方方取得使用權利已達計畫新增用地面積50%，而其他新增用地無法價購或取得使用權利時，得依法申請徵收，參見商標法第7條第1項。國際機場園區實施計畫所需新增之土地取得，亦有相同之規定，參見國際機場園區發展條例第11條第1項。

定應提出之相關書圖內容，分述如下：

(一) 徵收土地計畫書

徵收土地計畫書應記載下列事項，並檢附相關證明文件（土徵§13-1）：

1. 徵收土地或土地改良物原因。
2. 徵收土地或土地改良物所在地範圍及面積。
3. 興辦事業之種類及法令依據。
4. 興辦事業計畫之必要性說明。
5. 與土地所有權人或土地改良物所有權人協議價購或以其他方式取得之經過情形及所有權人陳述意見之情形。
6. 公益性及必要性評估報告。
7. 土地使用之現狀及其使用人之姓名、住所。
8. 土地改良物情形。
9. 一併徵收土地改良物。
10. 四鄰接連土地之使用狀況及其改良情形。
11. 徵收土地區內有無古蹟、遺址或登錄之歷史建築，並註明其現狀及維護措施。
12. 舉行聽證、公聽會、說明會之情形，並應檢附會議紀錄及出席紀錄。
13. 土地或土地改良物所有權人或管理人之姓名、住所。
14. 被徵收土地之使用配置。
15. 興辦事業概略及其計畫進度。
16. 應需補償金額總數及其分配。
17. 準備金額總數及其來源。
18. 涉及原住民土地之徵收，應檢附中央原住民族主管機關之書面同意文件。
19. 安置計畫。

如僅申請徵收土地改良物，得免記明前項第9款及第14款事項。

除上述項目外，徵收計畫書並得載明以信託、聯合開發、委託開發、委託經營、合作經營、設定地上權或出租提供民間機構投資興建。本條例施行前申請徵收之土地，經申請中央主管機關備案者，得依前項規定之方式提供民間機構投資建設（土徵§56）。

(二) 徵收土地圖說

土地法第224條規定之徵收土地圖說，應繪載下列事項（土施§51）：

1. 被徵收土地之四至界限。
2. 被徵收地區內各宗地之界限及其使用狀態。
3. 附近街村鄉鎮之位置與名稱。
4. 被徵收地區內房屋等改良物之位置。
5. 圖面之比例尺。

徵收土地圖，應以地籍圖描繪，並就工程用地範圍及徵收土地分別描繪及加註圖例（土徵細§18）。

(三) 土地使用計畫圖

土地法第224條規定之土地使用計畫圖，如係興辦公共事業，指建築地盤圖，如係開闢都市地域，指都市計畫圖，如係施行土地重劃，指重劃計畫圖（土施§53）。土地使用計畫圖，應繪明土地使用配置情形或其使用位置，並應加註圖例（土徵細§19）。

貳、土地徵收之核准

土地徵收之核准，係指對於獲得許可興辦之公共事業，就其所提送之徵收計畫有關書圖，分別從形式與實質要件，進行審查，以為准否發動徵收權之依據。國家擁有土地徵收之權利，故需用土地人土地徵收申請之核准與否，由有權代表國家行使徵收權之主管機關進行審查。

一、土地徵收之審議與核准機關

(一) 土地徵收之審議

徵收土地關係人民財產權甚鉅，為保障私有財產權益，並兼顧公共建設之利益，對於土地徵收申請案，其徵收範圍是否為其事業所必須？是否就損失最少地方為之？是否符合土地使用計畫？等相關事宜，應為縝密之審議。故中央主管機關為審議土地徵收案件，應遴聘（派）專家學者、民間團體及相關機關代表，以合議制方式辦理之。前項專家學者應由地政、環境影響評估、都市計畫、城鄉規劃等專業領域學者組成，其中專家學者及民間團體代

表不得少於二分之一（土徵§15）。

(二) 土地徵收之核准機關

　　需用土地人興辦公共事業，均無權直接向被徵收人行使徵收權，必須經核准後，由執行機關執行之。現行體制，係由中央主管機關代表國家行使徵收權，故徵收土地或土地改良物，由中央主管機關核准之（土徵§14）。

　　上述有關土地徵收之審議與核准等規定，土地徵收審議委員會之審議，其審議權限為何？究採實質之審查或形式之審查？經審議通過後是否即為中央主管機關是否核准之惟一依據？尚缺乏明確規範，基於私有財產權保障及公益之進行，誠有待再釐清之。

二、土地徵收之審查事項

　　土地徵收之核准，應依審查結果為之，審核之內容，應由形式審核及實質審核雙向為之。其中形式審核，乃審查需用土地人之徵收手續是否齊全，內容是否有遺漏錯誤，即對徵收土地計畫書、徵收土地圖冊、土地使用計畫圖等作形式上之審查。而實質審核，乃針對土地徵收案是否符合法定徵收條件，徵收範圍是否為必須，並確定其徵收之範圍。依規定中央主管機關為前項之審核，應審查下列事項：

(一) 是否符合徵收之公益性、必要性及是否適當與合理。

(二) 需用土地人是否具有執行該事業之能力。

(三) 該事業計畫申請徵收之土地是否符合現行都市計畫[4]、區域計畫或國土計畫。

(四) 該事業計畫是否有助於土地適當且合理之利用。

(五) 該事業計畫之財務評估是否合理可行。

(六) 依本條例第34條之1提出之安置計畫是否合理可行。

(七) 其他依法應為或得為審查之事項。

---

[4] 各級政府所為土地之使用或徵收，自應符合已確定之都市計畫，若須徵收都市計畫中原非公共設施用地之私有土地時，自應先踐行變更都市計畫之程序，再予徵收。參見司法院釋字第513號解釋（89.9.29）。

需用土地人有第27條但書之情形者，應一併載明於徵收計畫書送交審核。中央主管機關收受第1項申請後，視需要得會同利害關係人進行現場勘查並做成勘查紀錄。勘查紀錄作成後應於14日內寄送利害關係人（土徵§13）。惟徵收之公益性、必要性之內涵爲何？其與土地使用計畫或興辦事業計畫之公益性、必要性是否一致，誠有再檢視之必要。在土地徵收計畫之整體制度下，有關公共利益之判斷大致在三個重要環結上進行之。(一)爲土地使用計畫階段時，對於土地使用類型之確認，用地編定、使用分區之規劃、土地使用變更等，皆須考量該編定或分區是否合於土地利用之公共利益；(二)就使用該土地之興辦事業主體之適格與否、該事業興辦之主體能否滿足公共利益之需求、興辦事業之妥適性等，皆須考量該興辦事業之公共利益；(三)爲該事業所需用地之取得，以土地徵收方式行之，是否爲最後最不得已之手段、有無善盡其他方式取得之可能、採徵收手段之必要性、急迫性等，皆須考量徵收之公共利益。

上述三階段在整體土地徵收計畫上，對於「公共利益」或「徵收之公共利益」的判斷，分別扮演不同之價值判斷的形塑及遵循之行政體系。各階段係就土地徵收計畫之公共利益價值判斷，爲判斷（審查）邊界的區分。

第一階段係爲土地使用計畫之形成或變更，確立土地使用種類與內容，故爲地用的公共利益考量，其公益價值判斷，以土地使用爲主，爲土地徵收手段之背景公益。

第二階段就已確定之土地使用其興辦事業主體，進行合理、適當性之審查，故爲興辦事業的公共利益價值判斷，徵收申請前事業許可之必要判斷（審查）爲徵收公益之一。

第三階段係就採徵收手段強制剝奪私人財產權以取得所需用地，對徵收手段之急迫、必要性爲審查，故徵收手段之採取的公共利益價值判斷，爲剝奪產權的價值判斷，爲徵收公益之重點所在[5]。爰此，所謂徵收之公共利益係「選擇的」、「重大的」、「特別的」、「急迫的」公共利益，其審查邊界或審查密度，應分不同階段處之。宜就不同階段，逐漸加強審查密度，在第三階段應採最嚴格之審查密度，方符正辦。

---

[5] 參閱楊松齡，土地徵收之公共利益判斷，台灣環境與土地，1期，民國101年4月。

其次，上述之規定對於土地徵收之審核範圍，依土地徵收條例、土地法及其施行法之相關規定中，尚有下列規定，宜一併納入考量：

(一) 興辦之事業，須得已為法令許可之證明（土§211，土徵§10）。

(二) 興辦事業，須為土地徵收之法定種類事業（土§208、§209、§212、§213，土徵§3、§4）。

(三) 擬徵收之土地，須為其事業所必需（土§208但書，土徵§3）。

(四) 徵收土地，遇有名勝古蹟，應於可能範圍內避免之，名勝古蹟已在被徵收範圍內，應於可能範圍內保存之（土§210，土徵§7）。

(五) 徵收土地，於不妨礙徵收目的之範圍內，應就損失最少地方為之，並儘量避免耕地（土施§49，土徵細§2）。

(六) 現供土地法第208條各款事業使用之土地，非因舉辦較為重大事業無可避免者，不得徵收之。但徵收只為現供使用土地之小部分，不妨礙現有事業之繼續進行者，不在此限（土§220）。

(七) 同一土地有二以上需用土地人申請徵收時，以其舉辦事業性質之輕重為核定原則，其性質相同者，以其申請之先後為核定原則（土§226，土徵§16）。

三、核准徵收之通知

現行體制下，徵收土地之核准，由中央主管機關為之，徵收作業之執行，則由土地所在地之直轄市或縣（市）主管機關辦理，當土地徵收案核准後，須通知該管土地之縣市機關俾便辦理徵收作業。故依土地徵收條例規定，中央主管機關於核准徵收土地或土地改良物後，應將原案通知該管直轄市或縣（市）主管機關（土徵§17，土§225）。

第二節　土地徵收之執行

壹、徵收之公告與通知

土地所在地之直轄市或縣（市）主管機關為土地徵收之執行機關，故直轄市或縣（市）主管機關於接到中央主管機關通知核准徵收案時，應即公

告，並以書面通知土地或土地改良物所有權人及他項權利人。前項公告之期間為30日[6]（土徵§18）。被徵收土地或土地改良物之所有權已登記者，以公告之日土地登記簿或建築改良物登記簿記載之所有權人及他項權利人姓名、住所辦理公告及通知；其效力並及於公告前因繼承、強制執行或法院之判決已取得土地或土地改良物所有權或他項權利，而尚未辦竣登記之人（土徵§18-1）。土地權利關係人對於第18條第1項之公告有異議者，應於公告期間內向該管直轄市或縣（市）主管機關以書面提出。該管直轄市或縣（市）主管機關接受異議後應即查明處理，並將查處情形以書面通知土地權利關係人（土徵§22Ⅰ）。

一、公告內容

徵收公告之內容，應載明下列事項（土徵細§21）：

(一) 需用土地人之名稱。

(二) 興辦事業之種類。

(三) 核准徵收機關及文號。

(四) 被徵收之土地或土地改良物及其應補償之費額。

(五) 公告期間。

(六) 得提出異議及行政救濟之期限。

(七) 公告徵收後之禁止事項。

(八) 得申請一併徵收之要件及期限。

(九) 其他依規定應公告事項。

徵收農作改良物或未經登記之建築改良物，其公告應載明應受補償人之姓名、住所。

公告應附同徵收土地圖，公布於該管直轄市或縣（市）主管機關之公告處所及被徵收土地或土地改良物所在地。

---

[6] 徵收之公告記載日期與實際公告不符，致計算發生差異者，非以公告文載明之公告日期，而仍以實際公告日期為準，故應於實際徵收公告期間屆滿30日時發生效力。參見司法院釋字第513號解釋（89.9.29）。

二、通知方式

　　除了公告外，直轄市或縣市主管機關並以通知方式，通知被徵收人、他項權利人及使用人等，其通知對象及辦理方式如下（土徵細§25）：

(一) 被徵收土地或建築改良物已登記者，依土地登記簿或建築改良物登記簿所載之所有權人及他項權利人姓名、住所，以書面通知。

(二) 徵收農作改良物或未經登記之建築改良物，依規定公告之姓名、住所，以書面通知。

(三) 依前二款通知未能送達者，以前二款姓名、住所辦理公示送達。

　　前項第1款、第2款之通知，應以雙掛號或其他得收取回執之方式爲之。

貳、公告與通知之效力

　　土地徵收案，經中央主管機關核准後，並經市縣地政機關公告並通知後，將發生下列之效力：

一、權利之確定

　　徵收土地公告後，爲能確定徵收補償對象，俾使補償之發放能合法有據，爰規定被徵收土地或建築改良物之所有權或他項權利，以公告之日土地登記簿或建築改良物登記簿記載者爲準。但於公告前因繼承、強制執行、法院之判決或其他依法律規定取得土地或建築改良物之所有權或他項權利而未經登記完畢者，其權利人應於徵收公告期間內，向該管直轄市或縣（市）主管機關申請將其權利備案（土徵§24Ⅰ），以爲主管機關確定補償或代爲清償之依據。被徵收土地因共有分管之耕地，部分被徵收者，土地所有權人得於徵收補償地價發給完竣前或核定發給抵價地前，申請共有物分割登記或應有部分交換移轉登記，其權利以登記後土地登記簿記載者爲準（土徵§23Ⅱ）。

　　同樣，依土地法規定，被徵收土地之所有權已登記完畢者，其所有權或他項權利除於公告前因繼承、強制執行或法院之判決而取得，並於前條公告期間內向該管直轄市或縣（市）地政機關聲請將其權利備案者外，以公告之日土地登記簿所記載者爲準（土§228Ⅰ）。被徵收土地之所有權未經登記完畢者，土地他項權利人應於前條公告期間內，向該管直轄市或縣（市）地

政機關聲請將其權利備案（土§228 II）。此外，所有權未經依法登記畢之土地，土地他項權利人不依前條規定聲請備案者，不得視爲被徵收土地應有之負擔（土§229）。

二、徵收補償費發給日之確定

徵收土地或土地改良物應發給之補償費，應於公告期滿後15日內發給之。但依第22條第5項規定發給應補償價額之差額者，不在此限。

需用土地人未於公告期滿15日內將應發給之補償費繳交該管直轄市或縣（市）主管機關發給完竣者，該部分土地或土地改良物之徵收從此失其效力。但有下列各款情形之一者，不在此限（土徵§20）。

(一) 於公告期間內因對補償之估定有異議，而由該管直轄市或縣（市）主管機關依第22條規定提交地價評議委員會復議。

(二) 經應受補償人以書面同意延期或分期發給。

(三) 應受補償人拒絕受領或不能受領。

(四) 應受補償人所在地不明。

公用徵收對被徵收人而言，係爲公共利益所受之特別犧牲，國家自應予以補償，以填補其財產被剝奪或其權能受限之損失。補償費之發給不宜遷延過久，故補償不僅需相當，更應儘速發給，方符憲法第15條規定，人民財產權應予保障之意旨。爰此，需用土地人未於公告期滿15日內將應補償地價及其他補償費額繳交該管直轄市或縣（市）主管機關發給完竣者，該徵收案從此失其效力[7]。又徵收失效類同附解除條件之行政行爲，於失效之基礎事實發生時，當然發生徵收失效之法律效果，核與徵收處分違法得請求撤銷之情形不同（最高行政法院100年度1月份第1次庭長法官聯席會議決議）。

三、土地與土地改良物處分之限制

被徵收之土地或土地改良物自公告日起，除於公告前因繼承、強制執行或法院之判決而取得所有權或他項權利，並於公告期間內申請登記者外，不得分割、合併、移轉或設定負擔。土地權利人或使用人並不得在該土地爲建

---

[7] 司法院釋字第516號解釋（89.10.26）、第425號解釋（86.4.11）參照。

築改良物之新建、增建、改建或採取土石、變更地形或爲農作改良物之增加種植。其於公告時已在工作中者，應即停止（土徵§23 I）。共有分管之耕地，部分被徵收者，土地所有權人得於徵收補償地價發給完竣前或核定發給抵價地前，申請共有物分割登記或應有部分交換移轉登記，不受前項不得分割、移轉規定之限制（土徵§23 II）。

依土地法規定，被徵收之土地公告，除於公告前因繼承、強制執行或法院之判決而取得所有權或他項權利，並於公告期間內聲請登記者外，不得移轉或設定負擔（土§232 I）。土地所有權人或使用人並不得在該土地增加改良物；其於公告時已在工作中者，應即停止工作。前項改良物之增加或繼續工作，該管直轄市或縣（市）地政機關認爲不妨礙徵收計畫者，得依關係人之聲請特許之（土§232 II）。

上述對土地權利人有關土地或改良物處分之限制，其目的在於促進徵收作業得以順利進行。惟因繼承、強制執行或法院之判決而取得所有權或他項權利者，在宣示登記前已確定其權利，該登記非關權利之變動，故排除處分限制之列。

參、異議與行政救濟之提出

爲避免土地徵收及徵收補償發生錯誤或遺漏，以維護被徵收人合法權益，權利關係人對於第18條第1項之公告事項有異議者，得於公告期間內向該管直轄市或縣（市）主管機關以書面提出。該管直轄市或縣（市）主管機關接受異議後應即查明處理，並將查處情形以書面通知權利關係人（土徵§22 I）。

權利關係人對於徵收補償價額有異議者，得於公告期間屆滿之次日起30日內以書面向該管直轄市或縣（市）主管機關提出異議，該管直轄市或縣（市）主管機關於接受異議後應即查明處理，並將查處情形以書面通知權利關係人（土徵§22 II）。

權利關係人對於前項查處不服者，該管直轄市或縣（市）主管機關得提請地價評議委員會復議，權利關係人不服復議結果者，得依法提起行政救濟（土徵§22 III）。前揭異議、復議程序，乃爲權利關係人對於徵收補償價額不服時，在依通常救濟程序提起訴願之外，所增設之救濟程序。雖於100年修法前之原規定，有認爲該異議、復議程序，自屬權利關係人對於徵收補償

價額不服時，提起行政救濟前之必要先行程序。[8]惟認為權利關係人對於徵收處分無需於公告期間提出異議即可依訴願法提起行政救濟，故將第1項前段「應」於公告期間提出異議之強制規定，修正為「得」。又對查處結果不服，直轄市或縣（市）政府對該行政救濟之處理是否提經地價評議委員會復議，應視個案情形，宜保有裁量空間，爰規定得提請地價評議委員會復議，並增列為第3項。

　　但就訴訟經濟以觀，原規定於進入行政救濟程序前，先由直轄市或縣（市）政府受理異議後查處，藉此先行自我檢視查估情形，使之有反思空間，不無節省訴訟成本之處；又於異議、復議程序終結前，倘權利關係人得同時進行訴願及行政訴訟程序，將造成同一事件之法律救濟途徑重疊、併行，甚至結果歧異，治絲益棼，反增訴訟成本。故如此修訂是否得宜，誠待再思之。

　　直轄市或縣（市）主管機關依第20條規定發給補償費完竣後，徵收計畫之執行，不因權利關係人依前三項規定提出異議或提起行政救濟而停止。徵收補償價額經復議、行政救濟結果有變動或補償費經依法發給完竣，嗣經發現原補償價額認定錯誤者，其應補償價額差額，應於其結果確定之日起3個月內發給之（土徵§22IV）。又土地徵收條例第30條第1項規定已明定主管機關就被徵收土地有補償所有權人之義務，反面而言，即是土地所有權人對主管機關有補償請求權，如此解釋始符憲法保障人民財產權之意旨，司法院釋字第747號解釋理由指明：「國家如徵收土地所有權，人民自得請求合理補償因喪失所有權所遭受之損失」，亦是此意。是於被徵收土地所有權人認補償價額不足而提起行政訴訟之情形，其自當提起課予義務訴訟請求主管機關另作成給付補償差額之授益處分，或變更原補償處分另為補償價額較高之授益處分（最高行政法院109年度大字第1號裁定）。

8　參見最高行政法院98年6月份第1次庭長法官聯席會議。

第三節　土地徵收之完成

　　土地徵收經需用土地人徵收土地之申請、中央主管機關對土地徵收之核准與通知、直轄市或縣（市）主管機關之公告並通知後，於徵收補償費之發給完竣或提存時，為徵收完成[9]，茲分述如下：

壹、徵收補償

　　基於無補償即無徵收之唇齒條款原則，土地徵收之行使，須以補償費之給付為生效之要件，其發給之規範、期限如下：

一、補償費之發給

　　徵收土地或土地改良物應發給之補償費，由需用土地人負擔，並繳交該管直轄市或縣（市）主管機關轉發之（土徵§19，土§236參照）。此外，被徵收之土地或建築改良物應有之負擔，除申請發給抵價地者依第41條及第42條規定辦理外，其款額計算，以該土地或建築改良物應得之補償金額為限，由該管直轄市或縣（市）主管機關於發給地價補償費或建築改良物補償費時為清償結束之。前項所稱應有之負擔，指他項權利價值及依法應補償耕地三七五租約承租人之地價（土徵§35，土§221參照）。

　　被徵收之土地或建築改良物原設定之他項權利因徵收而消滅。惟他項權利價值或所擔保之債額，係屬私權範圍，故其款額計算，該管直轄市或縣（市）主管機關應通知當事人限期自行協議，再依其協議結果代為清償；協議不成者，其補償費依第26條規定辦理（土徵§36）。即由主管機關存入土

9　所謂「徵收之完成」指需用土地人取得徵收物體之權利，同時與徵收不兩立之其他一切權利，因而消滅，亦稱為「徵收完畢」。又國防、交通或水利事業，因公共安全急需先行使用，在補償費發給完竣前，進入被徵收土地內工作時，蓋此時被徵收人土地權利已被部分或全部剝奪，而需用土地人之補償義務亦應確定成立，故應以需用土地人先行進入使用時，為徵收完成。參閱史尚寬，土地法原論，頁570、582，正中書局，民國64年2月台五版。

地徵收補償費保管專戶保管待領，俟雙方當事人達成協議或循司法途徑解決爭議後，再行提領。

此外，被徵收或照價收買之土地，應納未納之土地稅捐及滯納金，由該管直轄市或縣（市）政府於發放補償金時，代為扣繳，並以其餘款，交付被徵收或收買之土地所有權人（平§79）。

上述規定，乃明訂被徵收土地補償金額之計算與發給，由需用土地人委託該管直轄市或縣（市）地政機關為之（土施§58）。至於被徵收之土地應有之負擔，則應於發給補償費時，由直轄市或縣（市）政府代為補償，並以其餘額交付予被徵收土地之所有權人（土施§59參照）。土地徵收乃為原始取得，舉凡一切在被徵收土地上之負擔，均應因徵收而歸於消滅，故需用土地人不僅補償被徵收人，對於土地上之負擔，需用土地人亦應予以補償，以消滅之。

土地徵收係政府公權力之行使，不以土地所有權人同意為前提。因此，徵收之土地，如原所有權人死亡，部分繼承人不願會同、行蹤不明或其他情形不能會同具領補償費，將肇致主體繼承人均不能領取補償費，為兼顧申領人及其他繼承人之權益，並俾利用地取得作業之進行，爰規定被徵收之土地或土地改良物，所有權人死亡未辦竣繼承登記，其徵收補償費得由部分繼承人按其應繼分領取之；其已辦竣公同共有繼承登記者，亦同（土徵§25Ⅰ）。前項規定，於本條例施行前尚未領取徵收補償費之土地，適用之（土徵§25Ⅱ）。

二、補償費發給之期限[10]

補償乃在於填補被徵收人的損失，故不僅需相當，且應儘速發給，以落實憲法保障人民財產權之精神，故徵收土地或土地改良物應發給之補償費，應於公告期滿後15日內發給之。但徵收補償價額經復議或行政救濟結果有變動者，其應補償價額差額，應於其結果確定之日起3個月內發給之情形者，

---

[10] 補償費發給期限之規定，在於確保需用地人與被徵人雙方之利益。一方面需用土地人對於被徵收人於發給期限內發給完竣，徵收完成，被徵收人所有權消滅，同時有遷移並支付被徵收物之義務。另一方面，於公告期滿補償費發給前，即喪失權利，並負交付被徵收物並遷移之義務，參閱史尚寬，註9前揭書，頁579。

不在此限（土徵§20Ⅰ）。前項徵收土地應發給之補償費，得報經行政院核准以土地債券搭發補償之（土徵§20Ⅱ）。需用土地人未於公告期滿15日內將應補償地價及其他補償費額繳交該管直轄市或縣（市）主管機關發給完竣者，該徵收案從此失其效力[11]。但有下列各款情形之一者，不在此限（土徵§20Ⅲ）：

(一) 於公告期間內因對補償之估定有異議，而由該管市縣地政機關依第22條規定提交地價評議委員會復議者。

(二) 經土地所有權人同意延期繳交有案者。

(三) 應受補償人拒絕受領或不能受領者。

(四) 應受補償人所在地不明者。

三、補償費保管專戶之設置

直轄市或縣（市）地政機關發給補償地價及補償費，有下列情形之一時，得將款額提存之（土§237Ⅰ）：

(一) 應受補償人拒絕受領或不能受領者。

(二) 應受補償人所在地不明者。

依前項第2款規定辦理提存時，應以土地登記簿記載之土地所有權人及他項權利人之姓名、住址為準（土§237Ⅱ）。

所稱「拒絕受領」，不包含被徵收人對於徵收核准依法提出異議或提起訴願，或對於地政機關估定之地價補償金及補償費有異議。所謂「不能受領」，乃指受補償者無受領能力且無法定代理人或其他情形而言；所謂「所在地不明」，指知權利之姓名而不知其所在[12]。當補償費經提存於法院後，並通知被補償人後，即視為補償費發給完竣，此時需用土地人之負擔義務即可免除。

惟鑑於歷來補償費辦理提存之手續繁複，且徵收機關及法院提存所人力有限，徵收提存案件無法及時處理完畢，影響徵收之進行，爰此於土地徵收條例規定，直轄市或縣（市）主管機關應於國庫設立土地徵收補償費保管

---

[11] 參見司法院釋字第110號解釋（54.12.29）。

[12] 參閱史尚寬，註9前揭書，頁577～578。

專戶，保管因受領遲延、拒絕受領或不能受領之補償費，不適用提存法之規定。直轄市或縣（市）主管機關應於本條例規定應發給補償費之期限屆滿次日起3個月內存入專戶保管，並通知應受補償人。自通知送達發生效力之日起，逾15年未領取之補償費，歸屬國庫（土徵§26Ⅰ）。前項保管專戶儲存之補償費應給付利息。以實收利息照付（土徵§26Ⅱ）。未受領之徵收補償費，依第1項規定繳存專戶保管時，視同補償完竣（土徵§26Ⅲ）。第1項未受領補償費保管辦法，由中央主管機關定之（土徵§26Ⅳ）。前四項規定，於本條例施行前未辦竣提存之未受領補償費，準用之（土徵§26Ⅴ）。爲期補償發給完竣，儘速完成徵收，俾使需用土地人取得事業所需用地，主管機關未於3個月之法定期間內將徵收補償費存入保管專戶內，徵收案應從此失其效力，以避免徵收之完成與否，端視被徵收人領取補償費之意願，致影響公共建設。

貳、限期遷移

徵收補償完竣後，土地所有權人之權利義務即行終止之（土徵§21Ⅰ），即被徵收人於補償發給完竣後，有交付徵收物並遷移完竣之公法上義務，故已無繼續使用之權。爲便利需用土地人之施工及使用土地，以利公共建設之進行，被徵收土地或土地改良物應受之補償費發給完竣或核定發給抵價地後，直轄市或縣（市）主管機關應通知土地權利人或使用人限期遷移完竣（土徵§28Ⅰ，土§234參照），所謂土地權利人，包括土地所有權人及他項權利人。所謂使用人，如承租人。應受領遷移費人無可考或所在地不明，致其應遷移之物件未能遷移者，直轄市或縣（市）主管機關應公告30日限期遷移完竣（土徵§28Ⅱ）。徵收範圍內應遷移之物件逾期未遷移者，由直轄市或縣（市）主管機關或需用土地人依行政執行法執行（土徵§28Ⅲ）。

其次，徵收範圍內應行遷葬之墳墓，需用土地人應申請當地墳墓主管機關依墳墓設置管理條例規定辦理，並將情形詳細記載列冊，報請直轄市或縣（市）政府備案（土徵§29）。

土地所有權人或其他權利關係人在領取補償費後，對該土地之權利義務即行終止（土§235，土徵§21），故應負交付被徵收土地或遷移地上物之義務。若被徵收人交付土地或遷移地上物之義務未履行時，並不因之而使徵

收之效力發生改變。

參、陳報備案及權利登記

直轄市或縣（市）地政機關於土地徵收地價補償完畢後，並完成登記後，應將辦理經過情形，陳報中央地政機關核准備案（土徵細§27，土施§54）。因徵收取得土地權利者，直轄市、縣（市）地政機關應於補償完竣後1個月內，檢附土地清冊及已收受之權利書狀，囑託登記機關為所有權登記，或他項權利之塗銷或變更登記（土登§99）。依我國民法之規定，登記非為徵收完成之要件，僅為物權處分之先行要件。但因土地徵收完成，已發生物權變動之效力，為保持地籍登記之完整性起見，仍應依規定辦理登記。

第四節　土地徵收完成後相關權義

壹、土地權利義務之終止

土地徵收在於使公共事業興辦人取得其事業所需之土地，從而使與徵收後不能併存之土地所有權及他項權利之消滅，關係重大。故被徵收土地或土地改良物之所有權人，對於其土地或土地改良物之權利義務，於應受之補償費發給完竣時終止（土徵§21Ⅰ），需用土地人取得該土地之所有權。同理，實施區段徵收時，原土地所有權人不願領取現金補償者，以書面向該管直轄市或縣（市）主管機關申請發給抵價地者，原土地所有權人對其土地之權利義務，於接到核定發給抵價地通知時終止（土徵§40）。補償費未發給完竣前，為顧及原所有權人之權益，得繼續為從來之使用。但合於第27條但書規定者，不在此限（土徵§21Ⅱ）。即需用土地人應俟補償費發給完竣後或核定發給抵價地後，始得進入被徵收土地內工作。但國防、交通及水利事業，因公共安全急需先行使用者，不在此限（土徵§27）。其次，未受領補償費者，經依規定繳存專戶保管時，視同補償完竣（土徵§26Ⅲ），土地之權利義務自亦終止。

貳、土地徵收之收回權

土地徵收制度之制定，其目的在於爲實施國家經濟政策或興辦公共事業，即以公益事業之必需爲主。故於徵收完成後，需用土地人不依原核准之計畫使用或未加以利用，則與土地徵收制度之立法精神相違悖。收回權之設計原係防止徵收機關爲不必要之徵收，或遷延興辦公共事業，特爲原土地所有權人保留收回權（釋字第534號解釋）。在保障被徵收土地所有權人權利之前提下，避免土地徵收爲需用土地人浮濫運用，應准許原土地所有權人在一定情況下，得撤銷土地徵收案，並回復其土地所有權，故土地徵收收回權之性質爲附停止條件之請求權。

一、土地法規定

依土地法規定，私有土地經徵收後，有下列情形之一者，原土地所有權人得於徵收補償發給完竣屆滿1年之次日起5年內，向該管直轄市或縣（市）地政機關聲請照徵收價額收回其土地（土§219Ⅰ）：

(一) 徵收補償發給完竣屆滿1年，未依徵收計畫開始使用者。

(二) 未依核准徵收原定興辦事業使用者。

直轄市或縣（市）地政機關接受聲請後，經查明合於前項規定時，應層報原核准徵收機關後，通知原土地所有權人於6個月內繳清原受領之徵收價額，逾期視爲放棄收回權（土§219Ⅱ）。第1項第1款之事由，係因可歸責於原土地所有權人或使用人者，不得聲請收回土地（土§219Ⅲ）。私有土地經依徵收計畫使用後，經過都市計畫變更原使用目的，土地管理機關標售該土地時，應公告1個月，被徵收之原土地所有權人或其繼承人有優先購買權。但優先購買權人未於決標後10日內表示優先購買者，其優先購買權視爲放棄（土§219Ⅳ）。

惟依土地徵收條例第61條之規定，土地徵收條例施行前公告徵收之土地，其申請收回，仍依施行前之規定辦理。

又土地法第219條第1項規定逕以「徵收補償發給完竣屆滿一年之次日」爲收回權之時效起算點，並未規定該管直轄市或縣（市）主管機關就被徵收土地之後續使用情形，應定期通知原土地所有權人或依法公告，致其無從及時獲知充分資訊，俾判斷是否行使收回權，不符憲法要求之正當行政程序，

於此範圍內，有違憲法第15條保障人民財產權之意旨，應自本解釋公布之日起2年內檢討修正。於本解釋公布之日，原土地所有權人之收回權時效尚未完成者，時效停止進行；於該管直轄市或縣（市）主管機關主動依本解釋意旨通知或公告後，未完成之時效繼續進行；修法完成公布後，依新法規定（釋字第763號解釋）。

爰此，增訂土地法第219條之1規定：「私有土地經徵收並於補償費發給完竣之次日起，直轄市或縣（市）地政機關應每年通知及公告原土地所有權人或其繼承人土地使用情形，至其申請收回土地之請求權時效完成或依徵收計畫完成使用止。未依前項規定通知及公告而有前條第一項各款情形之一者，原土地所有權人或其繼承人得於徵收計畫使用期限屆滿之次日起10年內，申請收回土地。本法中華民國110年11月23日修正之條文施行時，原土地所有權人或其繼承人申請收回土地之請求權時效尚未完成者，應適用前二項規定。第1項通知與公告土地使用情形之辦理事項、作業程序、作業費用及其他應遵行事項之辦法，由中央地政機關定之。」

土地法第219條之1規定係配合司法院釋字第763號解釋，增訂下列規範：

(一) 政府應主動每年通知及公告被徵收土地使用情形，使原所有權人能及時獲知充分資訊，以利判斷是否行使其收回權，藉此保護原所有權人權益，並督促需用土地人應確實依徵收計畫使用。

(二) 一併檢討修正請求收回土地的時效，明定直轄市或縣市政府如未履行通知及公告者，原所有權人可以延長至徵收計畫期限屆滿10年內申請收回，使民眾收回權的規定更為完備。

二、土地徵收條例規定

依土地徵收條例規定，被徵收之土地，除區段徵收及本條例或其他法律另有規定外，有下列情形之一者，原土地所有權人得於徵收公告之日起20年內，向該管直轄市或縣（市）主管機關申請照原徵收補償價額收回其土地，不適用土地法第219條之規定（土徵§9Ⅰ）：

(一) 徵收補償費發給完竣屆滿3年，未依徵收計畫開始使用者。

(二) 未依核准徵收原定興辦事業使用者。

(三) 依原徵收計畫開始使用後未滿5年，不繼續依原徵收計畫使用者。

　　該管直轄市或縣（市）主管機關收受申請後，經查明合於前項規定時，應報原核准徵收機關核准後，通知原土地所有權人於6個月內繳還原受領之補償地價及地價加成補償，逾期視為放棄收回權（土徵§9Ⅱ）。第1項第1款之情形，係因不可歸責於需用土地人之事由者，不得申請收回土地（土徵§9Ⅲ）。第1項第1款所稱開始使用，指興辦事業之主體工程動工。但依其事業性質無需興建工程者，不在此限（土徵§9Ⅳ）。

　　惟收回權之行使，有除外之規定，如依都市計畫法第83條規定：「依本法規定徵收之土地，其使用期限，應依照其呈經核准之計畫期限辦理，不受土地法第二百十九條之限制。不依照核准計畫期限使用者，原土地所有權人得照原徵收價額收回其土地。」所謂「其使用期限」係指依徵收計畫開始使用之期限[13]。又依低放射性廢棄物最終處置設施場址設置條例規定徵收之土地，應於徵收補償費發給完竣屆滿6年內，依徵收計畫開始使用，不適用土地法第219條第1項第1款及土地徵收條例第9條第1項第1款規定。未依前項規定期限使用者，原土地所有權人得申請照原徵收補償價額收回其土地。但因不可歸責於主辦機關之事由者，不得申請收回土地（低放射性§17）。

　　由上述規定可知，收回權乃是需用土地人應作為而不作為之情事發生，致使被徵收土地人得經聲請買回其被徵收之土地。爰此，如係因可歸責於原土地所有權人或為其占有該土地之使用人之事由所致，即不得將遷延使用徵收土地之責任，係由徵收有關係機關負責[14]。茲將收回權之性質、成立要件、收回權之行使及消滅等分項列述之：

(一) 收回權之性質

　　收回權之行使，並非向需用土地人（原徵收請求權人）聲請，而係向該管直轄市或縣（市）主管機關聲請，且經層報原核准徵收機關核准，故乃原土地所有權人依法對國家得行使之權利，故收回權利係附停止條件之請求權，為公法上之權利，亦為徵收解除之請求權。

---

[13] 參閱最高行政法院97年11月第2次庭長法官聯席會議。
[14] 參見司法院釋字第534號解釋（90.11.30）。

(二) 行使收回權之要件

收回權乃依法律規定而為原土地所有權人所擁有之權利，故符合法律所定之條件，則即可行使請求收回被徵收土地之權利，和民法上之買回權須於訂立契約時經雙方同意才能成立，有所不同。收回權之成立要件如下：

1. 須為土地所有權被徵收。
2. 須於徵收公告之日起20年內提出聲請。
3. 須徵收補償費發給完竣屆滿3年，未依徵收計畫開始使用，或未依核准徵收原定興辦事業使用者，或依原徵收計畫開始使用後未滿5年，不繼續依原徵收計畫使用者[15]。
4. 收回權之行使，須以原土地所有權人或其繼承人為限。

(三) 收回權之行使

收回權之行使之程序大致可分為二（土徵§9）：

1. 原土地所有權人得於徵收公告之日起20年內，向該管直轄市或縣（市）主管機關聲請照徵收補償價額收回土地。
2. 該管直轄市或縣（市）主管機關接受聲請後，經查明合於收回權之成立要件之規定時，應報原核准徵收機關核准後，通知原土地所有權人於6個月內繳清原受領之補償地價及地價加成補償，逾期視為放棄收回權。

即當該管主管機關會同需用土地人、申請人及其他有關機關實地勘查，並作成勘查紀錄及研擬是否得申請收回之意見，報請原核准之機關核定後（土徵細§9），收回權之效力因之成立，此時原興辦公共事業之需用土地人應負有交還原徵收土地予被徵收人之義務，而原土地所有權人則亦應負有繳清原受領徵收價額於土地徵收請求權人之義務。又收回之對象，除收回原被徵收之土地外，就一併徵收之土地殘餘部分，亦得同時申請收回。但該殘餘部分已移轉或另有他用者，土地管理機關得予拒絕。又依土地徵收條例第

---

[15] 所謂「不依核准計畫使用」或「不實行使用」，應依徵收目的所為土地使用之規劃，就所徵收之全部土地整體觀察之，在有明顯事實，足認屬於相關範圍者，不得為割裂之認定，始能符合公用徵收之立法本旨。司法院釋字第236號解釋（78.3.17）參照。

8條規定一併徵收之土地，除依前項規定同時申請收回外，不得單獨申請收回（土徵細§8）。

(四) 收回權之消滅

原土地所有權人於符合收回權之成立要件下，即得申請行使收回權，惟收回權可因下列原因而使之消滅：

1. 主體之欠缺

當原土地所有權人死亡且無繼承人時，或被徵收人為法人團體而法人解散時，則因主體之欠缺致收回權消滅。

2. 行使期間之經過

當原土地所有權人未於法律所規定之除斥期間內行使收回權，致因時間之經過使收回權歸於消滅。

3. 土地不實行使用或不依計畫使用狀態之情形消滅者

若原土地所有權人怠於行使其收回權，雖得行使收回權之事實發生，即當補償費發給完竣後屆滿3年，未依計畫使用；或未依核准徵收原定興辦事業使用；或依原徵收計畫開始使用後未滿5年，不繼續依原徵收計畫使用者。當上述情事已消滅時，原土地所有權人即不得行使收回權。

4. 原土地所有權人逾期未繳清原受領之徵收價額

收回權之行使，被徵收人負有支付原徵收價額予需用土地人之義務，方有領回其被徵收土地之權利。故收回權人未於6個月內繳清原受領之補償地價及地價加成補償，則收回權消滅。

(五) 收回權之排除適用

依都市計畫法規定徵收之土地，其使用期限，應依照其呈經核准之計畫期限辦理，不受土地法第219條之限制（都計§83Ⅰ），不依照核准之期限使用者，原土地所有權人得照原徵收價額收回土地（都計§83Ⅱ）。故依都市計畫法所徵收之土地，其使用期限不受土地法第219條所規定使用期限之拘束，在其經呈准之計畫期限內，即使逾越土地法第219條所限定之使用期間，仍排除收回權之行使適用。此外，依停車場法第16條之規定，都市計畫停車場用地或依規定得以多目標使用方式附建停車場之公共設施用地，經核

准徵收後，不受土地法第219條之限制。

(六) 其他規定之收回權

依獎勵民間參與交通建設條例第16條之規定，凡依該條例第11條、第23條規定徵收之土地，其使用期限應依照核准之計畫期限辦理，主管機關未依核准計畫期限使用者，原土地所有權人得於核准計畫期限屆滿之次日起5年內，向該管縣（市）地政機關申請照原徵收價額收回其土地。

依促進民間參與公共建設法第20條之規定，凡依該法第16條、第18條規定徵收之土地所有權或地上權，其使用期限應依照核准之計畫期限辦理。未依核准計畫期限使用者，原土地所有權人得於核准計畫期限屆滿之次日起5年內，向該管直轄市或縣（市）地政機關申請照原徵收價額收回其土地。

參、取棄土區土地之買回權

經主管機關會同有關機關核定為興建本條例所獎勵交通建設所需之取、棄土區，主管機機關得予徵收或撥用後，以租用或設定地上權之方式提供民間機構使用（獎參§23Ⅰ）。民間機構依規定使用取、棄土區時，應事先擬具取、棄土計畫，送經主管機關會同有關機關核定後為之（獎參§23Ⅱ）。取、棄土區土地如係徵收取得者，於取、棄土完成後，應由主管機關通知土地所有權人於6個月內依原徵收價額買回。逾期不買回者，視為放棄其買回權（獎參§23Ⅲ）。由於取棄土區於完成取棄土之必要後，已喪失公用之必要性，非為興辦之必需者，在兼顧被徵收人之權益下，特規範原所有權人有買回之權。

肆、徵收後土地之處理與優先購買

一、徵收土地之處理

為便利公共事業之興辦，並鼓勵民間參與公共建設，故徵收之土地，得於徵收計畫書載明以信託、聯合開發、委託開發、委託經營、合作經營、設定地上權或出租提供民間機構投資建設（土徵§56Ⅰ）。本條例施行前申請徵收之土地，經申請中央主管機關備案者，得依前項規定之方式提供民間機構投資建設（土徵§56Ⅱ）。又科學園區劃定之社區用地，除供公共設施及

其必要之配合設施外，得配售予園區內被徵收土地或房屋之原所有權人及耕地承租人供興建住宅使用；其配售土地及其他專案安置措施後讓售土地之辦法，由主管機關定之（科學園區§13III）。

二、優先購買權之行使

私有土地經依徵收計畫使用後，依法變更原使用目的，土地管理機關標售該土地時，應公告1個月，被徵收之原土地所有權人或其繼承人有依同樣條件優先購買權。但優先購買權人未於決標後10日內表示優先購買者，其優先購買權視為放棄（土徵§59Ⅰ）。依土地徵收條例第8條第1項規定一併徵收之土地，須與原徵收土地同時標售時，適用前項之規定（土徵§59Ⅱ）。前二項規定，於區段徵收不適用之（土徵§59III）。

第五節　區段徵收之程序

區段徵收之作業程序及補償方式與一般徵收有所不同，除土地徵收條例及平均地權條例之規定外，內政部另定有「區段徵收實施辦法」，以為實施依據。依土地徵收條例規定，區段徵收之程序及補償，準用土地徵收規定（土徵§48）。茲分述如下：

壹、區段徵收地區之選定[16]

依土地徵收條例規定，有下列各款情形之一者，得為區段徵收（土徵

---

[16] 依平均地權條例規定，各級主管機關得就下列地區報經行政院核准後施行區段徵收（平§53Ⅰ）：

一、新設都市地區之全部或一部，實施開發建設者。

二、舊都市地區為公共安全、公共衛生、公共交通之需要或促進土地之合理使用實施更新者。

三、都市土地開發新社區者。

四、農村社區為加強公共設施、改善公共衛生之需要、或配合農業發展之規劃實

§4Ⅰ）：

一、新設都市地區之全部或一部，實施開發建設者。

二、舊都市地區為公共安全、衛生、交通之需要或促進土地之合理使用實施更新者。

三、都市土地之農業區、保護區變更為建築用地或工業區變更為住宅區、商業區者。

四、非都市土地實施開發建設者。

五、農村社區為加強公共設施、改善公共衛生之需要或配合農業發展之規劃實施更新者。

六、其他依法得為區段徵收者。

　　前項第1款至第3款之開發範圍經中央主管機關核定者，得先行區段徵收，並於區段徵收公告期滿後1年內發布實施都市計畫，不受都市計畫法第52條規定之限制（土徵§4Ⅱ）。第1項第5款之開發，需用土地人得會同有關機關研擬開發範圍，並檢具經上級目的事業主管機關核准之興辦事業計畫書，報經中央主管機關核定後，先行區段徵收，於區段徵收公告期滿後，依土地使用計畫完成非都市土地分區或用地編定之變更（土徵§4Ⅲ）。第1項第4款或第6款之開發，涉及都市計畫之新訂、擴大或變更者，得依第2項之規定辦理；未涉及者，得依前項之規定辦理（土徵§4Ⅳ）。不相連之地區，得依都市計畫或興辦事業計畫書內容、範圍合併辦理區段徵收，並適用前三項之規定（土徵§4Ⅴ）。區段徵收範圍勘選、計畫之擬定、核定、用地取得、拆遷補償、工程施工、分配設計、地籍整理、權利清理、財務結算及區段徵收與都市計畫配合等事項之實施辦法，由中央主管機關定之（土徵§4Ⅵ）。

　　依土地徵收條例規定，區段徵收範圍勘定後，該管直轄市或縣（市）主管機關得視實際需要，報經上級主管機關核定後，分別或同時公告禁止建築改良物之新建、增建、改建或重建及採取土石或變更地形（土徵§37Ⅰ）。前項禁止期間，不得超過1年6個月（土徵§37Ⅱ）。

施更新或開發新社區者。

實務上凡都市計畫擴大、新訂或農業區、保護區變更為建築用地時，一律採區段徵收方式開發（內政部80年台內營字第914437號函）。

貳、勘查測量與補償費之查估

　　區段徵收地區選定後，徵收機關於通知其土地所有權人或使用人後，得進入該地區內為勘查或測量。其必須遷移或除去該土地上之障礙物時，應事先通知其所有權人或使用人；其所有權人或使用人因而遭受之損失，應予適當之補償。補償金額，由雙方協議之；協議不成，由當地直轄市或縣（市）政府函請上級政府予以核定（平§53II，土徵§48、§12參照）。

參、區段徵收計畫之擬具核定與公告通知

一、計畫之擬具與核定

　　需用土地人申請區段徵收土地，應檢具區段徵收計畫書、徵收土地圖冊及土地使用計畫圖，送由當地直轄市或縣（市）主管機關邀集需用土地人及土地所有權人舉行公聽會後，報請中央主管機關核准（土徵§38I）。內政部申請區段徵收時，準用前項規定報請行政院核准（土徵§38II）。區段徵收計畫書，應記明下列事項（土徵細§36）：
(一) 徵收土地或土地改良物原因。
(二) 徵收土地或土地改良物所在地範圍及面積。
(三) 辦理徵收之法令依據。
(四) 區段徵收範圍內土地權屬及面積統計。
(五) 土地使用現況及使用人之姓名、住址。
(六) 一併徵收土地改良物。
(七) 四鄰接連土地之使用狀況及其改良情形。
(八) 徵收土地區內有無古蹟，並註明其現狀及維護措施。
(九) 與土地所有權人或土地改良物所有權人協議價購或以其他方式取得之情形。
(十) 土地或土地改良物所有權人或管理人姓名、住址。
(十一) 都市計畫或興辦事業計畫概略。
(十二) 徵收範圍內土地之使用配置。
(十三) 原位置保留分配土地之差額地價減輕比例。
(十四) 合法建物拆遷安置計畫。

(十五) 公有土地以作價或領回土地方式處理及其協調情形。

(十六) 抵價地比例。

(十七) 開發完成後道路等九項以外公共設施用地預定有價或無償撥用或讓售
　　　情形。

(十八) 財務計畫，包括預估區段徵收開發總費用、預算編列情形及籌措方式
　　　及償還開發總費用分析。

(十九) 預計區段徵收工作進度。

　　區段徵收預計以抵價地抵付補償地價者，應於前項徵收土地計畫書內載
明預計之抵價地總面積占徵收總面積之比例。其比例少於50%者，並應於報
請徵收前，先報經上級主管機關核准。徵收總面積之計算，不包括公有土地
在內（平細§67 II、III）。又依規定之徵收土地圖，應以地籍圖描繪區段徵
收範圍，並加註圖例（土徵細§37）。土地使用計畫圖，指區段徵收後土地
使用之計畫配置圖；於完成都市計畫地區，指都市計畫圖（土徵細§38）。

二、公告及通知

　　區段徵收計畫層報行政院核定後，直轄市或縣（市）主管機關於接到中
央主管機關核准區段徵收土地案時，應即公告，並以書面通知土地或土地改
良物所有權人及土地他項權利人（土徵§48，§18）。

　　上述公告之期間為30日。土地權利關係人對於第18條之公告事項有異議
者，應於公告期間內向直轄市或縣（市）主管機關以書面提出，該管直轄市
或縣（市）主管機關接受異議後，應即查明處理，並將查處情形以書面通知
土地權利關係人（土徵§22）。

　　此外，直轄市或縣（市）地政機關於公告徵收土地時，應將原土地所
有權人以書面申請發給抵價地及將道路、溝渠、公園、綠地、兒童遊樂場、
廣場、停車場、體育場所、國民學校等公共設施用地無償登記為直轄市、縣
（市）或鄉（鎮、市）有之內容，載明於公告內，並通知土地所有權人（平
細§73）。據此，有關區段徵收之公告、通知，除應依規定辦理外，主管機
關並應辦理抵價地之申請。

肆、區段徵收之補償與抵價地之處理

一、區段徵收之補償

　　區段徵收為土地徵收之一種，其補償標準與補償方式，應與一般徵收相同，方符公平原則，惟為使土地所有權人共享開發利益，如經土地所有權人之申請，得以徵收後可供建築之土地折算抵付其補償地價。爰此，乃規定區段徵收土地時，應依第30條規定補償其地價。除地價補償得經土地所有權人申請，以徵收後可供建築之抵價地折算抵付外，其餘各項補償費如土地改良物之補償費、土地改良費用之補償、營業損失補償、遷移費等依第31條至第34條規定補償之（土徵§39Ⅰ）。

二、抵價地之申請與分配作業

(一) 抵價地之申請

　　依土地徵收條例規定，實施區段徵收時，原土地所有權人不願領取現金補償者，應於徵收公告期間內，檢具有關證明文件，以書面向該管直轄市或縣（市）主管機關申請發給抵價地[17]。該管直轄市或縣（市）主管機關收受申請後，應即審查，並將審查結果，以書面通知申請人（土徵§40Ⅰ）。又為保障被徵收之土地所有權人權益，土地所有權人依前項規定申請發給抵價地時，得就其全部或部分被徵收土地應領之補償地價提出申請（土徵§40Ⅱ）。申請發給抵價地者，對其土地之權利義務，於接到該管直轄市或縣（市）主管機關核定發給抵價地通知時終止。經核定發給抵價地或已領竣徵收補償地價之土地所有權人，得向直轄市或縣（市）主管機關申請，改按原徵收補償地價發給現金補償或發給抵價地，經直轄市或縣（市）主管機關徵得需用土地人同意後核准（土徵§40Ⅲ）。前項申請改發給現金補償或改發給抵價地者，應於核定發給抵價地通知之日，或現金補償發給完竣之

---

[17] 司法院釋字第731號解釋（104.7.31）認為徵收之書面通知，係在徵收公告日之後送達者，未以送達日之翌日為系爭規定申請期間起算日，而仍以徵收公告日計算申請期間，要求原土地所有權人在徵收公告期間內為申請之規定，不符憲法要求之正當行政程序，有違憲法第15條保障人民財產權之意旨。

日,或通知補償地價存入保管專戶之日起1個月內為之,並以1次為限。申請改發給抵價地者,直轄市或縣(市)主管機關應限期繳回其申請改發給抵價地之徵收補償地價後始得核准(土徵§40IV)。又區段徵收大都面積廣大,實際作業時間及開發時程較久,故無法於公告後短期內即完成作業,爰此,申請發給抵價地者,直轄市或縣(市)主管機關不受第20條第1項發給期限之限制(土徵§40V)。經核定發給抵價地,其應領之抵價地由該管直轄市或縣(市)主管機關於規劃分配後,囑託該管登記機關逕行辦理土地所有權登記,並通知原土地所有權人定期到場接管。未按指定期限接管者,視為已接管(土徵§40VI)。

(二) 抵價地之分配作業

抵價地分配作業程序如下(區段徵收實施辦法§26):

1. 計算抵價地總面積。
2. 規劃抵價地分配街廓、分配方向及訂定各街廓最小分配面積。
3. 劃定區段徵收後地價區段,評定區段徵收後地價。
4. 計算各分配街廓面積、單位地價及抵價地總地價。
5. 計算各土地所有權人應領抵價地之權利價值。
6. 訂定抵價地分配作業要點。
7. 召開抵價地分配作業說明會。
8. 受理合併分配之申請。
9. 訂期通知土地所有權人辦理抵價地分配。
10. 依配定之位置,計算各土地所有權人領回抵價地面積,繕造分配結果清冊。
11. 公告抵價地分配結果。
12. 繳納或發給差額地價。
13. 囑託辦理抵價地所有權登記並通知受分配之土地所有權人。

前項第6款抵價地分配作業要點,由直轄市或縣(市)主管機關會商需用土地人定之;第13款之囑託登記,由直轄市或縣(市)主管機關囑託該管登記機關辦理;其餘各款之辦理機關,由直轄市或縣(市)主管機關及需用土地人協議之。

三、抵價地面積之限制

抵價地總面積，以徵收總面積50%為原則。因情況特殊，經上級主管機關核准者，不在此限。但不得少於40%。曾經農地重劃者，該重劃地區部分不得少於45%（土徵§39Ⅱ）[18]。又需用土地人訂定抵價地總面積時，應考量各地區特性、開發目的、開發總費用、公共設施用地比例、土地使用強度、土地所有權人受益程度及實際發展狀況等因素。前項抵價地總面積應先經當地直轄市或縣（市）區段徵收委員會審議通過（區段徵收實施辦法§16）。

四、抵價地之計算基準

實施區段徵收時，直轄市或縣（市）主管機關應預計區段徵收土地平均開發成本，並斟酌區段徵收後各街廓之位置、地勢、交通、道路寬度、公共設施及預期發展情形，估計區段徵收後各路街之路線價或區段價，提經地價評議委員會評定後，作為原土地所有權人領回抵價地之計算基準（土徵§45）。

五、抵價地差額之處理

(一) 繳納或發給地價

區段徵收土地所有權人應領抵價地面積與實際領回抵價地之面積有所增減時，依下列規定處理（土徵§46Ⅰ）：

1. 實際領回抵價地之面積超過應領之面積者，就其超過部分按評定區段徵收後地價繳納差額地價。
2. 實際領回抵價地之面積小於應領之面積者，就其不足部分按評定區段徵收後地價發給差額地價。

---

[18] 地主申請領回抵價地之比例，除土地徵收條例外，其他法律之規範如平均地權條例以徵收總面積50%為原則，但不得少於40%（平§54Ⅰ）；都市更新條例則規定，由主管機關考量實際情形定之（都更§25Ⅱ）；都市計畫法規定，原土地所有權人得依實施都市平均地權條例之規定，於標售前買回其規定比率之土地（都計§84）。

此外，爲避免因抵價地已登記予原土地所有權人而致主管機關無從追繳，原規定上述應繳納之差額地價，經限期繳納，屆期仍未繳納者，得移送法院強制執行（土徵§46Ⅱ）。未繳納差額地價之抵價地，不得移轉或設定他項權利（土徵§46Ⅲ）。

(二) 差額之減輕

區段徵收範圍內之私有土地理應全部徵收，以利地開發整理，惟特定用途之土地建物，在不妨礙計畫下，爲免資源浪費，增加社會成本，乃將准予原地保留分配。爰此，區段徵收範圍內不妨礙都市計畫事業及區段徵收計畫之既成建築物基地或已辦竣財團法人登記之私立學校、社會福利、慈善事業、宗教團體用地，得按原位置保留分配，並減輕其依前條規定應繳納之差額地價，其減輕比例由主管機關視實際情形定之，並載明於區段徵收計畫書（土徵§47）。

六、原有耕地租約與他項權利之處理

被徵收土地原有之負擔，應由該管徵收機關於補償地價時，爲清償結束之。惟實施區段徵收時經申請發給抵價地者，並未領取補償地價，爲免損害土地上權利關係人之權益，爰規定土地所有權人申請發給抵價地之原有土地上訂有耕地租約或設定他項權利或限制登記者，除第42條另有規定外，直轄市或縣（市）主管機關應通知申請人限期自行清理，並依規定期限提出證明文件（土徵§41Ⅰ）。申請人未依前項規定辦理者，直轄市或縣（市）主管機關應核定不發給抵價地（土徵§41Ⅱ）。直轄市或縣（市）主管機關經核定不發給抵價地者，應於核定之次日起15日內發給現金補償（土徵§41Ⅲ）。

另外，爲避免土地所有權人限於財力問題，無法清償塗銷他項權利，而被迫領取現金補償，致無法共享開發利益，又造成徵收機關籌措現金補償之財務負擔，因此，土地所有權人申請發給抵價地之原有土地上設定有抵押權或典權者，原土地所有權人及該他項權利人得申請於發給之抵價地設定抵押權或典權，申請時並應提出同意塗銷原有土地抵押權或典權之證明文件（土徵§42Ⅰ）。又爲兼顧他項權利人之權益，避免登記上產生爭議，依前項規定於發給之抵價地設定抵押權或典權，其權利範圍、價值、次序等內容，由

原土地所有權人及他項權利人協議定之（土徵§42II）。依第1項設定之抵押權或典權，應於抵價地登記時，同時登記；並應於登記後通知該他項權利人（土徵§42III）。

伍、區段徵收土地之處理

一、公有土地之處理

為便利區段徵收之整體開發規劃，區段徵收範圍內之公有土地，管理機關應以作價或領回土地方式撥供該管區段徵收主管機關統籌規劃開發、分配。但區段徵收前已作為道路、溝渠、公園、綠地、兒童遊樂場、廣場、停車場、體育場所及國民學校用地使用者，應無償撥供主管機關統籌規劃開發（土徵§43I）。前項以作價方式提供者，其地價準用第30條規定計算。以領回土地方式提供者，其領回土地面積按區段徵收之抵價地面積比率計算，配回原管理機關，配回之土地應以上述九項公共設施以外之公共設施用地為優先，並依區段徵收計畫處理（土徵§43II）。

二、農業專用區之規劃配售

區段徵收範圍內得規劃配設農業專用區，供原土地所有權人以其已領之現金地價補償費數額申請折算配售土地，作為農業耕作使用。

前項農業專用區規劃原則、申請配售資格、條件、面積、作業程序及其他應遵行事項之辦法，由各級主管機關定之（土徵§43-1）。

三、規劃整理後土地之處理

區段徵收範圍內土地，經規劃整理後，除依第43條規定配回原管理機關及第43條之1規定配售外，其處理方式如下（土徵§44I）[19]：

(一) 抵價地發交被徵收土地所有權人領回。其應領回抵價地之面積，由該管

---

[19] 區段徵收後土地之處理方式，相關法律規範內容有所差異，可參考土地法（§92）、平均地權條例（§7、§55-2）、都市計畫法（§84）、獎勵民間參與交通建設條例（§12）、新市鎮開發條例（§8）、促進民間參與公共建設法（§19）、離島建設條例（§8）。

　　　　直轄市或縣（市）主管機關按其應領地價補償費與區段徵收補償地價總額之比率計算其應領之權利價值，並以實際領回抵價地之單位地價折算之。

(二) 道路、溝渠、公園、綠地、兒童遊樂場、廣場、停車場、體育場所及國民學校用地，無償登記為當地直轄市有、縣（市）有或鄉（鎮、市）有。

(三) 前款以外之公共設施用地，得由主管機關依財務計畫需要，於徵收計畫書載明有償或無償撥供需地機關或讓售供公營事業機構使用。

(四) 國民住宅用地、安置原住戶或經行政院專案核准所需土地得以讓售。

(五) 其餘可供建築土地，得予標售、標租或設定地上權。

　　　　依前項第1款規定領回面積不足最小建築單位面積者，應於規定期間內提出申請合併，未於規定期間內申請者，該管直轄市或縣（市）主管機關應於規定期間屆滿之日起30日內，按原徵收地價補償費發給現金補償（土徵§44Ⅱ）。第1項第2款以外之公共設施用地，如該事業得許民營者，其用地應依第1項第5款之規定辦理（土徵§44Ⅲ）。依第1項第3款至第5款撥用或讓售地價及標售底價，以開發總費用為基準，按其土地之位置、地勢、交通、道路寬度、公共設施及預期發展等條件之優劣估定之（土徵§44Ⅳ）。依第1項第5款標租或設定地上權時，其期限不得逾99年（土徵§44Ⅴ）。第1項第5款土地之標售、標租及設定地上權辦法，由各級主管機關定之（土徵§44Ⅵ）。

陸、開發成本與地價之評定

　　　　實施區段徵收時，直轄市或縣（市）主管機關應預計區段徵收土地平均開發成本，並斟酌區段徵收後各街廓土地之位置、地勢、交通、道路寬度、公共設施及預期發展情形，估計區段徵收各路街之路線價或區段價，提經地價評議委員會評定後，作為原土地所有權人領回抵價地之計算基準及下列權益之標準（土徵§45，平細§70）：

一、應領抵價地之權利價值。

二、應領抵價地之面積。

三、實際領回抵價地之地價。

四、優先買回土地之權利價值。

五、優先買回土地之面積。

第六節　徵收之撤銷與廢止

撤銷或廢止徵收，乃係對已徵收之土地，因法定之原因，由需用土地人或原所有權人，向主管機關提出申請經核准後，原土地所有權人應繳回徵收補償價額，由主管機關發還其原有土地。撤銷徵收之制度，旨在於保障原所有權人之權利，並督促需用土地人依興辦事業計畫利用土地。土地徵收為行政處分之性質，一般而言，行政處分之撤銷，係指違法之行政處分，由有權機關依法撤銷；行政處分之廢止，係指合法之行政處分，由有權機關依法廢止[20]。

壹、撤銷或廢止徵收之原因

一、撤銷之原因

土地徵收係基於興辦事業之需要，在協議價購不成後，動用公權力強制取得私有土地，故對已公告徵收之土地，需用土地人應切實按核准計畫及所定期限使用。在未依徵收計畫完成使用前，需用土地人應每年檢討其興辦事業計畫，並由其上級事業主管機關列管。有下列情形之一者，應辦理撤銷徵收（土徵§49Ⅰ）：

(一) 因作業錯誤，致原徵收之土地不在工程用地範圍內者。

(二) 公告徵收時，都市計畫已規定以聯合開發、市地重劃或其他方式開發者。但以聯合開發方式開發之土地，土地所有權人不願參與聯合開發者，不在此限。

撤銷徵收之前提須有前二款之一情事發生，且徵收計畫尚未完成使用，所稱開始使用，指興辦事業之主體工程動工；所稱完成使用，指興辦事業

---

[20] 參閱吳庚，行政法之理論與實用，頁314～316，三民書局，民國81年9月初版。

整體工程完成驗收。但依其事業性質無需興建工程者，不在此限（土徵細
§56-1）。

二、廢止之原因

已公告徵收之土地，有下列情形之一者，應廢止徵收（土徵§49Ⅱ）：
(一) 因工程變更設計，致原徵收之土地不在工程用地範圍內。
(二) 依徵收計畫開始使用前，興辦之事業改變、興辦事業計畫經註銷者、開
發方式改變或取得方式改變。
(三) 已依徵收計畫開始使用，尚未依徵收計畫完成使用之土地，因情事變
更，致原徵收土地之全部或一部已無使用之必要。

依前二項辦理撤銷或廢止徵收之土地或土地改良物，其已一併徵收之殘
餘部分，應同時辦理撤銷或廢止。但該殘餘部分已移轉或另有他用者，不在
此限（土徵§49Ⅲ）。

前三項規定，於本條例施行前公告徵收之土地，適用之（土徵
§49Ⅳ）。

第2項第2款所謂「興辦之事業改變」，係指改變後之事業與原核准徵
收之目的事業無關聯或興辦事業之目的宗旨不同者。第2項第3款所謂「情事
變更」，係指非徵收當時所能預見之計畫變更或計畫興辦事業經廢止或變更
而言。亦即情事變更乃係著重於持續性之公共事業，在計畫進行中，事後有
積極客觀之情事變更發生，致該持續性的公共事業已不再需要該被徵收之工
地而言[21]。又依第1項第2款之規定，於公告徵收時（30日內）開發方式變更
時，可辦理撤銷徵收。故前揭因「情事變更」而廢止徵收之原因，自不應包
括開發方式之變更。

三、撤銷或廢止徵收之請求權

土地徵收係基於公共利益之必要，對人民財產權的剝奪。爰此，課予需
用土地人之義務有：(一)需用土地人應切實按核准計畫及所定期限使用。在

---

21 參見臺北高等行政法院93年度訴字第3730號判決及臺中高等行政法院103年度再字
第9號判決。

未依徵收計畫完成使用前，需用土地人應每年檢討其興辦事業計畫，並由其上級事業主管機關列管（土徵§49）；(二)有應辦理撤銷或廢止徵收之情形發生時（土徵§49Ⅰ、§49Ⅱ），由需用土地人向中央主管機關申請徵收之撤銷或廢止（土徵§50Ⅰ）。

其中，需用土地人違反第1項義務，未核實按核准計畫及所定期限使用時，則原土地所有權人依法（土徵§9）可主動行使請求收回被徵收土地之權利，即被徵收土地之收回權。惟若違反第2項義務，需用土地人未提出撤銷或廢止徵收之申請時，原土地所有權人將無法取回被徵收土地，對人民財產權之保障，有所不足。故為此乃規範於需用土地人未申請時，原土地所有權人得向該管直轄市或縣（市）主管機關請求之（土徵§50Ⅱ），以資救濟。又得請求撤銷或廢止徵收之原土地所有權人，為原被徵收土地之所有權人；原所有權人死亡，為其全體繼承人。但任一繼承人得敘明理由為其全體繼承人之利益請求之。前項請求撤銷或廢止徵收之土地原為分別共有者，各共有人得就其應有部分請求之（土徵細§57-1）。

原土地所有權人依法取得之撤銷或廢止徵收請求權，其要件為：(一)須已公告徵收土地完畢；(二)須有撤銷或廢止徵收之情事發生；(三)須有需用土地未提出撤銷或廢止徵收之申請；(四)須由原土地所有權人向主管機關請求之；(五)須撤銷或廢止徵收請求權未罹於時效而消滅。

其中，原土地所有權人之撤銷或廢止徵收請求權，性質上為公法上之請求權，惟請求權消滅時效應自何時起算，行政程序法並未規定，可類推適用民法第128條之規定，自請求權可行使時起算。所謂請求權可行使時，乃指權利人得行使請求權之狀態而言，故應解為自「可合理期待權利人為請求時」起算消滅時效，方屬合理[22]，而非自撤銷或廢止徵收情形原因事由發生日起算。

貳、撤銷或廢止徵收之程序

行政處分之申請撤銷或廢止，在行政處分於法定救濟期間經過後，在一定條件下，相對人或利害關係人得向行政機關申請之（行程§128）。土地

---

[22] 參見最高行政法院102年11月份第1次庭長法官聯席會議。

徵收行政處分之廢止或撤銷，亦須依此規範，由需用土地人或原土地所有權人向主管機關申請之。

一、撤銷或廢止徵收之申請

(一) 向中央主管機關申請

撤銷或廢止徵收由需用土地人向中央主管機關申請之（土徵§50Ⅰ）。

(二) 向該管主管機關申請

需用土地人未申請者，原土地所有權人得向該管直轄市或縣（市）主管機關請求之（土徵§50Ⅱ）。已公告徵收之土地有前條第1項或第2項各款情形之一，而需用土地人未申請撤銷或廢止徵收者，原土地所有權人得向該管直轄市或縣（市）主管機關請求之（土徵§50Ⅱ）。該管直轄市或縣（市）主管機關收受前項請求後，應會同需用土地人及其他有關機關審查。其合於規定者，由需用土地人依第1項規定申請之；不合規定者，該管直轄市或縣（市）主管機關應將處理結果函復原土地所有權人（土徵§50Ⅲ）。原土地所有權人不服前項處理結果，應於直轄市或縣（市）主管機關函復送達之日起30日內向中央主管機關請求撤銷或廢止徵收。其合於規定者，得由中央主管機關逕予撤銷或廢止；不合規定者，由中央主管機關將處理結果函復原土地所有權人。原土地所有權人不服處理結果者，依法提起行政救濟（土徵§50Ⅳ）。已公告徵收之土地有前條第1項或第2項各款情形之一，而需用土地人未申請撤銷或廢止徵收者，由該管直轄市或縣（市）主管機關會同需用土地人及其他有關機關審查後向中央主管機關申請撤銷或廢止徵收（土徵§50Ⅴ）。

二、核准並公告

原核准徵收機關於核准撤銷或廢止徵收後，應將原案通知該管直轄市或縣（市）主管機關（土徵§51Ⅰ）。直轄市或縣（市）主管機關於收到中央主管機關通知核准撤銷或廢止徵收案時，應公告30日（土徵§51Ⅱ）。

三、通知與徵收價額之繳納

　　撤銷或廢止徵收案經核准後，直轄市或縣（市）主管機關應公告30日同時並通知原土地所有權人於一定期間內繳清應繳納之價額，發還其原有土地。未於一定期間內繳清者，不予發還其土地，並不得依土地徵收條例第9條規定申請收回該土地（土徵§51Ⅱ）。前項一定期間，不得少於6個月（土徵§51Ⅲ）。

　　撤銷或廢止徵收時，所稱應繳納之價額，指補償地價、地價加成補償及遷移費。但依土地徵收條例第34條之1規定之人口或物件已遷移者，無須繳納遷移費（土徵§51Ⅳ）。又補償地價，於徵收前設定有他項權利或耕地租約者，包括他項權利人或耕地承租人原應受領之價金（土徵§51Ⅵ）。

參、撤銷或廢止徵收之處理與準用

一、原權利之處理

　　為使權利關係單純化，並避免原土地所有權人、他項權利人或耕地承租人，僅單方願繳回其原受領之價款，造成難以處理之僵局，故乃規定撤銷或廢止徵收後，徵收前原設定之他項權利及耕地租約不予回復。但依土地徵收條例第42條規定由原土地所有權人及他項權利人申請於發給之抵價地設定抵押權或典權者，其原抵押權或典權准予回復（土徵§52）。

二、土地改良物之處理

　　土地撤銷或廢止徵收時，原一併徵收之土地改良物應一併辦理撤銷或廢止徵收。但該土地改良物已滅失者，不在此限（土徵§54Ⅰ）。又土地改良物與徵收當時相較已減輕其價值，而仍得為相當之使用者，原需用土地人得就其現存部分酌定價額，一併辦理撤銷或廢止徵收（土徵§54Ⅱ）。此外，為避免土地與改良物一併徵收，如准由原所有權人僅繳清土地或其土地改良物應繳納之徵收價款，發還其原有之土地或現有之土地改良物，則將呈現土地與土地改良物一為公有，一為私有，使法律關係複雜化，爰此規定，撤銷或廢止徵收之土地與一併辦理撤銷或廢止徵收之土地改良物原所有權人相同者，應同時繳清土地及其土地改良物應繳納之價額後，發還其原有之土地及

現存之土地改良物（土徵§55）。

三、撤銷或廢止徵收之準用

　　土地改良物撤銷或廢止徵收，有關撤銷徵收之情形（土徵§49）、撤銷或廢止徵收之申請及處理（土徵§50）、撤銷或廢止徵收之通知、公告與徵收價額之繳納（土徵§51）與原有權利之處理（土徵§52），依土地徵收條例第53條之規定，皆準用之。

　　土地徵收處分有下列情形之一者，其徵收補償費之繳清、土地之發還、原設定他項權利及耕地租約之處理，準用前二條規定（土徵§52-1）：

(一) 經中央主管機關依行政程序法撤銷或廢止。

(二) 經相對人或利害關係人依行政程序法第128條規定向行政機關申請後予以撤銷或廢止。

(三) 經行政救濟結果撤銷或廢止。

第四章　徵收補償

第一節　徵收補償之概說

壹、徵收補償之意義

　　徵收補償，係對因徵收而被剝奪私有財產權者，形成個人之特別犧牲[1]，基於平等原則，對所受之損失，給予補償之謂也。土地徵收係國家依法行使高權，針對特定人強制取得土地而使得其財產權受到損失，爲公法上之一種適法之行政處分，而非違法之行政行爲[2]。因此，國家對被徵收人負有公法上金錢給付之義務。其次，土地徵收之損失補償與民法之損害賠償有所不同，前者乃補償先行爲原則，即須先補償，始得剝奪特定人之財產權；而後者常先有損害情形，再事後予以賠償。由於我國憲法對於公用徵收之要件及補償原則，欠缺明文規定，故補償之基本原則爲何，實有探究之餘。惟徵收補償是公法上補償之一種，係國家合法行使高權侵害財產權人，致生特別犧牲時，所給予彌補損失之作爲。因此，徵收補償應以「具有受憲法保障之法律地位」、「合法侵害」，以及「發生特別犧牲」爲前提[3]。

1　司法院釋字第440號解釋（86.11.14）認爲：「人民之財產權應予保障，憲法第15條設有明文。國家機關依法行使公權力致人民之財產遭受損失，若逾其社會責任所應忍受之範圍，形成個人之特別犧牲者，國家應予合理補償。……」，亦見司法院釋字第42號解釋（86.4.11）、第516號解釋（89.10.20）、第579號解釋（93.6.25）。

2　吳庚，行政法之理論與實用，頁470～471，三民書局，民國81年9月初版。

3　請參閱司法院釋字第400號解釋（85.4.12）、第440號解釋（86.11.14）、第813號解釋（110.12.24）。惟既已形成因公益而特別犧牲其財產上之利益，即如同英美法之taking狀態，國家自有補償之必要責任。釋字第400號解釋以國家自應「依法律之規定辦理徵收給予補償」，對財產權之保障仍有不足之虞。是依釋字第440號之解釋，形成個人之特別犧牲者，國家應予合理之補償。

　　土地徵收之補償係公法上之損失補償，而公法上之損失補償成立之要件有三[4]：

一、國家公權適法之行為致使特定人之財產受損失，違法之行為除外。

二、該特定人之財產上之損失僅其個別之所受之特別犧牲，而非及於一般大眾。

三、損失補償須法律有特別規定，否則無損失補償之請求權。

貳、補償之性質

　　徵收補償為行政補償之一，基於特別犧牲說理論基礎，在財產權保障平等原則下，對於私有財產權逾越社會義務之限制，致受特別限制或犧牲時，國家應對財產權人予以衡平的補償。在現行土地法制下，有關補償之時機，大致可分述如下。

一、徵收補償

　　土地徵收，係國家為興辦公共事業以達公益目的，而強制取得私有土地，對因而遭受特別犧牲之特定人，基於財產權保障之平等原則，應給予之補償，即謂因行政徵收剝奪私有財產，而給予之補償。土地徵收補償之目的乃在使被徵收人能夠回復徵收前之生活狀態，以維持社會之公平正義。惟補償之原則為何，迭有爭議。就基於生活權保障之觀點而言，對於被徵收者，應予完全之補償，方足以保障其生活之存續[5]。

　　由於土地徵收之完成，以補償費之發給完竣為前提要件，為公法上損失補償之一種，土地徵收補償具有公法性質，故土地徵收請求權人對徵收土地所應負擔之補償，係對國家（徵收權人）之義務，而非對被徵收人之義務。依土地徵收條例第19條及土地法第236條第2項規定，補償地價補償費及遷移費，均由需用土地人負擔，並繳交該管直轄市或縣（市）地政機關轉發之。補償費之發給，係由需用土地人將補償費繳交直轄市或縣（市）地政機

4　李鴻毅，土地法論，頁877，三民書局，民國73年5月增修8版。史尚寬，土地法原論，頁530，正中書局，民國64年2月台五版。

5　楊松齡，徵收補償與財產權保障之分析，平均地權稅制研討會，中國地政研究所，民國84年5月。

關轉發予被徵收人。爰此，需用土地人應負擔補償費支付之義務，爲公法上之金錢負擔，徵收補償爲公法上之義務，具有公法之性質。需用土地人爲徵收補償負擔人（土徵§19，土§236 II），直轄市或縣（市）地政機關爲補償發給人（土徵§20，土§233），被徵收人爲應受補償人（土徵§26，土§237）。徵收補償之義務，爲法律規定之獨立義務，又徵收之效力繫於補償費之發放（土徵§20、§21），故補償費之發放爲需用土地人取得土地權利之條件。惟徵收補償，並非以先付爲要件，必要時因公共安全急需先行使用者，不在此限（參照土徵§27，土§231）。

二、非行政徵收之補償[6]

因土地徵收，使特定人受特別犧牲，需藉補償以填補被徵收人損失外，在需用土地人未發動行政徵收情形下，因政府之行爲而導致人民財產受損失，國家亦應給予補償。依司法院釋字第440號及第813號解釋國家機關依法行使公權力，致人民財產遭受損失，若逾其社會責任所應忍受範圍，形成個人之特別犧牲者，國家亦應給予合理補償。本號解釋認爲妨礙土地權利人對其權利之行使，致生損失，形成其個人特別之犧牲，自應享有受相當補償之權利。於此，對傳統的徵收係以「剝奪」態樣爲主而相映之補償制度，擴充至「權利之行使受損」態樣亦須予以補償。類似英美法對私有財產權之保障由「Physical Takings」進化至「Regulatory Takings」，在我國現行法規中，亦已建立相關之規範，如：

(一) 既有合法可建築用地經依直轄市、縣（市）國土計畫變更爲非可建築用地時，其所受之損失，應予適當補償（國土§32 II）。

(二) 爲保護水道、水土保持及土地之整體有效利用，得就已核定之土石採取計畫逕爲變更之。土石採取人因變更致受有損失時，得向直轄市、縣

6　所謂「非行政徵收之補償」，係相對於「徵收補償」而言，究其性質，指個人財產權因公共利益而受拘束，非因行政徵收所構成特別犧牲之謂，與陳敏所稱「應補償之財產權內容規定」內涵相近。參閱陳敏，行政法總論，頁1146～1147，神州圖書出版有限公司，民國92年1月3版。就財產權之憲法保障旨意而言，此種補償之肇始，應與美國「Taking」之理念相當。個人認爲下列規範，應基於平等原則，國家行爲導致特定人所受之「特別犧牲」，應予以補償之。

（市）主管機關情求合理之補償（土石§21）。

(三) 經劃定為特定水土保持區之水庫集水區，設置保護帶。保護帶內之土地，未經徵收或收回者，管理機關得限制或禁止其使用收益，或指定其經營及保護之方法。私有土地所有人或地上物所有人所受之損失得請求補償金（水土保持§21）。

(四) 因鋪設大眾捷運系統地下軌道或其他地下設備，土地所有人因無法附建防空避難設備或法定停車空間所受之損害，大眾捷運系統工程建設機構應依前條規定予以補償（捷運§20）。

(五) 經劃定為野生動物保護區之土地，必要時，得依法徵收或撥用，交由主管機關管理。未經徵收或撥用之野生動物保護區土地，其所有人、使用人或占有人，應以主管機關公告之方法提供野生動物棲息環境；在公告之前，其使用、收益方法有害野生動物保育者，主管機關得命其變更或停止。土地之所有人或使用人所受之損失，主管機關應給予補償（野生保育§11）。

(六) 建造物經列為暫定古蹟，致權利人之財產受有損失者，主管機關應給予合理補償（文資§20Ⅳ）。

(七) 原住民保留地有下列情形之一者，其具原住民身分之所有權人或合法使用權人，得申請禁伐補償：1.經劃定為禁伐區域；2.受造林獎勵20年期間屆滿。禁伐補償由主管機關編列預算，交由地方執行機關辦理之（原民禁伐補償§3）。

(八) 水質水量保護區域內，原有土地使用，經主管機關會商有關機關認為有貽害水質水量者，得通知所有權人或使用人於一定期間內改善或改變使用。其所受之損失，由自來水事業補償之（自來水§12）。

(九) 各級政府為實施災害應變措施，依法執行徵調、徵用、徵購或優先使用，應給予適當之補償；其作業程序、補償基準、給付方式及其他相關事項之辦法，由內政部定之（災害防救§33）。人民因第24條第2項、第30條第1項第1款至第3款、第7款與第11款之處分、強制措施或命令及第31條第1項命保管之處分，致其財產遭受損失時，得請求補償。但因可歸責於該人民之事由者，不在此限。前項損失補償，應以金錢為之，並以補償實際所受之損失為限。第1項損失補償，應以書面敘明理由，於知有損失後，2年內向該執行機關請求之。但自損失發生後，經過5年

者，不得爲之（災害防救§34）。

此外，主管機關爲實施調查或勘測，須遷移、拆除建築物、工作物、地上障礙物，或對於妨礙線路之樹木砍伐或修剪之，因建物不合使用計畫，經令其變更使用或拆除等，致所有人或使用人遭受之損失，應予適當補償[7]，其性質較近於英美法之「Physical Takings」。

三、耕地三七五租佃之補償

國家因公用或公益目的之必要，得依法繳收人民之財產，基於憲法對人民財產權保障之意旨，對被徵收財產權之權利人而言，係爲公共利益所受之特別犧牲，國家應給予合理之補償。故有關補償的項目、內容，基於立法機關對財產權之自由形成空間，其補償應以法律之規範爲主。耕地三七五相約之承租人，其租賃權亦係憲法上保障之財產權，且耕地租賃權因物權化之結果，於現行規定上，已成爲土地上之負擔（土徵§35，釋579），故徵收土地時，除屬物權之他項權利，應予補償外，對於耕地三七租約之租賃權，亦明文規範爲補償對象，並明定其補償金額之計算方式，即由土地所有權人以所得之補償地價，扣除土地增值稅後餘額之三分之一，補償耕地承租人[8]

---

[7] 相關規定請參見：平均地權條例（§53）、土地徵收條例（§12）、區域計畫法（§17、18）、非都市土地使用管制規則（§8）、國土計畫法（§18、32）、都市計畫法（§29、41）、都市更新條例（§23）、促進民間參與公共建設法（§22、23）、獎勵民間參與交通建設條例（§21、22）、觀光條例（§16）、國家公園法（§10）、大眾捷運法（§21、22）、自來水法（§53）、電信法（§32、36、37）、電業法（§41）、鐵路法（§17）、文化資產保存法（§54）、飲用水管理條例（§5）、電信管理法（§46）、天然氣事業法（§23、§25）。

[8] 土地所有權人因平均地權條例規定（§11）而就其補償地價扣除土地增值稅後餘額之三分之一，補償耕地承租人，等同被立法之規範，剝奪其財產之三分之一，相當於「立法徵收」（Legislative Enteignung）。參見李惠宗（2008），行政法要義，元照出版，頁623。英美法對徵收之類型除前揭註釋所列舉之外，尚有所謂「司法徵收」（Judicial Takings）。參見James E. Krier (2014), *Judicial Takings: Musings On Stop*, The Beach Public Law And Legal Theory Resesrch Paper Series, Paper No. 383。

（平§11Ⅰ）。即採用代位總計各別分算代償之方法，將出租地上負擔之租賃權價值為代扣交耕地承租人，以為補償，其於土地所有權人財產權之保障，尚不生侵害問題。惟近年來社會經濟發展、產業結構顯有變遷，為因應農地使用政策，上開為保護農民生活而以耕地租賃權為出租耕地上負擔，並據以推估其價值之規定，應儘速檢討修正，以符憲法意旨（釋579）。又不問情狀如何，補償額度一概為三分之一之規定，有關機關應衡酌憲法第22條保護契約自由之意旨及社會經濟條件之變遷等情事，儘速予以檢討修正（釋580）。

第二節　徵收補償之範圍與標準

壹、徵收補償之範圍

按土地徵收，使得特定人受特別之犧牲，需藉由徵收補償制度設計以填補被徵收人之財產權損失，以符合社會公平與正義。

徵收補償之原則，應以相當於被徵收人因土地徵收所受經濟上之損失為必要，而使完全回復與徵收前同一無損失之狀態。故徵收補償之要素，除以被徵收人因徵收而喪失權利之客觀價值（包括土地及土地改良物價值）為主要內容外，其他因徵收或徵收土地使用之結果，致被徵收人或接連土地所受之經濟損失，亦應為補償，但不得因此使被徵收人獲有特別之利益。

有關徵收補償原則之學說，大致可分「完全補償」與「相當補償」[9]二說，前者乃重視被徵收人在徵收後生活秩序之重建，使其得以恢復與徵收前同一生活品質之狀態。此說乃是基於「基本人權」或「公平保障平等權」為

---

[9] 亦有主張應「公平補償」，如美國憲法第五修正案不予公平補償，私人財產不得被徵為公用（nor shall private property be taken for public use without just compersation）。歷年來司法院之解釋，如釋字第400號、409號採「相當之補償」用語，釋字第425、440、516、579、652號解釋採「合理之補償」用語，其中第579號解釋文中認為「補償與損失必須相當」，諸些解釋之本意究採「相當補償說」或「完全補償說」，可供推敲之。

出發點，認爲被徵收人社會義務薄弱，故應給予完全的補償。後者將重心放在被徵收人所受經濟上之損失，此係基於「社會職務」或「特別犧牲」之觀念，認爲被徵收人負有濃厚之社會義務，故給予相當補償即可。由上述二種補償學說，就理論之推導可知「完全補償」說之補償範圍宜包括積極及消極的經濟上損失與非經濟上之損失；而「相當補償」說之補償範圍僅及於實質之經濟損失[10]。其次，依補償的範圍而言，徵收補償範圍大致可分爲二類，一、被徵收人因徵收而喪失權利之部分，包括土地及土地改良物之所有權；二、因徵收或徵收之使用而使被徵收人所受之損失，包括遷移住所，營業終止，或接連地所受之損失等。

　　依現行土地徵收法規之規定，徵收補償之範圍，大致可分爲七項：

一、地價之補償（土徵§30）。

二、土地改良物之補償（土徵§31）。

三、土地改良費用之補償（土徵§32）。

四、合法營業損失之補償（土徵§33）。

五、安置計畫（土徵§34-1）。

六、遷移費（土徵§34）。

七、接連地之損失補償（土§216）。

貳、徵收補償之標準

　　徵收補償之補償計算標準，應爲徵收物體依其客觀合理利用狀況下之客觀社會價值估定之，而不宜侷限於現在利用之方式爲判斷。未來預期之利用，若僅爲權利人個人主觀的希望，或須依特別投資改良始爲可能者，則不宜爲估計之考量，惟徵收係強制剝奪私有財產，個人對所擁財產之主觀感情價值，宜應適度考量之。

　　徵收係對於憲法上所保障的私有財產權予以剝奪的合法侵害，基於平等原則，在財產權存續保障不可得之下，而轉爲價值保障時，自必應有相對之補償，以塡補所有權人損失，以恢復財產未被徵收狀況，方符憲法「平等權」之意旨。是故在徵收制度下，補償厥爲國家平等保障財產權不可或缺之要件。

---

[10] 楊松齡，基本權、財產權與土地徵收，人與地，65期，頁36、40，民國86年9月。

　　徵收補償原則，向來有完全補償說與相當補償說之不同主張，歷次之大法官解釋，雖明示了補償之必要，惟究採何種補償原則，卻有不同之解讀，縱觀我國歷年來司法院有關徵收補償解釋，有採「相當之補償」用語（釋400、409、813）；有採「合理之補償」用語（釋415、440、516、578、652），其本意為何，尚存異議[11]。

　　土地徵收為強制取得土地的手段，係屬非自願性之交易，其地價補償之基準究與正常下自願交易之地價，顯有不同。雖然土地徵收條例修訂改以市價之補償標準，取代了輒受詬病的公告土地現值標準，並制定了相關的補償市價查估辦法，惟徵收補償之地價，可以透過這些辦法查估出合理的市價嗎？徵收補償之目的在於保障被徵收的存續生活，填補其因徵收而造成之損失，以正常合理的市價補償即可滿足此補償之目的嗎？

　　徵收補償在於確保被徵收人之財產權，期使權利主體藉此保障，以維繫自我責任之生活，始符合憲法上財產權保障之意旨。徵收補償是否適切有效，可從三個方面進行評估：一、能否確保被徵收者所獲得公平的補償，足以彌補其損失；二、能否促進徵收條款有效的運作；三、能否防止投機主義地主的尋租活動。從相關研究的結果而言，很不幸地以公平市價的補償方案，皆無法通過此三項的評估，而認為徵收補償陷入了「泥淖」（Serbonian Bog），難以脫身[12]。徵收使得被徵收者喪失了物質上的自主性（Physical Autonomy）及經濟上的自主性（Economic Autonomy）。因此，就公平正義立場而言，以被徵收人的角度看待徵收補償，確立補償基準之原則。

　　公平市場價值與主觀價值之間會產生所謂的「間隙」，主要係被徵收者對其所擁有的財產會有主觀的溢價。公平市場價值，如同美國大法官Marshall所言只是一個「相對客觀的操作規則」（Relative Objective Working Rule），公平市場價值並非客觀的標準，只是一種妥協（Compromise）[13]。

---

[11] 參閱楊松齡，市價補償即為公平？論徵收補償之地價基準，台灣環境與土地，3期，民國101年9月。

[12] Nathan Burdsal (2005), "Just Compensation and the Seller's Paradox," BYU Journal of Public Law, p. 83.

[13] Katrina Miriam Wyman (2007), "The Measure of Just Compensation," University of California, Daris Vol. 41, pp. 282-283.

如果我們將徵收補償視爲達成校正正義（Corrective Justice）的方法來看，爲恢復被徵收者的原生活狀態，使其福利水準不受影響，實宜以被徵收者的主觀方式來看待徵收補償。

其次，在徵收物體補償時，亦應考量計算時期，不同時期徵收物體之權利價值不同。基本上徵收時，權利人喪失其權利，故理論上以被徵收人失其權利當下之價格爲徵收補償計算之時期爲宜。徵收土地，應按照徵收當期之市價補償地價（土徵§30前段），至爲明確。惟需用土地人因公共安全急需先行使用時（土徵§27），應以進入使用時爲計算標準之時期，但應以對土地權利人最有利之時期爲考量。

又爲避免被徵收人爲增加補償價格或圖己之利，在徵收或補償決定之前，對徵收物體進行惡意之投資改良或剝削，被徵收之土地或土地改良物自公告日起，除於公告前因繼承、強制執行或法院之判決而取得所有權或他項權利，並於公告期間內申請登記者外，不得分割、合併、移轉或設定負擔。土地權利人或使用人不得在該土地爲建築改良物之新建、增建、改建或採取土石、變更地形或爲農作改良物之增加種植。其於公告時已在工作中者，應即停止（土徵§23Ⅰ）。同時配合土地改良物一併徵收之限制（土徵§5），可杜絕圖謀徵收補償費之增加的投機行爲（釋344）。

徵收土地應給予之補償地價等相關補償費，現行法令已明訂之。茲將上述各種補償費之標準分述如下：

一、地價之補償

土地徵收補償之核心在於地價之補償，其補償標準因徵收目的與所適用法律不同而異，茲將有關徵收之地價補償之法律規定分述之：

(一) 土地法之規定

被徵收土地應補償之地價，依下列之規定（土§239）：
1. 已依法規定地價，其所有權未經移轉者，依其法定地價。
2. 已依法規定地價，其所有權經過移轉者，依其最後移轉時之地價。
3. 未經依法規定地價者，其地價由該管直轄市或縣（市）地政機關估定之。

至於保留徵收之地價補償標準，保留徵收之土地，應補償之地價，依徵收時之地價（土§240）。此乃因保留徵收期間，僅爲土地使用之限制，並

未剝奪其土地所有權，故應以徵收當期之地價為補償標準，而非依公告保留徵收之地價為準。又所謂「依徵收時之地價」，乃指實行徵收時，依土地法第239條規定之補償地價標準，予以計算其補償價額。

(二) 土地徵收條例之規定

為兼顧土地所有權人權益及順利取得公共建設用地之原則下，被徵收之土地，應按照徵收當期之市價[14]，補償其地價。在都市計畫區內之公共設施保留地，應按毗鄰非公共設施保留地之平均市價，補償其地價（土徵§30Ⅰ）。前項市價，由直轄市、縣（市）主管機關提交地價評議委員會評定之。各直轄市、縣（市）主管機關應經常調查轄區地價動態，每6個月提交地價評議委員會評定被徵收土地市價變動幅度，作為調整徵收補償地價之依據。前三項查估市價之地價調查估計程序、方法及應遵行事項等辦法，由中央主管機關定之（土徵§30Ⅱ～Ⅳ）。

(三) 平均地權條例之規定

本條例實施地區內之土地，政府於依法徵收時，應按照徵收當期之公告土地現值，補償其地價。在都市計畫區內之公共設施保留地，應按毗鄰非公共設施保留地之平均公告土地現值，補償其地價，其地上建築改良物，應參照重建價格補償（平§10）。又所謂「徵收當期之公告土地現值」乃指徵收公告期滿後第15天之公告現值而言。所稱毗鄰非公共設施保留地之平均公告土地現值，以毗鄰各非公共設施保留地土地現值之平均數為準（平細§6、§7）。

至於若徵收之土地為出租耕地時，除由政府補償承租人為改良土地所支付之費用，及尚未收穫之農作改良物外，並應由土地所有權人，以所得之補償地價，扣除土地增值稅餘額之三分之一，補償耕地承租人[15]（平

---

[14] 採「市價」補償之規定，早於民國4年土地收用法即明定以市價為土地收買之價（§7）。此外，民國43年實施都市平均地權條例（§30）、民國53年都市計畫法（§48）、民國59年獎勵投資條例（§43）、民國68年科學園區設置管理條例（§12）皆以市價為徵收補償之標準。

[15] 依本條例之規定，對土地所有權人強制剝奪其補償之部分給予承租人，司法院釋

§11Ⅰ）。前項補償承租人之地價，應由主管機關於發放補償或依法提存時，代爲扣交（平§11Ⅱ）。公有出租耕地依法撥用時，準用前2項規定，補償承租人；所需經費，由原管理機關負擔。但爲無償撥用者，補償費用，由需地機關負擔（平§11Ⅲ）。

(四) 都市計畫法之規定

依本法徵收或區段徵收之公共設施保留地，其地價補償以徵收當期毗鄰非公共設施保留地之平均公告土地現值爲準，必要時得加成補償之。但加成最高以不超過40%爲限（都計§49Ⅰ）。前項公共設施保留地之加成補償標準，由當地直轄市縣（市）地價評議委員會於評議當年期公告土地現值時評議之（都計§49Ⅱ）。

(五) 建築法之規定

建築基地面積畸零狹小不合規定者，非與鄰接土地協議調整地形或合併使用，達到規定最小面積之寬度及深度，不得建築，若基地所有權人與鄰接土地所有權人無法達成上述協議，且經直轄市、縣（市）（局）政府於1個月內調處不成時，基地所有權人或鄰接土地所有權人得就規定最小面積之寬度及深度範圍內之土地，按徵收補償金額預繳承買價款申請該管地方政府徵收後辦理出售。徵收之補償，土地以市價爲標準，建築物以重建價格爲準（建§44、§45）。

字第579號解釋，認爲耕地租賃權因物權化之結果，已形同耕地之負擔。故採用代位總計各別分算代價之方法，代爲扣交耕地承租人。又司法院釋字第580號解釋，認爲賦予補償承租人之義務，乃爲平衡雙方權利義務關係，尚無悖於憲法第15條保障財產之本旨。惟不問情況如何，補償額度一概爲三分之一規定，有關機關應衡酌憲法第22條保障契約自由之意旨及社會經濟條件之變遷等情事，儘速予以檢討修正（雖本號解釋係對耕地三七五減租條例第17條之第2項第3款之規定所做之解釋，惟情形亦與平均地權條例之規定同旨，爰摘錄之）。李惠宗將此課予出租人之負擔，認爲亦屬立法徵收之一種型態，參閱李惠宗，行政法要義，頁623，元照出版公司，民國97年9月4版。

(六) 科學園區設置管理條例之規定

依科學園區設置管理條例第13條第1項之規定，科學園區內之土地，原屬私有者，得予依法徵收。

(七) 科技產業園區設置管理條例之規定

依科技產業園區設置管理條例第14條規定，科技產業園區內之土地，屬於私有者，依法徵收，並按市價補償之。

由上述我國對土地徵收之相關法律規定，對於徵收補償地價標準，依徵收目的或適用對象不同，補償因之而異。土地法以法定地價、最後移轉時之地價或估定地價；平均地權條例以公告現值或公告現值加成；都市計畫法以公告現值加4成；建築法以市價補償；科學園區設置管理條例及科技產業園區設置管理條例未修正前皆以市價補償。如此，形成同為土地徵收之行使，但由於所適用的法律不同，補償地價標準亦有所不同，易引起被徵收人因補償不公平而抗爭。爰此，土地徵收條例乃特別規範，其他法律有關徵收補償標準與本條例牴觸者，優先適用本條例（土徵§1Ⅲ），以解決補償標準之紛爭。然徵收之補償地價以公告土地現值為標準，但長期以來公告土地現值偏離市價已為不爭之事實，故勢必對土地所有權人造成財產上之損失。基於衡平原則，土地徵收條例乃修正以市價為補償地價之標準。

二、土地改良物之補償

徵收土地時，原則上土地改良物應一併徵收（土§215Ⅰ，土徵§5Ⅰ）。故土地徵收時，土地改良物應一併徵收，並給予適當補償。所謂土地改良物，分為建築改良物及農作改良物二種（土§5Ⅰ），其徵收補償之標準分別如下：

(一) 建築改良物之補償標準

1. 土地法之規定

土地改良物被徵收時，其應受之補償費，由該管直轄市或縣（市）地政機關會同有關機關估定之（土§241）。又建築改良物價值之估計，以同樣之改良物於估計時為重新建築需要費額為準，但應減去因時間經歷所受損耗

之數額（土§162）。

2.土地徵收條例之規定

建築改良物之補償費，按徵收當時該建築改良物之重建價格估定之（土徵§31Ⅰ）。

3.平均地權條例之規定

政府於依法徵收時，其地上建築改良物，應參照重建價格補償（平§10）。

4.都市計畫法之規定

依本法徵收或區段徵收之公共設施保留地，其地上建築改良物之補償以重建價格爲準（都計§49Ⅰ）。

5.建築法之規定

建築基地面積畸零狹小不合規定最小面積之寬度及深度，並與鄰接土地所有權人無法達成調整地形或合併使用之協議，而直轄市、縣（市）政府調處不成時，得就規定最小面積之寬度及深度範圍內之土地按徵收補償金額預繳承買價款申請徵收並辦理出售，其建築物以重建價格爲準（建§45Ⅰ）。

由上述各項法律規定內容而言，有關被徵收土地之建築改良物補償標準，皆以該建築物之重建（置）價格爲準。惟就被徵收人之間的公平性而言，建物之物理性折舊的耗損，宜加考量。至於爲塡補被徵收人之損失，避免補償不足，宜另立法考量之。

(二) 農作改良物之補償標準

1.土地法之規定

被徵收之農作改良物，如被徵收時與其孳息成熟時期相距在1年以內者，其應受補償之價值，應按成熟之孳息估定之；其被徵收時與孳息成熟時期相距超過1年者，應依其種類、培育費用，並參酌現值估定之（土§242）。

2.土地徵收條例之規定

農作改良物之補償費，於農作改良物被徵收時與其孳息成熟時期相距在1年以內者，按成熟時之孳息估定之；其逾1年者，按其種植及培育費用，並參酌現值估定之（土徵§31Ⅱ）。

3.平均地權條例之規定

照價收買之土地，地上如有農作改良物，應予補償（平§33Ⅰ）。前項農作改良物價額之估定，如其孳息成熟時間在收買後1年以內者，應按其成熟時之孳息估定之；其在1年以上者，應依其種類、培育費用，並參酌現值估定之（平§33Ⅱ）。依法徵收之土地，準用前二項之規定（平§33Ⅲ）。

三、土地改良費之補償

徵收土地公告前已領有建築執照或於農地上為合法改良土地，依第23條第1項規定停止工作者，其已支付之土地改良費用，應給予補償（土徵§32）。所稱改良土地，指(一)建築基地改良：包括整平或填挖基地、水土保持、埋設管道、修築駁嵌、開挖水溝、鋪築道路等；(二)農地改良：包括耕地整理、水土保持、土壤改良與修築農路、灌溉、排水、防風、防砂及堤防等設施；(三)其他用地開發所為之土地改良（土徵細§32）。土地之改良，其改良費的投入理論上已反映在其地價之中，故土地地價補償費已包含此改良費投入之補償。現行補償地價係以市值為據，是否須再另外加計土地改良費用，可再考量之。

四、合法營業損失之補償

土地或建築改良物原供合法營業之用，因徵收而致營業停止或營業規模縮小之損失，應給予補償（土徵§33Ⅰ）。前項補償基準，由中央主管機關定之（土徵§33Ⅱ）。上述所謂合法營業，係指依法取得營業所需相關證照，並正式營業者。營業停止，係指營業用土地或土地改良物因全部徵收而致營業之停止。至於營業規模縮小，係指營業用土地或土地改良物，因部分徵收而致原有營業規模之縮小而言。

五、安置計畫

徵收公告一年前有居住事實之低收入戶或中低收入戶人口，因其所有建築改良物被徵收，致無屋可居住者，或情境相同經直轄市或縣（市）政府社會工作人員查訪屬實者，需用土地人應訂定安置計畫，並於徵收計畫書內敘明安置計畫情形（土徵§34-1Ⅰ）。前項安置，包括安置住宅、購置住宅貸款利息補貼、租金補貼等（土徵§34-1Ⅱ）。

徵收之安置計畫，係基於憲法第15條生存權之保障，對於被徵收而導致生活居住產生問題者，爲妥善照顧原居住者之生活，而予以安置。故安置之對象，應以實際居住者爲限，土地所有權人或建物所有權人應有居住之事實，方有安置之必要。同理，他項權利人或實際居住者，雖非所有權人，應有安置之必要。其次，安置計畫之內容，應屬補償範圍之一部，安置不限於安置住宅爲限，相關住屋之補貼或租金之支付，亦屬安置計畫之範疇。

六、遷移費

土地徵收時，土地改良物以一併徵收爲原則，惟基於所有人之意願及改良物之經濟價值，所有權人自可要求自行遷移，而給予遷移費。又有居住情形，其人口之遷徙自應給予搬遷費用，以資補償。惟被徵收人之遷移義務，爲法律規定獨立之義務，不得爲民法上同時履行之抗辯。又遷移標的，原則上限於應徵收土地或改良物上者，如居住之人。土地改良物、生產設備或原料、養殖物或畜產等。又因一部徵收，致須分割遷移而喪失從來利用價值，非全部遷移不能供從來目的之使用者，得依所有人之請求爲全部遷移。

(一) 自行遷移

依土地徵收條例規定，徵收土地或土地改良物時，有下列情形之一，應發給遷移費（土徵§34）：

1. 依第5條第1項第1款或第2款規定遷移者。即土地改良物、墳墓或其他紀念物之遷移者。
2. 徵收公告6個月前設有戶籍之人口必須遷移者。但因結婚或出生而設籍者，不受6個月期限之限制。
3. 動力機具、生產原料或經營設備等必須遷移者。
4. 因土地一部分之徵收而其改良物須全部遷移者。
5. 水產養殖物或畜產必須遷移者。

前項遷移費查估基準，由中央主管機關定之（土徵§34Ⅱ）。

上述規定，第1款所稱情形，係指1.土地改良物所有權人要求取回，並自公告期滿之日起15日內自行遷移者；2.墳墓及其他紀念物必須遷移者。

對於改良物遷移費用之補償，一般以被徵收土地上之改良物爲標的，以合理、客觀方式遷移改良物核計其補償金額。遷移費應不限於農作改良物或

建築改良物之遷移補償，只要具有經濟價值之改良物均得為請求遷移補償之
項目。又基於社會習俗及實際上必要，徵收土地應將墳墓及其他紀念物遷移
者，其遷移費用應與改良物相同外，亦應考量祭祀禮儀之習俗，酌予補償。
無主墳墓應由需用土地人妥為遷移安葬，並將其情形詳細記載列冊呈報該管
直轄市或縣（市）地政機關備案（土§246）。於遷移無主墳墓時，應於10
日以前公告之，公告期限不得少於7日（土施§61）。徵收範圍內應行遷葬
之墳墓，需用土地人應申請當地墳墓主管機關依殯葬管理條例規定辦理，並
將情形詳細記載列冊，報請直轄市或縣（市）政府備案（土徵§29）。

(二) 代為遷移

為期土地徵收得以順利進行，直轄市或縣（市）地政機關遇有下列情形
之一者，得將改良物代為遷移或一併徵收之（土§238）：
1. 受領遷移費人於交付遷移費時，拒絕收受或不能收受者。
2. 受領遷移費人所在地不明者。
3. 受領遷移費人不依期限遷移者。

七、接連地之損失補償

執行土地徵收時，致使被徵收土地之接連土地因而遭受經濟上之損失，
進而影響其未來利用價值，自應對受損失者給予相當補償。故徵收之土地，
因其使用影響於接連土地，致不能為從來之利用，或減低其從來利用之效能
時，該接連土地所有權人得要求需用土地人為相當補償（土§216Ⅰ）。前
項補償金，以不超過接連地因受徵收地使用影響而減低之地價額為準（土
§216Ⅱ）。

故此種接連地之補償與一般徵收補償有所不同，雖非因徵收而受之財
產實體損失，但為徵收直接後果之其他財產上不利益，亦即所謂之「後果損
害」，應予以補償。因其為合法行政行為之行使，造成不正常而且逾越可
得期待界線之附帶效果，故稱之為「有徵收效力之侵害」或「徵收作用之干
涉」，與英美法之衍生性徵收（Derivation Takings）類型相近[16]。故必須俟

---

[16] 葉百修，從財產權保障觀點論公用徵收制度，頁559，民國78年4月初版。陳敏，

土地徵收完成後，在需用土地人使用該徵收之土地時，被徵收土地之接連土地所有權人其土地受影響，始得請求補償。其應具備要件如下：
(一) 須與被徵收之土地相連接。
(二) 接連地之損失，須因徵收土地之使用而產生。
(三) 須不能爲從來之利用或減低其從來利用之效能。
(四) 須接連土地所有權人，始得請求補償。
(五) 須向需用土地人要求相當補償。

參、土地負擔之處理

一、土地應有負擔之限定

被徵收之土地應有之負擔，其款額計算，以該土地所應得之補償金額爲限，並由該管直轄市或縣（市）地政機關於補償地價時爲清算結束之（土§221）。被徵收之土地或建築改良物應有之負擔，除申請發給抵價地者外，其款額計算，以該土地或建築改良物應得之補償金額爲限，由該管直轄市或縣（市）主管機關於發給地價補償費或建築改良物補償費時爲清償結束之。所稱應有之負擔，指他項權利價值及依法應補償耕地三七五租約承租人之地價（土徵§35）。

二、應有負擔補償之算定

就補償金額之算定方法而言，依土地法施行法規定，對於被徵收土地應有之負擔，由該管直轄市或縣（市）地政機關於發給補償金時代爲補償，並以其餘款支付被徵收土地之所有權人（土施§59），係採代位總計，各別分算代償方法[17]。惟現行土地徵收條例規定，被徵收之土地或建築改良物原

註6前揭書，頁1143、1158。有關衍生性徵收請參閱本編第二章第五節，頁692註17。

[17] 有關補償金額之算定方法有：一、代位主義；二、原則採代位主義，例外採各別主義；三、原則採各別主義，例外採代位主義等三種方法。代位主義係指所有權人以外之權利人，直接對國家無補償請求權，徵收補償僅對所有權人補償其完全之價格，其他權利人惟有由所有權人受領其一部之權利。各別主義係指徵收補償

設定之他項權利因徵收而消滅。其款額計算，該管直轄市或縣（市）主管機關應通知當事人限期自行協議，再依其協議結果代為清償；協議不成者，其補償費依第26條規定辦理（土徵§36）。由於土地或建築改良物應有之負擔，其款額之計算，係以該土地或建築改良物應得之補償金額為限，故現行補償金額之算定方法係採代位總計，協議分算代償方式，而於協議不成時，始採代位總計，各別分算方式。其次，就被徵收之土地或建築改良物應有之負擔，應有優於一般債權人受償之權。此不僅以具有物權性質之他項權利為限，耕地三七五租約承租人之補償地價，亦適用之。

三、他項權利價值之計算

被徵收之土地或建築改良物原設定之他項權利因徵收而消滅。其款額計算，該管直轄市或縣（市）主管機關應通知當事人限期自行協議，再依其協議結果代為清償；協議不成者，其補償費得依規定，存入土地徵收補償費保管專戶（土徵§36）。

四、耕地三七五租約

耕地承租人之租賃權係憲法上保障之財產權，於耕地因徵收而消滅時，亦應予補償。且耕地租賃權因物權化之結果，已形同耕地之負擔。基於保障佃農之土地政策理想，依法徵收之土地為出租耕地時，除由政府補償承租人為改良土地所支付之費用，及尚未收穫之農作物外，並應由土地所有權人，以所得之補償地價，扣除土地增值稅後餘額之三分之一，補償耕地承租人。補償承租人之地價，應由主管機關於發放補償費或依法提存時，代為扣交（平§11Ⅰ，耕地§17Ⅱ）。又採用代位總計各別分算代價之方法，將出租耕地上負擔之租賃權價值代為扣交耕地承租人，以為補償，其於土地所有權人財產權之保障，尚不生侵害問題。其次，應以土地公告現值扣除土地增值稅後餘額之三分之一補償承租人之規定，乃限於依土地法第83條所規定之使

時，除所有權人外，對其他權利人，應各別就其因徵收所受損失，分別為估計，以定其各應受領之補償金額，參照史尚寬，註4前揭書，頁536。司法院釋字第579號參酌。

用期限前得繼續爲從來之使用者，方有其適用[18]。

第三節　徵收補償之發放

壹、補償費之負擔與發給

依土地徵收條例規定，徵收土地或土地改良物應發給之補償費，由需用土地人負擔，並繳交該管直轄市或縣（市）主管機關轉發之（土徵§19）。徵收土地或土地改良物應發給之補償費，不僅需相當，更應盡速發給，以落實憲法保障人民財產權之精神，爰此，補償費應於公告期滿後15日內發給之。但徵收補償價額經復議或行政救濟結果有變動者，其應補償價額差額，應於其結果確定之日起3個月內發給之，該情形不在此限（土徵§20Ⅰ）。

需用土地人未於公告期滿15日內將應補償地價及其他補償費額繳交該管直轄市或縣（市）主管機關發給完竣者[19]，該徵收案從此失其效力。但有下列各款情形之一者，不在此限（土徵§20Ⅲ）：

一、於公告期間內因對補償之估定有異議，而由該管市縣地政機關依第22條規定提交地價評議委員會復議者。

二、經土地所有權人同意延期繳交有案者。

三、應受補償人拒絕受領或不能受領者。

四、應受補償人所在地不明者。

依土地法之規定，徵收土地應給予之補償地價補償費及遷移費，由該管直轄市或縣（市）地政機關規定之（土§236Ⅰ）。前項補償地價補償及遷移費，均由需用土地人負擔，並繳交該管直轄市或縣（市）地政機關轉發之（土§236Ⅱ）。此外，依土地法施行法規定，被徵收土地補償金額之計

---

[18] 參見司法院釋字第579、580號解釋。

[19] 司法院釋字第652號解釋（97.12.5）認為補償費依法發給完竣後，始發現據以作爲原補償處分之地價標準認定錯誤，原發給之補償費短少，致原補償處分違法者，自應於相當期限內依職權撤銷該已確定之補償處分，另爲適法之補償處分。逾期未發給補償費差額者，原徵收土地核准案即應失其效力。

算與發給，由需用土地人委託該管直轄市或縣（市）地政機關為之（土施§58）。同理，平均地權條例施行細則規定，徵收機關依本條例第54條發給現金補償時，應繳交該直轄市或縣（市）地政機關轉發之（平細§72）。

貳、補償費保管專戶之設置

現行提存作業手續繁雜且徵收機關及法院提存所人力有限，徵收提存案件無法及時處理完畢，影響用地取得時效甚鉅，爰乃規定直轄市或縣（市）主管機關應於國庫設立土地徵收補償費保管專戶，保管因受領遲延、拒絕受領或不能受領之補償費，不適用提存法之規定。直轄市或縣（市）主管機關應於本條例規定應發給補償費之期限屆滿次日起3個月內存入專戶保管，並通知應受補償人。自通知送達發生效力之日起，逾15年未領取之補償費，歸屬國庫（土徵§26Ⅰ）；前項保管專戶儲存之補償費應給付利息。以實收利息照付（土徵§26Ⅱ）。未受領之徵收補償費，依第1項規定繳存專戶保管時，視同補償完竣（土徵§26Ⅲ）。第1項未受領補償費保管辦法，由中央主管機關定之（土徵§26Ⅳ）。前四項規定，於本條例施行前未辦竣提存之未受領補償費，準用之（土徵§26Ⅴ）。

第四節　補償方式

壹、現金補償

關於徵收補償，為填補被徵收人所受之特別犧牲，在合理補償下，其補償方式，立法機關有一定之自由形成空間（釋579），惟為使補償能儘速發給（釋516、652），不宜遷延過久（釋413）之原則下，其補償方式，基於財產權保障精神，應一次全部以現金發放為原則。雖現行法並未明文規定係以現金補償，惟依相關規定之用辭，如徵收土地或土地改良物應發給之補償費（土徵§20Ⅰ）；實施區段徵收時，原土地所有權人不願領取現金補償者（土徵§40Ⅰ）等，應可顯示徵收補償係以現金補償之補償方式為原則。

貳、土地債券之搭發

土地徵收時，各種徵收補償費項目之發放，原則上以現金一次全部支付之，亦有例外之規定。依現行土地法對土地徵收補償，補償金之發放，除了現金支付外，為免經費不足，又急需取得公共建設用地，亦得搭發土地債券，以利徵收補償之完竣。其相關規定列述如下：

一、土地法之規定

私有土地超過最高面積限制時，而不於一定期間內將額外土地分割出賣者，該管直轄市或縣（市）政府得依本法徵收之（土§29），而徵收之補償地價，得斟酌情形搭發土地債券。但其清付期限，最長不得逾5年（土施§8）。

因實施國家經濟政策或舉辦第208條第1款、第2款或第4款事業徵收土地，得呈准行政院以土地債券搭發補償之（土§233）。

二、土地徵收條例之規定

徵收土地應發給之補償費，得報經行政院核准以土地債券搭發補償之（土徵§20Ⅱ）。

三、都市計畫法之規定

各級政府為實施都市計畫，對於土地之徵收，得發行公債補償之（都計§78Ⅰ）。

上述之各項規定，乃顧及國家或政府機關實施國家經濟政策或興辦公共事業及執行土地政策時，若立即以現金一次支付，恐無法籌措所須支付之金額，故斟酌情形，搭發土地債券，以延緩支付期限。

參、實物補償

一、抵價地補償

抵價地式之補償，以實施區段徵收時適用之。爰區段徵收與一般徵收不同，係大面積之土地重新規劃整理，開發整理後，除提供公共設施用地外，

尚有可供建築利用之土地，故為兼顧土地所有權人之權益，使原土地所有權人共享開發後之利益，制度設計上，經土地所有權人申請，其依規定應補償之地價得申請以徵收後可供建築之抵價地折算抵付（土徵§39Ⅰ）。惟抵價地之總面積，相關規定不同，其情形如下：

(一) 平均地權條例之規定

施行區段徵收依規定應補償之地價，如經所有權人申請，得以徵收後可供建築之土地折算抵付。抵價地總面積，以徵收總面積50%為原則；其因情形特殊，經上級主管機關核准者，不在此限。但不得少於40%（平§54Ⅰ）。

(二) 土地徵收條例之規定

抵價地總面積，以徵收總面積50%為原則。因情況特殊，經上級主管機關核准者，不在此限。但不得少於40%。曾經農地重劃者，該重劃地區部分不得少於45%（土徵§39Ⅱ）。

(三) 都市更新條例之規定

以區段徵收方式實施都市更新事業時，抵價地總面積占徵收總面積之比例，由主管機關考量實際情形定之（都更§25Ⅱ）。

二、建物補償

依公共建設之性質有加速取得重大公共建設所需用地之必要時，主管機關得協調公有土地管理機關或公營事業機構，依法提供一定面積之土地、建築物，准由未領補償費之被徵收土地所有權人，就其應領補償費折算土地、建物領回（獎參§13，促參§17Ⅰ）。

肆、容積補償

以現金補償方式取得所需用地，常因需用土地人經費預算編列之困窘，而延宕公共設施之建設。爰此，對於私有土地之發展權利被剝奪或受限制者，以對等之容積補償所有權人之損失，如為了公共設施保留地之取得、具有紀念性或藝術價值之建築與歷史建築之保存維護及公共開放空間之提

供（都計§83-1）、或都市更新地區範圍內公共設備保留地、依法應予保存或獲准保留之建築物所座落之土地或街區、或其他為促進更有效利用之土地（都更§45）、或為了古蹟、考古遺址保存限制原可建築之容積（文資§41、§50），得將其建築容積移轉至其他建築用地使用，並將原為私有土地，登記為公有。即實質上以容積移轉，達成補償土地所有權人消滅所有權之損失。此外，大眾捷運系統因工程必要穿越土地，該穿越土地為建築基地之全部或一部時，得以增加新樓地板面積方式補償之（捷運§19Ⅳ）。亦屬容積補償之一種。

伍、安置計畫

維護人民最低限度生存水準之保障，為國家行為之積極義務，亦為憲法保障基本人權（憲§15）之意旨。爰此，有居住事實之中低收入戶，因其所有建築改良物被徵收致無屋可居住者，或情境相同者，需用地人應訂定安置計畫，安置包括安置住宅、購買住宅貸款利息補貼、租金補貼等（土徵§34-1）。

國家圖書館出版品預行編目資料

實用土地法精義／楊松齡著. ――二十四
版.――臺北市：五南圖書出版股份有限公
司, 2024.08
面；　公分
ISBN 978-626-393-622-5（平裝）

1.CST: 土地法規

554.133　　　　　　　　113011234

1U71

實用土地法精義

作　　　者 ―	楊松齡（316.1）
企劃主編 ―	劉靜芬
責任編輯 ―	黃郁婷
文字校對 ―	楊婷竹、徐鈺涵
封面設計 ―	封怡彤
出 版 者 ―	五南圖書出版股份有限公司
發 行 人 ―	楊榮川
總 經 理 ―	楊士清
總 編 輯 ―	楊秀麗

地　　　址：106台北市大安區和平東路二段339號4樓
電　　　話：(02)2705-5066　　傳　　　真：(02)2706-6100
網　　　址：https://www.wunan.com.tw
電子郵件：wunan@wunan.com.tw
劃撥帳號：01068953
戶　　　名：五南圖書出版股份有限公司

法律顧問　林勝安律師

出版日期	2000年8月初版一刷
	2017年9月十七版一刷
	2018年8月十八版一刷
	2019年9月十九版一刷
	2020年9月二十版一刷
	2021年8月二十一版一刷
	2022年9月二十二版一刷
	2023年9月二十三版一刷
	2024年8月二十四版一刷

定　　　價　新臺幣850元

版權所有・欲利用本書內容，必須徵求本公司同意※

五南
WU-NAN

全新官方臉書

五南讀書趣

WUNAN
Books since1966

Facebook 按讚

1 秒變文青

★ 專業實用有趣
★ 搶先書籍開箱
★ 獨家優惠好康

 五南讀書趣 Wunan Books

不定期舉辦抽獎
贈書活動喔！！

經典永恆・名著常在

五十週年的獻禮——經典名著文庫

五南，五十年了，半個世紀，人生旅程的一大半，走過來了。

思索著，邁向百年的未來歷程，能為知識界、文化學術界作些什麼？

在速食文化的生態下，有什麼值得讓人雋永品味的？

歷代經典・當今名著，經過時間的洗禮，千錘百鍊，流傳至今，光芒耀人；

不僅使我們能領悟前人的智慧，同時也增深加廣我們思考的深度與視野。

我們決心投入巨資，有計畫的系統梳選，成立「經典名著文庫」，

希望收入古今中外思想性的、充滿睿智與獨見的經典、名著。

這是一項理想性的、永續性的巨大出版工程。

不在意讀者的眾寡，只考慮它的學術價值，力求完整展現先哲思想的軌跡；

為知識界開啟一片智慧之窗，營造一座百花綻放的世界文明公園，

任君遨遊、取菁吸蜜、嘉惠學子！